Rudolf Nehlsen

Hamburgische Geschichte nach Quellen und Urkunden

Rudolf Nehlsen

Hamburgische Geschichte nach Quellen und Urkunden

ISBN/EAN: 9783743320468

Hergestellt in Europa, USA, Kanada, Australien, Japan

Cover: Foto ©ninafisch / pixelio.de

Manufactured and distributed by brebook publishing software (www.brebook.com)

Rudolf Nehlsen

Hamburgische Geschichte nach Quellen und Urkunden

Hamburgische Geschichte

nach Quellen und Urkunden.

Von

R. Uchlsen
Schriftsteller in Hamburg.

— Mit über 150 Abbildungen. —

I. Band.

Hamburg.
Verlag von G. Lafrenz.
1896.

Druck der Verlagsanstalt und Druckerei A.-G. (vorm. J. F. Richter) in Hamburg.

Vorwort.

Mit der Specialgeschichte des Staats, des Orts, den wir bewohnen, der uns vielleicht selbst das Dasein gegeben hat, vertraut zu sein, das gewährt einen Genuß, wie er sich vielleicht nur dem Botaniker in gleicher Weise bietet. So wie dieser beim Gange ins Freie sich sofort von allen Seiten von lieben Bekannten umgeben sieht, die ihm bald ein Willkommen entgegenrufen, bald ihn durch Eigenthümlichkeiten, sei es an Größe, Farbe oder Duft, ja durch die Zeit ihres Erscheinens, überraschen, so geht auch der mit der Specialgeschichte seiner Heimath Vertraute nie einsam, wenn er auch ganz allein geht. Ja, von ihm gilt es, was von dem geistig beschäftigten Menschen überhaupt gilt, daß er nie weniger einsam ist, als wenn er sich allein findet. Es begleiten ihn überall die Erinnerungen an die Vorzeit, wie verwandte Geister, pochen mächtig an seine Brust, heben, lehren und mahnen ihn in gleicher Weise. In trüben Stunden sind sie ihm noch Trost und Stütze. „Ihm ist, als hört er Trost vertrauter Geister, er rafft sich auf und wird des Grames Meister." Er möchte Fragen an sie thun, die Geister seiner Ahnen, und siehe, es bleiben die Fragen nicht allemal ohne Antwort.

Doch nicht unterhaltend allein ist die Beschäftigung mit der Specialgeschichte; recht betrieben, ist sie auch von umfassendem Nutzen. Manche bürgerliche und sociale Einrichtung erkennt man in ihrer wahren Bedeutung erst dadurch, daß man weiß, wie und woher sie entstanden ist, und vieles, was auf den ersten Blick seltsam, wunderlich, ja abgeschmackt erschien, stellt sich dann als wohl erwogen und gar verständig auf die Verhältnisse berechnet dar. Ist doch nicht ohne Grund in neuerer Zeit in jeder Wissenschaft ihre Geschichte so sehr in den Vordergrund gestellt worden. Nur wer da weiß, wie, unter welchen Kämpfen und durch welche Gegensätze sich ein kirchlicher

Lehrbegriff entwickelt, eine philosophische Lehre gestaltet, ein Rechtssatz gebildet hat, faßt jedes Wort derselben in seiner ganzen Bedeutung, erkennt jede Bestimmung in ihrer Nothwendigkeit; ihm gestaltet sich, was anfangs todt und bedeutungslos erschien, zu einem Ganzen voll Leben und Klarheit aus. Wie sollte es sich denn mit den lokalen Verhältnissen unseres Wirkungskreises anders verhalten? Auch ist es gewiß eines gebildeten Menschen unwürdig, ja ein Zeichen von Gedankenlosigkeit oder Engherzigkeit, nicht einmal zu fragen, wie das, was sein Auge täglich sieht, wie die örtlichen Einrichtungen, mit welchen er täglich in Berührung kommt, sich gebildet haben, wie sein Wohnort gegründet ist, welches Aussehen, welche Kommunikation, welche Bedeutung derselbe ehemals gehabt hat. Mit diesen Fragen aber treten wir recht eigentlich in den Mittelpunkt der geschichtlichen Forschung ein, und diese ist so anziehend, wir finden gewöhnlich für jede neu aufgefundene Thatsache soviel Interesse in unserer Umgebung, daß wir den Sinn dafür wohl nach Kräften nähren und fördern mögen. Es führt uns aber diese Nachfrage zurück auf eine Reihe von Einzelheiten, welche die Specialgeschichte als rother Faden durchzieht und sie zusammenhält, damit sie nicht als ein wirres Durcheinander und ein buntes Allerlei auseinander falle, wobei sie ihnen zugleich als Hintergrund dient und das Einzelne in rechter Verbindung und im rechten Lichte erscheinen läßt. Dennoch ist es leider immer noch wahr, daß eine große Zahl von Gebildeten mehr von Indien und Aegypten weiß (um von Griechenland und Rom hier zu schweigen), als von der Geschichte des Orts, den sie bewohnt und des Staats, den sie täglich vor Augen hat. Freilich kann die Specialgeschichte kein Gegenstand des Lehrplans in Schulen sein, schon deshalb nicht, weil dann schließlich jede Schule ihre eigene Specialgeschichte haben würde, aber auch darum nicht, weil sie nicht in sich abgeschlossen ist, eine Menge von Anfängen ohne Ende, von Endstücken ohne Anfang zeigt, für ein Jahr außerordentlich reich und wieder für das folgende Jahrzehnt oder für viele Jahrzehnte ebenso arm ist, hier eine Theilnahme an Kämpfen zeigt, deren Fäden den Ort und den Staat kaum berühren, dort Theilnahme an Ereignissen, die sich weit von des Landes Grenzen zutragen. So herrscht also in ihr ein scheinbarer Mangel an Zusammenhang, weil sie überall sich auf außerhalb ihres Kreises Liegendes bezieht und mithin die Kenntniß einer anderen Geschichte, der Weltgeschichte, voraussetzt, deren Rahmen sie nur mit einem genaueren Detail ausfüllt. Endlich fällt das, was sie bietet, vielfach ganz außerhalb des Gesichtskreises der Jugend. Daher mußte auch der Versuch, sie auf Schulen zu lehren, mißlingen. Nicht alles, was man im Leben füglich wissen sollte, läßt sich auf der Schule lehren. Aber das hindert nicht, die Schüler auch einmal auf dergleichen aufmerksam zu machen und die älteren zum Privatstudium zu ermuntern. Die Kenntniß der Specialgeschichte thut schon durch die Klarheit wohl, die sie aus der eigenen Anschauung des Stoffes zieht, da Oertlichkeit, Boden, klimatische Einflüsse, Volkscharakter täglich uns vor Augen stehen.

Freilich wechseln auch diese Verhältnisse, und wir eben stehen an einem Wendepunkt, denn seit den Umgestaltungen durch die großen Alsterregulirungen, durch welche die alten Hammen beseitigt worden, ist vielleicht keine Periode gewesen, die für die Lokalverhältnisse Hamburgs so große Veränderungen gebracht hätte, wie die Zeit, in der wir jetzt leben, die Zeit der letzten Decennien vor und nach Wiederaufrichtung des Reichs. In solcher Zeit muß sich der Gedanke uns nahe legen, sich einmal zu vergegenwärtigen und einmal daran zu erinnern, wie eng jene Verhältnisse mit der Geschichte der Stadt Hamburg zusammenhängen. Im Verfolg dessen und in Anknüpfung hieran ist das vorliegende Geschichtswerk entstanden. Dasselbe stellt quellenmäßig und urkundlich begründet in der im eigentlichen Sinne historischen, objektiv beschreibenden Form die Geschichte dar, indem es sich gleichermaßen fern zu halten sucht von der dürren und trockenen Schablonenhaftigkeit der sog. exakten Methode einerseits und der weitschweifigen, die Objektivität trübenden, sog. rhetorischen Methode andererseits.

In der reinen unreflektirten Objektivität ihrer Darstellungen aus ureigenstem Geiste der Geschichte beruht das Anziehende und der Reiz der Schilderung in den Geschichten der alten Chronisten. Indem diese Objektivität geschont und gewahrt wird, behalten die alten Geschichten den Werth, welchen Claus Harms an denselben rühmte: Man liest doch nichts lieber, als seines Volkes Geschichten! Sie stellen die alten Begebenheiten dar, als wäre man dabei; rufen die Geister der Entschlafenen aus ihren Gräbern und lehren uns handeln als unter ihren Augen, in guten Dingen zur Ermuthigung, in schlechten zur Beschämung und zeitigen Rückkehr; trösten und geben Rath in gegenwärtigem Unglück, als mit welchem und noch größerem die früheren Geschlechter schon kämpften, gleich wie sie winken zur Vorsicht und Mäßigung im Glück, auf daß sich kein Unglück daraus erzeuge; Bedeutung geben sie manchem Platz, an welchem wir sonst gedankenlos vorübergingen, und einigen Plätzen Heiligkeit; wie mit scharfen Stacheln reizen sie das jetzt lebende Geschlecht, sich von dem Ruhm der Väter nicht überstrahlen zu lassen oder, im umgekehrten Fall, die überkommene Schande auszulöschen durch besseres Thun; Säulen der Dankbarkeit sind sie, von den erkenntlichen Zeitgenossen errichtet, oder Schandpfäle, an welchen die Schlechten vieler Jahrhunderte stehen; Wecker aus dem Schlaf, Hebel in der Versunkenheit, Spiegel einer schöneren Zukunft, Sonnenstrahlen auf die Gemüther, die von der Selbstsucht übereiset worden, Tyrolerstimmen vom Berge, daß sich sammeln, die es gut meinen im Thal, die da Recht und Gerechtigkeit, freie Sprache, Verstand und Herz und Geld behaupten wollen im Lande. — Darin ist der Werth und die Bedeutung einer objektiv beschreibenden Darstellung der „Specialgeschichte" überhaupt voll ausgedrückt und gekennzeichnet.

So soll die vorliegende Arbeit auf wissenschaftlicher Grundlage zwar, aber in allgemeinverständlicher, an den Gebildeten sich wendender Sprache die Geschichte Hamburgs in der Objektivität ihres eigenen Geistes, wie solcher in den Quellen und Urkunden sich dokumentirt hat, schildern und darstellen.

Alljährlich erscheinen neue Arbeiten auf dem Gebiete der Hamburger Geschichte, und es mangelt hier nach keiner Richtung hin an vortrefflichen Specialschriften. Aber es fehlt an Arbeiten, die nach Inhalt und Form das Bedürfniß eines größeren, gebildeten Leserkreises befriedigen könnten. Das gilt vornehmlich in Beziehung auf allgemeine Geschichte. Dem hier beregten Mangel abzuhelfen, soll das vorliegende Werk dienen.

Hamburg, im Oktober 1895.

R. Behlsen.

Inhaltsverzeichniß zum ersten Bande.

Erster Abschnitt.
Von Karl dem Großen bis Anfang des 12. Jahrhunderts .... 1— 42

Zweiter Abschnitt. Von 1110 bis 1459.
Erste Abtheilung. Von der Zeit Adolphs I. von Schauenburg bis 1227 — Schlacht bei Bornhöved .... 43— 69

Zweite Abtheilung. Von 1227 bis Ende des 13. Jahrhunderts. Aeltestes Ordeelsbook, Redaktion des Stadtrechts .... 69—114

Dritte Abtheilung. Vom Ende des 13. Jahrhunderts bis 1410. Erster Receß 114—177

Vierte Abtheilung. Von 1410 bis 1459. Adolphs VIII. Tod, Ende der Schutzherrlichkeit der Schauenburger .... 177—230

Dritter Abschnitt. Von 1459 bis 1768.
Erste Abtheilung. Von 1459 bis 1525. Anfang der Reformation .... 231—317

Zweite Abtheilung. Von 1525 bis 1648. Ende der Religionsfehden, Westfälischer Friede .... 318—419

Beilagen.
Aelteste Ansicht von Hamburg. Anno 1572 .... zwischen S. 320 u. 321
Ansicht von Hamburg. Mitte vorigen Jahrhunderts ...... zwischen S. 320 u. 321
Hamburg Anno 1587. Vom äußeren Dammthor gesehen .. zwischen S. 400 u. 401

Erster Abschnitt.

Von Karl dem Großen bis Anfang des zwölften Jahrhunderts.

Hamburg findet sich geschichtlich zuerst genannt am Anfange des neunten Jahrhunderts unserer Zeitrechnung. Als Karl der Große im Jahre 804 die nordalbingischen Sachsen endgültig unterworfen hatte, legte er zum Schutze der Sachsengrenze wider die heidnischen Wenden über der Elbe zwei feste Burgen an. Die eine derselben wird von den Chronisten als Hobuoki bezeichnet. Dieses hat man lange auf die alte Böckelnburg (jetzt Burg) in Dithmarschen, welche bei Helmold Bockelbeborg heißt, gedeutet, indem man konjekturirte, daß der Ort wohl ursprünglich Bokelnhoborg geheißen haben möge. Allein, da jene Burgen zum Schutze der Sachsengrenze wider die Wenden, die in Wagrien, Lauenburg und Mecklenburg seßhaft waren, dienten, so kann hier an eine Burg in Dithmarschen nicht gedacht werden. Unter Hobuoki ist, wie schon Dahlmann zum Neocorus angemerkt hat, nur das heutige Büchen in Lauenburg zu verstehen. Die andere der beiden Burgen wird bei Erwähnung ihrer Gründung nicht namhaft gemacht von den Chronisten. Bald nachher aber ist in den Chroniken die Rede von einer Burg Karls des Großen über der Elbe, Hammaburg geheißen. Es ist daher gar nicht zu bezweifeln, daß die beiden Burgen, welche Karl der Große im Jahre 804 im Norden der Elbe wider die Wenden errichtete, Büchen und Hamburg waren. Ob hier, in der Gegend der Hammaburg, vorher schon eine bewohnte Ortschaft existirte, oder ob erst mit der Gründung der Burg hier eine Ansiedelung entstanden, darüber läßt sich historisch nichts mit Bestimmtheit sagen. Wahrscheinlich ist es aber, daß erst im Schutze der Burg hier eine eigentliche Ortschaft entstanden ist. Bei den alten Chronisten zeigt sich die Meinung herrschend, daß der Ursprung Hamburgs weit in die heidnische Zeit zurückreiche, und reflektirten sie daher zur Deutung der Bezeichnung Hammaburg wohl gar von der Hammonia auf den Hamon, Amon, Ammon, Jupiter Ammon, den auch die alten Sachsen verehrt haben sollten. Albert Cranz, der bekannte Geschichtsforscher, erklärt das in seiner Hamburger Chronik für alberne Märchen und Fabeln, weil die alten Sachsen, die weder Bücher noch Schriften gehabt, von dem Jupiter Ammon nichts gewußt hätten, und meint, daß der Ort wohl seinen Namen bekommen haben könne von dem berühmten Streiter Hama, der hier an der Elbe von dem mächtigen Dänen Stercuter erschlagen worden sei. Adam Traziger (Chronica der Stadt Hamburg) aber sagt, auch diese Aufstellung des Dr. Cranz sei ein unglaubhaftes Gedicht, gleichwie die von Cranz verworfene Meinung in betreff des Jupiter Ammon, deshalb unglaubhaft, weil es mehr Orte dieses Namens gäbe. — „Der Oerter des Namens sind mehr in andern Landen, als Hamm in Westphalen, Hamm in Friesland, Hamme in Holland, Hamme in Flandern an der Schelde, item Süder- und Norder-Hamme in Dithmarschen." Nachdem er so die Konjektur von Cranz widerlegt hat, bemerkt er dann: „Aber dieses ist die wahre gründliche Ankunft, daß zwischen Alster und Bille ein Holz gelegen, welches die Hamme geheißen, und ist solches aus einem Kaufbrief zu ersehen, daß anno 1338 das Holz, die Hamme genömt, dem Rath zu Hamburg verkauft worden. Weil dann die alten Sachsen vor Caroli Magni Zeiten bei diesem Holz, wo jetzt Hamburg steht, eine Burg oder Festung gebauet, haben sie dieselbe nach dem Holz die Hamme geheißen, und wie hernach bei der Burg mehr Häuser gebauet, daß es ein Dorf oder Flecken geworden, haben sie es Hammaburg geheißen, denn in allen alten Privilegien, Briefen und Historien wird Hammaburg und nicht Hamburg gefunden." — „Es ist auch wohl anzunehmen, daß das Wort Hamme ein alt sächsisch Wort sei und eine Hölzung bedeute, denn in Dithmarschen werden die Hölzungen Süder- und Norder-Hamme genannt. Die Friesen aber nennen Hamme einen Platz von Wische oder Marschland, darauf sie das Vieh weiden." Diese Stelle bei Traziger ist für die Deutung und Erklärung des Namens Hamburg entscheidend geworden. Seit Traziger, der im Jahre 1557 seine Chronik von Hamburg schrieb, ist es bei Chronisten und Geschichtsschreibern zu einem stehenden Satze, einem unerschütterlichen Axiom geworden, daß Hamme ein Holz bedeute und Hamburg so viel sei, wie eine Burg im Holze, Holzburg. Auch bei Gallois (Hamburgische Chronik S. 1) heißt es noch: „Was den Namen Hammaburg betrifft, so leitet man ihn wohl am richtigsten vom altdeutschen Worte Hamma her, das in der Sprache der alten Sachsen eine Waldgegend bezeichnet, zumal es erwiesen ist, daß einst die ganze Gegend längs der Bille-, Alster- und Elbniederung eine große Waldung war, von der noch das Dorf Hamm, woselbst die Herren von Hamme später gelebt, den Namen trägt. Auch hieß später noch die Hölzung, die vor der Entstehung des St. Jakobi- und St. Georgkirchspiels auf deren Gebiet gestanden, die Hamme." Auch hier, bei dem Chronikenschreiber jüngster Zeit, ist der Grund der ganzen Argumentation unverkennbar jene Stelle bezüglich der Hamme bei Adam Traziger. Was dieser als eine Konjektur hinstellt, daß Hamme bei den alten Sachsen ein Holz bedeute, das haben die späteren Chronisten kritiklos als eine ausgemachte Wahrheit angenommen und in Umlauf gebracht.[1] Trazigers Konjektur ist aber eine verfehlte, und die von Traziger gegebene

---

[1] Die Behauptung von Gallois, daß Hamme bei den alten Sachsen ein Holz bedeute, ist ganz unbegründet und ist nur aus jener Leichtfertigkeit des Urtheils zu erklären, in der die Chronisten bloße Konjekturen ihrer Vorgänger als ausgemachte Wahrheiten und Thatsachen der Geschichte in die Darstellung aufnehmen. Man wird in altsächsischen Schriften nirgends finden, daß Hamme ein Holz bedeutet habe.

Ableitung des Namens Hammaburg ist durchaus unzutreffend. Wenn Hamme bei den alten Sachsen ein Holz bedeutet hätte, so wäre eine Zusammensetzung, wie „Hammholt", die in Dithmarschen üblich war und noch auf der Dankwerth'schen Karte dieses Landes von 1559 sich verzeichnet findet, nicht wohl möglich gewesen. Auch würde das Wort in der Bedeutung von Holz und Gehölz für einen Städtenamen doch eigentlich wenig passend sein, und wenn nun dazu noch das Wort Hamme in der anderen Deutung, welche Traziger giebt, in der es „einen Platz von Wische oder Marschland, darauf sie das Vieh weiden", bezeichnet, in der Umlautung „Hemme" in der tiefsten Marsch (bei Meldorf, Wöhrden, in Hemme bei Lunden und Tilenhemme an der Mündung der Tile in die Eider) wo es niemals Holz gegeben, vorkommt, so ist es vollends unzweifelhaft, daß die Deutung des Wortes Hamme auf Holz zu eng ist, ebenso wie die andere auf eine Niederung zur Weide. Daß Hamme ursprünglich ein Appellativum ist, zeigt die Menge von Oertern, die diesen Namen tragen, theils in Zusammensetzungen, theils für sich allein; aber im täglichen Gebrauch ist uns der Begriff abhanden gekommen. Die Uebereinstimmung der „Hammen" bei den Friesen, der Plätze zur Weide, wovon Traziger spricht, und der „Hemmen" in Dithmarschen läßt es indes unzweifelhaft erscheinen, daß das Wort Hamme mit Hemmen zusammenhängt. Ham altdeutsch: halten, binden, fangen, als Substantiv altsächsisch der gehegte Ort, hamo a. h. b.: das Fangnetz, der Hamen, hamla: die Kette, davon das Faktitiv: hemman. Hamme ist demnach alles, was den Durchgang abschneidet, oder doch erschwert. Daher die Komposita Hamberge, Hamstede, Hamdorf, Hamholt, Hamburg, Hamfelde. Daher könnte man denn auch einen Berg, ein Gehölz, oder eine Burg als Hamme bezeichnen. Hier brauchten wir zur Erklärung des Namens Hamburg dann gar nicht erst auf ein Holz, Hamme genannt, zu reflektiren: wir könnten die Burg selbst, die hier immer die Hauptsache bleibt, für die Hamme nehmen. Das Holz, de Hamme genömt, wäre dann ein zur Burg gehöriges Gehölz gewesen, und die Bezeichnung „Hamme", in Anwendung auf dasselbe, nur eine Abkürzung für Hammholt. Letzteres ist hier ohne Zweifel der Fall gewesen. Dafür spricht die Analogie mit dem „Hammholt" in Dithmarschen. Auch dieses wird, selbst im Dithmarscher Landrecht, wo verboten wird, die Hamme zu hauen, wohl kurzweg „Hamme" genannt, und in der Kapitulation der Dithmarscher von 1559 heißt es, daß „das Holz, die Hamme genannt", abzuhauen sei. Doch bezieht sich die Bezeichnung Hamme hier ebenso unzweifelhaft nicht auf die Burg. Das Hemmende waren hier, wie in Norddeutschland überhaupt, bei der Natur des Landes, die sumpfigen Niederungen an und zwischen den Höhenzügen des Geländes. Diese wurden daher vorzugsweise als Hammen bezeichnet. Als Hemmnisse der Passage dienten sie dem Lande als Bollwerke der Vertheidigung gegen feindlichen Angriff. Daher sind auch alle denkwürdigen Ereignisse aus der Dithmarscher Geschichte an die Hammen des Landes geknüpft. An der Hamme, die Hemmingstedt den Namen gegeben, dem Bracklande des Schweinemoors, wurde 1319 Gerhard der Große geschlagen, und im Jahre 1500 erlitten hier, am Dusentdüwelswarf, der König Johann und Herzog Friedrich die große Niederlage; in der Norderhamme kam 1403 Graf Albrecht zu Fall, und in der Süderhamme wurde am Oswaldusabend 1404 die Schlacht geschlagen gegen den Grafen und Herzog Gerhard VI., die in der Geschichte bekannt ist als „Schlacht in der Hamme". — „Das Land Dithmarschen ist in vielen Ecken ganz fest und durch Sümpfe wohl verwahret!" sagt daher der Presbyter Bremensis in seiner holsteinischen Chronik, und daß speziell bei den vorzugsweise als Hammen bezeichneten großen Niederungen, der Norderhamme und der Süderhamme, das Sumpfland das Wesentlichste der Hamme ausmachte und nicht etwa das Gehölz, das erhellt aus der für die Orientirung über die Bedeutung und das Wesen der Hammen überaus wichtigen Stelle in dem Hamburger Codex zur Dithmarscher Geschichte, pag. 103, wo es heißt: Ein gepflasterter Weg führt durch Wald und Sumpf zum Hammhause und scheidet Süderhamme und Norderhamme. Beide Hammen bestehen aus Hölzungen und Sümpfen, oder sumpfigen Hölzungen. Im tiefsten Sumpfe finden sich aber keine Bäume mehr, sondern nur Strauchwerk und Gestrüpp. — „Via scilicet lapidea transiens per silvam et paludem usque ad Hammehus dividit Suderhamme et

Northamme. Utraque Homme sunt silvae et paludes sive silvae paludosae. In profundiore palude non sunt procerae arbores, sed arbuscula et frutices." Hier ist jede Möglichkeit ausgeschlossen, die Hammen noch für Gehölze zu halten und mit Traziger zu meinen, es möge wohl bei den alten Sachsen Hamme ein Holz bedeutet haben, weil es bei Hamburg ein Holz gegeben, welches Hamme genannt worden. Hamme ist hier in der Bezeichnung für ein Holz nur Abkürzung gewesen für Hammholz, und „Hammholz" bezeichnet nicht ein Holz als Hamme, sondern ein Holz in der Hamme, und unter „Hamme" ist hier eine Sumpfniederung, ein Bruch= und Brackland, zu verstehen. Das Hammengebiet wurde in Dithmarschen gebildet durch die Sumpfniederungen des Fielersees einerseits und durch die moorige Niederung der Brocklandsau mit dem Süder=heistedtersee oder Holmersee andererseits, durch die nur ein einziger Pfad führte, jener gepflasterte Weg, der durch das feste Hammhaus gesperrt ward. Was aber dort, bei der Hamme in Dithmarschen, das „Haus", das war hier, bei der Hamme vor Hamburg, die „Burg": eine Feste zur Verlegung des Passes durch sumpfige Niederungen, der Alster einerseits und der Bille andererseits. Die Außen= und Binnenalster waren vor der Regulirung des Alsterlaufes ein stagnirender See, und die Umgebung derselben war ein weit=gedehntes Sumpfland. Die Billweitung war eine große Bracke und die ganze Billeniederung ein unwegsames Bruchland, wofür noch die Benennungen „Hammerbrook" und „Billbrack" Zeugen sind. Das sumpfige Gelände der Alster und der Bille bildete die Hamme vor Hamburg. Das Holz erhöhte die Deckung gegen feindlichen Angriff und bildete insofern, als dieses der Fall war, einen wichtigen Bestandtheil der Hamme und ward daher geschont. Die Hammaburg aber war nicht eine Burg im Holz, sondern eine Burg in der Landwehr, wie sie hier von der Natur gegeben war. „Hamme, dat ist eine Landwehr mit twee= edder dreedubbelten Graven up etlichen Steden und Orten vor der Marsch, mit Holte dicke bewortelt unde bewossen, badorch geit ein engen Weg, de hefft up beiden Siden einen depen Graven," heißt es bei Neocorus in Beschreibung der starken Süderhamme vor Heide. Unter dem hier gegebenen Begriffe, als eines natürlichen, durch Kunst verstärkten Bollwerkes der Vertheidigung gegen feindlichen Angriff und Ueberfall gedacht, erscheint die Hamme vor Hamburg in der Beleuchtung, welche der von Traziger mitgetheilte Kaufbrief von 1338 in Beziehung auf örtliche Belegenheit des Holzes, „de Hamme genömet", giebt, als eine überaus starke natürliche Schutzwehr, ein mächtiges Bollwerk der Vertheidigung, wie es nicht leicht ein stärkeres geben konnte. Durch die unwegsamen Hammgründe der Alster und der Bille seitlich gedeckt und vor Umgehung gesichert, konnte hier in der Enge zwischen den Niederungen, die sich einerseits bis zum jetzigen Kuhmühlenteich, andererseits bis zum Hasselbrook hinzogen, eine befestigte Burg leicht einem andringenden Feinde den Paß verlegen. Hier mag es dann wohl nicht zufällig sein, daß es gerade hier, am Borgfelde (Burgfeld), „hinter der Landwehr" heißt, wenn auch die heute noch erkennbaren Spuren einer Landwehr daselbst aus jüngerer Zeit datiren. Die Bezeichnung „zwischen Alster und Bille" in dem mehrberegten Kaufbrief kann sich nur auf die Weitungen beider Flüsse beziehen, da im übrigen alles, was Hamburg im Osten der Stadt besaß, „zwischen Alster und Bille" belegen war, wie die Stadt selbst damals auch, und jene Bezeichnung hier also ganz überflüssig gewesen wäre, wenn nicht, wie es auch sonst in alten Schriften geschieht, unter „Alster" der große Alstersee, der die jetzige Außen- und Binnenalster befaßte, und unter „Bille" die große Billweitung am Hammerbrook gemeint wäre. — Nach dieser weitgedehnten, mächtigen Hamme führt, wie der Hammerbrook, so auch das Dorf Hamm, wo später die Herren von Hamme gefunden werden, die man ganz unmotivirt mit dem Namen der Stadt Hamburg in Beziehung gebracht hat, den Namen. Nicht an ein Holz und an Hölzungen, sondern an unwegsame Bruch- und Brackgründe haben wir bei dem Namen „Hamme" zu denke. Daher heißen die Dithmarscher, die zwischen den Hammen ihres Landes so fest und sicher saßen, und die an der Norder- und Süderhamme, auf welche Traziger für seine Meinung, daß Hamme ein Holz bedeute, Bezug nimmt, den stärksten Heeren damaliger Zeit Trotz boten, bei alten Chronisten ein Sachsenvolk „über der Elbe zwischen un- wegsamen Sümpfen am Meer", im Unterschied von den Sachsen zwischen den Hölzungen, den Holtsassen im Holstengau.[1] Auch die Sachsen an der Elbe zwischen Alster und Bille an der Hammaburg waren im wirklichsten Sinne des Wortes ein Volk zwischen den Hammen. Wie die Umgebungen der Außen- und Binnenalster, des damaligen Alstersees, so bildeten auch die Ufer der sog. kleinen Alster weite, sumpfige Niederungen. Die kleine Alster war damals ein Wasser von ansehnlicher Breite, welches die niedrigen Ufergelände überschwemmte und zu einer wirklichen Hamme gestaltete, zu einem Mittelding zwischen Pfadland und Bach, wo der Kahn nicht fahren und der Fuß nicht gehen konnte. So war das ganze Gebiet der ursprünglichen Ansiedelung an der Burg, welche Karl der Große hier über der Elbe zum Schutze wider die heidnischen Wenden gründete, von Hammen umgeben, und mochte diese Burg daher wohl eine Hammaburg, oder, wie Traziger sagt, Hammenburg, genannt werden.[2]

Im Schutze der Hammaburg gründete Karl der Große im Jahre 811 eine Kirche auf dem „Berge" an der Alster, der Höhe vor St. Peter, nach welcher noch die Bergstraße den Namen führt. Die Kirche ward zur Ehre der Maria gegründet. Doch ist bald nachher schon von der „Kirche zu St. Petri" die Rede bei den Chronisten. Karl setzte hier einen Priester Heribac (Heribag) ein, dem er das ganze Nordelbingen zur Aufsicht übergab. Die Hamburger Kirche ist die älteste Kirche Nordelbingens nächst der Meldorfer, welche schon vor dem Sachsenfrieden im Jahre 804 bestand und zur Bremer Diözese gelegt ward, und war bis zur Gründung der Kirchen zu Schönfeld (Schenefeld) und Heiligenstedten, wahrscheinlich 833, die einzige Taufkirche in Holstein und Stormarn.

---

[1] Orosius (Histor. Lib. VII. 32) nennt die Sachsen über der Elbe gentem in oceani litoribus et paludibus inviis sitam. Spätere Geschichtsschreiber, wie Bolten und der Uebersetzer des „Presbyter Bremensis" bei Westphalen, haben hier „palus" für Marsch genommen, weil sie irrthümlich den Namen Dithmarschen von der heutigen Marsch herleiteten. Die Marsch existirte damals noch gar nicht, und palus ist hier nur in ursprünglicher und eigentlicher Bedeutung, als Sumpf, zu nehmen, wo es dann niedriges Bruchland bezeichnet im Unterschied von dem höher gelegenen Pflugland, aridum.

[2] Weil Hamburg von Natur so fest war, nannte man es kurzweg auch die Feste Nordelbingens. „Castellum Hammaburg, sedem Nordalbingorum" heißt es z. B. in einer Bulle von Papst Nikolaus II.

Speciell für Stormarn war und blieb Hamburg die Mutterkirche, mater ecclesiae.

Nordalbingien oder Nordelbingen, wie wir mit Neocorus schreiben und sprechen sollten, bestand aus den Sachsengauen Dithmarschen, Holstein und Stormarn. Wagrien gehörte zum Wendenland und wurde nicht mitgezählt. Hamburg gehörte zu Stormarn. Karls des Großen Plan bei der Einsetzung des Priesters Heridac war auf Errichtung eines Bisthums oder Erzbisthums für Nordelbingen, resp. den ganzen Norden, gerichtet. Der Plan kam aber nicht zur Ausführung, weil der Kaiser schon 814 starb und er in den letzten Jahren seiner Regierung durch wichtige Reichsangelegenheiten fortdauernd anderweitig in Anspruch genommen ward. Karls des Großen Sohn und Nachfolger, Ludwig der Fromme, vertheilte Nordelbingen unter die Bisthümer Bremen und Verden, die beide unter dem Erzstifte Köln standen. Dithmarschen kam an Bremen, Holstein und Stormarn kamen an Verden. Als Ludwig der Fromme später von dem Plane seines Vaters, in Hamburg ein Bisthum zu gründen, unterrichtet wurde, nahm er diesen Plan wieder auf und brachte ihn zur Ausführung. Hierzu ward er vornehmlich angeregt durch die Verdienste des Anschar (Ansgarius) um die Ausbreitung des Christenthums in Skandinavien.

Anschar wurde 831 zum Bischof von Hamburg bestellt und im Mai 834 zum Erzbischof daselbst für Nordelbingen und den ganzen Norden ernannt. Die Bischöfe von Bremen und Verden stellten ihre Parochien im Norden der Elbe auf Ansuchen des Kaisers zurück, und auch die Elbinseln wurden zu dem neuen Erzbisthum gelegt. Der Papst Gregor IV. bestätigte im folgenden Jahre die Einrichtung des Erzbisthums Hamburg und die Weihe des Anschar zum Erzbischof daselbst und ernannte den Anschar ausdrücklich zum Legaten des Nordens.

Die Erhebung Hamburgs zur Bischofsstadt und zur kirchlichen Metropole des Nordens ist der eigentliche Grund zu der bevorrechtigten Stellung, die Hamburg frühzeitig einnahm, und zu der Entwickelung der Stadt zu einem selbständigen, freien Gemeinwesen geworden, indem durch dieselbe die damals oft drückende Herrschaft der Grafen und Reichsvögte von Hamburg abgewandt wurde.

Die Grafen und Landvögte, welchen Karl der Große die unterworfenen Sachsengaue unterstellte, sollten nur das Recht in den einzelnen Gauen handhaben und die Rechtspflege leiten und wahren. Sie trachteten aber bald nach eigener Macht und eigneten sich eine meist harte und drückende Herrschaft über die ihnen anvertrauten Bezirke an. Doch war die geistliche Gerichtsbarkeit und die Handhabung des geistlichen Rechtes bei den Bischöfen, und das geistliche Recht begriff alles, was mit dem kirchlichen Leben in Beziehung stand. Daher war das Machtgebiet der Grafen und Vögte ursprünglich ein sehr beschränktes, und sie konnten dasselbe nur auf Kosten der geistlichen Gewalt erweitern. Daher mußte die Macht der Grafen und weltlichen Herren an den Sitzen der Kirchenoberen immer eine relativ beschränkte bleiben. Hieraus erklärt es sich zum guten Theil, daß die meisten und vornehmsten der späteren sog. privilegirten Reichsstädte solche Städte waren, wo hohe geistliche Behörden ihren Sitz hatten, Bischofs- und Domkapitels-Städte. Anschar besonders war für die Freiheit und Unabhängigkeit seiner Kirche und seines Bisthums unablässig bemüht. Auch als Legat des Nordens war Anschar unermüdlich in Ausübung seiner Amtspflichten. Er wirkte mit Eifer und Erfolg weiter unter den Dänen und Slaven und gründete Bisthümer und Schulen in ihren Landen. Indes ward er in seinem Wirken bald gestört. Die Normannen fielen im Jahre 837 in Hamburg ein und zerstörten und verbrannten den Ort. Dieser war damals noch von geringem Umfange, enthielt wenige Häuser, eine einzige Kirche nebst einem Kloster der Benediktiner, welches Anschar gegründet und mit Mönchen von Neu-Corvey besetzt hatte, und einer Schule und erstreckte sich mit seinen Baulichkeiten nicht über das jetzige Petrikirchspiel hinaus. Anschar flüchtete vor den Normannen über die Elbinseln in die Verdensche Diözese. Ludwig der Fromme wandte ihm die Einkünfte des Klosters Torout in Flandern zu seinem Unterhalte zu. Ludwig starb aber 840, und seine Söhne waren untereinander uneinig über die Erbfolge. Das ward auch für Anschar nachtheilig. Karl der Kahle zog nachher die Einkünfte des dem Anschar verliehenen Klosters ein, und dieser gerieth in große Dürftigkeit und in Armuth. Die Mönche, welche in Hamburg die Schule leiteten, konnten nun nicht mehr unterhalten werden. Sie stellten ihre Thätigkeit an der Schule ein und gingen nach Corvey zurück. Anschar irrte bekümmert und verlassen umher. Endlich nahm eine begüterte Frau im Bardengau, Ida, auch Ikia genannt, sich seiner an, indem sie ihm zum Aufenthalt und zur Nutznießung ein Besitzthum zu Ramesloh an der Seeve im Bisthum Verden einräumte. Er legte dann zu Ramesloh ein Kloster an und bereiste von da aus sein Hamburger Stift, visitirte, lehrte und predigte des öfteren in Nordelbingen. Hamburg war zu dauerndem Aufenthalt noch nicht wieder eingerichtet. 845 fiel der südjütische König Horich in Hamburg ein und plünderte selbiges. In diesem Jahre wurde das Bisthum Bremen erledigt durch den Tod des Bischofs Leuderich. Auf einer Synode zu Mainz 847

Anschar.
Der erste Bischof von Hamburg. Anno 831.

ward nun beschlossen, das erledigte Bisthum dem Hamburger Erzbischof Anschar zu übertragen. Der Erzbischof von Köln, dem das Stift Bremen unterstand, erhob dagegen Widerspruch. Doch bestätigte der Papst Nicolaus I. nachher den Beschluß der Synode Anschar ward Bischof von Hamburg und Bremen. Das Bisthum Bremen wurde nachher dem Erzstifte Hamburg einverleibt durch den Papst Nicolaus II., und die Erzbischöfe nannten sich seitdem Erzbischöfe von Hamburg und Bremen. Während der Verhandlungen und Bemühungen zwecks Herstellung des Erzstiftes Hamburg-Bremen nutzte Anschar die Gunst der Zeitverhältnisse aus zur Förderung der Mission im Norden. Er unterhielt rege Freundschaft mit dem südjütischen Könige Horich, den er öfters besuchte und den er bewog, ihm Erlaubniß zum Missioniren in seinen Landen zu ertheilen. Anschar fungirte als Gesandter des Kaisers Ludwigs des Deutschen beim Könige Horich, und bei dieser Gelegenheit wirkte er die Erlaubniß und Einwilligung des dänischen Königs zum Bau einer Kirche zu Haddeby, Heideby (Schleswig) aus, die wahrscheinlich 850 erbaut wurde. Auch nach Schweden hin dehnte Anschar jetzt seinen Wirkungskreis aufs neue aus. Vom Könige Horich unterstützt, reiste er selbst dahin und predigte im Lande, richtete die alten Gemeinden wieder ein und gründete neue Gemeinden, Bisthümer, Kirchen und Schulen. Kaum zurückgekehrt aus Schweden, vernahm Anschar indes die Trauerbotschaft, daß nach einem blutigen Bürgerkriege in Südjütland Erich der Jüngere als Sieger die neue Kirche zu Haddeby habe schließen lassen, daß der von ihm, Anschar, dort eingesetzte Priester vertrieben sei und die Christen im Lande sich aus Furcht vor Verfolgung verborgen hielten. Noch einmal machte er sich auf und erwarb bei seinem Besuch in Haddeby so sehr das Vertrauen des Königs, daß der christliche Gottesdienst wiederhergestellt und noch dazu eine neue Kirche zu Ripen erbaut werden konnte. Dann endlich begab Anschar sich zur Ruhe, deren er körperlich und geistig bedurfte. Seine Kraft war durch Arbeit, Strenge gegen sich selbst und übergroße Enthaltsamkeit geschwächt. Er trug stets ein härenes Gewand auf bloßem Leibe und nährte sich kärglich mit Brot und Wasser. Dabei war er freigebig gegen Nothleidende und Arme. Die Gründung noch mehrerer Klöster, Missionsschulen und Hospitäler, die Abordnung verschiedener Gesandtschaften und eine ausgebreitete Korrespondenz zur Unterhaltung der Verbindung mit seinem weit ausgedehnten Kirchensprengel bezeichnet den Abend seines Lebens. Er weilte und residirte fortan meistens zu Hamburg. Nicht weit von Bremen ließ er sich eine Zelle bauen, wo er von Zeit zu Zeit von seinen Arbeiten ruhte und die Mußestunden dem Gebet und frommen Betrachtungen widmete. Die größte Freude seines Alters war es, daß es ihm durch dringende Ermahnungen gelang, in Holstein die Fesseln der in harter Sklaverei gehaltenen Kriegsgefangenen zu lösen. In seinem 64. Lebensjahre brach seine Kraft völlig, indem er ernstlich erkrankte, und nun quälte den eifrigen Mann, der sich in seinem Leben keine Ruhe gegönnt hatte, die Vorstellung, daß er seinem Amte nicht genug gethan habe. Seine Freunde konnten ihn nicht beruhigen und trösten, da glaubte er, bei der Feier der Messe eine Stimme zu hören, er solle sich an ewiger Gnade genügen lassen. Nun tröstete er seinerseits seine Umgebung und ermunterte seine Freunde, das Werk der Mission fortzusetzen. Mit Ergebung und in freudiger Zuversicht wartete er seines Endes und starb den 3. Februar 865 zu Bremen, wo er auch, in der Petrikirche vor dem Altar, bestattet wurde.

Anschar war 801, den 9. September, im nördlichen Frankreich geboren. Nachdem er im fünften Jahre seine fromme Mutter verloren hatte, wurde er von seinem Vater, der zum vornehmsten fränkischen Adel gehört zu haben scheint, nach Corbai, Corvey, in der Gegend vom jetzigen Amiens, geschickt. Der Abt Adelard (Adelhard), ein Neffe Karls des Großen, der Augustinus seiner Zeit genannt, wurde sein Erzieher, und der wegen seiner Gelehrsamkeit in der griechischen und hebräischen Sprache und Litteratur berühmte Paschasius Radbert wurde sein Lehrer in Sprachen und Wissenschaften. Im Knaben-, wie im Mannesalter des mit einer feurigen Phantasie begabten Anschar wird uns von vielfachen Traumgesichten erzählt, die auf sein inneres und äußeres Leben von dem größten Einflusse waren. Vielfältig ist es wohl wahr, daß, wer auf Träume hält, nach dem Schatten greift, aber zu Zeiten hat doch auch das Wort, daß im Traume des Gesichtes in der Nacht, wenn der Schlaf auf die Leute fällt, das Ohr geöffnet wird, seine Wahrheit gehabt und hat sie noch immer. Es schien dem lebhaften Knaben im Traum, als wenn er sich an einem sumpfigen, schlüpfrigen Orte befände und als ob er auf anmuthigstem Wege daneben die Jungfrau Maria mit einer Schar edler Frauen erblickte, unter denen seine Mutter war, die ihn mit den Worten: „Mein Sohn, willst du nicht zu deiner Mutter kommen?" zu sich einlud, aber dann, als er sich vergeblich bemühte, zu ihr zu gelangen, hinzufügte, wenn er zu ihr kommen wolle, so müsse er erst aller Eitelkeit und allem kindischen Wesen entsagen. Nun floh Anschar die wilden Knabenspiele, und sein früherer Leichtsinn wich einem ganz besonderen Ernste. Später bewegte ihn ein Traum, in dem er nach einer Wanderung durch den dunklen Ort der Pein einen Blick warf in die hellen Lichträume der Hütten des Friedens und von da eine Stimme zu hören glaubte, die er in seinem ganzen Leben nicht wieder vergessen hat: Gehe hin, und mit dem Kranze des Märtyrers sollst du zurückkehren! Weit entfernt davon, durch solche Gesichte in müßige Grübeleien zu versinken, arbeitete er rastlos weiter, so daß er in seinem fünfzehnten Jahre als Mönch eingekleidet und im zwanzigsten schon Rektor der Klosterschule werden konnte. Für den Geist der Lehre des Anschar ist ein Traumgesicht bezeichnend, welches er in reiferen Jahren hatte. Er glaubte Christum zu sehen, dem er seine Sünden bekannte und der ihm erwiderte: Sei ohne Furcht, ich bin's, der deine Vergehung tilgt! Dieses Wort hat er nachher auf seinen Missionsreisen auch Anderen, die bekümmert waren, zum Trost gebracht. Seine Verdienste um die Schule blieben nicht unbemerkt. Als Kaiser Ludwig das Kloster Neu-Corbai an der Weser gründete, 823, wurde Anschar dahin versetzt und ihm außer dem Rektorat an der Schule auch das Amt eines Lehrers des Volkes anvertraut. Als König Harald in Südjütland zum zweiten Male von seinen Feinden, den Söhnen des Königs Göthrik, vertrieben worden war, suchte Ludwig der Fromme einen Priester, der den König Harald, welcher zu Ingelheim, 826, sich hatte taufen lassen, nach dem Norden begleiten sollte. Der Abt Walo empfahl den Anschar. Dieser erklärte sich bereit, den König zu begleiten, und sein Freund Autbert schloß sich ihm an. Beide, Anschar und Autbert, wurden vom Kaiser ausgerüstet und ausgesandt. In Köln erhielt Anschar von dem Bischof daselbst ein schönes Schiff zum Geschenk. Nun machte der König die Fahrt zu Wasser in Gesellschaft der beiden Missionare mit, und das gab Gelegenheit zu vertrauterer Bekanntschaft. In Südjütland angelangt, nahmen sie Wohnung zu Haddeby an der Schlei. Hier errichteten sie auch eine Missionsschule. König Harald mußte bald wieder der Uebermacht seiner Gegner weichen. Anschar blieb aber in Haddeby und mußte durch Redegewandtheit und Freigebigkeit die heidnischen Fürsten zu bewegen, daß sie ihn frei predigen ließen. Autbert ward krank, reiste zurück und starb bald nachher. Anschar hielt dann allein tapfer stand unter den heidnischen Südjüten. Nach zwei Jahren ward er zum Kaiser beschieden und erhielt den Auftrag, in Schweden das Christenthum zu lehren und auszubreiten. Es waren Gesandte vom Könige Björn von Schweden zum Kaiser gekommen und hatten um Verkündigung des Evangeliums in Schweden gebeten, und der Kaiser hatte keinen passenderen Mann finden können, als den Anschar, der sogleich sich zu dem neuen Werke bereit erklärte und für die Dauer seiner Abwesenheit von Habbeby seine Stelle daselbst durch einen treuen Klosterbruder Gislemar vertreten ließ. Auf der Reise nach Schweden fiel Anschar mit seinen Begleitern Seeräubern in die Hände, die ihnen alles nahmen, so daß sie nackt und bloß in Schweden ankamen, wo sie dann, da ihr Schiff gestrandet war, eine weite Landreise durch unwegsame Gegenden machen mußten. Aber die Treue und Hingebung des Anschar überwand alle Fährlichkeit, und Anschars Wirken in Schweden war ein so gesegnetes und erfolgreiches, daß wir von der ungemeinen Freude des Kaisers lesen, die er bei den Berichten über den Erfolg der Reise gehabt hat. In dankbarer Anerkennung schlug er dann vor, den zurückgekehrten muthigen Kämpfer zum Erzbischof von Hamburg zu bestellen. — Die hohe Gunst, in welcher Anschar beim Kaiser stand, mußte nothwendig dem Bisthum und dem Erzstift Anschars, in erster Linie seinem Bischofssitz, der Stadt Hamburg, zu gute kommen, um so mehr, als Anschar bei seiner Anspruchslosigkeit gegen äußere Ehren und äußeren Vortheil für sich selbst nichts verlangte und nichts suchte. Er führte das bischöfliche Regiment in der von alters her überkommenen Weise, von der die Kirchenfürsten sonst damals schon vielfach gewichen waren, fort, nach welcher anstatt der Gewalt und oft rauhen Härte der Träger des Schwertes die Bischöfe christliche Milde übten und pflegten, woher noch das Sprichwort stammt: Unterm Krummstab ist gut wohnen![1] Daher war es für die

---

[1] Karl der Große sah in der Einführung des Christenthums die sicherste Gewähr seiner Macht in den unterworfenen Sachsenlanden. Er vertheilte die Lande in bischöfliche

Entwickelung Hamburgs zur freien Reichsstadt und zum freien staatlichen Gemeinwesen von hoher Bedeutung, daß Karl der Große Hamburg zum Bischofssitz, zur kirchlichen Metropole für Nordelbingen und den ganzen Norden bestimmte, und daß ein Anschar hier der erste Bischof ward.

Nach Anschars Tode wurde Rembert (Rimbert), ein Mönch aus dem Kloster Torout, der Gehülfe und Vertraute des Anschar, den dieser auf seinem Todtenbette zu seinem Nachfolger empfohlen hatte, zum Erzbischof erwählt. Er ward vom Kaiser Ludwig belehnt mit dem Bisthum und vom Erzbischof Liudbert von Mainz geweiht. Aus dem Kloster Corvey nahm er den Diakonus Adalgar als Gehülfen mit nach Hamburg. Rembert wirkte im Geiste und im Sinne seines Vorgängers Anschar. Vornehmlich nahm er sich der Fürsorge für die Armen an. Er predigte öfters in den verschiedenen Kirchen seines weit ausgedehnten Stiftes, wie in Schweden, und litt wiederholt Schiffbruch auf seinen Reisen. Besonders eifrig sorgte er auch für die Loskaufung von Gefangenen in Südjütland und zeigte er in seinem Thun und Auftreten Milde mit Festigkeit des Charakters verbunden. Im Jahre 872 bestätigte der Papst Hadrian II. ihn als Legat des Nordens. Im übrigen war Rembert in seinem erzbischöflichen Regiment nicht besonders vom Glücke begünstigt. Als

---

Diözesen und verfuhr bei der Neuordnung thunlichst mit Schonung und Milde. Die unterworfenen Sachsenstämme behielten ihr heimisches Recht und die Freiheit von Tribut und Abgaben, mit Ausnahme des sog. Zehnten an die Kirche. Dieser Zehnte betrug in slavischen Bisthümern 3 Scheffel Roggen, 12 Schillinge, 40 Röst (1 Topp) Flachs und ein Huhn von einem Bauerngut, einer sog. Hufe. — In einem Diplome bei Westphalen vom Jahre 1158 (Th. II) heißt es: „Census autem Slavorum per omnes terminos horum trium episcopatuum erit de uno tres mensurae siliginis, qui dicitur Kuriz, solidus unus, toppus lini unus, pullus unus." Statt solidus heißt es bei Helmold „XII nummi" — Pontificale tributum, quod pro decima imputatur, de quolibet scilicet aratro, quod duobus bobus aut uno constat equo, mensura grani et XL restes lini et XII nummi probatae monetae". (Helm. et Arn. Chron. Slavorum, pag. 42.) Der Solidus enthielt zwölf Nummos oder Schillinge Lübsch (à 7½ Pf.). — Das Wort „rest" bei Helmold (restes lini) ist das jetzige Röst (eine Handvoll) und „toppus" das jetzige Topp (ein Bund Flachs). Das Huhn als Zehntengabe findet sich noch an einigen Stellen als sog. „Rauchhuhn" — ein Huhn von jedem Rauch, Rauchfang, jeder Feuerstelle. Der Zehnte zerfiel in vier Theile: ein Viertel zum Kirchenbau, ein Viertel zu Almosen, ein Viertel zum Unterhalt der Geistlichen (und der Schulen), ein Viertel zur Verwendung des Bischofs. Bei der Freiheit von allen anderen Abgaben konnte dieser Zehnte nicht drückend sein. Auch in dieser Beziehung war unterm Krummstab gut wohnen, so lange die Bischöfe die alte Weise beobachteten.

876 der Kaiser Ludwig der Deutsche gestorben war, verwüsteten die Dänen und Slaven ganz Sachsen. Im Jahre 880 verheerten die südjütischen Könige Sigfried II. und Halfdan Nordelbingen, brannten die Kirchen nieder, erschlugen einen großen Theil der Einwohner und führten viele andere als Knechte hinweg, worauf sie bis Hamburg die Elbe hinaufzogen und bei Ebbekestorp, welches Einige für Ebstorf im Lüneburgischen, Andere aber für Eppendorf bei Hamburg genommen haben, mit den Deutschen in ein Treffen geriethen, in welchem der sächsische Herzog Bruno nebst den Bischöfen Dietrich und Marquard und zwölf Grafen erschlagen ward. Die fränkischen Annalen können die Vorfälle dieser Begebenheit nicht traurig genug schildern, indem sie von dem Leidensgeschick der Märtyrer von Ebbekestorp reden. Lehmann (Speiersche Chron.) will, daß damals zwölf Grafschaften zu einem Herzogthum gerechnet worden, so daß in dieser unglücklichen Schlacht alle dem Herzoge untergeordneten Grafen, und mithin auch die Grafen von Nordelbingen, umgekommen wären. Bei Langebeck (II, 57) sind die Namen der bei Ebbekestorp gebliebenen Grafen angeführt, aber ohne Anzeige der Grafschaften, welchen sie vorstanden. Es sind darunter besonders drei Grafen zu merken, die in Beziehung zur Geschichte Nordelbingens zu stehen scheinen: Wigmann, den man für den Enkel eines noch älteren Wichmann, der 811 unter den fränkischen Friedensgesandten gewesen, und für den Großvater des Herzogs Hermann Billung zu halten geneigt ist; Liutolf, der in Nordelbingen Graf gewesen sein möchte, da nach alten Nachrichten zu jener Zeit zwei Grafen, Ludolf und Ubo oder Ebo, zugleich in Holstein regiert haben sollen; und ein Liutharius, den man für einen Vater von des Ditmar von Merseburg Aeltervater, Lüder, ansehen möchte, und welcher, wenn Ditmars von Merseburg (der von mütterlicher Seite von den Grafen von Stade abstammte) Aeltervater schon Graf von Stade gewesen, auch Graf über Dithmarschen gewesen sein würde. Es wären dann diese genannten drei der bei Ebbekestorp gefallenen sächsischen Grafen die Grafen in den nordelbingischen Gauen gewesen. Die beiden Grafen, die gleichzeitig als Grafen in Holstein angeführt werden, könnten nur über die Grafschaften Holstein und Stormarn geherrscht

haben.¹ Infolge der unglücklichen Schlacht wurde Hamburg abermals von den Dänen eingenommen und zerstört. Der Erzbischof Rembert rettete sich vor der Wuth der Feinde. Er hielt sich nachher meistens zu Bremen auf und nannte sich auch nur Erzbischof von Bremen. Rembert starb den 11. Juni 888 auf einer Missionsreise, die er nach Schweden unternommen hatte. Ludwigs des Deutschen Sohn, Ludwig der Jüngere, der nach seines Vaters Tode Ostfranken und Sachsen bekam, also auch über Hamburg und Nordelbingen überhaupt die Herrschaft erlangte, war schon 882 gestorben, worauf sein Bruder, Kaiser Karl der Fette, das ganze Erbe antrat. Schon vor dem Tode Karls, der 888 erfolgte, wurde Arnulph zum Kaiser gewählt. Unter der Regierung des Letzteren wurde Remberts Gehülfe, Adalgar, zum Nachfolger im Erzbisthum designirt, und zwar auf Anhalten Remberts.

Nach Remberts Tode nahm nun Adalgar den Stuhl des Erzstifts ein. Er gerieth gleich nach seinem Regierungsantritt in heftigen Streit mit dem Erzbischof Hermann von Köln, der die alten Ansprüche an das Bremer Stift wieder erneuerte. Auf Befehl des Papstes Stephan V. mußten beide Erzbischöfe Gesandte nach Rom schicken, und der Papst bestätigte im Jahre 891 dem hamburgischen Erzbischof, der selbst nach Rom ging, die Rechte seiner Kirche. Der Papst starb aber im August desselben Jahres, und sein Nachfolger Formosus forderte den Erzbischof Adalgar 892 wieder nach Rom, und als dieser ausblieb, entschied er nach Berichten anderer Bischöfe: Die Vorgänger Adalgars seien dem Kölner Erzstift unterstellt gewesen; die hamburgische Kirche solle nun befugt sein, Bischöfe einzusetzen und dabei die Bremer Kirche zur Hülfe haben; der hamburgische Bischof solle dem Geheiße des Kölner Folge geben, und nach Erweiterung der Hamburger Kirche solle das Stift Bremen an das Kölner Erzbisthum fallen. Erst 905 restituirte der Papst Sergius III. die hamburgische Kirche gegen diese Entscheidung. Während Adalgars Regierung verursachten auch die Wenden mancherlei Unruhen. 889 fielen die Obotriten in Sachsen ein und richteten große Verwüstung an. Kaiser Arnulph starb 899 und sein

---

¹ Vielleicht haben auch von dieser Zeit an die beiden Grafschaften nur einen Herrn gehabt, nachdem beide bei Ebbekestorp ihren Grafen eingebüßt hatten.

Sohn, Ludwig das Kind, wurde sein Nachfolger. Auch unter Ludwig verheerten die Wenden das Sachsenland. Während dieser Unruhen starb Adalgar am 9. Mai 909 in hohem Alter.

Adalgars Nachfolger im Erzbisthum ward Hoger, ein Mönch aus dem Kloster zu Corvey. Dieser erhielt im Jahre 911 vom Papste Sergius III. die Bestätigung zum Bisthum und die endgültige Beseitigung der Ansprüche des Kölner Erzbisthums gegen das Erzbisthum Hamburg-Bremen. Der Nachfolger des Papstes Sergius, Papst Anastasius III., bestätigte Dieses im Januar des folgenden Jahres. In demselben Jahre, in welchem der Erzbischof Hoger die Bestätigung des Papstes Sergius erhielt, 911, starb Ludwig das Kind. Von ihm, wie von dem Bischof Hoger, weiß die Geschichte eigentlich nichts Nennenswerthes zu berichten. Mit Ludwig starb der Mannesstamm der Karolinger in Deutschland aus. Von Hoger führen die Chronisten an, daß er strenge Kirchenzucht geübt habe. Er soll zuweilen in der Nacht nach Ramesloh gekommen sein, um zu sehen, ob die Mönche auch in der Frühmesse die Ordensregel hielten. Es erhielt sich in der Gegend von Ramesloh noch lange die Sage von den nächtlichen Elbfahrten des Hoger, so daß, wenn zur Nachtzeit plötzlich eine Windsbraut sich erhob und übers Feld strich, es hieß: „De olle Bischof kumpt, dat Stift to visiteren." Zu Hogers Zeit soll Hamburg wieder von den Wenden und Dänen überfallen und niedergebrannt worden sein, 915. In diesem Jahre, den 20. Dezember, starb Hoger.

Nach dem mit dem Tode Ludwigs des Kindes erfolgten Abgange des karolingischen Stammes nahmen sich die Herzoge von Sachsen eine immer größere Freiheit über die Sachsenlande und mithin auch über Hamburg und Nordelbingen überhaupt heraus, so daß die Grafen daselbst, die sonst mehr unmittelbar unter dem Könige oder Kaiser standen, nun hauptsächlich vom Herzoge zu Sachsen abhängig wurden. Ueberdies stand der damalige regierende Herzog Otto im Reiche im größten Ansehen. Nach Ludwigs des Kindes Absterben 911 ward ihm die königliche Würde im Reiche zugedacht; er aber lehnte solche Würde ab, und wurde selbige auf seinen Vorschlag im Oktober 911 Konrad I., einem Grafen in Franken, verliehen. Sein Rath und sein Wille war von nun an bei dem Könige Konrad und im Reiche bei Fürsten und Ständen maßgebend und bestimmend. Nach Ottos Tode aber weigerte der König Konrad I. sich, dem Sohn desselben, Heinrich I., dem Vogelsteller, die Belehnung mit den gesamten sächsischen Ländern zu ertheilen. Er fürchtete die wachsende Macht der Sachsenherzoge. Daher ward er mit Heinrich dem Vogelsteller in einen unheilvollen Krieg verwickelt. Während dieser kriegerischen Verwickelungen und Unruhen im Reiche fielen wiederholt die Wenden und Dänen ins Land, und sollen sie bei dieser Gelegenheit Hamburg, wie beregt, zerstört haben in dem Todesjahre Hogers. An Hogers Stelle belehnte Konrad I. den Reginward mit dem Erzbisthum, der aber nur reichlich neun Monate regierte und bereits am 1. Oktober 917 starb. Unni (Unno) ward dann Erzbischof. Kaiser Konrad I. war indes nicht im Stande, der wachsenden Macht des Sachsenherzogs Einhalt zu thun. Das ganze Sachsenvolk murrte wider ihn, daß er dem Herzoge Heinrich nicht alles das einräumen wollte, was dessen Vater besessen hatte. Daher, damit Sachsen nicht vielleicht gar vom Reiche sich abwende und das Reich durch schwere innere Unruhen zerrüttet würde, sah sich Konrad I. bewogen, im Jahre 918 auf seinem Todbette den Herzog Heinrich von Sachsen selbst zu seinem Nachfolger im Königthum zu empfehlen. Infolgedessen kam dann die königliche Würde 919 an den Herzog Heinrich und an das sächsische Haus. Der Herzog zu Sachsen war nun selbst zugleich König, und die nordelbingischen Grafen standen nunmehr wieder unmittelbar unter dem Befehl und der Gewalt des Reichsoberherrn. Das beschränkte sie in ihrer Selbständigkeit und Eigenmacht gegenüber Kaiser und Reich, stärkte sie aber in ihrer Machtstellung den Bischöfen gegenüber, indem die ganze Gegensätzlichkeit zwischen geistlicher und weltlicher Macht und Herrschaft im Grunde nur ein Kampf war zwischen Herzogthum und Bischofthum. Daher sehen wir unter der wachsenden Macht der Sachsenherzoge in der Folge auch bald das Ansehen und den Einfluß der Bischöfe sinken und schwinden.

Der Erzbischof Unni ward 920 vom Papste Johann X. bestätigt in seinen Aemtern und Würden. Mit der Gunst des Kaisers mochte er seiner Kirche manchen Vortheil zuwenden, zumal die Dänen nach Errichtung der Schleswiger Mark (im Süden der Stadt Schleswig, zwischen Schleibusen, Ober-Eider und Levensau, eine unbedeutende Grenzmark, die 1035 den Dänen zurückgegeben wurde, nicht etwa das jetzige Herzogthum Schleswig: dieses hieß damals Südjütland) sich ruhig verhielten und die kirchlichen Einrichtungen im Lande Bestand gewonnen hatten. 934 reiste Unni mit Bewilligung des Kaisers Heinrich I. nach Dänemark und bekehrte Harald (Blaatand), König Gorms des Alten Sohn, zum Christenthum. Auch predigte er damals in den Kirchen des dänischen Reiches und breitete das Evangelium im Lande aus. Von Dänemark begab er sich nach Schweden, um die daselbst von Anschar und Rembert gestifteten Gemeinden, die zum Theil wieder abgefallen waren, aufs neue in den Stand zu setzen. Er ward in Schweden mit Freuden aufgenommen, und seine Arbeit dort war eine erfolgreiche. Als er von Schweden zurückkehren wollte nach Hamburg, starb er zu Birca, der damaligen Hauptstadt in Schweden, im Jahre 936. In demselben Jahre starb auch der Kaiser Heinrich I., und sein Sohn Otto I., der Große, wurde zum Kaiser erwählt. Dieser verlieh das Erzbisthum Hamburg an seinen Kanzler Adaldag, einen jungen Gelehrten von strenger frommer Gesinnung aus abligem Geschlecht. Auch Otto I. stand anfangs selbst dem Herzogthum Sachsen vor. Wenigstens führte Niemand den herzoglichen Titel, wenn auch ein Graf unter ihm, dem Herzoge und Kaiser, wie sein ebenfalls im Jahre 936 verstorbener Verwandter, Graf Sigfried, einige Aufsicht über Sachsen hatte. Otto I. mußte wieder einen Kriegszug gegen die Dänen unternehmen, die vom Christenthum abgefallen waren und Nordelbingen bedrohten und beunruhigten. Er schlug die Dänen und bewirkte, daß jetzt das Christenthum in ganz Dänemark eingeführt ward. Nun gab er dem Erzbischof Adaldag Macht und Befehl, in Dänemark Bischöfe zu verordnen. Adaldag richtete dann in Jütland drei Bisthümer ein: Schleswig, Ripen und Aarhusen, und setzte daselbst Bischöfe ein, denen er auch die Aufsicht über die Kirchen, welche in Fühnen, Schonen und Seeland errichtet wurden, anbefahl. Der Kaiser bestätigte dem Adaldag die Freiheit seines Stifts und die volle Jurisdiktion, sowie auch das Heerbannrecht seines Stuhls und die freie Bischofswahl für seine Diözese. Im Jahre 962 begleitete Adaldag den Kaiser Otto I. auf seinem Zuge nach Italien. Als Otto I. diesen Zug antrat, bestallte er den Hermann Billung förmlich zum Statthalter in Niedersachsen, und 965 ernannte er denselben zum Herzoge. Hermann Billung erwies der Kirche, wie auch dem Stifte zu Hamburg viele Vergünstigungen. Er verbesserte das Einkommen der Ministerialen der Kirche und förderte die Stadt in Aufführung und Renovirung von öffentlichen Bauten. Kaiser Otto I. setzte auf seinem Zuge nach Italien den Papst Leo VIII.

Der Dom, die alte Kathedralkirche Hamburgs.
Abgebrochen Anno 1804.

ab. Als er aber von Rom nach Spoleto gezogen war, empörten sich die Römer und erwählten einen anderen Papst, einen Römer, Benedictus V. Otto I. zog deshalb nach Rom zurück, setzte Leo VIII. wieder ein und zwang die Römer, ihm den eingedrungenen Gegenpapst Benedictus auszuliefern. Diesen ließ er dann durch den Erzbischof Adaldag nach Hamburg führen. Adaldag wurde in Hamburg vom Domkapitel vermißt, als sich die Rückkehr des Kaisers nach Deutschland verzögerte. Das Kapitel hatte mehrmals schon den Adaldag dringend zur Rückkehr aufgefordert. Auf wiederholte Anforderung des Kapitels gab der Kaiser dann dem Adaldag Erlaubniß zur Rückreise und befahl ihm bei dieser Gelegenheit den gefangen gehaltenen Papst Benedictus zur Ueberführung nach Hamburg. Der Papst wurde dann auch von dem Erzbischof nach Hamburg gebracht. Hier lebte derselbe fortan als Privatmann still und eingezogen, bis er im Jahre 965 starb. Er ward im Dom zu Hamburg, mitten im Chor, beigesetzt. Ein Stein-Sarkophag mit Bildniß und Inschrift bezeichnete die Stätte, wo er begraben worden. Später befand sich an der Stelle desselben ein Grabstein mit Darstellungen von Aposteln, Heiligen und kämpfenden Rittern, umgeben von einer alterthümlichen Inschrift — Mönchsschrift. Erst bei Renovirung oder Aufräumung im Dom im Jahre 1805 soll dieser Stein beseitigt worden sein. In den Jahren nach dem Römerzuge Ottos I. blieb es ziemlich ruhig in Nordelbingen und im Hamburger Erzstift, indem Otto und Hermann Billung, sein Statthalter und Herzog, die Dänen und die Wenden mit fester Hand im Zaume hielten, und Adalbag konnte sich ungestört den Aufgaben seines bischöflichen Amtes widmen. Hermann Billung starb im Jahre 973, und in demselben Jahre verstarb auch der Kaiser Otto I., worauf sein, des Kaisers, Sohn Otto II. zur Regierung gelangte. Hermann Billung aber hinterließ zwei Söhne, Benno oder Bernhard und Lothar oder Lüder. Dieser Lüder bekam eine nicht weiter genannte Grafschaft. Einige Neuere haben ohne Weiteres die Behauptung aufgestellt, daß Graf Lüder Holstein, Stormarn und Dithmarschen besessen, also auch über Hamburg geherrscht habe (Bangert ad Helmold 41). Es gründet sich das lediglich auf eine Muthmaßung von Albert Cranz, die, von Cranz ausdrücklich als bloße Vermuthung hingestellt, von Anderen, gleich Trazigers Muthmaßung in betreff der Bedeutung des Wortes Hamme, als eine Gewißheit und erwiesene Wahrheit nachgeschrieben worden ist. Lüders Grafschaft aber war ohne Zweifel Lesmon jenseits der Elbe, woselbst seine Wittwe große Güter der Bremer Kirche und dem Kaiser zugewandt hat.[1] Daß er außerdem noch Grafschaften in Nordelbingen besessen hätte, ist mit nichts zu erweisen und in keiner Weise wahrscheinlich und glaubhaft. Bernhard aber folgte seinem Vater im Herzogthum und in den ihm erblich zu- gestandenen Grafschaften als Bernhard I. Er erwies der Hamburger Kirche große Gunst und hielt die Dänen in Südjütland, welche

---

[1] Ad. v. Bremen (S. 26) sagt, daß Lüder und seine Gemahlin Emma der Bremer Kirche mehrere Güter schenkten — „Ludgerus — qui cum uxore sua, venerabili Emma, Bremensi ecclesiae plurima bona fecit." — Henr. Wolter (ap. Meibom II. 34) sagt von Lüders Wittwe ausdrücklich, daß sie in Lesmon Güter vergabte — „Ipsa legavit ecclesiae magna et nobilia bona et dedit Imperatori bona in Lesmona."

Hamburg anfeindeten, kräftig zurück, so daß Hamburg bei Adalbags Lebzeiten in guter Ruhe blieb.¹ Bernhard stützte sich dabei auf die Macht des Kaisers Otto II. Der Erzbischof Adalbag starb im Jahre 988, nachdem er 52 Jahre lang das Bisthum innegehabt hatte. Der Kaiser Otto II. war indes schon vorher, im Jahre 983, gestorben, und sein Sohn Otto III. war ihm im Regiment gefolgt. Unter diesem erhoben sich die Normannen wieder. 994 fielen diese in Friesland und Hadeln ein, verheerten das Land und zogen dann die Elbe hinauf ins Stadische. Die Grafen von Stade Hinrich II., Udo und Sigfried, sowie Graf Etheler und Andere stellten sich ihnen bei Stade entgegen, wurden aber geschlagen. Udo ward von den siegreichen Normannen enthauptet, Hinrich II., Sigfried und Etheler wurden von ihnen in Fesseln gelegt, worauf das Land von den Siegern ausgeplündert wurde. Herzog Bernhard I. schickte Gesandte zu den Normannen und ließ um gütliche Verhandlungen bitten. Die Normannen zeigten sich zu Verhandlungen bereit, bedangen sich aber ein großes Lösegeld für die Gefangenen aus. Als sie das meiste hiervon empfangen hatten, ließen sie die Grafen Hinrich II. und Etheler los, nachdem sie für Ersteren seinen einzigen Sohn Sigfried den Jüngeren nebst zwei Grafen oder Herren, Gareward (Gerward) und Wulferem (Wulframm), und für Etheler seinen Mutterbruder Theodorich und seinen Vater-Schwester-Sohn Olef angenommen hatten, bis das noch rückständige Lösegeld gezahlt sein würde. Graf Sigfried

---

¹ Nach Einigen soll zur Zeit des Adalbag und Bernhards I. Hamburg von den Slaven oder Wenden zerstört worden sein. Allein dem liegt nichts zu Grunde, als eine Verwechselung zwischen Bernhard I. und Bernhard II. So heißt es bei Gallois (Hamb. Chronik, S. 22): „Ein blutiger Slavenkrieg verwüstete zwölf Jahre lang (983—95) den ganzen Norden Sachsens. Die Obotriten Billug und Missizla, welche mit dem Joche der sächsischen Fürsten, Herzog Bernhards und des Markgrafen Tietrich, zugleich das Christenthum abgeschüttelt hatten, verheerten die Elbgegenden und zerstörten mit anderen Burgen an der Elbe auch unser Hamburg. Doch gelang es 987, die Obotriten für den Augenblick zurückzudrängen — aber Mistwoi oder Miftwi ließ zur gelegeneren Zeit seinen verhaltenen Groll an den unglücklichen Nordsachsen aus." Hier werden offenbar ganz verschiedene Sachen miteinander vermengt. Die Verwüstung Nordelbingens durch Mistevoi, den Slavenfürsten, geschah 1013 unter der Regierung des Herzogs Bernhard II. Bernhard I. regierte von 973 bis 1011. Bernhard II. regierte von 1011 bis 1059, sein Bruder war Graf Titmar oder Tietrich (Graf zu Lesmon), und Beide, Bernhard II. und Graf Titmar oder Tietrich, bekämpften die Slaven unter Mistevoi. Es ist also offensichtlich, daß Gallois hier Bernhard I. mit Bernhard II. verwechselt und identifizirt und daher ganz verschiedene Zeitereignisse miteinander vermischt und vermengt hat.

der Aeltere fand indeß Gelegenheit, aus der Gefangenschaft der Normannen sich zu befreien, und machte sich auf und davon. Aus Wuth über Sigfrieds Entweichung fielen die Normannen über die anderen Gefangenen her und verstümmelten sie aufs Grausamste, indem sie ihnen die Hände abhackten, die Nasen und Ohren abschnitten, und warfen sie dann in den Hafen, von wo sie so gut wie es gehen wollte, sich zu retten suchen konnten. Inzwischen zogen der Herzog Bernhard und Graf Sigfried Truppen zusammen und rächten sich an den Normannen dadurch, daß sie alle Feinde, die bei Stade gelandet waren, aufrieben. Eine Partei der Normannen war nach Lesmon hinaufgezogen zur Plünderung. Sie hatten sich, nachdem sie das Land an der Weser verwüstet, im Glindesmoor zwischen Hamme und Oste in der südlichen Grafschaft Stade versammelt und hatten viele Gefangene dahin mit sich geführt. Hier wurden sie von Bernhard überfallen und total geschlagen. Der Feind ward fast gänzlich aufgerieben und die von demselben mitgeführten Gefangenen wurden befreit.[1] Erzbischof war damals an Adalbags Stelle Libentius I. Derselbe ließ auf die Kunde von dem Einfall der Normannen ins Stadische den Kirchenschatz und alle Kirchengeräthe nach dem Kloster Bücken im Hoyaschen in Sicherheit bringen. Hamburg blieb aber durch das Einschreiten Bernhards I. von einem Einfalle der Normannen verschont. Als im Jahre 1002 der Kaiser Otto III. gestorben war, empörten sich die Wenden unter Mistevoi, doch blieb Nordelbingen auch jetzt vor ihrer Wuth gesichert. Herzog Bernhard bändigte die Aufständischen und stellte die Ruhe unter ihnen her. Auf Otto III. folgte Kaiser Heinrich II. Dieser bestätigte dem Erzstifte Hamburg im Jahre 1003 alle von Otto III. demselben ertheilten Freiheiten. Auch gewährte er dem Erzbischof Libentius I. das Markt-, Bann-, Zoll- und Münzrecht. Im Jahre 1011, den 9. Februar, starb der Herzog Bernhard I. Ihm folgte sein Sohn Bernhard II. Außer diesem Bernhard II. hinterließ Bernhard I. noch einen Sohn Ditmar oder Dietrich, der

---

[1] Bangert (Not. ad Helmold, S. 50) meint, Glindesmoor in Stormarn sei der Ort der Niederlage der Normannen gewesen, und Neuere haben ihm das nachgeschrieben. Da aber die Normannen die Weser hinaufgezogen nach Lesmon, als sie nach Glindesmoor gelangten, so kann nur Glindesmoor zwischen Hamme und Oste gemeint sein. Dieses scheint Bangert nicht gekannt zu haben.

Graf genannt wird und von dem Einige, dem Johann Petersen nachschreibend, ebenfalls sagen, daß er Graf in Nordelbingen gewesen sei. Allein auch er hatte nur die von seinem Vaterbruder Lüder vor ihm besessene Grafschaft Lesmon im Besitz. Von weiteren Grafschaften, welche er besessen haben sollte, fehlt jede Nachricht bei den Alten. Zu der Zeit dieser beiden Brüder wurde Nordelbingen, also auch Hamburg, durch große Unruhen und Empörungen unter den Wenden, die durch Herzog Bernhards II. übermüthiges Verfahren verursacht worden waren, in Angst und Noth gebracht. Durch Bernhards Stolz und seine gegen ihren Fürsten Mistevoi bewiesene Geringschätzung aufgebracht, fielen die Slaven im Jahre 1013 in Sachsen ein und verwüsteten ganz Nordelbingen mit Feuer und Schwert, und ließen daselbst, wie Adam von Bremen und Helmold sich ausdrücken, keine Spur vom Christenthum übrig. In dieser Verwüstung durch die Wenden wurde auch Hamburg zerstört. Bernhard II. war um so weniger vermögend, den Wenden mit Erfolg Widerstand zu leisten, als er sich damals gegen den Kaiser Heinrich II. aufgelehnt und also auch auf anderen Seiten sich gegen Angriffe zu wehren hatte. Der Erzbischof Libentius I. erlebte indes die Zerstörung seines Bischofssitzes Hamburg nicht mehr. Er starb am 4. Februar 1013 nach langer Kränklichkeit. Er empfahl einen gewissen Obbo (Odo) zu seinem Nachfolger, der auch vom Stiftskapitel gewählt ward. Der Kaiser Heinrich II. aber erwählte seinen Kaplan Unwan (Univanus) zum Erzbischof und nahm Obbo in Dienst an seinen Hof. Unwan, aus dem reichen und vornehmen Geschlechte der Imabinger (Immebinger), sei durch Simonie zum Amte gelangt, hieß es damals. Er war freigebig gegen die Armen, nachsichtig und milde und ein großer Kinderfreund. In Hamburg stiftete er zwölf Präbenden für Domherren und schaffte alle Gebräuche, die mit dem heidnischen Kultus in Beziehung standen, gänzlich ab in seiner Diözese. Unwan baute mit Hülfe des Herzogs Bernhard II. von Sachsen auch die Kirche und die Stadt Hamburg völlig wieder auf, und zwar aus Holzwerk. Unter Unwan fingen auch die Priester an, das Cölibat aufzugeben und in die Ehe zu treten. Nachdem er Hamburg völlig wieder aufgerichtet hatte in seinen Bauten, residirte er öfters und für längere

Zeit daselbst. Von Hamburg aus besuchte er den König Knut von Dänemark und auch die Wendenfürsten öfter, und diese kamen wiederum oftmals zu ihm nach Hamburg, wenn er daselbst residirte. Auf Unwans Betreiben zog König Knut von Dänemark gegen die Obotriten, die wieder vom Christenthum abgefallen waren, 1019, und brachte sie zur Ordnung zurück. Herzog Bernhard II., den Unwan durch Großmuth gewonnen, bezwang im Verein mit Unwan die Wagrier und machte sie zinspflichtig. Im Jahre 1020 gelang es dem Erzbischof, den Kaiser mit dem Herzoge Bernhard II., der gegen jenen sich aufgelehnt hatte und nun flüchtig werden mußte, auszusöhnen. Auch der Herzog Bernhard II. hielt sich nun öfters in Hamburg auf und residirte hier nebst dem Erzbischof Unwan.

Heinrich II., der Kaiser, war 1024 gestorben. Konrad II. war sein Nachfolger geworden. Auch diesen wußte Unwan für sich zu gewinnen, und durch Unwans Vermittelung scheint die Verbindung des Königs Knut von Dänemark mit dem Kaiser gegen Polen, 1026, bewirkt worden zu sein. Unwan starb am 28. Januar 1029. Sein Nachfolger war Libentius II., ein Neffe von Libentius I., ein ernster, doch leutseliger Mann von schlichtem Wesen, ein Freund der Armen und ein Feind des unter den Geistlichen herrschend gewordenen leichtfertigen Lebenswandels. Im übrigen melden die Chroniken aus der Wirksamkeit des Libentius II. nichts von Erheblichkeit. Libentius starb schon am 25. August 1032. Ihm folgte als Erzbischof Hermann, ein Domherr zu Halberstadt. Dieser hat für die Geschichte Hamburgs eigentlich keine Bedeutung, da er nur kurze Zeit regierte und während seiner Amtsführung nur ein einziges Mal nach Hamburg kam, auch keine Gelegenheit fand, für Hamburg in besonderer Weise thätig zu sein. Er starb 1036. Ihm folgte Bezilius (Bezelin) Alebrand. Dieser, ein Domherr von Köln, war ein besonders geschickter Mann, von strenger Rechtlichkeit und großem Eifer im Amte, ausgezeichnet durch Frömmigkeit und makellosen Wandel. Er hat als Erzbischof für Hamburg viel gethan, für die Kirche sowohl, als auch für die Stadt. Er verbesserte und vermehrte das Einkommen und den Unterhalt des Domkapitels und der Domherren, ließ die Kirchen und die Kapitelshäuser, welche unter Erzbischof Unwan aus Holzwerk wieder hergestellt waren, aufs neue von gehauenen Steinen wieder aufbauen und befestigte die Stadt oder begann wenigstens, dieselbe zu befestigen durch eine Mauer, die rings um die Stadt aufgeführt werden sollte mit drei Thoren und zwölf Thürmen, von welchen einer dem Bischof, ein anderer dem Vogt, der dritte dem Dompropst, der vierte dem Domdechant, der fünfte dem Scholasticus, der sechste den übrigen Domherren in Besitz und Aufsicht gegeben werden sollte, die anderen sechs aber der Bürgerschaft zugewiesen werden sollten. Auch ließ er für sich ein festes Haus bauen, mit starken Thürmen und Wehren im Süden der Domkirche, nach Einigen die Wiedeburg geheißen, vermeintlich nach den Weidenbäumen, die in der Gegend dort (Schopenstehl und Kleine Reichenstraße) wuchsen. Davon nahm der Herzog Bernhard II. von Sachsen Anlaß, für sich ebenfalls ein festes Haus, eine Burg und Residenz, in Hamburg aufzuführen. Er legte eine Burg an der Alster an, da, wo nachher der Rathsmarstall lag. Es sind, sagt Traziger, „des Orts noch viele Anzeichen daselbst zu sehen".[1] Beide, der Erzbischof und der Herzog, residirten dann die meiste Zeit in Hamburg. Der Erzbischof Bezilius Alebrand hat in Dänemark und im Wendenlande viele Bischöfe gesetzt. Die Geistlichen daselbst hielt er zum ehelosen Leben an. Er starb bevor er seinen Plan der Befestigung Hamburgs zur völligen Ausführung gebracht hatte, den 15. April 1043. Nach ihm verlieh der Kaiser Heinrich III., der auf seinen Vater Konrad II. gefolgt war, das Erzbisthum an Adalbert, Graf von Wettin und Dompropst zu Halberstadt. Dieser Adalbert war ein ausgezeichneter Mann. Mit äußerer Schönheit und imponirender Gestalt vereinigte er hohen Verstand, Scharfsinn, Gelehrsamkeit, starkes Gedächtniß und eine ungewöhnliche Beredtsamkeit. Dabei war er tadelfrei im Wandel, keusch, mäßig, großmüthig und fürstlich freigebig, voll hoher Pläne und von großer Energie und Ausdauer, aber auch hartnäckig und herrschsüchtig. 1044 wurde Adalbert vom Papst Benedikt IX. belehnt mit der erzbischöflichen Gewalt über alle nordischen Lande, Island und die benachbarten Inseln nicht aus-

---

[1] Da diese Burg bei älteren Chronisten als „Burg an der Alster" bezeichnet wird, so ist hier wohl nicht, wie einige spätere Geschichtsschreiber es gethan, auf den sog. Schauenburger Hof in der Gegend der Altstädter Fuhlentwiete zu reflektiren und zu rekurriren.

geschlossen. Im Jahre 1045 vermittelte Adalbert ein Bündniß zwischen dem Kaiser Heinrich III. und dem dänischen Könige Svend-Estridtsen. Hierdurch vornehmlich kam Adalbert zu großem Ansehen, bei dem Könige Svend-Estridtsen sowohl, als auch beim Kaiser und im ganzen Reiche. Im Juli dieses Jahres ward Adalbert in Gegenwart des Kaisers zu Aachen von zwölf Bischöfen geweiht. In Hamburg ließ er neben dem Marienaltar im Dom einen Altar zu Ehren des St. Petrus aufrichten, woraus wohl die eigentliche Pfarrkirche St. Petri entstanden ist — „von welches Einkommen die Kirchspielskirche zu St. Petri in folgenden Zeiten erbaut", meint Traziger, und das ist nicht unwahrscheinlich. 1046 zog Adalbert mit dem Kaiser (Könige) Heinrich III. nach Rom. Dort wurde ihm nach Absetzung dreier Päpste die dreifache Krone angeboten, und der stolze Adalbert lehnte sie ab und schlug Clemens zum Papste vor, welcher dann auch den Stuhl des Pontifikats einnahm und am 25. Dezember 1046 den Kaiser Heinrich III. in der ewigen Stadt krönte und dem hamburgischen Erzbisthum alle Freiheiten und Rechte bestätigte. 1050 nahm der Erzbischof Adalbert die Weiterführung der von seinem Vorgänger angefangenen Bauten und Befestigungsarbeiten in Hamburg in die Hand. Adalbert suchte aber nicht nur durch Bauten und Aufführung von Baulichkeiten das Ansehen der Stadt zu heben und zu fördern, sondern war auch unabläßig bedacht und bemüht, die Freiheit und Unabhängigkeit des Stifts wider Fährlichkeit zu schützen und zu wahren. Die Fürsten und die weltlichen Herren überhaupt trachteten nach Erweiterung und Bereicherung ihrer Macht auf Kosten des Erzstiftes. Dem begegnete Adalbert aufs Kräftigste. Mit großer Mühe und vielen Kosten war er bestrebt, am Hofe des Kaisers in Ungarn, Italien, Flandern und anderen Orten, wo der Kaiser gerade weilte, für seine Kirche zu wirken, und er rettete denn auch die Freiheit des Hamburger Erzstiftes gegen alle Angriffe und Bedrängnisse. Namentlich kam er darüber in harte Feindschaft zu dem Herzoge Bernhard II. von Sachsen. Er wollte die Kirche von aller und jeder weltlichen Jurisdiktion frei machen und zerfiel darüber gänzlich mit dem Herzoge. Auch der Kaiser stand in Feindschaft mit dem Sachsen-Herzoge. Adalbert schloß sich immer fester dem Kaiser

an und suchte auch beim Papst Hülfe und Beistand. 1054 bestätigte
der Papst Victor II. die Privilegien und Freiheiten der Hamburger
Kirche. Im folgenden Jahre aber erhoben sich wieder Unruhen unter
den Wenden, und diese bedrohten täglich die Sachsenlande mit Einfall
und Gewaltthat. Die ihnen entgegengesandten Sachsen wurden ge=
schlagen und auch ein vom Kaiser Heinrich III. gegen sie aufgebotenes
Heer erlitt von den Wenden eine Niederlage. In Bekümmerniß
hierüber und wegen einer damals von den deutschen Fürsten gegen
ihn angestifteten Verschwörung starb der alternde und sieche Kaiser
am 5. Oktober 1056. Er hinterließ das Reich seinem Sohne
Heinrich IV., einem unmündigen Kinde, unter Aufsicht seiner Mutter
und unter Leitung des Bischofs Heinrich von Augsburg. Nun entstand
in Sachsen eine Verschwörung, welche die Entthronung und Er=
mordung des jungen Kaisers zum Zweck hatte. Doch die Gefahr,
welche von seiten der Wenden drohte, rief die Sachsen zur Wehr
gegen diese. Ein Sachsenheer drang ins Wendenland ein und nöthigte
die Bewohner aufs neue, Geißeln zu stellen und Tribut zu zahlen.
Adalbert benutzte die Ereignisse der Zeit indes klug zu seinem
Vortheile, indem er sich immer mehr der Gunst des jungen Kaisers
versicherte. Im Jahre 1057 erhielt er die Grafschaft im Hunsgau
und Fivelgau, und im Jahre 1062 erhielt er die ganze Grafschaft
Stade von Heinrich IV. zum Lehn, der sie dem Grafen von Stade
Udo II. dem Adalbert zu Liebe entzogen hatte. Um sich seines neuen
Besitzthums desto mehr zu versichern, baute Adalbert nun die dritte
Burg in der Grafschaft Stade auf dem Syllenberge bei Blankenese,
welche Höhe er mit vieler Mühe ebnen ließ und auf welcher er dann
ein festes Gebäude aufführte, worauf er sodann eine Propstei daselbst
stiftete.¹ Zur Zeit der Anlegung der Propstei oder der Burg auf dem
Syllenberge ließ der Herzog Bernhard II. von Sachsen noch ein
anderes festes Haus für sich in Hamburg bauen, die „Neue Burg"
genannt, und zwar an der Elbe, da, wo die Alster in diese mündete.²

---

¹ Eine von Dahlmann (zu Neocorus, Dithm. Gesch.) angezogene Urkunde bezeugt,
daß Adalbert mehrere, im Jahre 1059 von einer Dithmarscherin an das Erzstift Bremen
geschenkte Grundstücke auf die Propstei auf dem Syllenberge angewiesen hat.
² Noch im Jahre 1842, bei den Aufräumungsarbeiten nach dem Brande, will man
unter dem Altar der Nikolaikirche Reste von Gewölben der „Neuen Burg" gefunden haben.

Bei dieser Burg ist nachher das Nikolai-Kirchspiel, damals die Neustadt geheißen, entstanden. — Die Altstadt, das damalige Hamburg, umfaßte nur das alte Kirchspiel St. Petri, das Gebiet zwischen der kleinen Alster vom Ausfluß derselben aus der Binnenalster bis zu dem krummen Alsterarm am Mönkedamm, diesem krummen Alsterarm bis zur Trostbrücke, dem Fleeth, welches sich von der Brücke des Hopfensacks zur Brandstwietenbrücke am Hügter, nach der Zollenbrücke hinzieht („Norder-Bille") und dem „Heidenwall", der seiner Lage nach annähernd bezeichnet wird durch den Straßenzug Kattrepel—Pferdemarkt—Alsterthor. Die Erzbischöfe residirten dann, wenn sie in Hamburg sich aufhielten, in der Altstadt, die Herzöge aber in der Neustadt. Herzog Bernhard selbst hat die Neue Burg indes selbst wohl kaum benutzt als Residenz. Er starb bereits am 29. Juni 1059. Im Herzogthum folgte ihm sein Sohn Ordolf oder Otto. Bernhards zweiter Sohn, Graf Hermann, aber scheint, weil die Grafschaft Lesmon, mit welcher sonst wohl die jüngeren Prinzen des Herzogs abgefunden wurden, nicht mehr in den Händen des Herzogshauses war, die Grafschaft Stormarn und in Verbindung mit dieser auch Holstein erhalten zu haben.[1] Der Erzbischof Adalbert stieg auf den Höhepunkt seines Ansehens und seines Einflusses, als im Jahre 1062 Hanno von Köln sich des jungen Kaisers Heinrich IV. bemächtigt hatte und Adalbert nebst Hanno im Namen des Kaisers das Reichsregiment ausübte. Die Stellung Adalberts kam seiner Kirche zu gute. Die Bremer Kirche erhielt damals den Hof Lesmon nebst den dazu gehörigen Gerechtsamen, einen Forst in Wichmodien und die Marschen an der Weser; die Hamburger Kirche aber erhielt die Grafschaft im Emsgau, Westfalen und Engern, die Lehnsrechte über die Grafschaft Udos von Stade und den Hof Plisna in Gröningen. Herzog Ordulf erhielt Burg und Bisthum Ratzeburg. Im Jahre darauf,

---

[1] Daß Hermann zu Hamburg Burggraf gewesen, ist unter anderem auch aus seinen vielen Streitigkeiten mit dem Erzbischof wahrscheinlich. Daß er nicht bloß über seine Burg das Regiment gehabt, erhellt aus Ad. v. Bremen (44), wo es heißt, daß Ordolf und Hermann sich in das Erbe der Herrschaft theilten, und aus Henr. Wolters (47), wo gesagt wird, daß die beiden Söhne Bernhards, Ordolf und Hermann, sich in die Lande getheilt haben — „Haeredes illius puto Ordulfus et Hermannus, filii ejus inter se diviserunt terras". Doch kann dieser Hermann nicht der Graf Hermann von Hammaburg sein, der in einem Diplom Liemars von 1058 (bei Lindenbrog) genannt wird, da er schon 1086 gestorben ist.

1063, erhielt die Kirche zu Hamburg noch mehrere Forste und Waldungen im Ammergau, an der Warmenau, Aller und Hunte, die Abteien Corvey, Lorch, den Hof Duisburg im Ruhrgau, das Dorf Sinzig im Ahrgau u. a. zum Besitz. Aber im Jahre 1065 büßte der gewaltige Kirchenfürst seine Stellung ein. Hanno von Köln war eifersüchtig auf Adalbert, und die meisten deutschen Fürsten waren neidisch und mißgünstig gegen diesen gesinnt, weil er sie alle durch sein Ansehen in den Schatten stellte. Es bildete sich unter den Reichsständen eine förmliche Verschwörung gegen den Erzbischof Adalbert. Auf dem Fürstentage zu Tribur im Januar 1066 wurde dann der Hauptschlag gegen den Verhaßten geführt. Unter Drohungen ward Heinrich IV. bewogen, seinen Berather Adalbert vom Hofe zu entfernen. Adalbert zog sich nach Bremen zurück. Nun fiel Magnus, des Herzogs Ordulf Sohn, in das Bremer Stift ein, um den Erzbischof gefangen zu nehmen. Adalbert entwich in der Nacht aus der Stadt nach seinem Gute Lochtum bei Goslar. Magnus fuhr indes fort, das Stift zu verwüsten. Um dem ein Ende zu machen, ging Adalbert einen Vertrag ein mit Magnus. Dieser ward danach ein Vasall des Erzbischofs und erhielt als solcher 1000 Hufen zu Lehn, wogegen er sich verpflichtete, die Grafschaften in Friesland dem Stifte zu erwerben. Es blieb dem Erzbischof nur etwa der dritte Theil seines Stifts. Adalbert war in schlechter Stimmung, und seine Untergebenen mußten darunter leiden. Er forderte von seinen Beamten den Unterhalt für seinen Hofhalt nach alter Weise. Die Beamten drückten daher die Unterthanen mit Härte. Das Volk war schließlich fast verarmt. Dazu kam ein gefährlicher Slavenaufstand. Durch den Druck der Abgaben, der auf ihnen lastete, gereizt, empörten sich die Slaven im Juni 1066, zunächst gegen Gottschalk, den zum Christenthume haltenden Wendenfürsten, des mächtigen Mistevois Enkel, den sie nebst dem Priester Jppo zu Lenzen erschlugen. Die Aufständischen unter Führung des Plusso, eines Schwagers des Fürsten Heinrich, verheerten die Lande um die Hammaburg und zerstörten auch die Burg. Die Bewohner wurden theils erschlagen, theils zu Gefangenen gemacht. Herzog Ordulf stritt ohne Erfolg gegen die Slaven. Deutschland befand sich im offenen Aufstande seiner Fürsten gegen den Kaiser. Die Verwüstung durch die Slaven und die Furcht vor neuen Angriffen des furchtbaren Feindes war so groß, daß das Oldenburger Stift 84 Jahre unbesetzt blieb. 1069 erstarkte die Macht des Kaisers, und der Aufstand wurde in den thüringischen Staaten unterdrückt. Auch drang der Kaiser in diesem Jahre ins Wendenland ein und unterwarf einen großen Theil der Bevölkerung daselbst. Buthue ward wieder in einen Theil seines Erblandes eingesetzt. Zu derselben Zeit wurde dann auch der Erzbischof Adalbert an den Hof des Kaisers zurückberufen. Im Jahre 1070 beschuldigte man den Herzog in Bayern, Otto von Nordheim, daß er dem Kaiser nach dem Leben trachte. Otto von Nordheim bat um sicheres Geleit, damit er sich vertheidige. Dies ward ihm verweigert, und er entwich dann. Auf Adalberts Rath gab der Kaiser Bayern an Welf von Este, den Schwiegersohn Ottos. Durch Adalbert kam auch der Bund mit dem Könige Svend von Dänemark zu stande. Es hieß, Svend solle die Grafschaft Stabe, Adalbert aber das Patriarchat des Nordens erhalten. Dieses, das Patriarchat über den Norden, war es, worauf Adalberts ganzer Ehrgeiz gerichtet war. Während er die päpstliche Würde ausschlug, als sie ihm angeboten wurde, war sein Tichten und Trachten immer auf die Legation und das Patriarchat des Nordens gerichtet. Otto und Magnus unterwarfen sich der nun erstarkten Macht Heinrichs IV. Sie wurden aber dennoch in Haft behalten, was besonders in Sachsen Unwillen erregte. Um diese Zeit ward auch der Slavenfürst Buthue von dem Tyrannen Cruco wieder vertrieben. Buthue zog mit einer Hülfsmannschaft aus dem Bardengau nach Wagrien, nahm Plön ein, ward aber durch Verrath daselbst gefangen genommen und mit den Seinigen am 8. August niedergehauen. Cruco beherrschte nun mit eiserner Faust ganz Nordelbingen, machte Holstein tributpflichtig und drückte das Volk so, daß mehr als sechshundert Familien aus dem Lande über die Elbe wichen und sich in der Harzgegend ansiedelten. Damals soll auch das inzwischen wieder erstandene Hamburg abermals von den wüthenden Wenden überfallen und zerstört worden sein. Adalbert hatte die ihm früher von Magnus entrissenen Kirchengüter wieder erlangt. Doch erfreute er sich nicht lange mehr der wiedererworbenen Gunst des

Geschickes. Er starb schon am 16. März 1072 zu Goslar. Adalbert hatte trotz seines großen Ehrgeizes doch im Grunde nichts für sich selbst erlangt und erstrebt; er hatte alles seiner Kirche und seinem Erzstifte zugewandt.

Der Nachfolger des Adalbert war Liemar, ein Bayer von Geburt, Propst zu Goslar. Liemar war einer der treuesten Anhänger Heinrichs IV., der auch noch standhielt, als Alle den unglücklichen Fürsten verließen. Durch Unterhandlungen, bei welchen Liemar mit Rath betheiligt war, wurde der Krieg gegen den Kaiser einstweilen beendigt, indem die aufständischen Sachsenfürsten sich unterwarfen. Otto von Nordheim löste sich aus der Gefangenschaft durch Hingabe eines Theils seiner Güter, während Magnus auf der Harzburg gefangen blieb, weil er auf seine Ansprüche an das Herzogthum nicht verzichten wollte. Otto von Nordheim stellte sich nachher an die Spitze der Empörer. Als die sächsischen Fürsten unter seiner Führung im Jahre 1073 Gesandte abordneten zur Verhandlung mit dem Kaiser und dieser die Gesandten abwies, umzingelten die aufrührerischen Fürsten den Kaiser auf der Harzburg; er aber entwich in der Nacht und sammelte zu Hersfeld seine Getreuen und Gefährten. Auf die Drohung der Sachsen, alle Kriegsgefangenen der Lüneburger Besatzung niederzuhauen, wurde Magnus freigelassen. Nach vergeblichen Unterhandlungen schöpften die Fürsten den Verdacht, daß der Kaiser ihnen nach dem Leben trachte, und sagten sich von ihm los. Zur Weihnacht weilte der Erzbischof Liemar bei dem verlassenen Kaiser. Die Sachsenfürsten hatten ihn aus seinem Erzstift vertrieben wegen seiner Treue gegen den Kaiser. Damit er seinen Unterhalt habe, schenkte der Kaiser ihm die Abtei Vreden. 1074 ward der Kaiser genöthigt, mit seinen Widersachern zu verhandeln. Bei den Verhandlungen und Zusammenkünften war Liemar überall zugegen und für die Sache des Kaisers thätig. Nach dem Tage von Gerstungen, auf welchem zwischen den Parteien eine Vereinbarung erzielt worden war, nach welcher der Kaiser eine Amnestie gewähren und auf seine Burgen verzichten sollte, war Liemar in sein Erzstift zurückgekehrt. Er fand daselbst aber traurige Zustände vor. Die Wenden beherrschten Nordelbingen und auch die Lande auf dem linken Elbufer. Später verfocht Liemar eifrig die Rechte der deutschen Kirche gegen die Uebergriffe des Papstes. Im Jahre 1075 mußten die Sachsen sich dem Kaiser beugen, und Liemar war unter den Bischöfen, welche den Frieden vermittelten. Als aber im folgenden Jahre der Kaiser vom Papste in den Bann gethan ward, fielen alle Fürsten von ihm ab. Er mußte zu Speier als Privatmann leben. Im Winter aber zog er nach Rom, um sich vor dem Papste zu demüthigen. Liemar begleitete ihn auf der Reise. Im Jahre 1078 schlug Heinrich IV. seine Gegner und suchte dann Unterhandlungen einzuleiten und dafür die sächsischen Fürsten zu gewinnen. Hierbei leistete Liemar wichtige Dienste, wenn es auch zu entscheidenden Verhandlungen zwischen den Betheiligten nicht kam. Im Februar 1080 war Liemar mit dem Bamberger Bischof in Rom als Gesandter des Kaisers, um den Bann wider den Gegenkaiser Rudolph von Schwaben auszuwirken. Sie erreichten dort nichts, und Liemar war dann auf der Synode zu Brixen am 26. Juni 1080 wirksam, wo deutsche und lombardische Bischöfe den Papst mit dem Bann belegten, ihn entsetzten und einen anderen Papst, Clemens III., erwählten. Nachdem der Gegenkaiser gefallen, unternahm Heinrich IV. einen Zug gegen Rom, wobei ihn Liemar begleitete. Liemar blieb dann in den Jahren 1082 und 1083 in Italien und wirkte dort im Interesse des Kaisers. Dafür erhielt er von Heinrich IV. am 22. Juli 1082 die Abtei Elten bei Zütphen zum Geschenk. 1085 wirkte Liemar in den Verhandlungen zu Gerstungen für den Kaiser. Er ward dafür von dem Gegenpapst im August in den Bann gethan. Heinrich IV. erkannte seine treue Bemühung an durch Verleihung der Abtei Breden an ihn. Bei einer Ueberrumpelung des kaiserlichen Heeres bei Gleichen wurde Liemar 1089 von dem Grafen Lothar von Supplinburg gefangen genommen, und mußte er sich durch Ueberlassung der Bremer Kirchenvogtei an den Supplinburger und Zahlung von 300 Mark Silber auslösen. Die schweren Unruhen der damaligen Zeit wurden noch durch neue und erneuerte Aufstände unter den Wenden vermehrt. Heinrich, der Sohn des erschlagenen Wendenfürsten Gottschall, fiel von Dänemark aus mit einer Schar Wenden und Dänen in Oldenburg ein, um sein väterliches Erbe wieder einzunehmen. Cruco, der regierende Wendenfürst, mittlerweile alt und bequem geworden, schloß, um seine murrenden Unterthanen zufrieden zu stellen, einen Vertrag mit Heinrich, räumte ihm die gewonnenen Distrikte und Plätze ein und gestattete ihm unbehinderten Aufenthalt im Wendenlande. Er dachte aber, den jungen Fürsten mit List zu verderben. Heinrich indes gewann des alten Cruco Gemahlin, Slavina, für sich, die ihn von der ihn bedrohenden Gefahr unterrichtete und ihn warnte. Mit ihrer Zuthat und Beihülfe wurde Cruco bei Gelegenheit eines Gastmahls mit einer Streitart erschlagen. Heinrich heirathete nachher die Slavina und gewann das ganze Land. Er ward nun ein Lehnsmann des Herzogs Magnus von Sachsen, seines Verwandten, und schloß ein Friedensbündniß mit den Nordelbingern. Die benachbarten Slavenstämme aber erwiesen sich dem Heinrich, als einem Christen und einem Sachsenfreunde, feindlich, und dieser rief den Herzog Magnus um Hülfe an. Magnus sandte ihm Bardengauer, Holsten, Stormarner und Dithmarscher zum Beistand. Heinrich zog mit diesen Hülfstruppen ins Polaberland vor Smilow, wo er die Gegner schlug, so daß der Friede in seinem Volke wieder hergestellt wurde. Damals gingen die Nordelbinger, sagt Helmold, wieder aus ihren Festen, worin sie sich aus Furcht vor den Slaven verborgen gehalten, heraus und kehrten zurück zu ihren Heimstätten und zu ihrer Beschäftigung. Auch wurden die zerstörten Kirchen wieder aufgebaut. Der Fürst residirte gewöhnlich zu Bucowec an der Mündung der Schwartau in die Trave, nachher Ljubec (Lübeck) genannt, wo die Hauptkirche stand. Daraus, daß die Nordelbinger ihre Festungen wieder verließen, erhellt, daß die festen Plätze des Landes damals den Wenden nicht in die Hände gefallen sind. Es kann mit der Herrschaft und Gewalt des Cruco über Nordelbingen also nicht so arg gewesen sein, wie es bei einigen Schriftstellern dargestellt wird. Nachdem Heinrich, Fürst von Wendenland, zum ruhigen Besitz seines Landes gekommen, ward auch das Ansehen des Erzstifts im Lande erneuert, und Liemar war bedacht darauf, den alten Einfluß des Stifts unter Slaven und Normannen wiederzugewinnen. Unter den Wirren des Krieges zwischen dem Kaiser Heinrich IV. und seinen aufsässigen Vasallen, den deutschen Fürsten, war die Legation des Nordens des Erzstifts Hamburg-Bremen an Ansehen und Bedeutung gesunken. Die nordischen Fürsten fingen an, selbst Bischöfe zu installiren, und achteten der Legation des Erzstifts dabei wenig oder gar nicht. Nun suchte Liemar sich aber nachdrücklich wieder in seiner Bedeutung als Legat des Nordens zur Geltung zu bringen, indem er die Ausübung der alten Gerechtsame des Erzstifts im Norden voll in Anspruch nahm, und als der König Erich III., Ejegod, seine geistliche Autorität nicht anerkennen wollte, that er ihn in den Bann. Allein die Legation des Nordens war für das Erzstift nicht mehr zu halten. Erich Ejegod führte wegen der Ansprüche des Erzstifts Hamburg-Bremen Klage beim Stuhl zu Rom, und der Papst Urban II. entzog, trotz des Widerspruchs der Fürsten, die dänischen Kirchen der Hoheit des Hamburg-Bremer Erzstifts und dekretirte die Errichtung eines eigenen Erzbisthums für den christlichen Norden zu Lund. Den Bann über Erich Ejegod hatte Liemar schon 1097 ausgesprochen. Nachdem er unter erneuerten Unruhen in Deutschland in den Jahren 1099 und 1100 in Mainz und in Speier beim Kaiser geweilt hatte, starb er am 16. Mai im Jahre 1101. Der erzbischöfliche Stuhl von Hamburg-Bremen blieb nach dem Tode Liemars Jahr und Tag unbesetzt. Der Kaiser hatte nicht die Macht, aus eigener Entschließung einen Erzbischof einzusetzen, und die Fürsten hatten kein Interesse daran, die Wiederbesetzung des erledigten bischöflichen Stuhles beschleunigt zu sehen. Sie waren darauf bedacht, ihre eigene Macht und Jurisdiktion auf Kosten des Kaisers und der Kirche zu erweitern, und da konnte ihnen die Erledigung eines Erzbisthums und die Verzögerung der Wiederbesetzung desselben nur willkommen und genehm sein. Der im Jahre 1102 vom Kaiser ernannte Humbert nahm sich zwar des Erzstifts an, doch konnte er wenig ausrichten, weil ihn der Papst nicht bestätigte. Er starb auch schon am 10. November 1104, und die Geschichte weiß von ihm wenig zu berichten.

Auf Humbert folgte der vom Kaiser eingesetzte und vom Papste bestätigte Friedrich I. Dieser hat sich vielfache Verdienste um die hiesigen Marschen erworben. Er schloß 1106 einen Kontrakt mit holländischen Kolonisten zur Eindeichung und Kolonisirung von Marsch- und Moorlanden an der Weser und Elbe. Holländischen Kolonisten folgten friesische und westfälische Ansiedler nach in Anbau und Besiedelung der bisher noch unbedeicht und unbewohnt gelegenen Marsch- und Oedlande an Weser und Elbe. Das Diplom der Abmachung, welche der Erzbischof Friedrich mit den holländischen Kolonisten damals getroffen, hat uns u. a. Lindenbrog (S. 148) geliefert. Nach demselben sollte eine Hufe 720 Rth. in die Länge und 30 Rth. in die Breite gerechnet werden und sollten die Anbauer jährlich von einer Hufe einen Denar geben. Zugleich sollten sie den Zehnten zahlen und zwar so, daß sie von den Früchten des Landes die elfte Garbe, vom Vieh: Schafen, Schweinen, Ziegen, Gänsen, sowie auch von Honig und Flachs aber das zehnte Stück oder das zehnte Maß erlegten, und bis Martini ein Füllen mit einem Denar und ein Kalb mit einem Obulus lösen zu können die Erlaubniß haben sollten. Außerdem sollten sie von je hundert Hufen 2 Mark geben. Ihre Gesetze und Beliebungen sollten sie selbst abfassen und ihre Rechtshändel unter sich schlichten können; wenn sie aber sich nicht einigen könnten, so sollten sie die Entscheidung beim Erzbischof suchen, denselben mit dem Nöthigen versehen und ihm, solange er der Sache wegen bei ihnen verweilen müßte, auch den dritten Theil der dafür fallenden Gebühr und Einnahme gewähren. Sie sollten die Befugniß haben, nach ihrem Belieben und Gefallen Kirchen zu erbauen, welchen der Erzbischof zum Besten des Priesters den zehnten Theil der ihm aus der Parochie beikommenden Zehnten belassen wollte, während die Eingepfarrten ihrer Kirche eine Hufe zum Unterhalte des Priesters einräumen sollten. Aus dieser Abmachung mit den holländischen Kolonisten ist nachher das in der Rechtsgeschichte der Elblande so bekannte Jus hollandricum, das Holländerrecht oder Meierrecht entstanden, über welches einige Schriftsteller so wunderliche Erklärungen gemacht haben.

Auf den Erzbischof Friedrich I. ist die Bedeichung der Marschen in Nordelbingen und in den Elb- und Weserdistrikten im Bremischen zurückzuführen und von der durch ihn mit den holländischen Bedeichern und Kolonisten getroffenen Abmachung ist der Ursprung der

Holländerkolonien und der Ansiedelungen in den Elbgegenden auf Grund des Holländerrechts und des Meierrechts herzuleiten. Jene Ansiedelungen fallen in die Zeit nach der Bedeichung durch die Holländer unter dem Erzbischof Friedrich, und das Holländerrecht oder Meierrecht steht überall in diesen Landen in Verbindung mit Ansiedelung und Kolonisirung kürzlich erst eingedeichter oder noch zu bedeichender Distrikte.

Heinrich der Löwe gab 1171 dem Friedrich von Machtenstedt Erlaubniß, einen Distrikt Marschlandes an Käufer zu überlassen, die denselben besitzen sollten nach dem holländischen Recht — sibi et suis haeredibus jure Hollandrico possidendam (vogtii mon. Bremensis I. 9). Erzbischof Hartwig II. verkaufte 1201 an Kolonisten Marsch- und Moorland zum Besitz nach Holländerrecht — jure Hollandrico possidendam (vogtii mon. Brem. I. 20). In einem Diplom des Erzbischofs Hartwig I. von 1149 ist die Rede von der Gerechtigkeit, welche die Holländer um Stade zu genießen hätten — de justitia qualem Hollandensis populus circa Stadium habere consuevit (Lindenbrog, S. 157) und Kaiser Friedrich I. bestätigte 1158 die von dem Erzbischof Friedrich I. den Marschbewohnern ertheilten Privilegien (Lindenbrog, S. 160).

Auch im Norden der Elbe hat es die gleiche Bewandtniß mit dem Holländerrecht. Im Jahre 1139 hatten sich schon an der Stör und an der Walburgsau (Wolbersau, Burgerau bei Burg in Dithmarschen) Kolonisten angesiedelt, welche an Vicelins Kloster zu Neumünster Zehnten an Früchten und Vieh geben mußten (Westphalen, Mon. ined. II. 19). Im Jahre 1146 heißt es von der Bishorster Marsch, daß sie schon von nicht wenig Leuten bewohnt sei — jam non raro incolitur habitatore (Westphalen II. 18). Im Jahre 1164 überließ Vicelin als Propst zu Neumünster an den Propst Hartmann des Klosters Ramesloh zwölf wohlangebaute Holländerfelder und eine noch nicht angebaute Holländerhufe — XII agros Hollandenses bene cultos, et dimidium mansum Hollandensem nec dum cultum (Westphalen II. 23). Ein Diplom vom Jahre 1221 spricht von einem Distrikte im Holsteinischen zwischen Sachsen und

Holländern — inter Saxones et Hollandros (Westphalen, Monum. ined. 29) und ein anderes vom Jahre 1248 von Kolonisten zu Damplede (Damfleth) und deren Freiheiten (Westphalen 41). Hieraus erhellt zur Genüge, daß im zwölften Jahrhundert vornehmlich viele holländische Kolonisten in die Elbländer gekommen sind und das Holländerrecht, das Kolonisten- oder Meierrecht, nichts weiter bedeutet, als die besonderen Privilegien und Freiheiten derselben hier im Lande. Zugleich erhellt aus dem Angeführten, so besonders, wenn es im Jahre 1146 in Bezug auf die Bishorster Marsch (Haselderper Marsch, damals größer als jetzt, von Wedel bis Glückstadt sich erstreckend) heißt, daß sie schon ziemlich bewohnt sei, deutlich, daß die Bedeichungen hier zu Lande damals noch nicht alt waren und sich der Zeit nach der durch den Erzbischof Friedrich I. veranstalteten Kolonisirung und Bedeichung an der Weser und Elbe anreihen.

Auch die Bedeichung der Dithmarscher Marsch gehört dieser Zeit an nach dem geschichtlich Gegebenen. — Die älteste Urkunde, in welcher Ortschaften in der Marsch in Dithmarschen genannt werden, ist wohl eine um 1140 vom Erzbischof Adalbero ausgestellte Urkunde (Hamburger Urkundenb. S. 152), in welcher dem Hamburger Domkapitel mehrere Kirchen und die Disposition über verschiedene Gerechtsame verliehen werden. Hier werden neben den Kirchörtern Milethorp (Meldorf), Wettingstede (Weddingstedt), Biusne (Büsum), Uthaven, Lunden und Heristede (Süderhastedt) die Orte Myrne (Marne), Barlette (Barlt) und Ethelekeswisch (Eddelak) genannt.[1] Alle hier genannten Kirchen, von dem unbekannten Uthaven abgesehen, welches wohl eine Kirche bei Lunden, jenseits der Eider vielleicht, in Utholm, war, liegen auf der Dithmarscher Geest, und nur die hier genannten Ortschaften ohne Kirche, Marne, Barlt und Eddelak, gehören der Marsch an. Es kann also, da noch nicht einmal eine Kirche daselbst erbaut war, die Marsch in Dithmarschen damals noch nicht lange bedeicht und bevölkert gewesen sein. Es ist demnach historisch wahr-

---

[1] Der Erzbischof Adalbero wird von Einigen Adalbert II. genannt. Es beruht das auf falscher Lesart, indem man für Adalbero Adalbert gelesen hat.

scheinlich, daß auch die Bedeichung in Dithmarschen der Zeit der ersten Kolonisirung der Marschlande an der Elbe durch den Erzbischof Friedrich I. von Hamburg-Bremen angehört. In der Kolonisirung durch den Erzbischof Friedrich im Jahre 1106, in der Herberufung und Hereinziehung von Kolonisten aus Holland, Friesland und Westfalen durch den Bischof ist ohne Zweifel auch der Ursprung der Vierländerbevölkerung bei Hamburg als Kolonistenverband von holländisch-friesischer Abkunft gegeben. Durch die Bedeichung und Kultivirung von Marsch- und Moorländereien diesseits und jenseits der Elbe haben die Erzbischöfe Friedrich I. und seine Nachfolger Adalbero und Hartwich I. sich ein hohes Verdienst von bleibender Bedeutung für die Elbländer erworben.

In dem letztgenannten Jahre 1106 starb der Kaiser Heinrich IV., der seinen Sohn Heinrich V. zum Nachfolger erhielt, und auch der Herzog Magnus von Sachsen ging in diesem Jahre mit Tode ab. Damals wurden die nordischen Kirchen von Hamburg getrennt und dem neuerrichteten Erzbisthum Lund unterstellt. Die Erzbischöfe, die schon seit den Verwüstungen Hamburgs durch die Wenden und Normannen meistens zu Bremen residirt hatten, residirten nun ausschließlich daselbst, und von nun an heißen sie nicht mehr Erzbischöfe von Hamburg-Bremen, sondern nur Erzbischöfe von Bremen.

Mit dem Herzog Magnus von Sachsen war das regierende Haus der Billunger im Mannesstamm erloschen. Magnus hinterließ nur zwei Töchter, Eilike, die an Graf Otto von Ballenstedt, und Wulfhilde, die an Herzog Heinrich den Schwarzen von Bayern verheirathet war. Das Herzogthum Sachsen, als ein erledigtes Reichslehn, wurde nun vom Kaiser Heinrich V. an den Grafen Lothar oder Lüder von Supplinburg vergeben. Unter diesem Lothar regierte in Hamburg ein Graf Gottfried. Dieser wurde von den Slaven beunruhigt, und als er mit einigen Hamburger Bürgern ihnen nachsetzte, erschlugen ihn die Slaven. Er ist der erste Graf von Stormarn, den wir bestimmt angeben können, auch über Holstein hat er zu gleicher Zeit nach Grafenrecht geherrscht, denn durch seinen Tod ward auch die Grafschaft Holstein erledigt. Lothar gab die Grafschaften Stormarn und Holstein dem Grafen Adolph von Santersleben oder Schauenburg.

Der Presbyter Bremensis führt 1110 an als das Jahr, da Graf Gottfried erschlagen worden, ebenso Annalista Saxo.[1]

[1] Der Annalista Saxo (ad h. a.) nennt den Gottfried kurzweg Graf von Hamburg. Die Slaven, sagt er, beunruhigten die Elblande, erschlugen Viele und machten viele Gefangene. Auch der Graf Gottfried von Hamburg wurde erschlagen. — „Slavi regionem Albianorum irrumpunt, multisque occisis et captis redeunt. Occiditur ibi Godefridus, Comes de Hammaburch." Hieraus erhellt, daß die Grafen von Holstein und Stormarn ihren Sitz in Hamburg hatten. Demnach ist es dann auch wahrscheinlich, daß der beregte Graf Hermann von Hamburg bei Lindenbrog um 1088 nicht nur Burggraf in Hamburg, sondern auch ein Graf von Holstein und Stormarn gewesen ist, und daß die Holsteinischen Grafen von Karls des Großen Zeit her in Hamburg ihren Sitz hatten, ursprünglich wohl als Burggrafen oder Kirchen-Schirmvögte. Daß die Geschichte von diesen Grafen nichts weiter berichtet, ist daraus erklärlich, daß die Grafen den Bischöfen gegenüber nicht zur Geltung kommen konnten. — Graf Gottfried scheint nach einigen Daten zur Billungschen Verwandtschaft gezählt zu haben, wie aber, das ist nicht bekannt. Auch wissen wir nicht, wann und wie er zur Grafschaft gekommen ist.

Zweiter Abschnitt.

Von 1110 bis 1459.

Erste Abtheilung.
Von der Zeit Adolphs I. von Schauenburg bis 1227 — Schlacht bei Bornhöved.

Adolph von Santersleben oder Schauenburg, in der Reihe der Grafen von Holstein-Schauenburg als Adolph I. bezeichnet, war nun an Stelle des erschlagenen Gottfried Graf von Holstein und Stormarn und als solcher Burggraf und Schirmherr zu Hamburg. — Zum Schutze und zur Erhöhung des Ansehens der Kirchen und der Geistlichen hatte Karl der Große schon die Anordnung getroffen, daß den Kathedral- und Domkirchen eigene Schirmvögte (advocati) nebst einer Schutz- und Leibgarde von berittenen Wehrmännern (ministeriales ecclesiae militares) zugeordnet würden.[1] Die Schirmvögte versahen das Amt der Gaugrafen, indem sie nicht nur für die äußere Sicherheit der Kirchen zu wachen, sondern auch die Gerechtigkeit in den Diözesanbezirken zu handhaben und überhaupt alle weltlichen Händel zu ordnen und zu schlichten hatten, damit die Kirchenfürsten und die hohe Geistlichkeit nicht unnöthig mit weltlichen An-

---

[1] Kathedral- und Domkirchen sind solche Kirchen, an welchen der Bischof sein Cathedram und Domum, seinen Sitz und seinen Lehrstuhl, hat.

gelegenheiten beschwert und belästigt würden. (Bangert ad Helmold, Chron. Slav. S. 338.) Für die Kathedral- und Domkirche zu Hamburg waren die berufenen Schirmherren die Burggrafen, die Grafen auf der Hammaburg. In späterer Zeit erst, als die Grafen zu selbständigerer Gewalt gelangt waren, finden wir besondere gräfliche Vögte hier eingesetzt. So lange Hamburg Bischofsstadt war, konnten die Grafen hier im wesentlichen nur in der Stellung von Schirmherren fungiren, und auch Adolph I. als Graf von Holstein und Stormarn nahm in Beziehung auf Hamburg keine andere Stelle ein, als die eines Schirmherren. Hamburg hatte aufgehört, Sitz der Erzbischöfe zu sein; es blieb aber dem Rechte nach eine bischöfliche Stadt und ein von Bremen gesondertes Bisthum und als solches auch Sitz eines Domkapitels mit voller geistlicher Jurisdiktion in Nordelbingen in dem bisherigen Umfange, in welchem dieselbe sich über Holstein und Stormarn erstreckte. Dithmarschen stand unter Jurisdiktion des Bremer Kapitels. Doch wurde bald nachher, 1140, auch dieses dem Kapitel zu Hamburg unterstellt, so daß das Hamburger Kapitel nun in ganz Nordelbingen die Jurisdiktion hatte. Der Dompropst zu Hamburg war ordentlicher Richter in geistlichen Sachen für Nordelbingen und erhielt sich in der Stellung eines solchen bis zur Einführung der Reformation. Nur in der Appellationsinstanz gingen Rechtssachen nach Bremen an den Erzbischof. In der hierin gegebenen Stellung Hamburgs war es begründet, daß die Grafen hier, auch als sie sich immer größere Macht erwarben und zueigneten, nur die Stellung von Schutzherren einnehmen konnten. Indem die Hamburger sich auf das geschichtlich gegebene Recht beriefen, räumten sie den Nachfolgern Adolphs I. nicht mehr ein, als was dieser beim Antritt der Grafschaft in Holstein und Stormarn an Rechten und Gerechtsamen über Hamburg vorgefunden und erlangt hatte. Daher hat Hamburg immer die Grafen von Schauenburg als Schutz- und Schirmherren angenommen, aber niemals einem Grafen von Schauenburg die Erbhuldigung geleistet. Uebrigens aber mußte, nachdem Hamburg aufgehört hatte, erzbischöfliche Residenz zu sein, der Einfluß, wie das Ansehen der Grafen immer mehr gewinnen und infolgedessen die Stadt Hamburg in ihrer Verfassung mehr und mehr den Charakter einer Bischofsstadt verlieren, und insofern als dieses der Fall war, bezeichnet die Installirung Adolphs I. als Graf von Holstein und Stormarn ein bedeutsames Moment in der Geschichte Hamburgs.

Die Erzbischöfe von Bremen suchten vergebens die Legation des Nordens wieder zu erlangen und das Hamburger Stift in der früheren Bedeutung herzustellen. Der Erzbischof Friedrich I. protestirte gegen die Errichtung eines Erzstiftes Lund und gegen Loslösung der nordischen Reiche vom Hamburger Stift, und als er 1123 gestorben war, nahm sein Nachfolger Adalbero den Protest gegen die Abtrennung der Legation des Nordens von der Kirche zu Hamburg wieder auf. Adalbero erlangte 1125 vom Papste Calixtus II. eine Bestätigung der alten Rechte der Hamburger Kirche. Aber die Errichtung des Erzbisthums zu Lund wurde nicht mehr rückgängig gemacht und das Erzbisthum Hamburg nicht wieder hergestellt.

Graf Adolph I. von Schauenburg stammte ab von Adolph von Santersleben, dem der Kaiser Konrad II. 1030 einen Platz an der Weser zu Lehn gegeben mit einer Höhe, Nesselberg geheißen. Hier erbaute Adolph eine Burg, die er wegen ihrer Belegenheit, weil man von da weithin das Land überschauen konnte, Schauenburg nannte. Daher nahmen die Schauenburger das Nesselblatt in ihr Wappen auf, welches dann auch in das holsteinische Landeswappen gekommen ist. Adolph I. regierte von 1110 bis 1130. Er befreundete sich mit dem Wendenfürsten Heinrich und später auch mit dem dänischen Fürsten Knut Laward, um seinen Landen möglichst den Frieden zu sichern. Der Geistliche Wessel, Vicelinus, vermittelte das gute Vernehmen zwischen Adolph und dem Wendenfürsten Heinrich. Vicelin trieb das Werk der Mission unter den Wenden in Wagrien im Geiste Anschars. Er war zu Hameln in Westfalen 1086 geboren und wurde in Magdeburg, nachdem er vorher Rektor an der Domschule zu Bremen gewesen, zum Priester geweiht. Von Magdeburg aus wandte er sich an den Erzbischof Adalbero von Bremen und bot durch diesen dem Wendenfürsten Heinrich seine Dienste an. Er fand durch Fürsprache des Erzbischofs gute Aufnahme in Wagrien und ward in Lübeck zum Priester verordnet. Der Fürst Heinrich starb aber schon 1125, und seine beiden Söhne, die er hinterließ, gerieten miteinander in Krieg. Vicelin verließ seine Kirche in Lübeck, wo er nichts mehr ausrichten konnte, und ging ins Holsteinische, wo er sich zu Faldera oder Wippendorf, einem Dorfe nicht weit von der wagrischen Grenze, auf Bitte der Einwohner als Priester niederließ. Hier wurde dann ein Kloster gebaut, novum monasterium — Neumünster.[1] 1125 wurde Herzog Lothar von Sachsen Kaiser in Deutschland. Er begünstigte den Vicelin, der dann sich völlig wieder in seiner Stellung befestigte, als Knut Laward in den Besitz des Obotritenlandes gekommen war, 1127. Knut besiegte in diesem Jahre die Wendenfürsten Pribislav in Wagrien und Niklot im sogenannten Obotritenlande und nannte sich nun König der Wenden. Um sich die Herrschaft im Wendenlande immer mehr zu sichern, wollte er die Anhöhe Alberg (Segeberg) in Wagrien befestigen. Das mißfiel dem Grafen Adolph, der daher die Arbeiter an der Befestigung des Berges und eine dahin gelegte Besatzung gefangen nehmen ließ und so die Befestigung hintertrieb. In Hamburg stellte Adolph indes Wall und Veste wieder her. Auch soll er die Domkirche im Bau erneuert haben. Vornehmlich auf Vicelins Betreiben begünstigte er im Einvernehmen mit dem Erzbischofe die Herbeiziehung von Niederländern zur Kultivirung von sog. Oebländereien und scheint er sich in dieser Beziehung mit großen Plänen getragen zu haben, an deren Ausführung er durch den Tod verhindert ward. Er starb den 13. November 1130. Sein Sohn Adolph II. folgte ihm in der Grafschaft. Adolphs I. Witwe, die Gräfin Hildewa, ließ in Hamburg die Burg an der Alster wieder herstellen. Sie scheint in Hamburg ihren Witwensitz und ihr Leibgedinge gehabt zu haben. Bald nachdem Adolph II. die Herrschaft angetreten hatte, wurde Knut Laward ermordet, im Januar 1131, dessen Tod auch Adolph und seine Lande in Mitleidenschaft zog. Auf die Nachricht von Knuts Tode griffen Pribislav und Niklot im Wendenlande wieder zu den Waffen, um die ihnen genommene Herrschaft zurückzugewinnen. Pribislav nahm den Polabergau (Lauenburg) und das Wagrerland ein, Niklot das

---

[1] Faldera war der wendische Name, Wippendorf der holsteinische. Neumünster heißt der Ort in Beziehung auf das alte Münster, das jetzige Münsterdorf bei Itzehoe.

eigentliche Obotritenland. Das Christenthum wurde nun in ihren
Landen in unerhörter Weise angefeindet und der heidnische Kultus
daselbst wieder eingeführt. Adolph II. suchte den Kaiser Lothar zu
bewegen, dem Pribislav Einhalt zu thun. Lothar ließ sich auch zur
Hülfe wider die Wenden bestimmen. Pribislav und Niklot mußten
sich unterwerfen und dem Kaiser huldigen, wurden jedoch in ihren
Landen im vollen Regiment bestätigt. Der Kaiser wurde nun durch
Vicelin, der deswegen eigens an den kaiserlichen Hof sich begeben
hatte, auf den Vortheil einer Befestigung im Wagrerlande aufmerksam
gemacht. Er kam dann 1134 selbst nach Nordelbingen und wählte nach
Vicelins Vorschlag den hohen Alberg (Etberg) zum Orte der geplanten
Befestigung. Die Wendenfürsten mußten selbst Mannschaft stellen
zu den Befestigungsarbeiten am Alberg, der nachher Siegeberg oder
Segeberg genannt wurde. Neben dem Siegeberge ward eine Kirche
erbaut, und bald nachher entstand daselbst eine Ortschaft Segeberg.
Die Burg auf dem Siegeberge erhielt eine kaiserliche Besatzung. Der
erste Burghauptmann hieß Hermann.[1] 1137, 3. Dezember, starb
der Kaiser Lothar ohne männliche Erben. Er hatte dem Gemahl
seiner Tochter Gertrud, dem Herzog Heinrich dem Stolzen von Bayern,
das Herzogthum Sachsen, womit Heinrich V. ihn nach dem Tode
des Herzogs Magnus belehnt hatte, zum Brautschatz mitgegeben.
Dawider empörte sich vornehmlich der Markgraf Albrecht der Bär
von Brandenburg aus dem Hause Askanien (Anhalt), der mit jenem
gleiches Recht an Sachsen beanspruchte von Herzog Magnus her.
Magnus hatte zwei Töchter hinterlassen. Die Eine, verehelicht an
den Herzog Welf in Bayern, wurde des Herzogs Heinrich des
Stolzen Mutter, die Andere, an den Grafen Otto von Soltwedel
verehelicht, ward die Mutter des Markgrafen Albrecht des Bären.
So konnte der Markgraf Albrecht sich zu des Herzogs Magnus

---

[1] Der „hohe Alberg", der Segeberger Kalkberg (Gipsberg), ist nur 189 Fuß hoch
über dem nahe liegenden großen See. Doch gewährt derselbe eine weite Fernsicht übers Land.
Es sind von da aus die Thürme von Lübeck in einer Entfernung von 4 Meilen und bei ganz
hellem Wetter die Thürme von Hamburg in einer Entfernung von 7 Meilen zu sehen.
Stadt und Schloß Segeberg wurden im dreißigjährigen Kriege 1644 von den Schweden
unter Torstensohn erobert, und das Schloß ward dann von den Schweden abgebrannt. Von
dem Schlosse ist jetzt auf dem Berge keine Spur mehr vorhanden, als etwa der Rest eines
im Gipsfelsen ausgehöhlten tiefen Brunnens.

Stamm eben so nahe rechnen, wie der Herzog Heinrich, und daher wollte er mit diesem gleichen Theil an Sachsen haben. Zudem hielt er es für unbillig, daß der Herzog Heinrich in Sachsen zu Lehen gehe, da er bereits das Herzogthum Bayern besitze. Konrad III. wurde an Lothars Statt zum Kaiser erwählt, und dieser zeigte sich feindselig gesinnt gegen Heinrich den Stolzen. Es kam dahin, daß durch ein Schiedsgericht der Fürsten Heinrich dem Stolzen das Herzogthum Sachsen abgesprochen ward, weil es unrecht und nicht erlaubt sei, daß ein Herzog über zwei Herzogthümer gesetzt werde. Der Kaiser nahm dann dem Herzog Heinrich das Herzogthum Sachsen und gab es an Albrecht den Bär. Graf Adolph II. von Holstein und Stormarn blieb dem Herzog Heinrich dem Stolzen, dem er als Herzog von Sachsen den Lehnseid geleistet hatte, treu. Albrecht der Bär erklärte nun den Grafen Adolph II. seiner Grafschaft verlustig und setzte den Grafen Heinrich von Badewide an dessen Stelle, der dann auch Holstein und Stormarn in Besitz nahm. Er besetzte Hamburg und selbst Segeberg und das Schloß Plön. Adolph II. mußte aus dem Lande weichen. 1139 aber gewann Heinrich der Stolze wieder die Oberhand im Herzogthum Sachsen und mit ihm erschien Adolph II. wieder in Nordelbingen. Heinrich von Badewide floh aus dem Lande. Vorher verbrannte er die Feste zu Segeberg und die zu Hamburg, die Burg an der Alster. Die Alsterburg ist nachher nicht wieder aufgebaut worden. Dieselbe lag aller Wahrscheinlichkeit nach an dem Orte des jetzigen Rathhausmarktes. Albrecht der Bär ließ Heinrich von Badewide ganz im Stiche. Er erhielt die Mark Brandenburg als Eigenthum zugesprochen und gab sich zufrieden. Heinrich der Stolze, Herzog von Bayern und Sachsen, starb noch in demselben Jahre, 1139. Er hinterließ einen Sohn, Heinrich den Löwen. Seine Witwe, Heinrichs des Löwen Mutter, Gertrud, vermählte sich wieder 1142 und entwandte ihrem Sohne dadurch das Herzogthum Bayern. Die Räthe des Sachsenlandes wurden Vormünder Heinrichs des Löwen. Heinrichs Mutter hatte in Vormundschaft für ihren Sohn einen Vertrag geschlossen mit Heinrich von Badewide, wonach dieser gegen Zahlung einer größeren Summe Geldes das Wagrerland in Besitz nehmen

Erste Abtheilung. Zeit Adolphs I. v. Schauenburg bis 1227—Schlacht bei Bornhöved. 49

sollte. Sehr ungern vermerkte das Adolph II. Er bot den sächsischen Räthen eine bedeutendere Summe und erhielt Wagrien, etwa 1142. Heinrich von Badewide richtete dann sein Verlangen auf das Polaberland, und er wurde dann auf diese Weise der erste Graf von Ratzeburg. Wagrien war durch die vielen Kriegsunruhen, unter welchen es gelitten hatte, fast zur Einöde geworden. Adolph II. dachte an Wiederanbau und Verbesserung. Vicelin gab ihm hier das Vorbild. Die Ichhorster und Bishorster Marsch, Theile der Haseldorfer Marsch, waren dem Vicelin und dem Kloster Neumünster vom Erzbischof Adalbero geschenkt worden, und Vicelin hatte niederländische Kolonisten dahin gerufen. Dieses Beispiel ahmte Adolph II. nach. Er ließ Kolonisten kommen aus Holland, Flandern, Utrecht und Westfalen. Auch Holsteiner und Stormarner ließ er dort sich ansiedeln. Auch suchte er eine Stadt in Wagrien zu gründen. Er stiftete Lübeck — nicht Altlübeck an der Schwartau, sondern Neulübeck zwischen Trave und Steckenitz. Das Jahr der Gründung ist nicht bestimmt anzugeben. Die Gründung scheint nach Angaben bei alten Chronisten

Merkwürdiger Grabstein aus dem Dom.

in die Zeit von 1140 bis 1143 zu fallen. Adolph II. schloß einen Vertrag auf gegenseitigen Schutz mit dem Obotritenfürsten Niklot. Daraus entstand ihm große Verlegenheit. Heinrich der Löwe, der Lehnsherr Adolphs II., beschloß einen Kreuzzug gegen die heidnischen Obotriten. Adolph II. sollte nun also den Niklot bekriegen. Er kündigte daher dem Niklot das Bündniß auf, weil er nicht anders könne. Darüber aufgebracht, fiel Niklot 1147 in Wagrien ein. Lübeck wurde erobert, die Einwohner daselbst umgebracht und ganz Wagrien verwüstet. Der Kreuzzug des deutschen Heeres gegen die Obotriten erfolgte von Sachsen aus, während Svend Grate und Knut von Dänemark als Verbündete der Deutschen mit einer Flotte an der obotritischen Küste landeten. Die Slaven nahmen zwar für den Augenblick das Christenthum an, entsagten demselben aber bald wieder. Als der Krieg beendigt war, erneuerte Adolph II. das Bündniß mit Niklot. 1150 gerieth Adolph in Feindschaft mit Dänemark. Er erklärte sich für den König Knut und belagerte den König Svend Grate in Schleswig, indem er mit viertausend Mann aus Holstein dem Knut zu Hülfe kam. Svend Grate unterhandelte mit Knut, und dieser ließ sich zu einem Waffenstillstand und zum Abzuge von Schleswig bewegen. Adolph II. zog sich dann in Eile gegen die Eider zurück. Hier hatte sich aber sein Heer zerstreut, und nur vierhundert Mann waren noch bei ihm. Mit diesen rettet er sich über die Eider. Svend Grate eilt ihm nach, setzt mit Booten über die Eider und rückt vor. Die Holsteiner aber setzen sich jetzt zur Wehr, überfallen den Svend Grate und schlagen ihn, so daß er sich mit großem Verluste zurückziehen muß. Adolph ließ nun, nachdem er wieder Ruhe gefunden, den Bischofssitz in Oldenburg erneuern und übergab denselben dann dem alten Vicelin, der jetzt zum Bischof von Oldenburg geweiht wurde. Darüber gerieth er in Streit mit Heinrich dem Löwen, seinem Lehnsherrn, der da verlangte, daß sein Bischof von ihm die Investitur haben sollte. Vicelin fügte sich dem Verlangen des Herzogs und erhielt von diesem die Investitur. Doch kam Vicelin nicht nach Oldenburg. Er lebte zu Bosau am Plöner See, wo er auch im Jahre 1154 starb, bevor die Kirche zu Oldenburg wieder ganz hergestellt war. Ihm folgte der Bischof Gerold, der endlich, als 1155 die Kirche wieder erbaut war, in Oldenburg seinen Sitz nehmen konnte. Um 1160 faßte man den Entschluß, den Bischofssitz in die sicherere Stadt Lübeck zu verlegen. Die Ausführung geschah aber erst im Juli 1163. Gerold starb fünf oder sechs Wochen nach seiner Einführung zu Lübeck. Die Stadt Lübeck blühte damals mächtig auf. Täglich wuchs sie an Bürgerzahl. Sie übertraf bald die Stadt Bardewick an der Elbe, die Hauptstadt des sächsischen Herzogs Heinrichs des Löwen. Das sah Heinrich der Löwe mit Verdruß. Dazu kam, daß zu Oldesloe (Tobsloe) sich Salinen zeigten und die Lüneburger sich beim Herzoge beklagten, daß jetzt ihre Salinen weniger Absatz hätten. Heinrich forderte nun Abtretung von Lübeck und Ueberlassung der halben Salinen zu Oldesloe an ihn. Die Salinen zu Oldesloe ließ er zum Theil verschütten. Adolph II. trat endlich Lübeck an Heinrich den Löwen ab, der die Stadt dann hob durch viele Vergünstigungen und Verleihung hoher Vorrechte und Privilegien. Kaiser Friedrich I., Barbarossa, herrschte damals, der Italien als das Hauptland, Deutschland als Nebenland betrachtete. Da mußte dann Adolph II. 1159 in der Heeresfolge Heinrichs des Löwen nach Italien ziehen und nachher mußte er noch manche Schlacht bestehen im Obotritenlande. Waldemar I. von Dänemark gab Heinrich dem Löwen eine bedeutende Summe dafür, daß er die Slaven von Einfällen in sein Reich abhielt. Solange als Heinrich in Deutschland war, verhielt Niklot sich ruhig, als aber Heinrich sich in Italien befand, fiel er oft in Dänemark ein und plünderte daselbst. Als Heinrich der Löwe zurückkam, begann er deshalb Krieg gegen Niklot, und Adolph II., als Lehnsmann, mußte ihm Heeresfolge leisten. Niklot kam bei einem Ausfall aus einem Schlosse ums Leben, wahrscheinlich 1160. Der Krieg wurde fortgesetzt unter Niklots Söhnen, und dauerte derselbe sehr lange. Adolph II. mußte fortwährend in diesem Kriege thätig sein. Er war mit dem Grafen Reinhold von Dithmarschen, den Heinrich der Löwe dort eingesetzt hatte, nachdem er mit Heeresmacht Dithmarschen überzogen, nach Demmin gekommen. Hier fühlten sie sich zu sicher gegen die Wenden. Sie wurden von diesen überfallen und beide nebst vielen von ihren Mannschaften erschlagen, 1164.

Adolph II. hinterließ einen Sohn, Adolph III. Dieser war erst etwa zwei Jahre alt, als sein Vater bei Demmin fiel. Vormund für Adolph III. war die Mutter Mechthild, die den Grafen Heinrich von Orlamünde zum Mitvormund annahm und ihn auch bald heirathete. Heinrich der Löwe zerfiel mit dem Kaiser Friedrich I., als er sich aus der Schlacht gegen die Lombarden zurückzog, trotz der Bitten des Kaisers. Heinrich von Orlamünde starb bald. 1180 ward die Acht über Heinrich den Löwen verhängt. Alle seine Reichslehen und Lande wurden ihm genommen, und der Sohn Albrechts des Bären, Bernhard von Anhalt, ward zum Herzoge von Sachsen bestellt. Adolph III. blieb Heinrich dem Löwen treu. Mit seiner Hülfe siegte Heinrich bei Osnabrück in Westfalen in einer Schlacht wider den Kurfürsten Philipp von Köln. Noch am Abend des Siegestages aber entzweiten sich Beide über die Beute. Adolph wandte sich nun vom Herzoge ab. Heinrich der Löwe fiel in Holstein ein und verwüstete einen großen Theil des Landes. Der holsteinische Adel aber hielt es mit dem Löwen. Adolph III. wurde vertrieben und mußte auf der Schauenburg Zuflucht suchen, bis sich der Sturm in Holstein gelegt hatte. Nachher schloß Adolph III. sich offen den vielen Gegnern Heinrichs an und trachtete danach, sich aus dem Besitzthum desselben zu bereichern. Er fiel in die Grafschaft Stade ein und plünderte das Land und überzog dann Dithmarschen, wo er mit Mühe sich auch kurze Zeit behauptete. 1184 stellte er Dithmarschen wieder an das Erzstift Bremen zurück, als dieses seine Rechte auf die Grafschaft Stade nach ihrem vollen Inbegriff mit Nachdruck geltend machte. Erzbischof war damals Hartwig II., nachdem Siegfried kurz vorher gestorben war. Die Dithmarscher lehnten sich aber bald gegen den Erzbischof auf. Hartwig II. überzog sie dann im Jahre 1187 feindlich mit Hülfe Adolphs III. und des Grafen Christian II. von Oldenburg. Die Dithmarscher gelobten, ihm eine ansehnliche Geldsumme zu zahlen, und er zog zurück in sein Erzstift. Als die Zeit kam, daß die Dithmarscher das versprochene Geld aufbringen sollten, widersetzten sie sich aufs neue, und da der Erzbischof nun nicht sogleich wieder ein Heer zusammenbringen konnte, so suchten sie sich ganz der Herrschaft des Erzbischofs zu entziehen und wandten sich an den Bischof Waldemar zu Schleswig, dem sie sich unterwarfen, indem sie vorgaben, daß sie auf gleiche Weise dem heiligen Petrus dienten, jetzt zu Schleswig, wie vormals zu Bremen. Waldemar, der Sohn des dänischen Königs Knut V., nahm sie bereitwilligst als Unterthanen an. Der Erzbischof von Bremen, Hartwig II., neigte sich jetzt wieder Heinrich dem Löwen zu.

1189 unternahm der Kaiser Friedrich I. abermals einen Kreuzzug ins heilige Land und nahm mit sich den Grafen Adolph III. von Holstein und Stormarn. Vor Aufbruch des Kreuzheeres erlangte Adolph III. vom Kaiser verschiedene wichtige Privilegien und Gerechtigkeiten für die Stadt Hamburg: die Stadt sollte befugt sein, zum Schutze der Lande Holstein und Stormarn Kriegsvolk wider die Wenden auszurüsten; es sollte auf zwei Meilen Entfernung von der Stadt keine Feste bei Hamburg angelegt werden; die Bürger und Einwohner Hamburgs sollten in den Landen Holstein und Stormarn nirgends mit Zöllen und Abgaben beschwert werden; die Hamburger sollten zu beiden Seiten der Stadt eine Meile weit auf Elbe und Bille die Fischereigerechtigkeit frei haben; auch sollten die Einwohner der Stadt von aller Heeresfolge befreit sein. Diese Privilegien wurden auf der Donau zu Neuenburg Anno 1189 batirt und gegeben. Graf Adolph III. hatte beschlossen, auf dem Gebiete an der neuen Burg, am Zusammenflusse der Alster mit der Elbe, bei Hamburg einen Elbhafen anzulegen und eine Handelskolonie zu gründen, um dadurch seine Einkünfte zu vermehren, vornehmlich durch Erhebung von Zollgebühren von fremden Kaufmannsgütern, wobei er wohl schon auf den Schauenburger Zoll gesehen haben mag, der nachher jahrhundertelang unfern der jetzigen Zollenbrücke erhoben worden ist. Um die Ansiedelung hier zu fördern, erwirkte er jene Privilegien vom Kaiser. Die Ansiedler erhielten den Baugrund zinsfrei zugewiesen zur Bewohnung nach lübschem Recht mit Nutznießung der angrenzenden Marsch und des Alsterwerders (der Westseite des Rödingsmarktes und der Herrlichkeit, zwischen der kleinen Alster und dem erst in neuerer Zeit zugedämmten sog. Rödingsmarktfleeth, einem früheren Alsterarm). Auch erhielten die Ansiedler die Marktgerechtigkeit; sie durften Wochenmärkte und zwei Jahrmärkte halten. Damals soll auf Anordnung

Adolphs III. die neue Burg abgebrochen und der Grund derselben zu Bauplätzen für Kolonisten ausgelegt worden sein. Unter den Ansiedlern, welche durch die Vortheile, die den Kolonisten hier geboten wurden, sich hergezogen fühlten, wird namentlich ein Byrath (Wirad) von Boitzenburg nebst Genossen genannt. Diesem und seiner Genossenschaft ertheilte Graf Adolph III. die Erlaubniß, den Platz bei der neuen Burg, vom Maria-Magdalenen-Kloster an der Alster bis zum Millernthor (dem späteren Ellernthor beim Graskeller) und von da bis zur Elbe zu bebauen, und durch die Byrath'sche Genossenschaft ist dann vornehmlich die damalige Neustadt St. Nikolai gegründet worden. Die Neustadt war für den Seeverkehr und den Handel gelegener, als die Altstadt St. Petri. Bald fanden sich niederländische Kolonisten ein, die sich hier auf dieselbe Weise anbauten, wie in ihrer Heimath, und die dann von dem Grafen die Erlaubniß erwirkten, eine Kapelle zu bauen, die sie dem St. Nikolas, dem Schutzpatrone der Schiffer, weihen wollten. Graf Adolph bewilligte ihnen auf ihr Ansuchen einen Bauplatz zur Errichtung der Kapelle, indem er alle Gerechtsame daran der Jungfrau Maria zum Nutzen der Kanoniker, die daselbst den Gottesdienst halten und besorgen würden, überwies. Das Domkapitel, zu dessen Sprengel die Gegend bei der neuen Burg gehörte, wollte dem Grafen das Recht zur Gründung einer Kapelle aus eigenem Geheiß nicht zugestehen. Deshalb war Adolph III. genöthigt, wenn er die Absicht der Gründung einer Kapelle überhaupt erreichen wollte, die Schenkung zum Nutzen der Kanoniker zu machen. Der Erzbischof gab dazu seine Genehmigung. Auch schenkte Graf Adolph sechs Wispel Weizen, drei zum Bau der Domkirche und drei für die Präbenden der Kanoniker. Der Dom bekam außerdem die Zehnten von Arnsfelde und Borgfelde zur Ausrüstung zweier Geistlichen zum Chordienst. So entstand hier neben der Altstadt St. Petri die Neustadt St. Nikolai. Beide, Altstadt und Neustadt, bestanden anfangs selbständig, jede für sich, ohne ständige Verbindung miteinander. Die Neustadt blühte rasch auf. Durch die Anlage des Elbhafens und der Neustadt St. Nikolai wurde erst der eigentliche Grund gelegt zu der späteren Bedeutung Hamburgs als Handelsstadt. Der bisher unbedeutend gewesene Ort hob sich nun zur Metropole des Handels, zunächst für die Nordseegebiete und Elbländer. — Nicht lange danach ist dann auch das Katharinenkirchspiel entstanden. Einzelne Adelsgeschlechter scheinen schon damals die Gegend des Katharinenkirchspiels bewohnt zu haben, namentlich den Cremon, der ursprünglich die Katharinenstraße mit begriff, den Grimm, die Gröningerstraße mit dem Hütter und den Klingberg. Die „Kajen" (Caje=Deiche: Vordeiche; daher die „Deichstraße") und die „Mühren" müssen damals schon aufgeführt worden sein. Das Gebiet jenseits der Mühren, das Brookgebiet, stand unter erzbischöflicher Jurisdiktion. Nachdem Adolph III. die nöthigen Anordnungen zur Kolonisirung der Neustadt getroffen hatte, zog er mit dem Kaiser ins heilige Land.

Für die Zeit der Abwesenheit Adolphs III. beim Kreuzheere war dessen Schwager, Graf Adolph von Dassel, zum Statthalter in Holstein und Stormarn bestellt. Dieser richtete sich auf eine längere Regentschaft ein. Allein der Herzog Heinrich der Löwe nahm die Gelegenheit wahr, um wieder zur Macht zu gelangen. Er kehrte im Jahre 1189 aus England zurück und erregte einen Aufstand. Der Erzbischof Hartwig II. aus Bremen schloß sich ihm an. Er nahm den Herzog in Stade auf, räumte ihm die ganze Grafschaft ein und bahnte ihm so den Weg nach Nordelbingen. Heinrich der Löwe ging über die Elbe, nahm Hamburg, Itzehoe und Plön ein und belagerte Lübeck, woselbst der Statthalter Adolph von Dassel, sowie auch Adolphs III. Gemahlin nebst ihren Kindern, Aufenthalt genommen hatte. Während Lübeck belagert wurde, zog Heinrich der Löwe mit den Grafen von Schwerin, von Ratzeburg und anderen Grafen und Herren vor Bardewick, die Hauptstadt seines Landes, die besonders gegen ihn erbittert war wegen der Bevorzugung, welche er der Stadt Lübeck erwiesen hatte. Er nahm die Stadt nach zweitägiger Belagerung mit Sturm, am Tage Simonis und Judä, 28. Oktober, 1189. Die Einwohner wurden größtentheils erschlagen. Die Stadt wurde geschleift. Die Steine von Bardewick wurden nach Hamburg und Lüneburg verführt. In Hamburg sollen die Vorsetzen vom Oberbaum am Winserthor (Winserbaum) bis zum Niederbaum beim Schaarthor (Baumwall) von solchen Steinen erbaut worden sein,

die Heinrich der Löwe für 300 Mark Silbers der Stadt Hamburg
überlassen hätte. Auch soll nach einigen der älteren Chronisten
Heinrich der Löwe damals für Bardewick die Freiheit des Zippel-
hauses zu Hamburg bedungen und ausgewirkt haben.[1] Nachdem
Bardewick eingenommen war, ergab sich Lübeck unter der Bedingung
des freien Abzuges für den Statthalter Adolph von Dassel und die
Gemahlin des Grafen Adolphs III. mit ihren Kindern dem Herzoge
Heinrich dem Löwen. Nur Segeberg blieb in Nordelbingen im
Besitze Adolphs III. Als Adolph Nachricht erhielt von dem Einfalle
Heinrichs des Löwen in Nordelbingen, kehrte er vom Kreuzzuge zurück.
Im heiligen Lande hatte er sich beim Heere des Kaisers wohl ge-
halten. Er war deswegen vom Kaiser zum Ritter geschlagen, und
waren ihm aus diesem Anlaß drei Nägel („Kreuzigungsnägel") ins
Nesselblatt verehrt worden, welche noch heutigen Tages im holsteinischen
Landeswappen geführt werden. In Nordelbingen angelangt, wandte
Adolph III. sich zunächst nach Hamburg. Die Stadt ergab sich an
ihn ohne Widerstand. Er bestätigte unterm 24. Dezember die
Freiheiten und Privilegien Hamburgs. In der betreffenden Be-
stätigungsurkunde finden wir zum ersten Male Bürgermeister und
Rathmänner von Hamburg erwähnt. Mit Hülfe des Herzogs
Bernhard von Sachsen belagerte Adolph III. dann die Stadt Lübeck
und zwang dieselbe durch Sperrung der Trave, sich ihm zu ergeben.
Der Kaiser Heinrich VI. verlehnte ihm nachher die Stadt mit allen
ihren Einkünften und Gerechtigkeiten. Von Lübeck zog Adolph III.
wider den Erzbischof Hartwig II. von Bremen. Der Kaiser hatte
diesen dafür, daß er sich für Heinrich den Löwen erklärte, in die
Acht gethan. Hartwig entfloh, und Graf Adolph III. bemächtigte sich
der Grafschaft Stade und verfuhr dabei nach Auftrag des Kaisers.

---

[1] Zippeln, Zippollen = Zwiebeln. Das Zippelhaus war eine Niederlage und Markt-
halle für Grünwaren. Die Bezeichnung „Zippelhaus" zeugt von der Bedeutung, welche die
Zwiebel damals als Gemüse hatte, und die Bezeichnung „Beim Zippelhaus" bekundet, daß
die Gemüsehalle eine wichtige Rolle spielte im städtischen Haushalt. Zur Einnahme
der Stadt Bardewick soll ein Stier den Belagerern den Weg gewiesen haben, indem er
durch die Ilmenau watete, wodurch die Letzteren auf eine Furth im Flusse aufmerksam geworden, durch welche sie dann in die Stadt eingedrungen seien. Das war der „Bull von
Bardewick", nach dessen Befinden man sich im Zippelhause zu erkundigen pflegte, um die
Bardewickerinnen daselbst in Entrüstung zu bringen.

Hartwig mußte die Gnade des Kaisers suchen, den Bann, den er gegen Adolph III. ausgesprochen hatte, als dieser in sein Land eindrang, aufheben, eine Buße an den Kaiser zahlen und endlich 1195 die Grafschaft Stade an Adolph III. zu Lehn geben und zwar so, daß der Graf den dritten Theil aller Einkünfte aus derselben beziehen sollte. Damals überließ Graf Adolph alle seine Rechte und Ansprüche an die Nikolaikapelle dem Domkapitel. Auch stiftete er wahrscheinlich in diesem Jahre, 1195, das Siechenhaus oder Spital zum Stege vor dem Schul- oder Marienthor am Speersort. Eine zugleich mit dem Spital gestiftete Kapelle soll er dem St. Georg, als Schutzpatron der Kreuzritter, geweiht haben. Wahrscheinlich aber war schon vorher eine St. Georgskapelle im Osten vor der Altstadt gegründet, und die Patronatschaft des St. Georg bezieht sich wohl auf die Belegenheit der St. Georgskapelle in der Nähe der ursprünglichen Hamme. — Auch die der Süderhamme vor Heide, der „Hamme" kurzweg, zunächst gelegene Kirche, die Kirche zu Heide, ist dem St. Georg (St. Jürgen) geweiht. In dem genannten Jahre, 1195, starb Heinrich der Löwe. Adolph III. blieb in seinen Rechten bis zum Jahre 1200, da Knut VI. von Dänemark mit ihm in Streit gerieth und sich Dithmarschens bemächtigte. Adolph mußte einen Zug des Königs Knut gegen ihn durch Abtretung der Festung Reinoldsburg (Rendsburg) ablaufen. Als er nachher in den Besitz der Festung Lauenburg kam, suchte er sich wieder in Dithmarschen festzusetzen. 1201 überfiel er das Land Dithmarschen und verheerte dasselbe zum Theil. Indes konnte er nichts Rechtes wider die Dithmarscher ausrichten. Der Herzog Waldemar II. von Südjütland, des Königs Knut VI. Bruder, fiel in Holstein ein und schlug den Grafen Adolph III. bei Stillnow (Stellau) unweit von Itzehoe bis zur Vernichtung. Adolph III. verlor nicht nur Dithmarschen, sondern auch seine Grafschaften Holstein und Stormarn. Er mußte aus dem Lande weichen und floh über die Elbe nach Stade. Der König Knut VI. von Dänemark bestellte einen holsteinischen Edelmann, Schack, aus dem mächtigen Hause von Westensee, welches in alter Feindschaft mit dem regierenden holsteinischen Grafenhause lebte, zum Grafen von Dithmarschen, und Graf Schack führte die Dithmarscher dem königlichen Heere zu. Die

Festungen Segeberg und Lauenburg waren noch zu erobern nebst Hamburg. Adolph III. hatte zu Stade neue Kräfte gesammelt. Er kam über die Elbe zurück und warf sich nach Hamburg hinein. Hier wurde er vom Herzoge Waldemar, der in Eilmärschen zur Belagerung der Stadt heranrückte, eingeschlossen. Er konnte Hamburg nicht halten und auch nicht aus der Stadt entkommen und sah sich daher genöthigt, mit dem Herzoge Unterhandlungen anzuknüpfen. Es wurde ihm freier Abzug bewilligt unter der Bedingung, daß er nebst Hamburg auch Lauenburg übergebe. Er wurde dann, als er auf diese Bedingung eingegangen war, unter Bedeckung des Grafen Günzel von Schwerin nach Lauenburg geführt. Zu Lauenburg forderte er den Schloßhauptmann auf, die Festung zu öffnen und dieselbe den Dänen unter dem Herzoge Waldemar zu übergeben. Die Uebergabe ward aber verweigert, und Adolph III. konnte weder durch Bitten, noch durch Drohungen etwas erreichen. Hierbei waltete indes, wie es scheint, eine Hinterlist ob, nicht, wie man meinen könnte, reiner Opfermuth und lautere Hingebung an die Sache des Landes. Adolph III. war im eigenen Lande, vornehmlich bei den Adels= geschlechtern, die das Regiment führten, verhaßt. Der Adel wollte wohl nicht, daß der Graf frei kommen sollte, und der König von Dänemark wollte ihn wohl gerne in seiner Gewalt haben und halten. Die Dithmarscher fielen über die Bedeckung des Grafen Adolph her und wollten sich des Letzteren bemächtigen. Der Graf wurde dann unter verstärkter Bedeckung in dänische Hände geliefert und ohne weiteres als Gefangener behandelt. Der Herzog Waldemar ließ ihn in Ketten legen und führte ihn gefesselt durch Holstein nach Dänemark und zwar nach dem Schlosse Seeburg auf der Insel Seeland, wo er eingekerkert wurde. Auf demselben Schlosse ward auch der mittler= weile in Gefangenschaft des Königs Knut gerathene Bischof Waldemar von Schleswig in Fesseln gehalten. Hamburg stand nun unter der Herrschaft des Königs Knut von Dänemark, resp. des Herzogs Waldemar. Alles in Holstein unterwarf sich Diesem. Dänemarks Macht stieg täglich. Erst 1203 dachte man wieder ernstlich an Adolph III., als der König Knut VI. von Dänemark gestorben und sein Bruder, der Herzog Waldemar II. von Südjütland, ihm auf den Thron gefolgt war. Der König Waldemar II. ließ sich in Nordelbingen huldigen. Die Festung Lauenburg wurde mit starker Macht fortgesetzt belagert. Endlich bot die Besatzung die Uebergabe an unter der Bedingung, daß der Graf Adolph III. aus der Gefangenschaft entlassen werde. Adolph III. mußte auf die Grafschaften Holstein und Stormarn verzichten und mit einem Eide seinen Herrschaftsansprüchen entsagen. Zur Bürgschaft mußte er zwölf Geißeln stellen, darunter zwei von seinen eigenen Söhnen. Die Geißeln sollten erst nach zehn Jahren wieder freigelassen werden, es sei denn, daß der König oder der Graf vorher stürbe, in welchem Falle sie gleich frei sein sollten. Als Adolph III. seiner Herrschaft entsagt hatte und auf alle gestellten Bedingungen eingegangen war, ward er freigelassen. Er begab sich in seine Stammburg Schauenburg, wo er noch dreißig Jahre lebte. Waldemar setzte über Nordelbingen den Grafen Albert von Orlamünde zum Statthalter. Die Nordelbinger trugen widerwillig das dänische Joch. Die Sage von der Edeldame, Frau von Deest auf Kellingdorf, die den einen Sohn Adolphs III., den nachherigen Adolph IV., zu sich genommen und in der Kremper oder Wilster Marsch erzogen habe, bis er das Erbe seines Vaters antreten konnte, ist wohl eben nur Sage. Adolph IV. war wahrscheinlich unter den Geißeln, die nach Dänemark gestellt wurden von Adolph III., der drei Söhne hatte: Konrad, Adolph und Bruno. Adolph ist etwa um 1200 geboren und wahrscheinlich bis 1213 als Geißel in Dänemark gewesen.

In Deutschland regierten in dieser Zeit zwei Kaiser, nämlich Philipp II., der nach seines Bruders Heinrich VI. Tode 1198 zum Kaiserthum gelangte, und der Gegenkaiser Otto IV., Heinrichs des Löwen Sohn. Otto IV. nahm 1202 auf Weihnacht dem Erzbischof Hartwig II. von Bremen die Grafschaft Stade südlich der Elbe wieder ab und zwang denselben, den Pfalzgrafen Hinrich, des Kaisers Bruder, damit zu belehnen. Im Jahre 1219, als der Kaiser Otto IV. 1218 gestorben war, erfolgte zwischen dem Erzbischof Gerhard I. von Bremen und dem Pfalzgrafen Hinrich ein Vergleich, wodurch die Grafschaft Stade südlich der Elbe völlig an das Stift Bremen kam. Die Lande im Norden der Elbe waren schon 1214 dem dänischen Reiche in aller Form Rechtens vom Kaiser Friedrich II. mit Zustimmung der Reichsstände abgetreten worden.

Albert von Orlamünde regierte in Nordelbingen seit Adolphs III. Entsagung mit Kraft und Milde. In Hamburg setzte er einen Vogt ein, Reinhard von Pinnow. Von diesem Vogt nebst Rathmännern und Gemeinde zu Hamburg ward 1210 mit Vogt, Rathmännern und Gemeinde der Stadt Lübeck ein Vertrag geschlossen, wonach die Kaufleute beider Städte bei einander gleichen Frieden und gleiche Rechte, wie die Einheimischen, genießen sollten. Unter Albert von Orlamünde wurden namentlich auch die Kirchen, Klöster und milden Stiftungen begünstigt. Albert bestätigte die Gerechtsame des Hospitals und des Priesters zu St. Georg, sowie die Schenkung einer Hufe im Kirchwerder von seiten seines Mundschenks Theodorich an die Hamburger Domkirche 1219; im folgenden Jahre schenkte er dem Hospital zu St. Georg drei Aecker an der Alster. Auch die holsteinischen Klöster wurden von ihm bedacht. So schenkte er 1220 dem Kloster zu Neumünster Ländereien in Flintbeck, Brügge, Ascheberg, Eiderstede und Curau, und 1221 stiftete er das Kloster Marienfelde zu Poretz (Preetz).

Unter der Statthalterschaft Alberts von Orlamünde entstand wiederholt arger Zwist wegen der Bischofswahl zwischen dem Kapitel zu Hamburg und dem zu Bremen. Der Bischof Waldemar von Schleswig war auf viele Fürbitte 1206 vom Könige Waldemar seiner Gefangenschaft entledigt worden. Er begab sich nach Vereinbarung zum Papste nach Rom, woselbst er auf Kosten des Königs Waldemar unterhalten werden sollte, bis sich eine angesehene Stellung für ihn finden würde. Als nun 1207, den 5. November, der Erzbischof Hartwig II. von Bremen starb, ward der Bischof Waldemar vom Kapitel zu Bremen zum Nachfolger desselben erwählt. Hierüber entrüstete sich das Hamburger Kapitel, weil dasselbe nicht zur Wahl hinzugezogen worden war, und erwählte nun seinerseits den Dompropst Burchard zu Bremen zum Erzbischof. Der König Waldemar bestätigte die Wahl des Burchard für Hamburg. Die Bremer aber fertigten eine förmliche Gesandtschaft ab an den Bischof Waldemar nach Bononien, um demselben seine Erwählung anzuzeigen. Waldemar kam auch, unterstützt vom Kaiser Philipp II., nach Bremen und wurde daselbst mit großer Feierlichkeit aufgenommen. Der König Waldemar fiel jedoch mit starker Macht ins Stift Bremen ein und ruhte nicht eher, als bis der Bischof Waldemar auf den erzbischöflichen Stuhl verzichtete. Bischof Waldemar ging 1217 zu Bockum in ein Kloster und verbrachte daselbst als Mönch den Rest seiner Tage. Erzbischof war nun ohne Widerspruch Gerhard I., welcher schon 1210 vom Papste unmittelbar bestellt worden war. Der Kaiser Otto IV. hielt es, solange sein Gegenkaiser Philipp II. lebte, mit dem Könige Waldemar von Dänemark. Als aber Philipp II. 1208 gestorben war, nahm er die Rechte des Reiches vollauf in Anspruch, und nun zerfiel er mit dem Könige Waldemar. Er nahm dann Partei für den Bischof Waldemar gegen den König. 1215 belagerte er im Bunde mit dem Bischofe und dem Markgrafen Otto zu Brandenburg die Stadt Hamburg. Die Stadt ergab sich ihm freiwillig ohne Widerstand. Er mußte Hamburg aber bald wieder aufgeben. Im folgenden Jahre belagerte der König Waldemar die Stadt. Die Einwohner hatten die Stadt inzwischen ziemlich befestigt und wollten sich nun nicht ohne weiteres dem Könige ergeben. Waldemar schnitt ihnen dann alle Zufuhr ab, indem er unterhalb der Stadt, am Eichholz auf dem Feendsberge (Venusberg) ein festes Haus anlegte und oberhalb der Stadt, an der Bille, durch Albert von Orlamünde ein Schanzwerk aufwerfen ließ und von beiden festen Plätzen aus dann alle Verbindung mit der Stadt hinderte. Durch Noth gezwungen, öffnete Hamburg dem Könige die Thore. Der König überließ dann die Stadt für 700 Mark Silbers dem Grafen Albert von Orlamünde zum erblichen Lehnsbesitz. Albert von Orlamünde begabte Hamburg mit mancherlei Freiheiten und Privilegien, insonderheit verlieh er den Einwohnern das Recht, nach freiem Belieben sich des sächsischen oder des lübschen Rechts zu bedienen. Gerhard I. von Bremen starb 1219, und sein Brudersohn Gerhard II. folgte ihm in der Regierung. Ueber die Neuwahl gerieth das Hamburger Kapitel mit dem Bremer in einen langwierigen Streit. 1221 kam es zu einem Vergleiche zu Hildesheim, nach welchem die Kirchen in Nordelbingen nicht zur Synode nach Bremen gezogen werden sollten und die Bremer Kirche alle Gerechtsame der Hamburger Kirche, die derselben entzogen worden, restituiren sollte. Der Papst bestätigte den Vergleich und konfirmirte alle Rechte des Hamburger Domkapitels. Auch ernannte er Schiedsrichter zur definitiven Auseinandersetzung zwischen beiden Kapiteln. Gerhard II. begünstigte in vielen Stücken das Hamburger Kapitel. Die Bremer beklagten sich beim Kaiser und brachten u. a. auch vor, daß Gerhard sich Erzbischof von Hamburg nennen lasse. Das Hamburger Kapitel dagegen wurde beim Kaiser klagbar wegen Nichtachtung und Verletzung des Hildesheimer Vergleichs. Endlich erfolgte am 24. Dezember 1223 durch Gerhard II. und seine Mitschiedsrichter in der Sache die Entscheidung: Der Titel und die Würde des Erzbischofs soll beim Stuhl zu Bremen verbleiben; der Erzbischof zu Bremen soll beide Kirchen, zu Hamburg und zu Bremen, verwalten; die von der Bremer Diözese zur Hamburger Dompropstei gehörenden Transalbingier sollen nicht zur Synode und zum Kapitel nach Bremen gezogen werden, es sei denn, daß von dem Spruche des Hamburger Kapitels nach Bremen, an den Erzbischof, appellirt würde.[1] Bei erledigtem erzbischöflichen Stuhl sollen drei Hamburger Canonici, nämlich der Propst, der Dechant und der Scholasticus, zur Wahl nach Bremen hinzugezogen werden. Es erhellt hieraus, daß die Nordelbinger in kirchlichen Angelegenheiten, bloß Appellationssachen ausgenommen, mit Bremen nichts weiter zu thun haben sollten.

Eine völlige Umgestaltung erhielten die politischen Verhältnisse und Zustände Hamburgs, wie des ganzen Nordelbingens, durch die in der Nacht vom 6. auf den 7. Mai des letztgenannten Jahres, 1223, ausgeführte Rachethat des Grafen Heinrich von Schwerin gegen den König Waldemar II. von Dänemark, die Gefangennehmung Waldemars und seines Sohnes durch den Grafen Heinrich. Als am 6. Mai 1223 der König und sein Sohn auf der Insel Lyöe bis in die Nacht hinein dem Waidwerk sich hingegeben hatten, wurden sie daselbst von dem Schweriner Grafen mit seinen Mannen hinter-

---

[1] „Transalbiani de Bremensi Dioecesi ad Praeposituram Hamburgensem pertinentes ad Synodum et Capitulum non trahantur Bremense nisi per appellationem," heißt es in der betreffenden Bulle. (Nicol. Staphorst, Hmbg. Kircheng. I, 651 ff.)

rücks überfallen, gefesselt und gefangen nach Schwerin geführt. Als das geschehen, herrschte große Bestürzung darüber im dänischen Reiche. Doch kehrte die Ruhe bald zurück, und alles hoffte jetzt auf Albert von Orlamünde, der zum Reichsverweser bestellt ward. Dieser unterhandelte mit Heinrich von Schwerin und ward bald mit ihm und den anderen deutschen Fürsten dahin einig, daß Waldemar unter näher zu vereinbarenden Bedingungen freigelassen werden solle, daß Graf Albert seine nordelbingischen Lande behalten solle, jedoch als Lehn des Reichs. Der Vergleich wurde geschlossen am 4. Juli 1224. Graf Albert von Orlamünde war aber nachher dagegen. Drei Monate waren seit Abschluß des Vergleichs verflossen, da ließ der

Adolf IV., Graf von Schauenburg (1225—1239).

Kaiser einen Reichstag zu Bardewick ansagen. Auch Albert von Orlamünde erscheint und zwar mit einer großen Summe als Lösegeld für den König und dessen Sohn. Alles schien nach Wunsch und Erwartung zu verlaufen, da plötzlich aber bricht Albert die Verhandlungen ab und erklärt den Vergleich für aufgehoben und hinfällig. Darauf ging den 20. Dezember der Erzbischof Gerhard II. von Bremen mit bewaffneter Macht über die Elbe nach Holstein und führte den jungen Grafen Adolph IV., Adolphs III. Sohn, mit sich. Ein großer Theil der Mannschaft des Landes fiel dem jungen Grafen zu. Die Besatzung des Grafen Albert von Orlamünde wurde aus mehreren festen Plätzen vertrieben, und Adolph IV. ward zum Herrn ernannt. Heinrich von Schwerin rüstet sich, um dem Erzbischof Hülfe zu bringen. Albert von Orlamünde, der sich von allen Seiten her bedrängt und bedroht sah, suchte nun, um die ihm zur Verfügung stehende Mannschaft gegen seine Feinde im offenen Felde verwenden zu können, der Nothwendigkeit, Hamburg besetzt zu halten, enthoben zu werden, und trachtete deshalb danach, ein leibliches Uebereinkommen mit den Hamburgern zu treffen, und sprach die Stadt von aller Verbindlichkeit gegen sich los und verzichtete auf alle Ansprüche und Gerechtigkeiten, die er gegen dieselbe haben möchte, gegen eine Entschädigungssumme von 1500 Mark löthigen Silbers. Bei einigen Chronisten heißt es etwas abweichend hiervon, daß die Hamburger während der Abwesenheit des Orlamünders dem Adolph IV. die Thore geöffnet hätten, die dem Orlamünder durch Eid verbunden gewesenen Bürger hätten sich demselben dann zur Haft gestellt und hätten sich auf Begehr des Orlamünders mit 1500 Mark Silbers, die aus dem Stadtsäckel für sie gezahlt worden seien, loskaufen müssen. Hieraus wäre dann die Meinung entstanden, daß die Stadt mit 1500 Mark sich ihre Unabhängigkeit von dem Grafen Albert von Orlamünde erkauft habe. Beide Darstellungen kommen im Grunde auf Eins hinaus. Die erstere Darstellung ist aber historisch wahrscheinlicher und mehr verbürgt, als die andere.

Heinrich von Schwerin hatte indes seine Rüstungen vollendet und zog dem Erzbischof zur Hülfe wider Albert von Orlamünde. Albert raffte in Eile seine Streitkräfte zusammen und zog dem Schweriner entgegen. Bei Mölln stießen die Gegner aufeinander, und Albert von Orlamünde wurde hier total geschlagen im Januar 1225. Albert selbst wurde gefangen genommen und sein Heer fast aufgerieben. Bald nachher, den 9. Februar 1225, ergab sich auch Hamburg an Adolph IV. Die Dithmarscher machten sich los von Dänemark. Allenthalben in Nordelbingen wurden die dänischen Burgen und Schlösser niedergerissen. Am 12. November 1225 ward ein neuer Vergleich vereinbart und am 15. Dezember definitiv abgeschlossen zwischen dem Grafen Heinrich von Schwerin und den anderen betheiligten deutschen Fürsten und dem Könige Waldemar. In diesem wird zuerst des Schauenburgischen Hauses und der Wiederherstellung der Herrschaft desselben gedacht durch Einsetzung Adolphs IV. Der König soll alle Reichslande zwischen Eider und Elbe, sowie die Länder des Wendenfürsten Burewin und alle Slavenländer, mit Ausnahme der Insel Rügen, dem Reiche wieder abtreten. Ueberdies soll der König ein Lösegeld von 45 000 Mark löthigen Silbers (vier Tonnen Goldes) zahlen. Diesen Vergleich beschwor Waldemar und ward er dann freigelassen. Am ersten Weihnachtstage 1225 kam er wieder in Dänemark an. Er wandte sich gleich nach seiner Heimkunft an den Papst Honorius III. und erbat von ihm geistliche Berathung. Der Papst erklärte darauf unterm 24. Juni 1226, daß der Verzicht des Königs auf die Länder, die er dem Reiche wieder abgetreten hatte, ungültig und nicht verbindlich sei, weil durch schändlichen, strafbaren Mißbrauch der Gewalt erzwungen. Waldemar rüstete sich nun, das Verlorene wiederzugewinnen. Noch in demselben Jahre zog er nach Nordfriesland, bot zur Verstärkung seines Heeres auch die Friesen auf und fiel dann über die Eider in Dithmarschen ein. Die Dithmarscher leisteten ihm tapfer Widerstand und richteten vornehmlich unter den Friesen eine große Niederlage an, doch wurden sie von dem mächtigen Gegner genöthigt, ihm Heeresfolge zu leisten. Mit Hülfe der Dithmarscher, deren Tapferkeit er kennen gelernt hatte und auf deren Abneigung gegen Holstein er baute, wollte Waldemar nun seine beiden Hauptgegner, den Erzbischof Gerhard II. von Bremen und den Grafen Heinrich von Schwerin nebst ihrem Schützling, Adolph IV., züchtigen. Er wandte sich zunächst gegen Rendsburg. Heinrich von Schwerin und Adolph IV. wurden hier, bei Rendsburg, völlig geschlagen. Ganz Holstein lag fast wehrlos in der Hand des Siegers. Der Erzbischof Gerhard II. von Bremen kommt indes zur

Hülfe und hemmt den Siegeslauf Waldemars, bis weitere Hülfe anlangt. Heinrich von Schwerin sammelt neue Streitkräfte, Günzel und andere Herren im Mecklenburgischen rüsten eiligst Hülfe aus, Lübeck und Hamburg stellen ebenfalls Mannschaften, sowie auch Geldmittel und Waffen, zur Hülfe bereit. Die Hamburger erboten sich freiwillig, 1200 Mark Silbers zu den Kriegskosten beizusteuern, und viele wehrhafte Bürger der Stadt stellten sich zum Heere der Verbündeten wider den König Waldemar. Auch der Herzog Albert von Sachsen ward in den Bund mit dem Erzbischof Gerhard II. gezogen. In Lübeck sammelten die Verbündeten ihre Mannschaften. Von Lübeck aus rückten sie dann mit ihrem Heere ins Holsteinische ein, gegen Bornhöved zu, wo sie auf das Heer des Gegners stießen. Beim dänischen Heere hielt der König Waldemar selbst im Haupttreffen, auf dem linken Flügel der Prinz Abel und auf dem rechten des Königs Oheim, der Herzog Otto von Lüneburg, während die Dithmarscher das Hintertreffen, die Reserve des Heeres, bildeten. Auf seiten der deutschen Verbündeten hielten im Haupttreffen der Erzbischof Gerhard II. von Bremen mit dem jugendlichen Grafen Adolph IV., auf dem linken Flügel der Herzog Albert von Sachsen, auf dem rechten der Graf Heinrich von Schwerin nebst dem Lübecker Bürgermeister Alexander von Soltwedel. Der Erzbischof eröffnete die Schlacht und machte den ersten Angriff. Es ward auf beiden Seiten mit großer Tapferkeit gestritten, und der Kampf war lange schwankend in der Entscheidung. Aber Waldemar erwies sich auch hier als Meister in der Kriegsführung. Er wußte seine Gegner in eine ungünstige Stellung zu bringen, so daß die heißstrahlende Sonne sie blendete, und durch verstellten Rückzug sie zwischen die Flügel seines Heeres hineinzuziehen und sie durch dieselben seitlich zu umfassen. Dann drang er mit ganzer Macht ungestüm vor und zersprengte das gegnerische Heer im Centrum, während Prinz Abel und der Herzog von Lüneburg demselben in die Flanken fielen. So unvermuthet von allen Seiten her bedrängt, gerieth das Heer der Verbündeten in Verwirrung und Auflösung und suchte endlich den Rückzug. In dieser höchsten Noth gelobte Adolph IV., sich dem Dienste der Kirche zu weihen, wenn Gott Rettung verleihe. Waldemar schickte

Erste Abtheilung. Zeit Adolphs I. v. Schauenburg bis 1227 — Schlacht bei Bornhöved. 67

Rathhaus, Niedergericht und Börse 1785

sich indes an, den errungenen Vortheil auszunutzen. Er ließ nun sein Hintertreffen vorrücken, indem er den Dithmarschern zurief, sie sollten nun ihre Treue beweisen, den geschlagenen und weichenden Feind vollends zurückwerfen und die Verfolgung desselben aufnehmen. Die Dithmarscher gaben das Zeichen zum allgemeinen Angriffe, indem sie die Schwerter gegen die Schilde schlugen, und mit dem Rufe: Tod den Dänen! fielen sie auf das königliche Heer ein, während gleichzeitig die Verbündeten den Angriff erneuerten. In einem blutigen Handgemenge war nun in kurzem das Schicksal des Tages entschieden: Waldemar war entscheidend geschlagen. Er selbst ward im Kampfe verwundet. Es wurde ihm ein Auge ausgestochen, und er sank bewußtlos vom Pferde. Ein Lüneburger Ritter aus seinem Heere soll ihn auf sein Roß genommen und ihn nach Kiel gebracht haben. Der Verlust der Dänen in der Schlacht wird von den alten Chronisten auf viertausend Mann angegeben. — Der Abfall der Dithmarscher von dem Könige Waldemar war von diesen vor der Schlacht mit dem Erzbischof Gerhard II. und seinen Verbündeten verabredet und vereinbart worden. Der Tag der Schlacht war der Tag Maria-Magdalenen, 22. Juli, 1227.

Durch die Schlacht bei Bornhöved war Nordelbingen mit den Städten Hamburg und Lübeck von der Herrschaft des Dänenkönigs befreit und dem Deutschen Reiche wieder gewonnen. Lübeck ist seitdem eine freie Reichsstadt geblieben.

Der Stadt Hamburg wurden alle ihre Freiheiten und Privilegien, wie sie solche unter Albert von Orlamünde besessen, respektive erlangt hatte, voll und ganz bestätigt.

Nur durch die vereinigte Macht und gemeinsame Anstrengung der Verbündeten wider Waldemar war der Sieg bei Bornhöved errungen und Adolph IV. wieder in die frühere Herrschaft der Schauenburger in Holstein und Stormarn zurückgelangt, resp. bei derselben erhalten worden. Das kam der Stadt Hamburg in Erlangung der Bestätigung ihrer freiheitlichen Privilegien zur Wahrung ihrer Unabhängigkeit im vollen Umfange, wie sie durch den Verzicht des Orlamünders gegeben war, zu statten, und diese Bestätigung durch Adolph IV. schuf ein Präjudiz für die Folgezeit. Hierin vornehmlich liegt die hohe Bedeutung der Schlacht bei Bornhöved für die freiheitliche Entwickelung Hamburgs, und daher bezeichnet die Schlacht bei Bornhöved eine der bedeutsamsten Epochen in der Hamburger Geschichte.

Zweite Abtheilung.
Von 1227 bis Ende des 13. Jahrhunderts.
Aeltestes Ordelsbook, Redaktion des Stadtrechts.

Waldemar II. gab nach der Schlacht bei Bornhöved noch die Hoffnung nicht auf, wieder zum Besitz der früheren Herrschaft in Nordelbingen zu gelangen. Im Jahre 1228 zog er abermals mit einem Heere über die Eider ins Nordelbinger Gebiet. Zunächst fiel er in Dithmarschen ein und rächte sich, wie Albert Cranz sagt, an dem Volke, welches im heftigsten Kampfe ihn verrathen, Treue und Glauben ihm gebrochen hatte. Es wurden viele Dithmarscher erschlagen und das Land ward zum Theil verwüstet, aber in den Besitz desselben gelangte Waldemar nicht. Auch seine Anschläge auf Holstein, in das er von Dithmarschen aus eindrang, mißglückten ihm. Die Macht des sieggewohnten Königs war bei Bornhöved für die Dauer gebrochen. Nach dem Tage von Bornhöved hat Waldemar II. nach außen hin nichts Rechtes mehr ausrichten können. Als sein Unternehmen auch in Holstein nicht den gewünschten Erfolg hatte, kehrte er mißmuthig in sein Reich zurück. Nordelbingen ist nachher nicht wieder durch ihn beunruhigt worden. Im folgenden Jahre kam eine völlige Versöhnung zwischen dem Könige Waldemar II., dem Erzbischof Gerhard II. und dem Grafen Adolph IV. zu stande. Als der König in diesem Jahre seinen Sohn, den Prinzen Waldemar, zu Ripen mit einer portugiesischen Prinzessin vermählte, erschienen auch der Erzbischof Gerhard und der Graf Adolph zum Hochzeits= feste, und bei dieser Gelegenheit versöhnten die bisherigen Gegner sich völlig miteinander und schlossen sogar ein förmliches Bündniß zu gegenseitigem Schutz und Beistand. Durch die Anstrengungen und Aufwendungen für Kriegszwecke, welche sie in den letzten Jahren gemacht, erschöpft, hatten sie das Bedürfniß nach Ruhe. Dieses war vornehmlich für den Grafen Adolph IV. bei seinem Thun bestimmend und maßgebend. Er, als der Sohn des im eigenen Lande, zumal bei dem herrschenden Adel, verhaßten Adolphs III., selbst noch fast fremd im Lande, hatte genug zu thun, um sich nur in seiner Stellung zu befestigen und zu halten. Daher suchte er namentlich den König Waldemar sich zum Freunde zu machen. 1237 verlobte er seine Tochter Mechthilde dem Sohne Waldemars, dem Herzoge Abel in Südjütland.[1] Die Hochzeit wurde zu Hamburg mit großer Pracht gehalten. Auch der Rath der Stadt war zur Hochzeitsfeier entboten oder „gefordert", wie es damals hieß in solchen Fällen. Die Stadt Hamburg spendete als Hochzeitsgabe dem Herzog und seiner Gemahlin, der Tochter des Schirmherrn der Stadt, die Summe von 400 Mark Pfennige, und dem Grafen Adolph IV. löste sie zur Feier des Tages den von Albert von Orlamünde verpfändeten Zoll zu Oldesloe mit 200 Mark löthigen Silbers (damals 1600 Reichsthalern gleich) ein, „womit sie den Grafen befriedigte", sagt ein alter Chronist. Inzwischen hatten der König Waldemar II. und der Graf Adolph IV. sich vorher schon einmal zu gemeinsamen Unternehmungen miteinander verbündet, indem Adolph IV. die Stadt Lübeck an sich zu bringen suchte. Beide sandten Kriegsvolk aus gegen Lübeck, doch bekamen sie die Stadt nicht in ihre Gewalt. Es lag nicht am Willen, sondern nur an der Macht, wenn Adolph IV. die Städte nicht in größere Abhängigkeit zwang.

---

[1] Das Herzogthum in Südjütland war nur ein Amt zum Schutze der Grenze des dänischen Reichs. Die dänischen Könige setzten hier einen Grenzherzog zur Wache, wie Karl der Große und seine Nachfolger an den Grenzen des Reiches Grenzgrafen (Markgrafen) setzten. Das Herzogthum wurde an Prinzen des Königshauses verliehen. Seinen ersten Herzog erhielt Südjütland unter König Knut dem Heiligen, der 1081 seinen Bruder Oluf Hunger zum Herzog bestellte. König Nikolaus machte den Sohn seines Bruders, des Königs Erich Ejegod, Knut Laward, zum Herzoge (1115). Nachdem dieser 1130 ermordet worden, folgten als Herzöge Waldemar I. (1149) und Waldemar II. (1183), sowie auch Erich (1215) und Abel (1232), Waldemars II. Söhne. Diese wurden insgesamt nachher selbst Könige in Dänemark. Seine erblichen Herzöge erhielt Südjütland mit Waldemar III., Abels Sohn. Bei Abels Stamm ist das Herzogthum dann bis 1375 geblieben. — Die Benennung „Schleswig" als Bezeichnung des Herzogthums wurde erst im 15. Jahrhundert gebräuchlich und war nur ein Provinzialismus, nach dem Regierungssitz gebildet. Geographisch hieß das Herzogthum noch zu Anfang unseres Jahrhunderts Südjütland. (Vergl. Gaspari, Erdbeschr., Weimar 1819; Zacharia, Erdbeschr., Altona 1820.)

Als Adolph IV. zu völligem Frieden mit seinen Nachbarn gelangt war, gedachte er ernstlich seines immer nach der Erfüllung harrenden, bei Bornhöved gethanen Gelübdes. Schon bald nach der Bornhöveder Schlacht hatte er die Burg an der Alster in Hamburg oder den Platz der Burg zum Bau eines Dominikanerklosters, dem St. Johannes geweiht, hergegeben. Die Dominikanermönche kamen aber erst 1235 nach Hamburg, und allem Anscheine nach haben sie das Kloster aus den Mitteln ihres Ordens erbaut. 1238 nun unternahm Adolph, wie es heißt zur Erfüllung jenes Gelübdes, eine

Das Maria-Magdalenen-Kloster von der Seite der Slavenpforte. 1837.

Wallfahrt oder einen Kreuzzug nach Livland und ließ unterdeß seine Lande dem Herzog Abel von Südjütland, seinem Schwiegersohne, in Verwaltung. In Hamburg bestellte er vor Antritt des Zuges nach Livland einen Ritter Bertram zum Vogt in der Neustadt. Vorher finden wir einen Ritter Christian in der Neustadt und einen Ritter Georg in der Altstadt als Vogt erwähnt. Auch wird um diese Zeit zuerst eines Rathhauses zu Hamburg gedacht. Dieses lag wohl am Fischmarkt, damals Altmarkt geheißen, im Unterschied von dem neuen Markt in der Neustadt (dem Hopfenmarkt). Nach seiner Rückkehr von Livland im Jahre 1239 legte Adolph IV. dann die

Grafschaft nieder, übergab die Verwaltung derselben bis zur Mündigkeit seiner drei Söhne Gerhard, Johann und Lüder dem Herzoge Abel und trat dann zu Hamburg in den Franziskanerorden, den Orden der Barfüßermönche, und begab sich in das von ihm gestiftete Maria-Magdalenen-Kloster dieses Ordens daselbst. Der Maria Magdalena war das Kloster geweiht, weil er das Gelübde, sich dem Dienste der Kirche zu weihen, am Maria-Magdalenen-Tage gethan hatte. Adolph erbaute nachher noch das Marienkloster zu Kiel, zu dessen Bau er selbst als Barfüßermönch die Mittel zusammenbettelte. Dann ging er 1244 zu Fuße nach Rom, küßte dem Papste Innocenz IV. die Hand und erbat und erlangte von diesem Dispensation, so daß er sich zum Priester weihen lassen durfte. Der Papst ertheilte ihm dann die Weihe zum Subdiakonus. Später wurde er Diakonus und dann Priester. Die Priesterweihe erhielt er 1247 durch den Bischof Johann zu Lübeck. Seine erste Messe hielt Adolph als Priester in einem Minoritenkloster an der Swentine in der Gegend von Bornhöved. In Hamburg aber sang er am Tage Gregorii, 12. März, 1247 zum erstenmal die Messe öffentlich in der Maria-Magdalenen-Kirche. Adolph weilte nachher abwechselnd zu Kiel und zu Hamburg. Er starb 1261 in Kiel im Marienkloster und ist daselbst bestattet in der Klosterkirche vor dem Altar. — Adolphs Gemahlin, die Gräfin Heilwig (Hedwig), eine Geborene von der Lippe, hatte in Hamburg ihre Wohnung nahe am Maria-Magdalenen-Kloster, in welchem Adolph als Barfüßermönch hauste. Als Mönch soll Adolph in Hamburg täglich in den Häusern für sein Kloster Gaben an Geld und Lebensmitteln zusammengebettelt haben. Er sah im Betteln für sich ein verdienstliches Werk und suchte darin einen Ruhm. Die Chronisten rühmen ihn daher wegen seiner Frömmigkeit und christlichen Demuth. Für die hier zu Grunde liegende Verirrung vom Standpunkt christlicher Demuth aber ist es bezeichnend, wenn die Chronisten zur Erhärtung ihrer Darlegung dieses anführen: Als Adolph einst, von einem Bettelgange heimkehrend, vom Millernthor her über den Mönkedamm ins Kloster sich begeben wollte, da begegneten ihm in ritterlicher Pracht seine Söhne mit ihrem Gefolge, und von eitler Scham überrascht, verbarg er schnell den Topf mit

Milch, den er trug, unter seinem Mönchsgewand, nachher aber, als er sich von der Ueberraschung erholt hatte, goß er sich, zur Strafe für seine eitle Regung, die Milch über den Kopf. Solche Reflexion auf das eigene Thun, wie sie hier hervortritt, zeugt nicht gerade von Demuth, die ohne Reflexion geübt sein will. Ohne sich nach ihr umzuschauen, muß Orpheus die Euridice aus dem Dunkel ans Licht führen: blickt er um sich, so wird sie wieder zum Schatten.

Die beiden ältesten Söhne Adolphs, Gerhard und Johann, für die der Herzog Abel das Regiment führte, gingen nach Paris zu

Die Diele im Maria-Magdalenen-Kloster.

ihrer Ausbildnng. 1246 traten sie selbst die Regierung in Holstein an, und zwar regierten sie anfangs das Land gemeinsam. Doch entzweiten sie sich bald, und es kam zu einer Theilung der Regierung zwischen ihnen. Bei der Theilung griffen Beide zu den Waffen. Endlich aber wurden sie einig, und es entstanden nun zwei regierende Linien, jede mit bestimmtem Gebiet: die Kieler oder wagrische Linie, mit Wagrien, einem großen Theil von Stormarn und der Stadt Kiel als Residenz, unter Johann I., und die Rendsburger Linie unter Gerhard I., mit Rendsburg als Residenz. Diese Theilung erfolgte 1247. Die Klöster und die ritterschaftlichen Lehne, sowie die

Einkünfte aus der Stadt Hamburg, scheinen indes beiden Linien gemeinschaftlich geblieben zu sein. Die Theilung bestand bis 1317, in welchem Jahre die Kieler Linie erlosch.

Infolge dieser Theilung und Auseinandersetzung zwischen den Grafen Gerhard I. und Johann I. hörte Hamburg auf, gräfliche Residenz zu sein. Die Grafen von Holstein und Stormarn residirten fortan in Rendsburg und Kiel, resp. zu Segeberg oder einem anderen Ort in Wagrien, zu Itzehoe und Pinneberg. In Hamburg finden wir seitdem nur noch einen Vogt, gewissermaßen an Stelle eines Burggrafen, mit eingeschränkter Machtbefugniß, als Beamten zur Wahrung der Interessen des Grafenhauses bestellt. Die hierin gegebene Umgestaltung, vornehmlich die Verlegung des Grafensitzes, konnte der Unabhängigkeit der Stadt Hamburg nur förderlich sein, und auch in dieser Beziehung ist die Schlacht bei Bornhöved, auf die jene Umgestaltung unmittelbar zurückweist, von hoher Bedeutung für die Hamburger Geschichte gewesen.

Nach Wiederherstellung friedlicher und stabiler Verhältnisse infolge der Schlacht von Bornhöved mehrten sich Gewerbe und Kaufmannschaft in Hamburg merklich. Handel und Verkehr wurden auf sichere Grundlage gestellt und geregelt durch Uebereinkünfte und Verträge mit auswärtigen Machthabern, Kommünen und Korporationen. Im Jahre 1238 schloß Hamburg einen Vertrag mit den Wurstfriesen und den Hadelern, daß man gegenseitig den reisenden Kaufmann schützen und kein Theil dem andern gestrandete Schiffe und gestrandetes Gut vorenthalten wolle. Einen ähnlichen Vertrag schloß die Stadt 1239 mit dem Herzoge Otto von Braunschweig und Lüneburg. Die Braunschweiger Herzoge feindeten die Stadt Hamburg bis dahin immer noch an, weil sie vermeinten, von dem Herzog Heinrich dem Löwen her noch Ansprüche an Hamburg zu haben, und Hamburg davon nichts wissen wollte. Auf solche Ansprüche verzichtete der Herzog Otto nun in jenem Vertrage ausdrücklich und für immer. 1241 schloß Hamburg einen Vertrag mit Lübeck, in welchem die beiden Kontrahenten sich verbindlich machten, die Straßen zwischen der Trave und Hamburg, sowie auch den Elbstrom bis zur See frei und sicher für Handel und Verkehr zu erhalten. Zur Vollführung dessen soll jeder der beiden Theile die halben dazu erforderlichen Unkosten stehen. Auch verwilligen sie unter sich, „was in Handlung beider Städte Gerechtigkeiten von Nöthen sein würde, an beiden Theilen mit gleich gültiger Darlage zu verrichten". Dieser Vertrag ist zwar nicht, wie Adam Traziger annahm, und wie man auf Trazigers Autorität hin lange nach ihm behauptet hat, die Grundlage des großen Bundes der Hansa — der Hansabund entstand aus mehreren gelegenheitlichen, allmählich nach Zwecken und Umfang sich ausdehnenden, jedoch noch nicht in Form ausdrücklicher Bündnisse, zum Theil gar nicht schriftlich abgefaßten Vereinbarungen der nordischen Städte —, aber es ist derselbe doch eine Faser in dem festen Bande zwischen Lübeck und Hamburg, welches die enge Verbindung zwischen Ostsee und Nordsee vermittelte, in welcher die geschichtliche Bedeutung des Bundes der Hansa verborgen liegt. Immerhin ist dieser Vertrag ein beredter Zeuge von der Bedeutung, welche der Handel Hamburgs schon damals, in der ersten Hälfte des 13. Jahrhunderts, erlangt hatte. Bereits 1210 hatten Hamburg und Lübeck einen Vertrag geschlossen, nach welchem die Kaufleute beider Städte, wenn sie mit Waren nach der anderen Stadt kämen, daselbst gleiche Sicherheit genießen sollten, wie die Einheimischen. Dieser Vertrag bezieht sich aber nur auf die Handelsstraßen im Weichbilde der Städte; in dem Vertrage von 1241 dagegen ist zum ersten Male von Sicherung der Wasserstraßen für den Handelsverkehr die Rede. Darin liegt die Bedeutung desselben vor anderen Abmachungen und Verträgen zwischen den beiden Städten aus derselben oder aus früherer Zeit. Aus schwachen, beim Mangel deutlicher Nachrichten chronologisch genau nicht bestimmbaren Anfängen erhob sich um diese Zeit, zu Anfang des 13. Jahrhunderts, zuerst unter wendischen, dann unter norddeutschen Städten, welche jenen sich anschlossen, ein Handelsbund, die Hansa, welcher allmählich fast alle bedeutenden Städte von der Mündung der Schelde bis Esthland umfaßte und der einerseits über Rußland nach Asien, andererseits über Flandern nach Südeuropa Verkehr trieb und die Sicherheit des Handels durch vereinigte Kraft mächtig schützte. Der älteste Bundesbrief, von welchem zuverlässige Kunde vorliegt, stammt aus dem Jahre 1364. Aber schon viel früher hatte die Hansa von ihrer Kraft glänzende Proben gegeben. Lübeck gehörte zu den wendischen Städten, und wir können daher mit Fug in jenem Vertrage von 1241 zwischen Lübeck und Hamburg einen Anfang der Vereinigung von Ostsee- und Nordseehansestädten zu dem großen Bunde der späteren Hansa erblicken. Besonders für das hier maßgebende Interesse Hamburgs in Beziehung auf den in der Bildung begriffenen Hansabund mußte das bestehende friedliche Verhältniß zu den Nachbarstaaten, vornehmlich zu Dänemark, in hohem Grade förderlich sein. Der herrschende Friede wurde zwar gestört im Jahre 1245 durch den damals ausbrechenden, erst 1250 beendigten Zwist zwischen dem Könige Erich von Dänemark und seinem Bruder, dem Herzog Abel von Südjütland. Erich wollte das seinem Vater, Waldemar II., abgedrungene Nordelbingen wiedergewinnen, und Abel, als Vasall, sollte Heeresfolge leisten. Dieser weigerte sich dessen und hielt es mit den holsteinischen Grafen, seinen Schwägern. In dem hierüber entstandenen Streit leisteten die holsteinischen Grafen nebst dem Erzbischof Gerhard von Bremen, dem Bischof Simon von Osnabrück und einigen anderen norddeutschen Fürsten dem Herzoge Abel Hülfe. Die holsteinischen Grafen forderten auch von Hamburg Hülfe und Beistand. Hamburg half dann auch, indem es Mannschaft, Proviant und Geld sandte, auf viele Tausend Mark sich belaufend. Unter anderem Volk rüstete Hamburg fünfzig geharnischte Reuter aus mit einem Kostenaufwande von 400 Mark Silbers. Doch blieb der Krieg lokalisirt und war, wenn auch in einer Beziehung störend, doch insofern für die Entwickelung Hamburgs zur Unabhängigkeit förderlich, als er die ganze Aufmerksamkeit der Grafen von Hamburg ablenkte. 1247 schloß Hamburg mit der Stadt Braunschweig einen Vertrag, worin die Braunschweiger den Hamburgern versprachen, daß sie mit Leib, Habe und Gut bei ihnen sicher sollten handeln und wandeln können, auch wenn der Herzog mit ihnen, den Hamburgern, in Fehde lebe, und in welchem die Hamburger wiederum den Braunschweigern gleiche Sicherheit bei ihnen zusagen. 1252 sandten die Hamburger die Rathmänner Jordan und Hermann Hoyer an Margaretha, Gräfin zu Flandern und Hennegau, um nebst den Gesandten der anderen Hansestädte wegen der Zölle in ihren Landen zu verhandeln, woraus zu entnehmen, daß der Hamburger Handel damals schon ein ausgedehnter war und Hamburg unter den Hansestädten eine angesehene Stelle einnahm. Die Bezeichnung Hansestädte ist in der betreffenden Urkunde übrigens nicht angewandt; die Gesandten werden als Kaufleute des Reichs und der Stadt Hamburg bezeichnet — Mercatores Romani Imperii et civitatis Hamburgensis —, ein Beweis, daß der Name der Hansa nicht über die Mitte des 13. Jahrhunderts zurückgeht. Von der Zeit an sehen wir die Hamburger durch ihre Gesandten und Deputirten auf Städte-, Kreis- und Landtagen mit Vertretern auswärtiger Staaten und Machthaber, auf gleichem Fuße mit diesen, nach eigenem Ermessen und Gutbefinden Uebereinkommen treffen und Verträge schließen, nach Maßgabe des eigenen Interesses, mag dieses dem Interesse der Grafen von Holstein und Stormarn, der Schutz- und Schirmherren der Stadt, entsprechen oder nicht. Herzog Albrecht von Sachsen sicherte in demselben Jahre den Hamburgern Zollfreiheit zu in Lüneburg und Eslingen, beim späteren Zollenspieler. 1253 war ein Streit ausgebrochen zwischen dem Domkapitel und den Predigermönchen zu Hamburg. Das Kapitel beklagte sich, daß es durch die Bettelei der Predigermönche an milden Gaben und Almosen Einbuße erleide. Ein Kardinal Laurentius, als Legat des Papstes, schlichtete den Streit unterm 23. Dezember selbigen Jahres. Derselbe konfirmirte 1256 die Privilegien der Stadt Hamburg, die sie vom Kaiser Friedrich I. erlangt hatte. Auch ertheilte er der Stadt noch ein besonderes Privilegium, daß ihre gestraudeten Schiffe und Kaufmannsgüter überall unbeschwert bleiben und von Niemandem zurückbehalten werden sollten. Zu Konservatoren solchen Privilegiums verordnete er die Erzbischöfe zu Magdeburg und Bremen. Auch wurde in diesem Jahre eine Vereinbarung getroffen zwischen Hamburg und dem Herzoge Heinrich von Lothringen und Brabant, durch welche den Hamburgern besonders Freiheit von Zöllen zu Antorf und anderen Orten mehr eingeräumt und ihnen Sicherheit für Handel und Wandel in des Herzogs Landen, auch für den Fall, daß der Herzog mit den holsteinischen Grafen in Streit und Krieg gerathen sollte, zugesichert wurde. Mit Lübeck schloß Hamburg 1255 ein Bündniß zu gegenseitigem Schutze wider jeden Angriff. Das Bündniß sollte auf drei Jahre geschlossen sein und nach Umständen vor Ablauf von drei Jahren erneuert werden. 1264 verliehen Vogt und Rath von Hamburg den Kaufleuten von Hannover sicheres Geleite in ihrem Gebiete. 1259 entstand eine große Unruhe und Zwietracht zwischen Hamburg und Bremen wegen der Gerechtsame Hamburgs in Bezug auf Wahl eines Erzbischofes. Der Erzbischof Gerhard II. war gestorben. Das Bremer Domkapitel hatte Hildebold von Wunstorf, Diakon zu Rüstringen, zum Nachfolger erwählt, der nachher auch vom Papste bestätigt ward. Das Hamburger Domkapitel aber wählte Gerhards II. Brudersohn, Simon, Bischof zu Paderborn, der zu Lebzeiten des Oheims schon das Erzstift verwaltet hatte, dessen sich auch die holsteinischen Grafen annahmen, weil er ihnen und dem Herzoge Abel von Südjütland Hülfe wider den König Erich von Dänemark geleistet hatte. Infolge der hieraus entstandenen Wirren geriethen die Hamburger, die sich des Simon annahmen, in eine offene Fehde mit den Unterthanen des Stiftes Bremen. Hildebold fand vornemlich eine Stütze in Otto von Barmstede, dem Lehnsmanne des Erzstiftes in der Haselborpermarsch, zu dem sich viele holsteinische Adlige, die den Grafen feindlich gesinnt waren, schlugen. Die Grafen forderten Hamburg zur Hülfe auf wider den von Barmstede und den Abel. Die Hamburger rüsteten acht Schiffe (Koggen) aus und sandten zwei davon nach Haseldorf, die übrigen sechs legten sie vor die Schwinge, was der Stadt einen Kostenaufwand von 9000 Mark Silbers verursachte. Nachher fielen die Hamburger in die Bremer Stiftslande ein und verheerten dieselben mit Brand und Plünderung. Besonders arg suchten sie die Stadt Stade heim, bei welcher Gelegenheit auf beiden Seiten Viele erschlagen wurden. Die Unterthanen des Erzstiftes verfuhren wiederum feindlich gegen die Hamburger auf der Elbe und kaperten die Hamburger Schiffe, wo sie nur Gelegenheit dazu fanden. Hildebold zog 1259 wider die Grafen von Holstein, doch ohne Erfolg. Es kam dann zum Frieden zwischen ihm und den Grafen. Die Feindseligkeiten zwischen Bremen und Hamburg aber dauerten fort, und die Kaperei auf der Elbe wollte kein Ende nehmen. Von der einen Seite her fielen die Bremer, von der anderen die Dithmarscher, die zu Bremen hielten, nicht wegen der Bischofswahl, sondern weil sie, vornehmlich die Kirchspiele des Süderstrandes, in alter Feindschaft wegen der freien Fahrt auf der Elbe mit den Hamburgern standen, die hamburgischen Schiffe an. Im Jahre 1265 kam der Kardinal Guido, als päpstlicher Legat auf einer Reise nach Dänemark begriffen, nach Hamburg. Dessen Vermittelung nahmen nun die Hamburger in Anspruch und baten um Erlaß eines Befehles an den Erzbischof zu Bremen auf Einstellung der Feindseligkeiten gegen die Hamburger Schiffe auf der Elbe. Der Kardinal willfahrte dem Verlangen der Hamburger. Er verbot die Kaperei und die Plünderung der Schiffe und der Schiffbrüchigen, resp. des schiffbrüchigen Gutes, und befahl die Erstattung des geraubten Seegutes an Schiffen und Kaufmannswaren Dem Erzbischofe zu Magdeburg gab er auf, über Nachlebung des Befehls zu wachen und event. mit dem Banne gegen die Ungehorsamen vorzugehen. Der Erzbischof von Bremen sandte dann den Canonicus Thitard nach Hamburg an den Kardinal, der eine Linderung des erlassenen Befehles bezüglich der Wiedererstattung geraubter Güter dahin erwirken sollte, daß demselben keine rückwirkende Kraft gegeben, sondern derselbe auf künftige Fälle von Seeraub beschränkt werde. Der Kardinal ließ sich dazu bestimmen, dem Befehle die rückwirkende Kraft zu nehmen, und wies den Erzbischof von Bremen an, den Befehl zu publiciren. Dem Hamburger Domkapitel trug er auf, gleichfalls in allen dem Kapitel unterstehenden Kirchen den Befehl abkündigen zu lassen. Hierauf erfolgte dann endlich im Jahre 1267 ein völliger Friede zwischen dem Erzbischof Hildebold und der Stadt Hamburg. Mit den Dithmarschern, als Verwandten des Bremer Erzstiftes, schlossen die Hamburger schon vorher, 1265, wegen dieser Fehde Frieden. Die Urkunde des bezüglichen Vertrages datirte vom 26. August des genannten Jahres und war zu Meldorf ausgestellt worden. Dieselbe existirt nur noch in Abschrift. Das Original ist im Hamburger Brande 1842 untergegangen. Es wird in dem Vertrage bestimmt, wie gegenseitige Klagen und Beschwerden in

Zukunft abgethan werden sollen. Wenn ein Hamburger Bürger wider einen Dithmarscher klagbar würde wegen gewaltsamer Beschädigung aus der Zeit des letzten Decenniums, so solle der Beklagte Ersatz leisten oder mit zwölf gut beleumdeten Männern seine Unschuld beweisen (Zwölfmann-Eid); würde in Zukunft gegen einen Hamburger Gewalt geübt und ein Dithmarscher deswegen beklagt, so solle er seine Aussage durch den Eid von zwölf Männern aus seinen Nachbarn und Kirchspielsgenossen glaubhaft machen (Nemede); die Hamburger dagegen sollen, wenn sie von den Dithmarschern verklagt werden, nach Hamburger Stadtrecht sich zu verantworten haben; die Blutrache bei Todtschlägen soll zwischen beiden Theilen ausgeschlossen sein. Mit dem Grafen Wilhelm von Holland schlossen die Hamburger zu der Zeit einen Vertrag, wonach sie in Holland frei und sicher sollten handeln können. 1268 ertheilte der König von England den Hamburgern auf Verwendung des Herzogs Albrecht zu Braunschweig das Privilegium, daß sie ihr eigenes Haus in England zu ewigen Zeiten halten und daselbst Kaufmannsgewerbe treiben könnten. Hieraus erhellt hinlänglich, daß der Handel Hamburgs schon frühzeitig ein weit ausgebreiteter war, und daß Hamburg im Bunde der Städte eine angesehene Stelle bekleidete. Auch erhellt zugleich aus dem Angeführten, daß damals, zur Zeit der Entstehung des Hansabundes, der Verkehr zwischen den Nationen zur See mit Einschluß der Handhabung des Strandrechts und des Bergungsrechts, bis dahin mehr ein freier Raub, Freibeuterei, sich zum geregelten Handelsverkehr hob, und wir sehen von nun an Hamburg überall in erster Reihe wirksam, wo es gilt, für Regelung und Sicherung von Handel und Kaufmannschaft einzutreten, in Anknüpfung, Förderung und Wahrung von Handelsbeziehungen, Handelsverträgen und Handelsverbindungen der Städte untereinander oder mit auswärtigen Staaten und Machthabern. Die Hansa wird als solche in den Urkunden zwar nicht genannt, der Bund der Hansestädte aber ist schon in voller Entwickelung begriffen, und Hamburg verfolgt im Bunde der Städte, wie auch für sich als Hansestadt selbständig und unabhängig seine eigenen Interessen, als die eines gesondert für sich bestehenden Gemeinwesens.

Die Hansa, in ihrer Ausbreitung, ihrem Glanz und ihrer Machtentfaltung eine eigenartige Erscheinung, war nach Wesen und Ursprung eine gewerbsgenossenschaftliche Vereinigung, gleich anderen Vereinigungen, wie sie aus Geist und Sinn, Kulturzustand und Sittenbeschaffenheit mittelalterlicher Zeit erzeugt und geboren wurden. Früh schon hatten sich die verschiedenen Gewerke in Zünfte, Gilden oder Innungen gesammelt, deren erste und löbliche Zwecke Handhabung der Ordnung, Verhinderung von Betrug, Vervollkommnung der Gewerbe überhaupt und Erleichterung des Gewerbeverkehrs waren. Die Zünfte und Gewerksverbände arteten bald aus in geschlossene Gesellschaften engherziger und enggeistiger Monopolisten. Doch trotz dieser Ausartung haben die Zünfte und Verbände manches Gute bewirkt und sind ein merkwürdiger Ausdruck und Ausfluß des im Mittelalter herrschenden Geistes gewesen, der, bei der allgemeinen Verdorbenheit und der Auflösung der Kommunal= und Nationalbänder, allenthalben kleinere Verbände und Gemeinschaften durch Vereinbarung der Genossen von gleichen Interessen und Verhältnissen bildete und hierdurch ein vielgestaltiges politisches Leben, eine folgenreiche Regsamkeit moralischer Kräfte hervorrief. Die wichtigste unter diesen Verbindungen und Verbänden war die ruhm- und thatenreiche Hansa. In den einzelnen Seestädten wurden zur Sicherung und Ausbreitung des Handels besondere Gesellschaften geschlossen, deren allgemeiner Name Hanse war. Aus dem Zusammenschlusse der Städte zur größeren Sicherung des Handels entstand dann jener Handelsbund von weltgeschichtlicher Bedeutung, der unter dem Namen des Hansabundes bekannt ist.[1]

Der Gewerbefleiß und der Handel der Hansestadt, nächst der Freiheit das wichtigste Prinzip ihres Lebens, stieg erst später zu

---

[1] Ueber die Bedeutung des Wortes „Hanse" oder „Hania" ist viel konjekturirt worden. Man hat aber nichts Rechtes herausgebracht. Einige ältere Chronisten deuteten das Wort auf die See und schrieben konsequent Hansee-Städte. Andere deuteten es auf Herrschaft und Gewalt (die „großen Hanse"). Die verbreitetste Meinung ist, daß Hanse eine Kompagnie, eine Gesellschaft überhaupt bedeute. Wer in eine Kompagnie eintritt, der muß erst Hanse etwas spendiren, sagt Adam Traziger. Allein hier ist die Bedeutung eine abgeleitete, und man hat kein Beispiel, daß eine andere Gesellschaft, als Handelsgesellschaften, mit „Hanse" bezeichnet worden wäre. Das Wort muß demnach doch in irgend einer Weise in seiner ursprünglichen Bedeutung mit Handel und Kaufmannschaft zusammenhängen.

seiner Höhe, hatte indeß schon bedeutende Fortschritte gemacht. Mit Gewerbefleiß und Handel mehrten sich Reichthum, Selbstgefühl und edlere Bildung Das Verlangen nach größerer Freiheit, die Kraft zu deren Erringung, die Kunst von deren Behauptung und Genuß wuchsen eben dadurch: alles Gute und Edle hob sich gegenseitig. Allmählich wurden die einheimischen Verhältnisse, die Regierung und Verwaltung, alle allgemeinen Angelegenheiten geordnet und die ganze Munizipalverfassung wurde, zunächst nach Herkommen, sodann auch durch ausdrückliche Verträge und Gesetze bestimmt. Das mußte nothwendig und unvermeidlich zu Konflikten mit den Inhabern und Trägern der Jurisdiktionsgewalt, der geistlichen, wie der weltlichen, führen. Im Jahre 1269 geriethen denn auch schon der Rath und die Bürgerschaft der Stadt in einen harten Zwist mit dem Domkapitel wegen „Schatz und Schuld" und wegen der Jurisdiktion des Kapitels über die Bürger in der Stadt. Das Domkapitel behauptete für seine Kapitelsgebäude und die Wohnungen der Domherren Abgabenfreiheit gegenüber der Stadtverwaltung und forderte die Ausübung der Jurisdiktion in allem, was das Kirchenwesen anging und in dem, was die zum Kapitel gehörigen Personen betraf, und zog in Konsequenz dessen die Bürger der Stadt in Streit- und Hadersachen mit Kapitelsangehörigen vor das geistliche Gericht. Dawider lehnten jetzt Rath und Bürger sich auf. Die Sache wegen der Abgaben von Domkapitelshäusern und Wohnungen der Domherren wurde nach langen Verhandlungen dahin erledigt, daß die Domherren die von ihnen selbst in der Stadt benutzten Wohnungen, sowie die Domhöfe und die Stiftungen des Grafen Adolph nach wie vor frei besitzen, im übrigen aber von ihren Liegenschaften innerhalb der Stadt, gleich anderen Einwohnern, zu Schatz und Schuld beisteuern sollten. Auch wurde bestimmt, daß bei Einnahme der Almosen und Gaben an den Dom einer von den Rathmännern mit Genehmigung des Kapitels als Beigeordneter zur Kontrolle hinzugezogen werden solle, damit das Geld nicht zum Schaden und Nachtheil der Stadt verbaut werde. In Betreff der Jurisdiktion des Kapitels wurde bestimmt, daß dem letzteren die Jurisdiktion über die Kapitelsangehörigen auch in weltlichen Sachen verbleiben solle, wenn aber das Kapitel einen

Bürger und Einwohner gerichtlich in Anspruch nehmen wolle, so solle es das vor der weltlichen Obrigkeit thun, vor Vogt und Rath. So entzog die Bürgerschaft sich in städtischen Angelegenheiten aller Jurisdiktion des Domkapitels. Es war das der erste Anlaß zum Hader zwischen der Stadt und dem Kapitel, aus welchem nachher des öfteren Unruhen und Unzuträglichkeiten entstanden. Das Vorgehen der Bürgerschaft in dieser Sache zeugt um so mehr von Entschlossenheit und Selbständigkeit im Streben nach Herstellung eines unabhängigen Gemeinwesens, als das Domkapitel mit Eifersucht seine herkömmlichen Rechte und Befugnisse wahrte und dieselben auch selbst dem Erzbischof gegenüber erfolgreich behauptete. Der Kardinal Guido war während seiner Anwesenheit in Hamburg für die Gerechtsame des Hamburger Domkapitels gegen den Erzbischof eingetreten. Joachim Niehusens Inventar (ap. Staphorst I. 507, Nr. 658) erwähnt einer Bulle des Kardinals zu Gunsten der Hamburger Propstei wider den Bremer Erzbischof, betreffend das Recht der Propstei in Dithmarschen. Die Bulle selbst ist verloren gegangen, aber aus der Anzeige derselben bei Niehusen erhellt, daß der Kardinal die Propstei in ihren Rechten geschützt hat, auch gegen das Erzstift. Die Dompropstei, resp. das Domkapitel, hatte also die Instanz des römischen Stuhls gegen den Erzbischof in Anspruch genommen. Als der Erzbischof Hildebold 1273 starb und Giselbert zum Erzstift gelangte, beeilte sich dieser denn auch noch in demselben Jahre die Gerechtigkeiten der Hamburger Propstei in allen Stücken zu bestätigen mit dem Versprechen, daß er in die Jurisdiktion des Kapitels nicht eingreifen wolle.

Während der Erzbischof Giselbert in der beregten Weise zu dem Hamburger Domkapitel freundlich sich stellte, erwies er sich der Stadt Hamburg gegenüber in hohem Grade feindselig. Er erneuerte den Streit wieder, welchen sein Vorgänger, der Erzbischof Hildebold, in den Jahren 1259 bis 1267 mit Hamburg gehabt hatte. Die Hamburger wurden von dem Erzbischofe und seinen Stiftsunterthanen in vielfacher Weise bedrückt und geschädigt an ihrer Person und an ihren Gütern in den Landen des Erzbischofs und auch auf der Elbe. Namentlich auch die Bewohner des Süderstrandes in Dithmarschen ober einzelne Geschlechter aus ihnen machten wieder die Elbe für die hamburgischen Schiffe unsicher, trotz des 1265 geschlossenen Vertrages zwischen ihnen und den Hamburgern. Die Bewohner der Bremer Stiftslande im Süden der Elbe halfen den Dithmarschern in der Kaperei auf die Hamburger Kauffahrer. Die Hamburger, von beiden Seiten der Elbe her in ihrem Handel bedroht und belästigt, forderten die holsteinischen Grafen als Schirmherren der Stadt zur Hülfe. Die Grafen Gerhard I. und dessen Sohn Gerhard II. legten sich dann ins Mittel und verglichen 1281 den Streit zwischen dem Erzbischof und den Hamburgern. In Dithmarschen, zu Meldorf, waren zu der Zeit gerade der Guardian und einige Mönche, unter denen ein Bruder Hinrich genannt wird, vom Orden der Minoriten zu Hamburg anwesend, und dieselben übernahmen es, in dieser Sache mit den Dithmarschern gütliche Verhandlungen zu suchen. Dadurch wurde bewirkt, daß auch der Streit der Dithmarscher mit den Hamburgern beigelegt ward. Die betreffende Abmachung ist charakteristisch für die Verhältnisse bamaliger Zeit. Es wird bestimmt, daß wenn ein Hamburger oder Lübecker Bürger oder sonst Jemand von der See, von der Elbe oder der Eider oder von der Landseite her, durch Noth getrieben oder freiwillig, nach Dithmarschen komme, so solle er bei den Dithmarschern volle Sicherheit der Person, des Schiffes und der Güter genießen. Ein Gleiches sollen die Dithmarscher in Hamburg zu genießen haben. Sollte ein Dithmarscher diesem Vertrage zuwider handeln, und es würde darüber Klage geführt, so sollte das Kirchspiel, in welchem der Beklagte sich aufhalten würde, allen Beistand zur Erstattung des Schadens und zur Herstellung der Gerechtigkeit leisten. Wenn der Schuldige flüchtig würde, so solle er verbannt sein und nicht wieder ins Land gelassen werden. Dem Kläger solle dann aus dem zurückgelassenen Gut des Flüchtigen Erstattung geschehen. Sollte ein Kirchspiel den Schuldigen nicht überwältigen können, so will das Land dem Kirchspiel mit bewaffneter Hand wider den Schuldigen helfen. Die früheren Traktate zwischen den Hamburgern und den Dithmarschern sollen von beiden Seiten in allen Stücken aufrecht gehalten werden. Der Vertrag ist geschlossen 1281 zu Meldorf zwischen Milites, Vögten und Gemeinde des Landes Dithmarschen und Consules und Gemeinde der Stadt Hamburg.

Um diese Zeit, am Thomastage 1281 oder, wie es bei einigen alten Chronisten heißt, 1284, brannte Hamburg ab. Nur ein einziges Haus, Helles Haus genannt, soll stehen geblieben sein.[1] Die holsteinischen Grafen verboten damals den Verkauf von Bauholz aus ihren Forsten nach Hamburg, wohl, weil sie Holzmangel im Lande befürchteten. Graf Helmold von Schwerin und andere mecklenburgische Herren halfen aber gegen gutes Geld mit Bauholz zur Wiederherstellung der Stadt aus. Man verbrauchte damals relativ mehr Holz zu Bauten als später, weil man die Häuser noch in Fach- und Tafelwerk aufbaute. Die Stadt muß aber, wenn sie wirklich ganz abgebrannt ist, in Bälde wieder hergerichtet worden sein. Die Jahrbücher berichten aus der Zeit von 1282 bis 1286 von größeren Unternehmungen der Hamburger gegen Freibeuter und Wegelagerer, und von Einfällen abliger Raubritter in Hamburg, an welche kaum gedacht worden sein würde, wenn damals die Stadt noch in Trümmern und in Asche gelegen hätte.

Im Jahre 1282, den 13. März, traten die Grafen Adolph V., der Pommer, und Johann II., der Einäugige, von der Linie Holstein-Kiel, dem im Jahre zuvor von den beiden Grafen Gerhard von der Linie Holstein-Rendsburg mit den Hamburgern zur Hülfe wider den Erzbischof Giselbert von Bremen geschlossenen Vertrage bei. Darüber geriethen sie in Fehde mit dem Lehnsherrn in der Haselborpermarsch, Heinrich von Barmstede, der es mit Giselbert hielt, wie Otto von Barmstede es mit dessen Vorgänger, dem Erzbischof Hildebold, gehalten hatte in dem Streite mit Hamburg, und der in hohem Grade gegen die Hamburger erbittert war, weil sie damals, zu Hildebolds Zeit, Schiffe gegen die von Barmstede ausgerüstet und Uetersen blockirt hatten. Die Hamburger nahmen in der mit dem Ritter von Barmstede angesponnenen Fehde warm für die Grafen Partei. Sie

---

[1] Helles Haus in der Bohnenstraße, heißt es bei einigen alten Chronisten. Bei Anderen heißt es Hehlhaus. Das Hehlhaus lag am Fischmarkt. Es wurde herrenloses Gut darin aufbewahrt. Daher wohl der Name. Die Hehl-Einrichtung kam 1590 in die Wage beim neuen Krahn. Das Hehlhaus ist aber dem Anschein nach hier nur eine Konjektur späterer Zeit. Bei älteren Chronisten heißt es Helles Haus.

sandten Hülfsmannschaft zur Belagerung des von Barmstede nach Uetersen, streckten den Grafen Geld vor zur Kriegsführung und legten vier wohlausgerüstete größere Schiffe (Koggen) auf die Elbe vor Haselvorf. Heinrich von Barmstede und seine Genossen unter dem holsteinischen Adel rächten sich dafür an Hamburg, indem sie die Hamburger Kaufleute überfielen, beraubten und gefangen hielten, bis sie durch ein Lösegeld sich freikauften. Die Grafen nahmen indes mit der thatkräftigen Hülfe der Hamburger Uetersen und alle Besitzungen des Heinrich von Barmstede, die ganze Haselvorpermarsch, ein. Heinrich von Barmstede mußte aus dem Lande weichen. Später löste er seine Besitzungen von den Grafen ein durch Zahlung einer Buße von 5000 Mark löthigen Silbers an die Letzteren. Die Hamburger hatten für die Fehde wider den Heinrich von Barmstede an 6000 Mark löthigen Silbers aufgewandt und erhielten dafür keinerlei Erstattung. Doch ließen sie sich diese für damalige Zeiten hohe Ausgabe nicht verdrießen, da sie damit zufrieden waren, daß ihr Feind und Dränger nebst seinen Genossen gedemüthigt und geschwächt worden. Es hausten damals viele Raubritter im Holsteinischen, wie in Nordsachsen überhaupt, die für den reisenden Kaufmann die Straße unsicher machten, und die von Barmstede standen mit den Räubern im Bunde, begünstigten sie und nahmen selbst als Führer im Streit gegen die Städte theil an Wegelagerei und Raub. Zu mehreren Malen waren sie bewaffnet in Hamburg eingefallen und hatten in der Stadt Beute gemacht. Unter den Raubrittern als Genossen der Ritter von Barmstede in der Wegelagerei und Freibeuterei gegen den Kaufmann werden namentlich die von Bockwolde (Buchwald), von Blomenthal (Blumenthal) und von Hude oder Heinrichhude genannt. Einer der von Blomenthal, Arnold von Blomenthal, hatte vom Grafen Gerhard I. von Holstein-Rendsburg auf sein Ansuchen den Platz des früheren Rathhauses in der Altstadt Hamburg zu Lehn bekommen. Die Hamburger wollten aber von der Verlehnung des Platzes nichts wissen und bestritten dem Grafen als Schirmherrn der Stadt das Recht zur Verlehnung. Dem Arnold von Blomenthal verwehrten sie die Inbesitznahme des Rathhausplatzes, und der von Blomenthal rächte sich dann nach damaliger Ritterart, indem er sich für einen Feind der Hamburger erklärte und dann als solcher auf die Hamburger Kaufmansgüter auf den Landstraßen fahndete und raubte, auch in die Stadt einfiel, die Bürger beraubte und einige derselben gefangen mit sich fortführte. Es wurden dieser Fehde wegen viele Tagsatzungen anberaumt, aber der von Blomenthal und sein Anhang erschienen gewöhnlich nicht zur Verhandlung, und die Hamburger erlitten einige Tausend Mark Schaden, ehe die Sache beigelegt werden konnte. Doch wahrten die Hamburger ihr Recht, und der von Blomenthal gelangte nicht zum Besitz des Lehns. Mit dem Besitzer von Heimichhude, Heinrich von Hude, führten die Hamburger eine Fehde wegen Ansprüche der Stadt an zwei am Hundebeck an der Alster (vor dem jetzigen Dammthor) belegene Höfe, und auch die Heimichhuder und ihr Anhang rächten sich für erlittene Einbuße durch Raub und gewaltthätigen Ueberfall an Hamburger Bürgern und Einwohnern ohne Unterschied. Die Bockwolde nebst anderen holsteinischen Adelsherren machten die Straßen nach Hamburg, vornehmlich die von Lübeck auf Hamburg führende große Handelsstraße, für den Kaufmann unsicher. Die Wegelagerer fanden bei ihren Streifereien überall an den Straßen Hegung und Unterschlupf auf den Burgen befreundeter Standesgenossen. Von diesen Burgen aus unternahmen sie ihre Raubzüge und brachten dahin ihre Beute in Sicherheit. Die Unsicherheit der Handelsstraßen mehrte sich täglich. Die Wagenzüge mit Kaufmannswaren wurden nur noch unter starker Bedeckung von Ort zu Ort geleitet, mit großen Mühen und Unkosten, und fielen trotzdem häufig den abligen Räubern zur Beute. Der Herzog von Sachsen, dem die Sache geklagt ward, sah dem Treiben zu, und die Räuber wurden immer verwegener in ihren Unternehmungen gegen den Kaufmann. Da nahmen Hamburg und Lübeck als die nächstbetheiligten Städte die Sache der Sicherung der Handelsstraßen selbst in die Hand. Am 21. April 1285 verbanden die beiden Städte sich mit dem Erzbischof Giselbert von Bremen und einem großen Theil des holsteinischen Adels zur Bekämpfung der Raubritter. Die wendischen Städte schlossen sich dem Bündnisse an. Das Stift Ratzeburg wurde von den Hamburgern und Lübeckern mit Hülfe ihrer Verbündeten eingenommen, die Burgen Walrabe, Karbow,

Aleckstorp, Mostin, Dassow, Slavstorp, Hammendorp und Linow wurden eingenommen und zerstört. Dadurch ward für einige Zeit dem Unwesen der Wegelagerei gesteuert, bis einige der zerstörten Raubburgen wieder hergestellt waren. Inzwischen hatten Hamburg und Lübeck schon 1284 eine Expedition gegen den König Erich von Norwegen unternommen, weil derselbe die deutschen Kaufleute in seinem Lande drückte und beschwerte. Die anderen Ostseestädte (Lübeck zählt als Ostseestadt) schlossen sich dem Bunde wider Erich an. Es wurde den Norwegern alle Zufuhr abgeschnitten, so daß der König Erich sich genöthigt sah, mit den Städten einen Vergleich einzugehen. Er ertheilte unterm 13. März 1285 den deutschen Seestädten einen Schutzbrief und verstand sich dazu, den Städten einen Schadenersatz von 6000 Mark Silber zu leisten. Diese Summe erlangten die Städte durch Abrechnung an Zöllen, so daß nach vierzehn Jahren der Betrag gezahlt war. Zur Sicherung des Handels diente es auch, daß Hamburg sich 1286 anheischig machte, auf einer Insel bei Hadeln (dem späteren Neuenwerk) ein Leuchtfeuer, eine beständige Brandfackel, zu unterhalten. Die Herzoge von Sachsen überließen die Insel dem Erzbischofe von Bremen mit der Bedingung, daß die Hälfte der auf derselben erhobenen Gerichts- und Brüchgelder ihnen zukommen solle. Ueber Verletzung des Vertrags wollen die Herzoge und der Erzbischof gemeinsam urtheilen und erforderlichenfalls sollen die Bremer, Stader und Hamburger helfen, die Justiz auf der Insel auszuüben. Die Hamburger nebst den übrigen Kaufleuten wollen ein beständiges Zeichen mit beständigem Licht auf der Insel errichten, damit die Segelnden Tag und Nacht Kunde von dem Orte der Insel haben möchten. So heißt es in der bezüglichen Ueberlassungsurkunde. Hierin, in der Anlegung und Unterhaltung einer Leuchtfeuer-Station an der Mündung der Elbe, wie Lübeck eine solche bei Schonen hatte, ist der erste Anlaß zur Besitzerwerbung von seiten Hamburgs bei Ritzebüttel zu erblicken.

In allen diesen Maßnahmen zur Ausbreitung und zur Sicherung des Handels ist die große Selbständigkeit, welche Hamburg schon damals erlangt hatte, nicht zu verkennen. Nirgends, weder bei Fehdeankündigung, noch bei Fehdeeinstellung, weder bei Eingehung, noch bei Abänderung oder Aufhebung von Verträgen, Vergleichen und Verbündnissen, findet sich eine Beeinflussung der Entschließung durch Rücksicht auf das Interesse der Schauenburger Schutzherren. — Der gräfliche Vogt ist in einigen Verträgen, in welchen es sich um sicheres Geleit, Brüchding und dergleichen Sachen, die zu den ursprünglichsten und eigentlichsten Amtsobliegenheiten und Befugnissen der Vögte gehörten, unter den Vertragschließern genannt, in anderen, wie in dem Vertrage mit den Dithmarschern vom Jahre 1281, nicht, und wo er bei Abschluß von Verträgen thätig erscheint, da ist seine ganze Betheiligung auf ein kollegialisches Zusammenwirken mit Rathmännern und Bürgerschaft oder, wie es damals hieß, Gemeinde der Stadt, beschränkt. Die hierin hervortretende Selbständigkeit der Gemeinde bekundet sich besonders auch in einem Vorgange im Jahre 1287, den die Chronisten wohl als den ersten Bürgerzwist bezeichnen. Die Rathsherren Friedrich Miles und Ditrich Grave waren zur Inswerksetzung gewisser Beschlüsse des Raths deputirt worden. Die ganze Sache mißfiel den Bürgern, und diese machten dem Rath Opposition unter Führung von Gerhard Lange, Johannes Vogt und Bruno Wandschneider. Jene Beschlüsse wurden abgekündigt und von der Bürgerschaft, der Stadtgemeinde, für kraftlos, null und nichtig erklärt. Den Rathsherrn Friedrich Miles nahmen die Bürger in Haft, und man drohte, ihn zu tödten, doch entzog er sich glücklich den Händen der aufgeregten Menge und entfloh aus der Stadt. Ditrich Grave war schon vorher entwichen. Beide wurden dann für immer für verbannt erklärt. Graf Otto von Oldenburg vermittelte die Sache aber dahin, daß die Verfolgung des Grave eingestellt wurde und man ihm die Disposition über seine Güter gestattete. Er selbst sollte verbannt bleiben, seine Frau und seine Kinder aber sollten im Genuß der bürgerlichen Rechte verbleiben. Ueber die Beschlüsse, derentwegen die Unruhe entstanden, geben die alten Chroniken keine nähere Kunde, auch erfahren wir nichts über das Schicksal des Friedrich Miles nach seiner Entweichung. Wir sehen aber doch, mit welcher Entschiedenheit und Energie die Bürger schon damals ihre Interessen auch dem Rathe gegenüber wahrnahmen und zur Geltung brachten.

Die Wegelagerei und die Räuberei von seiten des Adels gegen den Kaufmann hörten auch nach der Zerstörung der genannten Raubburgen nicht ganz auf. Die Raubritter waren zwar etwas eingeschüchtert worden und beobachteten einige Zurückhaltung, allmählich aber wagten sie sich wieder mehr hervor, und die Räubereien gegen den Kaufmann nahmen wieder zu. Vornehmlich in Lauenburg waren die Straßen bald wieder höchst unsicher, und das Treiben der abligen Räuber forderte aufs neue die Thätigkeit der Städte heraus. Namentlich die Ripenburger fügten dem Kaufmann großen Schaden zu. Einer derselben, Peter von Ripe, auf Ripenburg im Kirchwerder, wurde durch die Lübecker endlich überwältigt und dann ohne weiteres als ein Straßenräuber hingerichtet. Hermann von Ripe, ein Verwandter desselben, auf der Burg im Kirchwerder, suchte nun Rache an Lübeck und den Städten überhaupt. Er nahm sich des wider die letzteren fehdenden Adels an und warb um Hülfe und Beistand für diesen. Herzog Albrecht II. von Sachsen-Lauenburg hielt es im geheimen mit dem Adel wider die Städte. Sein vertrauter Rath war Hermann von Ripe. Die Städte Hamburg, Lübeck, Wismar und Lüneburg verbündeten sich nun wider den mächtigen Gegner und zogen auch die mecklenburgischen regierenden Herren in den Bund. Hierauf kam durch Verhandlungen zwischen dem Erzbischof Giselbert von Bremen, Herzog Albrecht II. von Sachsen-Lauenburg, Herzog Waldemar IV. von Südjütland, verschiedenen Vertretern des holsteinischen Adels und Gesandten der Städte Hamburg und Lübeck ein Landfriede, vorläufig für ein Jahr geschlossen, zu stande, am 12. Juli 1289. Das hier hervortretende Bestreben Hamburgs und Lübeck's, die Nachbargebiete elbaufwärts für den Handel sicherzustellen, führte nachher zur Erwerbung Bergedorfs und der Vierlande. Der geschlossene Landfriede blieb aber ziemlich ohne Bedeutung, da der Adel theils unter sich, theils mit den Landesherren selbst in beständiger Fehde lag. Es ging mit diesem Landfrieden wie mit den allgemeinen von Kaiser und Reich erlassenen und gebotenen allgemeinen Reichs- und Landfrieden. Wohl, zum Theil wenigstens, zum Zweck der eigenen Sicherung gegen den aufrührerischen Adel im Lande, unternahmen der Graf Johann II. von Holstein-Kiel und

Heinrich I. von Holstein-Rendsburg im Jahre 1289 mit dem Adel und der Wehrmannschaft ihres Landes einen Eroberungszug wider Dithmarschen. Der Zug verlief aber unglücklich. Das ganze Unternehmen scheiterte, bevor das Heer der Fürsten recht an den Feind gelangt war, und zwar durch einen geringfügigen Umstand, den Albert Cranz mit Recht einen lächerlichen nennt. Die im Vordertreffen befindliche Mannschaft sah nämlich einen Hasen (nach Andern einen Kater) vor sich quer über den Weg laufen und erhob im Scherz ein Jagdgeschrei. Lop, lop! soll Einer dem Andern zugerufen haben. Die im Hintertreffen folgende Mannschaft hielt das Geschrei für ein Zeichen, daß die Dithmarscher auf das anrückende Heer eingebrochen seien und faßten den Ruf Lop, lop! dann, wie es heißt, für eine Aufforderung zur Flucht auf, und da sie sowohl die Tapferkeit, wie die rücksichtslose Kriegführung der Dithmarscher fürchteten, so nahmen sie wirklich schleunigst die Flucht. Die Dithmarscher, welche indes herangekommen waren, machten sich die Verwirrung im holsteinischen Heere zu Nutze. Sie fielen auf den wirren Haufen ein und erschlugen, wen sie erreichten. Die Vordermannschaft im holsteinischen Heere kämpfte, bis auch die im Mitteltreffen stehende Mannschaft die Flucht nahm, worauf sie sich ebenfalls wandte und das Feld räumte. Viele Holsteiner waren auf dem Platze geblieben, viele wurden noch auf der Flucht von den nacheilenden Dithmarschern erschlagen; die meisten aber kamen davon, weil sie zeitig die Flucht genommen hatten. Dieser Kriegszug wider die Dithmarscher heißt bei alten Chronisten der Hasenkrieg. Dieser Krieg wurde ein Anlaß zur Vermehrung des Raubadels, der die Handelsstädte befehdete, und erhöhte die Bedrängniß der Hamburger und Lübecker Kaufleute. Viele der holsteinischen Abligen wurden beschuldigt, daß sie aus alter Feindschaft gegen die Landesherren absichtlich die Verwirrung unter dem Kriegsvolke auf dem Zuge gegen die Dithmarscher hervorgerufen und verstärkt und auch den Anfang mit der Flucht gemacht hätten. Aus diesem Grunde wurden sie nachher von den Grafen aus dem Lande gewiesen. Die ausgewiesenen Adelsherren begaben sich zum größten Theil über die Elbe und nahmen Dienste beim Herzoge von Sachsen. Sie fielen dann gewaffnet in Holstein ein und raubten auf die

Unterthanen der Grafen, um so sich an diesen zu rächen. Vornehmlich aber hatten sie es dabei auf Raub von Kaufmannsgütern abgesehen, und sie nahmen alles, was ihnen in Holstein an Kaufmannsgut aufstieß, gleichviel, ob die betreffenden Kaufherren und Eigenthümer der Waren und Güter Unterthanen der holsteinischen Grafen waren oder nicht. Namentlich werden unter den aus Holstein vertriebenen Adelsgeschlechtern, die damals die Straßen nach Hamburg und Lübeck unsicher machten, die Bockwolde genannt. Graf Heinrich I. von Holstein-Rendsburg heirathete nachher eine Bruderstochter des Erzbischofs Giselbert von Bremen, Heilwig von Bronkhorst. Giselbert vermittelte dann 1290 eine Aussöhnung der holsteinischen Grafen mit den Dithmarschern. Die aus Holstein vertriebenen Adelsgeschlechter aber und viele einheimische Adlige verharrten in der Feindschaft wider die Grafen, und die Unruhe und damit auch die Unsicherheit im Lande dauerte fort.

Graf Adolph III. schon war vom Adel des Landes hart angefeindet worden, und als er mit Heinrich dem Löwen gebrochen, hatte er sogar vor dem Haß und der Feindschaft des holsteinischen Adels das Land räumen und sich nach der Schauenburg flüchten müssen. Auch Adolph IV. hatte sich die Gunst des Adels nicht erwerben können, und die Macht des Adels war unter ihm noch gewachsen. Durch die Theilung unter Adolphs IV. Erben war die Herrschaft der Grafen dem Adel gegenüber noch mehr verringert, und der Adel war übermächtig geworden. Es erging den Grafen von Schauenburg in Holstein, wie es den deutschen Kaisern und Königen in der Zeit der Verderbniß des Lehnswesens erging: sie wurden abhängig von ihren Vasallen. Der Adelsstand, zugleich der eigentliche Wehrstand im Lande, hatte die Macht in den Händen. Der Bauernstand lag in Leibeigenschaft geknechtet in der Gewalt des Adels. Eine Stütze im Kampf wider den Trotz ihrer Vasallen und der untergeordneten Großen konnten die Fürsten und regierenden Herren daher nur in einem freien Bürgerstande finden. Das förderte die freiheitliche Entwickelung Hamburgs. Wie Heinrich I., der Vogelsteller, und alle besseren Könige nach ihm den Städten viele, theils allgemeine, theils besondere Freiheiten und Rechte ertheilten, um zur Besiedelung derselben anzureizen und durch deren Selbständigkeit dem Regiment eine Stütze wider die Macht der Großen zu bereiten, so thaten es auch die Schauenburger seit Adolph III. in Holstein und Stormarn. Gleich Letzterem haben es auch Adolph IV. und seine Söhne nach ihm an schätzbaren Zuwendungen für Hamburg nicht fehlen lassen.

Graf Adolph IV. erwirkte für die Hamburger im Mai 1232 vom Kaiser die Bestätigung aller, der Stadt von Adolph III. verliehenen Privilegien. Vorher schon hatte er den Platz der Alsterburg für ein zu errichtendes Dominikanerkloster bestimmt. 1238 gewährte er den nach Hamburg handelnden Kaufleuten aus der Mark Brandenburg eine Ermäßigung des sog. Ungeldes, um dadurch den Handel auf Hamburg zu beleben. Auch wandte er in demselben Jahre der Hamburger Kirche Zehnten aus Schiffbeck, Oldenburg, Reinbeck und Hammerbrook zu, sowie 2 Mark Silbers aus dem Hamburger größeren Zoll, wie es schon Albert von Orlamünde bestimmt hatte. Ferner genehmigte er den Verkauf von Wulfsdorf an das Kapitel zu Hamburg und verlieh diesem das halbe Dorf Wellinghusen. Dem Kapitel bestätigte er das Patronatrecht auf die von Adolph III. gestiftete Nikolaikapelle und verglich sich mit demselben wegen einer von seinem Vater eingeleiteten, aber nicht ausgeführten Zuwendung an dasselbe. Auch für den Hamburger Handel trug er Fürsorge. Die Stader erhielten damals Befreiung vom gräflichen Zoll und Ungeld in Hamburg. Die Markgrafen von Brandenburg ertheilten auf seine Anregung den Hamburger Kaufleuten sicheres Geleit auf der Elbe und im Brandenburger Lande. Als Graf Adolph IV. 1239, den 13. August, ins Hamburger Minoritenkloster gegangen war, bestätigten seine Söhne am 16. August desselben Jahres den Hamburgern alle ihnen vom Kaiser Friedrich I. ertheilten Privilegien in Holstein. Die Lüneburger wurden von allen Abgaben in Hamburg und die Hamburger von Abgaben in Lüneburg, welche den Verkehr zwischen Lüneburg und Hamburg erschwerten, durch Uebereinkommen der Grafen mit dem Herzog von Braunschweig-Lüneburg befreit. Graf Günzel von Schwerin gestaltete auf Vermittelung der Grafen den Hamburgern nicht nur freie Schifffahrt auf der Elbe, sondern auch Freiheit vom Zoll zu Boitzenburg, und der Herzog Albrecht sichert auf Anregung von seiten der Grafen Allen, welche über Hamburg nach Lübeck handeln wollten, sicheres Geleit zu und erließ ihnen zugleich den Zoll zu Lübeck. 1245 schenkte Graf Adolph IV., der nunmehrige Minorit, im Namen seiner Söhne, der regierenden Grafen, dem Hamburger Kapitel einen Zehnten aus der Neuen Mühle („bei der Kunst") von jährlich 6 Scheffel Roggen als Entschädigung für den, dem Kapitel durch Anlegung dieser Mühle zugefügten Nachtheil. 1246 stifteten die Grafen, Adolphs IV. Söhne, das Kloster Harvestehude (Herwerdeshude), welchem der Markgraf Otto III. von Brandenburg in demselben Jahre seine Besitzungen zu Harvestehude zuwandte. In demselben Jahre verliehen sie den Hamburgern zur besseren Befestigung der Stadt das Wasser vom Minoritenkirchhof (Maria-Magdalenen-Kirchhof) bis zum Mildeabenthore (Millernthor, damals am Graskeller, später Ellernthor genannt). Doch sollten die Hamburger durch Anlagen und Bauten die alte Mühle (bei der Mühlenbrücke) nicht behindern, und solle die Gräfin Heilwig, der Grafen Mutter, das Recht haben, ihre beim Minoritenkloster belegene Kurie bis zur anzulegenden Befestigung zu erweitern, ohne die öffentliche Straße innerhalb derselben zu behindern. Die sich dort Anbauenden sollten dieselben Rechte genießen, wie die Bewohner der Neustadt St. Nikolai. 1248 verlieh Graf Johann I. dem Spital zum heiligen Geist die Fischereigerechtigkeit bei der Kuhmühle vom oberen Ende der neuen Brücke bis zur Mühle des Propstes. Das Heiligengeist-Spital erhielt damals von dem gräflichen Vogt, Georg, und Albrecht von Ritzerow drei Hufen in Eilbeck zu Kauf, und Graf Johann I. bestätigte das als Lehnsherr.[1] Der gräfliche Vogt Georg und seine Frau Margarethe verliehen auch ihren Hof in Harvestehude nebst der Mühle, sowie zwei Häuser vor dem Thor der Milderabe und andere Einkünfte dem Cistercienser-Nonnenkloster zu Harvestehude. Auch diese Schenkung bestätigte der Graf Johann I. 1250 vertheilte die Gräfin Heilwig ihr Vermögen zu milden Stif-

---

[1] Das Heiligengeist-Spital ist das älteste Spital in Hamburg. Ueber dessen Ursprung ist nichts zu ermitteln. Die Hauptquelle für die älteste Topographie Hamburgs sind die Stadt-Erbebücher, in welche Verkäufe und Verpfändungen von Grundstücken eingetragen wurden. Diese beginnen aber erst mit dem Jahre 1248.

tungen. An Einkünften aus der alten Mühle erhielt das Kloster Harvestehude 1 Wispel Weizen und 2 Wispel Roggen. Der Propst von Harvestehude erhielt zur Anschaffung von Hostien für bedürftige Kirchen der Hamburger Probstei außerhalb der Stadt eine Kornrente zugewiesen. Die Grafen übertrugen dem Priester der Armen zu St. Georg eine Kornrente von 15 Hamburger Scheffel aus Winterhude, sowie eine Fischereigerechtsame in der Alster und bestätigten eine von der Gräfin Heilwig an die Armen von St. Georg gemachte Schenkung von 4 Morgen Landes im Boizenwerder. Die Einwohner von Riga erhielten 1251 von den Grafen zu Hamburg und infolgedessen in allen gräflichen Besitzungen Freiheit von Zoll und Abgaben. Im Jahre 1253 erließen die Grafen Johann I. und Gerhard I. den Hamburgern für alle Zeit den sog. Königszins, die Grundsteuer. Auch gewährten sie auf Vorstellung der Städte Hamburg und Lübeck allen Kaufleuten des Reiches in ihrem Lande, besonders auf der Straße zwischen Lübeck und Hamburg, ihren Schutz. Dem Hamburger Kapitel überließen sie die von Heinrich von Barmstede demselben verkauften, urbar gemachten Parzellen im Walde bei Grotensee. 1254 gewährten die Grafen den Kaufleuten von Braunschweig, Magdeburg und anderen Städten zu Hamburg Zollerleichterungen. In demselben Jahre überließen die Grafen den Beguinen zu Hamburg einen Bauplatz von dem Apfelgarten, welchen ihr Vater dem Magister Otfried verlehnt hatte.[1] 1255 übertrugen die Grafen dem Hamburger Kapitel alle ihre Rechte an den, dem Kapitel von Friedrich von Haseldorp übertragenen Zehnten in Osterbeck, Steinbeck, Boberg, Hanevalle, Spitzerdorf, Tinsdal, Rissen, Holm und Lutzhorn. Auch bestätigten sie die Schenkung von einem Herward an das Haus zum heiligen Geist: zwei Stücke im Brook mit daraufstehenden Gebäuden betreffend. 1256 traten die Grafen für immer der Stadt Hamburg den gräflichen

---

[1] Der Garten lag an der Steinstraße, der Jakobikirche gegenüber, neben dem Kloster der Beguinen, auf dem Grunde des späteren sog. Schauenburger-Hofes. Die Beguinen waren Nonnen, wurden in Hamburg auch „blaue Söstern" genannt. Es waren zwanzig Nonnen der Beguinen in Hamburg. Die Beguinen trugen die gewöhnliche Frauenkleidung, aber in einem und demselben Orte Alle die gleiche Farbe, in Hamburg blau. Daher die Benennung „blaue Söstern". Die Beguinen, einer der ältesten weiblichen Vereine, erhielten 1180 von Lambert de Bègues zu Lüttich eine neue Regel. Nach diesem Lambert de Bègues führen sie wahrscheinlich den Namen.

Antheil an der Abgabe des Grundzinses (Worthzins) und des Fried-
schillings ab und überließen der Stadt die Felder zwischen Hamm
und Eilenbeck, sowie auch das Feld bei Papenhude an der Kuhmühle
zur Gemeindeweide. Ferner überließen sie der Stadt die von Hartwig
von Stormarn erstandenen Güter und das Eigenthum in Heimichhude, das Gericht vom alten Mühlendamm, „vom Ausflusse der
Alster in die Elbe bis zum Orte, wohin die Elbfluth steigt", das
Zollhaus (bei der Zollenbrücke) und die beiden Schlachthäuser an der
Alster. 1262 erweiterten die Grafen das Gebiet der Stadt im
Westen bis zum jetzigen Altonaer Grenzgraben und bis zum Hunde-
beck, im Osten bis zum Hammerbrook. 1264 überließ der Graf
Gerhard I. das Wasser vom Minoritenkloster bis zum Milderaben-
thor (Millernthor) der Stadt zum Eigenthume. Nachdem er so des
Besitzrechts bezüglich des Wassers, der kleinen Alster nämlich, die hier,
zwischen der neuen Mühle „bei der Kunst" (dem Stauwerk an der
Schleuse am Mühlendamm, jetzt Jungfernstieg) und der alten Mühle
(„Herrenmühle") bei der späteren Mühlenbrücke des Burstah am
Adolphsplatz, die Bedeutung eines Mühlstroms hatte — daher eben
die Bezeichnung als „das Wasser", in Beziehung auf die Mühlen
nämlich —, sich begeben, begab er sich auch des Besitzrechts auf die
neue Mühle zu Gunsten der Stadt, indem er die Mühle veräußerte
unter Reservirung des Vorkaufsrechts und dann dieses Recht auf den
Rath übertrug. Es verkaufte nämlich Graf Gerhard am 22. Juli
1267 an einen Heyne Rese die neue Wassermühle für 230 Mark
Hamburger Courant und jährlich 80 Scheffel Korn (zwei Drittel
Roggen, ein Drittel Weizen) nebst einer Brau Malz und sieben
Ferkel im Werthe von 7 Mark. Am 6. August 1270 aber schloß
der Rath der Stadt Hamburg mit seinem Müller in der neuen
Mühle, Heinrich Rese, einen Vertrag. Nach diesem soll Rese auf
seine Kosten stets einen Wächter halten und der Rath einen anderen
auf dem Thurm zu äußerst auf dem Mühlendamm, Borgfrede geheißen. Rese soll den Stadtwall hinter dem Mühlenhause unterhalten und gegen das Wasser schützen und denselben bis zur Wohnung
der Canonici mit einem Zaune einhegen gegen das Vieh. Wall-
und Grasnutzung stehen dann dem Rese zu. Die Mauerpforte, als

Zugang zur Mühle, solle nur im Nothfalle verschlossen werden, sonst jederzeit offen sein. Niemand soll ohne Erlaubniß des Müllers auf dem Mühlendamm Holz lagern. Schweres Holz soll nicht über den Damm geschleift werden außer der Ueberfurth (Ouertucht), die Rese zu halten habe. Halte Rese dieses nicht, so falle der Wall der Stadt wieder anheim.

So waren die Schauenburger, vornehmlich von der Zeit an, da Adolph III. mit dem Adel zerfiel, darauf bedacht, durch Begünstigungen und schätzbare Zuwendungen verschiedenster Art der Stadt Hamburg sich förderlich zu erweisen. Sie förderten Hamburg in seiner Entwickelung theils aus Wohlwollen in freiwilliger Nachahmung der Kaiser, die den Städten, zumal den auf unmittelbarem Reichsboden oder in ihren Hausländern gelegenen, viele Freiheiten und Privilegien gewährten, um die Frequenz derselben zu heben und in denselben für den Thron eine Stütze zu finden, theils aber auch genöthigt, meist aus pekuniärem Interesse, oder auch aus derselben Politik, wie die Kaiser sie befolgten, um sich nämlich wider den Trotz des Adels durch die zuverlässigere Bürgerkraft zu stärken. Immerhin aber bleibt es ein Verdienst der Schauenburger um die Entwickelung Hamburgs, daß sie der Stadt jene Begünstigungen und Zuwendungen erwiesen und machten.

Besonders folgenreich für Hamburgs Entwickelung war unter jenen Vergünstigungen und Zuwendungen die Verleihung und nachherige Ueberlassung des Wassers vom Minoritenkirchhof bis zum Milderabenthor (Millernthor) zur besseren Befestigung an die Stadt. Infolge dieser Verleihung und Ueberlassung entstand erst der Mönkedamm und der Burstah (Burstabe), dadurch erst wurden Altstadt und Neustadt zu einer Stadt einheitlich zusammengefügt und erlangte diese erst die Bedeutung als Elbhafenstadt, welche Adolph III. Hamburg durch Anlegung des Hafens auf dem Grunde der neuen Burg hatte geben wollen. Die anzulegende Befestigung beim Minoritenkloster und bei der Kurie der Gräfin Heilwig, am Wasser zwischen dem Minoritenkirchhof und dem Millernthor am Graskeller, war nichts anderes, als der „alte Wall" mit dem Mönkedamm, und durch dessen Anlage wurde erst die Umwallung und Umfestigung für die Altstadt und die Neustadt eine gemeinsame, in sich geschlossene. Die älteste Befestigung umschloß nur die Höhe, auf welcher die St. Petrikirche liegt. Ein Theil des Walles war noch später unter dem Namen „Heidenwall" bekannt, und die alten Stadtgräben waren noch bis zum Brande 1842 in dem sog. Hasenmoor hinter der Kurienstraße und der Domstraße, sowie in dem Kleinen-Reichenstraßen-Fleeth und dem Gärberstraßen-Fleeth kenntlich. Diese Befestigung gehört wohl nach ihrer Entstehung der Zeit des Erzbischofs Bezilius Alebrand an, der für die Stadt zur Befestigung eine Mauer mit zwölf Thürmen

Das Spitalerthor. Anno 1600.

und drei Thoren geplant hatte. Die drei Thore können wir dieser Befestigung mit Wahrscheinlichkeit zueignen: eins am Speersort, wo die große Landstraße von Osten her in die Stadt hineinführte, wo um 1252 das große Thor (nachher Schulthor) genannt wird; ein anderes bei der Mühlenbrücke, wo die Landstraße wieder aus dem Ort hinausführte, für welches Thor uns keine Bezeichnung erhalten ist, welches aber vermuthlich Mühlenthor oder Milderabenthor geheißen hat; ein drittes im Brotschrangen, wo 1256 das Hadelerthor genannt wird.

Später finden sich dann noch drei Nebenthore angeführt: am Schopensteel (Schopenstehl) das kleine Thor, später Vredebernsthor, Perlebergerthor und Schopensteelerthor genannt; an der Alster am Resendamm (jetzt Jungfernstieg) das 1265 genannte Mühlenthor;[1] vor der Knochenhauerstraße das zum Schlachthause führende Küterthor.

Früh schon, wahrscheinlich zu des Erzbischofs Adalbert Regierungszeit, ward die Insel zwischen dem Reichenstraßen-Fleeth und dem Gröningerstraßen- und Hützter-Fleeth (dem sogen. nördlichen Arm der Bille), die Reichenstraßen-Insel, in die Befestigung hineingezogen. Das Habelerthor wurde nun an die Zollenbrücke gesetzt und am Ende der kleinen Reichenstraße wurde das 1331 genannte Hopfenthor angelegt. Auch die Cremoninsel (zum Cremon gehörte ursprünglich die Catharinenstraße mit) und die Catharineninsel wurden bald, wahrscheinlich noch im elften Jahrhundert, in die Befestigung einbegriffen. Das erst vor noch nicht langer Zeit eingegangene Fleeth hinter der Lemblentwiete und das Fleeth bei den Mühren bildeten dann den Festungsgraben im Osten resp. im Süden. Nach Osten führte vom Hützter aus ein Thor, das 1321 vorkommende Lewenbergerthor; im Süden findet sich das Bau- oder Brookthor vor der Brandstwiete, und vor der Mattentwiete das Skalthor (später Brookthor genannt). An der Alster bei der neuen Burg war das Nikolaikirchspiel entstanden. Das Fleeth hinter der Herrlichkeit, die gerade Fortsetzung der kleinen Alster vom Graskeller bis zur Schaarbrücke, bildete nebst einer Mauer die Befestigung hier im Westen. An beiden Enden lagen Thore, an der Schaarbrücke an der Mündung des Fleeths, resp. der Alster (des rechten Arms der kleinen Alster[2]), in die Elbe, das Schaarthor, am Graskeller das Milderadenthor (Millernthor). Zwischen Milderadenthor und Mühlenthor am Resendamm (Jungfernstieg) ward dann nach Ueberlassung des Wassers vom Minoritenkirchhof bis zum Millernthor an die Stadt zur besseren Befestigung der „alte Wall" mit dem

---

[1] Bei älteren Chronisten heißt der zur Mühle führende Damm, der jetzige Jungfernstieg, Mühlendamm und auch Resendamm (nach dem Müller Rese). Der jetzige Reeserdamm ward vielleicht später dazu gerechnet.

[2] Nach einigen soll dieses Fleeth ursprünglich ein Entwässerungsgraben am Fuße der Geesthöhe hier an der Alster gewesen sein. Es möchte aber doch wohl vielleicht ein natürlicher Alsterarm sich hier am Fuße der Höhe hingezogen haben, der gelegentlich der Alsterregulirung nachher mehr grabenartig gerade gelegt worden wäre.

Mönkedamm längs der kleinen Alster aufgeführt, und so ward dann eine in sich abgeschlossene Befestigung hergestellt.[1]

Vorher aber war schon im Osten vor dem Heidenwall das Kirchspiel St. Jacobi entstanden und wahrscheinlich am Anfange des dreizehnten Jahrhunderts in die Befestigungslinie einbezogen worden. Anfangs scheint man hier nur Pallisaden aufgesetzt und nachher erst Mauern aufgeführt zu haben. Vor oder an den Hauptstraßen lagen Thore. An der Alster, vor dem Pferdemarkt, lag das Alsterthor, vor der Spitalerstraße das Spitalerthor, vor der Steinstraße das Steinthor, vor der Niedernstraße das Niedernthor und am Elbdeich das Winserthor oder Deichthor.

Zwecks Verbesserung der Stadtmauer vereinbarte der Rath im Jahre 1314 mit den beiden Klöstern, daß diese auf ihrem Gebiete neben der Alster eine Mauer ziehen sollten, die wenigstens 20 Fuß hoch, am Grunde 3½ Fuß und im übrigen 2 Fuß dick sei. Wo die Mauer unmittelbar als Außenmauer der Klostergebäude diene, da solle sie mindestens 40 Fuß hoch sein, und wo Fenster in derselben angebracht würden, da sollten diese wenigstens 19 Fuß hoch über dem Boden liegen. Auch sollten die beiden Klöster an der Mauer je einen Thurm bauen, der bei einer Höhe von 30 Fuß innerhalb seiner Mauern 10 Fuß weit sein müsse und auf welchen der Rath das Dach setzen lassen solle. Hiernach ist wohl anzunehmen, daß die Stadtmauer überall eine Höhe von 20 Fuß gehabt hat bei der angegebenen Stärke von 3½ Fuß am Grunde und 2 Fuß im oberen Theile ihrer Höhe. Im übrigen wissen wir in betreff der Mauern und Thore der alten Befestigung eigentlich wenig Bestimmtes und Zuverlässiges. Die meisten Angaben und Zeichnungen über die Festungswerke stammen aus neuerer Zeit, als die alten Werke schon theils abgebrochen, theils umgebaut waren.

Unter den Thoren der älteren Befestigung ist das Spitalerthor am genauesten bekannt. Das Thorgebäude bildete ein unregelmäßiges

---

[1] „Mönkedamm" (Mönche-Damm) war wohl die ursprüngliche Bezeichnung für den ganzen Wall auf dem Gebiete der beiden Klöster vom Grasleller bis zur neuen Mühle an der Alster. Die Bezeichnung „alter Wall" entstand später aus Anlaß einer Erweiterung der Befestigung über die kleine Alster hinaus durch Errichtung eines „neuen" Walles vom Millernthor (Ellernthor) nach der Binnenalster.

Das äußere Dammthor. Anno 1687.

Viereck von 23 Fuß Tiefe bei einer Breite von innen (Stadtseite) 33 Fuß und außen (Grabenseite) 30 Fuß und hatte eine Durchfahrt von 12 Fuß Weite. Ueber dem Thore waren zwei oder drei Stockwerke befindlich, und das Ganze überspannte ein thurmartiges Walmdach. Das Thor wurde 1737 abgebrochen. Aehnlich, aber mit hohem Treppengiebel versehen, scheint das alte Steinthor gewesen zu sein. Dieses wurde 1570 umgebaut, und das umgebaute Thor brannte 1586 ab. In einer Abbildung von 1684 zeigt dieses Thor an der Außenseite über dem Durchgang ein aufgezogenes Fallgatter und seitlich in der Höhe des Gewölbes die Rudern eines hier befindlich gewesenen Marienbildes. An die Stelle des ursprünglichen Treppengiebels ist schon ein anderer Giebel getreten. Vom Steinthor verlief die Mauer in gerader Richtung nach dem Niedernthor. Dieses erscheint als eine bloße Mauerpforte mit einem großen runden Thurm, dem Niedernthurm, der später als Bombenhaus diente und 1648 einging. Vom Niedernthor bis zum Winserthor oder Deichthor war die Mauer durch thurmartige Ausbaue verstärkt. Am Teich, wo dieser sich an die Geest lehnte, lag neben dem Winserbaum das nach Lüneburg hinausführende Deichthor (1364 als Deichpforte angeführt) oder Winserthor und daneben der Winserthurm. Dieser hatte im Querschnitt eine Länge von 33 Fuß, eine Breite von 27 Fuß, war im Mauerwerk 78 Fuß hoch und hatte ein hohes spitzes Dach. Die Mauern waren unten $6^{1}/_{2}$ Fuß, oben $2^{1}/_{2}$ Fuß dick. Von dem Winserthurme lief die Stadtmauer über einen Doppelbogen über das Wasser nach der Ecke des Dovenfleeths. Hier wurde sie wieder durch einen kleinen Thurm verstärkt. Von da zog sie sich an der ganzen Südseite der Stadt bis zum Schaarthor am Wasser entlang hin. Bei der Lembkentwiete stand ein viereckiger Thurm, 1321 als der große Thurm bei der Mauer am Wege zum Lewenberger Thore bezeichnet, später (1386) nach dem Rathsdiener Hake, der ihn bewohnte, Hakenthurm genannt. Das Brookthor oder Bauthor vor der Brandstwiete scheint nur eine Pforte in der Mauer gewesen zu sein, ohne Thorgebäude und ohne Thurm. Weiterhin, beim späteren Zippelhause, lag ein Thurm, die Tollkiste (1379) genannt. An der Brooksbrücke, unfern der Reimerstwiete, lag der Barenthurm, nach dem

Rathsdiener Bare, der denselben 1386 bewohnte, benannt. An der Mattentwiete, am Stalboor, Stalhus (später Brookthor), befand sich wieder ein Thurm an der Mauer. Die hohe Brücke über der Alster war an beiden Ufern durch einen hohen Thurm gedeckt. Von der hohen Brücke lief die Mauer an den Kajen bis zum Schaarthor hin, an der jetzigen Schaarthorsbrücke. Das Schaarthor war ein zweistöckiges Gebäude mit einem Treppengiebel. Vom Schaarthor verlief die Stadtmauer dann, wie es scheint, ohne Thürme, an dem

Steinthor. Anno 1587.

Fleeth längs der Herrlichkeit zum Millernthor am Graskeller. Das Millernthor war nach allen Beschreibungen und Angaben bei den alten Chronisten ein stattlicher Bau von drei oder mehr Stockwerken, thurmartig gestaltet und mit vier aus dem Grunde aufgemauerten Eckthürmen versehen. Am Wasser beim Graskeller schloß die Mauer ab. Jenseits, zwischen Millernthor und Maria=Magdalenen=Kloster, lag der Mönkedamm, der südliche Theil des alten Walls. Dann folgten die bis in die Linie der Stadtmauer vorgeschobenen Klöster zu St. Maria Magdalenen und St. Johannes. An der Nordseite des Johannesklosters lag das Küterthor, auch Piperthor später genannt, weil es, überbaut, den Stadtmusikanten zur Wohnung diente. Von hier lief eine Mauer zum Mühlenthor. Im Norden des Mühlenthors schloß sich der alte Heidenwall in einem seiner Ueberreste an die Alster. An dem alten Wallgraben begann wieder die Mauerbefestigung mit einem kleinen Thurm, und erstreckte sich diese dann nach dem Alsterthor, einem kleinen thurmartigen Gebäude am Vorlande der Alster, und weiter bis zum Ende der Raboisen bei der früheren Wassertwiete, wo wieder ein Thurm stand, der Raboisenthurm genannt, welcher auch als Düvelsthurm bezeichnet wurde. Derselbe ward 1570 abgebrochen.[1] Am Ende der Rosen- und Lilienstraße lag ein großer runder Thurm. Hier befand sich wahrscheinlich auch eine Mauerpforte. Von hier lief die Mauer dann bis zum Spitalerthor, von welchem wir ausgingen. — Die Vervollkommnung des Geschützwesens machte im fünfzehnten Jahrhundert eine gänzliche Umgestaltung der Befestigungen nöthig. An Stelle der alten Mauern traten Erdwälle und Schanzwerke, und die alten Thore mußten infolgedessen abgebrochen und durch Neubauten ersetzt werden, die mit jenen nichts gemein haben, als den Namen. Daher kann auch alles, was wir über die Festungsbauten Hamburgs aus der Zeit nach 1500 wissen, uns über die Art der alten und ursprünglichen Befestigung Hamburgs keinen Aufschluß geben.

Durch die gemeinsame Umfestigung und Umgrenzung waren die beiden Kirchspiele St. Petri und St. Nikolai, die Altstadt und die Neustadt, die bis dahin gleichsam wie zwei selbständige Städte getrennt nebeneinander existirt hatten, nach außen hin mehr zu einem einzigen, in sich abgeschlossenen Gemeinwesen zusammengefaßt. Dadurch mußte nothwendig die Verschmelzung oder das Zusammenwachsen zu einem auch innerlich gleichartigen Ganzen gefördert werden. Der Hauptgewinn aus der, durch die Ueberlassung des Wassers an die Stadt ermöglichten, nun ins Werk gesetzten besseren Befestigung war

---

[1] Im Jahre 1306 wird in Chroniken einer Verhandlung erwähnt mit einem Ritter Hermann von Raboisen, Hauptmann zu Krempe und Rehdingen. Die Raboisen waren ein altes Geschlecht im Norden der Elbe. Nach einem der Herren von Raboisen hatte der Raboisenthurm wohl den Namen. Daher dann auch die Benennung der Raboisen-Straße.

zunächst aber darin gegeben, daß diese, die nun ausgeführte Befestigung der Stadt, zugleich eine bessere Befestigung gegen das Wasser selbst war. Bis dahin hatte es für die Neustadt an der Bedeichung, vornehmlich an der Alster, noch gemangelt. Daher war bisher die ganze Seite der Neustadt zwischen Mühlenbrücke und Millernthor noch unbebaut geblieben. Steintwiete, am Röbingsmarkt, Deichstraße, beim neuen Markt (Hopfenmarkt), bei der Nikolaikirche (Neueburg), Reimerstwiete, das sind die Gegenden, die als bebaut und bewohnt

Das Winserthor.   Anno 1587.

schon in den ersten Jahren, in Bezug auf welche die Erbebücher und alte Chroniken Auskunft geben in betreff der Topographie der Stadt, angeführt werden; vom Burstah ist noch keine Rede. Die Kolonisten, welche durch die von Adolph III. für die Neustadt gewährten Privilegien angelockt worden waren, hatten an der Elbseite der neuen Burg sich angebaut. Nun aber, nach Ueberlassung des Wassers der Alster zur besseren Befestigung an die Stadt und nach Herstellung der Befestigung, erscheint auch bald der Burstah in der Reihe der bebauten und bewohnten Straßen und Plätze der Stadt. Nicht mehr von außen zuziehende Kolonisten und Ansiedler, sondern Einwohner der Altstadt bauten sich jetzt hier an, zur Ausnützung der für Handelszwecke günstigeren Lage unter der von Adolph III. eingeräumten Vergünstigung. Die Niederlassung erfolgte nun nicht mehr nach Kolonistenrecht und auf Herrengrund, sondern nach Bürgerrecht auf Bürgergrund. Es mochte danach mit Fug von einer Kolonistenseite oder einem Gebiet des gräflichen Burgherrn hier eine Bürgerseite des Gebiets der Ansiedelung an der neuen Burg, wie es von Adolph III. für eine Ansiedelung eingeräumt worden war, unterschieden werden. Hierauf ist auch der Name des Burstah (ursprünglich „Burstade") zu deuten. Stade: Stätte, Gestade, Seite; Bur: der Anbauer, Angebaute; Bu, Bü, By: Bau, Heimstatt, domicilium; nahkapur: der Nahewohnende, Nachbar, Bürger. Daher: Buerscop, Bürgerschaft; Bursprake, Beliebung der Bürger; Burmester, Bürgermeister. Burstabe: das Bürgergestade, die Bürgerseite, Bürgerstätte.[1]

Das ganze Gebiet der Neustadt an der neuen Burg war nun in kurzem bebaut und besiedelt. Es entstand hier ein reger Verkehr, und nun erst wurde Hamburg als Handelsstadt zu der Bedeutung gebracht, welche Graf Adolph III. bei der Anlegung des Hafens an der Elbe bei der neuen Burg vorgesehen und beabsichtigt hatte.

Die Entwickelung Hamburgs zu einem unabhängigen, selbstständigen Gemeinwesen wurde besonders auch begünstigt durch die von seiten der Grafen gemachte Zubilligung eines Theils der Brüchen an den Rath und an die Stadt. Infolge dieser Zubilligung traten dem gräflichen Vogt fortan in der Verwaltung und Handhabung des Brüchdings zwei Rathmänner, die „Richteherren", zur Seite. Dadurch ging ein wesentlicher Theil der alten Vogteigerechtigkeit auf den Rath der Stadt über. Die Macht und das Ansehen des Rathes mußte dadurch gesteigert werden, und in dem Maße, in welchem dieses der Fall war, mußte der Vogt an Ansehen und Macht verlieren und einbüßen. Die ursprünglichste und eigentlichste Aufgabe

---

[1] Die gemeine, eingebürgerte Deutung des „Burstah" als Bauernstandplatz ist offenbar nur eine Verlegenheitskonjektur. Wenn „Bursprake" nicht Bauernsprache, sondern Bürgersprache bedeutet, und „Burmester" nicht Bauernmeister, sondern Bürgermeister, so ist doch gar nicht einzusehen, warum nun gerade „Burstade" und „Burstah" Bauernplatz und nicht Bürgerplatz bedeuten soll.

der Vögte war, das Recht und die Sicherheit in ihren Bezirken zu schirmen und zu haubhaben, die reine und die gemischte Gerichtsbarkeit, den Blutbann und das Brüchding, zu halten und zu hegen und den Heerbann aufzubieten und zu führen im Namen des Oberherrn und diesem die aufgebotene Mannschaft zuzuführen. Diese Aufgabe war die Grundlage des sog. Vogteirechtes. In der Leitung des Heerwesens konnte der Vogt hier kaum noch eine Bedeutung haben, nachdem der Heerbann im Reiche längst zerfallen war unter der Herrschaft des Unwesens der Geleite und Gefolgschaften und Hamburg

Aussicht vom neuen Brook (jetzt Kehrwieder) über die Brooksbrücke. Anno 1587.

nach dem Privilegium vom Kaiser Friedrich I. zudem keine Heeresfolge mehr zu leisten brauchte. Der Vogt war im wesentlichen seiner ursprünglichen Bedeutung nach nur noch Leiter der Gerichtsbarkeit in Kriminal- und Brüchsachen, die ihm nun durch den Rath mehr und mehr aus der Hand genommen wurde, so daß er schließlich der Jurisdiktion des letzteren sich untergeordnet finden mußte.

Als ein bedeutsames Zeichen der wachsenden Selbständigkeit des Gemeinwesens, offenbar eine Frucht derselben, ist das älteste Stadtbuch, das Ordelsbook vom Jahre 1270, anzusehen. Nach Einigen hätte Hamburg schon vorher ein fest ausgebildetes Stadtrecht gehabt, dessen erste Aufzeichnungen aber verloren gegangen wären. Es liegt dem wohl nichts zu Grunde, was geschichtlich zu erhärten wäre. Hamburg hatte allerdings vorher schon ein sog. Stadtrecht, doch ist von einer Kodifizirung des Rechts vor 1270 nichts bekannt. Das Buch der hamburgischen Ordele von 1270 ist übrigens eines der ältesten Stadtbücher, die es in Deutschland giebt. Es bildet dasselbe die Grundlage des jetzigen Stadtrechtes und ist, sagt Lappenberg, merkwürdig wegen seiner Vollständigkeit, wegen der zweckmäßigen Verbindung und Verschmelzung seiner Quellen, durch die Aussonderung des öffentlichen Rechtes, sowie durch seine systematische Anordnung. — Dasselbe zerfällt in zwölf Stücke, die vielleicht eben so vielen Pergamentblättern der ältesten Aufzeichnung entsprechen und nur bürgerliches und peinliches Recht enthalten, mit Aussonderung aller Verfügungen über Polizeiämter u. dergl. Sogar das Schiffsrecht bildet einen abgesonderten Theil. Bis dahin hatte es eines kodifizirten Rechtes nicht bedurft. Bis Hamburg aufhörte, Residenz der Grafen zu sein, übten die Grafen hier die Justiz und handhabten die Verwaltung im wesentlichen. Nur die niedere Polizei und die Marktsachen wurden von dem Bürgermeister und seinen Beisitzern verwaltet. Erst seit Gründung der Neustadt unter Adolph III. findet sich hier ein Rath mit erweiterter Machtbefugniß in der Verwaltung. Als Hamburg aufgehört hatte, ständige Residenz der Grafen zu sein, nach der Theilung der Herrschaft zwischen Adolphs IV. Söhnen im Jahre 1247, versah anfangs ein gräflicher Vogt die Jurisdiktion der Schutzherren in ihrem ganzen Umfange, und dieser erhielt sich dann in seinen Vogteigerechtsamen, bis er durch die zunehmende Machtbefugniß des Rathes mehr und mehr in seinen Funktionen beschränkt wurde. Das Ordelsbook bezeugt nun durch sein Dasein, daß die Jurisdiktion vom Vogt auf den Rath übergegangen ist, wenn Jener auch äußerlich noch als Repräsentant der Jurisdiktionsgewalt erscheint. — Der Rath bestand zur Zeit der Abfassung des Ordelsbooks aus zwanzig Personen. Unter diesen gab es zwei Bürgermeister. Nach Herkommen ergänzte und erneuerte der Rath sich selbst und zwar aus der Gilde der Reichen oder Kaufleute. Jährlich am Tage Petri Stuhlfeier, den 22. Februar, traten die Zwanzig zur Neuwahl des Rathskollegiums zusammen. Der Wahlmodus war ein eigenartiger. Die zwanzig Rathmänner erwählten zwei Bürger, die noch nicht im Rathe gewesen waren, und vierzehn von denen, die schon früher im Rathe Sitz und Stimme gehabt hatten. Diese Sechzehn erwählten dann vier aus den Zwanzig, von denen sie selbst erwählt worden waren, zu sich. Die übrigen sechzehn Mitglieder des bisherigen Rathes traten dann von ihrem Amt zurück. Jene sechzehn vom bisherigen Rath Gewählten hatten dann im nächsten Jahr sechzehn Personen für den Rath in Vorschlag zu bringen, während den anderen vier Rathmännern dieses Recht nicht zustand. Bei diesem Wahlmodus bildete sich neben dem Rath ein Kreis von Männern, die schon im Rathe gesessen hatten und von denen alljährlich vierzehn wieder in den Rath eintraten. Dadurch wurde, trotz der jährlichen Neuwahlen der Rathmänner, Stetigkeit in die Verwaltung gebracht und eine Gewähr für die Fortführung der Verwaltung in einerlei Geist und Sinn gegeben. Es wurde aber auch dadurch eben jene kastenartig abgeschlossene Patrizierzunft der „senatsfähigen" Familien und Geschlechter gebildet und entwickelt, deren Bestand mit der Entwickelung und Entfaltung eines Gemeinwesens zu freiheitlichen, rein demokratischen Formen unvereinbar ist. Es ist selbstverständlich, daß jener Kreis von Männern, die schon im Rathe gesessen hatten, dem zeitweilig die in der Geschäftsführung erfahrensten Personen angehörten, nicht ohne Einfluß auf den jeweilig fungirenden Rath geblieben sein kann. Vielleicht haben wir daher in diesem Kreise die „Wittigsten" zu suchen, die in einzelnen Fällen in den Rath gezogen wurden. (Uebrigens wurden an einigen Orten auch die Aeltermeister der Innungen und Gilden als „Wittigste" zu Rathe herangezogen. „Wittigste" sind der Wortbedeutung nach Aelteste und Aeltermänner, Aelterleute — alt an Erfahrung, erfahrene, sachverständige Männer. Witt: nicht bloß weiß, sondern auch weise; wittig: verständig, witzig; vorwittigen: verständigen, benachrichtigen.) In Abfassung des Ordelsbooks erscheint der Rath erst als Repräsentant eines selbständigen, gesonderten Gemeinwesens in ursprünglicher und eigentlicher Bedeutung, als Handhaber von Richt und Recht. Rathmänner und Rathgeber waren im ursprünglichen Sinne Richter und Regenten. Daher eben die Bezeichnung als Rathgeber. Rad, altf.: das Gericht, radgebo:

der Richter, Einer, der eine Sache richtig stellt. Daher heißen die Rathgeber (consules) in lateinischen Urkunden auch Richter (judices) — „consules sive judices". So finden sich namentlich die Rathgeber des Landes Dithmarschen als Vertreter des Landesregimentes nach außen hin in älteren Urkunden bezeichnet. „Consules- (Rathgeber) bezeichnet hier nicht Rather und Berather im heutigen Sinne, sondern Männer in der hervorragenden Stellung der alten Konsuln, die als vornehmste obrigkeitliche Personen den Senat beriefen, in demselben präsidirten und die Staatssachen vortrugen, die Abstimmung leiteten und kontrollirten und die Beschlüsse des Senats ausführten. Vornehmlich wurden auch die Rathmänner in den Reichsstädten mit eigenem Richt und Recht seit dem dreizehnten Jahrhundert als consules, die Bürgermeister als proconsules, in der Bedeutung von Richtern, Rathgebern im ursprünglichen Sinne, bezeichnet. Andere Städte ahmten hierin, wie in vielen sonstigen Stücken, den Reichsstädten nach, und so wurde dann schließlich die Bezeichnung als Rathmänner und Rathsherren allgemein üblich zur Bezeichnung von Orts- und Gemeindevertretern, selbst in Städten und Ortschaften, die niemals eine eigene Gerichtsbarkeit besessen haben. Hamburg aber hatte bereits im dreizehnten Jahrhundert ein eigenes „Richt und Recht" und einen eigentlichen Rath erlangt. Für diesen wurde nun das Ordelsbook abgefaßt. — Das Obergericht, die Appellationsinstanz, blieb indes noch bei den Grafen.

In dem Maße, in welchem die Selbständigkeit Hamburgs wuchs, schlossen sich die beiden Kirchspielsgemeinden St. Petri und St. Nikolai nun enger aneinander. Bis dahin waren Altstadt und Neustadt dem Recht und der Verfassung nach getrennt. Jene lebte mehr nach erzbischöflichem Hofrecht, diese nach Lübschem Recht. Jede der beiden Städte hatte ihr besonderes Rathhaus (die Altstadt wahrscheinlich am Fischmarkt, die Neustadt an der neuen Burg), ihr besonderes Weinhaus, Salzhaus („Salzkanne"), Schlachthaus und Schmiedehaus, ihre eigene Wage und einen eigenen Büttel. — Wein- und Salzniederlage gehörten zu den Handelsmonopolen in den Händen des Raths. Die Salzkanne der Altstadt befand sich am Schopenstehl, beim Kattrepel; die Lage der neustädter Salzkanne ist unbestimmt. Der Weinkeller der Altstadt lag an der Garbraderstraße (Dornbusch), der der Neustadt in der neuen Schmiedestraße (A. Burstah). Die Schmiede war damals städtisches Institut, wie das Schlachthaus. Wenn es demgegenüber seit 1248 nur ein Erbebuch gab für Alt- und Neustadt, so deutet das darauf hin, daß die Getrenntheit zwischen den beiden Kirchspielen seit der Theilung der Regierung zwischen Adolphs IV. Söhnen ihre praktische Bedeutung verloren hatte. Das Zusammenwachsen der beiden Stadtgemeinden zu einem einzigen städtischen Gemeinwesen hatte den Ausgleich zwischen den rechtlichen Institutionen und Einrichtungen beider, die sich als erzbischöfliche und gräfliche gegenüberstanden, zur Voraussetzung. Für solchen Ausgleich konnte die Auseinandersetzung zwischen den Söhnen Adolphs IV. und die Verlegung des Grafensitzes von Hamburg nur dienlich und förderlich sein. Als Ausdruck des erfolgten Zusammenwuchses ist die Errichtung des Rathhauses der Altstadt an der Trostbrücke anzusehen. Im Interesse der Einigung beider Städte verstand sich die Altstadt dazu, den Bewohnern der Neustadt entgegenzukommen und das Rathhaus in die Nähe der Neustadt zu verlegen. 1276 vereinigten sich dann Rath und Bürger, daß künftig nur ein Rathhaus und eine Dingbank sein sollte. Diese Bestimmung wurde ins Ordelsbuch eingetragen und bei späteren Redaktionen festgehalten. Der in diesem Allen sich bekundenden Entwickelung zur kommunalen Unabhängigkeit und zu einem einheitlichen Gemeinwesen kamen nun die politischen Verhältnisse zur Zeit des Hasenkrieges in hohem Grade zu statten.

Die nach dem Hasenkriege unter dem Adel in Holstein und Stormarn herrschende Erbitterung und Feindschaft gegen das regierende Grafenhaus, welche das Land auf Jahrzehnte hinaus in Unruhe erhielten, drohten bald in offenen Aufruhr auszubrechen. Die Grafen mußten zu ihrer Sicherung auf Mittel und Wege zur Bekämpfung und Abwehr drohenden Unheils bedacht sein. Wie immer sonst, so auch jetzt, war Hamburg mit seinen reichen pekuniären Hülfsquellen die vornehmste Stütze der Grafen in ihren Nöthen. Die Hamburger ließen es sich große Summen kosten, den Grafen wider den unruhigen Adel, namentlich in Bekämpfung der immer aufs neue sich wider das Grafenhaus regenden Herren von Barmstede und ihres zahlreichen Anhanges, hülflich und dienlich zu sein, und die Grafen vergalten der Stadt dieses durch Zuwendung von Privilegien, durch welche alle anderen, vorher derselben verliehenen Privilegien erst voll und ganz zur Geltung und zu Nutze gekommen sind. Die Grafen Adolph, Johann und Hinrich gewährten 1292, den 20. März, namens beider Linien des regierenden Hauses, der Stadt Hamburg die volle, uneingeschränkte Gerichtsbarkeit, eigene Jurisdiktion, indem sie auf die Oberherrlichkeit der Appellationsinstanz zu Gunsten der Stadt verzichteten und dieser in jurisdiktioneller Beziehung das Churrecht, das Recht der Chüre (Köre), verliehen. Niemand sollte hinfort von dem Ausspruche und der Entscheidung des Rathes der Stadt Hamburg Appellation an die Grafen einlegen können. Die Stadt Hamburg soll fortan die Macht haben, nach Inhalt und Laut des Stadtbuchs Urtheil und Recht zu sprechen und in Fällen, wo das Stadtbuch nichts bestimmt hat, nach freier Wahl und Beliebung Recht und Urtheil zu finden, und überhaupt sich ihr Recht und ihr Statut selbst zu geben und zu setzen. Das beliebte und gefundene Recht soll ins Stadtbuch eingetragen werden und dieses soll dann zur beständigen Richtschnur dienen. Indessen soll das Recht nicht zum Schaden oder zur Anfechtung der Gerechtsame und Ansprüche, welche die Grafen nach Erbrecht besäßen, ausgelegt werden.[1]

Diese wichtige Einräumung und Anerkennung der Autonomie der städtischen Jurisdiktion und Gesetzgebung veranlaßte die Hamburger zu einer eingehenden Redaktion des Stadtbuchs, welches gegen das frühere inhaltlich bedeutend vermehrt und bereichert wurde. Das revidirte Statut diente dann in zweifelhaften Fällen als authentisches Exemplar zur Ertheilung von Urtheilen und Bescheiden. Bis dahin hatte man sich meist lübschen Rechts bedient. Nun nahm Hamburg sein eigenes Recht an, welches zum größten Theil aus dem sächsischen Recht und den gemeinen kaiserlichen Rechten gezogen wurde, und

---

[1] Als Zeugen bei Vollziehung der Privilegiumsertheilung werden genannt die Rathmänner Otto von Twedorp, Helbing Bernus, Nikolaus von Rodsberg, Johann Ribber, Hinrich Lange, Egge von Hadeln und Hartwig von Ertenburg — ein Beweis, daß schon damals alte vornehme Geschlechter in Hamburg sich angesiedelt hatten und das Gepräge des Raths und der Stadtvertretung ein stark aristokratisch gefärbtes war.

nachher noch oft vermehrt, verändert und verbessert worden ist. In Anlaß der neuen Redaktion des Stadtbuchs wurde jeder Unterschied zwischen Altstadt und Neustadt offiziell aufgehoben und bestimmt ausgesprochen, daß nur ein Rathhaus und eine Gerichtsbank in der Stadt existiren soll: „Eyn radthus scal men ock hebben unde anders tein unde eyne bineband darbi." Das für Altstadt und Neustadt gemeinschaftliche Rathhaus war nun das an der Trostbrücke. Diese letztere war zur Verbindung der Neustadt mit der Altstadt 1267 auf Kosten der Neustadt erbaut worden. Das Rathskollegium erfuhr jetzt in seiner Verfassung eine durchgreifende Umgestaltung. Der Rath besteht nun aus dreißig Mitgliedern, vierundzwanzig Rathmännern und sechs Bürgermeistern. Diese sind in drei Abtheilungen geschieden von je zehn Mitgliedern, zwei Bürgermeistern und acht Rathmännern. Die eine Abtheilung aber ist als sog. alter Rath von den laufenden Geschäften befreit, wird nur in besonderen Fällen hinzugezogen. Es fungiren also nach wie vor für gewöhnlich nur zwanzig Rathsmitglieder, darunter aber nun vier Bürgermeister. Diese Zwanzig bildeten den eigentlichen, den sitzenden Rath. Es wurden auf Petri Stuhlfeier vierzehn alte Rathmänner wiedergewählt, und blieb es dann dem Rath überlassen, ob er zu den übrigen sechs im eigentlichen Rath Männer nehmen wollte, die schon im Rathe gesessen hatten, oder andere, „neue" Männer. Man unterschied drei Klassen von Rathsmitgliedern: die älteren, eigentlich geschäftsführenden sitzenden (assumpti), die neuhinzugezogenen (electi) und die abgetretenen, von den laufenden Geschäften entbundenen (extramanentes). Nur die alten Rathmänner wählten jetzt die Bürgermeister für das kommende Jahr. Der abgehende Bürgermeister trat nach drei Jahren ordnungsmäßig wieder in die Geschäftsführung, wenn die Rathmänner ihn nicht ausschlossen. Vater und Sohn durften nicht zu gleicher Zeit im Rathe sitzen. Im übrigen nahm man es mit der Verwandtschaft in der hier in Betracht kommenden Rücksicht nicht so genau. Zwei Brüder z. B. konnten gleichzeitig im Rath fungiren. Nach wie vor aber durften Hörige und Unfreie, Leute von unehelicher Geburt, Handwerker, Personen, die kein Erb- und Eigenthum binnen der Stadtmauer hatten, sowie Lehnsmänner von Herren nicht in den Rath gewählt werden.

Hamburg war nun, im Besitze eigener unbeschränkter Jurisdiktion, ein politisch autonomes, gesondert für sich bestehendes Gemeinwesen. Die Jurisdiktion begriff damals das Regiment und die Verwaltung mit in sich. Wer das Gericht und die Gerichtsbarkeit hatte, der hatte auch das Regiment. Darin liegt die hohe Bedeutung der Ertheilung des Rechts der „Küre" unter Verzicht auf die oberrichterliche Instanz der Appellation von seiten der Grafen an die Stadt Hamburg. Die Appellation vom Ausspruche des Vogts ging nun an den Rath. Der Vogt war jetzt in seinen Befugnissen auf Leitung des gerichtlichen Verfahrens und auf Erhebung und Beitreibung von Brüchgeldern beschränkt. Diese Befugnisse gingen nun mehr und mehr auf den Rath über und wurden einzelnen Rathsmitgliedern übertragen. Der Vogt wurde zum ausführenden Organ in Vollstreckung der Urtheile und Entscheidungen des Raths, zu einem von den Grafen bestellten Beamten im Dienste der Stadt, deren Jurisdiktion er nun, gleich den Bürgern, unterstellt war.

Die Stadt Hamburg hatte in Beziehung zu den Grafen von Holstein und Stormarn als Schutzherren eine möglichst freie Stellung erlangt und errungen. Von der Heeresfolge waren die Bürger befreit, die Grundabgabe (der sog. Königszins) war ihnen erlassen, die Regalien, Gericht, Mühlen, Fischerei und Münze, letztere durch Pachtung, hatten sie an sich gebracht. — Wegen der Münze verglich der Rath sich 1293 und in den folgenden Jahren des Näheren mit den Grafen. Es wurde u. a. bestimmt, daß die Hamburger Münze für Hamburg und ganz Holstein Münzstätte sein und der hier angestellte Münzer nicht auch anderswo prägen solle, und ward durch diesbezügliche Abmachungen auch das Münzregale der Stadt für die Folgezeit gesichert. So waren am Ende des 13. Jahrhunderts die eigentlichen Herrschaftsregalien auf die Stadt übergegangen, und die Grafen besaßen in Hamburg außer einigen Gerechtsamen privatrechtlicher Natur wesentlich nur noch die Gerechtsame der bloßen Schutzherrlichkeit.

Dritte Abtheilung.
Vom Ende des 13. Jahrhunderts bis 1410.
Erster Receß.

Hamburg, als selbständiges, gesondert für sich bestehendes politisches Gemeinwesen, hatte an Stelle der Grafen und Vögte nun Rath und Bürgermeister zu Repräsentanten in der Vertretung nach außen hin, wie in der Verwaltung und im Regiment im Innern. In dem Maße, in welchem die Rechte und Gerechtsame der Grafen beschränkt wurden, stieg die Gewalt und das Ansehen des Raths auch der Bürgerschaft, der Stadtgemeinde, gegenüber. Dadurch wurde in dieser das Bestreben rege, sich ein Organ zu schaffen, welches sie gegen den erstarkten Rath vertreten konnte, und dieses Bestreben hat dann in der Folge der hamburgischen Geschichte ihr bestimmtes Gepräge verliehen und aufgedrückt.

Zunächst aber waren es noch Beziehungen mehr äußerlicher Natur, welche die Geschichte Hamburgs augenscheinlich bestimmten. Die Feindschaft unter dem Adel in Holstein gegen das Grafenhaus dauerte fort, und die dadurch erzeugten Unruhen zogen fortgesetzt die Städte Hamburg und Lübeck in Mitleidenschaft, indem durch dieselben das Raubritterthum, welches die Handelsstraßen unsicher machte, gemehrt und gefördert wurde. Hier mußte Hamburg nach wie vor auf Abhülfe zur Sicherstellung des Handels bedacht sein, und die zu diesem Zwecke erforderlichen Vorkehrungen und Ausführungen haben lange Zeit hindurch fortdauernd die ganze Kraft Hamburgs in Spannung und Thätigkeit erhalten.

Die Adelsfehde nach dem Hafenkriege führte zu Verbündnissen und Abmachungen zu gemeinschaftlichem Handeln zwischen dem aufrührerischen holsteinischen Adel und benachbarten Machthabern, Landen, Kommünen und Korporationen, die den Holstengrafen und den, zu diesen wider den Adel haltenden Städten aus irgend einem Grunde feindlich gesinnt waren. Die Unsicherheit der Straßen auf Hamburg und Lübeck nahm immer mehr zu, im Norden wie im Süden der Elbe, und auch die Wasserstraße der Elbe, die Haupthandelsstraße für Hamburg, wurde infolgedessen wieder in hohem Grade unsicher gemacht. Hier waren es vornehmlich Friesen und Dithmarscher, welche den Handel Hamburgs gefährdeten, und aus dem ganzen Verlauf der Adelsfehde erhellt, daß in erster Linie die Dithmarscher hier mit dem Adel gemeinschaftliche Sache machten in Feindseligkeit wider Hamburg. Die Einwohner des Süderstrandes in Dithmarschen, insonderheit die Kirchspiele Brunsbüttel und Marne, hatten schon gleich nach dem Hafenkriege die alten Fehden mit den Hamburgern auf der Elbe erneuert und Hamburg zu erhöhter Anstrengung zur Sicherung der Handelsverbindungen genöthigt. Zwar hatten die Dithmarscher Strandmannen damals in ihren Unternehmungen wider die Hamburger keinen besonderen Erfolg. Das Land, die Dithmarscher Landesvertretung, wollte den Frieden mit den Hamburgern gewahrt wissen und unterdrückte die Friedensstörer mit Gewalt. Das erhellt aus der Bestätigung eines am 19. Juni 1291 zwischen Hamburg und Dithmarschen zu Stade geschlossenen Vertrages durch den Erzbischof von Bremen, worin es heißt: die Kaperer und Seeräuber seien aus dem Lande verbannt und Niemand solle sie hausen und hegen; wer dem zuwider handeln würde, solle demselben Urtheilsspruche wie Jene verfallen sein; würden die Einwohner von Marne und Brunsbüttel ferner Seeraub üben, so solle mit geistlichen und weltlichen Strafen gegen sie vorgegangen werden; keiner solle Schiffe halten, mit welchen man Kaperei treibe. Aber die trotzigen Strandbewohner, die seit Jahrhunderten schon mit den Hamburgern auf der Elbe in Fehde lagen, hielten es für ihr gutes Recht, Hamburger Schiffe zu kapern, und die Unsicherheit für den Handel auf der Elbe hörte nicht auf. 1299 legte Hamburg zum Schutze des Elbhandels einen Thurm zu Neuwerk an. Die Kaperei auf der Elbe stand wieder in voller Blüthe, und der Handel wurde immer mehr gestört und geschädigt. Der Hamburger Rath erhob deshalb bei der Dithmarscher Landesvertretung Klage wegen Seeraub und ließ durch den Rathmann Gottschalk von Villa das Land ersuchen, dem Treiben der Seeräuber zu steuern. Die Dithmarscher, des mit Hamburg geschlossenen Vertrages eingedenk, forderten auf wiederholte Vorstellung von seiten der Hamburger dann im Jahre 1304 die der Kaperei beschuldigten Einwohner des Süderstrandes vor die Landesversammlung zu Meldorf.

Die Beschuldigten mußten Urfehde geloben mit der Bestimmung, daß Jeder, der Kaperei gegen den Kaufmann üben würde, im Lande ehrlos und friedlos sein und mit Leib und Leben, Habe und Gut zu Händen der Vögte und der Rathgeber des Landes verfestet sein solle. Eine Urkunde dessen, datirt Meldorf in octava apostolorum Petri et Pauli 1304, wurde dem Hamburger Rath zugestellt. Als trotzdem die Räuberei auf der Elbe nicht aufhörte, gebrauchten die Hamburger ihr eigenes Recht. Sie machten einige der Kaperer zu Gefangenen und ließen sie ohne weiteres als Seeräuber in Hamburg hinrichten. Darüber entstand große Erregung unter den Dithmarscher Strandmannen. Namhafte Geschlechter zu Brunsbüttel, die Edemannen, Amitzemannen, Wanichemannen, Stucken und Todemannen, setzten sich in Rüstung und erklärten Fehde gegen Hamburg. Das ganze Land kam in Bewegung. Die Mehrheit im Lande wollte den Frieden mit den Städten, weil Störung des Handels dem Lande nur Nachtheil bringe, und es gelang nach langen Verhandlungen, die Erregung zu stillen. Die genannten Geschlechter gaben vor dem Lande die Erklärung ab, daß sie der Rache wegen des Geschehenen gegen Hamburg entsagt hätten und es fortan mit dem Kaufmann in Treuen meinen wollten, und das Land bestimmte, daß der Kaufmann in Zukunft, wenn er von Dithmarschern beschädigt würde, nicht gehalten sein solle, wegen Erstattung des Schadens den Thäter eidlich in Anspruch zu nehmen, sondern selbst den erlittenen Schaden eidlich erhärten könne, und daß darnach, wenn der Rath zu Hamburg der Landesvertretung von der Sache Mittheilung gemacht haben würde, die Schadenserstattung geschehen solle. Auch hiervon wurde eine urkundliche Mittheilung an den Rath der Stadt Hamburg ausgefertigt, zu Meldorf um Johanni 1308. Der Hamburger Rath hatte sich im Jahre 1306 auch an den Erzbischof Giselbert von Bremen gewandt mit einer Beschwerde über die Dithmarscher wegen Seeraubs, und der Erzbischof warnte die Dithmarscher dann und benachrichtigte sie, daß die Städte beim päpstlichen Stuhle zu Rom die Bestätigung der mit den Hamburgern und dem gemeinen Kaufmann errichteten Willküre nachgesucht und sich dahin vereinigt hätten, daß der Kaufmann in Zukunft Dithmarschen nicht mehr besuchen solle. Während so die

Dithmarscher die Elbe unsicher machten und hier den Handel störten, trieb der Adel auf den Landstraßen seine Räubereien wider den Kaufmann und machte da die Handelsverbindungen unsicher. Aus Anlaß der Unruhen seit dem Hasenkriege waren in den Jahren 1302 und 1303 noch wieder mehrere Adelsgeschlechter und adlige Familien aus Holstein gewichen, und der Haß des Adels gegen die Grafen hatte neue Nahrung gefunden. Der aufsässige Adel, unter welchem namentlich die von Krummendiek, von Buchwald und Iwan von Reventlow hervortreten, hatte sich zu einer förmlichen Eidgenossenschaft zur Rache gegen die Grafen verbunden und leistete nun den Kehdingern im Süden der Elbe und den Einwohnern der „sieben Gemeinden über der Elbe", der Haselborpermarsch, die gegen den Erzbischof, dem die holsteinischen Grafen sich verbündet hatten, aufgestanden waren, Beistand. Der Erzbischof meinte, die Aufrührer leicht zur Ruhe bringen zu können; er fand sich aber in seiner Erwartung getäuscht. „He konde se tho nene eindracht bringen." Da brachte er mit Hülfe des Herzogs von Sachsen, des Herzogs von Lüneburg, der Grafen von Holstein und der Lehnsmannen (Ministerialen) des Bremer Stifts ein starkes Heer zusammen. Man zog wider die Aufständischen und überwand sie, erschlug viele und nahm viele gefangen und verheerte das Land Kehdingen. Dadurch war die Feindschaft des Adels in Holstein wider die Grafen und auch gegen die Städte Hamburg und Lübeck neu gestärkt worden. Uebrigens waren es nur die Räthe der Städte, die in dem Streite der Kehdinger und der Haselborper wider den Erzbischof und die Grafen es mit diesen hielten. Die Bürger standen auf seiten der Aufständischen. Als der Hamburger Rath vertragsmäßig den Grafen Proviant zuzusenden sich anschickte, zerstörten die Bürger den ganzen Wagenzug — fünfzig Wagen haltend —, welcher zum Transport des Proviants beordert worden war. 1306 verbanden sich die Dithmarscher mit dem mißvergnügten holsteinischen Adel. Auch viele Bewohner der Krempermarsch und der Wilstermarsch machten jetzt gemeinschaftliche Sache mit dem Adel wider die Grafen. Die Verbündeten vereinigten sich unter einem gewissen Pelz oder Pels und zogen unter dessen Führung zu Streifereien gegen die Grafen aus. Die Adelsherren leisteten ihnen dabei Vorschub und Hülfe. Zwischen Lübeck und Hamburg setzten sie sich fest, raubten die Kaufmannsgüter, die zwischen den Städten auf dem Transport sich befanden, und störten den Handel hier gänzlich. Bei Uetersen wollten sich die Verbündeten unter Pelz mit dem holsteinischen Adel und seiner Mannschaft vereinigen. Die Grafen waren ziemlich mit Kriegsvolk versehen, brachten noch mehreres im Lande zusammen, nahmen auch auswärtige Truppen in Sold und erhielten zugleich von ihren Alliirten, dem Erzbischof, dem Herzog von Lüneburg und den Städten, Hülfe. Mit ansehnlicher Macht überfielen sie die bei Uetersen stehenden Dithmarscher, bevor die übrigen ihrer Gegner sich mit denselben vereinigt hatten. Es kam hier am 28. Juni 1306 zu einem harten Treffen. Man hielt sich lange tapfer auf beiden Seiten. Zuletzt aber gewannen die Grafen und ihre Alliirten den Sieg. Es blieben viele Dithmarscher auf dem Platz. Pelz und andere Führer geriethen in Gefangenschaft und wurden als Straßenräuber gerichtet. Pelz wurde lebendig von Pferden geschleift, dann gerädert und geviertheilt. Die aufrührerischen Abligen flüchteten nach Lübeck und fanden daselbst Schutz, worüber dann eine Fehde zwischen Lübeck und den Grafen entstand. Der Adel deponirte eine bedeutende Geldsumme bei der Stadt Lübeck, wodurch er sich die Stadt geneigt machte. Ueberdies war Lübeck wegen Neubefestigung von Travemünde durch den Grafen Gerhard damals weniger freundlich gegen die Grafen gestimmt. Hamburg und Lübeck erneuerten nun auf vier Jahre ihr Bündniß zur Sicherung der Handelsstraße zwischen den beiden Städten. Auch schlossen beide Städte eine Vereinbarung zwecks Zerstörung der Burgen Arnsfelde und Wohldorf, sowie des festen Thurmes zu Travemünde. Wegen des Thurmes zu Travemünde verglich sich Lübeck indes 1307 mit den Grafen. Doch nahm Lübeck den 4. Juli desselben Jahres den König von Dänemark zum Schutzherrn an.

Zwischen den holsteinischen Grafen und ihren mißvergnügten Adelsherren wurde zwar nun, im Jahre 1307, eine Versöhnung gestiftet durch den König Erich Menwed von Dänemark wegen des letzten Krieges. Der Haß und die Abneigung gegen die Grafen, aus welchen der Krieg hervorgegangen war, konnten dadurch aber nicht beseitigt werden, und das Raubritterthum im Lande Holstein blühte nach wie vor. Die Rüstungen, welche die Fehde wider den Adel und seine Verbündeten für die Grafen erforderlich gemacht, hatten indeß diese in große pekuniäre Noth versetzt. Dadurch wurde der Krieg für Hamburg ein Anlaß zur Mehrung des Stadtgebiets. Graf Adolph der Aeltere überließ 1306 für 250 Mark Silber den vierten Theil der Alster auf Wiederkauf an den Rath der Stadt Hamburg, so daß, wenn das Pfand binnen fünfzig Jahren nicht eingelöst werde, die Stadt dasselbe zu ewigen Tagen behalten solle; 1309 überließ der Graf Johann unter derselben Bedingung der Wiedereinlösung ein zweites Viertel der Alster für 200 Mark an die Stadt, und 1310 wurde die noch übrige Hälfte der Alster von dem Grafen Adolph für 600 Mark, unter Vorbehalt des Wiederkaufs binnen sechsunddreißig Jahren, der Stadt überlassen. Hamburg schloß 1310 mit den Hadelern einen Vertrag, daß der Kaufmann im Lande Hadeln Schutz finden und der gegen den Kaufmann verübte Raub mit Verbannung des Thäters geahndet werden solle. Auch wegen des Krieges der Grafen wider den Adel und dessen Bundesgenossen wurde 1310 ein neuer Vertrag geschlossen, in welchem bestimmt ward, daß alle Streitigkeiten, die im Wege Rechtens nicht zu erledigen seien, durch den König Erich Menwed als Schiedsrichter geschlichtet werden sollten, und mit Lübeck wurde in diesem Jahre der Friede geschlossen auf die Bedingung hin, daß Travemünde in seinem Bestande verbleiben, binnen vier Jahren aber durch den Kaiser über den Besitz desselben bestimmt und entschieden werden solle. Alles Uebrige solle in den vorigen Stand gesetzt und der vertriebene Adel wieder aufgenommen werden. Zu ihrer Sicherung gegen den sich sammelnden, wieder erstarkten Adel errichteten die Grafen unweit Wedel, an der Grenze von Stormarn gegen die Haselborpermarsch, eine Burg, nach Einigen „Hattesborch" genannt.[1] Die Hamburger erhoben dagegen Widerspruch, weil sie Nachtheil für den freien Handelsverkehr von der Anlage einer Burg an der Elbe befürchteten. Graf Adolph gab ihnen dann die Zusicherung, daß der Kaufmann von der Burg aus

---

[1] Andere haben „Katesborg", Einige auch „Halvesborg".

weder im Kriege noch im Frieden belästigt werden solle, wodurch sie sich beruhigt fanden. Dem Wiedererstarken des Adels ging eine Schwächung des Grafenhauses zur Seite. Das Grafenhaus war in sich selbst uneins. Im Januar 1312 verbanden sich zu Rendsburg Graf Adolph der Aeltere und Gerhard V., der Große, des Grafen Heinrich I. Sohn, auf zehn Jahre wider den Grafen Gerhard II., weil dieser sie in Bezug auf Stormarn benachtheiligt haben sollte. König Erich von Dänemark ward zur Entscheidung des Streites angerufen, um eine gütliche Vereinbarung zu versuchen. Graf Gerhard II. starb aber schon im Jahre 1314, bevor der Streit entschieden war. 1313 stürzte der Graf Christoph, des Grafen Johann II. Sohn, zu Kiel aus einem Fenster des dortigen Schlosses, wahrscheinlich von verbrecherischer Hand hinabgestürzt, in den Schloßgraben und fand dort seinen Tod. 1315 wurde Johanns II. anderer Sohn, Graf Adolph VI., von dem Ritter Hartwig Reventlow auf dem Schlosse zu Segeberg erschlagen. Der Graf Johann II. ward in Bramhorst überfallen, dann nach Kiel gebracht und daselbst in seinem Schlosse gefangen gehalten. Ihm wurden seine Lande genommen. Nur Schloß und Stadt Kiel behielt er nebst einem Theile der Schauenburgischen Besitzungen in Hamburg. Hartwig Reventlow war ein Abliger von Dithmarscher Herkunft, aus dem Geschlechte der Vogdemannen. Die Reventlowe waren nebst anderen Adelsgeschlechtern aus Dithmarschen vertrieben worden und hatten sich dann zu den Holstengrafen, den alten Feinden der Dithmarscher, gewandt. Gerhard der Große wurde nun von den nächsten Verwandten des erschlagenen Grafen Adolph beschuldigt, daß er den Hartwig Reventlow zu der Mordthat angestiftet habe. Das gab den Dithmarschern Gelegenheit, ihren Haß gegen den Grafen Gerhard den Großen, der sich ihres ausgetriebenen Adels so eifrig angenommen, und gegen Hartwig Reventlow, der sich an den Grafen, ihren Feind, als Berather und Helfer gehängt hatte, auszulassen. Sie verbanden sich 1317 mit den Grafen Johann dem Milden zu Holstein, Adolph zu Schauenburg und Günzel zu Wittenburg wider Gerhard den Großen. Allein diese Alliirten waren noch nicht zu einander gestoßen, als Gerhard schon wider sie auszog. Zuerst ward Graf Günzel von ihm angegriffen, geschlagen und gefangen genommen. Einige Tage danach traf Graf Adolph von Schauenburg mit 350 wohlgerüsteten Reitern in Holstein ein. Nun wandte Gerhard sich gegen Diesen. Er ereilte ihn bei Bramstedt, wo Adolph sich mit den Dithmarschern zu vereinigen beabsichtigte, am 29. August 1317, und schlug auch ihn. Adolph wurde nebst einhundertundzwanzig Mann seiner Reiter gefangen genommen und nach Segeberg gebracht, wo er dann zu Günzel in den Thurm gesetzt ward. Adolph hatte voreilig die Schlacht angenommen. Die Dithmarscher waren nicht mehr fern von Bramstedt, und er hätte sich leicht mit ihnen vereinigen können. Am folgenden Morgen, als die Dithmarscher die Niederlage Adolphs erfuhren, gingen sie schleunigst zum Angriff gegen Gerhard vor, und dieser erlitt eine völlige Niederlage. Wer von dem Heere Gerhards fliehen konnte, der floh; wer es nicht konnte, der wurde von den Dithmarschern erschlagen. Die ganze Siegesbeute Gerhards vom vorigen Tage fiel nun den Dithmarschern zu, und Gerhard der Große zog gedemüthigt heim. Das Zerwürfniß im Grafenhause dauerte fort, und die gegenseitige Feindschaft unter den Grafen nahm zu. Dies alles kam dem wegelagernden Raubadel im Lande zu statten und gereichte dadurch den Städten zum Schaden. Es waren inzwischen mehrere der zerstörten Raubburgen wieder aufgebaut worden, und die Unsicherheit der Straßen für den Kaufmann war bald wieder so groß, wie sie je zuvor gewesen war. Die Dithmarscher durchstreiften nach dem Siege über Gerhard lange Zeit Holstein, und die Grafen konnten nicht daran denken, etwas Besonderes gegen den feindlichen Adel zu unternehmen. Dieser begünstigte die Dithmarscher und half ihnen in feindlichen Unternehmungen gegen die Grafen und deren Unterthanen. Gerhard der Große suchte zwar im Jahre 1319 an den Dithmarschern Rache zu nehmen und sich in Holstein zum Herrn zu machen, und fiel am Tage vor Mariä Geburt, den 7. September, 1319 mit einem großen Heere aus Holsteinern, Sachsen, Westfalen, Slaven und anderen Völkerschaften in Begleitung vieler Fürsten und Herren, unter denen seine Brüder Johann und Giselbert, der Herzog Johann von Sachsen, Hinrich von Mecklenburg, die Grafen von Wunstorp und Gutzkow und der Graf von Ruppin, in Dithmarschen ein. Aber sein Unternehmen mißlang. Er schlug die Dithmarscher an der Süderhamme und bei Hemmingstedt und bahnte sich mit gewaltiger Hand den Weg nach Oldenwöhrden. Hier warfen sich die Dithmarscher, die den offenen Ort gegen den mächtigen Feind nicht halten konnten, in die feste Kirche hinein. Gerhard drang nach und ließ die Kirche berennen. Als das vergeblich war, ließ er Feuer an die Kirche legen und Brandfackeln werfen. Das Feuer griff um sich, und die Belagerten wollten Unterhandlungen anknüpfen. Gerhard, gereizt durch den hartnäckigen Widerstand, ließ das Feuer stärker schüren und erklärte den Belagerten kalten Hohnes: Er wolle ihr Land, nicht aber sie zu Unterthanen. Von der Hitze des lodernden Feuers schmolz das Bleidach der Kirche. Das heiße, geschmolzene Blei tröpfelte auf die Belagerten in der Kirche hinab. Das letzte Bollwerk der Vertheidigung war unhaltbar geworden. Die Dithmarscher beschlossen daher, in einem allgemeinen Ausfall noch einmal das Kriegsglück zu versuchen. Sie fielen aus der Kirche hinaus auf die Belagerer ein, indem sie einander zuriefen: Jeder solle darauf denken, wenn er nun sterben müsse, wenigstens noch einen Holsten mit auf die Fahrt zu nehmen. Die Belagerer wurden zurückgedrängt und fielen in dichten Haufen unter den Streichen der mit dem Muthe der Verzweiflung auf sie eindringenden Dithmarscher. Auf die Nachricht von dem bei Oldenwöhrden stattfindenden Verzweiflungskampf eilten die an der Hamme und bei Hemmingstedt geschlagenen Dithmarscher, die sich inzwischen wieder gesammelt hatten, zur Hülfe herbei und stritten mit neuem Muth wider ihren Feind. Die Dithmarscher, sagt ein alter Chronist, stritten nun auf allen Seiten getrost wider die Feinde und erlegten sie. Das feindliche Heer erlitt große Verluste und suchte endlich in wilder Flucht auf kürzestem Wege aus dem Lande zu kommen. Die Dithmarscher hatten aber alle Wege für den Rückmarsch des Feindes verlegt, durchstochen und durchgraben. Viele der fliehenden Reiter und Fußknechte stürzten auf der Flucht über die Hemmnisse und in die Gräben und wurden von den verfolgenden Dithmarschern erschlagen. Hier fanden auch viele Grafen und Herren ihren Tod. Ueberhaupt sollen sämtliche Fürsten, Grafen und Herren, die mit Gerhard dem Großen den Zug unternommen, bis auf Gerhard selbst und Hinrich von Mecklenburg, gefallen sein. Gerhard der Große hatte eine vollständige Niederlage erlitten. Er führte sein Heer in Traurigkeit zurück. Durch den unglücklichen Krieg Gerhards wider die Dithmarscher war die Zwietracht innerhalb des Grafenhauses noch vergrößert und die Wehrmacht des letzteren geschwächt worden. Unter den Anhängern des Grafenhauses herrschte große Verwirrung und Niedergeschlagenheit. Die Feinde der Grafen unter dem Adel traten nun offener hervor in Angriffen und Unternehmungen gegen den Privatbesitz derselben und ihrer Unterthanen, und die Unsicherheit der öffentlichen Straßen im Lande hatte den höchsten Grad erreicht. Im Jahre 1320 hatte Hamburg viele Irrungen mit dem holsteinischen Adel. Beide Theile beklagten sich, daß sie bei dem anderen Theile kein Recht erlangen könnten. Schließlich vereinigte sich Graf Gerhard der Große mit den Hamburgern dahin, daß, wenn ein Theil sich über den anderen zu beklagen habe, man nicht zur Gewalt greifen, sondern die Sache in Güte zu vertragen suchen solle, und wenn das nicht möglich sei, man die Sache unverzögert im Wege des Rechtes erledigen wolle. Die Räubereien, über welche die Städte vornehmlich Klage führten, wurden dadurch aber nicht abgestellt. Im Jahre 1326 geschahen besonders viele Räubereien auf den Straßen zwischen den Städten Hamburg und Lübeck. Die Raubritter und Wegelagerer, die dem Kaufmann auflauerten, hatten ihren Unterschlupf auf dem festen Hause Linow und anderen Raubburgen der Gegend, die in der Zeit der Unruhen während der Kriege und Fehden der Grafen unter einander und mit ihren Nachbarn wieder hergestellt worden waren. Um den Räubereien zu begegnen, baute Graf Johann von Holstein das Schloß zu Trittau. Aber auch dadurch ward das Raubritterthum nicht erheblich gemindert, und nach kurzer Zeit hob es sich mit verstärkter Macht. Die Grafen machten sich damals, in der Zeit der Wirren während der Regierung des Königs Christopher II. (1320 bis 1333) und des traurigen siebenjährigen Interregnums (1333 bis 1340) nach dem Tode Christophers, vornehmlich in Dänemark zu schaffen, und der Adel im Lande hatte freie Hand in Holstein. Das Raubritterthum hatte von den Grafen wenig zu fürchten. Als die Räubereien wider den Kaufmann überhand nahmen, vereinigten sich

1339 auf Betreiben der Städte die Herzoge von Sachsen, Braunschweig, Stettin, Wolgast und Lauenburg, die Markgrafen von Brandenburg, die Grafen von Holstein, Ruppin, Schwerin und Wittenburg, die Fürsten zu Mecklenburg und Wendenland, der Erzbischof von Bremen, die Bischöfe von Brandenburg, Havelberg, Verden und Ratzeburg mit den beiden Städten Hamburg und Lübeck und vereinbarten, einen Landfrieden untereinander zu halten und zu handhaben, und bestimmten, wie die Friedensbrecher bestraft werden sollten.

Die Raubritter im Holsteinschen beschädigten indes nach wie vor den Kaufmann an seinen Handelsgütern, und die Grafen sahen sich in der Sache mit den abligen Wegelagerern in Verlegenheit, weil sie es nun nicht gerne mit dem Adel noch mehr verderben wollten. So ward dann des Landfriedens wenig oder gar nicht geachtet.

Da die Grafen den Landfrieden in Holstein nicht schützten, so griffen endlich die Städte Hamburg und Lübeck zur Selbsthülfe wider die Friedensbrecher. Darüber geriethen sie in Streit mit den Grafen Klaus (Nikolaus) und Heinrich II., Gerhards des Großen Söhnen. Graf Johann wollte sich in den Streit nicht mischen. Er überließ den Städten auf deren Ansuchen das Haus Segeberg. Die Städte besetzten dieses mit zweihundert Reisigen. Die Hamburger und Lübecker Besatzung zu Segeberg machte dann öfters Streifzüge durchs Holsteinische, übte Brand und Plünderung wider die Edelleute und rächte so die Unbill, welche diese dem Kaufmann angethan hatten. Als die Hamburger und Lübecker sich aber dauernd auf Segeberg festzusetzen suchten, waren die Grafen Klaus und Heinrich darauf bedacht, Segeberg ihnen zu entziehen. Graf Heinrich warnte den Grafen Johann, daß er sich der Städte nicht allzusehr annehme. Wie es scheint, mit Wissen und Willen des Grafen Johann, wurde dann nächtlicherweile der Graf Heinrich mit einer ansehnlichen Mannschaft von den Segebergern in die Stadt hineingelassen, worauf Graf Heinrich sich der Burg bemächtigte und die überraschte Besatzung gefangen nahm. Die Hamburger und die Lübecker wurden deswegen beim Kaiser Ludwig und dessen Sohn, dem Markgrafen Ludwig zu Brandenburg, klagbar und baten um Beistand wider die Grafen. Der Markgraf

Ludwig sandte ihnen den Reichsmarschall Friedrich von Lochen mit zweihundert Reitern, meistens Bayern und Schwaben, zur Hülfe. Die Mannschaft der Städte durchzog nun das Land Holstein feindlich und verheerte dasselbe mit Brand und Plünderung. Graf Heinrich bewog daher den König von Schweden, die Hamburger und Lübecker Kaufleute in Schweden gefangen nehmen zu lassen und deren Güter daselbst zu konfisciren. Dagegen legten die Hamburger und Lübecker dann wieder alle Schweden, die in Hamburg und Lübeck betroffen wurden, in Haft und nahmen deren Güter an sich. Damit war aber den deutschen Kaufleuten in Schweden nicht gedient. Diese wurden nun noch härter behandelt als vorher. Der Reichsmarschall machte dann einen anderen Plan zur Abhülfe. Es war eben damals die Zeit des Heringsfangs auf Schonen eingetreten. Die Schweden pflegten zu der Zeit in großer Zahl nach Schonen zu reisen. Hierauf gründete der Marschall seinen Plan. Er segelte mit der ganzen Mannschaft, die er bei sich hatte, nach Schonen, überfiel die Schweden, Dänen und Holsteiner daselbst und nahm eine große Anzahl derselben mit sich. Die Gefangenen wurden nach Lübeck gebracht und dann gegen die in Schweden gefangen gehaltenen deutschen Kaufleute ausgewechselt. Von den beiden Städten reich belohnt für seine Dienste, kehrte der Marschall nach Deutschland zurück. Zur Vermittelung zwischen den beiden Städten und den holsteinischen Grafen ordnete der Kaiser den Grafen Günther von Schwarzburg und den Ritter Henning von Buch nach Lübeck ab. Nach vielen Verhandlungen wurde dann der Friede hergestellt durch einen Vergleich, in welchem beide Theile gegenseitig den erlittenen Schaden für ausgeglichen erklärten. Der Vertrag wurde geschlossen am Sonntage vor Gallus 1342.

Mehrere Adelsgeschlechter wollten den Vertrag nicht anerkennen. Sie wollten Ersatz des Schadens, den die Städter auf ihren Rachezügen durch Holstein ihnen zugefügt hatten. Die Städte dagegen beschuldigten die Grafen der Konnivenz gegen die Adligen, und die Fehde begann von neuem. Der Handel ward nun zu Lande und zu Wasser aufs ärgste bedrängt, und Holstein und Stormarn wurden durch Raub und Brand mehr als je verheert und verwüstet. Zur See fielen die Holsteiner aus dänischen Burgen die Handelsschiffe der Städte an, und nirgends konnte der Kaufmann seine Straße sicher ziehen. Doch erkannten die Grafen bald, daß die Fehde gegen ihr eigenes Interesse sei. Am 13. Dezember 1343 schlossen sie zu Lübeck einen Vertrag mit den Städten, worin sie sich verbindlich machten, diesen allen Schaden, den sie seit dem Vertrage von 1342 durch Unterthanen der Grafen erlitten hatten, zu ersetzen. Die Adligen, welche sich weigern würden, diesen Vertrag anzuerkennen, sollten von den Grafen vertrieben, ihre Güter eingezogen und ihre Burgen abgebrochen und sie selbst ohne der Städte Einwilligung nicht wieder in das Land gelassen werden. Sonstige durch den Adel den Städten zugefügte Schäden sollten binnen sechs Wochen ersetzt oder im Rechtswege ausgeglichen werden, eventuell sollte den Städten das Recht der Selbsthülfe zustehen. Dieser Vertrag wurde geschlossen und unterzeichnet von neunzehn adligen Räthen der Grafen und den Abgeordneten der Städte Hamburg und Lübeck. Von Hamburg waren abgeordnet die Bürgermeister Johann Miles und Helligbern von Hetfeld.

Wie im Holsteinischen, so auch im übrigen Sachsenlande gingen die Räubereien wider den Kaufmann unter dem Adel im Schwange, und wie zwischen Hamburg und Lübeck, so auch zwischen Hamburg und Lüneburg war der Handel im höchsten Grade gefährdet. Die Wegelagerer und Raubritter diesseits und jenseits der Elbe standen miteinander in Verbindung und halfen und unterstützten einander gegenseitig treulich mit Rath und That. Es hieß damals, daß der Herzog Erich von Sachsen heimlich mit den adligen Räubern im Einverständniß handle und dem Treiben derselben Vorschub leiste. Das verdroß den Herzog Albrecht zu Sachsen. Er verbündete sich mit den Städten, fiel in seines Vetters Erich Lande ein und zerstörte die Raubburgen. Alle Raubritter, die ihm in die Gewalt fielen, ließ er an die nächsten Bäume hängen. 1344 starb der Herzog Albrecht. Herzog Erich scheint dann durch Ankauf der Burgen sich der Raubritter zu entledigen bedacht gewesen zu sein. 1345 kaufte er das Haus Linow denen von Scherpenberg ab. Diese kauften dann die Burg Darsing und raubten von da aus auf den Kaufmann. Darum zogen die mecklenburgischen Landesherren und der Herzog Otto von Lüneburg gegen Darsing, zerstörten die Burg und vertrieben die Scherpenberger.

In Holstein dauerten indes die unsicheren Zustände auf den Handelsstraßen fort. 1346 verbanden sich angesehene Adelsherren, Johann von Hummelsbüttel nebst Söhnen, die Stratzinge, Detlev von Zülen und Söhne, Hartwig Zobel nebst seinen Brüdern, Marquard von Westensee, Hermann von Tralau nebst seinen Brüdern und Andere, wider die Grafen, und vereint trieben sie dann offen Wegelagerei und Raub gegen den Kaufmann. Graf Heinrich aber sammelte eine Anzahl Kriegsvolks, Reiter und Fußknechte, um sich und zog damit vor Rendsburg, welches Marquard Westensee in Pfand hatte, und nahm es nach kurzer Belagerung ein. Auch nahm er das Haus Calenburg, welches denen von Westensee erbeigen war, ein und brannte es nieder. Unterdessen zogen die Brockdorpe und die Scherpenberge vor die Burg Linow, nahmen sie und trieben von da aus wieder Straßenraub. Die holsteinischen Grafen waren der vereinigten Macht der Adelshäuser gegenüber, von denen sie befehdet wurden, zu schwach. Der aufsässige Adel hatte in Holstein zwei starke Festen, zum Stegen und Wohldorp, wo die Genossen bei ihren Streifereien sicheren Schutz und Anhalt fanden. Als durch das Treiben der wegelagernden Ritter die Straßen ganz unsicher gemacht wurden, verbanden die Hamburger sich mit den holsteinischen Grafen zur Zerstörung dieser beiden Raubburgen. 1347 schlossen die Grafen Heinrich und Gerhard und die Stadt Hamburg ein Uebereinkommen, daß sie die Raubritter und die Herren, die sie hausten und herbergten, hegten und speisten oder ihnen sonst Vorschub leisteten, mit Schwert und Brand heimsuchen wollten. Die Häuser Stegen und Wohldorp sollten von ihnen belagert werden und kein Theil sollte von der Belagerung abziehen, ehe diese Häuser eingenommen seien. Dabei wurde bestimmt, daß der Damm zu Stege niedergerissen werden und die Alster ihren freien Lauf haben solle. Die Alster solle auch nicht wieder überdeicht werden. An Stelle der Häuser Stegen und Wohldorp soll zu ewigen Tagen keine Feste wieder erbaut werden. Mit vereinter Macht wurden nun Wohldorp und Linow belagert und genommen, dann zerstört. Bei Stegen, welches Johann von Hummelsbüttel inne hatte, zog sich die Belagerung in die Länge. König Waldemar von Dänemark knüpfte Vermittelungsverhandlungen an, und es ward infolgedessen ein Vergleich getroffen zwischen den Belagerern und Johann von Hummelsbüttel, wonach dieser die Feste übergeben sollte gegen eine Entschädigung von 5000 Mark Lübisch und Gewährung freien Abzugs. Das Schloß Stege wurde nach erfolgter Uebergabe gleich abgebrochen. Hummelsbüttel mußte das Land verlassen. Stege ist nachher nicht wieder aufgebaut worden.

Die aus Holstein und den sächsischen Landen im Süden der Elbe vertriebenen Raubritter, unter denen die Brockdorp und die Scherpenberg zu den vornehmsten zählten, hielten sich nachher im Mecklenburgischen auf und setzten da von neuem ihre Räubereien fort. Da nun die Kaufleute deswegen Klage führten und Herzog Albrecht zu Mecklenburg, der kurz zuvor vom Kaiser Karl IV. zum Herzog erhoben worden war, dazu stille saß, so erhoben die Städte Hamburg, Lübeck und Lüneburg deswegen Vorwürfe gegen ihn, daß er, der vorher die abligen Straßenräuber verfolgte, nun als Herzog dieselben hege und schütze. Hierauf gab der Herzog zur Antwort, daß er von Frevlern bedrängt werde und daher auch wider seine Gegner sich der Frevler zur Abwehr bediene, um so einen Nagel mit dem andern auszuschlagen. Mit Hülfe des Herzogs Erich von Sachsen überzogen die Städte dann 1351 das Gebiet seines Vetters Albrecht bei Wittenberge, nahmen die Feste Nienkerken, wo viele Kaufleute gefangen gehalten wurden, zerstörten die Burg und hängten die auf derselben gefangenen Raubritter an die Bäume. Auch zerstörten sie die Burgen Niendorp, Bergedorp, Steinhorst, Renthorst und Wiedau nebst einigen anderen. 1352 zogen die Hamburger und Lübecker vor die feste Burg Linow, welche wieder aufgebaut worden war, eroberten dieselbe und schleiften sie. Die Hamburger hatten 1000 Mann zu diesem Zuge gestellt, die Lübecker 1500, alle wohlgerüstet.

Da die Räubereien auf den Handelsstraßen immer noch kein Ende nehmen wollten, so sahen Hamburg und Lübeck sich veranlaßt, die Zerstörungszüge gegen die Burgen des Raubadels fortzusetzen. 1354 zogen sie abermals aus und zerstörten die Festen Dussau, Lesau, Nederen, Dömitz, Mayenburg und Müggenburg. Die auf diesen Burgen gefangenen Raubritter wurden ohne weiteres gehängt. Zu diesem Zuge leistete der Herzog zu Mecklenburg Hülfe. Nach der

Vernichtung all dieser vorgenannten Raubburgen seit der Zerstörung des festen Stege hob sich die Sicherheit der Straßen und mit dieser der Handelsverkehr der Stadt Hamburg merklich.

Während dieser Zeit des Streites und des Kampfes mit äußeren Feinden, welchen Hamburg zur Sicherung seines Handels und seiner Existenz als Handelsstadt zu bestehen hatte, fehlte es übrigens auch nicht an Zwist und Kampf im Innern.

Vornehmlich herrschte eine große Zwietracht zwischen der Stadtgemeinde und dem Domkapitel. Das Kapitel wollte Jurisdiktionsrechte in der Stadt üben und Gerechsame genießen, wie es solche ehemals, zur Zeit reinbischöflichen Regiments, ausgeübt, resp. genossen hatte, die aber jetzt zu den Rechten und Gerechtsamen der Jurisdiktion der Stadt, des städtischen Gemeinwesens, gehörten. Darüber erhob sich ein heftiger Streit, und die Sache gerieth dahin, daß die Domherren gröbsten Insulten sich ausgesetzt sahen und die Geistlichen selbst in der Kirche vor Beschimpfung nicht sicher waren. Das Kapitel sprach dann 1335 den Bann über Rath und Bürger aus und verließ die Stadt; den Geistlichen wurde geboten, in der Stadt weder Messe zu lesen, nach Sakramente zu verwalten. Die Barfüßermönche zu St. Maria-Magdalenen hielten es aber gegen das Kapitel mit der Stadt und verwalteten, trotz des Gebotes des Kapitels, die Sakramente und lasen auch die Messe. Der Erzbischof Burchard (Grelle) von Bremen suchte zwischen dem Rath und dem Domkapitel zu vermitteln, aber alle vorgeschlagenen Mittel zum Ausgleich waren für den Rath und die Bürger unannehmbar. Das Kapitel versäumte indes nichts, was zur Wahrung seiner Rechte und alten Gerechtsame dienen konnte. Es erhob 1340 beim päpstlichen Stuhl zu Rom einen rechtlichen Prozeß wider Rath und Bürgerschaft der Stadt Hamburg, und es erlangte auch einen richterlichen Ausspruch zu seinen Gunsten in der Sache. Die Hamburger aber wollten dem Urtheile des geistlichen Gerichtes nicht nachleben und gaben demselben keine Folge. Dagegen griffen sie zu weltlichen Mitteln wider das Kapitel, indem sie die Güter der Domherren in der Stadt einstweilen diesen vorenthielten. Es hatte die Stadt wegen der Sache mit dem Domkapitel den Bürgermeister Johann Militis und die Rathmänner Albert

Lüneburg, Hinrich Witzendorf, Cord von Holdenstede, Hein Hoppe und Volmar Schildstein als bevollmächtigte Deputirte nach Rom beordert. Aber das Gericht blieb in seinen Aussprüchen und Urtheilen dem Kapitel günstig. Auch der Kaiser Karl IV. trat auf die Seite des Kapitels und nahm sich der Sache desselben wider die Stadt an. Er erließ endlich, als die Hamburger sich auf nichts einlassen wollten, was einer Nachlebung des in der Sache ergangenen Urtheils ähnlich sehen mochte, 1354 ein Schreiben an den König Waldemar IV. von Dänemark, die Erzbischöfe von Magdeburg und Bremen, die Herzöge von Braunschweig und Mecklenburg, die Grafen von Holstein und Stormarn und andere Herren, mit der Aufforderung, die Sache zwischen dem Kapitel und der Stadt Hamburg zu untersuchen und wenn sie dann die Klagen des Kapitels begründet fänden, demselben zur Erlangung seines Rechtes wider die Stadt zu helfen. Das Kapitel aber erhielt einen kaiserlichen Schutzbrief, in welchem Jeder mit der Reichsacht bedroht ward, der die Rechte des Kapitels antasten würde. Dem Kapitel mochte aber mittlerweile die Sache doch bei dem Gange des Betriebes derselben langweilig geworden sein. Als Hamburg auch der Erklärungen des Kaisers ungeachtet die Sache hinstehen ließ, legten sich, ohne Zweifel auf Anregung von seiten des Kapitels, der Vikar Nikolaus Voß zu Hamburg und der Domherr Paul Hacke zu Bremen ins Mittel und verglichen am 5. August 1355 den Streit.

Der Inhalt des Vergleichs zwischen der Stadt, resp. dem Rath als Vertreter derselben, und dem Domkapitel ist besonders wichtig in Absicht auf Orientirung über das Verhältniß zwischen städtischer, bürgerlicher oder überhaupt weltlicher Jurisdiktion und der geistlichen Jurisdiktion. Der Vergleich bestimmt: Die Kurien der Domherren sollen frei sein von Schoß und Abgaben; es soll keine Gasse durch die Kurien führen, als nur die von der Mühlenpforte bis zur Wage, der sog. „Rame"; das Hasenmoor hinter den Kurien soll nicht zugefüllt werden und seinen Abfluß nach der Alster behalten; die Domherren sollen den Wall bei ihren Kurien nach wie vor gebrauchen und nutzen, dürfen denselben aber nicht durch Graben, Brechen, Stechen oder durch Anlage von Gebäuden beschädigen. Von den städtischen

Besitzungen der Domherren, mit Ausnahme der elf Kurien und der Einkünfte, die Graf Adolph für eine ewige Lampe in der Domkirche vermacht habe, sowie der Einkünfte der Domherren aus Mühlen und Zoll, soll Schoß und Schuld an die Stadt geleistet und entrichtet werden. Werde ein Geistlicher wegen Verbrechens ertappt, so solle er sofort an das geistliche Gericht ausgeliefert werden; Bürger, die einen Geistlichen insultiren, sollen sofort mit Nachdruck vom Rathe gestraft werden. Die Laien sollen kein Recht haben, Kirchengüter mit Arrest zu belegen, und sollen Laien ihr Recht gegen einen Geistlichen nur beim geistlichen Gericht suchen; ein Geistlicher, der in Civilsachen einen Bürger in Anspruch nehmen wolle, soll das vor dem weltlichen Gerichte thun. Schüler sollen nicht vom Rath gestraft, sondern dem geistlichen Gericht zur Bestrafung zugewiesen werden, wenn sie sich eines Verbrechens schuldig gemacht haben. Der Rath soll die Geistlichen bei ihren Rechten und Privilegien schützen und wiederum soll das Kapitel den Bürger schützen in seinen Rechten und Freiheiten; wenn Geistliche und Laien Streit miteinander bekommen, so soll man nicht gleich zum Gericht gehen, sondern ein Schiedsgericht aus zwei Rathmännern und zwei Domherren bestellen zur Beilegung des Streits; die Domherren wollen für die Pfarrkirchen gelehrte Priester und Kapellane anstellen; der Scholasticus soll die Schulen mit tüchtigen Lehrern versehen.[1] Die Bullen, Briefe und Urtheile, welche das Kapitel zu seinen Gunsten wider die Stadt erlangt hat, sollen nicht zum Nachtheile der letzteren benutzt werden, sondern für immer abgethan und aufgehoben sein. Dagegen läßt die Stadt allen Arg- und Widerwillen gegen das Kapitel fahren und gelobt, das Kapitel in allen seinen Rechten und Freiheiten ungekränkt zu lassen. — Vertragschließende Bürgermeister waren: Nikolaus Franzoser, Dirck up dem Perde, Hinrich Hoppe, Johann Militis.[2]

---

[1] Die Schulen wurden anfangs aus dem für Unterhaltung der Geistlichen bestimmten Viertel der Zehnten an die Kirche mit unterhalten. Die Bischöfe legten die ersten Schulen an. Als sie nachher nicht mehr selbst unterrichteten, bestellten sie einen der Domherren zur Beaufsichtigung und Leitung der Schulen unter dem Namen eines Scholasticus. Der Titel hat sich noch in allen Domkapiteln erhalten, obwohl die Sache selbst längst aufgehört hat.

[2] Die Vier sind die fungirenden Bürgermeister des "sitzenden" Raths von zwanzig Mitgliedern. Der sitzende, regierende Rath von zwanzig Personen ist der Rath im eigentlichen Sinne. Der sog. "alte Rath", aus zwei Bürgermeistern und acht Rathmännern be-

Es bleibt also nach diesem Vertrage zwischen der Stadtgemeinde und dem Domkapitel bezüglich der Jurisdiktion im wesentlichen bei der Vereinbarung zwischen Rath und Kapitel vom Jahre 1269. Die Bürger blieben in rein bürgerlichen Sachen der Jurisdiktion des Kapitels entzogen, und die Jurisdiktion der Stadt erstreckte sich ausschließlich auf bürgerliche Angelegenheiten. Geistliche Angelegenheiten, Kirchen- und Schulsachen unterstehen der Jurisdiktion des Kapitels, und in ihrem Verhältniß zum Kapitel und ihrer Stellung als Geistliche bleiben die Domherren von aller bürgerlichen Jurisdiktion frei. In dieser Auseinandersetzung der bürgerlichen Jurisdiktion und der geistlichen Jurisdiktion durch bündigen Vertrag liegt die hohe Bedeutung des Vergleichs mit dem Kapitel. Die geistliche oder kirchliche Jurisdiktion zog alles in ihr Bereich, was mit dem kirchlichen Leben in Beziehung stand, und beherrschte infolgedessen, da schließlich jede Seite des bürgerlichen Lebens, zumal in christlichen Landen unter Christenmenschen, irgend eine Beziehung zur Kirche hat, alle bürgerlichen Verhältnisse und Einrichtungen, das ganze bürgerliche Leben im Staate und in der Gesellschaft. Darin war eben die furchtbare Gewalt der päpstlichen Kirche, des päpstlichen Stuhls und der päpstlichen Hierarchie begründet, vor welcher auch Kaiser und Könige sich beugten. Daher war es für die Entwickelung zu einem wirklich freien bürgerlichen Gemeinwesen von höchster Bedeutung, daß der Rath und die Bürgerschaft Hamburgs, trotz Papst und Kaiser, das Domkapitel zu jenem Vertrage nöthigten. Das wird völlig verkannt, wenn es bei den Chronisten bezüglich der Ursache des Streits zwischen der Stadt und dem Domkapitel heißt, daß das Kapitel sich bürgerliche Freiheiten angemaßt habe und die Domherren in der Stadt bürgerliche Gewerbe frei hätten betreiben wollen, wogegen die Bürger und der Rath sich ablehnend verhalten hätten. Ob die Domherren sich in der Stadt bürgerlicher Freiheiten bedienten oder nicht, das konnte im Grunde ziemlich gleichgültig sein für Rath und Bürgerschaft, wenn sie nur nicht in die bürgerliche Freiheit

stehend, hatte nur die Bedeutung der „Wittigsten", die in besonderen Fällen mit zu Rathe gezogen wurden, wo dann sechs Bürgermeister in Funktion waren. Hierauf ist es zu deuten, wenn es bei Tratziger heißt, daß zu einer Zeit sechs Bürgermeister gewesen seien, von denen vier zu Rath gegangen.

Anderer eingriffen und die bürgerliche Freiheit selbst bedrohten. Diese ward aber bedroht und in hohem Grade gefährdet durch den Anspruch des Kapitels auf Ausübung von Jurisdiktionsgewalt in bürgerlichen Sachen und durch die Heranziehung der Bürger durch das Kapitel vor das geistliche Gericht. Der Anspruch des Kapitels auf Ausübung der alten Jurisdiktionsgewalt war die eigentliche Ursache, der Grund des Streites. Indem der Rath das Kapitel nöthigte, diesen Anspruch aufzugeben, wahrte er die bürgerliche Freiheit und sicherte dieselbe auch für spätere Zeiten.

Nachdem durch den getroffenen Vergleich der Friede zwischen Bürgerschaft und Domkapitel wieder hergestellt worden war, wurde 1356 der über Hamburg ausgesprochene Kirchenbann endlich aufgehoben, und die Domherren kehrten nach Hamburg zurück. Der Erzbischof Gottfried von Bremen bestätigte dem Kapitel seine Statuten. Die Hamburger ließen sich in diesem Jahre, 1356, vom Grafen Adolph VII. von Holstein und Stormarn ihre Freiheiten und Privilegien bestätigen. Die Grafen Adolph VII. und Johann III. verwiesen in demselben Jahre dem Rathe zu Hamburg das Unternehmen, ohne Zuziehung der Geistlichkeit, des Kapitels, ein Privathaus zu einer Kapelle umzuwandeln — ein Beweis, daß das Domkapitel dem Rathe gegenüber nicht mehr in der Angriffsposition stand, sondern schon in die Vertheidigungslinie sich zurückgezogen hatte.

Nach außen hin hatten die Verhältnisse sich friedlicher gestaltet, insofern, als die Fehden unter dem Adel für den Augenblick unterbrochen waren. Der „schwarze Tod" hatte in dieser Beziehung beruhigend gewirkt, jene Pest, die um die Mitte des vierzehnten Jahrhunderts die Länder verheerte, nach den Schilderungen der alten Chronisten der ärgste Feind, den die Menschheit je gesehen hat. Der schwarze Tod fraß Europa von Menschen leer. Alles Werkleben ruhte, nur Todtenbahren und Leichenwagen gingen ihre einsamen Wege. Was lebte, saß verborgen. Verwandte und Freunde verließen einander in der Noth und flohen vor dem Würgengel, der seinen Triumphzug hielt. Es gab keinen Gottesdienst und keine Feier mehr. Friedhofsruhe herrschte auf den Landstraßen und in den Ortschaften. 1349 erschien der schwarze Tod in Deutschland und in den nordischen Reichen und wüthete hier vier Jahre lang. Neocorus führt nach der Eiderstedter Chronik an, „dat in dissem Lande de 4te Mensche kum levendich gebleven." Ueber Hamburg fehlen in dieser Beziehung spezielle Angaben. Von Lübeck aber wird berichtet, daß dort über 9000 Menschen (von einer Vesper zur andern 1500) an der Darmpest gestorben seien. Die so bedingte äußere Ruhe konnte aber den Städten wenig nützen, da während der Herrschaft der Seuche der Handel selbst auch ziemlich ruhte. „Die Schiffe lagen abgetakelt, und kein Seemann war am Hafen, und welche auf der See waren, verloren zum Theil oder ganz ihre Mannschaft."[1] Indes hörte die Störung des Handels doch nicht ganz auf, und bald, nachdem die Herrschaft der großen Pest ihr Ende gefunden hatte, erneuerte sich der alte Kampf des Adels gegen die Städte. Im Jahre 1357 vereinbarten die verbündeten Städte, die Fürsten von Sachsen, Lüneburg, Stettin, Mecklenburg, Jütland, Holland, Brandenburg und die Grafen von Holstein und Stormarn zur Sicherung wider die Wegelagerer einen allgemeinen Landfrieden, der gehalten werden solle von Jedem ohne Unterschied, bei Verlust Leibes und Lebens im Uebertretungsfalle. Die Herzoge Albrecht und Erich von Sachsen sicherten den Hamburgern Schutz wider die Seeräuber in Hadeln zu. 1358 ordnete Hamburg den Domdechanten als Gesandten an den Kaiser Karl IV. ab und ließ durch denselben wegen der Unsicherheit der Landstraßen Vorstellungen machen. Der Kaiser erklärte die wegelagernden Ritter für ehrlos und ertheilte den Hamburgern einen Freibrief, durch welchen ihnen das Recht zur Verfolgung und Bestrafung der See- und Straßenräuber verliehen ward. Von dieser Machtbefugniß hat Hamburg nachher ausgiebigen Gebrauch gemacht wider gefangene Seeräuber.

---

[1] Der „schwarze Tod" heißt auch der blaue Tod, der große Tod, die große Sterblichkeit, die erste Pest, die Darmpest in den Chroniken. Die von der Pest ergriffenen Menschen bekamen Schwären, die sich bald in dunkelblaue Flecke verwandelten und über den ganzen Körper ausbreiteten, als Symptome des Todes. „Er blies die Menschen an, da brannte ihr Ingeweid, wie Kohlengluth, und Mund und Lippen wurden wie Ruß, die Augen bezogen sich, und der Körper ward schwarzblau, wie eine Blutblase." Auf den „schwarzen Tod" ist es auch zu deuten, wenn Karsten Schröder berichtet: „Im Jahre 1345 regnete es Feuer vom Himmel über dem Meere wie Schneeflocken, das war so hitzig, daß es Holz und Stein verzehrte, und alle Leute, die es sahen, lebten nur einen halben Tag." Von Indien her übers Meer war der „schwarze Tod" nach Europa gekommen.

Der Handel blühte jetzt mächtig auf, und die Macht und das Ansehen der Hansa nahm rasch zu. Das erweckte vielfach Neid und Mißgunst bei regierenden Fürsten und Herren, die dann den Städten in ihren Handelsinteressen hinderlich wurden, woraus sich mancherlei Verwickelungen, Kriege und Fehden entspannen. Namentlich waren Hamburg, Lübeck und die anderen wendischen Städte mit Dänemark schon längere Zeit in gespanntem Verhältniß gewesen, weil die Dänen bestrebt waren, den Handel der Hanseaten nach dem Norden, vornehmlich nach Schweden und Schonen, zu stören. Schonen hatte sich 1321 unter schwedische Botmäßigkeit begeben. König Waldemar IV. von Dänemark wollte Schonen wieder ans dänische Reich bringen. Er schloß ein Bündniß mit dem König Magnus von Schweden, durch welches ihm gestattet wurde, sich durch einen Einfall ins Land Schonens zu bemächtigen. 1359 nahm Waldemar Schonen in Besitz. Es wurde damals bestimmt, daß Waldemars Tochter, Margaretha, die Gemahlin des Sohnes des Königs Magnus werden solle. Im Jahre 1360 nahm Waldemar auch die Inseln Oeland und Gothland in Besitz und bemächtigte sich der Stadt Wisby, einer der wichtigsten Städte des Hansabundes. Dadurch wurde das Interesse der Hanseaten gefährdet, namentlich das Interesse Hamburgs und der Ostseestädte. Die Hanseaten regten die schwedischen Stände auf, die nun das, was zwischen Magnus und Waldemar vereinbart worden war, nicht anerkennen wollten. Sie entsetzten den König Magnus, als einen Verräther am Lande, des Reichs und erkannten seinen Sohn Hakon als König an. Das Verlöbniß Hakons mit Waldemars Tochter Margaretha wurde für ungültig und nichtig erklärt; Hakon sollte die Elisabeth, eine holsteinische Grafentochter, heirathen. Die Hanseaten rüsteten indes mit Macht. Johann Wittenberg, Bürgermeister zu Lübeck, ward an die Spitze der hanseatischen Kriegsflotte gestellt. Die Hanseaten griffen 1361 Gothland und Oesel an und eroberten sie, belagerten Kopenhagen und nahmen die Stadt ein und plünderten dieselbe, sowie auch die Orte in der Umgebung an der Küste. Während die Hanseaten auf Plünderung bedacht waren, machte Waldemar sich auf und nahm sechs der besten hanseatischen Schiffe. Das geschah wohl nicht ohne Schuld des hanseatischen Hauptmanns, des Bürgermeisters Johann Wittenberg. Dieser wurde nachher der Unachtsamkeit in Führung des Kommandos angeklagt. Der Rath zu Lübeck ließ ihn deswegen in Haft setzen und ihm den Prozeß machen. Johann Wittenberg wurde dann schuldig befunden und enthauptet. In der Seeschlacht zwischen den Hanseaten und der dänischen Flotte vor Kopenhagen wurde Waldemars Sohn und Mitregent, Christoph, durch ein Feuergeschoß tödtlich verwundet. — Das ist das erste Feuergeschütz, dessen in den nordischen Kriegen erwähnt wird. Hakon will nun die holsteinische Grafentochter heirathen. Elisabeth schiffte sich ein, ward aber durch einen Sturm an die Küste verschlagen. Waldemar läßt sie dort festhalten, dann knüpft er wieder mit Hakon Unterhandlungen an wegen seiner Tochter Margaretha, und Hakon heirathet diese noch in demselben Jahre, 1363. Die Schweden versagen nun dem Hakon den Gehorsam, bieten dem holsteinischen Grafen Heinrich dem Eisernen die Krone an, und als dieser sie ausschlägt, bieten sie dieselbe dem Grafen Albrecht von Mecklenburg, der die älteste Tochter Waldemars zur Gemahlin hatte, der sie dann annahm. Hakon war also nur König von Norwegen. Die Hanseaten suchten den ihnen verhaßten König Waldemar zu stürzen. Alle Hansestädte, siebenundsiebzig an der Zahl, hielten eine Versammlung zu Köln, unterzeichneten einen auf Entthronung des Königs bezüglichen Beschluß und übermittelten dem Könige einen Fehdebrief. Waldemar war indes auf Reisen begriffen, und der dänische Reichsrath schloß einen Stillstand mit den Hansestädten auf drei Jahre. Waldemar kehrt zurück von seinen Reisen und sucht den Schaden auf Kosten Schwedens auszugleichen. Er verbindet sich mit Hakon und Magnus. Letztere werden geschlagen von den Hanseaten. Waldemar gewinnt jedoch Gothland wieder und schließt nun Frieden. Alles verbündet sich indes wider ihn, und 1367 kommen die Feinde Dänemarks unter sich überein, Dänemark zu theilen. Die Urkunde dieses Uebereinkommens datirt vom 25. Januar 1368. Waldemar begab sich mit einem großen Schatze nach Brandenburg zu seinen dortigen Verwandten. 1370 schloß der dänische Reichsrath einen Frieden mit den Gegnern Dänemarks, namentlich mit den Hansestädten, die sich nun vom Kriege zurückzogen, und die Theilung Dänemarks kam nicht zu stande.

Schonen wurde den Hanseaten auf fünfzehn Jahre als Pfand eingeräumt zur Deckung ihrer Kriegskosten. Zwei Drittel des dortigen Zolles sollten ihnen zukommen. Wenn der König Waldemar in diesen Vergleich willigt, so soll er ins Land zurückkehren dürfen. Falls Waldemar stürbe, sollte ohne der Hansestädte Einwilligung kein neuer König von Dänemark gewählt werden. 1371 im Oktober erkannte Waldemar diesen Vergleich an und kehrte in sein Reich zurück. Die Hanseaten hatten ihren Zweck, den freien Handel nach dem Norden, vornehmlich nach Schonen, zu sichern, voll erreicht, und daher machten sie nun Frieden mit Dänemark.

Diese Zeit der Unruhen, während welcher Hamburg für die Sache der Hansa seine Kraft anspannen mußte, mochte wohl dem Grafen Adolph VII. von Holstein und Stormarn besonders günstig erscheinen zur Erlangung von Zugeständnissen zu seinem Vortheil abseiten der Hamburger. Er trat 1363 im Verfolg von Ansprüchen, die sein Vater, Johann der Milde, bereits 1356 auf einige Gerechtsame in Hamburg, die der Rath ihm nicht hatte einräumen wollen, erhoben hatte, mit der Behauptung hervor, die Stadt Hamburg mit dem Gericht, der Münze, dem Zoll, Geldwechsel, der Wage, den Mühlen und der Fischerei sei sein väterliches Erbe, und habe der Rath ihn dieses seines Eigenthums beraubt, wodurch er wohl an 100000 Mark Silbers Einkommen verloren habe. Er verlangte nun von der Stadt die Erbhuldigung und Ersatz der ihm bisher entzogenen Einkünfte, auch Zurückgabe aller Lehngüter, welche die Stadt nicht mit Recht von den Grafen erlangt hätte. Es fanden wegen dieser Sache zwischen dem Grafen Adolph VII. und dem Prokurator der Stadt Hamburg vor dem vom Kaiser Karl IV. bestellten Schiedsrichter, Herzog Albrecht von Mecklenburg, zu Lübeck viele Verhandlungen statt. Die Hamburger ließen sich aber auf nichts ein, lehnten den ernannten Schiedsrichter, als Schwiegervater des Grafen, ab und erklärten, daß sie mit diesem, dem Grafen, in Güte sich auseinandersetzen wollten. Als die Hamburger dann zu einem Termin in der Sache nicht erschienen, sprach der Herzog als Schiedsrichter dem Grafen das Verlangte zu. Doch hatte das keinen Erfolg. Der Prokurator Hamburgs hatte an den kaiserlichen Hof Appellation eingelegt, und wohl infolgedessen ward Graf Adolph vom weiteren Verfolg der Sache abgebracht. Er verglich sich mit Hamburg 1364. In dem Vergleich erklärt der Graf, daß er sich wegen des Streites mit der Stadt abgefunden habe, und bestätigt die Privilegien derselben. Er will die Hamburger, als seine treuen Bürger, in aller Weise bei ihren Privilegien schützen, dagegen wollten Rath und Bürger leisten, wozu sie rechtlich verbunden seien. — Im Jahre 1368 beschwerten sich dann die Grafen Heinrich, Klaus, Adolph und Otto von Holstein und Stormarn bei dem Kaiser zu Tanger an der Elbe persönlich über die Hamburger, daß sie ihnen die gebührende Huldigung weigerten und ihnen nicht den schuldigen Gehorsam leisteten. Der Kaiser richtete infolgedessen einen Erlaß an den Rath und die Bürger der Stadt Hamburg, in welchem er diesen befahl, den Grafen alles zu thun und zu leisten, was sie von Rechts wegen ihnen zu thun und zu leisten schuldig wären, unbeschadet ihrer Privilegien und Gerechtsame. Der Graf Otto bestätigte darauf der Stadt alle ihre Privilegien und Freiheiten. — Der aufblühenden Hansestadt, die im Rathe der Hansa sich gewöhnt hatte, selbständig mitbestimmend in die große Politik einzugreifen, und die im Kampfe für Freiheit und Sicherheit des Handels ihrer eigenen Kraft sich bewußt geworden war, mochte es wohl schwer werden, der Schutzherrlichkeit der Schauenburger sich voll unterzuordnen. Im übrigen scheinen die Grafen es bei ihren damaligen Ansprüchen und Anforderungen an Hamburg wesentlich nur auf Erlangung von Gelegenheit zur Erhebung von Entschädigungsforderungen für Verzichtleistung auf Gerechtsame abgesehen gehabt zu haben.

Trotz des Aufblühens des Handels und der Zunahme des Wohlstandes der Städte im allgemeinen herrschte doch in weiten Kreisen gerade der Hansestädte große Unzufriedenheit und laute Klage über pekuniäre Ueberbürdung, Noth und Elend. Man klagte über schlechte Verwaltung und über Untreue der Beamten, namentlich in der Verwaltung der öffentlichen Kassen. Die zur Sicherung der Machtstellung der Städte im Hansabunde fortdauernd erforderten Rüstungen und Veranstaltungen bedingten eine stetige Inanspruchnahme der Leistung zu Schoß und Abgaben und erzeugten dadurch eine Unzufriedenheit in breiteren Schichten, die stetig zunahm und schließlich in revolutionären Bestrebungen zum Ausbruch kam. Zuerst geschah letzteres zu Braunschweig. Hier wurden 1375 die Bürger aufrührerisch gegen den Rath. Sie jagten einige Rathsherren aus der Stadt und ließen anderen die Köpfe abschlagen, nahmen deren Güter an sich und verfolgten die Freunde und Angehörigen derselben. Darauf wählten sie einen anderen Rath und schrieben an die Bürger der anderen Städte, daß sie durch hartes, unchristliches Regiment und harte Tyrannei des alten Raths zu ihrem Vorgehen genöthigt worden seien. Die gemeinen Hansestädte aber wurden dadurch bewogen, die Bürger der Stadt Braunschweig aller Hansaprivilegien verlustig zu erklären, und schlossen also die Stadt Braunschweig aus dem Bunde der Hansa aus. — Doch wurde Braunschweig fünf Jahre später wieder in den Bund aufgenommen. Aber das Beispiel Braunschweigs fand Nachahmung. 1376 wurden die gemeinen Aemter der Stadt Hamburg aufrührerisch gegen den Rath. Nur vier Aemter, die der Krämer, Böttcher, Kerzengießer und Heringswäscher, blieben ruhig. Die Aemter verschworen sich untereinander, daß sie den Rath zwingen wollten, ihnen den halben Schoß zu erlassen und sonst noch einige Vergünstigungen und Erleichterungen zu gewähren. Diese ihre Forderungen, die sie zu stellen willens waren, gaben sie einigen ihrer Mitbürger kund, als dem Hein Klingensporn, Lütke von der Heyde, Titcke Sasse und Böbecker Bremer.[1] Diese Vier, als Vertrauensmänner, handelten mit den Aemtern dahin, daß sie einen Rathsherrn, Hein Crowel, in die Sache einweihen möchten. Am Sonnabend nach Estomihi zeigten sie dann dem Hein Crowel an, was die Aemter begehrten, und dieser hinterbrachte es dem Rath im Namen der Aemter. Der Rath beschied die Aemter zu einer Zusammenkunft mit Delegirten aus dem Rathskollegium auf dem Reventer des Maria-Magdalenen-Klosters am nächsten Donnerstag. Zugleich gelobte der Rath vor den beiden Rathmännern Hein Crowel und Viet von Geldersen den Aemtern Frieden und Sicherheit, wogegen die Aemter durch die vier Vertrauensmänner wiederum dem Rathe ein Gleiches

---

[1] Bobecker bedeutet hier wohl keinen Vornamen, sondern einen Böttcher.

gelobten. Am Donnerstage nach Invocavit kamen dann die Aemter im Reventer des Klosters zusammen. Als Delegirte des Raths waren hier anwesend Warner Wichersen, ältester Bürgermeister, und die Rathmänner Hartwig von Hakede, Hein Crowel und Viet (Friedrich) von Geldersen. Der gemeine Kaufmann schickte vierundzwanzig Delegirte zur Versammlung.[1] Die Aemter stellten nun das Begehren, daß der halbe Schoß ihnen erlassen werde und einige Artikel, die ihnen zuwider und entgegen seien, geändert und abgethan würden. Sie wollten ihre Beschwerden schriftlich anbringen; die vier Vertrauensmänner lehnten aber die Annahme schriftlicher Eingaben ab, da sie dazu nicht bestellt seien. Auf eine mündliche Vorstellung durch Vermittelung der Vertrauensmänner gab dann der Rath zur Antwort, daß die Stadt des halben Schosses nicht entbehren könne, sobald aber das Bedürfniß der Stadt es zulasse, wolle der Rath die Aemter des halben Schoßes gerne entheben, welches sie auf Ehre und Eid des Raths gestellt sein lassen möchten. Aber die Aemter forderten ungestüm sofortige bedingungslose Bewilligung ihrer Anträge. Die vier Delegirten des Raths schlugen vor, falls die Bürger Mißtrauen gegen den Rath hegten und meinten, daß der Schoß nicht recht angewandt würde, sechs oder acht Bürger zu erwählen, denen der Rath dann über Einnahme und Ausgabe der Stadt Rechenschaft thun und Buch legen könne über Einnahme und Ausgabe von der Zeit an, in welcher die ältesten der lebenden Rathmänner in den Rath gewählt worden seien, welche Zeit auf sechsundzwanzig Jahre sich zurückerstrecke. Die Bürger möchten sich dann selbst überzeugen, daß die Stadt des halben Schosses nicht entbehren könne. Die Aemter wollten darauf aber nicht eingehen. Die Delegirten baten dann, abtreten zu dürfen, um dem Rathe Bericht zu erstatten. Auch darin wollten die Aemter nicht willigen. Die Delegirten des Kaufmanns aber billigten das Ersuchen der Rathsdelegirten, indem sie erklärten, daß es ehrbar und billig sei, den vier Delegirten des Raths, die an die Aemter abgeordnet seien, auch zu gestatten, dem Rath zu hinterbringen, was verhandelt

---

[1] Der „gemeine Kaufmann" bezeichnet die Gesamtheit der Kaufmannschaft. Es ist das eine Nachbildung des „meenen Kopmanns". — Meenheit: die Gesamtheit, die Gemeinde, Gemeine, universitas.

und beschlossen worden sei. Sie, die Delegirten des gemeinen Kaufmanns, möchten gleichfalls ihren Auftraggebern, von denen sie abgeordnet worden seien, Rapport und Bericht erstatten. Aber die Bürger setzten sich heftig dagegen, und bemerkte u. a. Einer, namens Titcke Bisselstadt, ein Werkmeister der Knochenhauer, er wolle die Abschaffung des halben Schosses, ehe er etwas äße, wenn er auch deshalb auf dem Rade sitzen solle. Die Kaufleute aber hielten an ihrem Verlangen fest, und die Aemter mußten schließlich einwilligen, daß das Vorgefallene dem Rathe gemeldet würde. Die Aemter sollten dann von des Raths Meinung und Entschließung am nächstfolgenden Sonnabend an dem gleichen Versammlungsorte in Kenntniß gesetzt werden. Inmittlerzeit wollen beide Theile nichts vornehmen, was dem anderen Theile zum Schaden sein könne. Am folgenden Freitag ließ der Rath die Kaufleute, sowie auch die vier Aemter der Krämer, Böttcher, Kerzengießer und Heringswäscher, nach der St. Katharinenkirche zusammenfordern und ordnete zu ihnen dahin die vorigen vier Delegirten ab. Diese trugen der Versammlung vor, was am Tage vorher die Aemter begehrt hätten und was darauf beschlossen worden sei. Die Aemter waren indes nach der St. Johanniskirche zusammenbeschieden, und schickten dieselben nun einige Werkmeister an die Verordneten des Raths und der Kaufleute nach der Katharinenkirche und begehrten, daß diese Einige aus ihrer Mitte zur Versammlung der Aemter abordnen sollten, damit man sofort wegen der Sache verhandeln könnte. Der Rath war damit einverstanden, und es wurden die vier Rathsdeputirten und die vierundzwanzig Deputirten des Kaufmannes zur Versammlung der Aemter entsandt. Die Parteien einigten sich dann dahin, daß die Aemter vor den Rath kommen sollten und um Erlaß des halben Schosses bitten; der Kaufmann wolle ebenfalls darum bitten, und solle es dann bei dem Rathe stehen, die Bitten zu gewähren oder abzuweisen. Wegen der übrigen Beschwerden und Anträge solle jedes Amt binnen vierzehn Tagen Morgensprache halten und den Morgensprachherren solche Beschwerden schriftlich übergeben, und solle es hier dann ebenfalls in der freien Entschließung des Raths stehen, was er in der Sache thun und lassen wolle. Damit sollten alle Eide und Pflichten, womit die Aemter sich in dieser Sache einander verbunden hätten, aufgehoben sein und kein Theil solle dem anderen das, was geschehen, im Argen gedenken und deuten. Hierauf gingen die Aemter und die Kaufleute sofort zum Rath, und wurde die erfolgte Aussöhnung und Ausgleichung von den Kaufleuten verkündet und vom Rathe gutgeheißen und angenommen. Dann baten die Aemter und die Kaufleute um Erlaß des halben Schosses. Der Rath beharrte aber bei der schon gegebenen Erklärung, daß die Stadt des halben Schosses nicht entbehren könne. Auch wurde nichts erreicht durch die Beschwerden, welche die Aemter den Morgensprachherren übermittelt hatten.

Der Ausgang, den die Sache genommen hatte, verdroß die Aemter, aber sie beruhigten sich und trösteten sich damit, daß der Kaufmann nicht immer zu Hause sei. Sie würden, ließen sie sich verlauten, ihre Forderung zu gelegenerer Zeit, wenn der Kaufmann auf Reisen sei, wiederholen.

Deswegen ließ der Rath auf den Donnerstag nach Judica abermals den gemeinen Kaufmann und die vier Aemter der Krämer, Böttcher, Kerzengießer und Heringswäscher nach der St. Katharinenkirche berufen und die Versammelten durch die früher gestellten Deputirten von dem Vorhaben der Aemter unterrichten. Die Versammlung einigte sich dann mit dem Rathe dahin, daß man dem geschlossenen Abkommen nachleben und dasselbe getreulich halten und handhaben wolle. Jeder der Versammelten schwor darauf einen körperlichen Eid. Die Namen Derjenigen, die geschworen hatten, wurden aufgezeichnet.

Anderntags, Freitags nach Judica, bestellten die Kaufleute aus ihrer Mitte vierundzwanzig Personen, die forderten die Werkmeister der Aemter zusammen und begehrten von ihnen, daß die gemeinen Aemter sämtlich am nächsten Sonnabend im St. Maria-Magdalenen-Kloster auf dem Reventer zusammenkommen sollten, um gleichermaßen, wie sie, die Kaufleute, es gethan hätten, den geschlossenen Vertrag zwischen dem Rath und den gemeinen Aemtern zu beschwören. Am Sonnabend kamen die Kaufleute und die Aemter denn auch im Reventer des Maria-Magdalenen-Klosters zusammen. Der Rath schickte wieder die früher schon zur Versammlung der Aemter abgeordnet gewesenen vier Delegirten. Die Aemter weigerten sich anfangs, zu schwören. Doch brachten es die Kaufleute endlich dahin, daß die Aemter vom Reventer aus gleich zum Rath sich begaben und nun auch den Vergleich beschworen und ihre Namen aufzeichnen ließen. Hiermit war dann der Aufruhr gestillt und die Ruhe wieder hergestellt.[1]

Diese aufrührische Bewegung unter den Aemtern in Hamburg war keine vereinzelt dastehende Erscheinung im Leben der Städte. Wie sie in der Umgestaltung der Rathsverfassung zu Braunschweig einen Vorgänger gefunden, so fand sie in anderen Städten Nachfolger. Auch die Lübecker Bürger revoltirten 1377 gegen den Rath der Stadt wegen „übermäßiger Kontribution". Die Bewegung wurde aber auch hier durch gütliche Vorstellungen und weises Verhalten des Raths bald gestillt. Im geheimen fraß dort indeß der Widerwille um sich. Einige Jahre später bildete sich eine große Verschwörung unter den Bürgern zur Beseitigung des Raths und Einsetzung eines neuen Regiments. Die Verschworenen zogen einige fremde Hauptleute, unter denen Detlef Gundendorf war, in den Bund, mit deren Hülfe der alte Rath und seine Anhänger an einem bestimmten Tage gewaltsam beseitigt werden sollten. Der Anschlag wurde aber verrathen und die Haupträdelsführer, ein Paternostermacher, ein Buntmacher und zwei Bäcker, nebst ihren Hauptmitschuldigen büßten für ihr Unternehmen auf dem Rade. Zu Anklam entstand eine gleiche Bewegung wider den Rath. Insonderheit waren die Bäcker und die Knochenhauer daselbst wider den Rath eingenommen, „der den Fremden gestatte, Fleisch und Brot einzuführen, wodurch ihnen die Nahrung genommen würde". Die Aemter zogen in Rotten vor's Rathhaus,

---

[1] Der Rath bestand damals aus den Bürgermeistern: Warner Wigersen (Wichersen), Ludolph Holdenstede, Hinrich van dem Berge, Bertram Horborg, und den Rathmännern: Hermann Bischopping, Hartwig von Halede, Bernhard Lopow, Hinrich Crowel, Hinrich Bermersen, Ludolph Beckendorf, Friedrich von Geldersen, Carsten Boß, Hein Knovel, Nicolaus Rode, Hartwig Einbeck, Marquard Woldemar, Hinrich Ibing, Richard Kyll, Ludolph Hamstede und Carsten Militis. — Vier Bürgermeister, sechszehn Rathmänner, das sind die „Zwanziger", der „sitzende Rath" einiger späterer Chronisten, unterschieden von den „sitzenden Rathmännern" bei älteren Chronisten, die mehr nur ein ständiger Ausschuß gewesen zu sein scheinen.

erstürmten dasselbe und erschlugen die Rathsmitglieder, zogen die Güter der Letzteren an sich und setzten einen neuen Rath ein aus ihrer Mitte. — Die Zustände, auch zur Zeit der Blüthe der Hansa, waren, im Lichte objektiver Geschichte angesehen, nicht so harmlos-idyllisch, wie sie in Bildern aus der Geschichte des deutschen Bürgerthums wohl gezeichnet werden. Ein enger Zunftgeist sozialistischen und sozialdemokratischen Anstrichs und auch Gepräges, wie er schon im alten Rom zeitweilig hervortrat, herrschte in den Aemtern und Innungen, und nur der Kaufmann, der „meene Kopmann", war es, der den Bestrebungen dieses Geistes in den Hansestädten das Gegengewicht hielt.

Der in diesen Bestrebungen hervortretende Zug nach Selbstständigkeit und Unabhängigkeit machte sich den holsteinischen Grafen gegenüber jetzt in verstärktem Maße geltend, so daß das Bestreben in dieser Richtung darauf hinausging, sich der Oberherrlichkeit der Schauenburger ganz zu entziehen. Die Hamburger wollten die Grafen von Holstein und Stormarn jetzt nicht mehr für ihre Schutzherren anerkennen: Hamburg wollte nun reichsunmittelbar sein. Die Grafen bestanden auf Ausübung ihrer alten Rechte, aber die Hamburger verhielten sich den Anforderungen derselben gegenüber ablehnend und ließen es auf einen Ausspruch des Kaisers ankommen. In demselben Jahre, in welchem der Aufruhr unter den Aemtern zu Hamburg stattfand, 1376, kam der Kaiser Karl IV. nach Lübeck. Daselbst versammelten sich die holsteinischen Grafen zu Verhandlungen wegen ihrer Rechte auf Hamburg, und die Hamburger schickten Gesandte aus dem Rathe dahin. Der Kaiser hörte beide Theile und entschied dann, daß die Hamburger nach wie vor die Grafen als Schutzherren anerkennen, die Grafen sie aber ungestört im Besitz ihrer Privilegien und Freiheiten, wie sie solche von römischen Kaisern und Königen und dem Reiche erlangt hätten, bleiben lassen sollten. Als die Hamburger Gesandten nun von Lübeck zurückkehrten und die Entscheidung des Kaisers überbrachten, heißt es bei alten Chronisten, ließ die Stadt den Roland, welchen sie auf einer Brücke errichtet hatte, niederreißen und erkannte die Grafen wieder für Herren an.

Wohl infolge der Unruhen innerhalb der Bürgerschaft der Städte hatte das Raubritterthum im Holsteinischen in der letzten Zeit wieder mehr zugenommen, und die Städte mußten deshalb fortgesetzt zur Sicherung des Handels auf den Landstraßen Mannschaft in Wehr und Rüstung halten. Zu nachdrücklicherer Bekämpfung der Raubritter verbanden sich Hamburg und Lübeck mit den Grafen Klaus und Adolph von Holstein und Stormarn. Im Jahre 1388 vereinbarten die beiden Städte mit den Grafen Klaus und Adolph zu Oldesloe einen Landfrieden, um der Wegelagerei im Holsteinischen möglichst ein Ende zu machen. Während die Gesandten von Hamburg und Bremen zu Oldesloe mit den Grafen verhandelten, rotteten sich die Hauptführer unter dem wegelagernden Adel im Holsteinischen zusammen und zogen vor Oldesloe, raubten und brannten und bedrohten die Versammlung der Grafen und Gesandten. Diese machten sich mit ihrer Gefolg- und Begleitschaft wider die Friedensstörer auf, jagten ihnen nach und nahmen ihnen den Raub ab. Fast alle betheiligten Räuber wurden von den Verfolgern ereilt und erschlagen oder gefangen genommen. Seitdem herrschte auf den Landstraßen ziemliche Sicherheit.

Zur See dagegen wurden die Handelsstraßen jetzt durch Kaperer und Freibeuter in zunehmendem Grade unsicher gemacht. Hier war die Räuberei gegen den Kaufmann im Aufblühen begriffen, vornehmlich seit dem Kriege der Hansa gegen Dänemark zur Zeit des traurigen Interregnums nach dem Tode Christophs II. Besonders von der friesländischen und holländischen Küste aus fügten die Räuber hier dem Hamburger Kaufmann großen Schaden zu. Die Hamburger verbanden sich zu der Zeit mit den Wurstfriesen (den Friesen im Lande Wursten), die mit dem Adel im Lande und mit den Holländern im Streit lagen, zur Bekämpfung der Seeräuber. Das trug dazu bei, die Flaminger in ihren Forderungen gegen den deutschen Kaufmann zur Mäßigung und Nachgiebigkeit geneigt zu machen. 1391 fanden sich Gesandte des Herzogs zu Burgund, der Grafen zu Flandern und der Städte Gent, Brügge und Ypern nebst den Gesandten der Hansestädte zu Hamburg ein zu einer Tagleistung, und hier wurde dann durch einen Vertrag der Streit der Städte mit den Flamingern, welche den Handel der deutschen Kaufleute zu stören bedacht waren, den deutschen Kaufmann sogar seiner Güter beraubt und ihn gefangen gesetzt hatten, beigelegt. Die Flaminger sollten 11000 Pfund[1] Schadenersatz zahlen, die vorigen Privilegien und Freiheiten der Städte in den Niederlanden sollten voll wieder in Kraft gesetzt und der deutsche Kaufmann sollte zu Brügge, von welcher Stadt er mit seinem Comptoir gewichen war, wieder eingeführt werden. Wegen Beleidigung des deutschen Kaufmannes sollten hundert Personen aus den vornehmsten Städten Flanderns im Karmeliterkloster zu Brügge dem Kaufmann Abbitte thun. Ueberdies sollten die Flaminger zur Buße vierzig Pilger nach Rom, vierzig nach Compostell und vier zum heiligen Grabe auf ihre Kosten ausrüsten. Bei Schließung dieses

Ritzebüttel. Anno 1564.

Vertrages waren im Namen der Stadt Hamburg betheiligt die Bürgermeister und Rathmänner Bertram Horborg, Marquard Schreye, Christian Milles, Johann Hoyer und Carsten Voß. Das Bündniß mit den Friesen zur Bekämpfung des Adels auf den Raubburgen war in erster Linie gegen die Inhaber des festen Hauses Ritzebüttel an der friesischen Küste gerichtet. Dieses Haus diente unter allen Burgen an der friesischen Küste vornehmlich den Seeräubern und Freibeutern zur See zum Stützpunkte bei ihren Unternehmungen gegen den Kaufmann. Besitzer des Hauses oder der Burg Ritzebüttel waren die Lappen, ein altes Adelsgeschlecht. Diese standen im Bunde mit

---

[1] Das Pfund flämisches Geld war damals gleich 7 ₰ 8 ₰ Hamb. Crt.

den Kaperern und Freibeutern, herbergten und unterstützten die Seeräuber, und diese theilten dafür den Raub mit ihnen. Schon im Jahre 1372 hatten die Hamburger zur Sicherung gegen Wegelagerer und Raubritter die Burg Ritzebüttel unter ihre Botmäßigkeit zu bringen gesucht. Die Lappen Wilke und Wolder, die damaligen Besitzer von Ritzebüttel, verpfändeten damals für eine ihnen vom Rathe zu Hamburg geliehene Summe von 230 Mark Pfennige der Stadt Hamburg die Kirchspiele Groden und Wolde und verpflichteten sich,

Schloß Ritzebüttel. Anno 1818.

das Schloß Ritzebüttel den Hamburgern zu jeder Zeit, wenn sie dessen benöthigt sein würden, offen zu halten. Diese Verpflichtung hielten die Lappen aber nachher nicht. Sie verbanden sich im Gegentheil immer enger mit den Feinden der Städte, dem freibeutenden Adel, und schließlich war Ritzebüttel ein Hauptsitz und Stapelplatz für die Seeräuber in Friesland geworden. Als nun die Räuberei gegen den Kaufmann zur See immer mehr zunahm, verbanden sich die Hamburger 1393 mit den Wurstfriesen zur Eroberung von Ritzebüttel. Die Friesen stellten achthundert Mann zur Hülfe, und im Verein mit diesen zogen die Hamburger dann vor Ritzebüttel und nahmen die feste Burg, das Raubschloß der Lappen, mit Sturm. Hamburg nahm nun Ritzebüttel in seinen Besitz, nach Abmachung und Uebereinkommen mit seinen Verbündeten, den Wurstfriesen, auf Grund des Eroberungsrechts. Im Jahre darauf wurde die Sache zwischen der Stadt Hamburg und den Lappen wegen Ritzebüttels durch Vertrag geregelt. Die Ritter Wolderich und Alverding von Lappe traten Schloß und Ort Ritzebüttel mit Solenborg, Dunen, Steenmarn, Döse, Wisch und Stykenbüttel mit allen Ansprüchen und Gerechtigkeiten gegen eine Entschädigungssumme von 2000 Mark Lübisch an die Stadt Hamburg ab, indem sie bekannten, daß ihnen Schloß und Ort Ritzebüttel nebst Pertinenzien in rechter Fehde von den Hamburgern abgenommen worden seien. Herzog Erich von Sachsen-Lauenburg bestätigte diesen Vertrag nachher als Lehnsherr der Lappen in einer Urkunde, datirt Reinbeck, 8. September 1400, und verzichtete auf alle Ansprüche an Ritzebüttel. — Auch durch Pfandschaft und Kauf mehrte die Stadt Hamburg um diese Zeit ihr Gebiet beträchtlich. 1383 verpfändete Graf Adolph VII. von Holstein und Stormarn den Hammerbrook mit dem Dorfe Horn für 650 Mark an die Stadt Hamburg unter dem Vorbehalte, das Pfand jederzeit auf nächstfolgende Weihnacht einlösen zu können, und 1385 versetzte Graf Adolph den Billwärder mit allem Zubehör und allen Gerechtigkeiten für 2000 Mark an den Hamburger Rathmann Johann Hoyer. Graf Adolph starb 1390. (Er wurde zu Hamburg im Dome beigesetzt.) Die Grafen Klaus und Gerhard erhielten 1392 noch 3000 Mark auf den Hammerbrook von der Stadt Hamburg angeliehen. 1395 gaben die Grafen Otto und Gerhard von Holstein und Stormarn dem Rathmann Johann Hoyer die Macht, den ihm verpfändeten Billwärder käuflich der Stadt Hamburg zu überlassen. Die Wiedereinlösung der verpfändeten Besitzthümer unterblieb. Die Schauenburger liehen auf die Pfandobjekte, bis diese bezahlt waren, und blieben selbige dann im Besitze Hamburgs.

Vornehmlich waren es Vitalienbrüder, die das Schloß Ritzebüttel als Stütz- und Ausgangspunkt für räuberische Unternehmungen zur See wider den Kaufmann benutzten. In diesen, den Vitalienbrüdern, war dem Handel der Hansestädte ein furchtbarer Feind erstanden, der denselben mit völliger Vernichtung bedrohte. König Waldemar IV. (Atterdag) von Dänemark war bald, nachdem er den Vertrag mit den Hanseaten anerkannt hatte, in Krieg mit den holsteinischen Grafen gerathen. Abels Stamm in Südjütland, der das Herzogthum erblich zu Lehn hatte, war 1375 mit dem Herzoge Heinrich, Waldemars V. Sohn, ausgestorben. Nun wollte der König Waldemar IV. Südjütland als erledigtes Lehn wieder an die Krone ziehen.[1] Dagegen erhoben die holsteinischen Grafen Einspruch, die nun die Anwartschaft Gerhards des Großen auf das Lehn für sich geltend machten. Hierüber begann Waldemar Krieg mit den Grafen. Er starb indes noch in demselben Jahre, 1375, im Oktober. Mit ihm erlosch der Mannesstamm der Könige aus dem Hause Swend Estridsens. Nach seinem Tode entstand viel Streit über die Nachfolge. Drei Parteien bildeten sich. Die eine Partei wollte Albrecht von Mecklenburg, Enkel Waldemars von seiner älteren Tochter Ingeborg, die an Herzog Heinrich von Mecklenburg vermählt war, zum Nachfolger; eine andere wollte Olaf, den Sohn der jüngeren Tochter Waldemars, Margaretha, folgen lassen, und eine dritte wollte ein neues Königsgeschlecht gewählt haben, weil mit dem Leben des Königs Waldemar alles Erbrecht im Hause Swend Estridsens aufgehört habe. Albrecht von Mecklenburg nahm aber den Königstitel an. Waldemar soll ihn auch früher schon zum Nachfolger auserlesen haben. Allein die Dänen begünstigten ihn nicht. Waldemars Tochter Margaretha, Königin von Norwegen, galt viel in Dänemark. Man entschied sich für den fünfjährigen Sohn der Margaretha, Olaf, und Margaretha wurde die Vormünderin des jungen Königs. So ward diese im vierundzwanzigsten Jahre ihres Alters Regentin in Dänemark. Sie bewog die Hanseaten, auf das ihnen von Waldemar IV. eingeräumte Bestätigungsrecht bei der Königswahl zu verzichten. Im Jahre 1380 starb der König Hakon von Norwegen, der Gemahl der Margaretha.

---

[1] Waldemar, der König, wird von einigen holsteinischen Chronisten als Waldemar III. bezeichnet. Sie zählen Waldemars II. Sohn, Waldemar, der als Mitregent seines Vaters gekrönt worden, nicht mit. Die dänischen Geschichtschreiber aber zählen den Sohn Waldemars II. als Waldemar III., und daher ist Waldemar Atterdag als Waldemar IV. zu bezeichnen.

Die Norweger erkannten nun Margaretha als Vormünderin ihres Sohnes Olaf als Regentin an. Schonen sollte von den Hanseaten an Dänemark zurückgegeben werden, und Schonen kam dann auch wieder unter die dänische Regierung, als die Zeit abgelaufen war, für welche Schonen den Hanseaten eingeräumt worden. Margaretha, Königin von Dänemark und Norwegen, hoffte, auch noch Königin von Schweden zu werden. Sie gab deshalb, um die Holstengrafen von einem Bündnisse mit Schweden abzuhalten, in dem von ihrem Vater her auf sie überkommenen Streit wegen des Lehns Südjütland etwas nach und schloß 1386 einen Vergleich mit den Grafen, worin sie das Herzogthum Südjütland dem Grafen Gerhard VI. übertrug als Lehn des dänischen Reichs. 1387 starb Olaf, der Sohn der Margaretha. Nun erneuerte Albrecht von Mecklenburg seine Ansprüche auf die Königskrone. Er starb aber in demselben Jahre, 1387. Die Dänen übertrugen die Regierungsrechte voll und ganz auf Margaretha, zu Lund, acht Tage nach Olafs Tode. Margaretha ward zur Frau, Fürstin und Vormünderin von Dänemark erklärt. 1388 begab Margaretha sich nach Norwegen, woselbst sie eine Reichsversammlung zu Aggerhus angesagt hatte. Sie schlug den Norwegern vor, einen Prinzen zu wählen, der nach ihrem Ableben König werden solle. Die Reichsstände stellten die Erwählung eines Thronfolgers in den Willen der Margaretha, und diese benannte den Prinzen Heinrich oder Erich von Pommern, Sohn von Wratislaw von Pommern und dessen Gemahlin Maria, einer Enkelin Waldemars IV. von dessen ältester Tochter Ingeborg, der erst fünf Jahre alt war. Die Schweden waren unzufrieden mit ihrem Könige Albrecht und hatten sich schon vor längerer Zeit an Margaretha gewandt. Der König behauptete, daß nach dem Absterben des Albrecht von Mecklenburg ihm die Ansprüche desselben auf Dänemark angeerbt seien, und nannte sich König von Dänemark und Norwegen. Margaretha rüstete in Eile wider ihn, fiel ihm 1388 ins Land und nahm ihn gefangen, am 21. September 1388. Sie ließ den gefangenen König nach Aarhus bringen und daselbst in Haft halten. Eine Provinz Schwedens nach der andern fiel nun in Margarethens Hand. Stockholm aber wollte sich nicht ergeben. Daselbst lagen deutsche, von Albrecht geworbene Truppen in Besatzung, und diese wiesen jede Zumuthung der Uebergabe der Stadt von sich. Johann von Mecklenburg warf sich mit einer Truppe in die Stadt und verstärkte die Besatzung. Dann verband er sich mit den Städten Wismar und Rostock, welche die Stadt Stockholm fortdauernd mit Proviant versehen mußten. Zu letzterem Zweck, zur beständigen Verproviantirung Stockholms, bildete sich eine besondere Gesellschaft, die Viktualienbrüder (nachher Vitalienbrüder) genannt. Diese Gesellschaft war es, welche dem Handel der Hansestädte, bis in die Mitte des 15. Jahrhunderts hinein, vornehmlich in der Ostsee, aber auch in der Nordsee, in hohem Grade gefährlich ward.

Die Hansestädte Wismar und Rostock gestatteten diesen ihren Viktualienbrüdern, aus ihren Häfen auf die Dänen, Schweden und Norweger, als Bundesgenossen wider Albrecht und die Mecklenburger, zu kapern. Aber die Brüder griffen bald weiter, als sie sollten, und kaperten und beraubten auch hamburgische und andere hanseatische Schiffe unter dem Vorwande, daß sie nicht gewußt hätten und nicht genau wissen könnten, was an Schiff und Ware auf der See Feindesgut und was Gut der Hansestädte sei. Diese Viktualienbrüder oder, wie sie gewöhnlich genannt werden, Vitalienbrüder, auch Gleichbrüder (Likedeeler) geheißen, machten nachher besonders auch die Fahrt von und nach der Elbe unsicher.

Margaretha belagerte 1394 Stockholm, und Johann von Mecklenburg mußte endlich im September 1395 kapituliren. Die Bedingungen der Uebergabe der Stadt wurden unter Vermittelung der Hansestädte festgestellt. Stockholm wird an die Hanseaten übergeben. Der König Albrecht und sein Sohn werden gegen ein Lösegeld von 60000 Mark löthigen Silbers freigelassen und an die Hanseaten ausgeliefert. Wenn das Lösegeld nicht binnen drei Jahren gezahlt wird, so soll Stockholm an Margaretha übergeben werden. Albrecht begab sich nach seiner Freilassung nach Deutschland, Margaretha brachte dann die Calmarische Union zu stande.

Die Vitalienbrüder hielten aber auch nach Beendigung der Belagerung Stockholms und nach Abschluß des Friedensvertrages zwischen Margaretha und Albrecht von Mecklenburg ihre Verbindung aufrecht.

Sie trieben unter dem Scheine ehrlichen Handels mit Victualien jetzt lediglich Freibeuterei und Seeraub. Zunächst zogen sie nach Norwegen, gewannen und plünderten Bergen und kamen dann mit großer Beute nach Rostock und Wismar zurück. Hier verkauften sie ihren Raub um einen geringen Preis, wodurch die Einwohner daselbst reichen Gewinn erlangten. Nachher theilte die Gesellschaft der Vitalienbrüder sich. Ein Theil derselben begab sich nach Friesland, wo die Räuber von einigen abligen Herren auf deren Burgen gehegt und gehauset wurden. Unter dem Adel in Friesland, der sich der Gleich- oder Vitalienbrüder annahm, werden in den Chroniken namentlich Eden Wonneke auf Rüstring, Hisko Prabst zu Emden und Keno ten Broek genannt. Diese und Andere thaten den Vitaliern allen möglichen Vorschub bei ihren Kapereien und theilten dafür den Raub mit denselben, wodurch sie sich bereicherten. Von Friesland aus machten die Vitalienbrüder die Fahrt in der Nordsee vornehmlich für die hamburgischen Schiffe höchst unsicher. Im Jahre 1398 verbanden sich die Städte Hamburg und Lübeck und nachher auch die anderen Hansestädte mit der Königin Margaretha zur Unterdrückung der Vitalienbrüder. 1399 hielten die Königin und die Städte durch ihre Gesandten eine Zusammenkunft zu Nyköping, wozu vom Hamburger Rath als Gesandte Carsten Milles und Johann Hoyer abgeordnet waren. Es wurde die Vereinigung zur Unterdrückung der Vitalienbrüder bekräftigt und wurden die Grafen Cord zu Oldenburg, Keno, Ocken Sohn, die von Gröningen und von Dockum schriftlich aufgefordert, die Vitalienbrüder fortan in keiner Weise zu unterstützen. Keno ten Broek sandte Boten nach Lübeck und ließ zu seiner Entschuldigung anbringen, daß er die Vitalienbrüder aufgenommen habe, weil er gefürchtet hätte, daß die Brüder ihn sonst aus seinen Besitzungen vertreiben würden. Hinfort aber wolle er das Gesindel von sich thun und von sich halten und selbiges weder hausen noch hegen. Die Städte trauten ihm aber nicht und ließen sich nicht stören in ihrem Unternehmen gegen die Seeräuber in Friesland und deren Helfer und Helfershelfer daselbst. Es wurde von ihnen eine starke Flotte nach Friesland ausgerüstet. Unter Oberbefehl von Henning von Rinteln und Johann Crispi, Rathmännern von Lübeck, und Albert

Schreye und Johann Naune, Rathmännern von Hamburg, segelten die vereinigten Hamburger und Lübecker Schiffe 1400 am Freitag nach Ostern von Hamburg, woselbst auch Lübeck seine Schiffe ausgerüstet hatte, aus, ihrem Bestimmungsorte, Friesland, zu. Unterwegs vereinigten sich mit denselben die Schiffe anderer Städte, die zu demselben Zwecke ausgerüstet waren, von Bremen, Kempen, Gröningen und Deventer. In der Oster-Emse stießen sie auf eine Anzahl Kaperer. Diese wurden überwältigt und zum größten Theil (an achtzig Mann) erschlagen, während sechsunddreißig von ihnen in Gefangenschaft geriethen. Die Erschlagenen wurden über Bord geworfen. Die sechsunddreißig Gefangenen wurden als Seeräuber hingerichtet. Die Hinrichtung der sechsunddreißig Kaperer geschah zu Hamburg noch in demselben Jahre. Von der Oster-Emse begaben die Hanseaten sich darauf nach Emden und nahmen hier Stadt und Schloß ein, auch die Burg Grotenhusen kam in ihre Gewalt, ebenfalls Wickmund, welche letztere beiden niedergebrannt wurden. Noch mehrere Schlösser und Burgen nahmen sie ein, doch beließen sie dieselben in dem Besitze der Eigenthümer gegen das Versprechen von seiten Dieser, daß sie keine Gemeinschaft mit den Seeräubern unterhalten wollten und ihre Burgen und Festen für die Hansestädte zu jeder Zeit zur Benutzung gegen die Räuber zur Verfügung bleiben sollten. Fünfundzwanzig Seeräuber, die den Hanseaten bei der Einnahme einer dieser Burgen in die Hände fielen, wurden nach dem Rechte der Straßenräuber gerichtet. Achtundzwanzig friesische Häuptlinge verglichen sich mit den Hansestädten wegen Milderung des Strandrechts und Unterdrückung der Seeräuberei. Die Seeräuber zogen sich infolge dieses Vorgehens der Hansestädte ziemlich aus Friesland fort, nach Holland und Helgoland hin. Keno ten Brock kam auf sicheres Geleite nach Emden und wurde daselbst vereinbart, daß er seine Feste Aurichshof den Städten überließ und Bürgen dafür stellte, daß dieselbe den Städten zu Händen gestellt bleibe, bis alle An- und Zusprache dieser an ihn gänzlich abgethan sei. Die Westfriesen lagen damals in Streit mit den Holländern und hatten Söldner gegen diese geworben, darunter eine Anzahl von Vitalienbrüdern. Daher mußten sie den Städten geloben, daß der Kaufmann von diesen Söldlingen in Friesland nicht behelligt werden würde, und daß sie die Vitalienbrüder aus dem Lande schaffen wollten, sobald deren Dienstkontrakt abgelaufen oder der Friede mit den Holländern wieder hergestellt worden sei. So wurde in Friesland mit den Vitalienbrüdern und Seeräubern aufgeräumt. Keno ten Broek aber ward nachher durch Vermittelung des Herzogs von Geldern mit den Städten ausgesöhnt.

Als die Holländer mit den Wurstfriesen in Streit lagen, forderten sie von den Hamburgern, daß diese ihren Feinden, den Friesen, keine Hülfe leisten und keinen Proviant zuführen sollten. Da aber die Hamburger sich darum nicht bekümmerten und nach wie vor mit den Friesen Handelsverbindungen unterhielten, so behandelten die Holländer sie feindlich. Daraus entstanden 1399 kriegerische Verwickelungen zwischen Hamburg und den Holländern. Im Jahre 1400 aber wurde zu Haag ein Friedensstand zwischen den feindlichen Parteien vermittelt. Hamburg hatte zu den Verhandlungen die Bürgermeister Johann Hoyer und Meinhard Buxtehude abgeordnet. Darauf kamen viele Holländer nach Hamburg, kauften viele Waren und beluden zweiundfünfzig Schiffe damit. Als diese von der Elbe auslaufen wollten, war der Wind ihnen entgegen. Die ganze holländische Kauffahrerflotte mußte daher unterhalb Stade vor Anker gehen und da liegen bleiben. Indes war in Hamburg die Nachricht eingelaufen, daß die Holländer den Stillstand gebrochen und einige Hamburger Kaufleute beschädigt hätten. Als diese Nachricht sich in der Stadt verbreitet hatte, sammelten sich viele Seefahrer zu Haufen und beschlossen, solche Unbill, von seiten der Holländer gegen die Hamburger verübt, zu rächen. Sie segelten elbabwärts und fielen bei nächtlicher Weile die bei Stade liegenden holländischen Schiffe an, erschlugen einen Theil der holländischen Besatzung und nahmen den übrigen Theil derselben gefangen; die Schiffe der Holländer nahmen sie an sich; die Gefangenen wurden auf den Thurm gebracht. So erneuerte sich die Fehde mit den Holländern wieder. Beide Theile fügten einander großen Schaden zu durch Störung des Handels. Erst 1403 wurde die Verwickelung mit Holland ganz abgethan durch einen Vergleich zwischen dem Grafen Albrecht von Holland und der Stadt Hamburg. Die Hamburger erhielten einige bedeutsame Privilegien und Freiheiten in Holland eingeräumt, wogegen sie den Holländern einige Tausend Nobeln Schadenersatz leisteten. Zu diesem Vertrage waren von Hamburg abgeordnet die Bürgermeister Meinhard Buxtehude und Christian (Carsten) Milles.

Der Kampf wider die Piraten wurde indes fortgesetzt. Im Jahre 1401 unternahmen die Hamburger einen weiteren Zug zur Vertreibung und Unterdrückung der Piraten im Wesergebiete. Es wurden unter Führung des Bürgermeisters Nikolaus Schocke und des Rathmannes Hinrich Jenefeldt viele Räuber dingfest gemacht und zum warnenden Exempel nach Seeräuberrecht gerichtet. Es ward den schuldig befundenen Gefangenen der Kopf abgeschlagen und die abgeschlagenen Köpfe wurden auf Stacken gesteckt oder auf spitze Pfähle gesetzt.

Die Vitalienbrüder, von den mecklenburgischen Küsten, vornehmlich von den Häfen von Wismar und Rostock aus auf Stockholm fahrend, hatten zuerst vorzugsweise in der Ostsee geherrscht. Hier waren sie so mächtig geworden, daß selbst die Hansestädte und fürstliche Gewalthaber sich hatten dazu herbeilassen müssen, mit ihnen Verträge zu schließen. Schon im Jahre 1391 nahmen die Stralsunder an hundert Ostseepiraten gefangen und ließen sie alle köpfen. Die Wismarer und Rostocker Vitalienbrüder mit ihren Helfern und Genossen setzten aber trotz der härtesten Verfolgungen und Nachstellungen von seiten der Hansestädte ihre Raubzüge fort, weil der König Albrecht in gefänglicher Haft gehalten wurde. Der Hauptsitz der Piraten war Gothland und hier die Stadt Wisby. Von Wisby aus beherrschten sie das ganze Ostseegebiet. Von hier aus bemächtigten sie sich Bergens und unterhielten sie auch Beziehungen mit den Nordseegebieten. Die Lappen und andere Adelsherren in Friesland, die damals die Elbmündung für den Handel unsicher machten, standen schon zu der Zeit in Verbindung mit den Vitalienbrüdern. Als das feste Ritzebüttel erstürmt worden, verlangten Hamburg und Lübeck von Wismar und Rostock und anderen mecklenburgischen Städten Entschädigung für die erlittenen Verluste. Es handelte sich dabei um Verluste durch die friesischen Seeräuber vor der Elbmündung. Freilich war das vergebens. Die mecklenburgischen Städte erklärten, daß sie weder Ersatz zu leisten, noch Wandel zu schaffen vermöchten. Wegen der Räubereien der Kaperer in der Ostsee war oft zu Lübeck mit den Städten Wismar und Rostock verhandelt worden. Diese Städte sollten 1394 in Gemeinschaft mit den Piratenanführern Gobeke Michelsen und Klaus Störtebecker englische Schiffe und Güter aufgebracht haben. Nun beschlossen die Ostseehanseaten, eine starke Flotte mit 3500 Mann gegen die Seeräuber auszurüsten. Dieser Plan scheiterte aber, weil die preußischen Städte sich zurückzogen, indem sie erklärten, erst müsse der gefangene König Albrecht von den Städten befreit worden sein, ehe an andere gemeinsame Unternehmungen gedacht werden könne. Als dann die Freilassung Albrechts erwirkt war und Stockholm in den Händen der Hansestädte sich befand, hatten die Vitalienbrüder, die nun gar keinen Grund mehr hatten, ihre Gesellschaft fortbestehen zu lassen, mit den Ostseehanseaten um ihre Existenz zu kämpfen. Die Stralsunder nahmen 1395 einmal dreißig, ein andermal hundert Vitalienbrüder gefangen und ließen sie alle hinrichten nebst ihrem Hauptmann Moltke. Andere gefangene Vitalienbrüder setzte man auf Brot und Wasser, bis sie umkamen. Die Lübecker rüsteten zwanzig Hauptschiffe zur Verfolgung der Piraten aus. Die Räuber zogen sich hoch in die Ostsee hinauf und zerstreuten sich zum Theil auch mehr über die Nordsee und plünderten dort vornehmlich an den friesischen Küsten. Die Führer waren hier Gobeke Michelsen, Wichmann, Wigboldt und Klaus Störtebecker. Im Jahre 1398 endlich rüsteten alle Hansestädte auf gemeinsame Kosten durch die Lübecker und durch die preußischen Städte Schiffe wider die Piraten aus, wobei sie jedoch Wismar und Rostock ausschlossen. Die Ordensritter in Preußen zogen mit starker Macht aus, eroberten Wisby und Gothland, den Hauptsitz der Ostseepiraten, und vertrieben und zerstreuten die Letzteren. Die Vitalienbrüder zogen meistens nach Friesland, woselbst sie Solddienste im Kriege des friesischen Adels gegen die Holländer suchen wollten. Es konnte das wenigstens ihre Absicht, die Kaperei wider den Kaufmann fortzusetzen, verdecken. So waren denn die Ostseepiraten nun nach der West- und Nordsee verschlagen. Als sie hier an der friesischen Küste durch das energische Vorgehen der Hamburger und ihrer Verbündeten aus ihren Schlupfwinkeln aufgescheucht und vertrieben waren und nun in der Nordsee wie in der Ostsee hart bedrängt wurden, mußten sie, wenn sie nicht gutwillig von ihrem Treiben abstehen wollten, um Tod und Leben kämpfen. Daher um diese Zeit die merkliche Zunahme der Unsicherheit des Handels und der Handelsverbindungen für die Nordseehanseaten, speziell die Hamburger.

Waren es bisher vornehmlich die Ostseepiraten gewesen, die den Handel der Hansa auf den Wasserstraßen bedrohten und bedrängten, so waren es jetzt die Nordseepiraten. Vornehmlich die aus Friesland vertriebenen Seeräuber, die zum Theil nach den holländischen Küsten, zum Theil nach Helgoland und anderen Inseln der Nordfriesen sich gerettet hatten, ergingen sich jetzt in kühnen Unternehmungen gegen die Kauffahrer. Die Hamburger und die Elbfahrer zumal wurden hart bedrängt von den auf Helgoland hausenden Vitalienbrüdern unter Godeke Michelsen, Wichmann, Wigbold und Störtebecker, den verwegensten und tollkühnsten unter den Hauptleuten der Seeräuber-Verbindungen, welche damals die Nordsee für den Handel unsicher machten. Störtebeckers Kaperer verfolgten die Hamburger Kauffahrer bis weit in die Elbe hinein und nahmen als gute Prise mit sich, was sie an Schiffen und Kaufmannswaren in Häfen und auf Ankerplätzen der Elbe vorfanden. Dabei übten sie jetzt Grausamkeiten gegen die Gefangenen, die sie machten. Bisher hatten die Vitalienbrüder die Besatzung der von ihnen gekaperten Kauffahrer, wenn sie sich ergab und gutwillig Schiff und Ladung den Piraten überließ, meistens geschont; nun aber suchten sie an der Besatzung, zumal der hamburgischen Schiffe, aus Haß gegen die Urheber ihrer Niederlage in Friesland, Vergeltung zu üben für das, was die Städte ihnen und ihren Genossen dort, in Friesland, angethan hatten. Klaus Störtebecker, soviel man weiß, ein Mann von abliger Herkunft aus dem Verdenschen und ein Schwiegersohn von dem friesischen Grafen Keno ten Broek, unterhielt immer noch Beziehungen zu den friesischen Raubrittern, und mit deren Hülfe hielt er sich auch nach der in Friesland erlittenen Niederlage der Vitalienbrüder noch immer in seiner bisherigen Macht als Piratenhauptmann. Mit großem Nachdruck griff er mit seiner Gesellschaft von Helgoland aus auch die unter ſtarker Bedeckung reiſenden Hamburger Englandsfahrer an und brachte denſelben ſchwere Verluſte bei. Im Jahre 1402 trieben die Vitalianer bei Helgoland ihr Weſen beſonders ſtark. Klaus Störtebecker und Godeke Michelſen lagen vor der Inſel, rache- und beutegierig, und kaum einer der hamburgiſchen Englandsfahrer entging den Nachſtellungen der Piraten unbeſchädigt. Die Hamburger rüſteten zur Wehr gegen die Seeräuber eigens Kriegsſchiffe (Orlogsſchiffe) aus. Ein Theil derſelben diente zur Begleitung und Bedeckung der Handelsflottillen, ein anderer wurde ausgeſandt, um auf Korſaren in der Nordſee zu fahnden. Die zur Bekämpfung der Korſaren ausgerüſteten Schiffe wurden unter den Befehl und die Führung des Bürgermeiſters Nikolaus Schocke und des Rathsherrn Hinrich Yeneſeldt geſtellt. Das größte Schiff, „Die bunte

Klaus Störtebecker.

Kuh von Flandern", führte der Schiffshauptmann Simon von Utrecht. An einem der letzten Tage des Maimonats 1402, als man Kunde erhalten hatte, daß die Korſaren vor Helgoland lagen, nahm das Streifgeſchwader unter Befehl der beiden Herren aus dem Rath, neuausgerüſtet und verproviantirt, ſeinen Kurs direkt nach der Inſel. Mit dunkelndem Abend ſichtete das Geſchwader Helgoland. Es wurde ein Boot zur Rekognoscirung ausgeſchickt.

Man fand vier große Kaperer vor der Insel liegen. Nachdem nun der Angriffsplan festgestellt worden war, steuerten die Hamburger im Dunkel der Nacht an die Insel hinan. Als der Tag graute, ging man zum Angriff über. Simon von Utrecht steuerte unter vollen Segeln, die „Bunte Kuh" vor dem Winde laufen lassend, direkt auf die Korsarenschiffe zu, während Nikolaus Schocke und Hinrich Yenefeldt, im Schatten der Felsenriffe sich haltend, zu gleicher Zeit von beiden Seiten her zum Angriff vorgingen. Die Korsaren hatten indes die „Bunte Kuh", als diese ihnen näher gekommen war, entdeckt. Die Anker auf den Seeräuberschiffen flogen aus der Tiefe, die Segel wurden steif gesetzt und in kurzem stand die ganze Korsarenmannschaft gefechtsbereit, Jeder an seinem Platze. Störtebecker und Wichmann, Godeke Michelsen und Wigboldt, die gewaltigen Korsarenhäuptlinge, führten das Kommando. Da konnte es an Exaktitude und Pünktlichkeit so wenig fehlen, wie an Umsicht und Entschlossenheit. Doch wollte Störtebeckers Schiff, „Toller Hund" genannt, dem Ruder nicht gehorchen. Die Sage will, daß der Führer des am Abend zuvor zur Rekognoscirung ausgesandten Bootes, Simon von Utrechts Steuermann, der Blankeneser Peter Krützfeldt, im Schutze der Dunkelheit der Nacht an den „Tollen Hund" hinangerudert sei und die Ruderösen des letzteren mit Blei ausgegossen habe, so daß das Ruder festgelegt worden. Wild fluchend stand Klaus Störtebecker, der den Oberbefehl über die Korsarenschiffe hatte, auf dem Deck und wartete noch auf die Nachricht, daß das Ruder wieder funktionsfähig sei, als schon die „Bunte Kuh" ihm nahe war. Wichmann erhielt Befehl, den ersten Stoß für den „Tollen Hund" aufzufangen. Eine volle Breitseite von Wichmanns Schiff begrüßte die heranbrausende „Bunte Kuh" und riß dieser die Takelage fort, gleichzeitig ließ auch Störtebecker sein Schiff eine volle Salve auf die „Bunte Kuh" abgeben, die ebenfalls große Verheerung auf dem Deck der letzteren anrichtete. Nun ließ aber auch Simon von Utrecht Feuer geben. Fünf Stücke trafen den „Tollen Hund" und fünf Wichmanns Korsarenschiff mit vernichtender Wirkung aus nächster Nähe. Zugleich rannte die „Bunte Kuh" nun dem Schiffe Wichmanns das Vorderkastell ein und schleuderte das ganze Korsarenschiff aus dem Wege.

Krachend stürzten die Masten des feindlichen Schiffes nieder, und gefechtsunfähig trieb dieses vor dem Winde ab. Zwar war auch die „Bunte Kuh" arg mitgenommen, aber trotzdem griff Simon von Utrecht nun Störtebeckers Schiff, den „Tollen Hund", der inzwischen sein Steuerruder wieder in die Gewalt bekommen hatte, unverzagt und mit großem Nachdruck an. Von der Windseite her kam Simon dem „Tollen Hund" in die Seite. Störtebeckers Geschütze richteten großen Schaden an. Die feindlichen Geschosse rissen ganze Reihen der Mannschaft auf der „Bunten Kuh" hinweg. Simon von Utrecht ließ seinerseits noch die ganze Ladung einer Breitseite auf den Gegner abgeben, und dann steuerte er gegen den „Tollen Hund", so daß beide Schiffe ziemlich Seite an Seite zu liegen kamen. Nun gab Simon Befehl, das feindliche Schiff zu entern. Trotz verzweifeltster Gegenwehr der Korsaren drangen die Hamburger unter Simons Führung auf das Deck des feindlichen Schiffes. Ein wilder Kampf, Mann gegen Mann, entspann sich nun. Die Korsaren fochten, sagt ein alter Chronist, wie die Teufel. Allen voran kämpfte Störtebecker, mit Riesenkraft um sich her die Gegner zurückdrängend. Der Kampf wogte lange hin und her, und manchmal schien es, als wenn die Hamburger vor Störtebecker weichen müßten. Schließlich aber konnten die Korsaren den wüthenden Angriffen der Hamburger nicht mehr widerstehen. Auch Störtebeckers Kraft erlahmte, und Störtebecker mit seiner ganzen noch lebenden Mannschaft wurde gefangen genommen. — Die Sage berichtet hier von einem Kampf zwischen Klaus Störtebecker und Simon von Utrecht. Als Störtebecker mit gewaltiger Kraft seine Gegner um sich her zu Boden geschlagen habe, und die Hamburger von den Korsaren hart bedrängt und zum Weichen gebracht worden seien, da habe Simon von Utrecht sich Bahn gebrochen zu Störtebecker, und hätten dann die beiden Gegner, welche in alter Feindschaft miteinander gestanden, den Streit persönlich ausgefochten. Störtebecker, heißt es, stutzte beim Anblick Simons, dann jauchzte er: „Endlich! Nach dir fahndete ich lange. Nun fahre zur Hölle, Kätzlein von Flandern!" Auf Helm und Harnisch sausten dann die Hiebe von hüben und drüben. Mit Löwenkraft hieb Störtebecker auf seinen Gegner ein, mit Gewandtheit parirte Simon von Utrecht.

Da blitzte Störtebeckers Schwert krachend auf Simons Haupt hinunter. Störtebeckers Klinge war zerschellt, Simons Schwert am Griff abgebrochen. Störtebecker riß sein Enterbeil aus dem Gürtel und holte zum vernichtenden Schlage gegen Simon aus. Dieser aber hatte sich gebückt und das Beil streifte nur seine Haub. Im nächsten Augenblicke packte er seinen Gegner an der Kehle und würgte ihn. Beide stürzten. Simon hielt sich oben. Er drückte mit Gewalt

Störtebeckers Niederlage.

dem Störtebecker die Kehle zu, während dieser ihn mit beiden Armen umklammerte und an sich preßte, daß ihm die Knochen im Leibe krachten. Simon verging der Athem. Doch spürte er, daß die Umspannung lockerer wurde, und mit Aufbietung der letzten Kraft preßte er dem Störtebecker die Kehle zu, bis dieser ihn los ließ. Bevor Störtebecker sich erholen konnte, fand Simon Hülfe von seinen Mitstreitern, die inzwischen die übrigen Piraten überwältigt hatten. Auf Simons Befehl ward Störtebecker in Ketten gelegt.

Während die „Bunte Kuh" es mit Störtebeckers Schiff aufnahm, griffen die anderen beiden hamburgischen Schiffe die übrigen Kaperer an. Godeke Michelsens Schiff wurde arg beschädigt. Es erhielt im ersten Angriffe von jedem der beiden hamburgischen Schiffe die Ladung einer vollen Breitseite. Doch entkamen die beiden Raubschiffe. Unter vollen Segeln machten sie sich von dannen, und die schweren Hamburger Orlogsschiffe versuchten vergeblich, sie einzuholen. Das von Wichmann geführte, durch die „Bunte Kuh" außer Gefecht gesetzte Korsarenschiff wurde durch die anderen beiden hamburgischen Schiffe zum Sinken gebracht. Einige Mann von der Besatzung desselben wurden von den Hamburgern aufgefischt, darunter befand sich Wichmann.

Von Störtebeckers Mannschaft waren vierzig im Kampfe gefallen und „in die siebzig" waren gefangen genommen. Die Gefangenen wurden nach Hamburg gebracht und am Tage nach Feliciani, den 10. Juni, auf dem Grasbrook enthauptet.

Nicht lange nachher nahmen die Hamburger auch Godeke Michelsen und Wigboldt nebst achtzig Mann gefangen. Auch diese Gefangenen wurden auf dem Grasbrook enthauptet. Die Köpfe der Räuber wurden auf dem Brook auf Pfähle gesteckt „zum Abscheu und warnenden Exempel".

Von Godeke Michelsen heißt es, daß er ein Abliger gewesen sei, der im Werdenschen seine Burg hatte. Wigboldt aber war ein Magister der Philosophie von Rostock, „der das Katheder mit dem Schiffskastell vertauscht hatte". Auch bei der Gefangennahme dieser beiden Korsarenhäuptlinge soll Simon von Utrecht das Beste gethan haben. Uebrigens hat sich die Sage dieser Episoden der Geschichte vielfach bemächtigt und hat die Begebenheiten in der Darstellung umgedeutet und ausgeschmückt. Störtebecker soll, um sein Leben zu bergen, eine goldene Kette geboten haben, so lang, daß sie den ganzen Dom umspannen könne. Der Mast von Störtebeckers Schiff sei, heißt es, mit Gold ausgefüllt gewesen. Aus einem Theile der Beute aus den Seeräuberschiffen sei eine goldene Krone zum Andenken verfertigt und diese dann auf den Nikolaithurm gesetzt worden. Nach Einigen wäre diese Krone später auf den Katharinenthurm gekommen.[1] Der Scharfrichter Rosenfeld, der die gefangenen Räuber auf dem Grasbrook köpfte, soll dem jüngsten Rathsherrn auf die Frage, ob er von der Blutarbeit nicht ermüdet sei, geantwortet haben: „O nein, wenn es sein solle, wolle er gerne auch noch den ganzen hohen Rath köpfen." Dafür habe der Rath ihn sofort abthun lassen.

Störtebeckers 19 Fuß lange Feldschlange, das Lieblingsgeschütz des großen Seeräuber-Hauptmanns, sein Harnisch, seine Kommandopfeife mit silberner Halskette, sein 1 1/4 Ellen hoher silberner Leibbecher, sowie das Schwert, mit welchem er geköpft wurde, sind in Hamburg noch lange gezeigt worden.

Simon von Utrecht, der im Jahre 1400 Hamburger Bürger geworden war, ein Schiffseigner und Kaufherr, ward 1425 Rathmann und 1432 Ehren-Bürgermeister. Er hat noch viele Kämpfe zu Wasser und zu Lande wider die Friesen bestanden und starb hochgeehrt 1437 und wurde in der Nikolaikirche bestattet, wo sich auch sein Denkstein befindet, der das Wappen Simons, die durch's Meer streichende „Bunte Kuh von Flandern", zeigt, nebst der Mahnung an die kommenden Geschlechter, den großen Thaten der Vorfahren nachzueifern.

Die Vitalienbrüder hatten den Hansestädten durch ihre Räubereien großen Schaden zugefügt, vornehmlich diejenigen unter ihnen, welche in Friesland Unterhalt und Beistand gefunden hatten. Die Städte bevollmächtigten daher die Gesandten von Hamburg und Lübeck zur Vermittelung eines Friedens zwischen den Holländern und Friesen nach Amsterdam und forderten von den Friesen Erstattung des Schadens, welchen die Vitalianer unter ihrer Beihülfe den Städten zugefügt hätten. Darauf bewilligten die Friesen, einen Tag mit den Städten zu halten auf Pfingsten 1407. Doch suchten sie nachher an um Aufschub, und es ward dann ein Tag auf Johannis Baptiste (24. Juni) zu Amsterdam anberaumt. Keno ten Broek schrieb an die Städte und erbot sich zur Hülfe gegen die Friesen, von denen die Vitalienbrüder gehauset und gepfleget worden. Die Städte nahmen das Erbieten an, doch wollten sie erst den angesetzten Tag

---

[1] Die jetzige Krone auf dem St. Katharinenthurm ist nachweislich erst im 17. Jahrhundert gestiftet worden, und ist dieselbe nicht golden, sondern nur übergoldet.

abwarten und sehen, wie die Friesen sich zur Sache stellen würden. Indes rüsteten die Städte zu Hamburg drei neue Schiffe aus wider die Vitalienbrüder und sandten diese Schiffe dann mit einer Besatzung von zweihunderteinundzwanzig Mann nach Friesland. Als nun der anberaumte Tag zu Amsterdam herankam, ordneten die Städte dahin ab Hinrich Westhof von Lübeck, Johann von dem Berge von Köln, Meinhard von Buxtehude von Hamburg und einige Andere. Diese vermittelten die Sache zwischen dem Grafen Wilhelm von Holland und den Westfriesen dahin, daß die Friesen den Grafen als ihren Herrn anerkennen sollten. Weil aber die Ostfriesen den von den Städten geforderten Schadenersatz nicht leisten wollten, wurden sie von der bereitgestellten Mannschaft der Städte mit Hülfe Kenos ten Broek überzogen. Die festen Plätze und Burgen in Friesland wurden genommen und theils niedergerissen, theils niedergebrannt. Unter Denen, die so ihrer Burgen verlustig gingen, waren die Vornehmsten Enno von Norden, Heyke von Varlen und Ajert von Osterhusen. Keno ten Broek erhielt damals Nesse, Bernien, den Thurm zu Erle und die Grete zu Osterhusen, wogegen er sich verpflichtete, im Lande zwischen Weser und Emse keine Vitalienbrüder zu dulden und den Hamburgern, sowie deren Verbündeten, die festen Häuser im Lande zur Benutzung im Bedürfnißfalle offen zu halten. Dieser Vertrag wurde 1408 am Tage Bartholomäi, 24. August, geschlossen. Als Gevollmächtigte der Stadt Hamburg waren dabei thätig der Bürgermeister Meinhard Buxtehude und die Rathmänner Nikolaus Schocke, Marquard Henning und Ditrich von Hagen. Der Bürgermeister Meinhard Buxtehude vermittelte damals auch eine Vereinbarung zwischen den Holländern und den Friesen, durch welche der Stillstand zwischen Diesen und Jenen bis zum September 1409 verlängert wurde, damit inzwischen ein definitiver Friedensschluß vorbereitet werden könne. Als im Jahre 1409 in Friesland ein Aufstand gegen Keno ten Broek erfolgte, sandte Hamburg den Bürgermeister Meinhard Buxtehude und Lüneburg den Bürgermeister Hinrich Bischkulen zur Schlichtung des ausgebrochenen Streits dahin, und ward die Sache dann beigelegt. Nun waren die Seeräuber aus Friesland verdrängt und vertrieben, und diese hatten ihren festen Halt an der

Nordseeküste verloren. Es waren nur noch einige versprengte Vitalier in den friesischen Gewässern zu bekämpfen. Die Verfolgung derselben dauerte im Jahre 1409 noch fort, und es wurden infolgedessen in diesem Jahre noch dreizehn gefangene Seeräuber in Hamburg eingebracht und hingerichtet. Im großen und ganzen waren die Vitalienbrüder einstweilen unterdrückt, und die Städte konnten die Streifzüge zur Aufspürung von Vitalienbrüdern einstellen.

Während der Kämpfe der Städte wider die Vitalienbrüder und die friesischen Raubritter hatten auch die Strandmannen in Dithmarschen den Handel der Hamburger auf der Elbe wieder geschädigt. Es entstanden daraus schwere Verwickelungen. Die Hamburger fielen bisweilen in die Kirchspiele Marne und Brunsbüttel ein, brannten und raubten und behandelten die Einwohner feindlich, und die Dithmarscher fahndeten auf die Hamburger, und wo sie ihrer mächtig werden konnten, da vergalten sie ihnen mit gleichem Maße. Endlich ward im Jahre 1395 der Zwiespalt gehoben durch einen Vertrag, in welchem die Dithmarscher insbesondere versprachen, daß sie zu keiner Zeit auf der Elbe Feindseligkeiten üben wollten. Die Feindseligkeiten wurden aber trotzdem bald wieder erneuert, aus welcher Veranlassung die Stadt Stade sich 1403 mit dem Herzog Gerhard VI. von Schleswig und dem Grafen Albrecht von Holstein wider die Dithmarscher verbündete. Der Herzog und der Graf wollten sich, nach Laut des geschlossenen Vertrages, nicht eher mit den Dithmarschern versöhnen, als bis diese auch den Stadern Gerechtigkeit widerfahren ließen. Herzog Gerhard VI. und sein Bruder Albrecht sannen damals auf Krieg wider die Dithmarscher, und suchten sie daher auch die Städte gegen die letzteren einzunehmen und auf ihre Seite zu bringen. Herzog Erich von Lauenburg hatte im Jahre 1402 ohne Ansage einen feindlichen Einfall in Dithmarschen gethan und hatte dabei ungestört seinen Zug durch Holstein genommen. Da er nun auch Schwiegervater des Grafen Albrecht war, so glaubten die Dithmarscher, daß Albrecht bei jenem Raubzuge Erichs die Hand im Spiele gehabt habe, und beschuldigten ihn dessen. Dieses schrieben sie auch an die Städte Hamburg und Lübeck, wogegen der Herzog Gerhard, als sein Bruder Albrecht sich eidlich von jenem Verdachte losgemacht hatte, Genugthuung für den dadurch erlittenen Schimpf verlangte. Die Städte Hamburg und Lübeck bemühten sich, die Sache zu vermitteln, und auch die übrigen Städte machten dem Herzoge und dem Grafen Friedensvorschläge im Namen der Dithmarscher. Aber alles war umsonst: Der holsteinische Adel drängte mit Gewalt zur Fehde. Die Fürsten suchten in Dithmarschen selbst festen Fuß zu fassen und legten an der Delbrücke vor Meldorf eine Feste, Marienburg, an. Aber noch im September des Jahres 1403 erlitt Graf Albrecht in der Norderhamme eine Niederlage, wobei er selbst vom Rosse stürzte und sich so schwer verletzte, daß er bald darauf starb. Nun wollte Gerhard keinen Frieden geben, als wenn die Dithmarscher sich ihm unterwürfen und sich zu einem jährlichen Zins verpflichteten, während die Dithmarscher unter Vermittelung der Städte Hamburg und Lübeck eine größere Summe auf einmal versprachen, von weiterem aber nichts wissen wollten. Die Unterhandlung blieb fruchtlos und die Fehde entbrannte aufs neue und heftiger. Gerhard rückte mit einem zahlreichen Heere, umgeben von der Blüthe des Adels seiner Lande, in Dithmarschen ein. Er ward aber von den Dithmarschern in der Süderhamme überfallen und erschlagen, und sein ganzes Heer wurde von den Dithmarschern vernichtet. Es fielen über dreihundert Edelherren und Viele aus dem gemeinen Volke am 4. August 1404. Herzog Gerhard VI. hinterließ zwei kleine Söhne und eine schwangere Gemahlin. Nicht lange nachher starb die erblich mit Südjütland oder Schleswig, welch letztere Bezeichnung nun auch für das Herzogthum sich mehr einbürgerte, belehnte Linie des holsteinischen Grafenhauses der Schauenburger aus. Es war den Holsteinern gelungen, den Hamburger Rath auf ihre Seite zu ziehen wider die Dithmarscher. Die Bürger in Hamburg aber waren geneigt, in der Fehde es mit den Dithmarschern zu halten, weßhalb der Rath, den holsteinischen Grafen zu Gefallen, den Bürgern allen Handel mit den Dithmarschern verbot. Solches mußte nothwendig böses Blut erzeugen in einer Handelsstadt, unter einer Bürgerschaft, die nicht lange vorher noch das Bestreben bekundet hatte, sich von der Schutzherrlichkeit der Grafen, denen zu Gefallen das Verbot des Handels mit den Dithmarschern erlassen wurde, loszumachen. Der Rath fand sich daher veranlaßt, um den Unwillen der Bürger zu beschwichtigen, mehrere der von den Letzteren an ihn gestellten Anträge und Forderungen zu bewilligen, und gelobte er unter anderem den Bürgern insbesondere, daß künftig kein Bürger der Stadt ohne vorheriges rechtliches Erkenntniß in gefängliche Haft genommen werden solle.

Hieraus erhoben sich nun im Jahre 1410, als eben die äußeren Fehden mit den Vitalienbrüdern und deren Zuhältern in Friesland beendigt waren und die Aufmerksamkeit wieder mehr den internen Verhältnissen und Angelegenheiten sich zuwandte, große innere Unruhen.

In dem genannten Jahre, 1410, wandte sich der Herzog Johann von Sachsen-Lauenburg schriftlich an den Rath zu Hamburg mit einer Beschwerde wider einen Hamburger Bürger, Hein Brand, der ihn, den Herzog, als er vor kurzem auf Geleite nach Hamburg gekommen sei, gröblich beleidigt, ihn verachtet und öffentlich geschmäht habe. Der Anlaß zur Beschwerde des Herzogs war kurz dieser: Hein Brand, ein wohlhabender Bürger, hatte dem Herzoge eine größere Summe Geldes geliehen und forderte dieselbe jetzt zurück. Als der Herzog nun auf sicheres Geleit nach Hamburg kam, mahnte Brand ihn auf offener Straße, wurde dabei in seiner Forderung ungestüm und zudringlich und ließ sich in der Aufregung dazu hinreißen, den Herzog zu beschimpfen und zu schmähen. Der Herzog vertröstete den Hein Brand und richtete dann, als er wieder nach seiner Residenz zurückgekehrt war, die vorberegte Beschwerde an den Rath zu Hamburg. Der Rath forderte den Hein Brand vor sich und hielt ihm das Schreiben des Herzogs vor zur Verantwortung darauf. Brand meinte, man müsse wohl Eidesworte, aber doch nicht auch Mahnworte sonderlich wägen. Aber der Rath ließ ihn unter Geleit von acht Rathmännern in den Winserthurm, das Bürgergewahrsam, führen. Darüber entstand ein großer Unwille wider den Rath unter der Bürgerschaft, weil solches gegen den, in Anlaß der Dithmarscherfehde von 1404 bewilligten Artikel sei, daß kein Bürger ohne ordentliches Erkenntniß gefänglich eingezogen werden solle. Als Hein Brand nun in Haft genommen war und man ihn auch keiner Bürgschaft genießen lassen wollte, ließen die Bürger in Entrüstung sich verlauten, daß der Rath gegen den beregten Artikel gehandelt habe, und begehrten sie von dem ältesten Bürgermeister Carsten Milles die Loslassung des gefangenen Hein Brand. Der Bürgermeister erklärte ihnen, daß er für sich keine Macht habe, in der Sache zu bestimmen, und sagte ihnen zu, daß er so schnell, wie irgend möglich, den Rath zusammenrufen lassen wolle. Der Rath ward dann auch sofort zusammengerufen, und die Bürger forderten dann von diesem, daß Hein Brand bis zu verhörter Sache losgelassen werde. Die Forderung der Bürger war so nachdrücklich in der Form, wie rechtlich unabweisbar nach dem Inhalt, und so mußte der Rath dann in die Freilassung des Gefangenen willigen. Hein Brand wurde von den acht Personen des Raths, die ihn in den Winserthurm geführt hatten, auch wieder aus dem Thurm herausgeholt und auf das Rathhaus geführt und daselbst von ihnen ledig und los vor Rath und Bürgerschaft gestellt, worauf der Rath bewilligte und erklärte, daß er so lange frei und ungefährdet sein und bleiben solle, bis die Sache ordentlich nach Recht verhört worden sei.

Am Tage nachher versammelten sich die Bürger im Reventer des Maria-Magdalenen-Klosters und erwählten aus den vier Kirchspielen St. Petri, St. Nikolai, St. Katharinen und St. Jakobi sechszig Männer, fünfzehn aus jedem Kirchspiele, und gaben ihnen die Macht, in der Sache wegen Gefangennehmung des Hein Brand Namens der Bürgerschaft mit dem Rathe zu handeln und zu schließen. Die sechszig Bürger gingen an demselben Tage, an welchem sie erwählt waren, vor den Rath und ließen den Hein Brand zu sich fordern. Der Rath theilte ihnen den Inhalt des Schreibens des Herzogs Johann von Sachsen-Lauenburg mit, ließ den Brief des Herzogs verlesen und machte mehrere Zeugen namhaft, deren Aussagen den Hein Brand der That überwiesen, deren er vom Herzoge beschuldigt worden. Die Sechsziger der Bürgerschaft aber erklärten darauf, daß das Alles unerheblich sei in betreff der Sache der gefänglichen Einziehung eines Bürgers ohne vorhergegangenes Verhör. Sie verlangten, daß die Sache der Beschwerde des Herzogs wider Hein Brand zur Ruhe verstellt werde, und legten dem Rathe noch einige Artikel vor im Namen der Bürgerschaft, die sie bewilligt zu erhalten begehrten. Unter diesen waren nebst einigen billigen Forderungen auch einzelne beschwerlicher Art und Natur, so z. B. die, daß dem alten Rathe von Lübeck die Stadt verboten werden solle. — In Lübeck war es im Jahre 1408 zu einem Aufstande der Bürger wider den Rath gekommen wegen „übermäßiger Belastung der Bürger mit Schatzungen und Abgaben". Mancherlei Unternehmungen, die Theilnahme am nordischen Kriege und an den Fehden zur Bekämpfung der Raubritter und der Vitalienbrüder, hatten große Ausgaben verursacht und die Stadt mit Schulden belastet, die nun durch neue Auflagen und Steuern gedeckt werden sollten. Die seit 1403 mit der Bürgerschaft gepflogenen Verhandlungen waren resultatlos geblieben, und die Stadtgemeinde hatte einen Sechszigerausschuß gewählt zur Kontrollirung und Beaufsichtigung des Gemeinwesens, welcher dann Verfassungsänderungen forderte, indem er den Stadtbeamten Beisitzer aus der Bürgerschaft zuordnen und den Letzteren eine Mitwirkung bei der Wahl des Raths einräumen wollte. Bei der Weigerung des Raths, darauf einzugehen, kam es zu Unruhen. Die Vornehmsten des Raths wichen aus der Stadt, und die übrigen Rathmänner, die in der Stadt blieben, nahmen sich des Rathstuhls nicht mehr an, sondern blieben daheim, hielten sich in ihren Häusern, weil sie das erregte Volk fürchteten. Es wurde dann ein neuer Rath gewählt aus Theilnehmern an der Bewegung, und die Hauptführer in der letzteren wurden zu Bürgermeistern gesetzt. Die aus Lübeck gewichenen Mitglieder des alten Raths hatten sich nebst vielen sonstigen Patriziern der Stadt, die von der Neuordnung im Gemeinwesen nichts wissen mochten, nach Hamburg begeben und sich hier seßhaft gemacht. Daher nun die Forderung der Hamburger Bürger, daß dem alten Rath von Lübeck die Stadt verboten werden solle. — Außerdem forderten die Bürger zu Hamburg durch den Sechszigerausschuß, daß der Rath der Stadt sich an den neuen Rath zu Lübeck halten solle und demselben getreulich beistehen. — Der Rath hatte bis dahin, gleich den Räthen in den anderen Hansestädten, den neuen Rath zu Lübeck ignorirt. Auch sollte der Rath einem Rathsherrn Gerd Quickborn, der sich in einigen Stücken dem Verlangen der Sechsziger zuwider gezeigt hätte, den Rathsstuhl verbieten.

Auf diese letztere und ähnliche Forderungen konnte der Rath freilich nicht eingehen. Es kam aber doch ein Ausgleich und Vertrag, ein sog. Receß, zwischen dem Rath und der Bürgerschaft zu stande, folgenden Inhalts:

Artikel 1. Von Freiheit der Bürger.

Wenn der Rath in Zukunft einige Bürger dieser Stadt, arm oder reich, in Anspruch nehmen will, so sollen sie öffentlich vor dem Rath oder dem Gericht belangt werden, und sollen, was ihnen Urtheil und Recht zuspricht, in Ruhe genießen und entgelten. Todtschlag, Verwundung, Diebstahl und alle anderen Dinge ausgenommen, derentwegen Niemand billiger Weise einen Bürgen genießen mag. Dann bleibt das Recht in seiner Kraft nach alter Gewohnheit; und wollen die Bürger dabei dem Rathe nach aller Redlichkeit Beistand thun.

Artikel 2. Von dem alten Rath zu Lübeck.

Man soll Niemand vom alten Rath zu Lübeck, seinen Freunden und den zu seiner Partei gehörenden oder die seinetwegen ausgewandert sind, hier in dieser Stadt, deren Freiheit und Gebiet dulden, da die Sache einmal so steht, wie sie jetzt steht.

Artikel 3. Von dem neuen Rath zu Lübeck.

Man soll Eintracht und Freundschaft halten mit dem neuen Rathe zu Lübeck und der Stadt, und dem Rathe zu Lübeck und den Bürgern ihr und der Ihrigen Gut herausgeben und ausliefern, auch ihnen das an Gütern zuwenden, was hier entbehrt werden kann, insofern als Lübeck dem Rathe und den Bürgern Hamburgs eine gleiche Willfährigkeit beweisen und es wie vorgemeldet mit ihnen halten will.[1]

Artikel 4. Hamburg will bei den gemeinen Hansestädten bleiben.

Es sind ferner die Bürger mit dem Rathe darüber einig geworden: Wenn die von Lübeck von den gemeinen Hansestädten mit einem sicheren Geleite versehen werden, so müssen wir sie auch als mit solchem versehen halten, und bei den Hansestädten bleiben. Würde

---

[1] Der alte Rath hatte beim Reichshofgericht die Aechtung des neuen Raths und der Stadt Lübeck erlangt und forderte nun im Verfolg dessen, daß die Güter der Lübecker überall mit Beschlag belegt würden. Daher die Forderung im Receß, betreffend Auslieferung des Guts des neuen Raths und der Stadt Lübeck.

indessen dieser Sache wegen dem Rathe etwas Unangenehmes widerfahren, es sei von geistlichen oder weltlichen Gerichten, so will der Rath darin nichts thun oder beschließen, sondern es den Bürgern zu erkennen geben, und das, was nach ihrem Rath und ihrer Meinung darin Nützliches gethan und zugelassen werden muß, vornehmen und darauf halten.

Artikel 5. Von den Brauern.

Mit den Brauern muß der Rath auf die bestmögliche Weise dahin sehen, daß nach ertheiltem Erlaub gutes Bier gebraut wird und Keiner mehr braut als der Andere, er mag in dieser Stadt wohnen, wo er wolle. Und was der Rath darin zu gemeinem Besten und Nutzen verfügen wird, dem wollen die Bürger gern mit aller Redlichkeit folgen, da die Sache für die Stadt von großem Gewicht ist.

Artikel 6. Vom Kriege.

Es soll der Rath keinen offenen Krieg anfangen, sondern darüber erst die Bürger hören.

Artikel 7. Von Schoß und Zulage.

Betreffs des Schosses sind die Bürger mit dem Rathe eins geworden, daß man 8 Schillinge zum Vorschoß und einen Pfennig von der Mark Silber geben soll, so wie es vor Zeiten, ehe Ritzebüttel gewonnen worden, geschah. Würde aber die Stadt durch offenbaren Krieg oder andere offenkundige Kosten heimgesucht, und der Rath und die Bürger erkennen, daß der gemeine Schatz solche Lasten und Kosten nicht tragen könne, so sollen sie sich darüber einig werden, um einen Rückstand bei solchen Kosten und Lasten zu verhindern.

Artikel 8. Von den Englandsfahrern.

Ferner ist vereinbart, daß der Rath die Reisen der Englandsfahrer zu befördern Sorge trage, damit sie ihrer Nahrung wegen nach alter Gewohnheit wiederkommen und ihre Schiffe einträchtiglich miethen, laden und segeln, damit den Englandsfahrern kein unredlicher Widerstand geschehe. Wenn sie ihre Schiffe einträchtiglich gemiethet und aufgenommen haben, sollen sie es dem Rathe kund thun. Jeden unredlichen Widerstand soll der Rath zu verhindern und so gut zu schlichten suchen, daß davon nicht mehr die Rede sei. Die Englandsfahrer sollen auch so viele Schiffe miethen, um eines jeden Bürgers Leute und Güter einzunehmen, wenn sie sich zeitig melden und zwar acht Tage vor und acht Tage nach der Miethung.

Artikel 9. Von offenbarer Fehde.

Wird dieser Stadt ein offenbarer Krieg angekündigt, so soll man der Feinde Namen in Schriften vor dem Rathhause der Bürgerschaft bekannt machen und ebenso soll es angezeigt werden, wenn die Fehde beendigt ist.

Artikel 10. Vom freien Geleite.

Der Rath soll Niemanden frei Geleit geben von Bürgerschulden, ausgenommen Fürsten, Landesherren, Gesandten der Herren und Städte und ihren Begleitern. Würde der Rath wegen dringenden Umstandes und zum Nutzen der Stadt ein freies Geleit geben, so soll man es dem Schuldner anzeigen, damit sich die Bürger desto mehr vor ungerechten Anzapfungen hüten mögen. Der aber, dem früher unter dem Siegel der Stadt ein freies Geleit gegeben worden, sowie den Friesen, der soll es ferner behalten.

Artikel 11. Von der Münze.

Ferner soll sich der Rath mit der Münze bewahren auf die beste Weise, wie er nur immer kann und mag.

Artikel 12. Von eigenen Leuten.

Der Rath soll keine eigenen Leute herausgeben, es wäre denn, daß der, der sie ansprechen will, ohne freies Geleite nach Hamburg käme, die Ansprache gerichtlich machte und mit dem zufrieden wäre, was das Recht ihm gäbe oder nähme.[1]

Artikel. 13. Wenn ein Bürger mit einem aus dem Rath, und umgekehrt zu thun hätte.

Käme Jemand aus dem Rathe mit einem Bürger oder ein Bürger mit einem aus dem Rathe eines Streits wegen vor den Rath

---

[1] Eigen: Hörig. unfrei, leibeigen. Hörige, die von ihren Herren und Besitzern zurückgefordert werden (entlaufene Knechte z. B.), sollen nicht herausgegeben, nicht ausgeliefert werden.

ober vor Gericht, so soll die Sache ohne Verzug vorgenommen werden. Auch will sich der Rath darin treulich bewahren, jede Sache in Freundschaft oder nach dem Rechte so gut man kann, zu schlichten und zu beendigen. Ferner will der Rath auch so schnell wie möglich die Sache eines jeden Bürgers fördern und gerne die Fürsprecher anweisen, keine unrechte Verzögerung sich zu erlauben.

Artikel 14. Beschwerden über den Rath.

Es ließen ferner die 60 Bürger besonders die vier Bürgermeister zu sich laden und gaben ihnen zu erkennen, es hätten die Bürger über einige im Rathe sitzende Personen mancherlei Unwillen über Ungebühr, so ihnen oftmals von diesen Personen widerfahren sei. Zwar wären die gemeinen Bürger zu jenen Zeiten der Meinung gewesen, selbst darüber zu richten; doch hätten sie, zu Ehren dieser guten Stadt und des gemeinen Bestens wegen, den 60 Personen Namens der Gemeinde dies Geschäft übertragen. Sie wurden hierauf mit den Bürgermeistern eins, der Rath möge sich unter sich darüber rechtfertigen und sein Verfahren dahin abändern, daß so etwas in Zukunft nicht mehr geschehe; und übernahmen es die Bürgermeister, dies in Ausführung zu bringen.

Artikel 15. Untreue Bediente sind abzuschaffen.

Die Sechszig bewarben sich Namens der Gemeinde bei dem Rathe darum, mancherlei Gebrechen wegen, die den Unwillen der Bürger erregt hätten, einzelne Personen, die im Dienste der Stadt wären, aus demselben zu entlassen. Besonders schiene es den Bürgern, daß diese Personen sowohl von den Bürgern, als auch von dem gemeinen Gut, mehr genossen hätten, als ihren bestimmten Lohn. Der Rath möge die Sache mit diesen Officianten dahin berichtigen, daß wenn sie an Gaben, Belohnungen oder sonst für ihre Dienste etwas genossen hätten, welches sie billig von den Bürgern nicht hätten nehmen sollen, dies dem gemeinen Gute erstattet würde. Auch begehrten sie ferner, der Rath möge in Zukunft Sorge tragen, daß den Bürgern von den Officianten kein Unrecht weiter geschehe, worein auch der Rath gewilliget hat.

Artikel 16. Absagung der Bürger-Werbe.

Wenn der Rath keine Bürger-Werbe hören will, muß er es den Bürgern anzeigen lassen, damit ein Jeder sein Gewerbe wahrnehmen könne; indem die Stadt auf schwere Nahrung steht.[1]

Artikel 17. Von den armen Siechen zu St. Jürgen.

Die Bürger begehren ferner, daß man den Siechen zu St. Jürgen auf dem Stege zweimal in der Woche, und zwar Mittwochs und Sonnabends, all das Brot gebe, was mit den Körben an den beiden genannten Tagen zusammengebeten wird. Und würde mehr Brot in der Woche zusammengebeten, als die Korbträger in den Körben tragen können, so sollen auch dies dieselben Leute zu St. Jürgen auf dem Stege erhalten; auch soll man den vorbenannten Siechen an den beiden vorbemerkten Tagen, sei es unter der Linde oder in der Herberge, oder wohin sie sonst wollen, das Brot gänzlich überantworten, aber es nirgends anders hintragen oder bestellen. Würde ein armer Siecher zum Stege hingewiesen, so soll man durchaus kein Geld von ihm nehmen, sondern es bei der alten Gewohnheit lassen. Wäre den Siechen in Memorien, Testamenten oder auf eine andere Weise etwas zu ihrem Behuf gegeben, oder würde es ihnen ferner in Zukunft gegeben, so soll ihnen dies ohne Abzug verabfolgt werden.

Artikel 18. Von den Prövenern zu St. Jürgen.

Die Bürger haben von den Prövenern[2] zu St. Jürgen erfahren, daß beides, die Speise, die man ihnen in vorigen Zeiten zu geben pflegte, und das Brot, das aus der Stadt kommt, ihnen nicht gegeben wird. Es bitten daher die Bürger, daß diejenigen, denen die Aufsicht darüber anvertraut ist, den armen Siechen ihre Präbende mit grünem Gemüse und mit den Zubehörungen zukommen lassen, sowie es ihnen in den ältesten Zeiten gegeben ward.

---

[1] Bürger-Werbe ist soviel wie Vortrag in Bürgersachen. Man bezeichnete auch Audienz mit Werbe. Wenn der Rath die Bürger-Werbe nicht stattfinden lassen will, soll er es vorher anzeigen, damit der Gewerbsmann nicht umsonst aus seiner Arbeit nach dem Rathhaus läuft.

[2] Prövenern: Präbendarien, Inhaber der Pfründen zu St. Jürgen.

Artikel 19. Vertretung der Bürger.

Würde ein Fürst oder Landherr, ein Ritter, ein Knappe oder sonst ein anderer Mann außerhalb der Stadt, einen Unwillen über einen Bürger haben und über ihn klagen, so soll der Rath diesen Bürger treulich vertreten. Hülfe aber die Vertretung nichts, so soll der Rath den Bürger zu Recht verweisen, ihn zu gelegener Zeit hören und ihm auf die bestmögliche Weise davon helfen.

Artikel 20. Von der Bekümmerung der Stadt-Freiheit.

Ferner verlangen die 60 Bürger, daß der Rath die Bekümmerung der Freiheit der Stadt außerhalb und innerhalb derselben nicht mehr geschehen lasse, ohne dazu von den Bürgern bevollbortet zu sein. Dem will der Rath inskünftige auch gerne folgen.

Diese vorgeschriebenen Stücke sind geschlichtet zwischen dem Rathe und den Bürgern auf dem Rathhause durch die vorbenannten 60 Bürger am St. Sixtustage. Also daß aller Unwille, er rühre her und möge entstanden sein, woher er wolle, zwischen Rath und Bürgern freundlich hiermit geschlossen und beigelegt sein soll. Niemand soll weiter auf Gerüchte hören, sondern sich nach Beweisen umsehen, auch wenn Jemandem Worte bekannt geworden oder Sachen zu Händen gekommen sind, von welcher Art sie auch sein mögen, die gegen den ganzen Rath oder gegen Einige Verdacht erregen könnten, so soll man dies bis zu ewigen Zeiten nicht weiter im Bösen gedenken, sondern es soll gänzlich todt und machtlos sein. Hierauf sollen alle Dinge zwischen dem Rathe und den Bürgern in Freundschaft und guter Eintracht stehen zu ewigen Tagen. Und wir vorgenannte Bürgermeister der Stadt Hamburg geloben für uns und unsere Nachkommen, alle vorstehende Artikel sammt und sonders fest und unverbrüchlich zur Zufriedenheit der Bürger, sonder Arg und List, zu halten. Zur Urkunde dessen und zur mehreren Bezeuchniß der vorgeschriebenen Artikel haben wir Bürgermeister und Rath der Stadt Hamburg diese Briefe mit dem größten anhangenden Sigel dieser Stadt besigelt, und da nach Vergleichung der eine wie der andere lautet, so haben wir unseren Bürgern in jeglichem Kirchspiel dieser Stadt eins der Exemplare überantwortet, die gegeben und geschrieben sind nach Christi Geburt 1410 am Laurentius-Abend des heiligen Märtyrers."

Dieser Receß bezeugt es, daß die höchste Gewalt nun nicht mehr ausschließlich beim Rathe war, sondern bei dem Rathe und den Bürgern gemeinsam.

Kraftvoll und selbständig, unabhängig nach außen hin, so stand das Gemeinwesen Hamburgs da in seiner geschichtlichen Entwickelung. Es mangelte für eine naturgemäß-freie Entfaltung nur am Gegengewicht gegen die stetig zunehmende Macht des Raths. Dieses ist nun gefunden und hergestellt in der Gemeinsamkeit der anordnenden Gewalt zwischen Rath und Bürgerschaft — Stadtgemeinde.

Der Zunftaufstand von 1376 verunglückte, weil er den Kaufmann und die vom Handel unmittelbar abhängigen Aemter gegen sich hatte; dieser Aufstand aber von 1410 hatte Erfolg, weil er im Interesse der Gesamtheit, Aller, auch des Kaufmanns, war.

Diesem Receß sind andere, ähnlich zu stande gekommene Recesse zwischen Rath und Bürgerschaft gefolgt. Sie haben aber nicht solche geschichtliche Bedeutung, wie dieser erste Receß, dessen Bedeutung weniger in seinem Inhalte liegt, als in dem Faktum der Existenz als der erste Receß, mit welchem eine ganz neue Phase der Entwickelung in der Geschichte Hamburgs anhebt.

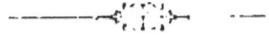

Vierte Abtheilung.

Von 1410 bis 1459 — Adolphs VIII. Tod, Ende der Schutzherrlichkeit der Schauenburger.

Die demokratische Bewegung, aus welcher der erste Receß geboren ward, hatte in diesem und durch denselben der Entwickelung des Gemeinwesens im Innern eine bestimmte Richtung gegeben und bedingte dadurch in den Beziehungen nach außen hin ein bestimmtes, von dem bisher beobachteten mannigfach abweichendes Verhalten.

Daher entstanden dann nothwendig für die erste Zeit nach Abschluß des Recesses mancherlei Trübungen und Störungen des Verhältnisses zu auswärtigen Machthabern und Gemeinwesen, zumal den verbündeten Hansestädten.

Die Hansestädte standen dem neuen Rath zu Lübeck und der Lübecker Bürgerschaft, soweit diese sich zum neuen Rath hielt, im ganzen feindlich gegenüber, während Hamburg nach dem Recesse es mit Lübeck und dem neuen Rathe daselbst hielt. Der Lübecker neue Rath nahm sich, wie der alte es gethan hatte, der Stadtsachen, wie der Sachen des Hansabundes an und berief im Jahre 1410 auf Lucia die Städte nach Lübeck zu einem Hansatage. Einige Städte beschickten den Tag, unter diesen war auch Hamburg; viele Städte aber blieben aus. In demselben Jahre erlangte der alte Rath zu Lübeck ein Urtheil vom Reichshofgerichte wider den neuen Rath und die Stadt Lübeck. Die Städte wollten nun ihre Versammlungen nicht mehr zu Lübeck halten und bestimmten zunächst einen Tag auf Allerheiligen 1411 nach Wismar. Hamburg sandte dahin den Bürgermeister Meinhard Buxtehude und forderte Wiedererstattung der Kosten für Unterdrückung der Vitalienbrüder in Friesland. Man kam aber auf dem Hansatage zu keinem Beschlusse und setzte alles zu dem im nächsten Jahre in Lüneburg zu haltenden Tage aus. Am Sonntage Quasi modo geniti 1412 versammelten sich die Gesandten der Hansestädte zu Lüneburg. Hamburg war vertreten durch die Bürgermeister Christian (Karsten) Militis und Meinhard Buxtehude und den Rathmann Hinrich Denefeld. Man beschloß, die Lübecker Gesandten von der Versammlung zurückzuweisen, da Lübeck in die Reichsacht verfallen sei, und demgemäß verfuhr man. Die Gesandten der Stadt Lübeck ritten dann unverweilt wieder nach Lübeck zurück. Der Hansatag wurde nach der Entfernung der Lübecker Gesandten dahin eins, daß, wenn der neue Rath zu Lübeck sich bis zum einstehenden Jakobitage nicht aus der Reichsacht befreit hätte, die Lübecker als der Hansestadtprivilegien unfähige Leute gescheut und gemieden werden sollten. Die Hamburger Gesandten aber hatten dem nicht zustimmen wollen und hatten die Versammlung verlassen mit der Erklärung, daß sie Befehl und Auftrag hätten, keinen Beschlüssen in

Bezug auf Lübeck beizuwohnen, von welchen die Lübecker Gesandten ausgeschlossen seien.

Der Hamburger Rath richtete nun eine schriftliche Vorstellung an den Hansatag, worin er erklärte, daß man in dem Lübeck betreffenden Beschlusse des Hansabundes nichts anderes erblicken könne, als die Absicht, die Stadt Lübeck ganz und gar zu verderben, und worin er nebenbei mehrere speziellere Beschwerden beibrachte. Darauf ordnete der Hansatag die Gesandten Albert Godorp von Danzig und Claus Vaget von Stralsund nach Hamburg ab und ließ durch diese dem Rath und der Bürgerschaft vier Artikel zur Erklärung vorlegen: 1. ob sie gedächten, bei Ehre und Redlichkeit zu bleiben? 2. ob sie gedächten, bei den gemeinen Hansestädten zu verbleiben? 3. ob sie ihre bevollmächtigten Rathsgesandten wieder nach Lüneburg senden wollten? 4. ob sie in Verbündnissen ständen, daraus jetzt oder künftig den gemeinen Hansestädten Nachtheil erwachsen könnte? Die drei ersten Fragen beantworteten die Hamburger mit Ja, die vierte Frage mit Nein. Darauf gab der Rath für sich und die Stadtgemeinde nochmals die Erklärung, daß sie bei Ehre und Redlichkeit zu bleiben gedächten, daß sie bei den gemeinen Hansestädten zu verbleiben gedächten, ihre bevollmächtigten Gesandten wieder nach Lüneburg senden wollten und keine Bündnisse wider den gemeinen Hansabund gemacht hätten. Schließlich legten die Gesandten des Hansabundes dann den Hamburgern noch die Frage zur Beantwortung vor: Ob sie dafür hielten, daß die Gesandten der gemeinen Hansestädte des Kaufmanns Nutz und Frommen suchten oder nicht? Hierauf antworteten die Hamburger mit Ja. Darauf zogen die Gesandten des Hansatages wieder zurück nach Lüneburg. Die Hamburger ordneten dann ihre Gesandten wieder nach Lüneburg zur Hansaversammlung ab. Damit war der Friede zwischen Hamburg und den anderen Hansestädten wieder hergestellt. Von der Zeit an aber nahmen sich die Hamburger des neuen Raths zu Lübeck etwas weniger unbedingt an. 1414 verband sich der Rath zu Hamburg auf einige Jahre mit dem zu Lübeck; die Sache mit dem alten Rathe blieb jedoch ganz unberührt dabei.

Im Jahre 1414 wurden Stadt und Rath zu Lübeck vom Kaiser Sigismund in die Reichsaberacht gethan. Damit die Aberacht nicht öffentlich verkündigt und vollstreckt würde, gelobte der neue Rath dem Kaiser, ihm einige Tausend Gulden vorzustrecken und dieses Geld zu Taxis und zu Brügge zu deponiren. Dadurch gelang es, die Exequirung der Aberacht zu hintertreiben. 1415 ließ der König Erich von Dänemark und Norwegen alle Lübecker Kaufleute nebst ihren Gütern in Schonen einziehen und in Haft nehmen. Er wollte die gefangenen Kaufleute nicht eher wieder losgeben, als bis die Lübecker ihren alten Rath wieder eingesetzt hätten, da er mit dem neuen Rathe nichts zu thun zu haben wünsche. Doch wurden endlich die Städte Hamburg, Rostock, Stralsund, Lüneburg, Wismar und Greifswald Bürgen dafür, daß die Gefangenen sich auf Johannis nächsten Jahres, 1416, zu Lund in Schonen wieder einstellen sollten, bei einer namhaften Summe. Mittlerweile kamen kaiserliche Kommissare nach Lübeck, die nebst den Gesandten der Städte die Sache zum Vertrage bringen sollten. Hamburg hatte die Gesandten Johann Lüneburg und Hinrich von dem Berge zur Verhandlung nach Lübeck abgeordnet. Der neue Rath, gedrängt von Denen, die von dem Könige Erich gefangen genommen worden waren und sich demselben zur Wiedergestellung im Falle der Nichtwiedereinsetzung des alten Raths verbindlich gemacht hatten, und gedrückt durch Furcht vor der Aberacht bei den Schwierigkeiten, die ihm von seiten der Städte bereitet wurden, willigte in die Wiedereinsetzung des alten Raths und verstellte die Sache zur Arrangirung zu Händen der Gesandten der Hansestädte. Die Gesandten beriefen dann den alten Rath nach Ratzeburg und begehrten, daß auch er die Sache ihnen zu Händen verstelle, welches der Rath denn auch that. Nun kehrten die Gesandten zurück nach Lübeck, und der alte Rath begab sich nach Krummesse. Am folgenden Dienstag nach Trinitatis ward dann der alte Rath mit großer Feierlichkeit nach Lübeck eingeholt und nach vorher gehaltener Messe durch den kaiserlichen Gesandten in den Rathsstuhl geführt. Der Bürgermeister Johann Lüneburg von Hamburg verlas dann den Ausgleich zwischen dem neuen Rath und dem alten Rath. Darauf mußte der neue Rath sich des Rathsstuhles ausdrücklich begeben und der alte Rath wählte noch selbigen Tages die zur Vollzähligkeit fehlende Anzahl von Rathsmitgliedern zu sich, so daß der

Rath vollständig wiederhergestellt war. An den folgenden Tagen, Freitag, Sonnabend und Montag, mußten die Bürger dem alten Rath wieder zuschwören, und der kaiserliche Kommissar befahl ihnen im Namen des Kaisers und des Reichs, dem Rathe zu gehorsamen, bei ernstlicher Strafe und kaiserlicher Ungnade. Am genannten Sonnabend wurden die Frauen der Mitglieder des alten Raths mit großem Gepränge in Lübeck eingeholt von den kaiserlichen Gesandten, dem Rathe der Stadt und dem größten Theile der Bürgerschaft. So kam alles zu Lübeck wieder in den alten Stand.

Auch Rostock und Wismar setzten ihren alten Rath wieder ein. Doch entsetzten die Rostocker die Mitglieder des neuen Rathes nicht ihres Sitzes, sondern ließen sie im Regiment neben den Mitgliedern des alten Raths, bis dann der Rath durch Abgang an Mitgliedern die gewöhnliche Zahl wieder erreicht hatte.

Dieser Verlauf, den die revolutionäre Bewegung unter der Bürgerschaft in den Hansestädten nahm, trug viel dazu bei, die Erregung der Gemüther in Hamburg zu stillen. Man hatte sich überzeugt, daß durch Urgirung von Standes- und Zunftinteressen das Gedeihen des Gemeinwesens nicht gefördert werde, und sah davon ab, durch äußerliche Umgestaltung und Aenderung im Personenstande in der Verwaltung eine Reformation im Innern des Gemeinwesens bewerkstelligen zu wollen. Es kam wieder Ruhe und Stetigkeit in die Leitung der öffentlichen Angelegenheiten, zu Nutz und Frommen der inneren Entwickelung des Gemeinwesens. Doch hatte die Bewegung zur Folge, daß die Leitung des Gemeinwesens eine weniger exklusiv aristokratische wurde, fortgehend einen mehr volksthümlichen, im besten Sinne demokratischen Charakter erhielt, indem das öffentliche Interesse sich der Verwaltung und Handhabung der gemeinsamen Angelegenheiten mehr zuwandte und diese der Kontrolle der Gesamtheit der Bürgerschaft mehr als bisher unterstellt wurden.

In der Zeit der Abschließung des ersten Recesses entspannen sich für Hamburg bedeutsame kriegerische Verwickelungen.

Nothgedrungen nur hatte die Königin Margaretha 1386 den Grafen Gerhard VI. von Holstein mit Südjütland belehnt. Als dieser nun 1404 im Dithmarscherkriege in der Hamme gefallen war, wollte Margaretha das Lehn wieder einzuziehen. Darüber kam es zum offenen Bruch zwischen der Königin, resp. dem designirten Thronfolger und Mitregenten, König Erich, und dem holsteinischen Grafenhause. Schon 1409 war es sehr unruhig. Nachdem Margaretha 1412 gestorben war, stellte Erich den Streit um das Lehn Südjütland oder Schleswig, wie man es nun zu bezeichnen anfing, zur Entscheidung des Kaisers Sigismund, und der Kaiser entschied zu Gunsten des Königs, daß das Herzogthum Südjütland ein persönliches Lehn sei, auf welches die holsteinischen Grafen gar keinen Anspruch hätten. Die Grafen wollten sich mit der Entscheidung des Kaisers nicht begnügen und appellirten an den Papst. Der Papst wies die Sache ab, und der Kaiser erklärte die Grafen wegen Ungehorsams und Verbrechens der Beleidigung der Majestät in die Reichsacht. Die Grafen aber verließen sich darauf, daß der Kaiser von den Hussiten bedrängt wurde, wie der König Erich von den Schweden, so daß er nicht mit Gewalt gegen sie einschreiten konnte. Der König Erich, von den Schweden stets bedroht, suchte mit den Hansestädten in ein freundschaftliches Vernehmen zu gelangen, und er brachte es in der Folge auch zu einem Bündnisse mit Hamburg, Lübeck, Lüneburg, Wismar, Rostock, Stralsund, Greifswald und Anklam. Die Kontrahenten sollten einander im Kriegsfalle mit tausend Mann zur Hülfe kommen, so daß, wenn Erich Krieg führen wollte, jede dieser Städte ihm tausend Mann zur Hülfe zu stellen hatte. Die Städte hatten, unbedachterweise, dem Könige auch für Angriffskriege ihre Hülfe zur Verfügung gestellt. Sie suchten sich nachher in der Beziehung zu reserviren und wollten sich in den Streit um das Lehn Schleswig nicht mischen. Die holsteinischen Grafen versuchten, die Städte für sich zu gewinnen, und bei Hamburg speziell gelang es ihnen, im Jahre 1417 zu einem Bündnisse wider den König Erich zu gelangen. Es war hierbei das Verhältniß der Schutzherrlichkeit, in welchem die holsteinischen Grafen zu Hamburg standen, bestimmend und maßgebend. Es heißt, der von Gicht geplagte Graf Heinrich (der Aeltere, Heinrichs II. Sohn, Heinrich von Osnabrück, der eigentlich nur in Vormundschaft für Gerhards VI., seines Bruders, Söhne regierte) sei persönlich nach Hamburg gekommen, um Hülfe zu werben. Da er nicht vom Wagen absteigen konnte, so kam auf Bitte seines Raths, des Herrn von Brockdorf, der Rath der Stadt zu ihm an den Wagen. Es sammelten sich viele vornehme Bürger zur Verhandlung mit dem Grafen. Dieser forderte die Hamburger zur Hülfe auf mit dem Bemerken, daß sie zwar von der Heeresfolge nach außen hin befreit seien und nur verpflichtet, in der eigenen Stadt dem Feinde Widerstand zu thun, daß es aber leichter sein werde, die Dänen jetzt vor Gottorp zu bekämpfen, als nachher vor Hamburg. Die umstehenden Bürger beseitigten die Bedenken des Raths, indem sie erklärten: man müsse den Grafen beistehen, die auch oftmals Hamburg geholfen hätten. Der Rath sagte dann Hülfe zu. Vorher aber, den 20. Juli, mußten die holsteinischen Grafen beurkunden, daß die ihnen von Hamburg zu leistende Hülfe nicht aus Schuldigkeit, sondern aus freiem Willen geschehe und der Stadt in ihren Freiheiten und Privilegien nicht verfänglich sein solle.

Hamburg sandte nun dem Könige Erich in Beziehung auf das mit ihm geschlossene Bündniß einen Absagebrief. Das hat Erich den Hamburgern sehr übel gedeutet und sie nachher deswegen der Wortbrüchigkeit gegen ihn beschuldigt. Die Grafen zogen mit dem Wendenfürsten Balthasar nach Jütland und nahmen das Schloß Tondern, welches sie dann besetzt hielten. Darnach zogen sie gegen Nordfriesland. Die Dänen zogen ihnen entgegen, wurden aber zurückgetrieben. Der König Erich sammelte dann eine größere Flottenmacht und stach damit in See. Er griff jedoch nicht an, sondern blieb ruhig vor der Küste von Jütland liegen. Man nannte ihn daher spottend Erich den Biber, weil er, wie der Biber, sich nicht vom Wasser entferne. Plötzlich aber landete Erich und nahm nach dreitägiger Belagerung die Stadt Schleswig mit Sturm. Die Besatzung Schleswigs unter dem Herzoge Heinrich von Mecklenburg erhielt freien Abzug, nachdem Letzterer allen Ansprüchen auf Schweden entsagt und gelobt hatte, sich niemals die Krone Schwedens anmaßen zu wollen. Erich bedrohte nun Gottorp. Nun rüsteten die Hamburger eiligst zur Hülfe für die Grafen zu Wasser und zu Lande. Sie sandten zunächst sechshundert Schützen nach Gottorp und folgten nachher mit größerer Macht, wodurch sie dem Könige Erich großen

Schaden zufügten. König Erich fiel indes in Nordfriesland ein und brandschatzte das Land. Die Friesen mußten ihm huldigen und Geißeln stellen. Darauf ward von Lübeck und den anderen Ostseestädten ein Stillstand bis Johannis 1418 zwischen dem Könige und den Grafen vermittelt. Mittlerweile sollte ein Schiedsgericht zusammentreten und in dem Streite entscheiden. Wenn dann ein Theil sich an dem Schiedsspruch nicht genügen lassen würde, so wollten die Städte diesem Theile in keinerlei Weise mehr dienlich und förderlich sich erweisen. Als die Sache dann gegen Johannis 1418 verhandelt werden sollte, blieb der König aus und sandte nur seinen Rath, Erich von Krummendiek, durch den er sagen ließ, daß er Windes und Wetters halber nicht habe kommen können. Der Streit zwischen dem Könige und den Grafen dauerte fort in der bisherigen Unentschiedenheit und Schlaffheit auf beiden Seiten. Doch wurde nachher eine Verlängerung des Stillstandes vereinbart bis 1420.

Hamburg, welches durch Vertrag in diesem Streite mit dem Könige Erich Bundesgenosse der Grafen geworden war, auf eigene Kosten und eigenen Gewinn, setzte den Krieg und die Kriegsrüstung wider Erich fort. Im Jahre 1420 stellten die Hamburger zwölf große Schiffe in See wider den König. Die Dänen zogen ihnen mit einer starken Flottenmacht entgegen. Die Hamburger griffen die an Zahl weit überlegenen Feinde mit großem Muth an. Drei dänische Kriegsschiffe wurden mit der ganzen Besatzung in den Grund gesegelt. Die Mehrzahl der übrigen Schiffe der Dänen wurde genommen, die Besatzung wurde größtentheils erschlagen und zum Theil gefangen genommen. Einhundertundzwanzig Gefangene wurden nach Hamburg gebracht, wo sie sich mit vielem Gelde loskaufen mußten.

Zu dieser Zeit hatten die Hamburger auch wieder mit abligen Räubern und Wegelagerern, unter ihnen namentlich auch mit dem Herzoge Erich von Sachsen-Lauenburg, Streit und Fehde zu bestehen. Der Herzog Erich beschwerte den Kaufmann durch Ueberfall und Raub in dem Wunneken-Brocke, wo sich viele Strauchdiebe aufhielten. Da er diese Beschwerungen trotz wiederholter Vorstellungen von seiten der Städte Hamburg und Lübeck nicht unterließ und abstellte, so fielen die Hamburger und Lübecker 1420 ihm in sein Land ein mit achthundert Reitern und dreitausend Mann Fußvolk, unter Kommando der Bürgermeister Heyn Hoyer von Hamburg und Jordan Pleskow von Lübeck, die vor das, dem Herzoge Erich gehörende Raubschloß Bergedorf zogen, die Ortschaft Bergedorf rein ausplünderten und nach viertägiger Belagerung das Schloß einnahmen. Auf der eroberten Feste wurden dann die Fahnen beider Städte aufgepflanzt. Von Bergedorf zogen die Hamburger und Lübecker vor die Feste Riepenburg, eroberten sie und schleiften die Burg. Durch Vermittelung benachbarter Fürsten kam nun ein Friedensvertrag zu stande. Am Bartholomäustage, 24. August, kamen der Markgraf Friedrich von Brandenburg, die Herzoge Wilhelm von Lüneburg, Casimir von Stettin, Johann von Mecklenburg, Balthasar von Wenden, wie auch der Herzog Erich von Sachsen-Lauenburg nebst seinen Brüdern Albrecht, Magnus, Bernhard und Otto, sowie die Gesandten der Städte Hamburg und Lübeck, nebst denen von Rostock, Wismar und Lüneburg, in Perleberg zusammen und schlichteten den

Bergedorfer Schloß.

Streit. Die Städte Hamburg und Lübeck sollen zu ewigen Tagen im Besitze von Bergedorf und Riepenburg, mit allem Zubehör, die sie im ehrlichen Kriege erobert hätten, verbleiben. Mit Bergedorf und Riepenburg wurden den Städten als Zubehör der Zoll zu Eßlingen mit der Fähre und dem halben Sachsenwalde (unter Vorbehalt der Jagdgerechtigkeit für die Herzoge), und die Vierlande, Kurslak, Altengamm, Neuengamm und Kirchwärder, abgetreten. Auch mußte Herzog Erich dem Lübecker Rathe eine Schuldverschreibung auf jährlich 300 Mark, die er sich von dem neuen Rathe zu

Lübeck hatte ausstellen lassen für Schutz der Landstraßen, wieder zurückgeben.

1422 rotteten sich, unter der Führung von Boldewin von Kroge, Johann Quitzow, Reimar Plesse und Klaus Mohr, in der Priegnitz und in Mecklenburg einhundertundachtzig Ritter und Hauptleute zusammen und lagerten auf der Lübschen Straße, um einen mit Kaufmannsgütern beladenen Wagenzug abzufangen. Das wurde den Lübeckern verkundschaftet. Die Lübecker gaben eiligst davon Mittheilung nach Hamburg, und beide Städte sandten ihre Diener nebst einigen Schützen aus an die Orte, wo die Wegelagerer auf dem Zuge passiren mußten, und ließen dann zweihundert Reiter und tausend Mann Fußvolk gegen den Feind anrücken. Auch kamen die Hamburger diesem mit hundert Reitern und zweihundert Schützen in die Seite. Die Feinde merkten, daß die Sache verrathen war, und suchten sich durch die Flucht in Sicherheit zu setzen. Da aber der Weg, den sie nehmen wollten, ihnen bereits verlegt war, so wandten sie sich nach der Feste Lauenburg und ergaben sich an den Herzog Erich. Der Herzog nahm sie an und sagte ihnen seinen Schutz und sicheres Geleite zu. Die Hamburger und Lübecker aber eilten den Fliehenden nach vor die Lauenburg und forderten hier die Auslieferung der Flüchtigen, mit denen sie in offener Fehde seien. Als der Herzog die Forderung ablehnte, erklärte man ihm, falls er die offenbaren Feinde der Städte in seinen Schutz nähme, so würde er selbst auch als Feind behandelt werden. Darauf stellte der Herzog ihnen die Flüchtigen zu Händen, mit der Bitte, daß dieselben ihres Lebens möchten gesichert bleiben, damit er an ihnen nicht wortbrüchig werde. Zwanzig der Wegelagerer entkamen durch heimliche Flucht, die übrigen wurden als Gefangene fortgeführt und nachher gegen Lösegeld und friedliche Zusicherung losgegeben. Die Pferde und die Rüstung der Gefangenen theilten die beiden Städte unter sich.

Darauf rüsteten die beiden Städte, Hamburg und Lübeck, eine ausgemusterte Schiffsflottille mit tausend Mann aus und zogen vor Dockum in Friesland. Hier hatten Vitalienbrüder sich festgesetzt und zu ihrer Vertheidigung ein starkes Blockhaus errichtet. Auf dem Hause lagen einhundertundsechszig Mann von ihnen, und im Orte lagen vierhundert Mann. Als die Schiffe der Städte ankamen, sammelten die Gröninger und die Hauptleute der Friesen eine große Anzahl Volks und sandten den Städten Hülfe wider die Vitalienbrüder. Das Blockhaus wurde erstürmt, die Besatzung desselben erschlagen, bis auf vierundvierzig Mann, die gefangen genommen wurden. Die Gefangenen wurden geköpft und die abgeschlagenen Köpfe am Strande auf Pfähle gesetzt. Die Vitalienbrüder, welche im Orte lagen, nahmen die Flucht, bevor die Mannschaft der Hamburger und der Lübecker zum Angriffe auf den Ort herankam. Eine reiche Beute von geraubten Kaufmannswaren, welche die Seeräuber hier verlaufen hatten, fiel den Städtern zu. Die Häuser der Ortsbewohner von Dockum, in welchen die geraubten Kaufmannsgüter gefunden worden waren, wurden niedergebrannt.

Der Streit um das Lehn Schleswig dauerte indessen fort. 1426 geriethen die Hansestädte, namentlich Hamburg, Lüneburg und die Ostsee-Hansestädte, wegen Bedrückung ihres Handels in Dänemark in einen offenen Konflikt mit dem Könige Erich. Noch im Herbste des Jahres 1426 begannen die Städte die Feindseligkeiten gegen Dänemark. Weil es aber schon spät im Jahre war und das Wetter ungünstig, wurde wenig ausgerichtet, und die Schiffe kehrten bald wieder in ihre Häfen zurück. Im folgenden Jahre aber, 1427, rüstete ganz Nordsachsen zum Beistande für die holsteinischen Grafen gegen den König Erich. Achtzehn sächsische Städte schlossen sich den anderen, bereits im Kriege mit Erich befindlichen Städten an. Eine große Flotte, wie es heißt, zweihundertundfünfzig Segel zählend, wurde nun gegen Dänemark gesandt. Hierdurch kam Erich in große Bedrängniß. Hamburg, Lübeck und Lüneburg stellten außer dem, was sie an Schiffsmannschaft gegen Dänemark aufgebracht hatten, auch noch eine starke Anzahl Reiter und Fußvolk, „einen reisigen Zeug", zur Hülfe der Grafen bei der Belagerung von Flensburg. Hamburg schickte eine große Anzahl Volks, Reiter und Fußtruppen, nach Flensburg unter Führung des Rathmannes Johann Klope, als eines Hauptmannes, der ein tapferer und muthiger Mann genannt wird, einer von den Sechszigern, der nachher in den Rath gewählt worden war. Die Hamburger kamen in der Kreuzwoche vor Flensburg an und schlugen vor der Stadt ihr besonderes Lager auf. Da es den Grafen noch an Material zur Stürmung fehlte, so ward mit dem Hamburger Hauptmann Johann Klotze vereinbart, daß man am Freitage nach Himmelfahrt erst stürmen wolle. Johann Klotze gab aber den Seinen am Himmelfahrtsabend eine Tonne Bier zum Besten und hieß sie Feuerpfeile in die Stadt schießen, weil es ihn verdroß, daß man so müßig liegen mußte. Darüber entstand ein blinder Lärm, indem die Holsteiner meinten, daß die Hamburger zum Sturm auf das dänische Lager schreiten wollten. Als der Graf Heinrich III. das hörte, daß es zum Sturm gehen solle, wollte er auch dabei sein. Er eilte mit einer Sturmleiter herbei an den Pallisadenzaun, setzte die Leiter an den Zaun und stieg hinauf, in der Meinung, daß schon viele von den Belagerern eingedrungen seien. Da rief ihm Hinrich von Ahlefeld, der ihn auf der Leiter erblickte, zu, er solle sich doch nicht so unnöthig der Gefahr aussetzen. Das hörte ein Däne hinter dem Zaune. Er stieß seinen Speer durch den Zaun und durchstach den Herzog auf der Leiter. Man trug den Herzog in sein Zelt. Unterwegs ließen die Träger ihn fallen. Durch den Fall verschlimmerte sich der Zustand des Herzogs noch, und dieser starb, bald nachdem man ihn ins Zelt gebracht hatte. Heinrich III. war kaum dreißig Jahre alt geworden. Er ward in Itzehoe neben seinem Vater, dem Grafen und Herzog Gerhard VI., bestattet. Sein Bruder Adolph trat an seine Stelle. Die Mannschaft der Städte aber war nun unwillig wegen der Verzögerung in der Belagerung; sie wollte nicht länger da verweilen und zog von dannen. So nahm die Belagerung Flensburgs ein klägliches Ende. Johann Klotze wurde nachher von den Hamburgern beschuldigt, daß er vorsätzlich, im Einvernehmen mit den Dänen, den Anlauf und den blinden Lärm bei Flensburg hervorgerufen habe, um den Herzog zu verderben. Der Rath ließ ihn gefänglich einziehen und in die Büttelei setzen. Des Einverständnisses mit dem Feinde und des offenen Verraths konnte man ihn nicht überweisen. Trotz Folter und Pein des scharfen Verhörs, dem er unterworfen ward, hat er keinerlei Geständniß dessen, welches er begangen haben sollte, gemacht. Doch ward er wegen verschuldeten Anlasses zur Allarmirung des Lagers vor Flensburg zum Tode verurtheilt und am St. Anthoni-Abend mit dem Schwerte gerichtet.

In demselben Jahre, 1427, rüsteten Hamburg und Lübeck abermals Schiffe aus wider den König Erich und besetzten dieselben mit achthundert Mann. Zu Befehlshabern wurden bestellt von Hamburg der Bürgermeister Hein Hoyer und von Lübeck der Bürgermeister Tydemann Steen. Diese erhielten den Auftrag, in den Sund zu segeln und die Bayflotte, sowie die Weichselflotte der Hanseaten, deren Durchfahrt durch den Sund erwartet wurde, vor Angriffen der Normannen zu sichern. Als sie im Sunde angelangt waren, ward die bei Kopenhagen liegende dänische Flotte ihrer gewahr und hielt sofort auf sie zu. Die beiden hanseatischen Befehlshaber hielten eine kurze Berathung und beschlossen, den Kampf mit dem an Zahl überlegenen Gegner aufzunehmen. Hein Hoyer ermahnte seine Leute, sich redlich zu halten, und that dann den ersten Angriff. Die Hamburger segelten zwischen die feindlichen Schiffe hinein, griffen ihre Gegner mit Ungestüm und großem Nachdruck an und brachten ihnen große Verluste bei. Von der Uebermacht bedrängt und von allen Seiten umringt, wurden sie aber bald so in die Enge getrieben, daß ihnen keine andere Wahl blieb, als sich zu ergeben oder unterzugehen. An Ergebung aber dachten sie nicht, sondern kämpften muthig, Mann gegen Mann, wider die Feinde, bis ihre Kraft zum ferneren Widerstande erschöpft war. Die große Mehrzahl der Hamburger war gefallen, die übrigen wurden gefangen genommen. Sie hatten dem Feinde einen traurigen Sieg gelassen. Während die Hamburger in mörderischem Kampfe sich verbluteten, hatten die Lübecker in Unthätigkeit dem Spiel zugesehen und waren kaum an den Feind herangekommen. Dänische Schiffe, die ihm nahe gekommen waren, hatte Tydemann Steen vorüberpassiren lassen, ohne sie anzugreifen, weil, wie er sagte, die schwerfälligen Lübecker Schiffe den dänischen schnellsegelnden Kriegsschiffen nicht hätten folgen können. Ohne weiter auf die Ankunft der hanseatischen Handelsflotte, die zu begleiten und zu schützen er bestellt war, zu warten, verließ er dann den Sund und segelte nach der jütländischen Küste. Die Handelsflotte der Hanseaten erschien noch selbigen Tages im Sunde, um unter Geleit der Hamburger und Lübecker Kriegsschiffe in die Ostsee zu segeln. Anstatt einer hamburgischen und lübeckischen Geleitsflottille kam nun eine dänische Kriegsflotte zu ihrem Empfange heran. Die Dänen überfielen die deutsche Handelsflotte und führten sechsundvierzig große, schwerbeladene Kauffahrer als gute Prise mit sich davon.[1]

Die Hamburger Gesandten klagten nachher den Lübecker Hauptmann, den Bürgermeister Tydemann Steen, an, daß er die Hamburger im Kampfe verlassen habe. Die Lübecker Kaufleute, welche auf der Bayschen Handelsflottille im Sunde ihre Waren eingebüßt hatten, schlossen sich den Hamburgern in der Klage gegen Tydemann Steen an, indem sie ausführten, daß dieser gegen seinen Befehl und Auftrag gehandelt habe, als er den Sund verließ, ohne die Ankunft der Handelsflotte abgewartet zu haben. Wegen dieser Beschuldigung wurde Tydemann Steen vom Lübecker Rath in den Thurm gesetzt und über drei Jahre lang gefangen gehalten, bis er auf Fürbitte des Bischofs von Lübeck aus dem Thurmgefängniß freigelassen wurde, worauf er dann bis an sein Lebensende in seinem eigenen Hause in Arrest gehalten ward.

Hein Hoyer, der Hauptmann der Hamburger in dieser Expedition nach dem Sund, war schwerverwundet nebst Anderen in dänische Gefangenschaft gerathen. In dieser blieb er, nebst seinen Schicksalsgenossen aus der Seeschlacht wider die dänische Flotte im Sunde 1427, fünf Jahre lang, bis 1432. In letzterem Jahre erst kamen die in jener Schlacht in die Gefangenschaft der Dänen gefallenen Hamburger gegen Zahlung eines Lösegeldes von 10000 Mark frei. Das Lösegeld mußten die Gefangenen selbst aufbringen.

Die Grafen von Holstein forderten von Hamburg und den Ostsee-Hansestädten, daß sie nach Laut des getroffenen Vergleichs ihnen Hülfe leisten sollten wider den König Erich. Der König dagegen ließ Briefe an die Hansestädte abfertigen, in welchen er sich heftig über den Rath der Städte beschwerte, daß sie mit ihm Bündnisse zur Vertheidigung geschlossen und dann die geschlossenen Verträge schändlich gebrochen hätten, indem sie es mit seinen Feinden wider

---

[1] Auf das Verhalten in dieser Seeschlacht im Sunde ist es zu beziehen, wenn es in einem alten Liede heißt: „Hamborch, du büst ehrenvast; Lübeck föhrt den Badequast."

ihn gehalten. Die Hamburger wurden dadurch erregt wider den Rath. Sie erwählten abermals einen Bürgerausschuß von sechszig Personen, der das gemeine Beste mit wahrnehmen sollte, gleichsam als Wohlfahrtsausschuß zur Beaufsichtigung und zur Kontrollirung der Handlungen des Raths. — Die Lübecker wollten sich gegen ihren Rath nicht einnehmen lassen durch die Briefe des Königs. In Wismar hingegen entstand in Anlaß dieser Briefe ein arger Tumult und Aufruhr, in welchem der Bürgermeister Johann Rantzow und der Rathmann Hinrich Harren von der aufgeregten Menge ergriffen und vor dem Rathhause enthauptet wurden. Auch zu Rostock entstand eine große Erregung, infolge deren die vier Bürgermeister dort aus der Stadt wichen. Die Bürger ließen sie dann nach Stadtordnung dreimal vor Gericht fordern, und als sie nicht erschienen, wurden sie für ehrlos und friedlos erklärt und aus der Stadt verbannt. — Bald nachher wurde auch zu Stettin und zu Bremen die Bürgerschaft wider den Rath aufrührerisch. In Stettin forderten die Bürger vom Rath Rechenschaft über seine Verwaltung, namentlich auch in betreff der Einnahme und Ausgabe der öffentlichen Gelder. Darüber beschwerten sich die Bürgermeister Johann Grabow und Gerd Rohde und begaben sich aus der Stadt zum Herzoge. Dieser führte die Beiden in den Rath zurück. Die Anstifter des Aufruhrs aber ließ er ins Gefängniß werfen und nach Verhör mit dem Rade bestrafen. Die Bremer entsetzten 1429 ihren Rath, jagten ihn aus der Stadt und erwählten einen neuen Rath. 1430 fingen sie ihren Bürgermeister Johann Wasmer und ließen ihn enthaupten, weswegen die Stadt Bremen in die Reichsacht erklärt ward. — Wismar mußte auf Befehl des Kaisers Sigismund den alten Rath wieder einführen. Von Hamburg waren dabei thätig die Rathmänner Hinrich von dem Berge (von Bergen) und Erich von Zeven. In Bremen bewirkten Hamburg, Lübeck und Lüneburg 1433 die Wiedereinsetzung des alten Raths. Die Bremer wurden vornehmlich dadurch zur Wiedereinsetzung bewogen, daß man in den Hansestädten den Bremern Kaufmannschaft zu treiben verwehrte, weil sie geächtete Leute seien.

Zur Hülfe wider Dänemark rüsteten die wendischen und sächsischen Hansestädte im Frühjahr 1428 abermals eine starke Flotte aus, zweihundert Schiffe mit einer Besatzung von achttausend Mann, nebst vielen Vitalienbrüdern und Freibeutern, die Graf Gerhard von Holstein angenommen hatte, so daß die Besatzung im ganzen wohl an zwölftausend Mann betrug. Die Führung hatte der holsteinische Graf Gerhard VII.[1] Sie fügten den Dänen zur See großen Schaden zu, landeten schließlich auf Seeland und belagerten Kopenhagen. Hier mußten sie aber unverrichteter Sache abziehen, da die Kopenhagener sich so wohl zur Abwehr gerüstet hatten, daß sie gegen die Stadt nichts ausrichten konnten. Graf Adolph VIII. aber zog indes mit dem Herzog Wilhelm von Braunschweig und Lüneburg, den Hamburgern und Lübeckern nach Jütland. Hier wurde reiche Beute gemacht, vornehmlich an Vieh. Außer beträchtlichen Barvorräthen erbeutete man so viel Vieh, daß aus dem Verkauf desselben nachher wohl 3000 Mark gewonnen wurden, heißt es bei älteren Chronisten. (Aus diesen 3000 Mark haben neuere Chronisten dreitausend und auch dreißigtausend Stück Vieh gemacht, wohl, weil ihnen jener Betrag nicht als ein hoher erschien und sie daher hier einen Schreibfehler ihrer Vorgänger vermutheten. 3000 Mark Silber war damals ein hoher Betrag.) Die Beute wurde nachher zu Gottorp getheilt. Im ganzen wurde wider Dänemark nichts erreicht, und waren die Hanseaten und ihre Verbündeten in dem Kriege mit Dänemark in diesem Jahre nicht glücklicher, als im Jahre vorher.

Der Kaiser Sigismund schickte in dieser Zeit Gesandte an die holsteinischen Grafen, um den Streit zwischen diesen und dem Könige Erich beizulegen. Alle Bemühung der Gesandten war indes ohne Erfolg, da die Grafen sich darauf verließen, daß der Kaiser durch

---

[1] Graf Gerhard, des Grafen und Herzogs Gerhards VI. Sohn, und seine Brüder Heinrich und Adolph werden in Chroniken und Geschichtsbüchern meist „Herzog" genannt. Das führt in mancher Beziehung zu Irrthümern und zur Verwirrung in Absicht auf Orientirung über Genealogie und Abkunft all der „Herzoge" unter den holsteinischen Grafen. Im Grunde gab es damals gar keinen Herzog unter diesen. Herzog Graf Gerhard VI. war todt, und von seinen Söhnen war noch keiner mit dem Herzogthum belehnt. Lehnsfähig waren alle Drei, und weil Jeder von ihnen dachte, daß er der zukünftige Träger des Erblehns sein würde, nannten sie sich alle Drei Herzog. In der Regel wurde dem ältesten Sohne nach dem Ableben eines Lehnsträgers die „Lehnspflicht" vom Lehnsherrn zuerkannt. Graf Heinrich III. mag demnach mit einigem Fug unter die Herzoge gezählt werden, aber sein Bruder, Graf Gerhard, gehört nicht in die Reihe der Herzoge von Südjütland oder Schleswig hinein.

die Hussiten so in Anspruch genommen ward, daß er genug zu thun hatte, mit Aufbietung aller ihm zu Gebote stehenden Macht sich der Feinde, die ihn zu stürzen drohten, nur nothdürftig zu erwehren.

König Erich aber war zu der Zeit in neue Verwickelungen mit den Schweden gerathen. Im Jahre 1429 begab er sich persönlich nach Schweden und überließ für die Dauer seiner Anwesenheit daselbst die Regierung in Dänemark seiner Gemahlin Philippa. Diese plante eine Unternehmung gegen die Hansestädte, um dieselben zu nöthigen, ihre Schiffe und ihre Mannschaft aus der Ostsee und aus Jütland (Schleswig) zurückzuziehen. Sie rüstete eine Flotte von fünfundsiebzig Schiffen aus und sandte dieselbe gegen Stralsund. Die Flotte landete, und Stralsund ward in Brand geschossen und eingeäschert. Auf der Rückfahrt von Stralsund wurde die dänische Flotte von einem heftigen Sturm betroffen, und sah sie sich genöthigt, an der mecklenburgischen Küste Schutz zu suchen. Da segelten Lübecker Schiffe heran und vereinigten sich mit den Stralsundern. Nun griffen die vereinigten hanseatischen Schiffe von Lübeck und Stralsund den Feind an und zerstörten die ganze dänische Flotte. Nur ein einziges Schiff aus der letzteren gelangte mit seiner Mannschaft nach Dänemark zurück und überbrachte die Nachricht von der erlittenen Niederlage. Der König Erich gerieth hierüber in den heftigsten Zorn. Er war ganz außer Fassung, seiner selbst nicht mehr Meister, und mißhandelte in der Erregung die Philippa, als die Urheberin des Ganzen. Die Königin Philippa zog sich dann in ein Kloster zurück, wo sie 1430 in Traurigkeit und Betrübniß starb.

Die Grafen von Holstein machten sich indes vornehmlich in Jütland zu thun und belagerten 1429 mit Hülfe der Hamburger die Stadt Apenrade. Die Stadt wurde genommen, und das Heer der Belagerer, unter Oberbefehl des Herzogs Wilhelm von Braunschweig und Lüneburg, löste sich auf. Die Hamburger, welche bei der Belagerung geholfen hatten, schifften sich im September 1429 ein, um auf dem Wasserwege nach Hamburg zurückzukehren. Auf der Heimfahrt geriethen sie an die Dithmarscher Küste. Als das in Dithmarschen bekannt wurde, rotteten sich viele Einwohner der Kirchspiele Wesselburen, Neuenkirchen und Büsum zusammen und überfielen, unter Führung des Vogts der Westerdöft, Nadelev oder Rolf Carsten zu Nordbeich bei Wesselburen, die Hamburger. Es wurden viele der Hamburger erschlagen, viele derselben gefangen und ihre Schiffe von den Dithmarschern als gute Beute in Besitz genommen. — Die Hamburger und die Dithmarscher waren schon längere Zeit wieder miteinander in Hader gewesen. Als die Vitalienbrüder die Fahrt auf der Elbe unsicher machten, beschuldigten die Hamburger und die Dithmarscher einander des Einvernehmens mit diesen Seeräubern zum Schaden der Nachbarlande. Die stets sich wiederholenden Reibereien auf der Elbe führten bald wieder zu offener Fehde. Es bildete sich in Dithmarschen eine zahlreiche Verbindung wider Hamburg unter Führung eines angesehenen Mannes, Abel Reimer, die Abel Reimersche Gesellschaft genannt. Diese fiel wiederholt in Hamburg ein und hauste so arg, daß die Stadt Hamburg sich genöthigt sah, Miethstruppen gegen die Gesellschaft zu werben. Die Hamburger vergalten dann Gleiches mit Gleichem, und als bei einem abermaligen Einfall der Abel Reimerschen Gesellschaft in Hamburg, 1421, einige Dithmarscher von ihnen gefangen genommen worden waren, ließen sie dieselben als Seeräuber hinrichten. Seitdem herrschte noch immer große Erbitterung wider die Hamburger bei einer zahlreichen Partei unter den Dithmarschern. Diese Partei fand nun in der Hinwendung der Hamburger auf die Seite der Holstengrafen, der alten Erbfeinde der Dithmarscher, in dem Streite derselben mit Dänemark neue Nahrung für ihren Haß wider Hamburg. Dazu kam noch, daß die Hamburger das sog. Jus restringendi auf der Elbe, wonach kein Schiffer auf der Elbe Korn verfahren sollte, ohne es vorher in Hamburg zu Kauf geboten zu haben, beanspruchten. Dieses vornehmlich erbitterte Viele in Dithmarschen und stärkte die Partei der Feinde Hamburgs im Lande, und diese Partei nahm nun die Gelegenheit wahr, in einem Ueberfall auf die von der Belagerung der Stadt Apenrade heimkehrenden Hamburger ihrem Hasse Ausdruck zu geben. Nach Karsten Schröder wurden damals einhundertundacht Hamburger erschlagen. Es ward dann durch Vermittelung des Erzbischofs Nikolaus von Bremen und der Städte Lübeck und Lüneburg eine Tagsatzung zu Stade zur Beilegung des Streits zwischen den Hamburgern und den Dithmarschern zu stande gebracht. Hamburg sandte dahin den Bürgermeister Johann Wige, die Rathmänner Erich von Zeven und Vice (Vico) von Hove und den Sekretär Hermann Wiegenburg. Rablev Carsten aber und die übrigen Gesandten der Dithmarscher zeigten sich in der Verhandlung so gereizt, daß nichts zu erreichen war, „so freventlich, daß weder in Güte, noch zu Recht etwas ausgerichtet werden konnte", sagt ein alter Chronist.

Leuchtthurm auf Neuwerk.

Neuwerk.

Im folgenden Jahre, 1430, verstärkten die Hamburger das Newewerk zum Schutze der Schifffahrt auf der Elbe. Das eigentliche „Werk" soll damals erst hergestellt worden sein. Die Dithmarscher rüsteten in demselben Jahre noch einige Schiffe aus, landeten mit denselben bei Neuwerk, beschossen das Werk und gewannen die Vorburg (nach Einigen auch das eigentliche Werk, den festen Thurm mit seiner Verkleidung), nahmen das dort vorhandene Vieh, sowie einige Schiffe und sonstiges Gut als Beute an sich und segelten dann wieder zurück.

Nun legten die Hamburger stark armirte Orlogschiffe (Kriegsschiffe) auf die Elbe vor der Dithmarscher Küste zur Sicherung der Elbschifffahrt. Die Besatzung der Schiffe bestand in sechshundert Mann unter Kommando des Rathsherrn Martin Swartekopp.[1]

---

[1] Swartekopp war schon seit 1421 Rathsherr gewesen und wird als ein entschlossener, tapferer Mann bezeichnet.

Dieser hatte den Auftrag, die Elbmündung für die aus- und einlaufenden Schiffe frei zu halten und die Kauffahrer an der Dithmarscher Küste gegen Angriffe zu decken. Als die Schiffsmannschaft unter Swartekopp einige Zeit müßig auf der Elbe gelegen hatte, ward sie der Unthätigkeit, in welcher sie verharren mußte, überdrüssig und verlangte von dem Anführer, daß er etwas gegen die Dithmarscher Küste unternehme. Dabei hatte man es vornehmlich auf Beute an Vieh abgesehen. Die Besatzungsmannschaft war des Pökelfleisches und der Schiffskost überhaupt satt und sehnte sich beim Anblicke der am Dithmarscher Elbstrande weidenden Viehheerden nach frischer Fleischkost. Swartekopp schlug das Begehr der Mannschaft ab. Er habe vom Rathe Weisung, die Elbschiffahrt zu sichern, nicht aber, Landungen zu unternehmen. Die beutelustige Mannschaft setzte aber ihre Forderung fort und warf dem Swartekopp Feigheit und endlich gar Verrath vor, indem sie ihn des geheimen Einverständnisses mit den der Stadt Hamburg feindlich gesinnten Dithmarschern beschuldigte. Dabei drohte man ihm mit dem Schicksale eines Johann Klotze und anderer Stadtverräther. Nun ließ Swartekopp sich bewegen, eine Landung zu gestatten. Zweihundert Mann mußten bei der Fahne am Strande bleiben. Die übrige Mannschaft zog im Lande umher, brannte und plünderte in Dörfern und Ortschaften und war vornehmlich beschäftigt, das Vieh von den Weiden zusammenzutreiben. Aber bald sammelten sich die Bewohner der Gegend zur Abwehr. Die Hamburger wurden zurückgedrängt. Diese nahmen den Rückzug nach dem Landungsplatze, wo ihre Böte lagen, mit welchen sie die Landung bewerkstelligt hatten. Es war indes Ebbe eingetreten, und die Böte standen auf dem Trockenen, so daß der Rückweg nach den Schiffen abgeschnitten war. Einige der Hamburger versuchten, schwimmend sich zu retten, die meisten aber wurden von den Dithmarschern erschlagen, und nur wenigen gelang es, zu entkommen. Auch der Rathsherr Martin Swartekopp war gefallen. Die Dithmarscher sollen seinen Leichnam in Stücke gehauen und Weiber dem Todten die Eingeweide aus dem Leibe gerissen und den Magen auf eine lange Stange gesteckt und denselben im Triumphzuge zur Schau getragen haben. Diese Affäre erfolgte bei Brunsbüttel am Tage vor Petri Kettenfeier, 31. Juli 1430.

Nun entstanden wieder offene Fehden auf der Elbe, in welchen die Parteien einander vielen Schaden zufügten, bis im Jahre 1432 auf einer Zusammenkunft zu Hanerau zwischen Hamburger und Dithmarscher Gesandten durch Vermittelung des Erzbischofs von Bremen und des Raths der Stadt Lübeck ein Stillstand bis Ostern 1433 vereinbart wurde, der dann stillschweigend über den bestimmten Termin hinaus weiter gehalten worden zu sein scheint.

Die Hansestädte gelangten in dieser Zeit zum Frieden mit Dänemark. Am 22. August 1432 wurde zu Horsens ein Stillstand vereinbart und geschlossen. Die Städte erhielten eine Bestätigung ihrer alten Privilegien in den drei nordischen Reichen und sicheres Geleit in den Ländern des Königs zugesichert. — Hamburg erlangte damals die Freilassung der 1427 im Sund in dänische Gefangenschaft gerathenen Hamburger, des Bürgermeisters Heyn Hoyer und seiner Gefährten, für 10 000 Mark Lösegeld. Zwei dänische Ritter, Hinrich Pubbus und Lüder Cabel, waren von den Hamburgern gefangen genommen worden. Diese mußten sich mit 6000 Mark lösen und versprechen, für die Freilassung der gefangenen Hamburger einzustehen.

Der Krieg mit Dänemark war für die Ostsee-Hanseaten nur nachtheilig gewesen. Diese verloren durch den Krieg ihre glückliche Verbindung mit den nordischen Reichen. Die neutralen Nordsee-Hanseaten bedienten sich dieser Gelegenheit zum Schaden der Ostsee-Hanseaten, und der Handel mit dem Norden ging von der Ostsee auf die Nordsee über. Der Grund für die dauernde Schwächung des Handels im Osten lag indeß der Hauptsache nach in der Entdeckung Amerikas und des Seeweges nach Ostindien. Die Erkenntniß, daß der Krieg mit Dänemark ihnen nur Schaden bringe, bewog die Ostsee-Hansestädte, mit dem Könige Erich Frieden zu schließen auf billige Bedingungen hin. Rostock und Stralsund hatten sich schon 1430 von dem Bündniß wider Dänemark losgesagt und für sich mit dem Könige Frieden gemacht. Der König Erich zerfiel aber nun immer mehr mit seinen eigenen Unterthanen. Die Mehrzahl der Schweden stand gegen ihn auf. Im Thale der Dalelarle entstand Klage über den königlichen Oberbeamten Jon Erickson. Ein Adelsmann,

Engelbrecht, hielt es wider den Jon Erickson mit dem Bauernstande und begab sich in Vertretung des letzteren zum Könige, um Namens der gedrückten Bauern Abhülfe zu suchen und zu fordern. Der König sagte Abstellung aller Ungerechtigkeiten zu. Es erfolgte aber keine Aenderung in den drückenden Verhältnissen, über welche der Bauernstand sich laut beklagte. Erickson drückte die Untergebenen hart und übte ein tyrannisches Regiment. Er soll nach Olaus Magnus gar mehrere Bauern, die ihm aufsässig waren, lebendig in den Rauch gehängt haben. Engelbrecht ging zum zweiten Male zum Könige Erich und wurde nun dringender in seinen Forderungen, und Erich wies ihn hart ab. Nun standen auch die Dalekarlier auf und griffen zu den Waffen gegen den König. Das kam dem Friedens= schlusse mit den Hanseaten zu statten. Erich suchte nun Frieden mit den auswärtigen Feinden, weil er gegen die Feinde im Innern jetzt seine ganze Kraft zusammenfassen mußte. Im Jahre 1435, am Sonntage nach St. Margarethen, schloß er zu Wordingborg mit den Hansestädten Hamburg, Lübeck, Wismar und Lüneburg und mit dem Grafen Adolph VIII. von Holstein definitiv Frieden. Der geschlossene Vertrag bestimmte in sechs Artikeln, daß der Kaufmann in den nor= dischen Reichen keinen anderen Zoll geben sollte, als den über hundert Jahre lang schon beliebten; daß der Kaufmann in keiner anderen Stadt Zoll entrichten solle, als in den Städten, wo derselbe bisher erhoben worden sei; daß die Kaufleute ihre alten Privilegien in den drei nordischen Reichen wieder ungestört genießen sollten; daß der König allen Schaden ersetzen solle, den die Dänen vordem dem deutschen Kaufmanne zugefügt hätten; daß das Recht, welches der König Erich vom Kaiser gegen den Grafen Adolph wegen des Herzog= thums Schleswig erlangt hatte, machtlos sein sollte; daß die Skandi= navier in Holstein und in den Hansestädten keinen anderen Zoll geben sollten, als den seit hundert Jahren erhobenen, und daß sie daselbst alle vordem erworbenen Privilegien und Freiheiten ungestört genießen sollten. Auf diese Bedingungen hin wurde allerseits der Friede verkündet. Am 15. Juli überließ der König dem Grafen Adolf VIII. alles, was er von dem Herzogthum Schleswig im Besitz hatte, auf Lebenszeit und seinen Erben nach ihm auf zwei Jahre nach seinem Tode. Nachher solle Jeder sein Recht unverändert haben. Das Amt Hadersleben, Arröe, Westerharde-Föhr und List auf Sylt, die der König vom Herzogthume Schleswig noch in Händen hatte, wollte er für jetzt bei der Krone behalten. Adolph VIII. wurde nachher förmlich mit Schleswig belehnt.

Kurz vor Abschluß des Friedens mit dem Könige Erich, den 14. April 1435, hatte Hamburg von dem Kaiser Sigismund das Privilegium erlangt, Goldmünzen schlagen zu dürfen, von Währung und Gewicht so, wie sie vom Kaiser und von den Kurfürsten gemünzt würden, und zwar mit dem Reichsapfel und dem Kreuz nebst dem Namen des Kaisers auf der einen Seite und mit dem Bilde St. Petri und der Umschrift Moneta nova Hamburgensis auf der anderen Seite. Vorher hatten die Städte nur Silber gemünzt.

Der Stillstand zwischen der Stadt Hamburg und der Partei des Radelev Carsten in Dithmarschen, bis Ostern 1433 abgeschlossen, war währenddes, wie es scheint, von beiden Seiten stillschweigend über den bestimmten Endtermin hinaus weiter beobachtet und gehalten worden. Im Jahre 1434 aber erneuerte Radelev Carsten die Fehde wieder. Er rüstete zu Büsum Schiffe aus und erschien mit einer zahlreichen Mannschaft aus seinen Gesinnungsgenossen vor Hamburg, raubte und plünderte und machte große Beute, setzte während der Nacht die Schiffe im Hafen in Brand und machte sich dann im Schutze der Dunkelheit wieder davon, auf den Heimweg. Die Hamburger übten Vergeltung, indem sie in das Kirchspiel Büsum einfielen, viele Häuser daselbst einäscherten und ausplünderten, viel Vieh zusammentrieben und solches dann als Beute mit sich nach Hamburg nahmen. Die Ortschaft Middelborp mit der Kirche wurde damals von den Hamburgern niedergebrannt. Das wurde Veranlassung zur Verlegung der Büsumer Kirche von Middelborp nach Nordborp (Nortorf), ihrem jetzigen Standorte.[1] Der Einfall in Büsum und die Einäscherung Middelborps durch die Hamburger reizten den Radelev

---

[1] Büsum war damals eine Insel, die nur eine Kirche hatte und nur ein Kirchspiel bildete. Der Name der Insel wurde nachher auf die Kirche und den Kirchort übertragen, und seitdem hat sich der Name Nordborp als Bezeichnung des Kirchortes, des jetzigen Badeortes Büsum, verloren.

Carsten und seine Partei zu neuen Unternehmungen gegen Hamburg und so drohte die Zeit verwüstender Fehden wiederzukehren. Daher warfen Viele in Dithmarschen einen Haß auf den Vogt Rabeles Carsten.[1] Es bildete sich eine Gegenpartei wider diesen und seine Anhänger unter Führung eines Kruse Johann zu Meldorf, und nun erhob sich aus Anlaß der Fehde mit den Hamburgern ein blutiger Bürgerkrieg in Dithmarschen. Rabeles Carsten war indes seinem Gegner überlegen. Hamburg erbot sich dem Kruse Johann zum Beistande wider den Rabeles Carsten, und Jener nahm die Hülfe Hamburgs an. Hamburg schickte ihm fünfhundert Schützen zur Unterstützung, und nun wurde Rabeles Carsten hart bedrängt, und mußte er schließlich aus dem Lande weichen. Das Kirchspiel Büsum sagte sich in einem Vertrage mit den Hamburgern von Rabeles Carsten los und verpflichtete sich eidlich, ihm und seinen Freunden ohne Einwilligung des Landes keinen Aufenthalt zu Büsum zu verstatten. Auch verpflichteten sich die Büsumer, fernerhin weder zu Wasser noch zu Lande den Hamburger oder einen anderen Kaufmann zu berauben und zu beschädigen. Wenn Jemand aus ihnen dawider handeln würde, so wollten sie denselben an die Hamburger ausliefern oder, wenn sie dazu nicht im stande wären, dem beschädigten Kaufmann selbst genug thun für den Schaden, den er erlitten. Uebrigens sollten in Ansehung des Strand= und Bergungsrechts die alten Verträge mit Hamburg in Geltung bleiben. Der Vertrag, geschlossen zu Büsum am Sonntage vor dem Tage Petri und Pauli 1434, ist unterzeichnet von Slütern, Swaren und Gemeinde zu Büsum und den Rathmännern Nikolaus Meyger, Johann Sasse, Albert Widighusen und Cord Moller, „Rabessendebaden und meene Rabeskumpane der Stadt von Hamborch". Der Vogt Rabeles Carsten kam aber bald zurück nach Dithmarschen und die Unruhe dauerte fort. Um Pfingsten

---

[1] Rabeles Carsten wird in einigen Chroniken neuerer Zeit ein „Kirchspielvogt" genannt. Es beruht das in Unkunde bezüglich der Verfassung des alten Dithmarschen. Kirchspielvögte gab es im alten Dithmarschen nicht. Das Land bildete fünf Vogteien („Döffte", Wehrbezirke). Jeder Vogtei stand ein Vogt vor. Die fünf Vögte hatten die Stellung der alten Schirmvögte, gleich den Vögten und Burggrafen auf der Hammaburg. Sie wurden vom Erzbischof von Bremen bestellt, aber aus den Dithmarschen selbst erwählt, und standen zu den Richtern und Regenten des Landes in demselben Verhältniß, wie die gräflichen Vögte in Hamburg zum Rathe der Stadt.

1435 kam es zwischen den beiden Parteien in Dithmarschen zu einem Vergleiche, und durch Vermittelung Lübecks wurden auch zwischen den Hamburgern und den Dithmarschern Verhandlungen angeknüpft. Ehe diese aber zum Abschlusse kamen, wurde Radeleo Carsten im Jahre 1437 meuchlings erschlagen. Sein Sohn rächte seinen Tod. So knüpfte sich eine Fehde an die andere. Des Mordens war kein Ende zu finden in Dithmarschen. Endlich wurde durch viele Bemühungen der Städte Hamburg und Lübeck die Zwietracht gestillt und der Friede wieder hergestellt. „So erhält Gott große Städte, den Nachbarn und den umliegenden Landen zum Trost, daß der gemeine Friede erhalten werde," sagt Neocorus. Die Hamburger knüpften dann mit den Dithmarschern erneute Verhandlungen an, und es stellte sich das alte Verhältniß zu Dithmarschen wieder her.

In dem Jahre 1437 starb auch der Kaiser Sigismund, und Albrecht von Oesterreich wurde sein Nachfolger. Von diesem erlangte die Stadt Hamburg im Jahre 1438 eine Bestätigung aller Privilegien und Freiheiten, die von römischen Kaisern und Königen, von den Herzogen von Sachsen und den Grafen von Holstein und Stormarn ihr gegeben worden waren. Der Kaiser ertheilte die Bestätigung mit der Klausel, daß Jeder, der dawider irgend etwas unternehmen würde, in eine Strafe von 25 Mark löthigen Goldes verfallen sein sollte. Auch bestätigte er das vom Kaiser Sigismund der Stadt ertheilte Recht, Goldmünzen zu prägen. Eine Bestätigung dieser Art mußte von besonderem Werthe sein zur Sicherung gegen Ansprüche, wie sie vom Grafen Adolph VII. gegen die Hamburger erhoben worden waren.

Auf den Hansetagen wurden in dieser Zeit viele Beschwerden der Städte vorgebracht wegen Verkümmerung und Beeinträchtigung der alten Freiheiten und Privilegien der Hanseaten, über welche der Hansabund mit Eifersucht wachte. Die Engländer, Holländer, Spanier und Dänen suchten aus Neid und Abgunst damals die Privilegien der Städte einzuschränken und erlaubten sich mancherlei Angriffe auf die Stellung der Hansestädte, wie solche durch Traktate denselben zugesichert worden war. Aber noch bestand die Hansa in ihrer alten Macht, und die Rechte der Städte blieben ziemlich gewahrt.

Als der König Heinrich von England die deutschen Kaufleute in seinem Lande in ihren Freiheiten beschränkte, brachen die Hansestädte alle Beziehungen mit England ab, und der König sah sich endlich genöthigt, einzulenken und von seinem Verfahren gegen die deutschen Kaufleute abzustehen, und als König Christoph III. von Dänemark 1441 die Privilegien der Hansa nicht bestätigen wollte, ehe er die Originalien gesehen und gelesen habe, ward ihm erwidert: es sei kein Gebrauch, Freiheitsbriefe über See zu führen. Damit beruhigte sich der König und bestätigte der Hansa ihre Privilegien in seinen Landen. Auch brachte er zu Kopenhagen einen Friedensvertrag auf zwölf Jahre zu stande zwischen den Holländern nebst Seeländern und Westfriesen und den Ostsee-Hanseaten. Beide Theile sagen in dem Vertrage einander freie und sichere Fahrt in ihren Landen und Gebieten zu. In Fürsorge zur Erleichterung des Handels und des Schiffsverkehrs wurde in dieser Zeit auch das Strand- und Bergungsrecht wiederholt umgestaltet. Auch in dieser Beziehung wurden mancherlei Beschwerden laut, und hier wurden besonders auch gegen die Stadt Hamburg Klagen erhoben wegen Belastung des Strandguts. Auf einem Hansatage zu Lübeck im Jahre 1441 wurden die Hamburger durch den Kaufmann zu Brügge beklagt, daß sie zu Ritzebüttel den dritten Theil des Strandguts nähmen für Bergung des Guts. Es ward den hamburgischen Gesandten, Hinrich Hoyer und Hinrich Köting, von dem Hansatage aufgegeben, die Klage des Kaufmanns zu Brügge an den Rath der Stadt Hamburg zu bringen und bei diesem es zu befördern, daß künftig über ein billiges Bergelohn hinaus Niemand beschwert werde. Hier heißt es bei den Chronisten, Hamburg habe vom Strandgut zu Ritzebüttel den dritten Theil an sich genommen. Es scheint dabei die Meinung zu herrschen, daß hierin ein willkürliches Handeln nach Gutdünken vorliege. Ein Drittel vom Strandgut war bis dahin jedoch übliches Bergelohn und ward von Hamburg auch Andern zugebilligt. So schlossen die Städte Hamburg, Lübeck, Lüneburg, Stade, Buxtehude und Itzehoe im Jahre 1384 einen Vertrag mit den Strandkirchspielen Wesselburen und Büsum und mit dem Vogdemannsgeschlechte in Dithmarschen, wonach die Bewohner dieser Kirchspiele und die Vogdemannen von schiffbrüchigem Gut der

Städte, welches sie bergen helfen würden, den dritten Theil als Arbeitslohn haben sollten. — „Were idt, dat ein schipp thobrecke, wes de lübe sülvten darvon bergen, dat mögen se doen, unde darvon dörfen se den vorscreven nichtes afgeven. Were idt averst, dat se ehrer hulpe bartho bedorften unde se ebber de ehren bartho escheten, wes de ehren dene lüben denne bergen helpen, darvon schölen se hebben den drübben deel vor arbeideslon unde de koplübe, dene idt thobehört, schölen beholden de twee deel. Desgeliken schölen se unde de ehren ock hebben den drübben deel des gudes, dat drifftig worden is, dat se ebber de ehren helpen halen uth der see ebber up den reve." (Vieth, Gesch. d. L. Dithm., 208; Bolten, Dithm. Gesch. II. 413.)

Auf einem um Pfingsten 1442 zu Stralsund gehaltenen Hansatage klagte man wiederholt, daß die Hamburger vom Strandgut zu Ritzebüttel den dritten Theil an sich nähmen, und begehrte man die Abschaffung dieser Abgabe. Die Hamburger wandten ein, daß sie noch Ersatz zu fordern hätten für Unkosten, die sie des gemeinen Besten wegen aufgewandt hätten, so besonders in Bekämpfung der friesischen Piraten, wegen welcher ihnen 9000 Mark zuerkannt wären. Es blieben die Hamburger dann einstweilen noch bei der bisherigen Weise, später schlossen sie sich der Neuordnung in Bezug auf das Strand- und Bergungsrecht an. In diesen und vielen anderen Vorkommnissen und Begebenheiten auf den Hansatagen bekundet sich einerseits noch die alte Macht des Hansabundes nach außen hin, andererseits die Fürsorge der Hansa für alles, was den Handel und den Verkehr fördern und erleichtern kann; es zeigt sich darin aber auch, daß das Band der Unterordnung des Einzelnen im Bunde lockerer geworden ist und daß die Machtstellung des Hansabundes von außen her in verstärktem Maße bedroht wird. Die Klagen und Beschwerden über Beeinträchtigung ihrer Rechte und Freiheiten auf seiten der Hansestädte mehren sich jetzt und kehren fast auf allen Hansatagen wieder. Vornehmlich waren es die Niederländer, die burgundischen Lande, die dem Hansabunde hier Schwierigkeiten bereiteten. Lange schon hatten die deutschen Städte mit den Niederländern gehadert. In dem zwischen den Flandern und den Engländern ausgebrochenen Kriege litten die deutschen Kaufleute, vornehmlich die Ostsee-Hanseaten, sehr durch die Fläminger. Es entstand bittere Feindschaft zwischen diesen und jenen. 1436 kamen viele Holländer nach der Ostsee, um Korn zu holen. Bei dieser Gelegenheit fielen die Ostsee-Hanseaten über die holländischen Schiffe her, bohrten viele derselben in den Grund und nahmen anderen die Ladung. Hieraus entstand für die Holländer ein großer Schade, den man auf 50000 Gulden schätzte. Darüber erhob sich nun eine schwere Fehde zwischen den Holländern und den Städten Lübeck, Hamburg, Rostock, Stralsund, Wismar und Lüneburg. Jene zogen mit hundert Schiffen aus, um die Schiffe ihrer Feinde aufzubringen. Der Adel und die Städte in Holland brachten eine große Macht zusammen, und ihre Kaperer nahmen unter anderen zweiundzwanzig preußische und livländische Schiffe, die von Spanien kamen. Herzog Philipp von Burgund verpflichtete sich in einem öffentlichen Erlaß vom 24. September 1438, daß er die friesischen Häuptlinge wider die Hamburger und andere ihrer Feinde als seine Vasallen schützen und ihre Privilegien und Rechte wieder herstellen wolle. Die vertriebenen friesischen Adelsherren rüsteten nun einige Schiffe aus, liefen mit diesen in die Emsmündung und dann während der Nacht in den Hafen von Larrelt ein, welchen Ort sie besetzten. Gleich darauf aber erschienen die Hamburger unter Führung des in Emden von ihnen eingesetzten Burghauptmanns, und Larrelt ward nach einem blutigen Kampfe wieder gewonnen. Die Feinde flohen zum Theil auf ihre Schiffe; die meisten aber wurden gefangen genommen, unter ihnen Imel von Osterhusen und dessen Sohn Ayelt, Friedrich von Larrelt und Robert Beningo von Grothusen. Herzog Philipp von Burgund hatte seinen Unterthanen allen Handel und allen Verkehr mit den Hansestädten untersagt. Diese übten Repressalien, indem sie den Handel mit den Nordseeländern einstellten. Im Jahre 1440 beschlossen Hamburg, Lübeck, Wismar und Lüneburg, daß wegen Muthwillens der Holländer der Handel eingestellt werden solle, welchen Beschluß sie den Nachbarstädten mittheilten. Die Städte waren dabei selbst offenbar im größten Nachtheil. Sie machten aber aus der Noth eine Tugend. Die Holländer ihrerseits rüsteten fortgesetzt Kaperer aus und nahmen viele hanseatische Schiffe. Nun brachte, wie vorberegt, der König Christoph von Dänemark zwar 1441 einen Friedensvertrag, auf zwölf Jahre lautend, zwischen Holland und Seeland und den Ostsee-Hansestädten zu stande, aber die Holländer hielten denselben nicht. Im Jahre 1442 beschwerten sich die Städte bei dem Herzog von Burgund, daß die Holländer den Kopenhagener Vertrag nicht hielten. Auch ertheilten die Städte in diesem Jahre Lübeck, als Direktorialstadt, den Auftrag, Anordnungen zu treffen bezüglich des Verhaltens wegen der Kauffahrt nach Rußland, da dieselbe oftmals gesperrt sei und auch der deutsche Kaufmann in Rußland abermals in Verhaft genommen wäre. So war der Hansabund nach beiden Seiten hin, nach Westen und nach Osten, eingeengt, und nur der Handel nach Norden, die Bergensahrt, ging einigermaßen ungehindert den alten Gang.

Im Jahre 1443 schlossen die Hansestädte eine neue Konföderation, welche sich aber nicht auf alle dahingehörige Städte erstreckte, indem die preußischen, livländischen, westfälischen und niederländischen Städte dabei nicht genannt werden. Die Verbündeten theilten sich in drei Quartiere mit den Hauptorten Lübeck, Hamburg und Magdeburg. Sie verbanden sich gegen Alle und Jede, ausgenommen das römische Reich. Wenn ein Landesherr gegen den Antrag der Gemeinen die Vermittelung der Städte oder ihr „Erbieten zu Recht" ausschlage, so sollten die übrigen Städte der angegriffenen oder bedrohten Stadt binnen vier Wochen eine Anzahl Gewaffneter zu Hülfe senden. Lübeck stellte dabei die größte Hülfe, nämlich zwanzig Gewaffnete. Es vereinigten sich so sechsunddreißig bis vierzig Städte, und es wurde bestimmt, daß, wenn eine oder die andere der Städte bereits in einem anderen Bündniß stehe, dasselbe durch die gegenwärtige Konföderation nicht aufgehoben sein, daß aber auch diese nicht durch jenes geschwächt werden solle. Gemeinsam wollten sie die Straßen, die der Kaufmann im Reiche benutzte, schützen. Jedes Drittel des Bundes soll, wenn in seinem Kreise ein Bürger gefangen oder beraubt wird, dahin trachten und sich bemühen, daß derselbe befreit und wieder in den Besitz seines Eigenthums gesetzt werde. Wenn ein Aufruhr in einer der Städte des Kreises angezettelt würde, so sollten die nächstbelegenen, die davon Kunde erhielten, es der bedrohten Stadt sofort anzeigen und die Gefahr abwenden helfen; sollte der Aufruhr aber wirklich ausbrechen, so würden die nächstbelegenen, und im Nothfalle alle, verbunden sein, ihre Deputirten zu senden, um den Aufruhr zu stillen. Würden die Gildegenossen einer Stadt an dem Aufruhr schuldig befunden, so sollten sie ihr Gilderecht verlieren. Wer aber als Theilnehmer oder Anstifter eines Aufruhrs beschuldigt würde, der sollte nach Herkommen sich dieserhalb eidlich reinigen, im Falle des Entweichens aber in keiner der Städte mehr geduldet werden. Keine der Städte solle einem Fürsten oder Herrn gegen eine Stadt beistehen. Würden die Städte dieses Bündnisses wegen überfallen, so sollten sie treulich bei einander ausharren. Keine Stadt solle eine Sühne mit einem Feinde eingehen, ohne daß alle übrigen darin einbegriffen würden. Diese Konföderation ist auf sechs Jahre geschlossen.

Eine von den Hamburgern mit einigen friesischen Häuptlingen abgehaltene Zusammenkunft verlief ohne Resultat, da der Herzog Philipp von Burgund sich dazwischen mischte und die Freilassung der in Haft befindlichen Friesen forderte. Hamburg kam dem Verlangen des Herzogs nach und ließ die gefangenen friesischen Hauptleute los.

Von dem Könige Christoph erlangten die Hanseaten 1444 mit Mühe die Bestätigung ihrer Privilegien in Norwegen, nachdem sie dem Könige bei seiner Vermählung große Geschenke gespendet und ihn glänzend bewirthet hatten. Am Tage Bartholomäi 1445 bestätigte der König Christoph zu Kopenhagen den Städten ihre Privilegien in Schweden. Dafür erhielt die königliche Kanzlei 200 rheinische Gulden und der Kanzler 100. Während dieser Zeit schloß der König im Geheimen mit mehreren Reichsfürsten ein Bündniß gegen die Städte, namentlich gegen Lübeck. Unter dem Vorwande eines Turniers wollte man Lübeck besetzen und sich der Stadt bemächtigen. Der König ersuchte die Städte deshalb um sicheres Geleit für sich und sein Gefolge. Das ward bewilligt. Lübeck aber bewilligte ihm nur Quartier für sich selbst mit höchstens fünfhundert Mann und schlug ihm die Bewohnung der Burg ab.

Der Bund der Hansa verliert seit dem Aufblühen Burgunds unter dem Herzoge Philipp merklich an seiner Machtstellung und seinem Einfluß nach außen, wie an Zusammenhalt und Geschlossenheit nach innen. Am Himmelfahrtstage 1447 versammelten sich viele Gesandte der Hansa zu Lübeck und schlossen eine neue Konföderation nach vier Quartieren. Das Haupt des ersten Quartiers war Lübeck, das des zweiten Hamburg, des dritten wechselnd Magdeburg und Braunschweig, und im vierten Quartier wechselte der Vorsitz unter den Städten Münster, Nimwegen, Deventer, Wesel und Paderborn. Zugleich fand eine Revision und Neuredaktion der alten Recesse statt. Die Kölner sprachen dawider, daß Lübeck immer auf den Hansetagen den Vorsitz führe, und es ward eine Verhandlung hierüber für den nächsten Hansetag angesetzt. Wegen Neuerungen, die den Kaufmann beschwerten, wurden Gesandtschaften an die Höfe von Burgund, Frankreich und England abgeordnet. Eine andere Gesandtschaft ward an den König von Dänemark abgefertigt, weil einige Hansestädte sich beschwerten, daß der König ihnen Güter aus den Schiffen genommen habe.

Die auswärtigen Mächte machen sich in ihren Beziehungen unabhängig von dem Hansabunde, und die einzelnen Bundesstädte fangen an, sich von der hansischen Bevormundung zu emanzipiren und ihren eigenen Weg zu gehen, allen voran Hamburg und Köln.

Der dänische König Christoph erschien vor Rostock, wo ihn die Bürger mit großer Feierlichkeit empfingen. Von hier schiffte er sich dann nach Lübeck ein, wo die mit ihm zu heimlichem Anschlage auf die Stadt verbundenen Fürsten mit verkleidetem Volk schon auf ihn warteten. Die Lübecker waren aber wachsam. Als in der Nacht ein Feuer in der Stadt ausbrach und ein Auflauf entstand, eilten die Fürsten bewaffnet nach den Thoren, in der Meinung, daß der König anrücke. Sie wurden dann von den Bürgern hinausgedrängt und ausgesperrt. Der König, der seinen Anschlag verrathen sah, kehrte zurück und begnügte sich damit, den Handel nach den deutschen Häfen zu verbieten und den Sundzoll zu erhöhen. Zur größeren Sicherheit schlossen die Städte Hamburg, Lübeck und Lüneburg damals ein Hülfsbündniß mit den Herzogen Bernhard und Johann von Sachsen wider den Markgrafen Friedrich von Brandenburg.

König Christoph, der Feind der Städte, der heimlich diese zu verderben trachtete, starb am 6. Januar 1448, worauf die Krone an

Christian von Oldenburg kam. Hatten die Städte an Christoph einen großen Feind verloren, so entstand ihnen, speziell Hamburg, dafür ein anderer in Friesland. Die Hamburger ließen sich die Stadt Emden wieder übergeben von Ulrich Cirksena, weil dieser sich ohne ihre Hülfe der aufrührerischen Häuptlinge unter den Friesen nicht erwehren zu können glaubte. Es wurden dann die beiden Rathmänner Johann Gerber und Albert Schreye zu Statthaltern in Emden gesetzt, die den Frieden wieder herstellten. Ulrich konnte aber die ihm widerfahrene Zurücksetzung nicht vergessen, und die Hamburger beschuldigten ihn, daß er Stadtgüter zurückbehalten hätte, die zu ihrem Besitzthum gehörten. So wurde das Verhältniß zwischen Ulrich und seinen friesischen Genossen und den Hamburgern getrübt. Die aus Friesland vertriebenen Adelsherren regten sich wieder und wandten sich durch Vermittelung des Magistrats zu Gröningen an die inzwischen an Stelle der beiden vorgenannten Rathmänner zu Emden eingesetzten Statthalter Wilhelm Brand und Heinrich Leesemann, um ihre von den Hamburgern eingezogenen Güter und Besitzungen wieder zu erlangen. Die beiden Statthalter wiesen die Petenten an den Hamburger Rath. Der Rath ließ zur Antwort geben, daß die Angelegenheit zur Entscheidung zweier Schiedsrichter, Biard von Oldersum und Tanno Cracena, verstellt worden sei. Damit waren aber die Vertriebenen nicht einverstanden. Sie wiegelten das Volk auf, und unter Begünstigung von seiten Ulrichs sagten die Untersassen den Hamburgern den Gehorsam auf, indem sie Schutz suchten bei Ulrich. Die Hamburger Statthalter warfen einige der Untersassen ins Gefängniß, nahmen mehrere, dem Ulrich und dessen Anhängern gehörige Schiffe in Beschlag und plünderten sie. Ulrich dagegen besetzte seine Burgen und machte Raubzüge wider die Hamburger. Die Emdener, Auricher, Gretmer, das Norbener-, Brockmer- und Harlingerland fielen den Aufständischen bei. Nur Wenige blieben den Hamburgern botmäßig. Die Hamburger und Bremer erhielten damals vom Hansatage Auftrag, die Wiedererrichtung der Syboldsburg oder Sibethsburg in Friesland, welche vordem, 1433, nebst anderen Raubburgen in Friesland zerstört worden war und welche die Friesen jetzt wieder herstellen wollten, zu verhindern. Hamburg sandte zur Wahrung seiner Interessen sogleich Mannschaft nach Friesland und warb Hülfstruppen im Oldenburgischen. Zur besseren Führung der Angelegenheit wurden der Bürgermeister Detlev Bremer und die Rathmänner Johann Gerber, Paridom Lütke, Andres Gronenberg, Helwig Revel und Erich von Zeven nach Friesland abgeordnet. Der Krieg entbrannte indes mit großer Heftigkeit. Auf beiden Seiten wüthete man mit Mord, Raub und Brand. Die Gröninger suchten zu vermitteln, und die Friesen fanden sich schließlich auch geneigt, auf Vorschläge zum Frieden zu hören. Es wurde zu Emden am 14. Mai 1451 ein Waffenstillstand geschlossen. Neben den Gröningern trat auch der Graf Adolph VIII. von Holstein für Herstellung des Friedens vermittelnd ein. Im folgenden Jahre erneuerte sich nach Ablauf des Stillstandes der Kampf. Die hamburgischen Statthalter in Emden, Johann Gerber und Andreas Gronenberg, ein im Kriege wider Dänemark erprobter, tapferer und umsichtiger Mann, befestigten Emden aufs Beste, warben Söldner und brachten auch viele Einwohner wider ihre Gegner in Waffen. Aber sie richteten trotzdem wider die empörten Friesen nichts aus. Gronenberg wurde bei Grothusen von Sibeth von Esens mit einer in Eile zusammengezogenen Friesenschar überfallen und nach blutigem Kampfe zurückgeworfen. Er zog dann vor Hinte, um es zu erstürmen. Hier hatte er aber ebensowenig Erfolg. Sibeth kam heran und schlug ihn abermals, so daß er abziehen mußte. Nachdem er dann noch einen Versuch gemacht hatte, Osterhusen einzunehmen, aber auch hier von Sibeth verdrängt worden war, zog er sich nach Emden zurück. Im Herbste des Jahres 1452 wurde dann ein Stillstand vermittelt. Da die Hamburger sahen, daß die Friesen geschlossen zu einander hielten, und daß die Emdener Besitzung mehr Kosten als Nutzen bringe, so gedachten sie, sich derselben in billiger Weise zu entäußern. Sie knüpften mit Ulrich Unterhandlungen an, und es kam am 10. April 1453 ein Vertrag zu stande. Hamburg soll, gegen Zahlung von 10000 Mark, dem Ulrich Schloß und Stadt Emden, nebst Leerort, vorläufig auf sechszehn Jahre, überlassen auf Treu und Glauben, jedoch mit der eidlichen Verpflichtung des Ulrich, daß er den Kaufmann bei seinen alten Rechten und Freiheiten schützen und schirmen wolle. Nach dieser Zeit solle Hamburg das Recht haben, gegen Erstattung der 10000 Mark und der bis dahin von Ulrich für Unterhaltung und Verbesserung der Besitzungen aufgewandten Kosten, diese letzteren, die Besitzthümer, wieder zu sich zu nehmen. Hamburger Bier und Hamburger Waren sollten in allen Häfen frei von Zoll und Abgaben sein; Ulrich solle keine Vitalienbrüder hegen und hausen in seinen Landen, — wenn er, Ulrich, ungerechterweise befehdet würde, so sollten die Hamburger ihm dreihundert Soldknechte zur Hülfe schicken; die friesischen Festen sollten den Hamburgern auf ihr Verlangen geöffnet werden. Ulrich versprach ferner, den Hamburgern mit dreihundert Bewaffneten wider die Holländer zu Hülfe zu kommen und weder im Emsgebiete, noch zu Emden oder Leerort ohne Hamburgs Zustimmung neue Befestigungen anzulegen; der Ausübung des Strandrechts mußte Ulrich entsagen; die beiderseits gemachten Gefangenen wurden ohne Lösegeld entlassen; die Emdener behielten ihre bisherigen Freiheiten und Privilegien. Aller Streit und alle Rache für das Vorgefallene sollte ein Ende haben. Diesen Vertrag mußte Ulrich beschwören. Ulrich ward dann Herrscher über Ostfriesland und im folgenden Jahre unter dem Titel eines Grafen von Frieslaub vom Kaiser Friedrich III. zum Reichsgrafen erhoben.

Wie in Holland, so auch im Oldenburgischen hatten die Friesischen Häuptlinge in ihren Unternehmungen wider die Städte und den Kaufmann Beihülfe und Unterstützung gefunden. Namentlich auch Graf Gerhard von Oldenburg machte mit dem freibeuterischen Adel Gemeinschaft und sah dem Treiben der Wegelagerer gegen den Kaufmann nach, ließ auch selbst die reisenden Kaufleute mit ihren Gütern zu Delmenhorst anhalten und gefangen nehmen. Die Städte Hamburg und Bremen erhielten deswegen im Jahre 1453 vom Hansatage den Auftrag, hier Wandel zu schaffen und vornehmlich dahin zu sehen, daß der Oldenburger Graf kein Volk zu Schiffe bringe und er nicht auch zur See den Kaufmann belästige. Die Kosten für Ausführung einer Expedition wider den Grafen sollten aus einem aufzulegenden Zolle ersetzt werden. Von Unternehmungen zur See haben Hamburg und Bremen den Grafen wohl abgehalten. Es wird nichts von dergleichen Unternehmungen des Grafen Gerhard berichtet. Zu Lande aber hat er nachher den Verkehr noch des Oeftern gestört und belästigt.

Auf diesem Hansatage, auf welchem den Städten Hamburg und Bremen die Exekution der Beschlüsse wider den Grafen Gerhard von Oldenburg aufgetragen ward, wurde, wie auf anderen Hansatagen der hier in Betracht kommenden Zeit, auch mit den Burgundern, Engländern und Flämingern verhandelt. Die Verhandlungen blieben aber im wesentlichen ohne Erfolg, weil die Kontrahenten beiderseits ihre Forderungen zu hoch spannten. Die Burgunder versprachen, die Beschwerden der Städte an ihren Herzog und die vier Stände zu bringen, und vereinigten sich mit den Städten über eine andere Tagfahrt. Die Beziehungen zu England blieben eingestellt, bis der englische König die alten Hansaprivilegien voll wieder herstellen würde. Die flandrischen Gesandten begehrten, daß die hansischen ihre Residenz von Utrecht, wohin sie selbige aus Brügge verlegt hatten, wieder nach Brügge zurückverlegen sollten. Dagegen verlangten die Hansestädte erst schriftliche Garantien ihrer Freiheiten und Privilegien durch den Herzog und die Stände. Daneben ward vom Hansatage noch einiges über den russischen Handel mit Tuch und mit Flachs ausgemacht, und besonders eingeschärft, daß Niemand mit den Russen auf Borg handeln solle. Zeitgeschäfte gab es also für den Handel der Hansa noch nicht.

Von besonderem Interesse unter den vielen Verhandlungen und Abmachungen, wie sie ziemlich gleichförmig auf allen Hansatagen dieser Zeit wiederkehren, sind hier, in Hinsicht auf die damals leitenden Prinzipien im Betriebe des Handels, die Bestimmungen der Konföderation von 1447, in welcher es heißt: Kein Hansischer soll mit Fremden Handel treiben. Niemand soll von den Hansischen sein Gut an Nichthansen senden oder zu senden gestatten, ausgenommen Bier, Wein und Hering, bei Strafe von einer Mark Goldes. Kein Hansischer soll nichthansische Güter verhandeln; kein Diener, der nicht in der Hansa geboren, soll auf dem Stahlhofe handeln und hantiren.[1] Alle,

---

[1] Der „Stahlhof" war ein zum Comptoir der Hansa zu London gehöriges Institut, wo das durch das dortige Comptoir zu vertreibende englische Tuch gestempelt, mit dem Stempel, dem „Stahl", versehen wurde. Für die Stempelung wurde eine Gebühr, „das Stahlgeld", erhoben.

welche in Handelsgesellschaft oder Schiffsparten mit Fremden ständen, sollten diese bis nächsten Ostern aufgeben. Wer vorsätzlich aus der Hansa träte, solle nie wieder in dieselbe aufgenommen werden. Kein hansischer Schiffer dürfe solcher Leute, die außerhalb der Hansa ständen, Güter mit sich führen nach dem Westlande, und wenn im Ostlande Güter anlangten, die nicht von Hansischen hingeführt worden seien, so sollten solche so lange angehalten werden, bis nachgewiesen würde, daß sie dieselben für bar Geld angekauft hätten und kein Fremder Theil daran hätte. — Weil König Heinrich VI. von England wider Zusage Güter des Londoner Comptoirs der Hansa angehalten hatte, ward an den Hochmeister in Preußen geschrieben, daß er in seinem Lande die Engländer und ihr Gut mit Arrest belegen und die nach England gehenden Gesandten zur Beilegung der Sache instruiren wolle. Hamburg vertrat übrigens in den Verhandlungen des Hansabundes über Maßnahmen gegen England den Standpunkt der Freihandelspolitik, durch die es später mit anderen Hansestädten, namentlich mit Lübeck, in Gegnerschaft und Konflikt gerieth.

Alle diese Verhandlungen und Abmachungen auf den Hansatagen berühren indeß die Geschichte Hamburgs nur äußerlich, berühren sie nur, greifen nicht in sie ein. Von eingreifender Bedeutung dagegen ward hier ein Beschluß der Hansa zur Dämpfung von Unruhen in der Bundesstadt Lüneburg im Jahre 1453. Der Rath zu Lüneburg hatte die Sülzgüter der Prälaten und der geistlichen Stifte und Klöster zur Schatzung herangezogen.[1] Dawider erhoben die Inhaber dieser Güter Protest und wandten sich mit einer Beschwerde an den Papst. Der Papst verhängte den Bann über den Rath. Die Geistlichen fanden in der Bürgerschaft Anhänger in dem Streite mit dem Rath, und sie reizten mit Erfolg weitere Kreise gegen diesen auf. Die Bürgerschaft forderte vom Rathe Rechnungsablegung über Einnahme und Ausgabe und setzte einen Ausschuß von sechszig Personen ein, welcher dem Rathe gegenüber das Interesse der Bürgerschaft wahrnehmen sollte. Der Bürgerausschuß setzte sich dann ins Regiment und forderte zunächst dem Rathe die Schlüssel der Stadtthore

---

[1] Die „Sülze" bei Lüneburg war der Ort der Saline. Auch das Hamburger Domkapitel besaß dort „Sülzgüter".

und des Rathhauses ab. Als bestellte Exekutoren des bezüglichen Hansabeschlusses sandten Hamburg, Lübeck und Braunschweig Bevollmächtigte nach Lüneburg, um einen Ausgleich zwischen dem Rath und den Sechszigern zu stande zu bringen. Der Graf Adolph VIII. von Holstein schloß sich den Städten in ihren Bemühungen zur Herstellung des Friedens in Lüneburg an und schickte gleichfalls Bevollmächtigte zur Vermittelung dahin. Alles war vergebliche Mühe. Die Lüneburger wurden durch die Einmischung Anderer in ihre Sache nur noch mehr aufgereizt und waren für Vermittelungsvorschläge nicht zugänglich. Der Rath zu Lüneburg ward genöthigt, am 23. November sein Amt niederzulegen, und am Tage danach wählten die Bürger durch die Sechsziger einen neuen Rath. Der alte Rath mußte Rechnung legen, und es fanden sich 670 000 Mark Stadtschulden. Die Mitglieder des Raths bekamen Hausarrest. Nachher wurden fünf davon auf den Thurm gebracht. Einer der gefangenen Rathmänner starb im Gefängniß; die anderen vier mußten sich mit großen Summen loskaufen und Urfehde schwören. Die Sechsziger ließen sich von zwei Rathmännern die in deren Pfandbesitz befindlichen Schlösser Lübershausen und Winsen ausliefern und übertrugen diese dem Herzoge, dessen Schutz sie gewinnen wollten, unentgeltlich. Der alte Rath entwich zum Theil nach Lübeck. Kaiser Friedrich III. belegte den neuen Rath mit der Acht, befahl ihm, sich des Rathsstuhls zu begeben, und trug den Städten Hamburg, Lübeck, Braunschweig und Bremen die Exekution des Befehls auf. Der neue Rath weigerte sich, dem Befehl nachzukommen, und suchte Hülfe bei dem Herzoge von Wolfenbüttel. Herzog Friedrich zog darauf mit starkem Gefolge in Lüneburg ein. Die Bürger wurden besorgt und fürchteten für ihre Freiheit. Es scharten sich zweitausend Mann zusammen auf dem Marktplatze und forderten vom Rath Auskunft über den Einzug des Herzogs und darüber, weshalb dem kaiserlichen Mandat nicht Folge gegeben werde. Sie nahmen die Thorschlüssel nebst den Stadtprivilegien in ihre Obhut und erbaten sich von den Gesandten Hamburgs und anderer Nachbarstädte, sowie auch von den Herzogen Friedrich und Bernhard, Auskunft und Bescheid, wer in dem Streite um die Sülzgüter Recht habe, die Geistlichen und der

Papst oder der Kaiser. Der Schiedsspruch erfolgte im November zu
Gunsten des Kaisermandats. Der neue Rath mußte nun zurücktreten.
Der alte Rath nahm seinen Sitz wieder ein, und die damit unzufriedenen Prälaten mußten mit dem neuen Rath aus der Stadt
weichen. Auch viele Anhänger des neuen Raths wurden nun genöthigt oder veranlaßt, die Stadt zu räumen. Diese begaben sich in
ziemlicher Anzahl nach Hamburg und ließen, geschützt durch päpstliche
Erlasse, sich daselbst nieder. Die Bürger im großen und ganzen
nahmen sich ihrer an und begehrten, der Rath solle den Vertriebenen
beistehen und selbst lüneburgische Güter in Hamburg mit Beschlag
zu belegen gestatten. Der Rath berieth mit wohlgesinnten Männern
über Mittel und Wege zur Stillung der Bewegung, und man entschloß
sich, vier von den gemeinen Bürgern in den Rath zu ziehen, darunter
zwei von denen, die Fürsprecher der anderen gewesen waren. Indes
besannen die Bürger sich eines besseren, da sie von den Unruhen
Nachtheil befürchteten, und hielten sich wieder zum Rath, der mittlerweile zur Gewährung von Konzessionen an die Bürgerschaft sich entschlossen hatte. Es kam ein Receß zu stande zwischen dem Rath
und den Bürgern, der, im wesentlichen eine weitere Ausdehnung der
Bestimmungen im Receß von 1410, nach Inhalt und Laut von besonderem Werth ist für Aufhellung der inneren Zustände im Gemeinwesen der Stadt zu damaliger Zeit. Es heißt in demselben:

„Kund und zu wissen sei Jedem, der diese Schrift liest oder
lesen hört, daß 1458, am Abend St. Lucä, des Evangelisten, die
ehrsamen Männer, Bürgermeister, Rathmänner und gemeine Bürger
dieser Stadt, einhellig auf dem Rathhause beisammen gewesen und zu
Nutz und Frommen der Stadt, um mit Gottes Hülfe Frieden und
Eintracht zu erhalten, freundlich und einmüthig folgende Artikel beliebt
und gevollbortet haben:

Artikel 1. Man soll keinen Einwohner aus dieser Stadt vertreiben.

Man soll nach dieser Zeit Niemand, er sei Bürgermeister, Rathmann, Bürger oder Einwohner, aus dieser Stadt wegen Verbrechen
verweisen, vertreiben, oder sie diese Stadt oder andere Städte ver-
schwören lassen, auch Niemand wegen Geldstrafen, derentwegen er

Bürgen hat oder genießen mag, zu gefänglicher Haft bringen, wenn es nicht das Stadtbuch oder Stadtrecht vorschreibt, denn diese wollen Rath und Bürger bei Macht und Würden erhalten. Den, der ein Verbrechen begangen hat oder begeht, soll man öffentlich vor Gericht verklagen, durch Urtheil und Recht ihn überführen, und das, was ihm nach dem Stadtrecht zuerkannt wird, das soll er genießen und entgelten. Würden aber solche, die ein Verbrechen begangen haben, flüchtig oder weichhaft, und wollten sie, wenn sie vor diesem Stadtgerichte, wohin sie, dem Rechtsbrauch gemäß, geladen worden, nicht kommen, um sich zu verantworten, so soll man sie weiter verfolgen, wie es nach Stadtrecht und Gerichtsbrauch sich gebührt. Wird aber aus anderen Städten Jemand weichhaft oder vertrieben, so soll der Rath, um ihn wieder zurückzubringen, weder Arbeit noch Lasten aus dem gemeinen Gute verwenden, es wäre denn, daß es auf Verlangen unsers Allergnädigsten Herrn des Kaisers, unsers erblichen Fürsten, oder der deutschen Hansestädte, zu denen auch wir gehören, geschehe. In diesem Falle können wir oder unsere Stadt nicht ohne Last bleiben.

Artikel 2. Wem die Verlassenschaft der Eltern zugeschrieben werden soll.

Bürgerkinder, deren Eltern nach dem Wissen des Rathes in dieser Stadt ehrlich in die heilige Ehe getreten sind, bedürfen nach dem Tode ihrer Eltern keiner gerichtlichen Zeugen, um in die von diesen ihnen angefallenen Güter eingesetzt zu werden, sondern der Rath soll ihnen die Güter in der Stadt Rentenbuch einschreiben lassen. Wäre dem Rath aber die Verheirathung nicht bekannt, so bedarf es nothwendiger Zeugnisse und Wissenschaft dazu, so wie es sich nach dieser Stadt Recht gebührt.

Artikel 3. Von Gesellschaften.

In den Häusern, wo sie ihre Compagnien halten, dürfen die Gesellschaften Hamburger Bier schenken und zwar nach einem vom Rathe zu setzenden Maß. Doch sollen die Schaffer kein Glücksspiel leiden und jedem Unfall wehren.

Artikel 4. Von Briefen, die an das Kirchspiel geschickt werden.

Würden in Zukunft Briefe an das Kirchspiel oder die Geschworenen geschrieben oder geschickt, so sollen die Geschworenen solche

Briefe nicht aufbrechen, sondern die Leichnamsgeschworenen und vier ehrliche Bürger des Kirchspiels sollen sie zu sich nehmen und sie dem Rath dieser Stadt bringen, der sie dann lesen und, wenn es nöthig ist, sie beantworten wird.

Artikel 5. Von den Brauern und der Sackung des Malzes.

Ein jeder Brauer soll zu einer Brau Bier 20 Sack Malz in der Mühle sacken und nicht mehr, und in einem Sack Gerste 4 gestrichene Fässer Gerstenmalz und in jedem Sack Weizen 3 volle Fässer Weizenmalz. Will man in der Mühle messen, so sollen die Müller und zwei unserer Bürger dabei sein, und wer zwei volle Fässer übergesackt hat, der soll, so oft er es wiederholt, 10 Mark bezahlen, und was über die zwei Fässer hinausgeht, soll er noch dazu verloren haben.

Artikel 6. Der Knecht soll sich nicht an seines Herrn Gut vergreifen.

Kein Knecht soll das Gut seines Herrn angreifen können, wenn ihm nicht sein Herr dazu Vollmacht giebt; thut ein Knecht dem Recht zugegen, so soll er es wieder erstatten.

Artikel 7. Die Aemter sollen bei ihrer Gerechtigkeit und ihren Rollen bleiben.

Ein jedes Amt soll bei seinen alten Gerechtigkeiten und bei dem Buche bleiben, das ihm der Rath erlaubt, gegeben und zugelassen hat. Es sollen keine Amtleute im Amte sein, als nur Bürger, und müssen sie den Eid, wie andere Bürger, geschworen haben. Allein diejenigen, die zu Werkmeistern gewählt werden, sollen schwören, daß sie dem Amte nach bestem Sinn und Wissen vorstehen, die zum Rechtsverfahren kommenden Sachen richten und melden wollen, was dem Rathe und dem Amte an Brüchen zukommt, und auch nach wie vor keine Morgensprache, ohne in Gegenwart der Herren des Raths, haben und halten wollen. Man soll auch in den Aemtern alle Jahr die Hälfte der Werkmeister absetzen und andere, die in dem Jahre nicht Werkmeister gewesen sind, wieder an ihre Stelle wählen.

Artikel 8. Wandschneider.

Jeder Bürger, der ein ehrlicher Mann und begütert ist, kann in dieser Stadt in einem Hause oder Keller eine Stätte zum Wandschneiden haben. Doch sollen die, welche wandschneiden wollen, vor Anfang des Geschäfts vor den Rath kommen, die Wandschneide gewinnen und der Stadt jährlich das entrichten, was bisher gewöhnlich gewesen ist.

Artikel 9. Von den Auswärtigen, die Eßwaaren zu Kauf bringen.

Jeder Fremde, der mit Butter, Käse, Schollen, Weißfischen, Kabeljau und anderen solchen Sachen in diese Stadt oder deren Gebiet kommt, der soll damit in der Stadt öffentlich zu Verkauf stehen, und kein Fremder soll von einem Fremden kaufen, es habe denn der Fremde mit diesen Sachen drei Tage zu Markte gestanden, so wie es von alten Zeiten her gewöhnlich gewesen ist. Er soll auch diese Güter keinem Fremden zu führen verdingen und verheißen; auch sollen unsere Bürger sie für keinen Fremden kaufen, wenn sie nicht drei Tage öffentlich zu Markte ausgestanden haben; ebensowenig als unsere Bürger, welche Vorhöcker sind, sie kaufen oder kaufen lassen sollen, ehe sie nicht eine Zeit gelegen haben, ausgenommen im Jahrmarkte, dann mag ein Jeder mit dem Anderen nach gewöhnlicher Weise Kauf und Handel treiben. Wer dawider handelt, soll, so oft er es thut, nach Willkür des Rathes gestraft werden.

Artikel 10. Von dem Zeugnisse echter Geburt.

Jeder Bürger und Einwohner dieser Stadt kann bei seinem Leben seine echte Geburt bezeugen. Wer aber nach seinem Tode zu seinen Gütern kommen will, der muß nach dieser Stadt Rechten verfahren.

Artikel 11. Von wohlgewonnenem Gute und Testamenten.

Jedermann, der kein Erbgut empfangen hat, kann sein wohlgewonnenes Gut in seinem, vor zwei von dem Rathe dieser Stadt dazu verordneten Herren des Rathes gemachten Testamente vergeben, wann und wohin er will, ohne Widerrede. Hat er auch Erbgut erhalten und empfangen und dazu Gut gewonnen, so kann und soll er seinen rechten Erben zuwenden, was er an Erbtheil empfangen hat, oder mehr, wenn er will, und das andere dahin wenden und geben, wohin er will.

Artikel 12. Vom Kriege.

Es soll und will der Rath keinen offenbaren Krieg anfangen, es geschehe denn mit Willen der Bürger. Würde auch dieser Stadt eine Fehde angekündigt, so soll der Rath die Bürger in Kenntniß setzen, damit ein Jeder sich vor Schaden hüten möge.

Artikel 13. Vom Schosse.

Es soll ein jeder dieser Stadt Bürger oder Einwohner, Bürgerin oder Einwohnerin, jährlich 8 Schillinge zum Vorschosse geben, und von je 100 Mark fünf Schillinge weniger 3 Pfennige zum Schoß und nicht mehr. Würden Krieg, schwere Lasten oder Noth über diese Stadt kommen, so will der Rath davon die Bürger in Kenntniß setzen, damit sie sich insgesammt darüber besprechen und sich vereinigen über die Art, wie diese Stadt von der Last zu befreien.

Artikel 14. Von den Mattenknechten.

Es soll Niemand den Mattenknechten Geld oder Geschenke geben, damit sie ihm früher mahlen, als es sich nach der Ordnung gebührt; auch sollen die Mattenknechte keine besonderen Gründe zu ihrem Behuf haben, sondern sie sollen für Alle mahlen, mit der Ausnahme, sie könnten beweisen, daß Einer (an dem die Reihe) verzogen sei. Und wenn den Bürgern nach der Reihe gemahlen worden ist, so soll man sie zu gleicher Ordnung wieder anweisen, so wie es von Alters her gewöhnlich gewesen ist.

Artikel 15. Von den Englandsfahrern.

Der Rath soll und will für die Englandsfahrer auf die bestmögliche Weise sorgen, damit sie ihre Schiffe in Frieden miethen oder laden, ohne daß ihnen ein unrechter Widerstand geschehe. Das soll man richten, daß daraus keine Noth mehr entsteht.

Artikel 16. Vom freien Geleit derer, die unsern Bürgern schuldig sind.

Man soll in dieser Stadt an Niemand freies Geleit vor Bürger-Schuld geben, ausgenommen Herren, Fürsten, Gesandten der Herren oder der Städte; und würde der Rath nothgedrungen oder zum Nutzen der Stadt Jemand ein freies Geleit geben, so soll er es den Schuldnern anzeigen, damit sie sich vor einem unrechten Ueberfall in Acht nehmen.

Artikel 17. Von der Münze.

Der Rath soll und will sich auf die bestmögliche Weise um die Münze bekümmern.

Artikel 18. Von dem Gelde.

Es soll Niemand in dieser Stadt ein anderes Silbergeld in Zahlung annehmen oder ausgeben, als was in den vier Städten Lübeck, Hamburg, Lüneburg und Wismar gemünzt und geschlagen ist. Würde Einer dem zuwider wissentlich und mit Vorsatz etwas annehmen und ausgeben, und darauf betroffen werden, und er sich eidlich nicht reinigte, der soll mit einer Mark Silber gestraft werden.

Artikel 19. Von der Kleiderordnung.

Da man in dieser Stadt viel kostbare Kleidung, Kleinodien und Geschmeide sieht, so soll und will der Rath darin auf eine ernstliche Weise Maß und Ziel setzen; und was der Rath also gebieten und bestimmen wird, danach soll sich ein Jeder richten.

Artikel 20. Von eigenen Leuten.

Der Rath soll und will mit allem Fleiße, soviel er kann, darüber aus sein, daß man keine eigene Leute, die über Jahr und Tag in dieser Stadt gewohnt haben, herausgebe, so wie es zuvor immer gehalten worden ist.

Artikel 21. Von einem Bürger, der mit einem Rathmann Streit hat.

Käme ein Bürger wegen Streitigkeiten mit einem Rathmanne vor den Rath, so soll der Rath die Sache so schnell, wie möglich, vornehmen und mit Fleiß dahin trachten, daß sie gütlich oder nach dem Rechte beigelegt und gehoben werde. Auch will der Rath alle streitigen Sachen der Bürger, sobald er nur kann und vermag, entscheiden.

Artikel 22. Von den Fürsprechern.

In Zukunft soll kein Fürsprecher einige Sachen vor dem Rathe vertheidigen, ausgenommen bei Urtheilen, die nach dem Rechte vor dem Rathe gescholten werden können. Könnte oder wollte aber Jemand in einer Sache das Wort vor dem Rathe nicht selbst führen, so mag er einen anderen ehrlichen Bürger bitten, für ihn zu sprechen; dem soll er aber kein Geld geben; auch soll er Niemand bitten, der Fürsprecher in dieser Stadt ist oder gewesen ist.

Artikel 23. Von einem Bürger, der mit auswärtigen Fürsten ⁊c. zu thun hat.

Würde ein Fürst, Herr, Ritter oder Knappe, oder sonst Jemand Beschwerden gegen einen Bürger haben, so soll der Rath mit Fürschreiben und Vertreten dem Bürger beistehen, ihn zur gelegenen Zeit fordern lassen und ihm auf die beste Weise davon zu helfen suchen. Hätten auch unsere Bürger mit Fürsten, Herren, Edelleuten und deren Unterthanen wegen Schulden oder anderen Sachen etwas zu schaffen, so will der Rath ein Fürschreiben ergehen lassen und ihnen in aller Treue in allen rechtlichen Sachen behülflich sein.

Artikel 24. Die Stadtfreiheit darf nicht bekümmert werden.

Es soll Niemand dieser Stadt Freiheit bekümmern, ohne Vollbort des Rathes. Handelt Jemand dagegen, so soll er nach Willkür des Rathes gestraft werden, er sei, wer er wolle. Hätte auch Jemand dies auf dem Brook oder an anderen Orten ohne Vollbort des Rathes gethan, so bleibt es dem Rathe überlassen, die Rechtfertigung zu fordern.

Artikel 25. Von den armen Siechen.

Man soll den armen Siechen auf dem Stege das Brot, das mit den Körben in der Stadt zusammengebeten wird, gänzlich geben und austheilen. Würde ein armer Mensch auf den Steg hingewiesen, so soll man durchaus kein Geld von ihm nehmen. Und was den Siechen in Testamenten oder sonstwo gegeben ist, das soll man ihnen ohne besondere Abzüge überantworten. Auch soll man den Siechen-Prövenern ihre Speise und ihre Gerichte geben, sowie es von alten Zeiten her gewöhnlich gewesen ist.

Artikel 26. Vom Brauen am heiligen Abend.

Keinem soll gestattet sein, am Abend des Festtags zu brauen oder Feuer anzumachen, ehe Mitternacht vorüber ist. Wer dawider handelt, soll 10 Schilling Strafe zahlen.

Artikel 27. Vom Feuerlärm.

Entsteht in einem Hause oder Erbe ein Feuer, was Gott verhüte, so soll der Mann, der Lärm macht und sein Haus rettet, ohne Brüche bleiben; würde aber Einer, dessen Haus brennt, keinen Lärm machen, der soll nach Willkür des Rathes Strafe erlegen.

Artikel 28. Vom Lohn der Zimmer- und Mauerleute.

Man soll den Zimmer- und Mauerleuten den Sommer über, von Fastnacht bis Michaelis, 3½ Schilling ohne Kost und ohne Zulage, und den Winter über, von Michaelis bis Ostern, 8 Weißpfennige und nicht mehr zum Lohn geben, und den Handlangern außerdem, was sich gebührt. Wer mehr giebt und nimmt, der soll nach Ermessen des Rathes gestraft werden. Würden Zimmer- und Mauerleute, welche Bürger und Einwohner dieser Stadt sind, des Sommers aus der Stadt ziehen und anderswo arbeiten, ohne Erlaubniß des Rathes, so sollen dieselben nicht länger dieser Stadt Bürger sein und nicht länger hier wohnen. Kämen fremde Zimmerleute und Mauerleute in die Stadt, die hier um den vorgeschriebenen Lohn arbeiten wollten, so sollen sie von den Zimmer- und Mauerleuten dieser Stadt unbehindert bleiben, außer, daß sie für Vollbecken und Luchten geben, was hergebracht ist.

Artikel 29. Von der Ausfuhr des Korns und anderer Güter.

Es soll Niemand aus dieser Stadt Korn und andere Güter ausführen, die der Rath verboten hat oder verbieten wird, ohne Vollbort des Rathes. Handelt Jemand dawider, so sollen die Güter zum Besten der Stadt verfallen sein; dazu soll derjenige, der es thut oder thun läßt, 20 Mark Silber Strafe zahlen, und wer es anmeldet, soll den zehnten Pfennig davon haben.

Artikel 30. Von Ausfuhr des Korns auf der Elbe.

Würde Jemand Korn auf der Elbe verschiffen und damit seewärts in andere Länder segeln, so soll er, wenn er ein Bürger und Einwohner ist, nicht länger Bürger sein; wenn es ein Fremder ist, soll er im Hafen der Stadt nicht mehr geduldet werden. Auch sollen die Bürger solchem keine Ladung in andere Häfen geben, und kein Schiffer soll den Steuermann und die Schiffsleute, die dazu geholfen haben, weiter führen; auch das Schiff soll in den Hafen der Stadt nicht mehr einlaufen, es sei denn, daß der Schiffer es verkaufte. Wer dawider handelt, der soll nach Ermessen des Rathes bestraft werden.

Artikel 31. Wie es mit dem Verkauf von Eßwaaren gehalten werden soll, oder von der Vorhöckerei.

Wer von außen herein Gänse, Enten, Hühner, Butter, Eier und ähnliche Eßwaaren zu Kauf bringt, soll, wenn er Morgens kommt, damit öffentlich zu Markt stehen, bis es 11 Uhr schlägt, und soll des Mittags vor dieser Zeit kein Vorhöcker und keine Vorhöckerin etwas kaufen. Käme Einer Nachmittags mit solchen Waaren und stände damit zu Markte, so sollen auch diese keine Vorhöcker und Vorhöckerinnen kaufen, Andere aber können und mögen sie kaufen. Könnte er aber Abends nicht damit zu Markte stehen, so soll er es am andern Morgen thun, bis daß es 11 Uhr schlägt, und vor der Zeit soll kein Verkäufer den Vorkauf haben.

Artikel 32. Von der Aushebung der wehrhaften Mannschaft.

Wird es künftig befunden, zum Nutzen der Stadt oder nothgedrungen, wehrhaftes Volk auszuheben, so will der Rath von einem Ende der Stadt anheben, Nachbar um Nachbar zusprechen, und wo man zu einer Zeit stehen bleibt, da soll man wieder anfangen, sobald man dessen bedarf. Der Rath soll auch wegen der Aemter keine besondere Aushebung verfügen; wenn aber die Amtleute dazu befugt worden, soll ein Jeder für sich selbst, gleich seinem Nachbarn, die Aushebung vornehmen.

Artikel 33. Niemand soll die Bürger versammeln.

Damit der Friede bestehe und gute Eintracht erhalten bleibe, haben Rath und Bürger vereint beschlossen, daß Niemand in Zukunft Zusammenkünfte und Bürgerversammlungen in Sachen, welche die Bürger und die Stadt betreffen, veranlassen soll, als nur dann, wenn der Rath den Bürgern Botschaft schickte und sie fordern ließe. Handelte Jemand dawider, so will der Rath thun, was erforderlich ist, und dazu wollen die Bürger dem Rath beistehen und behülflich sein. Wäre die Sache so wichtig, daß der Untergang der Stadt davon abhinge, so mögen die Ehrlichsten und Aeltesten aus jedem Kirchspiel zusammenkommen, vor den Rath gehen und dem Rathe die Sache anzeigen.

Artikel 34. Ueber das Bierschenken.

Jeder Mann oder Frau, der in Zukunft Hamburger Bier schenken will, muß Bürger sein und soll vor St. Martini Tag aufs Rathhaus vor den Rath kommen, um hier die Erlaubniß zum Schenken zu erhalten und eingeschrieben zu werden, auch Bürgschaft leisten, daß er an Gut 10 Thaler werth und mit Schulden nicht beschwert sei. Jeder Bürger und jede Bürgerin, der oder die mit Erlaubniß des Raths Bier schenkt, soll nach dem Pegelmaaß dieser Stadt schenken, und wenn die Tonne Bier 16, 17 oder 18 Schillinge gilt, soll man das Stübchen Pegelmaaß zu 6 Pfennigen, das halbe Stübchen zu 3 Pfennigen und das Quartier zu 3 Scherf und nicht theurer geben. Wenn die Tonne Bier 19, 20 oder 21 Schillinge kostet, soll man das Stübchen für 7 Pfennige, das halbe Stübchen für 3½ Pfennige und das Quartier für 2 Pfennige und nicht theurer geben. Gilt die Tonne Bier 22, 23 oder 24 Schillinge, so soll man das Stübchen für 8 Pfennige, das halbe für 4 Pfennige und das Quartier für 2 Pfennige geben. Wer Hamburger Bier schenken will, soll kein offenes Haus mit brennenden Lichtern halten und nicht länger, als bis es 10 Uhr schlägt, schenken. Wer dawider handelt und in diesem Theile straffällig wird, der soll jedes Mal um eine Mark Silber gestraft werden.

Der Rath will darauf halten und halten lassen. Daher hüte sich Jeder vor Schaden. Wie oben."

So blieb das Einvernehmen zwischen Rath und Bürgern gewahrt, und wurde dasselbe für die Dauer noch gefestigt durch Gewährung von Konzessionen von seiten des Raths und Aufnahme derselben in den Receß.

Neben Bestimmungen allgemeiner Natur zur Sicherung der Freiheit des Bürgers und des Gemeinwesens und einigen Anordnungen in betreff gemeinnütziger Einrichtungen sind es in beiden Recessen, dem von 1410 und dem von 1458, im besonderen die „eigenen Leute", die Bierbrauer und die Englandsfahrer, welche Berücksichtigung finden, außer diesen im Recesse von 1458 speziell dann noch die Wandschneider. Das zeugt davon und ist ein Beleg dafür, daß die Gewerbe der Brauer, der Englandsfahrer und der Wandschneider zu der betreffenden Zeit für das städtische Gemeinwesen Hamburgs von hervorragender Bedeutung waren, und daß die „eigenen Leute" damals noch einen nicht unbedeutenden Theil der städtischen Bevölkerung ausmachten.

Hamburg bestand als Ansiedelung an der Hammaburg schon von Karls des Großen Zeit her, und es waren freie Mannen, die sich hier ansiedelten, zu St. Peter an der Hammaburg, der alten Bischofsstadt. Ein eigentlich städtisches Gemeinwesen aber bildete sich erst später, wie denn überhaupt in Nord- und Mitteldeutschland erst vom zehnten Jahrhundert an eigentliche Städte entstanden. Unvollkommen und roh war die erste Anlage der deutschen Städte. Die meisten Bewohner der neuen Stadtgebilde, sowie der Burgen oder Villen, aus welchen sie entstanden, waren unfreie Dienstleute, Kriegssöldlinge und Handwerker. Freie Kolonnen, Gewerbs- und Handelsleute gab es wohl auch, aber in geringer Zahl, und wenn sie auch persönlich frei waren, so mußten sie doch dem Burgherrn Schutzgeld und Dienst leisten. Die freien Mannen, die Heerbannsleute, die vornehmeren Ministerialen, alle Freie und Edle, die gleich bei der Gründung der Stadt sich in derselben angesiedelt hatten oder später der Sicherheit wegen oder anderer Vortheile halber darin sich niederließen, hielten sich mit ihren Nachkommen gesondert von den unfreien und hörigen Stadtbewohnern. Sie wurden die Stammväter der nachmaligen städtischen Patriciergeschlechter. Diesen gegenüber standen die Gemeinfreien und die Hörigen, die „eigenen Leute". Der Stand der Gemeinfreien war unter der Dienstbarkeit des Lehnswesens fast verschwunden. Es gab schließlich im großen und ganzen in deutschen Landen nur noch Herren und eigene Leute, hörige Knechte. Diese letzteren zogen sich in die Städte hinein, leichteren Erwerbes wegen, und um dem Drucke der Herren sich zu entziehen. Die Mehrzahl der Stadtbewohner rekrutirte sich aus dem Stande der Hörigen und eigenen Leute. Daher durften in Hamburg „Hörige und Handwerker" nicht in den Rath gewählt werden. Der Handwerker, die eigentliche Einwohnerschaft der Städte, rangirte nach Herkunft und Abstammung mit Hörigen und Unfreien, durfte daher nicht in den Rath kommen.

Vierte Abtheilung. Von 1410 bis 1459.

Vornehmlich durch den Zuzug „eigener Leute" mehrte sich die Einwohnerschaft der Städte, besonders auch zur Zeit der Abschließung der hier in Betracht stehenden beiden Recesse von 1410 und 1458, sehr, und die Städte kamen dadurch in viele Konflikte mit Herren, welche solche Leute, als ihnen „eigen", reklamirten. Rechtlich mußten die eigenen Leute dem Herrn, der sie zurückforderte, ohne Widerspruch als sein Eigen ausgeliefert werden. Daher bestimmte der König Christian VII. von Dänemark in der Verordnung wegen Aufhebung der Leibeigenschaft vom 19. Dezember 1804 im Artikel 6: „Kein Ausländer, der sich in Unsern Herzogthümern Schleswig und Holstein, der Herrschaft Pinneberg, Grafschaft Ranzau und Stadt Altona aufhält, soll angehalten und ausgeliefert werden, wenn er als Leibeigener vindicirt würde." Auf solche in die Stadt gezogene leibeigene, hörige Leute bezieht sich die betreffende Bestimmung in den beiden Recessen, wo die Rede ist von Herausgabe eigener Leute.

Eins der wichtigsten Gewerbe Hamburgs zur Zeit jener Recesse war die Bierbrauerei. Der Hamburger Handel stützte sich zu der Zeit in hervorragender Weise auf ein großartiges Brauwesen. Das Hamburger Bier war ein begehrter Artikel und wurde überallhin versandt und gegen andere Handelswaren umgetauscht. Ganze Kauffahrerflotten gingen alljährlich zur bestimmten Zeit, „zur Zeit des Bierversands", ausschließlich mit Hamburger Bier befrachtet, aus der Elbe in See, und die Chronisten sprechen von großem, unersetzlichem Schaden für den Hamburger Handel, wenn die Bierflotten einmal durch Herbststürme am Auslaufen aus der Elbe verhindert wurden und das Bier unausgeführt liegen bleiben mußte. Im Jahre 1376 gab es 457 Brauer in Hamburg, und die meisten brauten für den Exporthandel. Von den damaligen Brauern schickten 55 ihr Bier nach Staveren und 126 nach Amsterdam. Auch das Hamburger Domkapitel unterhielt und betrieb große Exportbrauereien. Graf Wilhelm IV. von Holland ließ 1342, als er einen Zug gegen die Friesen unternahm, alle nach Amsterdam kommenden Hamburger Schiffe anhalten, bis er seinen Bedarf an Bier mit 2250 Faß gedeckt hatte. In Verbindung mit der Exportbrauerei hoben sich Böttcherei, Schiffbau und Reeperei. Mehr als 200 Böttchermeister arbeiteten für die Brauereien um die für das Bier nöthigen Gebinde zu liefern. Der Brauereibetrieb bildete eine der Hauptgrundlagen des Handelsflors und des Wohlstandes der Stadt. Daher die Fürsorge für das Brauwesen bei Abfassung der Recesse. Von der hohen Bedeutung, welche die Bierbrauerei und was damit zusammenhängt einstmals für Hamburg hatte, zeugen noch die Benennungen vieler Straßen und Plätze, als Brauerstraße, Brauerbrücke, Brauerknechtsgraben, Hopfenmarkt (ursprünglich „Bei der Nikolaikirche" und „Neumarkt" geheißen), Hopfensack und wohl auch Schopenstehl (Schopensteel). — Schopen: Gelten, Schöpfkellen der Brauer. Die Schopen der Bierbrauer waren kupferne Gefäße von ca. 4 Stübchen Raummaß mit langem Stiel. Schopenbrauer (Schopenbroer) hießen die Brauerknechte, die im eigenen Brot saßen, aber für Lohn den Brauern beim Brau zur Hand gingen.[1] Bei der Wichtigkeit des Braugewerbes für Hamburg spielten die Brauer eine hervorragende Rolle in der Stadt, und im Bewußtsein ihrer Bedeutung nahmen sie sich manche Freiheit heraus. Als im Jahre 1453 ein zum Tode verurtheilter Delinquent zum Richtplatze geführt werden sollte, befreiten die Brauerknechte den Verurtheilten, indem sie ihn bei der Petrikirche den Händen des Frohns mit Gewalt entrissen. Seitdem mußten die „Reitendiener" unter Anführung des Brookvogts die Delinquenten zum Richtplatze geleiten.

Die Hamburger Kaufleute, deren Verkehr nach einem und demselben Lande ging, hatten sich zu Gesellschaften (Selschoppen) zusammengeschlossen. Die ansehnlichste und zahlreichste dieser Gesellschaften war in älterer Zeit die der Flandernfahrer. Diese zählte schon 1376 vierundachtzig Mitglieder. Die Englandsfahrer bildeten ebenfalls schon in älterer Zeit eine Genossenschaft, die jedoch weniger zahlreich war, als die der Flandernfahrer.[2] Zu diesen Gesellschaften

---

[1] „Schopensteel" (Schopen-Stegel, vielleicht auch Schopen-Stiel, zu deuten) hat mit Schöppen und Schöffen, worauf es gedeutet worden ist, schwerlich etwas zu thun. Es mögen hier, zwischen den Kurien der Kapitelsherren, der Inhaber großer Brauereien, und dem Hopfensack, wohl Schopenbrauer oder Schopenmacher sich angebaut gehabt haben, und nach ihnen ist wohl die Straße benannt worden.

[2] Im Jahre 1435 überließ das Dominikanerkloster St. Johannis zu Hamburg den Englandsfahrern die Kapelle des heiligen Thomas von Canterburn, wie solche vorher von der „Brüderschaft des heiligen Leichnams" besessen worden war, zum Begräbnißort für ein Kaufgeld von 30 ₰ Lübisch und jährlich 7 ₰ für Seelenmessen. Vielleicht sind in diesem

kam etwas später die der Schonenfahrer hinzu, die sich nur mit dem Heringsfang und Heringshandel beschäftigte, und im Anfange des sechszehnten oder am Ende des fünfzehnten Jahrhunderts bildete sich dann als besondere Gesellschaft noch die der Bergenfahrer. Die drei älteren Gesellschaften der Flandernfahrer, Englandsfahrer und Schonenfahrer bildeten im Mittelalter den „meenen Kopmann". Die durch diese Gesellschaften vermittelte Einfuhr bestand vor allem aus gefärbten flämischen Tuchen, sodann auch aus englischen Tuchen, die gegen Ende des Mittelalters in immer wachsenden Mengen über Hamburg nach Deutschland eingeführt wurden, meist jedoch auf dem Umwege über Flandern und Brabant, wo sie gefärbt und aufbereitet wurden, und daneben aus Ostseeheringen und anderen Fischereiprodukten: Schollen, Bücklingen, Stockfischen, Seehundsthran ꝛc. Der Import englischer Tuche hob sich im fünfzehnten Jahrhundert immer mehr, nachdem schon König Eduard III. die englische Industrie gehoben hatte durch Herbeiziehung vieler aus Flandern auswandernder Wollweber und Tuchbereiter, sowie durch das Verbot der Ausfuhr roher Wolle und der Einfuhr fremden Tuches. Die Englandsfahrer brachten dem Hamburger Handel regen Verkehr und reichen Gewinn. Eben daher aber fanden sie im Konkurrenzkampfe auch damals und seitdem viele Neider und Widersacher, die dem Handel mit England Hemmnisse zu bereiten suchten. Hierauf bezieht sich die Bestimmung in den Recessen in betreff der Englandsfahrer.

Zwischen den importirenden Kaufleuten der Handelsgesellschaften und der gewerbetreibenden Masse der Bürgerschaft standen von Alters her die Krämer und Wandschneider (Manufakturwarenhändler, die das flämische „Wand" und das englische Laken im Ausschnitt, im Detailhandel, verkauften).[1] Sie vertrieben die von den Großhändlern

---

Jahre die Englandsfahrer erst zu einem festen Verbande zusammengetreten. Die Schonenfahrer stifteten schon 1395 eine Brüderschaft der heiligen Martha in der Maria-Magdalenen-Kirche.

[1] Wand: Gewand, Tuch, Laken. Speziell wurden die flämischen Wollstoffe als „Wand" bezeichnet. In „Beierwand" (Briderwand) hat sich die Bezeichnung noch erhalten. Neben Wandschneidern finden sich nachher auch Wandbereiter. Daher der „Wandberriter-Brook", der alte und der neue „Wandrahm". Letztere Straßen hießen früher „grote Wandraam" und „lütje Wandraam". Wandraam: Gestell der Gewandbereiter, worin sie das Tuch spannten. Die Wandbereiter-Rahmen standen da, wo nachher jene Straßen, beim großen und kleinen Wandrahm (alter und neuer Wandrahm) entstanden sind.

importirten Waren, und da unter diesen die flandrischen und englischen Tuche im Range obenan standen, so wurde der Wandschnitt eine besonders wichtige Handelsbranche. Die Wandschneider bildeten nachher eine eigene Innung, die „Societät der Lakenhändler und Gewandschneider". Die Zahl derselben nahm stetig zu und die Innung gelangte zu hohem Ansehen und großen Reichthümern. Der Wandschnitt wurde für Hamburg eine noch ergiebigere Quelle des Gewinns, als das Braugewerbe es war. Daher die Berücksichtigung des Wandschnitts neben dem Brauwesen in den Recessen.

Zu den Mitteln, durch welche die Hansa und die Hansamitglieder ihr Handelsmonopol jahrhundertelang aufrecht zu erhalten wußten, gehörte in erster Linie die Erschwerung des Fremdenverkehrs, des Handels unter den „Gästen" (Fremden) in den Städten des Bundes. In den Hansarecessen des vierzehnten und fünfzehnten Jahrhunderts herrscht in dieser Beziehung ein Geist förmlicher Feindseligkeit gegen alles Nichthansische. Die beiden wesentlichsten Grundsätze des hansischen Fremdenverkehrs waren: Die Handelsgäste dürfen keinen Detailhandel treiben; Großhandelsbetrieb steht den Gästen zwar frei, aber anderen Gästen dürfen sie ihre Waren erst anbieten und verkaufen, wenn dieselben vorher eine bestimmte Zeit lang (drei bis acht Tage) ausschließlich den Bürgern in der betreffenden Hansastadt feilgeboten worden sind. Dergleichen Bestimmungen ließen sich durchführen, solange der Verkehr ein relativ eingeschränkter, an besondere Verkaufsstellen gebundener war. Als Handel und Verkehr sich erweiterten, wurden die Schranken solcher Bestimmungen vielfach durchbrochen. Infolgedessen wurden die Fremdengesetze verschärft. Endlich ward der Handel zwischen Fremden, „zwischen Gast und Gast", überhaupt verboten und untersagt. Da viele Bürger im Interesse von Freunden und Bekannten, oder in eigenem Interesse als Faktoren auswärtiger Handelsleute, das Verbot umgingen, so wurde auch hiergegen energisch eingeschritten. Hamburg machte hierin keine Ausnahme. Ein Zeuge von der Herrschaft des in der Hansa herrschenden fremdenfeindlichen Geistes ist besonders der Receß von 1458 in seinen bezüglichen Bestimmungen. Doch ist derselbe keineswegs, wie man wohl gesagt hat, ein Beleg dafür, daß Hamburg besonders fremdenfeindlich in seiner Handelspolitik sich gezeigt habe. Im Gegentheil zeugt der Receß in jenen Bestimmungen noch von einer relativ liberalen Gesinnung in Beziehung auf den Fremdenverkehr, indem dieser nur bei gewissen Warengattungen beschränkt wird. Es ist das dem Einflusse des Raths zuzuschreiben, der in dieser Rücksicht liberaleren Ansichten huldigte, als die Bürgerschaft, der gegenüber Mitglieder des Raths sich reservirten mit der Erklärung, „dat se binnen Hamborch den Engelschen solden glik eren borgeren tolaten to hanteren, worden se nimmer gestaden." Von den traditionellen mittelalterlichen Anschauungen in der Fremdenpolitik, wie sie in dem Recesse von 1458 hervortreten, hat Hamburg sich erst später freigemacht, als das Band der alten Hansa zerfiel und Hamburg, ganz allein auf eigene Kraft sich gründend, sich anschickte, für sich die Herrschaft im Weltverkehr zu erringen.

Während der Bewegung aus Anlaß des Lüneburger Zwistes wegen der Sülzgüter, den die Chronisten auch wohl den Lüneburger „Prälatenkrieg" nennen, der zur Abfassung des Recesses von 1458 Anlaß gab, wurde Hamburg auch in Streit mit den Hadelern verwickelt. Herzog Erich von Sachsen hatte im Jahre 1407 eine größere Summe vom Hamburger Rath angeliehen und dafür der Stadt das Land Hadeln zum Pfand gesetzt. 1414 wurde die Verpfändung des Landes an Hamburg erneuert durch die Herzoge Erich, Albrecht, Magnus, Bernhard und Otto, und die Hadeler gaben Brief und Siegel darauf, daß sie der Stadt Hamburg alles das thun und leisten wollten, was sie den Herzogen zu Sachsen bisher gethan und geleistet hätten und von Rechts wegen zu thun und zu leisten schuldig wären. Die Pfandschaft war nachher noch wiederholt erneuert und bestätigt worden, und das Land Hadeln war im Pfandbesitze Hamburgs verblieben. Nun aber weigerten sich die Hadeler 1458, den Hamburgern das Gebührliche zu leisten. Sie meinten, die Stadt Hamburg solle nur die jährliche ordentliche Hebung und die Nutzung des Landes haben, und wollten dem Rath nicht zuschwören und ihn nicht als Richter und Oberherrn anerkennen. Darüber entstauden schwere Verwickelungen, und beide Theile, die Hadeler und die Hamburger, rüsteten zum Kriege, und ein gewaltsamer Zusammenstoß schien unvermeidlich.

Da schlug sich Graf Adolph VIII. von Holstein, Lehnsherzog von Schleswig, dazwischen, um den Frieden zu wahren an der Grenze seines Gebiets. Es wurde dann auf einem Tage zu Otternborf, Bartholomäi, den 24. August, 1458, durch Gesandte des Grafen und Herzogs Adolphs VIII. und des Herzogs Bernhard von Sachsen, unter Assistenz eines Bürgermeisters, zweier Rathmänner und acht deputirter Bürger aus den vier Kirchspielen von Hamburg, ein Vertrag geschlossen. Dem Rath sollen vierundzwanzig Hauptleute aus den Kirchspielen des Landes Hadeln schwören und sollen diese dann mit dem Rath nach Sachsenrecht richten. Die Brüchgelder sollen getheilt werden zwischen dem Rath und den Hauptleuten, mit Ausnahme derjenigen aus Deich- und Kirchspielsrecht, aus Pfändung und Gewaltthat, die der Herrschaft allein zufallen sollen. Bei Unfrieden zwischen Hauptleuten und Landeseinwohnern solle der Rath entscheiden. Diese Artikel sollen nur so lange gelten, als das Land in Hamburger Pfandrecht stehe.

Im folgenden Jahre, 1459, am Tage Barbara, den 4. Dezember, starb Graf Adolph VIII. ohne männliche Erben. Er war der letzte Graf aus schauenburgischem Stamme, der über die holsteinischen Lande regierte. Mit ihm ging die Schutzherrlichkeit der Grafen von Holstein-Schauenburg in Hamburg zu Ende. Insofern ist sein Tod auch für die Geschichte Hamburgs von Bedeutung.[1]

---

[1] Auf das Sterbejahr des Grafen und Lehnsherzogs Adolphs VIII. bezieht sich der Reim auf seinem Epitaphium:

Da men schref eyn Rink von der Taschen,	M	—	1000
Und be Henge van veer Flaschen,	CCCC	—	400
Bief Duven-Föte und negen i,	XXXXX	—	50
	IIIIIIIII	—	9
Dar denkt men Hartogs Adolph by.			1459.

Dritter Abschnitt.

Von 1459 bis 1768.

Von der Zeit Christians I. bis Christian VII. — Anerkennung der Reichsfreiheit Hamburgs.

Erste Abtheilung.

Von 1459 bis 1525 — Anfang der Reformation.

Nach dem Tode des Grafen Adolphs VIII. von Holstein entstand über die Nachfolge in der Grafschaft ein Streit zwischen dem Grafen Otto III. zu Schauenburg und Pinneberg und dem Könige Christian I. von Dänemark. Graf Otto III. war nach dem Ableben des Grafen Adolph VIII. der nächste Erbe zur Grafschaft. Aber er hatte keine Anwartschaft auf das Lehn Schleswig für sich geltend zu machen, da das Herzogthum nicht den Schauenburgern insgesamt, sondern nur dem Stamme Gerhards des Großen erblich verliehen war und er nicht zu diesem Stamme gehörte. Gerhards des Großen Nachkommenschaft war mit Adolph VIII. ausgestorben.[1] Das kam Christian I. von Dänemark, Schwestersohn des verstorbenen Adolphs VIII., der nach der Erbfolge in der Grafschaft trachtete, zu statten. Er machte für sich geltend, daß er als der Sohn der Schwester des Grafen Adolphs VIII. der nächste Blutsverwandte des Letzteren sei, und ließ verlauten, daß das erledigte Lehn Schleswig für immer aus jeder Verbindung mit der Grafschaft Holstein ausgeschieden sein und wieder mit der Krone Dänemark vereinigt werden solle, wenn er nicht etwa selbst als der Lehnsherr von Schleswig, dem das Lehn heimgefallen sei, Nachfolger seines verstorbenen Oheims in der Grafschaft Holstein würde.

Indes versammelte sich die Ritterschaft der Lande Holstein und Stormarn zur Berathung in Sachen der Erbfolge nach Adolphs VIII. Abgang. Man konnte sich der Erkenntniß nicht verschließen, daß Graf Otto III. zu Schauenburg und Pinneberg der bestlegitimirte Erbe zur Grafschaft in Holstein und Stormarn sei; doch hatte ein großer Theil der Ritter- und Adelschaft der Lande durch Besitzverhältnisse und durch Heirathsverbindungen ein persönliches Interesse an der Aufrechterhaltung des Verbandes zwischen der Grafschaft Holstein und dem Herzogthum Schleswig erlangt und war deshalb geneigt, dem Könige Christian I. in seinem Begehren nach der Herrschaft in

---

[1] Adolphs IV. Söhne Johann I. und Gerhard I. theilten sich 1247 in die Regierung über Holstein und Stormarn. Johann I. stiftete die Linie Holstein-Kiel, Gerhard I. die Linie Holstein-Rendsburg. Die Kieler Linie starb 1317 mit Johann II. aus. Die Linie Rendsburg trat in den Alleinbesitz der Grafschaften. Diese Linie hatte sich unter Gerhards I. Söhnen Hinrich I., Gerhard II. und Adolph dem Aelteren 1281 in drei Zweiglinien getheilt: Rendsburger, Itzehoer und Schauenburg-Pinneberger Zweig der Linie Holstein-Rendsburg. Der Itzehoer Zweig starb mit Adolph VII. 1390 ab, der Rendsburger mit Adolph VIII. 1459, und der Zweig Schauenburg-Pinneberg repräsentirte nun allein das Haus Holstein-Rendsburg. Otto III. war der berufene Nachfolger Adolps VIII. in der Grafschaft Holstein.

Der Stammbaum Adolphs VIII. und Ottos III. von Adolph IV. her ist folgender:
Adolph IV.
Gerhard I., Adolphs IV. Sohn.

Heinrich I., Gerhards I. Sohn.	Adolph d. Aelt., Gerhards I. Sohn.
Gerhard d. Gr., Heinrichs I. Sohn.	Adolph d. Jüng., Adolphs d. Aelt. Sohn.
Heinrich II., Gerhards d. Gr. Sohn.	Otto II., Adolphs d. Jüng. Sohn.
Gerhard VI., Heinrichs II. Sohn.	Adolph X., Ottos II. Sohn.
Adolph VIII., Gerhards VI. Sohn.	Otto III., Adolphs X. Sohn.

Adolph VIII. war also nicht, wie es bei vielen neueren Geschichtsschreibern heißt, der letzte Graf aus dem Hause Holstein-Schauenburg; er war nur der letzte Graf aus diesem Hause, der von Gerhard dem Großen her ein Recht auf Belehnung mit Schleswig geltend machen konnte.

der Grafschaft Holstein als Erbe seines Oheims Adolphs VIII. zu willfahren und ihn zur Nachfolge zu berufen. Man schickte drei Mitglieder der Adelsschaft, Otto Sehstedt, Hans Pogwisch und Goris von Qualen, an den Rath der Stadt Hamburg und ließ den Tod des Grafen Adolph VIII. melden mit dem Ersuchen um Berathung in der Frage, wen man zum Nachfolger Adolphs erwählen solle, bei welcher Frage auch Hamburg, als vornehmstes Mitglied der Grafschaft Stormarn, interessirt sei. Danach wurden einige Tage gehalten mit Otto III., welcher vom Lande die Huldigung forderte, worauf man ihm zu verstehen gab, daß noch Andere da seien, die auf die Nachfolge auf Adolph VIII. in der Grafschaft Anspruch machten. Christian I. ließ mittlerweile nichts unversucht, was dazu dienen konnte, die Landstände der Grafschaft für sich zu gewinnen. Er veranstaltete mehrere Landtage zur Verhandlung mit der Ritter- und Adelsschaft und den Landständen der Grafschaft. Die Ritterschaft war in der Sache zwiespaltig. Ein Theil derselben unter Führung der Pogwisch trat für die Rechte der Schauenburger ein; der andere Theil, an dessen Spitze die Ranzau standen, neigte sich dem Könige zu. Nach vielen Verhandlungen erlangte der König endlich seinen Willen auf einem Landtage zu Rendsburg, den 11. Februar 1460. Zu diesem Tage waren auch Hamburg und Lübeck geladen, die sich aber nicht daran betheiligten. Der König schickte zu dem Tage seinen Bruder, den Grafen Gerhard von Oldenburg, und den Feldmarschall Klaus Ranzau. Durch diese ließ er nun anwerben: der Landtag wolle ihn, als den nächsten vom Geblüte des letzten Grafen, Adolphs VIII., seines Oheims, zum Herrn in der Grafschaft annehmen. Er, der König, wolle sich dann mit seinen Brüdern, als Miterben von seinem Oheim Adolph VIII. her, und auch mit dem Grafen Otto III. von Schauenburg-Pinneberg in Güte vergleichen, und wenn die Güte bei Letzterem nicht verschlagen sollte, so wolle er mit ihm Rechts pflegen vor Prälaten und Ritterschaft der Lande Holstein und Stormarn.[1] Die Beseitigung der entgegenstehenden

---

[1] Als Erben zu ihrem Oheim Adolph VIII. waren des Königs Brüder so nahe zur Grafschaft, wie er, und es war damals üblich, daß auch die Herrschaft der Lande wie ein Privaterbe getheilt wurde. Daher hier die Rede von Auseinandersetzung mit des Königs Brüdern.

rechtlichen Hindernisse wolle der König persönlich auf sich nehmen, und solle das in keiner Weise Sache des Landes werden. Obwohl ein Theil der Ritterschaft unter Henning Pogwisch muthig für die Schauenburger wider den König eintrat, erhielt der König doch alles, was er begehrte. Die Mehrheit gab das Recht der Schauenburger preis und erklärte sich definitiv für den König. Das Haus Pogwisch ist nachher für seine Anhänglichkeit an die Schauenburger hart gedrückt worden.

Als der König Christian I. zu Rendsburg seinen Willen erlangt hatte, berief er die Stände beider Lande, Holstein und Schleswig, zur Wahl eines Nachfolgers Adolphs VIII. nach Ripen, und hier wurde Christian I. dann am Mittwoch nach Invocavit 1460 von den Ständen, indem sie sich ein Wahlrecht anmaßten, welches sie als Lehnslande nicht besitzen konnten, zum Herrn der Lande angenommen und nach beendigter Wahlhandlung durch den Bischof Nikolaus von Schleswig vom Rathhause herab feierlichst zum Herrn beider Lande, zum Grafen von Holstein und Herzog von Schleswig, ausgerufen.[1]

Für den König war die auf ihn gefallene Wahl ein zureichender Grund, sich als rechtmäßigen Herrn der Lande Holstein und Schleswig zu betrachten. Graf Otto III. aber mußte die Stände gewähren lassen, da die Macht des Königs sie schützte, und da er gegen diesen mit Gewalt nichts unternehmen konnte, so mußte er auf sein Recht verzichten und sich mit der Herrschaft Pinneberg, dem Genuß der Gerechtsame der Schauenburger in Hamburg und 43 000 Gulden abfinden lassen.[2]

---

[1] Die wählenden Stände waren: die Prälaten, nämlich der Bischof zu Schleswig und der Bischof zu Lübeck (jener Präses im schleswigschen Landtage, dieser im holsteinischen Landtage), das Domkapitel zu Hamburg und das Kapitel zu Lübeck, nebst den Aebten der vielen Klöster der beiden Lande; die Mitglieder der Ritterschaft (diese zählte im 16. Jahrhundert noch einundfünfzig Familien) und die Vertreter der Städte Flensburg, Schleswig, Hadersleben, Tondern, Ekernförde, Apenrade und Burg auf Fehmarn im Herzogthum Schleswig, Kiel, Rendsburg, Itzehoe, Oldesloe, Krempe, Wilster, Segeberg, Heiligenhafen, Neustadt, Oldenburg und Lütjenburg in der Grafschaft Holstein.

Die Geistlichen (die Prälaten), der Adel und die Städte, d. i. die Rathsherren einiger Städte, bildeten die „Stände". Diese repräsentirten das Land. Die große Mehrzahl, der gemeine Bürger und der Bauer, war hörig und leibeigen und hatte keinen Sitz und keine Stimme unter den Freien.

[2] Dieser Graf Otto III. war ein freundlicher Herr, der, wenn er zu Pinneberg residirte, mit Hamburg gute Nachbarschaft hielt und oft zur Stadt geritten kam, wo er sich

Nach der Wahl ertheilte der König Christian I. den Ständen einen Privilegiumsbrief, in welchem er bekundet, daß er gewählt sei zum Herrn der Lande, nicht als König von Dänemark, sondern aus bloßer Gunst zu ihm, als dem nächsten Verwandten seines Oheims Adolphs VIII., und gelobt, daß er den christlichen Glauben und die Gerechtigkeit in den Landen halten und schirmen und Jedermann bei seinen Rechten und Privilegien schützen wolle. Die Lübecker sollten alle ihre Freiheiten und Privilegien behalten, die sie zu Zeiten Adolphs VIII. gehabt haben. Die Lande Holstein und Schleswig mögen das Wahlrecht behalten und nach dem Abgange eines Herrn derselben aus den Söhnen oder nächsten Erben desselben einen Nachfolger wählen. Die Einwohner der Lande sollen nicht außerhalb der letzteren Heeresfolge leisten und nicht vor auswärtige Gerichte gezogen werden. Es sollen keine Steuern auferlegt werden, ohne der Stände Einwilligung. Der König will die Lande nach Kräften in gutem Frieden erhalten, daß sie ewig zusammenbleiben, ungetheilt, und soll deswegen Niemand den Andern neiden und befehden, sondern Jeder am Recht sich begnügen lassen. — „Diese vorbenannten Lande geloben Wir nach all Unserm

---

im Rathskeller gerne an einem frischen Trunk erquickte. Bei den Besuchen des Grafen im Rathskeller soll es oft recht lustig zugegangen sein, und es ist anzunehmen, daß die Hamburger Rathsherren die Gelegenheit benutzt haben, durch Fürsprache des Grafen von dem Gesamthause Holstein-Schauenburg Vergünstigungen für Hamburg zu erlangen. Hieran hat sich manche Sage geknüpft zur Verherrlichung des Grafen Otto in seiner Gunst gegen die Hamburger. Eine der anmuthigsten dieser Sagen ist die auf Erwerbung des Gebiets des jetzigen St. Pauli bezügliche: Als Graf Otto einstmals in Gesellschaft zechlustiger Rathsherren im Rathsweinkeller verweilt, habe der Rath ihn über Thorschlußzeit aufgehalten und ihn dann, als er ans Thor geritten gekommen und Auslaß begehrt hätte, freundlich ersuchen lassen, bei einem Rathsherrn, nicht weit vom Thor, am Rödingsmarkt, der eben frisches Bier hätte und auch des edlen Rheinweins genug, einzukehren. Graf Otto habe endlich darein gewilligt. Da seien dann, als der Graf in des Rathsherrn Hause regalirt worden, ein Bürgermeister und zwei Rathsherren nebst dem Rathssekretär, Deputirte vom Rath, auch dazu gekommen, und nachdem sie miteinander wohl gegessen und getrunken, habe der Bürgermeister des Raths Begehr bittlich angebracht, daß der Graf das kleine „Rümken" vor dem Millernthor, von diesem bis an den „Beck im Thal, der in die Elbe läuft und von dem Fährhause herkommt", an die Stadt überlassen wolle, welches dann der Graf in fröhlicher Laune scherzend bewilligt und auch ein inzwischen von dem Sekretär aufgesetztes Schenkungsdokument unterzeichnet habe. Am andern Morgen hätte der Graf dann die Scheidemarke des an die Stadt überlassenen Gebiets eigenhändig gesetzt. — In novellistischer Verwerthung dieser Sage hat man dann auch noch des Rathsherrn Frau und Töchterlein in die Sache hineingezogen. Die hätten mit lieblicher Rede und holder Geberde den Gast um die Ueberlassung des „lütt Rümeken" ersucht, und der Graf habe der Bitte aus beredtem Munde der schönen Gastgeberinnen nicht widerstehen können.

Vermögen zu halten in gutem Frieden und daß sie bleiben mögen ewig zusammen ungetheilt. Darum soll Niemand den Andern neiden oder fehden, sondern Jeder soll sich am Rechte begnügen lassen." Noch einen zweiten Privilegiumsbrief gab Christian I. am Sonntage Palmarum 1460. Der König will keinen Krieg führen ohne Einwilligung der Landstände. Alljährlich sollen die Stände zusammengerufen werden, für Holstein auf dem Felde bei Bornhöved, für Schleswig auf dem Urnefelde.[1]

Die wählenden Stände hatten gleich nach vollzogener Wahl zu Ripen dem Könige Christian I. als Herrn der Lande Holstein und Schleswig gehuldigt. Um sich aber des Landes desto mehr zu versichern, nahm der König auch noch in den Hauptorten der Grafschaft Holstein, resp. der Grafschaften Holstein und Stormarn, die Huldigung persönlich entgegen. In den Oktaven der heiligen drei Könige (in der Woche nach dem 6. Januar) 1461 kam Christian I. mit großem Gefolge nach Hamburg zur Entgegennahme der Huldigung. Hamburg galt als „vornehmstes Glied der Grafschaft Stormarn" und sollte als solches gleich andern Gliedern des Landes nun zur Huldigung herangezogen werden. Der König wurde vom Rathe und der Bürgerschaft empfangen und mit großer Festlichkeit in die Stadt eingeholt. Der Rath bestellte und bevollmächtigte vierzig Bürger, alles zum Empfange, zur Bewirthung und Bedienung des Königs Nöthige anzuordnen auf Stadtkosten.

Am Tage nach seinem Einzuge in Hamburg, an einem Mittwoch, ritt der König mit seinen Räthen, Bischof Arnold von Lübeck, Johann von Ahlefeld, Benedikt von Ahlefeld, Wulf von der Wisch, Klaus Ranzau, Volrath von Buchwald, Otto Spliet, Henning Pogwisch, dem Archidiakonus Conradi und dem Magister Daniel, seinen Kanzlern, nach dem Rathhause. Hier that der Bischof von Lübeck dem Rath und der Bürgerschaft im Namen des Königs dessen Begehr an die

---

[1] Diese Bestimmung, daß die Stände beider Lande gesondert voneinander am gesonderten Ort zusammentreten sollen, bezeugt es, daß bei jener Bestimmung des Zusammenbleibens an ein „Schleswig-Holstein" nicht gedacht worden ist, und daß dieselbe nichts weiter besagt, als daß die Lande einheitlich regiert, nicht, wie es mit Holstein und Stormarn unter den Schauenburgern geschehen war, unter verschiedene regierende Herren vertheilt werden sollen.

Stadt kund, daß nämlich, nachdem der König zum Herrn der Lande Holstein und Schleswig angenommen und die gemeinen Prälaten, Ritterschaft und Städte der Lande ihm gehuldigt hätten, jetzt auch der Rath und die Gemeine der Stadt Hamburg, die da ein Glied dieser Lande sei, ihm die Huldigung leisteten, wogegen der König sich erbiete, dem Rath und der Gemeine ihre Privilegien und Freiheiten zu konfirmiren. Rath und Bürger gaben hierauf zur Antwort, daß sie den König für einen Herrn annehmen und sich zu ihm halten wollten, wie sie sich zu seinem Oheim, dem Herzog Adolph gehalten hätten, und baten zugleich, der König wolle ihre Freiheiten und Privilegien bestätigen und den Bürgern gestatten, im Königreiche Dänemark und im Herzogthume Schleswig Korn, Vieh und andere Ware zu kaufen und nach Hamburg zu führen. Der König war mit dieser Antwort nicht zufrieden und bestand darauf, daß die Hamburger ganz unbedingt die Huldigung eidlich leisten sollten, gleichwie es die gemeinen Stände der beiden Lande zu Ripen gethan hätten. Die Hamburger weigerten sich dessen aber und erklärten, daß sie weder dem Herzog Adolph, noch irgend einem der anderen Vorgänger des Königs in der Grafschaft einen Huldigungseid geleistet hätten. Deshalb seien sie auch nicht schuldig, dem Könige eidlich zu huldigen. Darüber entstand eine weitläufige und langwierige Disputation, die den ganzen Tag ausfüllte. Der Rath und die vierzig Bürger bestanden aber auf ihrer Weigerung und beharrten dabei, daß sie den König als Herrn annehmen wollten, wie sie seine Vorgänger angenommen hätten. Man schied dann unverrichteter Sache voneinander.

Ueber Nacht besann sich jedoch der König eines Besseren. Er willigte in das Erbieten der Hamburger und kam am anderen Tage wieder nach dem Rathhause, wohin aufs neue Rath und Bürger beschieden worden waren. Der König erklärte, daß er zufrieden sein wolle mit dem, wozu die Stadt sich ihm erboten hätte, und der vorsitzende Bürgermeister Detlev Bremer gab dann namens des Raths und der Bürgerschaft die Erklärung ab, daß die Stadt Hamburg den König für einen Herrn annähme, wie er von den Prälaten, der Ritterschaft und den Städten der Lande Schleswig, Holstein und Stormarn dazu erkoren worden sei, und daß sie sich zu ihm halten wolle, wie sie zu seinem Vorfahren und Oheim, dem Herzoge Adolph, sich gehalten hätte, und nach seinem Tode Denjenigen für ihren Herrn annehmen, den die Prälaten, Ritter und Einwohner der genannten Lande mit Wissen und Willen des Raths zu Hamburg dazu erwählen würden, und bäten sie, Rath und Bürger, den König, daß er sie annehmen, die Freiheiten und Privilegien, Gewohnheiten und Handfesten der Stadt und der Bürger konfirmiren und bestätigen und sie ferner mit Freiheiten im Herzogthume Schleswig, wie besprochen, versehen wolle, und die Bürger bei Gleich und Recht schützen und handhaben, wie es einem Herrn gebühre zu thun.

Darauf erwiderte der König: „Ich nehme Euch und Eure Bürger auf und an für meine Unterthanen, will Euch Eure Freiheiten und Gerechtigkeiten bestätigen und Euch verbitten und vertheidigen, wie ein frommer Fürst seinen Unterthanen von Rechtswegen thun soll." Dann gab er den Rathsherren und den Bürgern die Hand und verabschiedete sich. Als übliches Willkommenspräsent ließ der Rath dem Könige Wein, Bier, Fleisch und kostbares Silbergeräth überreichen. Unterm 15. Januar bestätigte der König der Stadt alle ihre Privilegien und Freiheiten.

Der neue Graf von Holstein und Schutzherr der Stadt Hamburg, Christian I., fand gleich Gelegenheit, sich der Hamburger anzunehmen.

Im Jahre 1460, als der König Christian Zwecks Entgegennahme von Huldigungen im Holsteinischen anwesend war, kam der Bischof von Verden zu ihm nach Reinfeld zu einer Konferenz. Der Bischof nahm seinen Rückweg über Hamburg, mit freiem Geleite vom Rathe der Stadt versehen. Er befand sich damals im Kirchenbann, weil er es in dem Streite der Geistlichen mit dem Rath der Stadt Lüneburg wegen der Sülzgüter gegen die Geistlichen mit dem Rathe hielt. Als er nun durch Hamburg reiste, rotteten sich einige übermüthige Burschen zusammen und verfolgten den Wagen des Bischofs, indem sie diesen Letzteren als einen Ketzer und Gebannten bezeichneten und mit Erde und Steinen nach ihm warfen. Diese öffentliche Beschimpfung wollte der Bischof nicht ungerächt hinnehmen. Er klagte wegen derselben vor dem Rath, ließ über den Vorfall ein Instrument aufsetzen und drohte, wenn die Thäter nicht exemplarisch bestraft würden, so wolle er wegen der Sache klagen und mahnen, wo er könne. Als die Sache vor den König kam, schrieb er an das Domkapitel und begehrte, daß dem Bischofe Genugthuung gegeben werde. Der Auflauf bei der Durchreise des Bischofs sollte von Geistlichen angestiftet worden sein. Der Bischof indes bot Volk auf und stellte Werbungen an zu einem Zuge ins Hamburger Gebiet. Er fiel bewaffnet in das Gebiet zu Moorburg ein, plünderte die Einwohner daselbst und zog mit Beute wieder zurück. Es drohte für Hamburg ein ernstlicher Streit aus dieser Sache zu entstehen. Da legte der König Christian I. sich ins Mittel und nahm sich der Interessen der Hamburger an, indem er den Bischof besänftigte und beruhigte. Im Jahre 1462, als der lüneburgische Streit wegen der Sülzgüter ihm zur Entscheidung verstellt wurde, glich der König dann auch die Sache zwischen dem Bischofe und der Stadt Hamburg aus.

Von derlei Zwischenfällen abgesehen, blieb indes die Ruhe nach Christians I. Erwählung zum Herrn der Lande Holstein und Schleswig für Hamburg einstweilen ziemlich ungestört. Auch im Verbande der Hansa erfreute sich die Stadt damals einer relativ friedlichen Zeit ungestörter Entwickelung. Auf den Hansatagen dieser Zeit ist nur von Abstellung von Mißständen und Mißbräuchen im Handels- und Verkehrswesen und von Maßnahmen zur Hebung und Förderung von Handel und Kaufmannschaft die Rede. 1461 am Montage nach St. Viti, wurde ein Hansatag zu Lübeck gehalten, zu welchem von Hamburg der Bürgermeister Detlev Bremer, der Rathmann Albert Schilling und der Sekretär Johann Niendorp abgeordnet worden waren. Es ward auf demselben aber nur gehandelt wegen Bedrückung des deutschen Kaufmanns zu Brügge, und wurde diese dann abgestellt. Eigentliche Mißhelligkeiten herrschten zu der Zeit für die deutschen Städte nur mit den Engländern. Diese hatten aus Eifersucht gegen den deutschen Kaufmann die Güter des letzteren in englischen Niederlassungen mit Beschlag belegt und die alten Privilegien des deutschen Kaufmanns in England vielfach mißachtet und verletzt. Daraus entstand besonders zwischen der Stadt Lübeck und England ein ernstlicher Konflikt. Endlich ward wegen dieser Angelegenheit ein Tag gehalten zu Hamburg, um Mariä Geburt (8. September)

1465, zwischen Gesandten des Königs von England, des Königs von Polen (als Beistandes der preußischen Städte), der Städte Lübeck, Köln, Danzig und anderer Hansestädte. Hamburg, Köln und Danzig waren zu Vermittlern in der Sache bestellt. Es wurde aber kein Uebereinkommen getroffen und kein endgültiges Resultat erzielt, weil die Städte Lübeck, Bremen, Rostock und Wismar sich auf nichts einlassen wollten, bevor die Engländer ihnen Ersatz für den Schaden, den sie ihnen verursacht, geleistet hätten. Die englischen Gesandten erklärten, daß sie in Bezug auf Schadenersatzleistung ohne Instruktion seien, und so ward dann die Versammlung aufgehoben und die Streitsache mit England auf einen späteren Hansatag verschoben, „nach Gelegenheit beider Theile". Die Sache hatte keine besondere Bedeutung, daß es zur Erledigung der Eile bedurft hätte. Im Jahre darauf, am Mittwoch nach Maria-Magdalenen 1466, hielten die wendischen Städte einen Tag zu Lübeck, zu welchem Hamburg die Bürgermeister Hinrich Lopow und Albert Schilling und den Rathmann Paribom Lütke entsandte. Es ward auf demselben nichts verhandelt, als nur die Frage wegen Abstellung „einiger Mißbräuche und Gebrechen, die in gemeiner Kaufmannschaft und Handthierung eingerissen". Die Hansa sorgte, wie für Sicherheit nach außen, so für Ehre und Redlichkeit nach innen im Betriebe der Kaufmannschaft.

Die Ruhe nach Beendigung des nordischen Krieges der Hansa wurde indes für Hamburg ernstlich bedroht und gestört, als im Jahre 1467 in Holstein sich Zwiespalt einstellte wegen der Verwaltung durch den Grafen Gerhard von Oldenburg daselbst. Graf Gerhard, des Königs Christian I. von Dänemark Bruder, war vom Könige zum Statthalter in Holstein bestellt worden. Nach zum Gewohnheitsrecht gewordenem Brauch damaliger Zeit, wonach die Söhne und Erben regierender Herren auch die Herrschaft über die von diesen regierten Lande wie einen Privatnachlaß unter sich theilten, hatten die Grafen von Oldenburg, des Königs Brüder, als Miterben zum Nachlaß Adolphs VIII. von Holstein auch auf Mitregierung in der Grafschaft Holstein Anspruch gemacht, und Christian I. war nach der getroffenen Abmachung vor seiner Erwählung zum Herrn der Lande Holstein und Schleswig nun verpflichtet, sich mit seinen Brüdern auseinanderzusetzen, so daß die Einheitlichkeit des Regiments und der Regierung der Lande nicht gestört und die Sache selbst nicht Sache des Landes werde. Der König hatte sich dann mit seinem Bruder Gerhard abgefunden dadurch, daß er ihm eine bestimmte Summe auszukehren sich verpflichtete. Weil es ihm aber am Nöthigen zur Auskehrung fehlte, so räumte er, als er in Krieg mit Schweden verwickelt ward und während desselben außerhalb Landes, in Schweden, weilte, seinem ihn drängenden Bruder die Statthalterschaft in Holstein ein, „daß er sich an dieser seines Erbtheils erhole". Graf Gerhard war auch als Statthalter in Holstein auf Erholung seines Erbtheils bedacht. Er drückte das Land, vornehmlich den grundbesitzenden Adel, mit schweren Auflagen und verfuhr auch sonst mit Härte gegen den Adel und die Besitzenden. Der holsteinische Adel, von Alters her gewohnt, in Regimentssachen bestimmend einzugreifen, verband sich wider den Statthalter zu gemeinsamem Widerstande zur Vertheidigung seiner alten Rechte und Privilegien, im Mai 1469, nnd schloß auch in selbigem Jahre mit Lübeck am 29. Juli, und am Sonnabend nach Mariä Heimsuchung mit den Dithmarschern, ein Schutz- und Trutzbündniß zur Wahrung aller Freiheiten, Rechte und Privilegien der beiderseitigen Kontrahenten. Christian I. war fast dauernd in Schweden anwesend. Der Adel in Holstein forderte ihn wiederholt und bringend zur Rückkehr auf. Er solle ins Land kommen und in Holstein sich sehen lassen, daß man endlich einmal erfahre, wer eigentlich Herr im Lande sei. Der König kam dann auch 1469 nach Holstein und zog seinen Bruder, den Statthalter Gerhard, zur Verantwortung. Gerhard ward aus der Statthalterschaft entlassen und kehrte nach Oldenburg zurück. Christian I. suchte nun mit den Landständen in Holstein und mit den benachbarten Städten und Landen in ein gutes Vernehmen zu gelangen. Im Jahre 1470 kam zu Segeberg eine neue Vereinigung zwischen dem Könige und dem landständischen Adel von Holstein und Schleswig zu stande, in welche Hamburg und Lübeck eingeschlossen wurden. Auch die Dithmarscher suchte Christian I. zu gewinnen. Er bestätigte ihnen am Sonnabend vor dem Tage der Elftausend Jungfrauen 1470 zu Rendsburg alle ihre alten Gerechtsame und Privilegien, die ihnen in seinen Landen Holstein, Stormarn und Schleswig von seinen Vorfahren eingeräumt worden seien, und konfirmirte an demselben Tage auch das Bündniß der Ritterschaft seiner Lande mit den Dithmarschern. Im Jahre 1470 erneuerten sich die Unruhen in Holstein. Graf Gerhard, der frühere Statthalter, kam nach Holstein zurück und gewann großen Anhang unter den Kremper- und Wilstermarschleuten und den Eiderstedter Friesen. Namentlich der gemeine Mann im Holsteinischen war ihm zugethan, weil er denselben geschont hatte, als er den Adel und die Besitzenden im Lande drückte. Die Ritterschaft hielt am 1. Mai eine Versammlung zu Kiel und verlas königliche Briefe, die geboten, beim Landesherrn zu bleiben. Am 25. Juni kam der König auf Ansuchen nach Holstein und hielt einen Tag mit den Landständen und mit den Räthen von Hamburg und Lübeck. Gerhard, zur Rede gestellt wegen seines Verhaltens, gab trotzige Antwort und entwich in der Nacht, ging nach Rendsburg und Gottorp und befahl, den König nicht einzulassen. Der König begab sich nach Rendsburg, wohin die Räthe der Städte Hamburg und Lübeck, sowie auch die Ritter- und Adelschaft, ihm folgten, und belagerte dann das Schloß daselbst, welches sich am 29. Juni ihm ergab. Nun gebot der König, daß Niemand fernerhin den Gerhard als Statthalter oder Hauptmann im Lande halten oder anerkennen solle, und hielt vom 11. bis 13. Juli mit seinem Bruder Konferenzen an der Sorge. Hier unterhandelten die Bischöfe von Odensee und Schleswig und die Hamburger Gesandten, nebst einigen Rittern und dem Bürgermeister zu Flensburg, und es kam dann ein Vergleich zu stande. Gerhard übergab dem Könige die noch von ihm besetzten Schlösser im Lande und versprach, zu einem Tage in Hamburg zu erscheinen und zufrieden zu sein mit dem, was da beschlossen werden würde. Gerhard folgte dem Könige nach Segeberg. Hier verlangte der Letztere von ihm bündige Rechenschaft und reinen Verzicht auf die Lande Holstein und Schleswig. Da Gerhard sich nicht bequemen wollte, so ließ der König ihn am 16. Juli verhaften. Am 2. August kam es zum Vertrage unter Vermittelung der Räthe von Hamburg und Lübeck. Gerhard sollte die ihm pfandweise überlassenen Lande herausgeben, Alle, die ihm die Pfandhuldigung gethan, ihres Eides entbinden, und Urfehde schwören, wogegen der König ihm, nach Auslieferung der Schlösser, in zwei Terminen auf Abschlag 6000 Gulden zahlen sollte. Schleswig und Gottorp unterwarfen sich am 8. August; am 15. August ergab sich Flensburg und am 28. August Sonderburg. Unter Vermittelung der Städte Hamburg und Lübeck ward auch mit den Eiderstedtern und anderen Anhängern Gerhards ein Abkommen getroffen, wonach diese sich von Gerhard lossagten und sich zum Könige hielten. Im September, nachdem er mehrere Zahlungen erhalten, verzichtete Gerhard auf alle Ansprüche an die Lande und leistete Urfehde. Der König nahm nun, um Geld zu erlangen, Verpfändungen vor. Am 25. September verpfändete er u. a. seinen Antheil an dem Hamburger Zoll an Hoyer Tzerneholter für 3000 Mark. Am 3. Oktober schloß der König mit den Städten Hamburg und Lübeck als Herzog von Schleswig und Graf von Holstein und Stormarn einen Vertrag zur gegenseitigen Hülfe gegen Gewalt und Ueberfall. Am 10 Oktober überließ er an Hamburg und Lübeck das Schloß und die Stadt Flensburg bis Heiligendreikönigs-Tag über ein Jahr in Aufsicht, mit der Befugniß, selbige an die Ritterschaft der Lande zu übergeben, wenn er, der König, bis zu dem genannten Termine die Summe von 56000 Mark, welche die Ritterschaft zur Abfindung des Grafen Gerhard vorgestreckt habe, nicht wieder zurückgezahlt haben würde. Am 11. Oktober wurden zwischen dem Könige, den Landständen des Herzogthums Schleswig, der Grafschaften Holstein und Stormarn und den Städten Hamburg und Lübeck zu Segeberg Verbündnisse geschlossen, die sog. Segeberger Traktate, wonach die Verbündeten dem Könige helfen sollten, die ihm zustehende Herrlichkeit und Gerechtigkeit in den Landen zu gebrauchen, wogegen der König sie mit ganzer Macht wiederum in ihren Freiheiten und Privilegien schützen sollte. Auch wurden zwischen dem Könige und den Städten Bestimmungen zur Sicherung des Landfriedens, zunächst auf drei Jahre, vereinbart. Im Oktober zwang der König die Stadt Itzehoe, die gleich der Wilster- und Krempermarsch dem Grafen Gerhard anhing, zur Huldigung. Zur Unterwerfung der letzteren sandte Hamburg dem Könige tausend Mann Hülfstruppen zu Schiff nach Krempe. Lübeck stellte vierhundert Schützen zur Hülfe. Im Verein mit den

Hamburgern und Lübeckern bezwang dann der König die Wilster- und Krempermarschleute und brachte sie zum Gehorsam. Graf Gerhard baute indes ein Schloß an der Weser und wollte von da aus sich an den Städten rächen dafür, daß sie dem Könige wider ihn Hülfe geleistet hatten. Der König ließ ihm aber bedeuten, daß das gegen die Urfehde sei und daß er als Verbündeter der Städte keinen Angriff auf diese oder deren Schiffe dulden werde. Zu Anfang des Jahres 1471 verlangte Graf Gerhard von Oldenburg von Hamburg und Lübeck die Abhaltung eines Verhandlungstages zu Bremen. Um Lichtmeß wurden zwei Bürgermeister von Lübeck, ein Bürgermeister und ein Rathmann von Hamburg dahin gesandt. Gerhard meinte dann, die Gesandten sollten zu ihm nach Oldenburg kommen oder nach irgend einem Orte außerhalb der Bremer Landwehr. Darauf zogen die Gesandten eiligst wieder zurück, weil sie in dem Verlangen Gerhards einen Anschlag gegen ihre persönliche Sicherheit witterten.

Graf Gerhard von Oldenburg konnte sich immer noch nicht zur Ruhe geben. Als die gegen den König Christian murrenden Friesen in Eiderstedt im Jahre 1472 Miene machten, sich von Letzterem abzuwenden, kam Gerhard mit einer ziemlich ansehnlichen Mannschaft ins Land. Er landete zu Husum und führte viel Material zum Bau von Blockhäusern mit sich, in der Absicht, sich dauernd im Lande festzusetzen. Der König rüstete in Eile gegen Gerhard und seine Anhänger. Es hatten sich nebst den Friesen viele Kremper- und Wilstermarscher wieder zu dem Grafen versammelt. Die Städte Hamburg und Lübeck leisteten dem Könige Hülfe und Beistand. Infolge dieser neuen Unruhe im Lande bestätigte der König am 23. März 1473 abermals den Dithmarschern ihre Privilegien und Freiheiten in seinen Landen und schloß am 29. März ein Hülfsbündniß mit ihnen zu gegenseitigem Schutze wider jeden Angriff. Die Hamburger leisteten dem Könige starke Zufuhr und sandten ihm sechshundert Mann Hülfstruppen unter Oberbefehl des Bürgermeisters Dr. Hinrich Murmester. Mit Hülfe der Hamburger gelang es dem Könige, den Aufruhr zu dämpfen. Es hatten sich viele Anhänger des Grafen Gerhard aus Stapelholm, Eiderstedt, Husum, Nordstrand und der Wilster- und Krempermarsch unter Führung eines Henneke Wulf aus Wevelsfleth wider den König zusammengerottet. Der König zog den Aufrührerischen entgegen, und diese wurden völlig geschlagen und zersprengt. Gerhard war schon vorher über die Elbe geflohen. Der Führer der Aufständischen, Hennele Wulf, entwich nach Dithmarschen und wurde hier bald nachher erschlagen. Graf Gerhard ist nachher nicht wieder nach Holstein zurückgekehrt. Der König fand sich endgültig mit ihm ab, und er wandte sich dann anderen Unternehmungen zu, indem er 1474 ein Bündniß schloß mit Karl dem Kühnen von Burgund, der sich die Friesen in Ostfriesland (Freifriesland) unterthan machen wollte. Der Aufruhr im Lande war nun unterdrückt und die aufrührerischen Distrikte waren wieder in den Gehorsam gegen den König zurückgebracht. Graf Gerhard von Oldenburg trug seitdem tiefen Groll gegen die Städte, „die da geholfen, ihn von Land und Leuten zu treiben", und mancher Kaufmann hat dafür in des Grafen Landen büßen müssen. Der König Christian I. aber hat es den Hamburgern nie vergessen, daß sie ihm in der Noth treu und hold sich erwiesen, und hat stets, wo er es ohne Schaden für seine Lande thun konnte, die Stadt Hamburg und die deutsche Hansa unterstützt und gefördert.

Im Jahre 1468 hatte der König Christian I. die englischen Schiffe und Güter im Sunde anhalten und mit Beschlag belegen lassen, weil die englischen Kaufleute im Jahre vorher auf Island gemeutert und den dänischen Vogt daselbst erschlagen, vielerlei Muthwillen im Lande getrieben und auch die Hamburger und andere deutsche Kaufleute daselbst belästigt und geschädigt hatten. Die Engländer beschuldigten die deutschen Kaufleute, daß sie den König zu seinem feindseligen Verhalten gegen England angereizt hätten, und suchten an den Deutschen Rache, indem sie die deutschen Kaufleute in englischen Landen festnehmen ließen und sie ihrer Güter und ihrer Privilegien beraubten. Hieraus entstand eine langwierige Fehde zwischen den deutschen Hansestädten und den Engländern. Die Kölner allein hielten unter den deutschen Städten zu den Engländern und erlangten dadurch für sich manche Vortheile, Freiheiten und Privilegien in England. Am Himmelfahrtstage 1470 wurde deswegen zu Lübeck ein Hansatag gehalten, zu dem Hamburg die Bürgermeister Dr. Hinrich

Murmester und Albert Schilling nebst dem Sekretär Lorenz Rebbig gesandt hatte. Die Kölner blieben aber aus, mit der Motivirung, daß die Lübecker keine Befugniß hätten, sie zur Tageleistung zu fordern, worauf ihnen indeß gebührend geantwortet wurde. Jedoch ward auf dem Tage nichts beschlossen, und wurden nur Artikel für die nächste Tagfahrt festgestellt. Der König von Frankreich begehrte Frieden mit der Hansa, und auch die vertriebene Königin Margaretha von England und ihr Sohn Eduard suchten wider den eingedrungenen König Hülfe bei der Hansa. Der Herzog von Burgund, Schwager des englischen Königs, erbot sich zur Vermittelung zwischen der deutschen Hansa und England. Der Hansatag verstellte aber alles zur nächsten Zusammenkunft. Diese wurde auf Bartholomäi selbigen Jahres anberaumt. Zur bestimmten Zeit kamen dann auch die Gesandten der Hansestädte zur Berathung in Lübeck zusammen. Von Hamburg waren als Gesandte hier anwesend die Vertreter auf dem vorhergegangenen Tage, die Bürgermeister Dr. Hinrich Murmester und Albert Schilling und der Sekretär Lorenz Rebbig. Es wurden zunächst zur Sicherung und Festigung des Hansabundes und der Kaufmannschaft der Städte die einschlägigen Bestimmungen und Gesetze aus allen vorigen Recessen zusammengezogen und vereinigt. Sodann ward beschlossen, daß die englischen Laken und andere englische Kaufmannswaren in keiner Hansestadt ferner geführt und geduldet werden sollten. Die Städte der Hansa wollen alle und jede Handelsverbindung mit England abbrechen und einstellen und überhaupt keine Gemeinschaft irgend welcher Art mit den englischen Kaufleuten unterhalten. Zugleich wurde beschlossen, daß jede Hansestadt ihrer Obrigkeit in allen Ehren gebieten solle, hiernach und diesem gemäß zu verfahren. Die Kölner wurden vom deutschen Kaufmanne heftig beklagt, daß sie ihn in der Noth verlassen hätten. Die Stadt Köln ward dann vom Hansatage wegen Ungehorsams gegen die Gesetze der Hansa aller Freiheiten und aller Privilegien der Hansa entsetzt und aus dem Hansabunde ausgeschlossen. Kölnische Kaufmannschaft und kölnische Waren sollten in den vier Comptoiren der Hansa und in den Hansestädten nicht mehr geduldet werden. Zugleich ward die Hansasatzung, betreffend ungetreue Bundesmitglieder, erneuert, und die Lübecker wurden beauftragt und autorisirt, die Ausschreibungen zu Hansatagen unter Androhung von Strafe zu erlassen. Auch wurde beliebt, daß ein Hansischer, der einem anderen bei fremder Obrigkeit ohne Noth Güter anhalten lassen würde, aus seiner Stadt verwiesen werden sollte, bei Strafe von einer Mark Goldes. Wenn Jemand Güter aufborgen und nachher seinen Wohnplatz ändern würde, so solle er der Hanse verlustig und geleitlos sein. Kein Nichthanse solle in einer Hansestadt ein Schiff bauen oder kaufen dürfen, bei Verlust der Hanse und drei Mark Goldes für die betreffende Stadt. Sodann wurde den Nichthansen noch verboten, gemeine Tuche und die besten englischen Tuche in den Hansestädten anders, als en gros, zu verkaufen. Diese Bestimmungen des Hansatages in betreff der Fremden und der Nichthansen sind charakteristisch für den Geist, in welchem die Handelspolitik des Hansabundes damals geführt wurde. Endlich beschloß der Hansatag noch, daß für werthvolle Güter die Landfracht zwischen Livland und Flandern verboten sein solle. — Eine Klage über die Stader, daß sie die Schiffe mit Gewalt zwängen, an der Schwinge die Segel zu streichen und Zoll zu erlegen, beantworteten die Stader dahin, daß der Zoll bei der Schwinge dem Erzbischofe von Bremen gehöre, sie besäßen nur einen Theil davon, auch seien die Hamburger und Lübecker ja von dem Zoll befreit. Es gab also auf der Unterelbe drei Hauptzollhebungsstellen für die Elbschifffahrt: bei Neuwerk, bei der Schwinge und vor Hamburg. Diesen schloß sich elbaufwärts von Hamburg dann der Boitzenburger Zoll an. Zum Schluß verhandelte der Hansatag noch über ein Ansuchen der Deputirten des Comptoirs zu Brügge, welches dahin lautete: die Hansa wolle Abgeordnete nach Flandern senden, denen man das Comptoir mit Besitzthümern und Privilegien übergeben könne. Die Deputirten seien außer stande, die Ordnung unter den deutschen Kaufleuten in Flandern aufrecht zu halten und diese in ihren Privilegien zu schützen. Dieses Ansuchen ward abgelehnt. Dasselbe ist indes ein Beweis dafür, daß es mit dem Einflusse der Hansacomptoire schon nicht mehr recht fortgehen wollte.

Mit dem englischen Könige Heinrich VI., der alle Hanseaten aus dem Stahlhofe zu London vertrieben hatte und den deutschen

Kaufleuten ihre Privilegien nahm, geriethen die deutschen Hansestädte in einen heftigen Krieg. Diesen leiteten im Auftrage des Hansabundes die Städte Hamburg und Bremen. Die Hanseaten landeten 1472 in England, rückten mit Mannschaft bis 40 Meilen weit ins Innere vor und verwüsteten das Land mit Mord und Brand, nahmen viele englische Kauffahrer und hängten die Besatzung derselben ohne weiteres an die Masten. Zu Lübeck wurden in diesem Jahre mehrere Hansatage gehalten. Dahin kamen durch Vermittelung des Comptoirs zu Brügge viele Briefe von angesehenen englischen Kaufleuten mit Friedensvorschlägen. Man lud darauf die englischen Gesandten zu Verhandlungen nach Hamburg. Durch den deutschen Kaufmann zu Brügge wurde dann die Sache dahin vereinbart, daß 1472 auf Mariä Heimsuchung die wendischen Städte in Lübeck zusammentraten und beschlossen, einen friedlichen Tag mit den Engländern zu halten und zu solchem die gemeinen Hansestädte zu bescheiden. Der Tag wurde auf den 1. Juli 1473 zu Utrecht anberaumt und wurden dahin verordnet mit unbeschränkter Vollmacht die Gesandten der Städte Lübeck, Hamburg, Dortmund, Münster, Braunschweig, Magdeburg, Danzig, Deventer, Nimwegen und Utrecht. Hamburg hatte den Bürgermeister Dr. jur. Hinrich Murmester, den Rathmann Henning Büring und den Sekretär Lorenz Nebbig (Nebbick) dahin abgeordnet. Die Verhandlungen auf dem Tage zu Utrecht zogen sich bis ins nächste Jahr hin. Am 28. Februar 1474 wurde endgültig ein Vertrag geschlossen zwischen der Hansa und dem Königreiche England, welchen der König unterm 20. Juli selbigen Jahres zu Westminster für sich und seine Unterthanen für ewige Zeiten ratifizirte. Die Hanseaten erhielten alle ihre alten Privilegien in England wieder. Der König verpflichtete sich, zur Erstattung des den Hanseaten in England zugefügten Schadens 10 000 £ zu zahlen.

Nachdem die Hansestädte so in dem Streite mit England zu ihrem Rechte gelangt waren, konnten sie auch mit der Stadt Köln wegen des Versehens derselben in dem Verhalten gegen England ein Einsehen haben. Der Kaiser Friedrich III. verwandte sich bei der Hansa für die Stadt Köln, indem er das Ansuchen that, die Hansa möge Köln wieder in den Bund aufnehmen. Auch der Bischof von

Trier legte Fürsprache für Köln ein beim Hansabunde. Um Pfingsten 1476 kamen die Sendboten der Hansestädte in Lübeck zusammen, um über Wiederaufnahme Kölns in den Bund zu berathen. Die Stadt Köln ließ sich bei der Berathung durch eigene Gesandte vertheidigen. Es fehlte den Kölner Gesandten aber an der Instruktion in betreff der Annahme der Bedingungen, welche ihnen gestellt wurden, und ward dann ein Tag zur Verhandlung in der Sache auf Bartholomäi zu Bremen angesetzt. Auf diesem Tage fand die Sache ihre Erledigung: Köln wurde wieder in den Hansabund aufgenommen.

Als der König Christian I. mit Hülfe der Städte Hamburg und Lübeck die von seinem Bruder, dem Statthalter Gerhard, erregten Unruhen gedämpft hatte, und die Ruhe in seinen Landen wieder hergestellt war, unternahm er im Jahre 1474 eine Wallfahrt nach Rom und nach dem heiligen Grabe. Am 8. Januar 1474 trat er die Romreise an mit einem Gefolge von einhundertundfünfzig Reitern in Pilgertracht. Auch der Hamburger Dompropst, Albert Klitzing, befand sich nebst anderen Prälaten im Gefolge des Königs. Auf der Reise nach Rom verweilte der König einige Tage zu Rotenburg an der Tauber bei dem Kaiser Friedrich III. Der alte Kaiser besorgte damals Feindseligkeiten von seiten des Herzogs Karls des Kühnen von Burgund und suchte nun die Vermittelung des Königs zu gewinnen. Das kam diesem für seine Absicht gelegen und er benutzte die Gunst der Umstände klüglich in vertraulichen Konferenzen mit dem Kaiser. Bis spät in die Nacht hinein berieth er mit diesem in geheimen Zusammenkünften.[1] So war es ihm leicht, den Kaiser für seine Absicht zu gewinnen. Der Kaiser gewährte ihm drei besondere Vergünstigungen und Privilegien: Die Unterthanen des Königs in Holstein und Stormarn sollen nicht vor ein auswärtiges Gericht (Reichsgericht) gezogen werden; der König soll nach Belieben zu Haneran, Rendsburg, Plön und Oldesloe Zölle anlegen, erhöhen und erweitern dürfen; die Lande Holstein und Stormarn werden, unter Aufhebung

---

[1] Ein dänischer Abliger im Gefolge des Königs schrieb damals in einem Briefe, daß der Kaiser den König in seiner Herberge besucht habe, bis in die finstere Nacht hinein und sich mit ihm ganz heimlich unterhalten. Ein Fragment dieses Briefes hat Schlegel (Sammlg. z. dän. Gesch. I. 191) mitgetheilt.

der Bezeichnung als Grafschaften, mit dem Lande Dithmarschen zu einem Herzogthum „Holstein" vereinigt. Der König Christian ward mit dem neukonstruirten Herzogthum belehnt, am 14. Februar 1474. Darauf setzte der König seine Reise fort. In Rom ließ er sich ebenfalls verschiedene Privilegien ertheilen und bestätigen, unter anderen insbesondere das Patronatrecht über das Hamburger Domkapitel. Das war für ihn von hoher Bedeutung. Das Kapitel übte von der Zeit her, als Hamburg Bischofssitz und kirchliche Metropole des Nordens war, die geistliche Jurisdiktion über Nordelbingen aus. Im Besitze des Patronatrechts konnte er die Jurisdiktion in Nordelbingen seinen Zwecken zur Befestigung seiner Macht dienstbar machen. Von Rom aus begab sich Christian dann zum heiligen Grabe nach Jerusalem. Hier fiel er in die Gefangenschaft des dort herrschenden egyptischen Sultans, aus welcher er nur mit großer Mühe sich freimachen konnte. Auf der Rückreise von Jerusalem weilte er wieder einige Zeit beim Kaiser, der damals in Augsburg Hof hielt. Hier empfing er die förmliche Belehnung mit Dithmarschen und mit dem neuen Herzogthum „Holstein", nachdem er die „Lehnspflicht gethan" hatte. Die Zusicherung der Belehnung hatte er sich schon im Jahre vorher, 1473, verschafft. Das erhellt aus der betreffenden Belehnungsurkunde vom Mittwoch nach Urban 1473.[1] Der König sollte nach Laut der Belehnungsurkunde innerhalb Jahresfrist am kaiserlichen Hofe erscheinen und die Lehnspflicht thun. Zur Erfüllung der Lehnspflicht unternahm Christian I. 1474 die Romreise als

---

[1] Bolten und Andere setzen hier 1474, weil der König in diesem Jahre die Reise zum Kaiser machte. Allein die Datirung von 1473, wie sie bei Westphalen schon sich findet, ist unzweifelhaft richtig. Die Urkunde ist datirt: „Augsburgk, Mittwoch nach St. Urbanstag. Nach Christi Geburt vierzehn hundert Jahr im drei und siebenzigsten, Unserer Reiche des Römischen in dem vier und dreißigsten, des Kaiserthums im zwei und zwanzigsten, und des Hungarischen im fünfzehnten Jahre." Friedrich III. wurde 1440 Römischer König, 1452 wurde er zum Kaiser gekrönt. Das Jahr 1440 war das erste Jahr des Königthums, das Jahr 1452 das erste des Kaiserthums. Das Jahr 1473 war also das vierunddreißigste des Römischen Königthums und das zweiundzwanzigste des Kaiserthums. Die Jahreszahl 1473 ist hier also ohne Zweifel richtig — St. Urban, der 25. Mai, war 1473 ein Dienstag, 1474 ein Mittwoch. „Mittwoch nach Urban" war 1474 also der 1. Juni. Dies ist aber schon nach Fronleichnam und nach dem auf Urban folgenden Sonntag. Es gab also 1474 gar keinen Mittwoch, der nach dem damaligen Brauch als „Mittwoch nach Urban" hätte bezeichnet werden können. So leidet es gar keinen Zweifel, daß die Belehnungsurkunde von 1473 datirt.

Pilgerfahrt. Das diente dazu, seine wahre Absicht bei Unternehmung der Reise zu verdecken. Der König Christian hatte also schon 1473, als er mit den Dithmarschern ein Bündniß zum gegenseitigen Schutz abschloß, seine Pläne auf Annektirung Dithmarschens beim Kaiser ins Werk gesetzt. Am Ende des Augustmonats traf der König wieder in Nordelbingen ein. Er fand aber für sein „Herzogthum Holstein" wenig Zustimmung. Das Hamburger Kapitel wahrte seine Rechte mit Eifersucht und zeigte keine Geneigtheit, dem Könige in Verwirklichung seiner Absicht auf Herstellung eines Herzogthums Holstein förderlich zu werden. Die Dithmarscher aber wiesen jeden Versuch, ihr Land an Holstein zu bringen, mit Entrüstung zurück, und Hamburg und Lübeck, auf welche der König nächst Dithmarschen bei seinem „Herzogthum" vornehmlich sein Absehen hatte, hielten es offen mit den Dithmarschern. Der König hatte bei dem Kaiser Hülfe gegen die widerstrebenden Dithmarscher erbeten. Der Kaiser befahl der Stadt Lübeck am Mittwoch vor Johannis 1474 bei Verlust ihrer Reichsfreiheit und bei Strafe von 100 Mark löthigen Goldes, den Dithmarschern keinen Beistand zu leisten. Gleiche Befehle erließ er an viele norddeutsche Fürsten. Auch der Kurfürst von Brandenburg und der Herzog Karl der Kühne von Burgund nahmen sich des Königs an, Jener durch Erlaß eines Bestätigungs- und Willebriefes in Absicht auf Ausführung des Befehls des Kaisers, dem König zu helfen, Dieser dadurch, daß er die Dithmarscher schriftlich aufforderte, sich dem Könige zu fügen, mit der Drohung, daß er im anderen Falle dem Könige zu ihrer Unterwerfung beistehen würde. Aber Christian I. erreichte dadurch nichts für die Verwirklichung seiner Pläne. Durch den Administrator Hinrich von Bremen kam eine Tagsatzung zu Hamburg am Tage Dionysius, den 9. Oktober, zu stande, zur Verhandlung der Sache zwischen den Dithmarschern und dem Könige. Als Vertreter des Königs waren der Bischof Albrecht von Lübeck, Detlef von Bockwoldt und Dietrich Blome anwesend. Die Dithmarscher hatten mehrere Deputirte gesandt und waren zudem vertreten durch das Erzstift Bremen, welches den Dr. jur. Dietrich Rhßwigh, den Dr. jur. Johann Barnin und den Ritter Marten von der Lydt als Gesandte abgeordnet hatte. Vermittler zwischen den

Parteien waren die Räthe von Hamburg und Lübeck. Lübeck war vertreten durch den Bürgermeister Hinrich von Styten und den Rathmann Cord Moller, Hamburg aber durch die beiden Bürgermeister Albert Schilling und Johann Meyer und die Rathmänner Paridom Lütke und Johann Hugen. Durch Vermittelung der Städte kam es zu einer Vereinbarung, daß bis nächstkommenden Tag Philippi und Jacobi, den 1. Mai 1475, alles in seinem Bestande verbleiben und in der Sache nichts unternommen werden solle.

Nach Ablauf des Stillstandes ließ der König zu Hanerau Zoll fordern. Das war den Dithmarschern unleidlich, und es drohte nun ein offener Krieg. Hamburg und Lübeck aber vermittelten eine Zusammenkunft zu Lübeck im August 1475 zwischen den Gesandten des Königs und der Dithmarscher. Von seiten der Letzteren waren zwölf Achtundvierziger erschienen. Der König war vertreten durch den Bischof Albrecht von Lübeck, den Bischof Helwig von Schleswig und die Räthe Detlev von Bockwold, Hans Ranzau und Laurenz Lorensen. Hamburg hatte als Vermittler den Bürgermeister Dr. Hinrich Murmester und den Rathmann Paridom Lütke gesandt. Durch Vermittelung der Hamburger und der Lübecker wurde abermals ein Stillstand vereinbart und geschlossen bis Mai 1476. Der Zoll zu Hanerau solle eingestellt werden. Die Vertragsurkunde wurde in vier Exemplaren ausgestellt, von welchen je eins von den beiden Parten, dem Könige und den Dithmarschern, und den vermittelnden Städten Hamburg und Lübeck in Verwahrung genommen ward. Der Stillstand wurde sodann durch Hamburg und Lübecks Vermittelung verlängert bis Mai 1477, indem zugleich vereinbart ward, daß, wenn auch bis zu diesem Termin die Sache noch nicht erledigt sein sollte, das gute Einvernehmen zwischen den Parteien nicht durch Feindseligkeit gestört werden solle.[1] Inzwischen hatten die Dithmarscher gegen die

---

[1] Aus der wegen dieser Angelegenheit, die Belehnung des Königs Christian 1. mit Dithmarschen und dem Herzogthum Holstein betreffend, geführten Korrespondenz zwischen dem Hamburger Rath und dem Rath zu Lübeck ist ein Schreiben des Hamburger Raths erhalten worden, folgenden Inhalts:

„Unsern vruntliden grot mit vormoge alles guden tovorne. Ersame wyse Here. Juwen breff mit der ingelegten copien des Dorchluchtigesten Hochgeborenen Forsten unsers gnedigsten leven Heren Koniges breves, des bestandes halven mit den Detmerschen, hebben wy entfangen unde woll vernomen. Des heft de Erwerdigste Here Bischop to Monster

Verlehnung ihres Landes bei dem Kaiser und beim Papst Protest eingelegt, und der Papst Sixtus IV. hatte im Jahre 1477 die Belehnung des Königs Christian I. mit Dithmarschen für null und nichtig erklärt.

König Christian I. wollte jedoch die Sache nun mit Ernst betreiben. Er berief auf St. Margarethen 1480 einen allgemeinen Landtag nach Rendsburg. Zu diesem wurden auch Hamburg und Lübeck gefordert und die Dithmarscher dazu eingeladen. Der König legte hier nun die Lehnsurkunde vor und forderte die Huldigung von den Dithmarschern. Diese wiesen das Ansinnen der Huldigung zurück mit der Erklärung, daß sie ihres Landes Freiheit vertheidigen würden, solange es ihnen noch warm ums Herz sei. Die Gesandten von Hamburg und Lübeck traten nun vermittelnd ein, und sie bewirkten dann abermals einen Stillstand zwischen den Parteien für die Dauer eines Jahres. Inzwischen wandten die Dithmarscher sich nun aufs neue an den Kaiser. Eine Deputation setzte dem Kaiser auseinander, daß Dithmarschen von Alters her zum Erzstift Bremen hinzugethan gewesen sei, und daß der König Christian I. gar keinen Anspruch auf das Land habe. Dabei wurden die Dithmarscher Deputirten durch die Räthe von Hamburg und Lübeck kräftig unterstützt, und es gelang, den Kaiser zu überzeugen, daß er sich bei der Belehnung des Königs Christian I. mit einem „Herzogthum Holstein" übereilt habe. Der Kaiser nahm unterm 30. Juni 1481 die Belehnung zurück und gebot dem Könige, Dithmarschen in Ruhe zu lassen. Dabei bemerkte er, daß der König ihn getäuscht habe. Dieser hatte dem Kaiser die Meinung beigebracht, daß die Schauenburger Dithmarschen zu Lehn gehabt hätten, und daß nun er, der König, als Schwestersohn Adolphs VIII. der nächste Lehnswerber sei.

---

uns von der sülften sale od sinen breff gestern am dage Simonis et judæ appt taleste bu sinen baden bevalen, wellers breves wy Juw wahrhaftige copie hieran vorsloten od senden, de Gy lesende wol werden vornemen, vrnutliken begeerende, Gy sodane bryden parten, so Juw banket syn van noden, willen vorwitliken, umme sick darna moghen weten to richtende. Woran wy Juw to willen syn moghen, doen wy vlitigen gerne. Gode befalen. Screven under unser Stadt Secret am Sonnavende na Simonis et judæ Anno MCCCCLXXIIII.
　　　　　Borghermestere unde Radtmanne to Hamborg.
　Den Ersamen wysen Heren Borghermesteren unde Radtmannen der Stadt Lubeck, unsen besunderen guden vrunden."

Das vornehmlich auch Hamburg und Lübeck in ihrer Selbstständigkeit bedrohende „Herzogthum Holstein" Christians I. war durch die vereinten Bemühungen der beiden Städte und der Dithmarscher glücklich abgewandt worden.

Als König Christian I. 1481 starb, folgte sein Sohn Johann (Hans) ihm in der Regierung. Dieser gewährte seinem Bruder Friedrich einen Antheil an der Regierung der Lande Holstein und Schleswig, indem er ihm mit dem Titel eines Herzogs die Hälfte der Lande zur Verwaltung einräumte, doch so, daß das Oberregiment, gemäß der Bestimmung im Privilegiumsbriefe Christians I. von 1460, ein einheitliches blieb. Friedrich war nur Mitregent unter dem Titel eines Herzogs. Dennoch beschwerten sich die Stände der Lande Holstein und Schleswig laut über diese Theilung der Regierung zwischen dem Könige Johann und seinem Bruder Friedrich als eine Mißachtung der Bestimmung des Privilegiumsbriefes, wonach die Lande ungetheilt bleiben, auch die Stände aus Christians I. Söhnen und Erben einen zum Nachfolger in der Regentschaft der Lande erwählen sollten.

In dem hieraus sich entspinnenden Streit zwischen den Fürsten und den Ständen nahmen die Letzteren die Vermittelung des Raths von Hamburg und des von Lübeck in Anspruch, welche auch gewährt wurde. Der Hamburger Rath war bei den Verhandlungen in der Sache vertreten und repräsentirt durch den Bürgermeister Hermann Langebeck, den Rathmann Paridom Lütke und den Sekretär Johann Westwater. Diese verhandelten nebst den Abgeordneten des Lübecker Raths mit den Räthen des Königs. Die Verhandlungen wurden aber abgebrochen, wie es scheint, weil die Fürsten sahen, daß die Räthe von Hamburg und Lübeck in der Sache ihren Prätensionen abgeneigt waren, und wurden nachher, ohne daß die Hamburger und Lübecker Räthe wieder dabei in Anspruch genommen worden wären, wieder aufgenommen und in Kiel zum Abschluß gebracht. Die Fürsten vereinbarten und verglichen sich direkt, ohne Vermittelung, mit den Landständen. Die Stände leisteten sodann beiden Fürsten als Erbherren die Huldigung.

Am 5. November 1482 kamen die beiden Fürsten, der König Johann und sein Bruder, Herzog Friedrich, nach Hamburg mit einem

Gefolge von sechshundert Pferden, in Begleitung ihrer Räthe Albert von Krummendiek, zu Lübeck, Hinrich von der Wisch, zu Schleswig, Karl Ranzau, zu Odensee, Nikolaus Glab, zu Wieburg Bischof, Graf Adolph zu Oldenburg und Delmenhorst, Johann Jebsen, Kanzler, Hinrich Otteusen, Hofmeister, Hans von Ahlefeld, Ritter, und Hinrich Ranzau, Breides Sohn, Amtmann auf Steinburg. Sie kamen, um auch von Hamburg die Huldigung entgegen zu nehmen.

Der König Johann und Herzog Friedrich forderten eine Erbhuldigung. Diese verweigerten der Rath und die Bürger, mit dem Vorbringen, daß sie niemals einem Grafen oder Fürsten von Holstein gehuldigt hätten. Die hierüber entstehenden Verhandlungen dauerten bis Martini, den 10. November, bis die beiden Fürsten sich mit der alten Weise, der Annehmung zu Schutz- und Schirmherren, zufrieden gaben. Rath und Bürger nahmen dann die Fürsten für ihre Herren an, wie sie Christian I. und vor ihm die Grafen von Holstein-Schauenburg angenommen hatten. Die Fürsten bestätigten darauf den Hamburgern ihre Privilegien und Freiheiten. Der Rath beschenkte die Herrschaften mit einigen Kleinodien, mit Bier, Wein, Fleisch und Fisch, wie üblich, und hielt sie nebst ihrem Gefolge in den Herbergen frei. Dieses kostete der Stadt über 1500 Thaler. Hamburg hatte aber nebst anderen Freiheiten die Freiheit von Leistung der Erbhuldigung gewahrt und gerettet.

Um diese Zeit wurde Hamburg von einer großen Theuerung heimgesucht. Diese war vornehmlich verursacht durch übermäßige Ausfuhr von Getreide aus den Ostsee- und Elbländern nach den Niederlanden. Der zwischen Frankreich und Burgund herrschende Krieg hatte den Niederländern die Zufuhr aus dem Süden genommen. Sie kamen nun nach den Ostsee- und Elbländern und bezogen von hier große Mengen von Getreide für den eigenen Bedarf und wohl auch für den Weitervertrieb nach dem Süden Europas. Dadurch entstand in den Ostseeländern Mangel und Theuerung an Getreide und Brotkorn. Dazu kam für Hamburg dann noch die damals im Aufblühen begriffene Islandfahrt. Bisher hatten die Hamburger Bergenfahrer die Handelsbeziehungen der Stadt zu Island durch das Comptoir der Hansa zu Bergen vermittelt und unterhalten. Nun aber hatten die Hamburger, mit Umgehung des Bergener Comptoirs, direkt auf Island zu handeln angefangen, und die Hamburger „Islandfahrer" machten dann auch in der Kornzufuhr nach Island und anderen Gegenden in der Richtung ihres Weges dem Comptoir zu Bergen erfolgreiche Konkurrenz. Dadurch stieg der Mangel an Korn und die Theuerung merklich, so daß man in Hamburg die Islandfahrer ausschließlich für den Mangel und die Theuerung verantwortlich zu machen geneigt war. Die Theuerung entstand schon im Jahre 1480 und dauerte drei Jahre lang. Es herrschte große Noth unter der Bevölkerung, so „daß auch viele Menschen Hungers starben", heißt es in alten Chroniken bei zeitgenössischen Berichterstattern.[1] In der Hamburger Bürgerschaft klagte man laut und voll Unmuths, daß das zum Leben erforderliche Getreide aus Eigennutz einiger Weniger aus der Stadt geführt und nach Island verfahren werde, während der Bürger und der Einwohner nicht das nöthige Brot finden könne, um den Hunger zu stillen.

Es herrschte eine große, weitverbreitete Erregung unter der Einwohnerschaft der Stadt wider den Rath und die begüterten Mitbürger, die man für die Nothlage verantwortlich machte, so daß es nur eines geringen Anlasses bedurfte, um die im Innern gährende Unzufriedenheit zum Ausbruch kommen zu lassen, und ein solcher fand sich bald.

In der Leitung des Klosters zu Harvestehude waren allerlei Mängel und Uebelstände entdeckt worden, und es sollte, diesbezüglicher Anordnung von seiten des Erzstifts Bremen zufolge, eine Reformirung des Konvents des Klosters vorgenommen werden. Zu dem Ende sandte der Administrator Hinrich von Bremen einige Aebte und

---

[1] Gerste galt 1482 19 ₰, Roggen 12 ₰, die Tonne Bier 2 ₰ 4 ₰, eine Tonne Butter 24 ₰, ein Ochse 6—7 ₰, welches damals ein sehr hoher Preis war. Letzteres ergiebt sich aus einem Vergleich mit den Preisen in anderen Jahren. 1478 kosteten in Dänemark ein Paar Stallochsen 24 ₰, eine fette Kuh kostete 10 ₰, eine Tonne Butter 3 ₰, eine Last Malz 2 ₰, eine Tonne Bier 4 ₰, eine Elle vom besten englischen Laken 8 ₰. 1466 kostete ein Scheffel Roggen 2½ Groschen, der Weizen 2 Groschen, ein Quartier Wein 1 ₰, drei Karpfen 4 ₰, ein Pfund Lachs 1 ₰, 15 Eier 1 ₰. — „Damals haben die Brauerknechte und die Dienstboten mit ihren Dienstherren verabschiedet, daß sie nicht mehr als zweimal in der Woche Lachs essen sollten," heißt es bei alten Chronisten. 1485 kostete wieder die Tonne Gerste 4 ₰, Roggen 3 ₰ 12 ₰, Weizen 5 ₰, Hafer 2 ₰ 8 ₰, die Tonne Butter 6 ₰, gute Schweine kosteten 12 ₰, bessere 1 ₰ das Stück.

sonstige Prälaten nach Hamburg und schrieb auch in der Sache an den Hamburger Rath, daß derselbe aus seiner Mitte einige Herren zur Theilnahme an der Visitation und Reformation des Klosters abordnen möge. Der Rath beorderte dann zwei Rathsherren zur Betheiligung bei der Sache. Diese Angelegenheit erregte bei der herrschenden gereizten Stimmung hohen Unwillen unter einem großen Theil der Bürgerschaft. Eine Umgestaltung des Klosters und des Klosterwesens sei nicht erforderlich, verursache nur unnöthige Kosten und die Bremer hätten überhaupt mit der ganzen Sache nichts zu thun und hier nichts anzuordnen. Als die zur Revision des Klosters verordnete Kommission, die Bremer Prälaten und die beiden Hamburger Rathsherren, zur Visitation nach Harvestehude hinausfuhren, entstand ein großer Auflauf in der Stadt. In hellen Haufen drängte das Volk den Wagen nach und beschimpfte und bedrohte die Bremer Gesandten. Einige aus der Menge drangen nachher ins Kloster ein und belästigten die Kommissionsmitglieder, während der große Haufe in drohender Haltung vor dem Kloster sich ansammelte. Die Kommission mußte von einer Visitation abstehen, und nur mit großer Mühe gelang es den Rathsherren, die Menge soweit zu beruhigen, daß sie die Bremer Prälaten unbehelligt abziehen ließ.

Am folgenden Tage versammelten sich viele Bürger auf dem Rathhause und verlangten vom Rath, daß die Visitation des Klosters unterbleibe. Wenn eine solche erforderlich wäre, so sei sie Sache des Abtes zu Reinfeld und nicht des Bremer Erzstifts. Dabei ergingen sie sich in Drohungen, mit dem Bemerken, daß es nicht mehr so seltsam und unerhört sei, wenn einigen Pfaffen und Herren der Hals gebrochen würde. Der Rath machte der erregten Menge vorstellig, daß bisher in Sachen des Klosters noch gar nichts beschlossen worden sei; er habe nur auf Ansuchen des Administrators des Erzstifts Bremen Einige aus seiner Mitte zur Theilnahme an der Revision des Klosters abgeordnet, und es würde in der ganzen Sache nichts difinitiv bestimmt und angeordnet werden, ohne Einwilligung der Bürgerschaft und der Klosterjungfrauen. Man möge sich deshalb beruhigen und die Bremer Deputirten unbelästigt abreisen lassen. Mit letzterem waren die Bürger einverstanden, und die Bremer reisten noch selbigen Tages ab. Die Klosterjungfrauen forderten im Einverständniß mit der Bürgerschaft dann den Abt zu Reinfeld zur Revision. Dieser kam auch. Als er aber bei seiner Anwesenheit in Hamburg sich der Sache näher erkundigte, wollte er mit der Revision nichts zu thun haben und wies die ganze Sache von sich. Man ließ ihn dann ohne Dank abziehen. Auch die Reisekosten mußte er aus eigenen Mitteln bestreiten.

Daß die Revision durch den Abt von Reinfeld gescheitert war, bestärkte den Unwillen wider den Rath in der Bürgerschaft. Man warf dem Rath vor, daß er im Einverständniß mit den Bremern den Abt zu seinem Verhalten in Sachen der Revision angeregt habe. Aufrührerische Elemente schürten die Erregung durch böswillige Verdächtigungen gegen den Rath. Vornehmlich that sich ein Brauer Hinrich Lohe durch anfreizende Reden hervor. Er verdächtigte den Rath, daß er aus Eigennutz oder im Interesse weniger reicher Handelsherren die Ausfuhr der zum Unterhalte der Stadt nöthigen Vorräthe fördere und dadurch dem Bürger das Brot entziehe. So hatte er in einer Gesellschaft pathetisch geklagt: Ach, liebe Mitbürger, wie wir armen Leute doch gedrückt werden! Wir vergehen vor Hunger und Kummer, und dabei wird das Korn und Vieh nach auswärts verschickt; so ist erst neulich eine Trift Vieh an Ochsen und Schweinen über die Elbe geführt worden. Wenn wir nicht bei Zeiten dazuthun, so sind wir alle verdorben! Dabei beklagte er, daß der Rath gar keine Aufsicht habe aufs gemeine Beste und keinen Vorrath an Lebensmitteln für den Stadtbedarf heranschaffe. Auch redete er öffentlich auf dem Fischmarkt einen Bürger darum an, daß er in dieser großen Noth noch Korn aus der Stadt verkaufe und der Rath ihm dabei durch die Finger sehe. Man werde aber, fügte er dann bei, schon sehen, wohin endlich solches alles seinen Verlauf nehmen werde. Solche Reden trieb er überall in der Stadt, wo er nur zum Wort kommen konnte. Der Rath ließ ihn deswegen endlich am Himmelfahrtsabend 1483 festnehmen und in den Thurm setzen. Darauf berieth der Rath mit der Bürgerschaft über zweckdienliche Maßregeln zur Beschränkung der Kornausfuhr, und ward dann diese ganz verboten. Die Verdächtigungen gegen den Rath hörten aber dennoch nicht auf.

Der Rath, hieß es, begünstige im geheimen die Umgehung des Ausfuhrverbots.

Als Hinrich von Lohe gefänglich eingezogen worden war, versammelten sich seine Genossen und Anhänger und beschlossen, den Gefangenen zu befreien. Sie hatten in Erfahrung gebracht, daß ein Bürgermeister nebst einem der Rathsherren nach Lübeck reisen sollte, und daß die reitenden Diener sie begleiten würden, und bestimmten den Tag der Abreise der beiden Rathsmitglieder zur Ausführung ihres Vorhabens.

Am bestimmten Tage kamen sie, nachdem der Bürgermeister und der Rathmann mit den reitenden Dienern morgens aus der Stadt geritten waren, Mittags zusammen und begaben sich nach der Wohnung des ältesten Bürgermeisters, Johann Meyer, um die Freilassung des Gefangenen zu fordern. Als sie den Bürgermeister nicht in seiner Wohnung antrafen, zogen sie weiter, um ihre Aelterleute und die beiden anderen ortsanwesenden Bürgermeister aufzusuchen. Auf dem Wege nach dem St. Petri-Kirchhofe begegnete ihnen einer der Bürgermeister. Diesen nahmen sie in ihre Mitte und forderten von ihm die Loslassung des Hinrich von Lohe. Im Fortzuge fanden sie dann auch den ältesten Bürgermeister. Nun nöthigten sie Diesen wie Jenen, mit ihnen nach dem Winserthurm zu gehen, zur Befreiung des von Lohe. Auf die Kunde von dem Auflauf in der Stadt eilten der Dompropst Albert Klitzing und der Dombechant Albert Geverdes hinzu, um durch Aufbietung ihrer Autorität die Bürger zu besänftigen; aber die Menge wurde durch ihre Reden nur noch mehr gereizt, und man drang mit wilden Drohungen auf die Beiden ein, so daß diese sich in die nächsten Häuser flüchten mußten, um nur ihr Leben zu bergen. Der jüngste der beiden Bürgermeister erhielt einen Schlag auf den Kopf, daß ihm das Blut übers Gesicht lief. Man ließ ihm aber keine Zeit, das Blut abzuwischen, sondern drängte und stieß ihn vorwärts auf dem Wege nach dem Gefängniß des Hinrich von Lohe. Hier angelangt, brach man die Thür gewaltsam auf und befreite den Gefangenen. Den ältesten Bürgermeister ließ man dann gehen. Der jüngste Bürgermeister aber mußte mit blutigem Kopf den Hinrich von Lohe nach dessen Wohnung am Rödingsmarkt begleiten und demselben unterwegs, zum Zeichen der Ehrerbietung und zur Genugthuung für die ihm angethane Beschimpfung, die Hand reichen. Vor seiner Wohnung wandte sich Hinrich von Lohe in einer Rede an das Volk und dankte der gesamten Bürgerschaft, daß sie sich seiner so angenommen hätte. Die Bürger versammelten sich dann in großer Zahl auf dem Hopfenmarkt in der Brauergesellschaft und ließen die Sturmglocke läuten. Um größerem Unheil vorzubeugen, sandte der älteste Bürgermeister einige Rathsherren an die versammelten Bürger und ließ bitten, man solle sich doch beruhigen, es würde am nächsten Freitage der Rath zusammenkommen und mit Gutfinden der Bürgerschaft anordnen, was recht und billig sei. Aber die Rathsherren fanden kein Gehör. Man erklärte ihnen, wenn der Bürgermeister den Bürgern etwas zu sagen habe, so möge er selbst kommen. Der alte Bürgermeister begab sich dann auch zur Versammlung nach dem Hopfenmarkt und ermahnte die Bürger zur Ruhe. Auf seine eindringliche Vorstellung beruhigten sich die Bürger auch und gingen auseinander, indem sie die Sache auf nächsten Freitag anstehen zu lassen sich bereit fanden.

Am Freitag kamen der Rath und die Bürgerschaft in der Nikolaikirche zusammen. Der Rath versammelte sich im Chor, während die Bürger im Schiffe der Kirche zusammenkamen. Hier legte nun Hinrich von Lohe im Namen der Bürgerschaft dem Rathe einige Artikel vor, deren Annahme er forderte. Dabei richtete er an die Bürger die Frage, ob solches nicht in ihrem Auftrage geschehe? Die Nächststehenden antworteten mit Ja und die entfernter Stehenden, die nicht gehört hatten, was vorgetragen worden war, stimmten mechanisch bei. Der Rath zeigte darauf an, daß ein Bürgermeister und ein Rathmann auf Gesandtschaft in Lübeck anwesend seien und man, da die Sache doch von Wichtigkeit sei, die Rückkunft der Beiden abwarten müsse, damit der Rath in Vollzähligkeit in der Sache beschließen könne. Deshalb, und weil der vorgelegten Artikel ziemlich viele seien, möge die Bürgerschaft die letzteren schriftlich einsenden und bis zur Rückkehr der beiden abwesenden Mitglieder dem Rath Bedenkzeit gewähren. Damit war die Versammlung einverstanden. Die Artikel, welche die Bürgerschaft beliebt haben wollte, wurden schriftlich an den Rath gebracht, und für die Erledigung der Sache ward ein Tag nach erfolgter Rückkunft der beiden nach Lübeck abgeordneten Rathsmitglieder in Aussicht genommen.

Als die Gesandten von Lübeck wieder zurückgekommen waren, berieth der Rath die von der Bürgerschaft gestellten Artikel. Die meisten derselben wurden angenommen und am Pfingstabend publicirt.

Die aufrührerischen Elemente in der Bürgerschaft waren aber damit nicht zur Ruhe gebracht. Die Rädelsführer der Bewegung trachteten darnach, das Regiment in der Stadt, und auch das Gut Anderer, an sich zu bringen. Sie wurden miteinander eins, daß sie auf St. Johannis-Abend, wenn nach alter Gewohnheit der Rath und die vornehmsten Bürger zusammenkämen, die mißliebigen Rathsmitglieder und Bürger mit Gewalt aus dem Wege räumen und deren Gut unter sich theilen wollten. Um die wahre Absicht ihrer Zurüstungen für Ausführung ihres Plans zu verdecken, gaben sie vor, daß Einer von ihnen, Cord Riquerd, ein Brauer am Röbingsmarkt, durch seinen Bruder, einen reitenden Diener, aus Lübeck die Mittheilung erhalten habe, daß jener Bürgermeister, den man bei der Befreiung des Hinrich von Lohe blutig geschlagen hatte, mit den Bürgermeistern von Lübeck auf Johannis-Abend eine Zusammenkunft in Hamburg verabredet habe. Es sei daher zu fürchten, daß die Lübecker mit starker Mannschaft nach Hamburg kommen würden, um daselbst die zahlreichen Anhänger des von Lohe zu unterdrücken. Deshalb müßte man zur Abwehr sich rüsten für den Nothfall. Weil die Aufrührer fürchteten, daß der Rath von auswärts her Hülfe zur Unterdrückung der Unruhen herbeiziehen könnte, hatten sie sich der Schlüssel zu den Stadtthoren bemächtigt und bestellten sie jeden Abend sorgsam die Thorwache. Viele redliche Bürger riethen den Aufrührern, die Sache in betreff des zu befürchtenden Einfalls der Lübecker dem Rath anzuzeigen. Darauf gaben diese zur Antwort, sie hätten bereits einem Bürgermeister davon Mittheilung gemacht, und der habe erwidert, daß der Rath schon unterrichtet sei und mit dem Lübecker Rath wegen der Sache in Verhandlung stehe. Als aber einige Bürger deswegen sich an den ältesten Bürgermeister wandten, zeigte sich, daß dieser von der Sache nichts wußte. Der Rath forderte

Den, der solche Rede ausgebracht hatte, Cord Riquerd, zur Verantwortung, und nun mußte derselbe bekennen, daß er mit dem Bürgermeister über die Sache gar nicht gesprochen habe. Auf die Frage nach dem Briefe von seinem Bruder aus Lübeck antwortete er, den Brief habe er zerrissen, und auf die fernere Frage, ob er denn auch lesen könne, gestand er, daß er selbst das zwar nicht könne, daß aber sein Sohn ihm den Brief vorgelesen habe. Er wurde dann mit Zustimmung der Bürger vom Rath gefangen gesetzt. Bald nachher suchten die Aufrührer ein anderes Mittel, um die Aufmerksamkeit von ihren Rüstungen abzulenken. Sie brachten die Anzeige an den Rath, daß in der Stör vier große Schiffe mit Korn befrachtet würden zur Ausfuhr elbabwärts, und begehrten, daß dem gesteuert werde. Es wurden einige Schiffe nach der Stör ausgesandt zur Feststellung des Thatbestandes. Diese fanden ein einziges Schiff in der Stör, welches an der Westsee Korn geladen hatte und vom Unwetter nach der Elbe verschlagen worden war. Der Schiffsführer war ein Hamburger Bürger. Dieser beschwor, daß er seine Ladung nicht in der Elbe eingenommen habe, und man ließ ihn dann unbehelligt.

Unterdes war der Johannis-Abend herangekommen. Weil aber der Rath und die wohlgesinnten Bürger nun gewarnt waren und gute Wache hielten, durften die Aufrührerischen nichts gegen die allgemeine Sicherheit unternehmen.

Am Tage nachher entstand ein Feuer am Brook. Das deutete man auf Brandstiftung durch den Rath und seine Anhänger. Jetzt brennten die Häuser der kleinen Leute, aber die der Reichen würden auch schon daran kommen, hieß es. Die Erregung wurde wieder verstärkt. Am 11. Juli kamen abermals viele Bürger unter Führung von Hinrich vom Lohe vor den Rath und begehrten einige Artikel bewilligt. Die Accise in Flandern und Friesland solle abgeschafft werden, auch der Zoll an der Schwinge, das Verbot, daß Fremde mit Fremden nicht handeln dürften, solle eingeschärft werden, in Holland solle das Ungeld abgeschafft werden ꝛc. Die meisten Artikel betrafen Handels- und Hansasachen. Der Rath wies sie mit dem Bedeuten ab, daß er in solchen Sachen keine Macht habe. Auch verlangten sie, daß der Rath einen Bürger, welcher die Stadtgemeinde mit ehrenrührigen Worten angegriffen habe, vor Gericht stelle. Als der Betreffende sich dann stellte, fand sich Keiner, der ihn anklagte. Einige Tage nachher begehrte eine Anzahl von Anhängern des Hinrich von Lohe die Losgebung des Cord Riquerd. Die Aufrührer zwangen den Gefängnißaufseher, das Gefängniß aufzuschließen und den Riquerd in ein anderes Gemach zu führen. Dann gingen sie zu den Gerichtsherren und forderten gänzliche Befreiung des Gefangenen. Die Gerichtsherren vereinbarten mit ihnen, daß der Gefangene in dem Gemache, in welches er durch sie jetzt geführt worden sei, verbleiben solle, bis der Rath zusammenkomme und wegen der Sache entscheide.

Am 17. Juli beschickte der Rath alle Aemter durch die Morgensprachsherren, daß sie sich am folgenden Tage im Rathhause versammeln sollten zur Berathung in Sachen, woran der Stadt gelegen. Zugleich wurde den Bürgern aufgegeben, während der Versammlung ihr Gesinde zu Hause zu halten, damit keine Unordnung entstehe. Als die Bürger am anderen Tage, 18. Juli, versammelt waren — auch Hinrich von Lohe war zur Versammlung gekommen —, wurden bei Beginn der Berathung, nach altem Brauch, die Thüren des Rathhauses geschlossen. Damit waren die draußenstehenden Neugierigen aber nicht zufrieden. Es entstand ein arger Tumult vor dem Rathhause. Unter Anführung eines Schiffszimmermanns, Claus von Kymmen, erbrach die Menge die Thüren und wollte in die Versammlung eindringen. Die drinnen versammelten Bürger drängten die Tumultuanten aber zurück, und als diese nochmals einzudringen versuchten, wurden sie von den Bürgern mit Gewalt zurückgetrieben. Der Schiffszimmermann Claus von Kymmen lief nun nach der Nikolaikirche, um die Sturmglocke zu läuten. Der Thurm war aber geschlossen, und die Absicht des Schiffszimmermannes mißlang. Die Bürger machten dem Rathe den Vorschlag, zwecks Stillung des Auflaufs in der Stadt mit ihnen unter die lärmende Menge nach dem Hopfenmarkte zu gehen; sie wollten für die Sicherheit des Raths mit ihrem Leben einstehen. Es wurden dann zwei Rathsherren nach dem Hopfenmarkte abgeordnet und ihnen einige Rathsdiener mitgegeben. Die Diener bemächtigten sich des Zimmermanns Claus von Kymmen und sperrten ihn in die Sakristei der Nikolaikirche. Als das geschah, lief einer der Haupträdelsführer unter den Tumultuanten, Nype Krenkel, nach der St. Petrikirche, um da die Sturmglocke zu läuten. Da er aber durch wildes Gerede und Geschrei seine Absicht bekundete, ward er von einigen Bürgern aufgefangen und aufs Rathhaus gebracht. Der Rath und die auf dem Rathhause versammelten Bürger begaben sich nun nach dem Hopfenmarkte. Einige revoltirende Schiffbauer, die zu Claus von Kymmen gehalten hatten, entwichen, andere schlugen sich zu den übrigen Schiffszimmerleuten und den Schmieden und regten diese auf. Dieselben kamen dann mit Aexten, Beilen und Hämmern bewaffnet und wollten ihren gefangenen Genossen befreien. Als aber die Aemter geschlossen ihnen entgegentraten, wagten sie nicht, etwas gegen die Ordnung zu unternehmen.

Der Rath berieth mit den Bürgern, wie man sich zu den Aufrührern stellen solle. Man beschloß, diejenigen, welche um Gnade bitten würden, wieder anzunehmen, nachdem sie aufs neue geschworen haben würden; die Ausgewichenen sollten verfolgt, und, wenn man ihrer habhaft würde, nach schärfstem Rechte gestraft werden; den gefangenen Aufrührern solle man ihr Urtheil nach Recht zukommen lassen und dasselbe gleich vollstrecken. Hinrich von Lohe solle Gnade finden, weil er zur Versammlung nach dem Rathhause gekommen sei; er solle aber aufs neue dem Rath zuschwören. Die beiden Gefangenen wurden zum Tode verurtheilt, und dann, nachdem sie gebeichtet und, nach der Bezeichnung alter Chronisten, „ihr Kirchenrecht empfangen", auf dem Berge bei St. Peter enthauptet. — Einige der entwichenen Aufrührer fanden auch noch ihre Strafe. Derjenige, der den jüngeren Bürgermeister blutig geschlagen, ein Böttcher Hans Meier, wurde nachher, 1489, auf Diebstahl ertappt und zum höchsten Galgen verurtheilt, auf Fürbitte des Böttcheramtes dann aber zum Tode durchs Schwert begnadigt und geköpft.

Hinrich von Lohe, der eigentliche Urheber des Aufruhrs, warf sich, als er durch die Bürger aus dem Gefängnisse befreit und unter Demüthigung der Bürgermeister im Triumph nach seiner Wohnung zurückgeführt worden war, gewissermaßen zum Stadtregenten auf.

Er vertheilte Stadtdienste und Aemter und hielt einen Geistlichen als Sekretär bei Verrichtungen in gemeinen Stadtangelegenheiten. Der Rath mußte seine Anordnungen gelten lassen, weil er die Bürger auf seiner Seite hatte. Zu der Zeit kam ein Abliger, Hinrich Brydag (Freitag), mit seiner Frau im St. Viti-Markt nach Hamburg. Dieser erkannte in Hinrich von Lohe einen zu seinen Landsassen gehörigen „eigenen" Mann, der ihm entwichen war. Da nun der von Lohe ein angesehener Mann geworden war, so hoffte Brydag, daß er sich von ihm loskaufen solle. Er ließ den Hinrich von Lohe deshalb zu sich laden nach seiner Herberge und gab ihm sein Verlangen kund. Das verdroß den von Lohe im höchsten Grade, und er beschloß, dafür an Brydag Rache zu nehmen. Mit einigen Genossen und seinem Sekretär begab er sich zu Brydag und redete ihn mit schmählichen Worten an, indem er offen Händel mit ihm suchte, vor Zeugen und Notar. Brydag aber, der die Absicht merkte, wich ihm aus und fuhr nach Harburg zurück. Die Frau desselben blieb einstweilen noch in Hamburg. Als diese nach zwei Tagen auch wieder abreisen wollte, begegnete ihr an den Kajen Hinrich von Lohe. Der redete sie unpassend an; sie vergalt ihm das, indem sie bemerkte, daß sie einen Mann vor sich sehe, der sich erkühne, dem Rath und der Stadt Hamburg zu gebieten, und vergesse, daß er ein entlaufener Knecht sei, von unehelicher Geburt. Darüber in Zorn gerathen, höhnte und schimpfte Hinrich von Lohe die Dame und verglich sie einer „Ackermähre", indem er ihr das Kleid über den Kopf zusammenzog. Dann eilte er zur Wohnung des ältesten Bürgermeisters, und als er den Letzteren nicht antraf, zu einem der anderen Bürgermeister und verlangte, daß die Frau sofort eingesperrt werde. Der Bürgermeister erlangte bei von Lohe, daß die Frau in seinem Hause in Haft gesetzt werde, indem er sich dafür verbürgte, daß sie am anderen Tage vor Gericht gestellt werden solle. Er ließ dann einige vornehme Damen zur Gesellschaft für die Frau Brydag einladen und Wein und Konfekt herbeischaffen für die Damen. Anderen Tags wurden zwei Rathmänner abgeordnet, in der Sache zu befinden. Es ward entschieden, daß die Parteien einander vergeben sollten. Frau Brydag kehrte dann heim. Ihr Ehemann aber, Hinrich Brydag, wollte nicht so zufrieden sein, und andere Adelsherren traten ihm bei. Sie überhäuften dann in Gemeinschaft mit Brybag den Hamburger Rath mit Anträgen auf Bestrafung des Hinrich von Lohe. Der Rath ließ diesen zur Verantwortung vor Gericht stellen, und ward derselbe darauf wegen schweren Marktfriedensbruchs von Rechtswegen zum Tode verurtheilt, nach Bestimmung der „goldenen Bulle". Hinrich von Lohe ward am 10. Oktober „zwischen den Thoren" (dem inneren und äußeren Spitalerthor) mit dem Schwerte gerichtet.

Die Partei des Hinrich von Lohe war noch eine zahlreiche, und diese hatte während des Prozesses gegen ihren Führer sich in argen Verdächtigungen wider den Rath ergangen und gar versucht, die von dem Bischof von Hildesheim, dem Bischof von Minden, dem Herzog von Braunschweig-Lüneburg, dem Grafen von Hoya u. A. abgegebenen Schreiben, in welchen Hinrich von Lohe wegen seiner That gegen die Frau Brybag verurtheilt ward, für Fälschungen des Raths zu erklären. Dieser habe Schreiber genug und auch Goldschmiede und Petschaftstecher, welche die nöthigen Siegel machen könnten. Es war zu befürchten, daß man gegen die Ausführung des Richterspruchs über Hinrich von Lohe noch Widerstand versuchen werde. Daher wurde die Hinrichtung des von Lohe gleich nach erfolgter Verurtheilung vollzogen, unter Geleit des Verurtheilten durch bewaffnete Bürger, denen Befehl ertheilt war, bei etwaigem Auflauf den Missethäter ohne weiteres niederzustrecken, wo es auch sein möge. Man wollte die Gegenpartei vor eine vollendete Thatsache stellen.

Für die Gemeingefährlichkeit des Hinrich von Lohe und seiner Genossen zeugt auch die Aussage eines zu Hannover verhafteten und daselbst nachher enthaupteten Anführers von der Partei des von Lohe, Namens Ditrich Vogt. Dieser bekannte, daß er und Hinrich von Lohe, Kenkel, von Kymmen, Bordenow, Primmig, Hinrich Vogt, Hammeböle, Brugge, Selfing, Name u. A. sich vereinbart hätten, die meisten Rathspersonen nebst ihren Anhängern zu tödten und sich die Güter derselben anzueignen.

Als mit Hülfe des wohlgesinnten Theils der Bürgerschaft der Aufruhr unterdrückt worden war, schlossen die Parteien ein Abkommen darüber, wie der in der Bursprake verkündete Vergleich fortan gehalten werden solle. Der in Anlaß des Aufruhrs geschlossene Vergleich, der dritte Receß, wiederholt zum großen Theil die Bestimmungen des zweiten Recesses, des von 1458. Derselbe lautet:

Damit Friede und Freundschaft zwischen Rath und Bürgern auch bei dieser Gelegenheit erhalten werde, sind zur Wohlfahrt und zum Besten der Stadt einige Artikel verfaßt und von beiden Theilen genehmigt, einhellig beliebt und beschlossen, auch des zur Urkunde im Jahre 1483 am Pfingstabend vor dem Rathhause zur Nachachtung publicirt worden. Sie lauten von Wort zu Wort folgendermaßen:

Art. 1. (Wie Art. 1 des Rec. von 1458.)

Art. 2. Wer aus dieser Stadt aus Angst oder Furcht weichhaft wird, weil er, ungeachtet er sich zu Gericht und Antwort zu stellen bereit ist, dennoch überfallen zu werden fürchtet, der soll frank und frei zur Antwort sich stellen dürfen, mit Vollbort des Raths und Wissen der Bürger.

Art. 3. (Wie Art. 2 des Rec. von 1458 mit folgendem Zusatz): Wollte aber Jemand bei seinem Leben oder Wohlbefinden seine Verwandtschaft den Freunden bezeugen, und dies Zeugniß in das Stadtdenkelbuch einschreiben lassen, der kann es immerhin thun. Und dies vorher abgelegte Zeugniß soll nach dem Tode gültig sein, und man soll die Zeugen im Gericht hören. Würden aber der Vogt oder die Gerichtsherren Zweifel in Zeugen setzen, so können sie diese an den Rath verweisen, der nach Gelegenheit der Sache sie verhören wird.

Art. 4. (Wie Art. 3 des Rec. von 1458.)

Art. 5. (Wie Art. 4 des Rec. von 1458.)

Art. 6. (Wie Art. 5 des Rec. von 1458 mit Zusatz): Wer dagegen handelt, soll so bestraft werden, wie es in der Bursprake von den Bürgern beliebt und deutlich vorgeschrieben ist.

Art. 7. Wollte ein Brauer den Orloff in Lauf- und Rothbier verbrauen, der soll und muß dem Rathe eine Anzeige davon machen, und die 20 Sack Malz in zwei Mal während des Orloffs in Rothbier verbrauen.[1]

---

[1] 1239 wurde das Bier in Hamburg zuerst weiß gebraut, vorher braute man es nur roth. Das weiße Bier war besonders beliebt. Der Kardinal Raymund soll dieses Bier hoch geschätzt und es mit dem Lobspruche belegt haben:
O quam libenter esses vinum.
Wie gern wärst du Wein,
Bierken, du schmeckst fein!

Dies Bier kann er einem Jeden in der Stadt und auch Schiffern außerhalb derselben verkaufen, damit die Leute um soviel besser bedient werden, Getränke erhalten und keinen Mangel leiden, auch keine Ursache zur Klage haben, daß man außerhalb der Stadt keine Getränke bringen ließe und nichts kaufen könnte. Die Schiffer aber sollen nirgends anders vor der Elbe einiges Bier brauen oder kaufen lassen.

Art. 8. (Wie Art. 6 des Rec. von 1458.)

Art. 9. (Wie Art. 7 des Rec. von 1458 mit geändertem Schlußsatz): Wenn der Rath Einem ein Amt verlehnen will über die gewöhnliche Zahl, so soll der Rath die Werkmeister aller Aemter zusammenfordern, daß sie es mit bekennen, es sei noth und nützlich, diesem Manne das Amt zu verleihen. Arbeitet Jemand den Amtsgerechtsamen zuwider, den soll man vor den Rath fordern, und der Rath soll es ihm verbieten. Will er es dann nicht lassen, soll es ihm bei Verlust der Stadtwohnung verboten werden.

Art. 10 und 11. (Wie Art. 8 und 9 des Rec. von 1458.)

Art. 12. (Wie Art. 10 des Rec. von 1458 mit Zusatz): Es wäre denn, daß er schon vorher das Zeugniß abgelegt hätte in Gemäßheit des Art. 2 dieses Recesses.

Art. 13. (Wie Art. 11 des Rec. von 1458 mit Zusatz): Auch können Mann und Frau von ihren wohlgewonnenen Gütern sich nach Belieben geben; wollen sie aber von ihren Erbgütern vergeben, so kann dies nur mit Vollbort der Erben geschehen. Was auch in Testamenten an Kirchen und Schulen gegeben wird, soll man verabfolgen lassen, und was unsern Bürgern und Bürgerinnen an Erbtheil anfällt oder ihnen gegeben wird, soll man frei verabfolgen. Was aber als Erbschaft aus der Stadt geholt wird, davon soll man den zehnten Pfennig nehmen. Auch soll man frommen Leuten, die ihren Gatten verloren, die Kisten nicht versiegeln, fromme Leute aber sollen dem Rath und den Erben das thun, was ihre Pflicht mit sich bringt.

Art. 14. (Wie Art. 12 des Rec. von 1458 mit Zusatz): Und sollte das Kapitel zu Hamburg irgend einen Krieg oder Unwillen machen oder haben mit einigen Fürsten, Prälaten, geistlichen oder weltlichen Leuten innerhalb oder außerhalb Hamburgs, so mag sich der Rath, dazu aufgefordert oder gebeten, die Sache in Freundschaft beizulegen oder vereinigen zu helfen, damit wohl befassen, so gut er immer kann; aber Partei soll er dabei nicht nehmen, damit, wenn die Sache zu gefährlicher Gewaltthätigkeit käme, und Raub, Brand oder andere, geistliche, Beschwerde daraus entstände, die Stadt nicht in Verdruß oder Unlust komme.

Art. 15. Den Bürger oder Einwohner dieser Stadt, welcher vor dem Rathe das, was Recht ist, geben und nehmen will, soll man aus keinem Grunde vor andere Gerichte ziehen, laden oder bringen, sie mögen geistlich oder weltlich sein.

Art. 16. (Wie Art. 13 des Rec. von 1458.)

Art. 17. Rath und Bürger sollen und wollen das Kloster Harvestehude vor Ueberfall schützen, und sollen zwei Personen aus dem Rathe und ein Bürger, die die Aebtissin zu Vorstehern wählt, dem Kloster vorstehen, und alle Dinge zum Besten kehren, sowie es in Lübeck und anderswo gehalten wird.

Art. 18. Diejenigen Lehne, die nach dieser Zeit dem Rathe frei werden, sei es Baumschließer, Hafenmeister, Thorschließer und Schenken, will der Rath frommen Bürgern, die darum anhalten, und dazu geschickt sind, verleihen, wenn sie Sicherheit leisten können dafür, daß das gemeine Gut durch sie nicht verringert und benachtheiligt werde, und daß sie Niemand darauf setzen wollen. Auch soll der Rath darauf sehen, daß weder sie, noch ihre Knechte sträflich befunden werden.

Art. 19. (Wie Art. 14 des Rec. von 1458 mit Zusatz): Wer, ohne Brauer zu sein, von der Mühle Malz begehrt, um Getränke daraus für sich und sein Gesinde zu machen, dem soll man es nicht verwehren, sondern ihm dasselbe zu einem billigen Preise, nach dem Korn-Marktpreise, lassen, auch mit dem Ersten ihm das Mahlen befördern, insofern das Malz auf der Mühle ist.

Art. 20. (Wie Art. 15 des Rec. von 1458.)

Art. 21. Mit den isländischen Reisen soll es aus sein, so daß sie, soweit das Stadtgebiet reicht, nicht weiter stattfinden. Der Rath will, so viel er immer kann, darüber aus sein, daß im Gebiet der Stadt keine Schiffe dahin verladen werden.[1]

---

[1] Die Islandsfahrer sollen den Kornmangel und die Theuerung verursacht haben. Auch hatte die Hansa wiederholt bei dem Rath auf Verbot der Islandsfahrt gedrungen.

Art. 22. (Wie Art. 16 des Rec. von 1458.)

Art. 23. Die Frau des Mannes, der wegen Schulden weichhaft wird und nicht bezahlt hat, soll nicht mit Kostbarkeiten geschmückt gehen, so wie es in der Bursprake abgelesen wird.

Art. 24. (Wie Art. 17 des Rec. von 1458 mit Zusatz): Und, wenn es gut ist zu münzen, so soll es der Rath zu dieser Zeit mit den andern Städten, die mit zur Münze gehören, in Eintracht thun, Niemand davon aussondern oder sitzen lassen, und darauf sehen, daß man gut Geld macht, und damit einen Jeden versehe. Diese Münze soll in der Stadt gelten und Niemand anders Part oder Theil daran haben. Drei Leute soll man dazu ansetzen, einen Wardein, der, wenn das Geld geprägt ist, darauf sehe, daß es sein Schrot und Korn halte, ausweise des darüber gemachten Recesses; ferner den Münzer, dieser soll münzen auf die Weise, wie recht ist; endlich den Wechsler, der für die Wechselei sorge, wie sich gebührt. Diesen Dreien soll man aus dem gemeinen Gut jeder Stadt einen Lohn zahlen, und sollen sie weiter keinen Theil an der Münze haben.

Art. 25 und 26. (Wie Art. 19 und 20 des Rec. von 1458.)

Art. 27. (Wie Art. 21 des Rec. von 1458 mit Zusatz): Auch einem Jeden das Recht nach dem Stadtbuche ertheilen und ihm zu seinem endlichen Rechte verhelfen.

Art. 28—34. (Wie Art. 22—28 des Rec. von 1458.)

Art. 35. Es soll Niemand aus dieser Stadt Korn oder andere Güter ausführen, die der Rath verboten hat oder verbieten wird, ohne Vollbort des Raths. Handelte Jemand dawider, so sollen die Güter, die er ausführen will, zum Besten der Stadt verfallen sein; dazu soll Derjenige, der es thut oder thun läßt, mit dem Höchsten dafür büßen, er sei im Rathe oder außerhalb desselben. Auch soll der Rath an Niemand einige Freibriefe geben, Korn auf der Elbe zu verladen oder auszuführen, und wird auf Ansuchen von Herren, Fürsten und andern redlichen Personen die Erhaltung der Erlaubniß zur Ausfuhr von Korn verlangt, so mag der Rath mit einigen Bürgern und den Werkmeistern der Aemter über die zweckmäßigsten Maßregeln sich bereden. Auch sollen die Amtleute auf ihren Schlössern ihren Untergebenen keine Kornausfuhr auf der Elbe gestatten, sie sollen es vielmehr in Hamburg zu Markte bringen, nach Vorschrift des Recesses, und nicht zu Wasser ausführen oder ausführen lassen, alles bei Verlust der Güter.

Art. 36. (Wie Art. 30 des Rec. von 1458.)

Art. 37. (Wie Art. 31 des Rec. von 1458 mit Zusatz): Kaufte ein Vorhöker oder Vorhökerin vor 11 Uhr und ein Bürger käme und wollte die Sache für seine Küche kaufen, der mag es für dasselbe Geld nehmen, wofür der Andere es auf Verkauf gekauft oder bedungen hat. Will der Vorhöker es nicht verabfolgen lassen, und es zeigte sich Unordnung oder Widersetzlichkeit, so sollte er dafür dem Rathe Strafe bezahlen. Man soll auch nicht in Böten oder Ewern kaufen, sondern ehe Jemand kauft, alles zu Lande bringen lassen, auf den Platz, den der Rath dazu anweisen wird, und zwar bei eben der Strafe, die dabei angezeigt ist.

Art. 38. (Wie Art. 32 des Rec. von 1458.)

Art. 39. Ist Roggen und anderes Gut oder sind Eßwaaren am Markte zu Kauf, wobei einige Bürger oder Bürgerinnen stehen, und gern einen Theil davon hätten, ohne daß sie den Kauf machen können, so soll, wenn ein Anderer es zusammenkauft, dieser den Ersteren, die vorher gekommen sind, davon so viel, als sie zu ihrer Nothdurft brauchen, davon ablassen um denselben Preis. Der Rath will einen Marktmeister anstellen zu dem Behuf, daß er den Kauf schließen und dahin sehen soll, daß Jeder davon in der angegebenen Weise erhalte.

Art. 40. Wenn ein Mann oder eine Frau von außen Brot zum Verkauf in die Stadt führt, so sollen sie zwei Tage in der Woche, Mittwochs und Sonnabends, damit zu Markte ausstehen und es verkaufen. Dabei soll ihnen Niemand hinderlich sein und sie sollen es zu bestmöglichem Preise geben.

Art. 41. Den in der Bursprake vor Zeiten abgelesenen Artikel, die gemeinen wandelnden Frauen anlangend, will E. E. Rath mit Ernst gehalten haben und bescheidet, daß sie nicht auf Kirchhöfen oder in großen Straßen wohnen sollen, wo unsere Bürger und Bürgerinnen, Jungfrauen, Frauen und Männer, um zur Kirche zu gehen, passiren. Wer ihnen in diesen Straßen Häuser, Kammern,

Blumenhöfe, Böden oder Keller vermiethet, soll nach Befinden des Raths gestraft werden.

Art. 42. Der Rath will zum Besten der Gemeinde dafür sorgen, daß zum Behuf des Wassers so viele Stiegen und Treppen, als die Noth erfordert, vorhanden sind.

Art. 43. Die Stadtdiener sollen bei Vorfällen, die Tags geschehen, nicht zur Ueberführung von Bürgern zugelassen werden, auch sollen sie nicht bei den Schoßtafeln stehen, wenn fremde Leute ihr Schoß einbringen.

Art. 44. Niemand soll Korn, Mehl, Butter, Fleisch oder andere Waaren, bei Verlust der Güter, auf dem neuen Brook auf oder in die Häuser tragen und bringen lassen. Handelt Jemand dawider, so soll der Angeber den zehnten Pfennig von dem aufgebrachten Gut haben. Der Arbeitsmann, der dazu geholfen hat, soll in der Stadt nicht mehr arbeiten und wohnen.

Art. 45. Da die Ochsen gänzlich aus dem Lande vertrieben werden, so befiehlt der Rath, daß kein Bürger im Gebiete der Stadt und sechs Meilen in der Nähe der Stadt Ochsen oder Schweine kaufen soll, es wäre denn, daß sie dieselben zu Hamburg, und sonst nirgends, zu Markte bringen wollten, bei Verlust des gekauften Viehes. Auch will der Rath darüber aus sein, zu verfügen, wenn es nöthig ist, daß man von Lichtmeß bis Nativitatis Mariä, wenn die Leute aus dem Ripener Markt kommen, keine Ochsen über die Elbe verschiffe.

Art. 46. Wer von außerhalb Ochsen, Schafe, Lämmer oder Schweine hierher treibt, dem sollen die Bürger kein Vieh zwischen hier und Rendsburg ablaufen, sondern man soll es von den Fremden hier zu Markte bringen lassen. Wer dawider handelt, soll für jedes Stück Vieh einen rheinischen Gulden Strafe an den Rath zahlen, ohne alle Gnade.

Art. 47. Grütze und Bohnen soll man nicht aus der Stadt führen lassen, außer in dieser theuren Zeit für Diejenigen nach vorheriger Erlaubniß des Raths, die nach Bergen fahren oder rheden.

Art. 48. Mit den Urfehden und den Briefen soll es wie bisher gehalten werden. Sie bleiben beim Rath.

Art. 49. Der Rath will darüber halten, daß Bürger und Einwohner nebst den Fischern und anderen Aemtern weder zu Stade, noch anderswo, wenn es zu erreichen, mit neuen Lasten beschwert, sondern bei ihrem alten Herkommen, Freiheiten und Gerechtigkeiten erhalten werden.[1]

Art. 50. Die Schiffbauer können nur Denen, die zur Hanse gehören, Schiffe verkaufen, es wäre denn, daß Rath und Bürger eine andere Uebereinkunft träfen.

Art. 51. Niemand soll von außen her neue Tonnen hereinbringen, sie mögen breite oder schmale Bänder haben, weil die Böttcher damit einen Jeden nach Nothdurft versehen wollen.

Art. 52. Der Rath will, wenn er deswegen angegangen oder ersucht wird, gern die zwischen den Gerbern und den Schuhmachern vorfallenden Zwiste untersuchen, um einen Mittelweg zu finden, auf welchem beide Theile zufrieden gestellt sein mögen.

Art. 53. Knechte und Mägde können ihr Gut, das kein Erbgut ist, vor zwei erbgesessenen Bürgern geben, wem und wohin sie wollen. Ihre Verfügung soll befolgt werden und gültig sein, auch soll der Kistenschauer derselben keinen Eintracht thun.

Art. 54. Der Rath will zwei seiner Mitglieder alle Monat in die Backhäuser umsenden und das Brot beschauen lassen. Schlecht gebackenes Brot, sowie Brot, das sonst sträflich befunden wird, soll für das Hospital zum heiligen Geist und St. Jürgen konfiscirt und auf die nachfolgenden Karren geladen werden, damit Jeder gutes Brot backe und verkaufe nach dem Bedarf der Zeit.

Art. 55. Eine berüchtigte Frau, verrufen in Straßen, Badstuben und Mühlen, soll keinen Schmuck gleich ehrbaren Frauen tragen. Dasjenige, worin sie dabei fehlt, soll ihr abgenommen werden zum Besten der Stadt.

Art. 56. Eine berüchtigte Frau, die einen Mann zur Ehe nimmt, und unter diesem Schein sich gleich ehrbaren Frauen kleiden will, soll dies nicht können. Der Schmuck soll auch verfallen sein.

---

[1] Bei den Lasten zu Stade handelt es sich vornehmlich um den Elbzoll vor der „Schwinge".

Art. 57. Den berüchtigten öffentlichen Mädchen soll man die Haube schicken und sie sollen nicht wie andere Mädchen gehen.[1]

Art. 58. Man soll auch einmal im Jahre mit der Trommel umhergehen und die gemeinen Weiber auf eine behufige Stelle bringen.

Art. 59. Kein Klappholz soll aus der Stadt geführt werden.

Art. 60. Die Steine aus dem Nikolai-Ziegelhause soll man nicht verkaufen.

Art. 61. Da man beim Schaarmarkt, Hopfenmarkt, Fischmarkt und bei dem Rathhause Wachen zu haben pflegte, diese aber zerstört sind, und die Diener, die wachen sollten, daselbst nicht bleiben, sondern in die Krüge und andere Orte gehen, welches zu großem Nachtheil bei Todtschlägen, Brand und andern Gelegenheiten, besonders auch deshalb Anlaß gegeben, weil kein Hauptmann zur Stelle war und man ihn nicht finden konnte; so begehren die Bürger, daß die Wache so wie es von Alters her gewesen, gehörig abgehalten werde, und daß Derjenige, der von Rechts wegen dazu angesetzt wird, dazu auch bereit sei.

Art. 62. Wenn wichtige Verhandlungen mit Fürsten und Herren zwischen Städten und Ländern zur Beilegung von Uneinigkeiten vom Rathe gehalten sind, so will der Rath aus jedem Kirchspiel 20 bis 25 erbgesessene Bürger versammeln und ihnen von den Verhandlungen Nachricht geben, um es den anderen anzuzeigen, damit die Bürger wissen, wonach sie sich zu richten haben.

Art. 63. Es begehren auch die Bürger, daß der Rath einige passende Lokale einräume und herrichte, etwa 2—300 Wispel vom Rath angekauften Roggen zum Behuf der Stadt dann anzuschütten, wenn Gott fügte, daß der Wispel Roggen 5 Mark kostete.

Art. 64. Da von Alters her ein alt statutum vorhanden zu sein pflegte, nach welchem der Scholasticus darauf zu sehen hatte,

---

[1] Die Haube war damals simple Tracht, entgegengesetzt dem „Kopfzeug": Hoiken und Kageln. „Se geit in Huve und Hüll", hieß so viel, wie: sie trägt kein Kopfzeug, ist eine Frau von niederem Stande. Mädchen aber trugen weder Kopfzeug noch Haube und Hülle. Sie gingen in Flechten und Locken, mit und auch ohne Flitter-, Band- und Blumenschmuck, bis sie die kopfzeugartige „Brauthaube" aufsetzten. Daher die scherzende Klage der jungen Frau an ihrem Ehrentage:

„Mynn jungferlik herrliche Titel verschwindt,
Mynn Flege, mynn Flechtels, mynn Flittertüch liggt,
Mynn Härlin verschlövert, verhuistert man hör,
Mit Stuitels, mit Hüvels van Linnen und Schür."

daß die Schüler in der lateinischen Sprache aus lateinischen Büchern unterrichtet würden, und daß die Reichen in jedem Vierteljahr 2 Schillinge und um Lichtmeß 4 Pfennige für Licht, und sonst nichts mehr, im Jahr zu geben, die Armen aber um Gottes Willen unterrichtet würden; nun aber in allen Dingen, bei dem Schulgeld, wie auch sonst, die Ausgaben über die Hälfte vermehrt sind, auch die Armen, wenn sie in die Schule gehen sollen, nicht verschont werden, sondern eben so viel geben müssen, wie vordem die Reichen gaben, darüber aber einige Schüler, die das nicht entrichten können, zu Grunde gehen und ohne Unterricht bleiben: so will der Rath allen Fleiß anwenden, es bei dem Kapitel und dem Scholasticus wieder auf den alten Fuß zu bringen. Kann dieses nicht geschehen, so soll ein Bürger einen Magister oder Locaten in sein Haus nehmen, jedoch ihm nicht die freie Kost geben oder schicken. Giebt dennoch ein Bürger die Kost, so soll er nach Ermessen des Raths gestraft werden.

Art. 65. Bei dem in dieser Stadt entstandenen Streit zwischen dem Kapitel und den beiden Klöstern, dessen Entscheidung von beiden Partheien vor das Gericht des Römischen Hofes gebracht ist, sollen sie mit dem Ausspruche des Römischen Hofes zufrieden sein; die Klöster aber sollen von Niemand dem zuwider überfallen und belästigt werden, sondern Rath und Bürger wollen sie gehörig schützen. Wo ein Mann und eine Frau sich ein Grab gekauft haben, dahin soll man sie bringen und begraben, und nicht mehr den Leichnam von dem Kirchherrn mit Gelde auslösen.[1]

Art. 66. Entstehen schwere Unruhen in einem Kirchspiele, so soll dies den Kirchengeschworenen des Kirchspiels angezeigt werden.

---

[1] Es mußte sonst Jeder da beerdigt werden, wo er seßhaft war und „zur Parochie" gehörte, und die Kirchen hatten das „Recht der Bestattung", von welchem man sich lösen mußte, im Falle, daß eine Leiche in einer anderen Parochie beerdigt werden sollte. Im Jahre 1265 herrschte über das Recht der Beerdigung ein großer Streit zwischen den Dominikanern und dem Priester zu St. Nikolai, resp. dem Domkapitel. Die Dominikaner hatten den Leichnam einer Frau Womele auf ihrem Kirchhofe beerdigt. Der Priester zu St. Nikolai reklamirte die Leiche als zu seiner Parochie gehörig. Das Kapitel trat dem Priester bei, und die Leiche mußte schließlich wieder ausgegraben und dahin gebracht werden zur Beerdigung, wohin sie von Rechts wegen gehörte. Das Recht der Parochien auf die Leichen und auf die Beerdigung wird nun durch die Bestimmung im Receß, daß Jeder da beerdigt werden soll, wo er sich ein Grab gekauft hat, und daß die Leichen nicht mehr mit Geld ausgelöst werden sollen, aufgehoben.

Diese laden die Geschworenen der anderen Kirchspiele ein und gehen mit ihnen vor den Rath und verlangen die Zusammenberufung der erbgesessenen Bürger und der Werkmeister der Aemter, um darüber zu verhandeln. Würden die Kirchengeschworenen, denen solches angebracht worden, nicht demgemäß verfahren, sondern wollten es hinstehen lassen, so sollen sie deswegen nach dem Ermessen des Rathes zur Verantwortung gezogen werden. Sowohl hierbei als auch bei allen Denen, die Zusammenrottungen und Aufläufe erregen, wollen die Bürger dem Rathe Hülfe und Trost gewähren und beiständig sein.

Art. 67. Niemand soll die Sturmglocke anschlagen oder anschlagen lassen, außer in Feuersgefahr. Wer dagegen handelt, den mag der Rath richten und strafen.[1]

Art. 68. Sollten einige Gebrechen und Säumnisse in Hinsicht der vorgeschriebenen vielen Artikel Statt finden, in welchem Maße, welcher Weise und welchem Wege dieses auch geschehen möge, so begehrt der Rath, daß man ihn davon in Kenntniß setze, und will er dann gern ihnen gemäß sich verhalten. Auch will der Rath alle vorstehenden Artikel in eine neue Tafel zusammenschreiben und öffentlich im Rathhause anhängen, damit sich ein Jeder desto besser darnach richten könne.

Art. 69. Also ist es besprochen und beschlossen worden in der Nicolai-Kirche, und soll aller Unwille gänzlich vergeben und vergessen sein.

Wir Bürgermeister und Rathmänner geloben auch den Bürgern und wir Bürger den vorbenannten Herren für uns und unsere Nachkommen, diese Artikel zugleich mit allen anderen schriftlich abgefaßten Artikeln fest und unverbrüchlich zu halten, sonder Gefährde und Arglist.

Im Jahr 1483, am Sonnabend nach dem Feste der Vertheilung der heiligen zwölf Apostel, wurde dieser schriftlich verfaßte Receß zwischen dem Rath und den gemeinen Bürgern völlig abgeschlossen, beliebt und angenommen, so daß man den alten Receß vom

---

[1] Sonst hatte man auch bei plötzlich eintretenden Ueberfluthungen, bei feindlichen Ueberfällen und zumal bei Einfällen der Adelsherren in die Stadt, wie solche damals an der Tagesordnung waren, die Sturmglocken geläutet, um Hülfe zur Abwehr zusammenzurufen. Das Verbot erfolgt hier aus Anlaß des Aufruhrs, der da „Kerrte an der Glocke Strängen".

Jahre 1458 halten soll mit diesem und diesen mit jenem unverfänglich unserm Stadtbuch, und ist ferner von den Bürgern verlangt und vom Rathe beliebt worden, daß alle, die in Zukunft Bürger werden, nachstehenden Eid schwören sollen: daß sie nach diesem Tage dem E. Rath und dieser Stadt treu und hold sein, zu ihrem Besten handeln und keinen Aufstand gegen sie machen wollen, weder in Worten noch in Werken, und wenn sie etwas erfahren, das dem Rath und der Stadt entgegen wäre, daß sie das getreulich vermelden wollen, so wahr ihnen Gott helfe und seine Heiligen.

Der Friede war durch Abschluß dieses Recesses äußerlich wieder hergestellt. Im Innern gärte jedoch die Unzufriedenheit fort. Es kam noch zu einigen Unruhen und Aufläufen, die aber nicht von nachhaltiger Natur waren und bald unterdrückt wurden.

Haus in der Gröningerstraße. Anno 1478.

Indes hatten die äußeren Unruhen und Fehden nicht aufgehört. Auch nach dem Abschlusse des Vertrages von Utrecht vom Jahre 1474, durch welchen ein völliger Ausgleich zwischen Hamburg und den Engländern getroffen worden war, hielt die Feindseligkeit der Engländer gegen den deutschen Kaufmann an und führte bald wieder zu

Zwist und Fehde. Englische Kaufleute aus Bristol und Hull überfielen die Hanseaten in Island, und die Einwohner von Hartlepool beraubten an der englischen Küste ein den Lübeckern und Hamburgern gehöriges Schiff, worüber sich diese Letzteren im Jahre 1476 beim Könige von England beschwerten. Englische Kaperer schädigten den Handel Hamburgs, und auch holländische und französische Piraten störten die Handelsverbindungen der Hanseaten in der Nordsee. Auf der Elbe beunruhigte jetzt der Graf Gerhard von Oldenburg wieder die Hamburger Kauffahrer. Er brachte jetzt Schiffe auf die Elbe und suchte die Hamburger durch Kaperei zu schädigen, und nachher machte Graf Jacob von Oldenburg, Sohn des Grafen Moritz, Angriffe auf die Schiffe der Hanseaten, weil die Hansastädte dazu geholfen hätten, daß der Bischof von Münster sein väterliches Erbe Delmenhorst occupirt und in Beschlag genommen habe. Die Städte rüsteten daher zur Sicherung des Handels, vornehmlich nach dem Norden, nach Bergen, 1485 eine starke Flotte aus. Der Handel blieb aber trotzdem gefährdet. Riga führte Krieg mit dem deutschen Orden und die Dänen und Holsteiner brachten, wo sie nur konnten, englische Kauffahrer auf, wofür England sich dann durch Wegnahme hanseatischer Schiffe rächte. Im Jahre 1488 beklagte sich der König Heinrich VII. von England bei dem Könige Johann von Dänemark, daß die Engländer in Bergen durch die Deutschen unterdrückt würden, und forderte Abhülfe dagegen. Es half aber alles nichts. Die Engländer wurden gänzlich aus Bergen verdrängt. Die englischen Kaufleute machten dann den Hanseaten Konkurrenz dadurch, daß sie an anderen Plätzen der norwegischen Küste den Fischfang betrieben. Außerdem verbot jetzt der englische König die Ausfuhr der ungeschorenen englischen Tuche durch Fremde, durch deren Vertrieb die deutsche Hansa und vornehmlich Hamburg großen Gewinn erzielt hatte. Auf vielfache Klage des deutschen Kaufmanns über Verletzung seiner Privilegien und Freiheiten in England hielten die Städte Lübeck, Hamburg, Köln und Danzig 1490 eine Tagleistung zu Antwerpen mit den Engländern. Letztere wollten den Schaden, welchen sie von dänischen Kaperern erlitten hatten, von den Hanseaten ersetzt haben, weil diese den Streit veranlaßt haben sollten. Doch war die

Veranlassung hier nur das Verhalten der Engländer gewesen, indem diese den dänischen Vogt auf Island erschlagen hatten und sich auch nicht an den Utrechter Frieden kehrten und die Nordsee mit Kaperern erfüllten. Die Dänen griffen dawider natürlich zu Repressalien, wobei sie dann in den Hanseaten Verbündete fanden. Die Städte verlangten dagegen Ersatz des erlittenen Schadens und Herstellung ihrer Freiheiten und Privilegien von den Engländern. Die Verhandlung blieb daher ohne Resultat. Es wurde indes vereinbart, daß Hamburg und Lübeck bevollmächtigte Gesandte nach Antwerpen senden sollten zu einer neuen Verhandlung. Von Hamburg wurden dazu bevollmächtigt der Bürgermeister Dr. Hermann Langebeck und der Rathmann Detlef Bremer. Diese machten mit den Lübecker Gesandten Compagnie, und zog die Gesandtschaft beider Städte, Hamburg und Lübeck, im Jahre 1491 mit fünfzig reisigen Pferden zur Tagleistung nach Antwerpen. Die Gesandten gaben sich alle erdenkliche Mühe, die Sache nach Recht und Billigkeit zu schlichten, sie konnten aber nichts erreichen. Es wurden einige Artikel ad referendum genommen und bestimmt, daß man sich die gegenseitigen Beschwerden schriftlich mittheilen, inzwischen aber Frieden halten wolle. Das Verbot der Ausfuhr englischer Tuche blieb bestehen. — Flandern und Holland sandten Deputirte nach Antwerpen, jenes, um mit den Städten zu unterhandeln wegen Reparation des Comptoirs der Hansa zu Brügge, dieses wegen des Hamburger Handels nach Holland, weil die Hamburger wollten, daß ihre Waren, wie vor alters, frei in Holland eingeführt und frei daselbst vertrieben werden sollten. Jene, die flandernschen Deputirten, erhielten keinen rechten Bescheid, weil Flandern noch in Kriege verwickelt war, und diese, die holländischen Deputirten, gaben gute Zusagen, aber es erfolgte darauf nichts. So waren die Unkosten der Beschickung dieses Tages zu Antwerpen ganz umsonst aufgewandt worden. Die Gesandten der Städte hatten einen vollen Monat auf die Ankunft der englischen Gesandten zu Antwerpen gewartet, und die Verhandlungen hatten dann auch noch einen Monat gedauert. Der Streit mit England dauerte fort und die Bedrückung der deutschen Kaufleute von seiten der Engländer nahm zu. Heinrich VII. hatte in Erbitterung über den vom Kaiser

Maximilian I. dem Prätendenten Perkin Warbeck geleisteten Vorschub den Flamländern den Handel nach England abgeschnitten und seinen Unterthanen die Ausfuhr nach den Landen Maximilians verboten. Das gereichte zum Vortheil der Hanseaten, indem diese nun die alleinigen Vermittler der gegenseitigen Ein- und Ausfuhr der beiden Länder wurden. Die Erbitterung der Londoner Tuchbereiter und Tuchhändler gegen die Hanseaten, die „Oesterlinge" (Easterlinge), war daher eine große. Im März 1493 stürmten sie den Stahlhof und plünderten Kammern und Packräume desselben, bis sie von den Hanseaten zurückgetrieben wurden. Die deutschen Kaufleute zu London befestigten sich dann im Stahlhofe und vertheidigten diesen gegen erneuerte Angriffe, bis der Lordmayor von London ihnen Hülfe brachte. Gegen achtzig Dienstleute der Londoner wurden gefangen genommen; von den Meistern und Anstiftern der Unruhe wurde jedoch keiner überführt. 1494 wurde der Domherr Dr. Albert Cranz, der bekannte Hamburger Chronist und Geschichtsforscher, von den Hansestädten abgeordnet, um zwischen ihnen und dem Könige von England zu unterhandeln. Es ward ein Stillstand auf zwei Jahre geschlossen. Mehr konnte nicht erreicht werden. Albert Cranz begab sich nachher in Vertretung der Hansestädte nach Frankreich und erlangte bei dem Admiral der französischen Flotte die Zusicherung, daß kein Kriegsschiff aus einem französischen Hafen segeln solle, bevor es die Versicherung gegeben, daß kein Angehöriger eines Landes, welches mit Frankreich Frieden habe, durch seine Besatzung beschädigt werden solle. Dadurch wurde der Kaperei der Franzosen in der Nordsee ziemlich gesteuert. Der Stillstand mit England wurde stillschweigend aufrecht erhalten, als eine definitive Vereinbarung in dem Streite zwischen den Hanseaten und dem Könige Heinrich VII. nicht zu erreichen war. 1498 ward zu Lübeck auf einem Hansatage, zu welchem von Hamburg der Bürgermeister Dr. Hermann Langebeck und der Rathmann Carsten von der Hoye als Gesandte erschienen waren, zwar beschlossen, daß die Gesandten von Lübeck, Hamburg, Köln und Danzig unter Beirath des Albert Cranz einen Tag halten sollten mit den Gesandten des Königs von England, aber der Tag kam nicht zu stande zur anberaumten Zeit. Es ward derselbe erst im folgenden Jahre gehalten. Albert Cranz und der Lübecker Syndicus Dr. Matthias Packbusch reisten am 1. Juni 1499 nach Brügge zu einer Verhandlung mit den englischen Gesandten. Es wurde aber nichts beschlossen, und die Versammlung der Gesandten und Deputirten löste sich nach langen und vielmals wiederholten Verhandlungen und Disputationen auf, ohne irgend einen bestimmten Beschluß in der Sache gefaßt zu haben. Man ließ den „Stillstand" fortdauern. — Die Seeräuberei der Friesen hatte schon 1488 eine abermalige Expedition nach Friesland nöthig gemacht. Die Friesen, im Streite mit Holland, trieben den Seeraub stark unter dem Scheine der Kaperei wider ihre Gegner im ehrlichen Kriege. Hamburg sandte einige wohlbemannte Schiffe wider die friesischen Seeräuber aus. Diese gelangten auf ihrer Fahrt an der friesländischen Küste an eine Abtheilung friesischer Söldlinge. Ein Theil dieser letzteren spazierte am Strande, der übrige Theil hatte sich gelagert. Die Hamburger landeten und gingen gegen die Söldner vor. Als diese sahen, daß sie angegriffen wurden, stellten sie sich zur Gegenwehr. Sie wurden jedoch übermannt, und vierundsiebzig von ihnen wurden als Gefangene nach Hamburg geführt. Die Gefangenen protestirten dagegen, daß sie als Seeräuber behandelt würden, da sie in friesischen Diensten wider Holland ständen und also nicht Kaperer und Räuber, sondern ordnungsmäßig mit Bestallung ihrer Oberherren versehene Kriegsleute seien. Man war deshalb in Hamburg einigermaßen in Verlegenheit und wußte nicht, wie man den Gefangenen den Proceß machen sollte. Endlich wurde ein alter Schiffer, „ein frommer, wohlbeleumdeter Mann", wie es bei alten Chronisten heißt, herbeigeführt, dem hatten die Söldner ein Faß eiserner Nägel genommen, wie er erklärte, und daraufhin wurden die vierundsiebzig Gefangenen als Seeräuber zum Tode verurtheilt und ward ihnen auf dem Grasbrook der Kopf abgeschlagen. Das war allerdings, mit Traziger zu reden, „ein scharfes Recht".

Das Verhältniß zwischen den Hamburgern und den Friesen wurde immer mehr gespannt. Auch die von den Städten bezwungenen Ritter und Herren in Friesland machten wieder Schwierigkeiten. Der von den Hamburgern in Emden installirte Ulrich von Norden war, nachdem er sich an Geld und Gut bereichert hatte, auf sein

Anſuchen vom Kaiſer Friedrich III. in den Grafenſtand erhoben worden unter dem Namen eines Grafen von Friesland, der das Land vom Reiche zu Lehn haben ſollte. Die Hamburger wollten nun das Pfandgut, Schloß und Stadt Emden, von ihm abgelöſt haben. Ulrich von Norden aber und, als er bald nachher ſtarb, auch ſeine Witwe, weigerte ſich der Ablöſung mit dem Vorbringen, daß die Unterhaltung und die Verbeſſerung der Pfandbeſitzung große Summen erfordert hätte, die erſt erſtattet werden müßten, bevor von einer Uebergabe und Auskehrung des Pfandobjekts die Rede ſein könnte. Als die Hamburger ſahen, daß ſie ohne große Schwierigkeit und große Darlage die Auslieferung des Schloſſes und der Stadt nicht würden erreichen können, verglichen ſie ſich endlich 1493 mit der Witwe des Grafen und ihren Söhnen dahin, daß, gegen Zahlung von 10000 Mark an den Rath, der Witwe und ihren Erben das Schloß und die Stadt Emden erbeigenthümlich überlaſſen ward und Hamburg aller Anſprüche daran entſagte. Ulrichs Erben, die Grafen Edzard und Uko, verpflichteten ſich, die 10000 Mark in zehn Jahresterminen zu zahlen, die Hamburger Schiffe gegen See- und Straßenräuber zu ſchützen, das Hamburger Bier mit keiner Acciſe zu belegen und die Acciſe bei den Aufkäufern und Wirthen nicht über 4 Stüber von der Tonne zu erhöhen, das Strandrecht gegen Hamburger Schiffe aufzuheben gegen Entrichtung eines billigen Bergelohns von ſeiten der Eigenthümer geſtrandeter Schiffe, und den Hamburgern die freie Fiſcherei an der oſtfrieſiſchen Küſte zu verſtatten gegen eine Abgabe von 200 Schollen aus jedem Schiffe, nach altem Herkommen. Für die Erfüllung des Vertrages leiſteten die vornehmſten des frieſiſchen Adels und der Rath der Stadt Emden die Gewähr. Die Ratifikation der Auftraggeber blieb beiderſeits vorbehalten bei Abfaſſung des Vertrages. In Hamburg war man anfangs mit dem Vertrage nicht zufrieden. Es hieß, der Bürgermeiſter Langebeck habe ſich von dem Grafen Edzard beſtechen laſſen. Der Bürgermeiſter berief ſich demgegenüber auf das Zeugniß des Gröninger Raths. Dieſer bezeugte, daß Langebeck mit Eifer und Gewiſſenhaftigkeit ſich der Sache angenommen habe. So wurde der Ruf des Verleumdeten wieder hergeſtellt.

Dem Feind der Städte, Gerhard von Oldenburg, waren die Hamburger und Lübecker, im Bunde mit dem Bischof von Münster, im Jahre 1475 in sein Land eingefallen, hatten Harpstede eingenommen und die Stadt Oldenburg belagert. Der Bischof verglich sich 1476 mit dem Grafen Gerhard über den Besitz des von ihm eingenommenen Schlosses Harpstede, welches er noch fünf Jahre im Besitz haben sollte. Die Festen Altena und Sonderburg sollte Gerhard niederreißen. Die Gefangenen wurden ausgewechselt und die Oldenburger Grafen gelobten, Frieden zu halten. Gerhard aber konnte doch von Räuberei gegen die Kaufleute nicht abstehen. Er ließ es zu, daß die Straßenräuber die Wege nach Delmenhorst unsicher machten. Um dem zu begegnen, verbündeten sich Lübeck, Hamburg, Stade, Bremen und Buxtehude mit dem Bischof Hinrich von Münster. Man zog mit Heeresmacht gegen Gerhard, belagerte und erstürmte Delmenhorst, das auf mehrere Jahre in den Besitz des Bischofs von Münster kam. Graf Gerhard sandte Schiffe aus, welche auf der Elbe die Fahrt nach Hamburg stören sollten. Die Hamburger schickten 1480 Mannschaft gegen sie und fingen vierzehn von Gerhards Leuten, die in Hamburg als Piraten geköpft wurden. Gerhard überfiel zur Rache dafür fünfundzwanzig Kaufleute von Campen, die sich mit 6000 Gulden freikaufen mußten. 1481 sandten die Hamburger Soldknechte gegen den Grafen Gerhard aus und nahmen viele Piraten gefangen. Als dann Graf Jacob von Oldenburg die Kaperei fortsetzte, rüsteten die Städte eine stärkere Flotte aus zum Schutze des Handels. Die Oldenburger hielten sich darauf mehr zurück, und die Kaperei auf der Elbe fand einstweilen ein Ende, als Hamburg wider die Seeräuber auch hier sein „scharfes Recht" übte, welches der Kaiser Friedrich III. bestätigte unterm 14. Juli 1482 mit der Erklärung, daß der Rath zu Hamburg das Recht habe, alle auf der Elbe ergriffenen Uebelthäter zu strafen.

Zu dieser Zeit, im Jahre 1482, in der Zeit herrschender Theuerung, hatte Hamburg, um dem Getreidemangel abzuhelfen, erneuert mit Schärfe das sog. jus restringendi auf der Elbe zur Anerkennung und zur Geltung zu bringen gesucht. Im Verfolg dieses beanspruchten Rechts gegen die getreideausführenden Einwohner der

Kremper- und Wilstermarsch waren die Hamburger in ein gespanntes Verhältniß gekommen zu den neuen holsteinischen Landesherren, dem Könige Johann und dem Herzog Friedrich. Das Verhältniß zum Könige Johann mußte noch mehr getrübt werden, als Hamburg bald darauf im Bunde der wendischen Städte ein Bündniß einging mit dem Reichsverweser Sten Sture in Schweden, dem Gegenregenten Johanns. 1486 tagten die wendischen Städte zu Lübeck wegen Verlängerung ihres Bündnisses. Es kamen Gesandte von Sten Sture dahin und begehrten ein Bündniß mit den Städten, worauf diese eingingen. Von Hamburg waren deputirt der Bürgermeister Dr. Hermann Langebeck und der Rathmann Erich von Zeven. Hamburg stand nun im Bündniß mit dem ärgsten Gegner des Königs, des Schirmherrn der Stadt. Das konnte diesem nicht gefallen. Dazu kam noch, daß die Pogwisch, die treuesten Anhänger der Schauenburger wider das Haus Holstein-Oldenburg, vordem das angesehenste und mächtigste der holsteinischen Adelsgeschlechter und immer noch von hohem Einfluß im Lande, in der Stadt Hamburg willige Aufnahme und freundliches Entgegenkommen gefunden hatten. Unterm 5. Januar 1487 ersuchte König Johann schriftlich die Hamburger, sie möchten den Pogwisch bei sich keine Zuflucht gestatten, da dieselben, wie er vernommen, in Hamburg Volk wider ihn angeworben hätten. Am 29. Oktober begehrte er für sich und seinen Bruder, Herzog Friedrich, von Hamburg sicheres Geleit zu einer Reise dahin. Der Rath ertheilte das verlangte Geleit für die beiden Fürsten und für ein Gefolge derselben von fünfhundert bis sechshundert Pferden. Um Martini kamen die Fürsten nach Hamburg. Der Rath ertheilte in der Zeit einen Bekenntnißbrief in betreff dessen, „was er den holsteinischen Landesherren am Elbstrom, wie auch in und außerhalb der Stadt geständig sei".

Die Fürsten beschwerten sich höchlichst, daß ihre Unterthanen von den Hamburgern auf der Elbe belästigt und verunrechtigt würden, so daß sie auf Stör und Wilster ihre Kaufmannschaft und Hantirung mit Korn und anderen Waren nicht frei gen Westen, und wohin sie wollten, treiben könnten, weil die Hamburger sie mit Gewalt nöthigten, ihre Schiffe und ihr Korn nach Hamburg, und sonst nirgends, zu führen, und daselbst nach bestimmten Marktpreisen zu verkaufen, und die Ausfuhr solcher Ware verböten. Das wollten sie, die Fürsten, zum Besten ihrer Länder geändert haben, wenn nicht die Hamburger ihre Befugniß zu solchem Thun und Vornehmen vermöge Privilegien nachwiesen. Da producirten diese ein Privilegium von Christian I. in Bezug auf den Elbhandel oberhalb Hamburgs, womit die Fürsten nicht zufrieden waren. Uebrigens erklärten die Hamburger, daß sie sich näher informiren und nach etwaiger Anforderung Bescheid geben wollten. Am 11. November wurde dann wegen der Huldigung verhandelt. Hamburg verweigerte die Huldigung, wie früher. König Johann wollte Schweden bekriegen, und erlangte er von den meisten Städten die Zusage, daß sie keine Munition nach Schweden bringen wollten, und in Verbindung mit den hierauf bezüglichen Verhandlungen wurden die Kontroversen wegen des von Hamburg beanspruchten jus restringendi auf der Elbe einstweilen zur Ruhe gestellt. Bremen, Hamburg, Stade und Buxtehude schlossen indes 1487 einen Vertrag, daß Niemand Korn seewärts ausführen solle. 1493 traten Hamburg und Lüneburg in ein Bündniß mit den Dithmarschern. Das Verhältniß der Fürsten zu den Städten wurde merklich gespannter. Die Städte fürchteten für ihre Unabhängigkeit und sahen sich nach Verbindungen zu ihrer Sicherung um.

Herzog Friedrich, der Bruder des Königs Johann, nahm in dieser Zeit die Oberhoheit über die Insel Helgoland in Anspruch. Bisher hatte die Insel den Dithmarschern und den Hansestädten an der Elbe zur Warenniederlage gedient und war für frei und herrenlos gehalten worden. Weil aber Helgoland unbestreitbar eine Frieseninsel war und Nordfriesland unter Botmäßigkeit des Herzogthums Schleswig stand, wollte der Herzog Friedrich nun die Insel für sich in Anspruch nehmen. Er legte auf dieser ein Zollhaus an und ließ von den Kaufleuten, die dahin kamen, Zoll fordern. Das war den Städten, besonders Hamburg, Bremen und Stade, ein Aergerniß. Sie behaupteten, daß die Insel unabhängig sei und eher noch ihnen gehöre, als dem Herzog. Es kam darüber zu Gewaltthätigkeiten zwischen den Schiffern der Städte und den Leuten des Herzogs auf Helgoland. Der Herzog ließ 1496 die Bremer Packhäuser auf der

Insel abbrennen. Die Bremer und die Hamburger nahmen dafür Repressalien, und die Dithmarscher schlossen sich den Städten an wider die Leute des Herzogs. Die Verbündeten überfielen das herzogliche Zollhaus auf der Insel, nahmen die Beamten und das Dienstpersonal daselbst gefangen und brannten das Zollhaus nieder. Auch verbrannten sie die bei Helgoland liegenden Heringsbüsen.[1] Die Dithmarscher vornehmlich, vor deren Küste die Insel liegt, hatten von alters her auf Helgoland stark ihr Wesen getrieben, und auch jetzt hatten sie sich in ziemlicher Anzahl wieder daselbst eingerichtet. Der Herzog aber wollte seine Herrschaft über die Insel nun behaupten. Im Jahre 1498 sandte er eine zahlreiche Mannschaft, aus Friesen und Jüten bestehend, unter Führung des Stallers Joen Nickelsen von Eiderstedt, nach Helgoland. Nickelsen landete ganz unerwartet und nahm zehn Einwohner von Hamburg und Bremen nebst einhundertundzehn Dithmarschern, die er überrumpelte, gefangen. Die Gefangenen wurden auf Befehl des Herzogs nach Schloß Gottorp gebracht und dort festgesetzt. Die Dithmarscher beschlossen darauf eine „Landreise" nach Nordfriesland. Sie fielen über die Eider in Friesland ein, machten viele Friesen zu Gefangenen und tauschten diese dann gegen ihre in Gottorp gefangen gehaltenen Landsleute und Bundesgenossen aus.

Die Hamburger standen gleich den Lübeckern und Lüneburgern mit den Dithmarschern in einem festen Vertragsbündniß gegen die holsteinischen Landesherren. Lübeck hatte am 29. September 1493 das alte Bündniß, in welchem es mit den Dithmarschern stand, auf zehn Jahre erneuert. Dasselbe ist speziell gegen den König Johann und den Herzog Friedrich gerichtet, indem darin bestimmt wird, daß, wenn die Vertragschließenden samt oder sonders in Fehde kommen mit dem König von Dänemark und der Herrschaft der Lande Schleswig und Holstein, sie sich halten wollen nach Laut des Bünd-

---

[1] Heringsbüsen (Bunsen), Fahrzeuge, für den Heringsfang dienend. Neocorus redet von „Heringsbüsen und ander Gut", Huitfeld nach ihm aber von „Büsser oc hvad der war". Er hat die „Büsen" für Büchsen und Geschosse genommen. Neuere haben aus den Heringsbüsen Packhäuser für Heringshandel gemacht, und so heißt es dann bei Gallois und Anderen, daß man auf Helgoland die Zollhäuser und große Mengen von Heringen verbrannt habe.

nisses und bis zur Beendigung der Fehde bei einander bleiben wollen. — „Were idt also gelegen, dat wy samptliken effte besonderen to veiden ebber unwillen quemen mit deme Heren uunde Forsten Koninge to Dennemarghen ebber der Herschop der lande unnde Hertich-dome to Sleßwigk unnde Holsten, dat wy denne samptliken unnde besonderen, so vorgerort werd, na lude unnde Inholde der tohopesate, uns holden unnde hebben scholen ane alle geverde, unnde unser eyn by des anderen hulpe bliven schall unnde will to ende uth." Diesem Bündnisse trat Hamburg unterm 28. November 1493 bei. Charakteristisch und für das Verhältniß der Städte zu den Fürsten, namentlich Hamburgs zu diesen seinen Schirmherren, ist die Art der Motivirung des Beitritts zu dem Bündnisse. Die bezügliche Beitrittserklärung Hamburgs lautet im Original:

Wy Borgermestere unde Radtmanne der Stadt tho Hamborgh bekennen unnde dhoen kunth in unnde mit dessen apenen breve, so alße tuischen den Ersamen wysen unnde vorsichtigen Heren Borgermesteren, Radtmannen unnde Borgeren der Stadt Lubeke an der eynen unnde dem lande Detmerschen an der anderen syden eyne bruntlike vorwetinge unnde thohopesate gemaket ist, teyn jar langk tho durende unnde warende, de oppe Michaelis schirst vorgangen data der breve, darop gemaket, wan begynnende, unnde darinne der van Lubeke medevorwanten tho mermalen syn benomet, dat wy mit sodanen worden medevorwanten gement, vorfangen unnde bestemmet syn, so dat wy unses deeles nha unser gelegenheit sodane thohopesate so wol alse de van Lubeke eres deeles in aller mate so de begrepen ist, angenamen, bewillet unnde belevet hebben; beleven, bewillen, reden unnde laven de also in aller maten stede vaste unnde unvorbroken tho holdende, sonder behulp unnde arghelist in kraft desses breves, den wy tho merer sekerheit unnde vorwaringe mit unser Stadt angehangenem Secret witliken hebben dhoen vorsegelen. Geven nha Christi unses Heren geborth Dusent veerhundert dre unnde negentich am Donresdage nha Catherine Virginis.

(Secretum
Burgensium de
Hamborg.)

Nicht etwa, weil die Dithmarscher sie dazu aufgefordert hätten, sondern nur weil Lübecks Mitverwandten der Zutritt zum Bündniß offen steht und sie Mitverwandte sind von Lübeck, treten die Hamburger dem Bündniß bei wider die Herren von Holstein. Lübeck hatte schon des Oefteren mit Dithmarschen Bündnißverträge geschlossen mit der Formel, daß Mitverwandten der Beitritt freistehe, und es hatten Andere darum sich nicht bekümmert. Jetzt aber sahen die Städte, Lübecks Mitverwandte, sich gleichermaßen wie das Land Dithmarschen in ihrer Selbständigkeit und Unabhängigkeit bedroht durch das „Herzogthum" Holstein und die holsteinischen „Herzoge".

Nichts beweist deutlicher, als diese Beitrittserklärung Hamburgs zum Bündnisse Lübecks mit den Dithmarschern, daß die Herrschaft und die Schutzherrlichkeit der Holstenherren über Hamburg sich im Grunde nur noch so weit erstreckte, als die Hamburger solche den Herren von Holstein einzuräumen und zu gestatten, für gut und dienlich fanden.

Wegen ihres gemeinsamen, gewaltthätigen Unternehmens auf Helgoland waren der König Johann und der Herzog Friedrich wider die Städte und die Dithmarscher höchlichst gereizt. Doch konnten sie jetzt nichts gegen dieselben unternehmen, weil der König noch immer mit den Schweden zu thun hatte.

Um diese Zeit war der Herzog Magnus von Sachsen ins Land Hadeln eingefallen, um dasselbe dem Erzstift Bremen zu entreißen. Er hatte zu Lebzeiten seines Vaters das Land in Verwaltung gehabt und betrachtete dieses als sein väterliches Erbgut. Die Hamburger und die Bremer verbanden sich mit dem Erzbischof Johann (Rode) zu Bremen wider den Herzog, und die Dithmarscher stellten dem Erzbischof fünfhundert Mann zu Hülfe. Die vereinigte Mannschaft, zweitausendzweihundert auserlesene Wehrleute zählend, rückte ins Land Hadeln ein und nahm es in Besitz. Herzog Magnus mußte weichen. Nach der Einnahme Hadelns entstand zu Otterndorf ein Streit zwischen den Hamburgern und den Dithmarschern. Die Hamburger fielen über die Letzteren her, als diese in ihren Herbergen zu Tische saßen, und es wurden bei dieser Gelegenheit dreiundsiebzig Dithmarscher erschlagen. Die Ursache des Streits wird verschieden angegeben in den Chroniken. Ein ungenannter alter Chronist sagt, es sei ein Edelmann (Gudemann) Cordt van der Lydt erschlagen worden und daher der Streit entstanden. Albert Cranz aber sagt, der Streit habe sich daher verursacht, daß die Dithmarscher gespottet hätten über die „einspännigen Hamburger Knechte". Der Urheber des Auflaufs wurde nachher durch den Hamburger Hauptmann Berend Ungemach unter den Hamburger Knechten ermittelt, und ward derselbe dann im Eichholz vor Hamburg durch die Spießruthen gejagt und zu Nienstedten begraben.[1]

Der Herzog Magnus erneuerte nach seiner Niederlage, die er in Hadeln erlitten, den Krieg. Er führte Klage bei benachbarten Fürsten, daß sein väterliches Erbe ihm abgedrungen worden sei. Es kam ein Bündniß der Fürsten zu stande, und diese nahmen für Magnus ein Söldnercorps, die große oder sächsische Garde, auch schwarze Garde genannt, in Dienst, ein sechstausend Mann starkes, wegen seiner Tapferkeit berühmtes und wegen Grausamkeit und Zuchtlosigkeit berüchtigtes Miethscorps, welches 1497 dem Könige Johann von Dänemark Schweden unterworfen hatte. Mit Hülfe der Garde setzte sich Magnus im Dezember 1499 wieder in den Besitz von Hadeln, ohne viel Mühe, weil sich alles vor der Garde fürchtete. Es wurden in dieser Zeit auch die Städte Stade und Burgtehude von Magnus und seinen Bundesgenossen zu nehmen gesucht; Hamburg hatte aber beiden Städten Hülfstruppen gesandt, so daß die Besatzung derselben stark genug war, den Feind abzuwehren.

Als Herzog Magnus das Land Hadeln wieder eingenommen hatte, wurde die große Garde von dem Könige Johann von Dänemark und

---

[1] „Anno 1499 tuischen St. Jacob und Michaelis togen de van Bremen unnde Hamborg in dat land tho Hadeln mit 2200 Mann unnde nehmen dat inne. Darsülvest word geschlagen eyn Gudemann uth dem Stichte tho Bremen, genomet Cordt van der Lydt, dar quam grot mordt van mank den knechten. De Hamborger knechte schlogen wol boven 70 Detmerschen doet, dessen uplop malede eyn van de Hamborger knechten, desulve knecht word gejaget tho Hamborg vor dem Echolte dorch de spelen unnde word begraven tho Nienstedten." So heißt es bei dem beregten Chronisten Lindenbrog ex Chron. Wand. Ms.).

Das „Echolt" lag auf dem Gebiete des jetzigen Michaelis-Kirchspiels, beim Feendsberg (jetzt Benusberg), wo es nun „Eichholz" heißt.

Hamburg zahlte nachher für die erschlagenen Dithmarscher die Mannbuße (diese betrug in älterer Zeit 60 ₰, nachher 100 ₰ für den Mann). Der Betrag soll von einem Achtundvierziger, Bojen Claus Boje, unterschlagen worden sein.

dem Herzog Friedrich von Holstein für Kriegsdienste engagirt und über die Elbe nach Holstein gezogen.[1] Die beiden Fürsten wollten nun Dithmarschen unterwerfen. Sie waren durch die Gewaltthaten der Dithmarscher und der Städte auf Helgoland und die darin gegen sie, die Fürsten, bekundete Feindseligkeit angereizt worden, ihren Plan auf Herstellung des projektirten Herzogthums Holstein nun kurzer Hand mit Energie ins Werk zu setzen. Als die Garde gegen das Holsteinische zog und über die Elbe ging, wurden die Städte für ihre eigene Sicherheit besorgt. Die Hamburger befestigten die Stadt noch mehr und machten für Veranstaltungen zur Abwehr außerordentliche Aufwendungen. Mitten im harten Winter begann man mit Befestigungsarbeiten und legte Graben und Wall zwischen Millernthor und Schaarthor an. Der Wall wurde bis 1504 fertiggestellt, es war das der spätere Küterwall hinter der Herrlichkeit. Der Wallmeister Johannes Hermes aus Hannover leitete den Bau der Festungswerke. Zur Aufbringung der großen Kosten für Rüstungszwecke ließ der Rath das Silbergeschirr auf dem Rathhause zusammenschlagen und einschmelzen.[2] Das kriegerische Absehen der Fürsten war aber zunächst nicht gegen Hamburg und die andern Städte gerichtet. Die Garde ging über die Elbe direkt nach Dithmarschen. Mit der Garde

---

[1] Friedrich heißt „Herzog von Holstein", weil die Oldenburger den, bei der Belehnung Christians I. mit Holstein, Stormarn und Dithmarschen als einem „Herzogthum Holstein" dem Könige mit allen herzoglichen Rechten und Vorrechten vom Kaiser verliehenen Titel eines „Herzogs von Holstein" weiterführten, obwohl das „Herzogthum", auf welches der Titel ging, noch nicht hergestellt und die Belehnung selbst vom Kaiser zurückgenommen worden war; und weil Holstein im Verhältniß zu Schleswig, über welche beiden Lande der Herzog in Gemeinschaft mit dem Könige regierte, das Hauptland war, da die Grafen und Herren von Holstein das Herzogthum Schleswig zu Lehn hatten.

[2] In einem historischen Liede bei Joh. Russe über diesen Kriegszug wider die Dithmarscher (bei Neocorus Nr. 1) heißt es:

  Am jare buiend vifhundert wolde dit Konig Hans vreden,
  Und mit velen Heren ehnen vorbund spreken,
  Dat he wolde horsam maken etliche laude,
  Vele volks was ehm willkamen, dat man ehm sande.
  To nu de stede dat hebben vornamen,
  Sulke grote vorsamneling thosamende kamen,
  Hebben se under malkander gesproken:
  Torne, muren, walle willen wy alle vaste maken.

Hieraus erhellt, daß damals außer Hamburg noch mehrere Hansestädte für ihre eigene Sicherheit besorgt gewesen sind, als König Johann Schweden erobert hatte und nun zur Bezwingung der Dithmarscher eine große Macht zusammenbrachte.

nebst einer zahlreichen Mannschaft ihres eigenen Adels und des Adels aus fremden Landen, sowie noch mehreren Miethscorps, Reitern und Fußknechten, im ganzen dreißigtausend bis vierunddreißigtausend Mann stark, fielen die Fürsten am 11. Februar 1500 in Dithmarschen ein. Am 13. Februar nahmen sie die Stadt Meldorf mit Sturm, wo sie Alles, was sich an Bewohnern vorfand, erschlugen. Montag nach Valentini, den 17. Februar, zogen sie von Meldorf gegen Heide und Lunden. Die Dithmarscher hatten inzwischen, während die Fürsten zu Meldorf lagen, am Wege von Meldorf nach Heide bei Hemmingstedt, am Dusenddüwelswarf, eine Schanze aufgeworfen und verlegten nun hier mit vierhundert bis fünfhundert Mann den Fürsten den Paß. Diese erlitten eine große Niederlage. Die schwarze Garde wurde von den Dithmarschern aufgerieben und das ganze fürstliche Heer total geschlagen und fast vernichtet. Ueber zwanzigtausend Mann vom dänisch-holsteinischen Heere fielen bei Hemmingstedt.

Die Städte waren der Besorgniß wegen eines Anschlags der Fürsten gegen sie enthoben. Der König Johann und der Herzog Friedrich retteten sich mit großer Noth nebst einem Theile ihres Heeres aus der Schlacht bei Hemmingstedt und ließen die Dithmarscher und die mit diesen verbündeten Städte in Ruhe. Der König soll zwar auf der Flucht über die Dithmarscher Grenze mit Themistokles ausgerufen haben: Der fliehende Feind wird wiederkommen! allein, er kam nicht wieder, und sein Bruder, Herzog Friedrich, auch nicht. Dieser wollte von Erneuerung des Krieges wider die Dithmarscher nichts mehr hören und machte dem Könige Vorwürfe, daß er den Krieg hauptsächlich begonnen und veranlaßt habe. Der König aber wurde bald wieder in Krieg mit Schweden verwickelt. Auf die Nachricht von der Niederlage des Königs bei Hemmingstedt standen die Schweden wieder gegen diesen auf, und so mußte derselbe nothgedrungen mit den Dithmarschern Ruhe halten. Unter Vermittelung der Städte Hamburg, Lübeck und Lüneburg wurde eine Vergleichsverhandlung zwischen den Dithmarschern und den Fürsten zu Hamburg zu stande gebracht, zu welcher von den Dithmarschern vier Achtundvierziger, Carsten Holm, Claus Marquard, Claus Junge und Paul Widderich, von den Fürsten aber der Bischof Ditrich Arends von Lübeck, Hans Ranzau und Otto Ranzau abgeordnet waren. Als Vermittler waren anwesend die Bürgermeister Cordt Lange und Hinrich Töbing von Lüneburg, der Bürgermeister Johann Herpe und der Rathmann Hinrich Westphal von Lübeck und die Bürgermeister Carsten Verschampe, Erich von Zeven, Harmen (Hermann) Langebeck und Detlef Bremer von Hamburg. Es kam hier dann am Freitage nach Jubilate 1500 ein Vergleich zu stande. Einige Streitsachen, Ansprüche der Dithmarscher auf Zollfreiheit in Holstein, auf Gerechtigkeiten auf der Insel Helgoland, und anderes, betreffend, sollen durch die Räthe der Städte und einige holsteinische Ritter in gleicher Zahl verglichen werden, und wenn diese nicht einig werden können, soll der hochgelehrte Domherr Dr. Albert Cranz zu Hamburg in der Sache den Schiedsspruch thun, und bei dessen Ausspruch soll es dann beruhen bleiben — „so de rede unde schedesrichtere nicht allenthalven overeindragen konden unde im schebende witloftig worden, ist belevet, den Werdigen unde Hochgelerten Heren Mester Albert Cranz, in der hilligen Schrift unde gestlicken Rechten Doctor, vor einen ovrigen Scheides-Richtere anthonemende, unde welkerem parte he alsdenn byfallen unde byplichtende werd, darby stede und gantzlicken tho blivende."[1] Die Erledigung der Sache blieb aber wegen der schweren Verwickelungen, in die der König mit den Schweden gerathen war, noch anstehen. Erst 1523 wurde definitiv der Friede geschlossen, indem der König Friedrich 1., nachdem der König Johann damals bereits gestorben war, alle Privilegien der Dithmarscher in seinen Landen bestätigte. Es blieb dann auch mit Helgoland, wie es früher gewesen war. Die Dithmarscher und die Städte benutzten die Insel ungehindert als Stapelplatz und Ort der Warenniederlage. — Die Städte hatten den Dithmarschern keine Hülfe wider die Fürsten gesandt; es ist aber auch nicht bekannt, daß die Dithmarscher die Hülfe der Städte in Anspruch genommen hätten.

In dem erneuerten Kriege mit den Schweden suchte der König Johann dem Feinde die Zufuhr abzuschneiden. Er wollte, daß die

---

[1] Mester Albert Cranz. „Mester" bezeichnet hier den Meister, Magister, Gelehrten, den Kundigen in einer Sache. Daher der „Schul-Meister". Die Lehrer an Schulen waren zumeist Magister der Theologie und des geistlichen Rechts.

Hansestädte den Handel nach Schweden einstellten. Darüber gerieth er in Krieg mit Lübeck, und Hamburg war geneigt, den Lübeckern Beistand zu leisten. Doch wurde der Krieg zwischen Lübeck und dem Könige bald beigelegt. Der Kardinal Raymund, als päpstlicher Legat, der Herzog Magnus zu Mecklenburg und Herzog Friedrich von Holstein vermittelten 1503 zu Lübeck einen Frieden zwischen den Streitenden.

Von Lübeck begab sich der Kardinal Raymund nach Hamburg. Hier wurde er glänzend empfangen. Das Domkapitel und die gesamte Geistlichkeit, im Ornat mit weißen Chorröcken, holten ihn ein, der Rath empfing ihn vor'm Stadtthor und geleitete ihn zum Dom, wo er ein Gebet verrichtete, und von da nach der ihm bestellten Herberge in der „Curia sutaria" am Berge bei der St. Petrikirche, wo der Rath ihm ein kostbares Willkommensgeschenk überreichen ließ. Am nächsten Sonntag hielt der Kardinal ein große Prozession in der Stadt und redete dann von einer Tribüne vor dem Hofe des ersten Lektors auf dem Domkirchhofe und ertheilte den Segen. Als Subdiaconus diente ihm der Koadjutor des Erzstifts Bremen, Herzog Christopher von Braunschweig, als Diaconus der Graf zu Kirchberg, welcher die lateinische Rede des Kardinals verdolmetschte. Durch Vermittelung des Kardinals Raymund wurde ein förmlicher Kompromiß in dem erneuerten Streit zwischen Rath und Kapitel geschlossen.

In diese Zeit fällt die Stiftung eines Instituts von segensreicher Wirksamkeit. Seit Ende des fünfzehnten Jahrhunderts war Hamburg von seuchenartigen Krankheiten heimgesucht, besonders grassirten hier auch die Pocken. Für die Armen, die von der Seuche befallen waren, gab es keine Zuflucht. Da nahm ein frommer Bürger, Hans Trepton, Vorsteher der aus Krämern, Hökern und Fischern bestehenden Brüderschaft „unserer lieben Frauen Krönung im Dom", sich der Elenden an und ließ sie auf seine Kosten verpflegen. Die Brüderschaft gründete dann auf seine Anregung 1505 ein eigenes Spital an der Ecke der kurzen Mühren und der Spitalerstraße, „das Haus der Elenden". In den Statuten dieser Anstalt von 1510 erhielt diese, „um der Gleichheit der Krankheit willen, die dem heiligen Hiob begegnet", den Namen „St. Hiobs-Hospital".

Der Friede zwischen der Stadt Lübeck und dem König Johann von Dänemark war indes nicht von Bestand. Bald brach wieder ein Krieg aus zwischen Dänemark und Lübeck, der dann mit Unterbrechungen bis 1512 fortdauerte. Die Hamburger rüsteten zur Hülfe für Lübeck; aber der Bürgermeister Dr. Hermann Langebeck war stark dagegen, und es gelang ihm, es durchzusetzen, daß Hamburg an dem Kriege unbetheiligt blieb. Die Ostsee war durch den Krieg für den Handel unsicher gemacht und der Sund gesperrt. Der Handel wandte sich daher von der Ostsee zum großen Theil nach Hamburg. Namentlich die Holländer und die Flaminger, welche sonst nach Ostseehäfen gefahren waren, fuhren nun auf Hamburg. So hatte Hamburg großen Gewinn davon, daß es im Kriege zwischen Lübeck und dem König Johann neutral blieb. Diesen Gewinn hatte der Bürgermeister Dr. Langebeck im Auge gehabt bei seiner Agitation für Neutralität Hamburgs in dem damaligen Kriege.

Mittlerweile war die Angelegenheit wegen der Affäre von Otterndorf aus dem Jahre 1499 zwischen Hamburg und Dithmarschen immer noch unerledigt geblieben. Hamburg zögerte immer noch mit definitiver Begleichung der Sache, obwohl es die Verpflichtung zur Zahlung der Mannbuße im allgemeinen anerkannte. Es herrschte aus diesem Grunde auch immer noch bei Vielen in Dithmarschen von jener Affäre her eine gereizte Stimmung gegen die Hamburger. Im Jahre 1512 wurden wieder einige Schiffe im Hafen zu Schülpersiel, Kirchspiels Wesselburen, gegen Hamburg ausgerüstet.[1] Die Hamburger waren aber vorbereitet, hielten gute Wache, verschlossen den Dithmarschern, als sie landeten, die Thore und nahmen auch fünfundzwanzig derselben gefangen, die dann auf den Winserthurm gebracht wurden. Zur Vergeltung fielen die Hamburger mit starker Mannschaft in Dithmarschen ein, plünderten in einigen Strandkirchspielen und kaperten auch Dithmarscher Schiffe auf der Elbe, so daß die Dithmarscher lange Zeit vor Ueberfall und Angriff von seiten der Hamburger weder zu Lande, noch zu Wasser sicher waren, bis endlich Lübeck den Frieden vermittelte. Die im Winserthurm gefangen gehaltenen Dith-

---

[1] Schülpersiel war damals noch ein guter Hafen mit lebhaftem Verkehr. Später ist derselbe, gleich anderen Häfen der Dithmarscher Seeküste, verschlammt und versandet.

marscher mußten ihre auf 1000 Mark berechneten Zehrungskosten in Hamburg bezahlen und konnten dann heimkehren. Von dergleichen, durch einzelne Parteien hervorgerufene Fehden abgesehen, herrschte damals jedoch Friede und ein gutes Vernehmen zwischen der Stadt Hamburg und dem Lande Dithmarschen.

Dagegen dauerten die Streitigkeiten und Fehden der Hansestädte, in erster Linie Lübecks und Hamburgs, mit den Engländern, Friesen und Holländern immer noch fort. Die Holländer wollten sich den Krieg zwischen Lübeck und Dänemark, an welchem nachher fast alle Hansestädte als Bundesgenossen Lübecks betheiligt waren, zu Nutze machen und segelten 1510, unter Geleit von seiten des Königs von Dänemark, durch den Sund in die Ostsee. Aber die Lübecker und ihre Verbündeten waren am Platze und nahmen wohl vierzig holländische Schiffe, während sie viele andere in den Grund bohrten und einige in Brand setzten. Seitdem wandte sich der Handel Hollands mit den Ostländern vollends nach Hamburg. Die gesamte Hansa hatte im Jahre 1510 im Bunde mit Lübeck dem Könige Johann von Dänemark den Krieg erklärt, mit Ausnahme von Hamburg und Danzig, welche neutral blieben. Das kam auch dem Handel Hamburgs mit den Holländern zu statten, welch' letztere im Bunde mit dem Könige Johann standen. So stellte sich ohne besondere Abmachung das frühere gute Einvernehmen zwischen Hamburg und Holland wieder her. —

König Johann und Herzog Friedrich hatten inzwischen ihre Anforderungen an die Stadt Hamburg aufrecht erhalten und es schließlich dahin gebracht, daß in Sachen der Erbhuldigung eine Erklärung des Kaisers provocirt ward. Der Kaiser Maximilian I. erklärte unterm 3. Mai 1510, daß Hamburg eine Reichsstadt sei, und wies die Fürsten von Holstein-Dänemark an, ihre Ansprüche an die Stadt beim Reichskammergericht geltend zu machen. Das Verhältniß zwischen den holsteinischen Fürsten und den Hamburgern blieb ein gespanntes. König Johann starb aber schon 1513, 20. Februar, und sein Bruder, Herzog Friedrich, konnte nicht daran denken, mit Gewalt seine Ansprüche gegen Hamburg zur Geltung zu bringen.

Im Jahre 1512, 23. April, ward zwischen Lübeck und seinen Verbündeten und dem Könige Johann der Friede zu Malmö geschlossen. Am 7. September desselben Jahres erfolgte dann der Abschluß eines Stillstandes zwischen den wendischen Städten und den Holländern, Seeländern, Westfriesen und Antwerpenern. Unterm 27. Juli 1513 wurde dieser Stillstand auf ein Jahr verlängert und Anfangs Juli 1514 wurde nach langen Verhandlungen ein definitiver Frieden zu Lübeck vereinbart, welcher am 8. November desselben Jahres vom Kaiser Maximilian zu Brüssel bestätigt ward. Die Hamburger waren bei den Verhandlungen und Abmachungen des Hansabundes und des Bundes der wendischen Städte diesmal nicht bethätigt, weil sie sich nicht an dem Kriege wider Dänemark und Holland betheiligt hatten.

Hamburg war durch die Zurückhaltung im Kriege Lübeck's und der Hansa wider Dänemark in Gegensatz zu den alten Bundesgenossen getreten. Das frühere freundschaftliche Verhältniß zu den anderen Hansestädten war gestört. Besonders im Verhältniß zu Lübeck tritt jetzt an Stelle der früheren Freundschaft mehr und mehr eine feindliche Rivalität hervor. Indem Hamburg die alte Bundesgenossin Lübeck im Kriege mit Dänemark ohne Hülfe ließ, sagte die Stadt sich von der hansischen Oberherrschaft und Bevormundung gewissermaßen los, nachdem sie schon vorher in dem Verkehr mit Island, der trotz der Verbote von seiten der Hansa und von seiten des städtischen Raths, dawider gerichtet, nicht eingestellt wurde, auf einem beschränkteren Gebiete von derselben sich emanzipirt hatte.

Schon in der Bekämpfung der Piraten zeigte sich eine stetig zunehmende Unabhängigkeit Hamburgs in dem Verhältnisse zu Lübeck. Sonst hatten beide Städte immer gemeinsam, oder doch auf gemeinschaftliche Kosten, die Expeditionen gegen die Seeräuber unternommen; seit den siebziger Jahren des 15. Jahrhunderts aber hatte Hamburg selbständig, auf eigene Kosten, zur Bekämpfung der Seeräuber Expeditionen ausgeführt, und um sich für die aufgewandten Kosten schadlos zu halten, legte die Stadt besondere Zölle, so den „Roden Tollen" auf, deren Ertrag dann in Hamburg blieb, wenn auch Kopie der Abrechnung nach Lübeck ertheilt wurde. Bei späteren Expeditionen ist dann von einer Betheiligung Lübecks gar nicht mehr die Rede. Hamburg sorgte nun selbst für den Schutz seines Handels und zeigte sich der übernommenen Aufgabe völlig gewachsen.

Als ein ferneres Zeichen wachsender Selbständigkeit Hamburgs erscheint die Einsetzung einer besonderen kaufmännischen Behörde, der „Kopmanns Olderlüde" im Jahr 1517. Auf Antrag des gemeinen Kaufmanns gestattete der Rath diesem, daß derselbe in Gemeinschaft mit den Zollherren (Rathsherren, die dem Zollwesen vorstanden, damals Johann Hulpe und Ditrich Lange), sechs Aelterleute (Olderlüde), aus jeder der drei Gesellschaften der Flandernfahrer, Englandsfahrer und Schonenfahrer zwei, erwähle, die da vom Kaufmann Befehl erhalten sollten, alles, was zum Nutz und Frommen desselben diene, zu fördern, und was Nachtheil bringe, abzuwehren, auch Mängel und Gebrechen zwischen den Kaufleuten und ihren Untergebenen innerhalb und außerhalb der Stadt beizulegen und abzuthun, jedoch in Fällen, wo die Interessen der Stadt in Frage kämen, mit Zuziehung der Zollherren und überall so, daß des Raths Obrigkeit nicht benachtheiligt werde. Es wurden als Aelterleute gewählt aus den Flandernfahrern Hans Bissenbeck und Peter Növer, aus den Englandsfahrern Jacob Isenbart und Ditrich Hagenow, aus den Schonenfahrern Friedrich Ostra und Thoel Nandelmann. Diesen „Kopmanns-Olderlüden" fiel nicht nur die Aufgabe zu, die Durchführung von Vorschriften zur Regelung interner Angelegenheiten zu überwachen, sondern sie sollten auch die Interessen des Hamburger Handels im Auslande wahrnehmen und schützen. Dieses war bisher die Hauptaufgabe des Hansabundes gewesen. Nun aber übernimmt es der Hamburger Kaufmann, sich und seine Interessen selbständig, auf eigene Hand, zur Geltung zu bringen. Bisher war die ganze innere Handelspolizei vom Rathe und den einzelnen Handelsgesellschaften des Kaufmanns wahrgenommen worden, während der Hansabund die Handelsinteressen nach außen hin wahrte. Der „gemeine Kaufmann" konnte bis dahin also nicht viel mehr sein, als ein allgemeiner Begriff. Erst mit Einsetzung des Kollegiums der Kaufmanns-Aelterleute gewann derselbe eine konkrete Gestalt, und indem jenem Kollegium die Aufgabe zugetheilt ward, die Durchführung der handelspolizeilichen Vorschriften zu kontroliren und die Handelsinteressen der Kaufmannschaft im

Auslande zu wahren und zu schützen, nahm der „gemeine Kaufmann" eine selbständige Stellung ein, einerseits dem Rath gegenüber, andererseits dem Hansabunde gegenüber.

Als der König Johann gestorben war, folgte dessen Sohn, Christian II., ihm im Regimente. Dieser bestätigte den Hanseaten ihre Privilegien, machte aber, als Herzog von Holstein, in Beziehung auf Hamburg die Ansprüche seines Hauses wieder geltend. 1514 beklagte sich der König bei dem Rathe der Stadt über zunehmende Unsicherheit auf der Elbe und forderte, daß Hamburg für Sicherheit gegen die Seeräuber sorge. Die Hamburger bauten dann auf Neuwerk mit bedeutenden Kosten einen festen Thurm, der mit einer Besatzung versehen und einem Kommandanten unterstellt ward. Auch der Herzog Friedrich erhob Beschwerde wider Hamburg, daß der Auslieger der Stadt, wider Recht und Gewohnheit, aus der freien Elbe in die Stör sich gelegt, dort Buhnen aufgezogen und einen holsteinischen Unterthanen mißhandelt hätte. Der König zerfiel aber bereits im Jahre 1516 mit Lübeck und anderen Hansestädten, weil er dem Handel der Städte auf der Ostsee Abbruch zu thun suchte. Doch wurde der Friede noch erhalten durch zeitweiliges Nachgeben des Königs. 1518 verlangte Christian II., daß Lübeck den Handel mit Schweden einstelle, und 1519 erlangte er von Lübeck durch Vermittelung des Herzogs Friedrich von Holstein die Zusage, daß die Stadt sich ein Jahr lang des Handels nach Schweden enthalten wolle. Als aber Gustav Wasa nach Lübeck entwich, verweigerte Lübeck die Auslieferung desselben. Dadurch wurde Christian II. wieder heftig gegen die Stadt gereizt. 1520 vermittelte der Herzog Friedrich abermals zwischen dem Könige und der Stadt Lübeck, und es kam dann am 13. Mai ein Vertrag zu stande, der aufs neue die Fahrt nach Schweden von dem Handelsverkehr ausschloß. Der König suchte nun zur Sicherung gegen Feindschaft der Städte ein Bündniß mit deutschen Fürsten und schloß ein solches am 1. Juni 1520 zu Hannover mit dem Erzbischof von Bremen, dem Administrator von Minden, den Herzögen von Braunschweig, Mecklenburg und Pommern, dem Grafen von Oldenburg und dem Herzog Friedrich von Holstein. Die Hanseaten bestimmten, daß die Ausfuhr aus den Ostländern nach dem Westen nicht mehr durch den Sund gehen solle, sondern durch die Trave nach der Elbe und von da nach Brüssel. Christian II. beschwerte sich beim Kaiser über die Lübecker und andere Hanseaten, daß sie in seine Rechte eingriffen und den Handel in der Ostsee für englische Schiffe störten. Er ließ die Schiffe der Hanseaten in Schweden wegnehmen und verbot in seinen Landen allen Handel mit den Städten der Hansa, besonders aber mit Lübeck. 1521 verbot er alle Ausfuhr nach den deutschen Häfen. Am 21. Juli erlangte er zu Gent, wohin er persönlich sich zum Kaiser begeben hatte, eine Bestätigung seiner Rechte auf Holstein, Stormarn und Dithmarschen, auch auf die Güter und Rechte, welche seine Vorfahren in Lübeck gehabt hätten, sowie aller sonstigen Lehen, Freiheiten und Gerechtigkeiten im römischen Reiche. Am 20. Juli übertrug der Kaiser das Recht der Lehnsertheilung mit dem Herzogthum Holstein von dem Bischof von Lübeck auf den König von Dänemark und schärfte auch dem Herzog Friedrich die Lehnspflicht gegen Letzteren ein. Lübeck begann nun Krieg wider den König. Als Lübeck auf Friedensvorschläge kaiserlicher Kommissarien nicht eingehen wollte, belegte der Kaiser die Stadt mit der Reichsacht. Christian II. mußte indes von weiteren Feindseligkeiten gegen die Städte absehen, als seine eigenen Unterthanen von ihm abfielen, infolgedessen er 1523 aus dem Lande wich. Die Hamburger, durch den Sohn des an Christians Statt zum Könige erwählten bisherigen Herzogs Friedrich gewonnen, legten Schiffe auf die Elbe, um den Uebergang deutscher Söldner im Dienste Christians II. nach Holstein zu verhindern. Im Jahre 1524 wurde Friedrich I. des Königreichs mächtig und ward dann zum Könige gekrönt. Hamburg hatte zur Krönungsfeier den Bürgermeister Dr. Hinrich Salsburg, den Rathmann Hinrich von Hutteln und den Sekretär M. Johann Sommerfeld nach Kopenhagen gesandt. Der Bürgermeister Dr. Hinrich Salsburg ward bei der Krönung vom Könige Friedrich I. zum Ritter geschlagen.

Der König Christian II. brachte 1524 mit Hülfe des Kurfürsten von Brandenburg und anderer Fürsten viel Volk zusammen, um sein Reich wieder einzunehmen. Es fiel ein Haufen Kriegsvolk ins Land Hadeln ein. Daher befürchtete man einen Einfall Christians II.

über die Elbe ins Holsteinische. Der König Friedrich I. rüstete zur Abwehr gegen solchen Einfall, und die Hamburger legten wieder Schiffe aus auf die Elbe, um einem Ueberzug des in Hadeln angesammelten Volks nach Holstein zu wehren. Das von Christian II. im Süden an der Elbe zusammengezogene Kriegsvolk ward indeß unter sich uneins und lief auseinander. So erfolgte denn zwar kein Einfall ins Holsteinische und wurde auch kein Versuch eines Einfalls in Holstein gemacht, aber die Veranstaltungen zur Abwehr eines solchen blieben bestehen. Christian II. hatte viele hochgestellte und einflußreiche Freunde und Gönner, die darnach trachteten, ihn wieder ins Regiment zu setzen. Um vor einem Handstreich von deren Seite sich zu sichern, hielt der König Friedrich I. die Elbküste auch nach Abzug der im Lande Hadeln und anderen Elblanden versammelt gewesenen Kriegsvölker noch besetzt. Zu Hamburg wurde in demselben Jahre, 1524, in welchem die Ansammlung des für Christian II. geworbenen Volks an der Elbe erfolgte, eine große Tagsatzung, zum Zweck der Wiedereinsetzung Christians in das Königreich, gehalten. Dazu waren erschienen die Gesandten des Papstes Clemens VII., des Kaisers Carl V., des Königs Heinrich VIII. von England und der Hansestädte; aber es wurde kein Einverständniß erzielt und nichts Bestimmtes beschlossen. Vornehmlich nahm sich der Herzog von Burgund, der Schwager Christians II., desselben an. Zu ihm war Christian gegangen, als er aus seinem Reiche hatte weichen müssen, um bei ihm Hülfe zu finden, und der Herzog that nun sein möglichstes, um die auf ihn gesetzte Hoffnung des Königs nicht zu Schanden werden zu lassen. Er rüstete, im Bunde mit der Statthalterin Margaretha der Niederlande und vielen Herren und Fürsten, Schiffe aus zur Unterstützung Christians, theils für Ueberführung von Kriegsmannschaft nach Schweden und Dänemark, theils für den Seekrieg gegen Christians Feinde bestimmt. In letzterer Beziehung waren die Hansestädte vornehmlich die Gegner, wider die der Krieg gerichtet war. Holländische und überhaupt niederländische Kaperer, stark gebaute und vorzüglich ausgerüstete Orlogsschiffe, fügten den Hansestädten vielen Schaden zu. Vornehmlich der hamburgische Handel hatte dabei stark zu leiden. Die holländischen Kaperer brachten die Hamburger Kauffahrer an der Elbmündung auf und hielten zeitweilig die Elbe blockirt, so daß der Handel ganz unterbrochen und aufgehoben war.

Als König Christian II. sein Reich verlassen hatte, ergaben sich Fühnen und Seeland bis auf Kopenhagen, welches aber nach langer Belagerung durch Johann Ranzau, den nachmaligen berühmten dänischen Feldherrn, für den König Friedrich I. eingenommen wurde. Darauf ergaben sich auch die übrigen Theile des Reichs und Norwegen; doch mußte Malmö durch harte Belagerung erst bezwungen werden, wozu der schwedische König Gustav Wasa Truppen hergab. In diesem Kriege unterstützten die Lübecker Friedrich I., dem sie zweitausend Mann Fußvolk und vierhundert Reiter zur Hülfe stellten. Gothland war die letzte dänische Provinz, welche in Friedrichs Hände fiel, denn Christians II. tapferer und treuer Feldherr, Sören Norbye, vertheidigte diese Insel und hielt sie fest, bis er befürchtete, daß die Schweden sie mit Uebermacht erobern würden. Da überließ er sie dann dem König Friedrich lieber.

Mit Hülfe seines Statthalters auf Gothland, Sören Norbye, rüstete Christian II. nun Schiffe mit zuverlässigen, im Seedienste bewährten Leuten wider die Städte aus. Diese Schiffe wurden unter dem Oberbefehl des von dem König Christian zum Obersten und Statthalter zur See bestallten Claus Kniphof und dem Befehl der diesem unterstellten Kapitäne Georg Hansen und Georg Stegentin ausgesandt mit einer geworbenen Besatzung von tausend Mann, worunter Simon Gans von Putlitz, Jürgen von Sydow und Benedict von Ahlefeld. Kniphofs Geschwader bestand aus vier Schiffen, dem Hauptschiff, einem Viermaster, die „Gallion" genannt, zwei kleineren Schiffen, „Bartum" und „fliegender Geist" geheißen, und einer Yacht, „weißer Schwan". Zu Kniphof stieß dann noch Claus Rode, ein berüchtigter Pirat, mit seinem Kaperer, wodurch das Geschwader unter Kniphofs Führung auf fünf Schiffe mit zwölfhundert Mann sich vermehrte.

Claus Kniphof beherrschte nun mit seinem Geschwader die Nordsee. Die Kauffahrer unternahmen ihre Reisen nur noch im Verein größerer Flottillen und unter Bedeckung von Orlogsschiffen und fielen trotzdem in großer Zahl den Piraten zur Beute. Hamburg ließ neue Orlogsschiffe ausrüsten, weil die Zahl der vorhandenen zum Schutze der Handelsschiffe nicht ausreichte. Die Lübecker Nowgorodfahrer meldeten dem Hamburger Kaufmanns-Aelterleuten-Kollegium, daß Kniphof den Kaufleuten in der Westsee großen Schaden zufüge; sie hätten durch ihre Gesandten erfahren, daß die Hamburger aufs neue zwei Orlogsschiffe ausrüsteten, das schiene ihnen aber nicht genug zu sein, man möge mehr wider die Piraten thun, und wollten sie, die Lübecker, dann mit zu den Kosten rathen. Die Lübecker hatten damals mit Kaperern in der Ostsee, die von Sören Norbye ausgesandt waren, zu thun. Der Lübecker Rath meldete am 21. April dem Rathe zu Hamburg, daß die Lübecker Schiffe mit Sören Norbyes Schiffen bei Blekingen handgemein geworden seien, drei von diesen erobert und acht verbrannt hätten.

Im Sommer 1525 ging Kniphof mit seinem Geschwader nach der norwegischen Küste. Die Piraten landeten auf der Insel Fleckeröe und anderen Punkten der Küste, raubten Kaufmannsgüter und plünderten die Einwohner der Gegend. Auch griffen sie die Stadt Bergen an. Hier aber wurden sie mit ziemlichem Verlust abgewiesen.

Die Hamburger hatten indes vier Orlogsschiffe ausgerüstet, sogenannte Caravellen. Zu Hauptleuten über die Schiffe waren Simon Parseval, Claus Hasse, Ditmar Kohl und Dirck von Minden bestellt, und zu Führern über das Kriegsvolk waren gesetzt: Michel Schröder, Jürgen Sibbern, Grote Helmcke und Hans Holk. Den Oberbefehl über das Ganze hatte Simon Parseval. Die Ausrüstung der Schiffe geschah auf der Stadt Unkosten, ohne Rücksicht auf die Hansa und den Hansabund. Die ausgerüsteten Schiffe gingen um Pfingsten 1525 in See. Dieselben kreuzten in der Nordsee, vornehmlich an der norwegischen Küste, konnten aber nichts von Kniphof und seinen Piraten entdecken und aufspüren. Im Nachsommer kehrten die Schiffe nach Hamburg zurück.

Inzwischen hatte am 7. Juli ein Hansatag zu Lübeck stattgefunden. Hier suchten die Bergenfahrer um Geleite der Handelsflotte gegen etwaige Angriffe Kniphofs an. Hamburg erhielt den Auftrag, die Piraten in der Nordsee, und besonders Kniphof, zu bekämpfen.

Die Hamburger Flotte unter Oberbefehl von Simon Parseval lief nun wieder aus. Die Hauptleute der Schiffe waren die früher bestellten Simon Parseval, Claus Hasse, Ditmar Kohl und Dirck von Minden. Führer der Kriegsleute waren jetzt Michel Schröder, Jürgen Sibbern, Asmus Stolte und Cord Blome. Die beiden Letztgenannten waren an Stelle von Hans Holk und Grote Helmcke getreten. Die Flotte wurde verstärkt durch zwei Bojer unter Hans Lüders und Jakob Block. Man hatte ausgekundschaftet, daß Claus Kniphof im Fahrwasser zwischen den Watten an der Insel Borkum, unweit des Dollart, liege. Am 3. Oktober gingen die Hamburger Schiffe dahin ab. Kniphof war auf den „Hamburger Sand" an der Osterems aufgelaufen. Er hatte einen Hamburger Lotsen am Bord, der soll, unter Vorwand von Unkunde, die Piraten absichtlich auf den Sand gesetzt haben. Doch gelang es den Piraten, abzukommen, und nahmen sie dann Station bei Greetsyl, um dort für einen neuen Zug nach Norwegen sich zu rüsten. Bei Greetsyl an der Osterems trafen nun die Hamburger Schiffe am 6. Oktober auf die Piraten. Die Hamburger entwarfen dann ihren Angriffsplan. Ditmar Kohl sollte in Gemeinschaft mit Simon Parseval die „Gallion" angreifen und sie zu entern suchen, wobei die beiden Bojer unter Hans Lüders und Jakob Block helfen sollten. Claus Hasse sollte den „Fliegenden Geist", und Dirck von Minden den „Bartum", angreifen. Am Morgen des 7. Oktober ging man gegen die Piraten vor. Simon Parseval drang mit seiner Caravelle auf die „Gallion" ein und nahm sie scharf unter das Feuer seiner Geschütze, während Hans Lüders und Jakob Block mit ihren Bojern sich hart an das feindliche Schiff legten und demselben großen Schaden thaten, während die Geschosse des Gegners hoch über die kleinen Bojer hinweggingen. Claus Hasse hielt auf den „Fliegenden Geist" ein, lief ihn an unter Abgabe ganzer Geschützlagen und enterte ihn sofort, nahm ihn und setzte die Mannschaft desselben, soweit sie nicht gefallen war, gefangen in den Schiffsraum, wo er sie einsperrte. Dirck von Minden lief bei seinem Angriff auf den „Bartum" auf den Sand, konnte also den „Bartum" nicht erreichen, doch schickte er wohlbemannte Böte zur Hülfe beim Angriff. Ditmar Kohl ging, als Simon Parseval und die beiden

Führer der Bojer, Hans Lüders und Jakob Block, dem Gegner schon stark zugesetzt hatten, auf die „Gallion" los, deren Besatzungsmannschaft gedrängt auf dem Verdeck stand und das Hamburger Schiff zu entern suchte. Die Hamburger unter Ditmar Kohl unterhielten aber ein wohlgezieltes scharfes Feuer auf die Besatzung des feindlichen Schiffes, so daß dreißig Mann von derselben fielen, und gingen dann zum Entern über. In Gemeinschaft mit der Mannschaft der beiden Bojer drangen sie aufs Deck der „Gallion". Die wüthenden Hamburger Bootsleute hieben mit ihren kurzen Enterbeilen wuchtig auf die Korsarenmannschaft ein und erschlugen alles, was ihnen an Feinden vorkam, während die geworbenen Söldner der Hamburger Kriegsmannschaft viele Gefangene machten. Claus Rode, der gefürchtete Pirat, wurde nach verzweifelter Gegenwehr übermannt und nebst dem größesten Theile seiner Leute erschlagen. Claus Kniphof, als er sah, daß alles für ihn verloren sei, ergab sich an einen Rottenmeister der Hamburger Kriegsleute, weil er die Wuth der Bootsleute fürchtete. Er wurde auf Ditmar Kohls Schiff gebracht, wo Ditmar Kohl ihn persönlich in Schutz nahm, um ihn zu sichern vor Cord Blome und seinen Bootsleuten, die den Korsarenhauptmann suchten und ihn in Stücke hauen wollten. Benedict von Ahlefeld war durch einen Schuß in den Kopf getödtet. Achtundachtzig Todte lagen auf dem Deck der „Gallion". Der „Bartum" war während des Kampfes festgelaufen. Derselbe erwehrte sich des Angriffs der von Simon Parseval, der mit der Caravelle nicht hinankommen konnte, gegen ihn ausgeschickten Böte, wurde dann aber von einem der beiden Bojer geentert, nachdem er, um nur loszukommen, alles, sogar das Geschütz, über Bord geworfen hatte. Darauf ergab sich auch der „Schwan" den Hamburgern. Außer Kniphof waren einhundertzweiundsechzig Piraten gefangen genommen worden. Der Seekampf hatte von morgens 8 Uhr bis nachmittags 4 Uhr gedauert.

Die vier genommenen Piratenschiffe und die Gefangenen wurden nach Hamburg geführt. Als die Sieger sich mit ihren Trophäen der Elbe näherten, sandte der Rath ihnen aus seiner Mitte die Herren Ditrich Lange und Otto Bremer zur Begrüßung entgegen.[1] Diesen sprach Claus Kniphof seine Bewunderung aus über der Hamburger tollkühne Tapferkeit. Am 22. Oktober wurden die Piraten am Eichholz ausgeschifft. Die Bootsleute zogen unter Pfeifen und Trommelschlag gliederweise, drei im Gliede marschirend, mit den Gefangenen in die Stadt ein und vor's Rathhaus. Voran wurde Claus Kniphof geführt nebst seinen Genossen Jürgen von Sydow und Gans von Putlitz. Auf diese folgten die übrigen Gefangenen, aneinandergeschnürt und unter Bedeckung von fünf Fähnlein Bootsknechte. Vor dem Rathhause wurde Kniphof und seine Leute dem Rathe übergeben.

Am 25. Oktober wurde über die Piraten Gericht gehalten. Kniphof ward als Seeräuber angeklagt. Er sollte einhundertundzwanzig Schiffe geraubt haben. Der Angeklagte vertheidigte sich selbst in ruhiger und gefaßter Weise. Er sei kein Seeräuber, sondern ein von dem Könige Christian II. von Dänemark bestallter Oberst und Kapitän zur See, und legte er auch seine Bestallungsbriefe vor. Die Statthalterin Margaretha von Flandern erklärte aber in einem Schreiben an den Rath den Claus Kniphof für einen Kaperer und Seeräuber. Das wurde sein Verderben. Die „Richteherren" Jürgen Plate und Albert Westede erkannten ihn, auf Grund des Briefes der Statthalterin, des Seeraubes schuldig und verurtheilten ihn, nebst sechszehn seiner Leute, zum Tode nach Seeräuberrecht. Kniphof rief die Gnade an, nicht für sich, aber für seine Genossen. Der Rath bestätigte das Urtheil, und Claus Kniphof wurde am 30. Oktober mit den sechszehn Anderen auf dem Grasbrook mit dem Schwert gerichtet. Bald nachher wurden noch sechsundvierzig geköpft, am 13. December ward Gans von Putlitz nebst sieben Anderen und im Januar 1526 wurden noch vier hingerichtet. Es wurden also außer Kniphof vierundsiebzig von seiner Gesellschaft auf dem Grasbrook gerichtet. Die Köpfe der Gerichteten wurden nach altem Brauch auf dem Brook auf Pfähle gesteckt, „zum warnenden Exempel". Die übrigen von der

---

[1] Der Rathmann Otto Bremer war ein Sohn des früheren Bürgermeisters Detlev (Detlef) Bremer. Er war nebst Hinrich Salsburg, der 1524 Bürgermeister wurde, Johann Huge, des früheren Bürgermeisters Johann Huge Sohn, und Peter von Spreckelsen, des Johann von Spreckelsen Sohn, 1523 in den Rath gewählt, vom Rath „zu sich" gewählt worden. Der Rath ergänzte sich damals noch selbst.

Kniphofschen Mannschaft wurden freigesprochen, weil sie nachwiesen, daß sie von Kniphof zum Dienst unter ihm „gepreßt" worden seien.

Die Flagge von Kniphofs Schiff wurde im Dom über der Kanzel aufgehängt, später nach dem Zeughause gebracht. Das Geschütz von den erbeuteten Schiffen wurde im Zeughause aufbewahrt und soll später zur Armirung der Stadtwälle mit verwandt worden sein. Auch das Schwert, womit Kniphof und seine Gefährten gerichtet wurden, ward im Zeughause aufbewahrt. Die siegreichen Schiffs- und Kriegsleute behielten ihre Beute und bekamen noch dazu, als Belohnung ihrer bewiesenen Tapferkeit, den Werth der von ihnen eroberten feindlichen Schiffe ausbezahlt, 2720 Pfund Pfennige.

Ein Gegenbild zu diesem traurigen Hinrichtungsakt auf dem Grasbrook im Jahre 1525 bot dasselbe Jahr für Hamburg in einem Turnier auf dem Hopfenmarkt. Der Kronprinz Christian (Karsten) von Dänemark, des neuerwählten Königs Friedrichs I. Sohn, hatte sich mit Dorothea von Sachsen-Lauenburg, Tochter des Herzogs Magnus, vermählt. Die Hochzeit war zu Lauenburg gehalten worden. Auf der Rückreise nach Dänemark kam der Prinz nach Hamburg. Er wurde vom Rath feierlich eingeholt und auf Stadtkosten bewirthet. Als Willkommensgabe erhielt er einen goldenen Becher, während seine Gemahlin und seine Mutter Kleinodien zum Schmuck erhielten. Auf dem Hopfenmarkt, der mit Sand befahren und mit Schranken und Balkonen (Tribünen) hergerichtet war, ward ihm zu Ehren ein großes Turnier veranstaltet. Viele Ritter aus des Prinzen Gefolge und Adelsherren aus der Nachbarschaft im Norden und im Süden der Elbe ritten in die Schranken und hielten glänzende Ritterspiele, während der Rath und die fürstlichen Gäste von den Balkonen aus zuschauten. Während des Turniers ergriff den Prinzen die Lust, mit dabei zu sein. Er ließ sich ein Pferd satteln und „rennete" mit zwei Edelherren, „die er den Sattel lehrte", wie es bei alten Chronisten heißt, mit andern Worten: er brach eine Lanze mit ihnen und hob sie Beide aus dem Sattel in den Sand, zur Freude der Zuschauer. Der Prinz verweilte einige Tage in Hamburg. Er war erfreut über die gute Aufnahme und die glänzende Bewirthung, die er hier gefunden hatte, und die Hamburger freuten sich der Liebenswürdigkeit des Prinzen und der prunkvollen Aufzüge und Festlichkeiten, zu welchen die Anwesenheit desselben Veranlassung gab. Der Besuch des Prinzen hatte der Stadt 649 Mark 8 Schilling 5 Pfennige Unkosten verursacht. Der goldene Becher für den Prinzen kostete 203 Mark 4 Schilling und das Geschmeide für die fürstlichen Damen 202 Mark 8 Schilling.

In dieses Jahr, 1525, fällt auch der Anfang der eigentlichen Reformation in Hamburg.

Vereinzelt fanden sich hier schon vorher Anhänger und Freunde der reformatorischen Bewegung. Als Albert Cranz, der gelehrte Historiker, Theologe und Staatsmann, Domherr und Dechant zu Hamburg, 1517 auf seinem Krankenlager Luthers Thesen in die Hand bekam, las er sie mit Wohlgefallen und rief, von der Kühnheit eines Mönchs, der wider den Papst sich zu erheben unternahm, überrascht: „Bruder, gehe in deine Zelle und sprich, Herr, erbarme dich meiner." Albert Cranz starb den 7. Dezember 1517 und ward nach seiner Verfügung auf dem Domkirchhofe, an der Mauer bei dem Beinhause nächst der kleinen Thür, unter dem Tropfenfall, bestattet. An seine Stelle ward sein Bruder, Dr. Eggert Cranz, zum Domdechanten erwählt. Dieser veranstaltete eine Kirchenvisitation, um dem eingerissenen Verderben zu steuern. Doch ward dadurch wenig mehr erreicht, als eine Aufbesserung der äußeren Verhältnisse der Geistlichen. 1521 fand sich M. Ordo Stemmel, Pastor an St. Catharinen und Domvikar, durch den Mißbrauch des Ablaßhandels angeregt, gegen die Ablaßhändler zu predigen, auch das Leben der Mönche und Geistlichen zu bemängeln und zu strafen. Weil er aber alt und schwach war und die Geistlichen ihn hart angriffen und verfolgten, mußte er sich des Amts 1524 begeben. Er starb 1528. Sein Wirken war reformirend, aber noch nicht eigentlich reformatorisch in Hinsicht auf die unterscheidenden Grundlehren. In dieser Beziehung schon mehr reformatorisch wirkte Johann Wydenbrügge, ein Mönch. Dieser kam 1523 nach Hamburg und gerieth hier mit den Geistlichen in Konflikt wegen seiner Lehre. Er predigte zwar nicht eigentlich, aber er trug Allen die evangelische Lehre vor, die sie hören wollten. Wydenbrügge wohnte bei Detloff Schuldorp im Hause, „denn Detloff Schuldorp und

Dyrich Ostorp, ein Goldschmied, hatten die Lehre des Evangeliums angenommen, als noch kein Bürger sich dazu bekannte", wird in alten Chroniken berichtet. Die Priester Dr. Enghelin und Dr. Kissenbrügge forderten den Mönch zu einer Disputation auf, und dieser stellte sich auch. Man konnte ihm nichts anhaben. Weil die Disputation nicht für die Geistlichen genügt hatte, schlugen die Dominikaner- oder Predigermönche zu St. Johannes in Hamburg eine zweite vor, und Wydenbrügge kam auch zu dieser. Aber auch die Dominikaner konnten ihn durch Gründe nicht überwinden. Da stand ein Doktor auf und beschloß den Disput mit der Bemerkung: Ein Thor kann mehr verneinen, als alle Doktoren bejahen! Er wollte sich den Anschein geben, als ob Wydenbrügge seiner Meinung nach überwunden sei, und dachte, so die Lacher auf seiner Seite zu haben. Seitdem gewann aber die evangelische Lehre in Hamburg mehr und mehr an Boden.

Gleichzeitig mit der vorbereitend-reformatorischen Bewegung auf dem Gebiete der Kirche, zum Theil in ursprünglichem Zusammenhange mit derselben, vollzog sich eine solche auch auf dem Gebiete des Schulwesens.

Es gab damals nur zwei Schulen in Hamburg, die Domschule, auch St. Petri-Kirchenschule genannt, und die Nikolai-Kirchenschule. Ursprünglich und bis zum Ende des 13. Jahrhunderts existirte hier nur eine Schule, die Domschule. Die Leitung des Schulwesens war Sache des Domkapitels, speziell des Scholasticus, „Scholasters". Die Domschule war im 12. Jahrhundert durch eine im Kapitel eingerissene Simonie und aus anderen Ursachen ziemlich in Verfall gekommen, und das rasche Aufblühen der St. Nikolai-Neustadt hatte das Bedürfniß nach einer neuen Schule rege gemacht. Die Nikolaigemeinde wandte sich damals an den Erzbischof zu Bremen um eine Konzession für Gründung einer eigenen Schule, und als der Erzbischof sich willfährig erwiesen, ging eine Deputation des Kirchspiels unter Johann von Lüneburgs Führung an den Papst Martin V., um die Bestätigung zu erwirken. In einer aus Ovieto, 7. Juli 1281, datirten Bulle erlaubte der Papst, eine Schule der Grammatik für die Neustadt zu stiften, und ertheilte den Kirchenjuraten (Kirchengeschwornen) das Recht, den Lehrer an der Schule zu setzen und zu entsetzen.

Das Domkapitel aber, und besonders der damalige Scholasticus Johann von Hamme, opponirte dagegen und bestand auf seinem Recht über die Schulen. Die Neustadt richtete jedoch sofort eine Schule ein, eine Lese-, Schreib- und Rechenschule. Der vom Kapitel erhobene Streit wegen der Schule kam erst 1289 durch Vermittelung des Erzbischofs Giselbert von Bremen zum Austrag: Der Scholasticus soll die Nikolaischule beaufsichtigen, gleichwie die Domschule, und einen Magister zum Unterricht darein setzen; wenn die Schüler soweit vorgerückt sind, daß sie zum höheren Gesang fähig, so sollen sie zur Domschule übergehen; wenn die Einkünfte aus dem Schulgelde so gering würden, daß davon der Lehrer nicht besoldet werden könnte, so solle der Scholasticus dies dem Rath anzeigen, damit dieser binnen Monatsfrist Anstalt treffe, daß dem Scholasticus kein Schaden erwachse. So gewann der Scholasticus seinen alten Einfluß auf die Schule wieder, und die Nikolaischule war nur eine Elementarschule, Vorschule für die Domschule.

Zu den beiden Schulen, der Domschule und der Nikolai-Kirchenschule, wollten die Kirchenjuraten und die Bürger zu St. Petri nun, 1522, eine dritte öffentliche Schule gründen, weil die beiden bestehenden Schulen vernachlässigt würden und der Scholasticus das Schulgeld immer mehr erhöhte. Sie wandten sich deshalb an den Rath. Der Rath setzte sich ins Vernehmen mit dem Scholasticus, Hinrich Bantschow. In einer Unterredung auf dem Rathhause, am 10. Juli, theilte der Bürgermeister Nicolaus Thode dem Scholasticus die Beschwerden der Bürger über das Schulwesen mit, daß sie sogar ihre Kinder außerhalb Hamburgs unterrichten lassen müßten und daß der Scholasticus sie noch daran zu hindern suche. Da die Bürger durch päpstliche Briefe berechtigt wären, selbst Schulen zu gründen, so wollten sie solche bei den Kirchspielskirchen bauen, zumal da der Scholasticus das Schulgeld erhöht habe. Dieser müsse das über die Gebühr empfangene Geld zurückgeben. Auch mache er mit Unrecht Anspruch auf das Geld, welches die Schulmeister und Gesellen von den Juraten bezögen. Der Scholasticus Bantschow erwiderte: Seit dreiundzwanzig Jahren habe er die Schulen mit tüchtigen Lehrern besetzt, wenn die Kinder versäumt würden, so sei das eigene Schuld der Bürger, da die Kinder vom Schulbesuch abgehalten und zum Figuralgesang in der Kirche verwandt würden. Straften die Lehrer deshalb die Kinder, so würden sie von den Eltern verunglimpft. Die Nikolaischule habe einen Lehrer, der auf Ansuchen der Juraten angesetzt worden sei, und derselbe sei tadellos. Er habe wohl einige Bürger citiren lassen, die Schulen eingerichtet hätten, das sei aber in Recht und Ordnung gegründet, denn er könne wohl Privatunterricht gestatten, aber nicht Anlegung von Schulen für eine größere Zahl von Kindern, außerhalb der Aufsicht seiner Lehrer. Leider würden aber dergleichen Schulen von alten Weibern und anderen Personen täglich zu seinem Nachtheil eingerichtet. Die Bürger hätten kein Recht, Schulen anzulegen, die Erhöhung des Schulgeldes werde ihm mit Unrecht zugeschrieben, und es sei jenes Geld von den Schulgesellen nicht von ihm gefordert worden.

Der Rath und der Scholasticus kamen dahin überein, daß die Bürger ihre Briefe und Gerechtigkeiten vorzeigen und nachweisen sollten. Der Scholasticus erbot sich zudem noch, dem Erzbischof, dem Kapitel und dem Rath zu Recht zu stehen.

Am 1. September vereinigten sich die Kirchenjuraten der vier Kirchspiele mit den Aelterleuten und Werkmeistern der Aemter und den erbgesessenen Bürgern zu folgender Erklärung: Sie hätten die vielen Mängel und Gebrechen, sowohl betreffs der Priester, die das Kapitel willkürlich ein- und absetzte, als auch wegen der Schulen, an welchen der Scholasticus untaugliche Lehrer halte, zu Herzen genommen. So hätten sie denn zu folgendem sich verbunden: Erstlich, daß das Kapitel zu der vier Kirchspiele Behuf, mit Willen und Beliebung der Kirchspielsherren und Kirchenjuraten, einen gelehrten, frommen, tugendsamen Kirchherren (Pfarrherren) setzen solle, der gefalle und bequem dazu sei, das Wort Gottes zu predigen, Gottesdienst zu halten, und wenn er nicht dazu passe, ihn absetze und einen andern annehme. Einen Kirchherrn, der den Kirchspielsherren und Kirchenjuraten lieb sei, aber solle man ohne deren Willen nicht absetzen. Geschehe das dennoch in einem Kirchspiel, so wollten die Geschwornen der anderen Kirchspiele dem helfen und steuern und dazu jeglichen Beistand leisten. Ferner wollten sie im Kirchspiel St. Petri eine neue Schule stiften, zu welcher der Rath und die Kirchenjuraten daselbst Schulmeister von guten Sitten und wohlgelehrt an- und abzusetzen Macht und Befehl haben sollten. Es hätten auch Rath und Kirchengeschworne in St. Nikolai von alters her Gerechtigkeit und Freiheit gehabt, die dortige Schule zu verlehnen und einen Lehrer anzusetzen, woran sie nur mit Hinterlist von dem Kapitel eine Zeit lang verhindert worden seien, ungeachtet sie den Aufwand für die Schule zu bestreiten hätten. Deshalb wollten die Geschwornen nun die Schule wieder an sich nehmen und sie durch Anstellung tugendsamer gelahrter Lehrer in einen besseren Zustand bringen. Sollte aber das Kapitel, der Scholasticus oder sonst Jemand Diesem sich widersetzen, so daß Unangenehmes und Kosten daraus entständen, so wollten die Gemeinden und die Bürger der Stadt diese tragen und hergeben aus eigenen Mitteln und solle der Rath damit unbeschwert bleiben, und das Gut der Gemeinde und der Kirchen dazu nicht gebraucht werden.

Am 18. September erneuerten die Juraten von St. Nikolai, Nicolaus Hartiges und Joachim Meygher, ihre Klagen vor dem Kapitel und erklärten, daß sie auf Michaelis einen neuen lateinischen Schulmeister und einen neuen Schreibmeister angenommen hätten, baten auch, das Kapitel wolle die Einkünfte des Scholasticus mit Beschlag belegen, damit sie das von ihm widerrechtlich ihnen entzogene Geld zurückerstattet erhielten.

Der Scholasticus Hinrich Bantschow beklagte sich am 26. September beim Rath persönlich über Anmaßung und Gewalt der Bürger, erbot sich zu Recht und erklärte, daß zu Michaelis bereits ein neuer lateinischer Lehrer von ihm berufen worden sei. Auch der Rath verurtheilte die beabsichtigte gewaltsame Einsetzung eines Lehrers durch die Bürger, und erklärte derselbe, er wolle die Juraten aufs Rathhaus fordern lassen, Bantschow möge sich dann auch einfinden. Als der Scholastiker vom Rathhause fortging, begegnete ihm der bisherige Schreibmeister an der Nikolaischule und erzählte ihm, daß eben jetzt die Juraten in die Schule eingedrungen seien und vor Notar und Zeugen ihren neuen Schulmeister, dem sie als Zeichen seiner Würde Chorstock und Ruthe übergeben, eingeführt hätten. Der Scholasticus benachrichtigte den Rath davon und ersuchte das Kapitel, die Juraten zu beschicken zur gütlichen Verhandlung. Zwei Domherren, Lübkens und Brandt, beantragten eine Zusammenkunft der Juraten zur Verhandlung mit dem Scholasticus. Die Juraten aber entschuldigten sich damit, daß sie vor dem Rath zu erscheinen hätten.

Am Sonntage vor Michaelis, 28. September, begab sich der Scholasticus Hinrich Bantschow nach der Nikolaischule, wohin auch der bisherige Schullehrer, M. Andreas Kementze, mit seinen Schülern von der Kirche aus sich begeben, und wo auch der Locate und Baccalaureus sich eingefunden hatte, und protestirte vor Notar und Zeugen wider das Beginnen der Bürger, mit der Erklärung, daß er allein das Recht habe, Schullehrer einzusetzen, daß ihm Gewalt und Unrecht geschehen sei, wie er vor Gericht zeigen werde.

Darauf ließen die Juraten der vier Kirchspiele, welche auf Zusammenberufung von seiten der Juraten zu St. Nikolai im St. Petri-Pfarrhause sich versammelt hatten, den Dombechanten zu sich bitten und klagten ihm, daß der Scholasticus mit Reitern und Knechten in die Schule eingedrungen sei und seinen neuen Lehrer eingeführt habe. Der Scholaster möge bei Gefahr eigenen Leibes und Guts den neuen Lehrer nicht wieder in die Schule senden und bis Nachmittag angeben, was er zu thun beabsichtige.

Das Kapitel beschloß am 29. September früh morgens, den Scholasticus zu ersuchen, seinen Schulmeister weder in die Kirche, noch in die Schule zu senden, weil zu befürchten sei, daß demselben ein Leid geschehe. Das wurde dem Scholasticus mitgetheilt. Dieser erklärte, daß er bei Einführung seines Lehrers nur seine beiden Diener und einen Jungen bei sich gehabt hätte. Er gedenke, seinen Lehrer auf irgend eine Weise in Chor und Schule einzuführen, und wünsche, daß die Kapitelsdeputirten die Juraten auffordern möchten, mit ihm in der Dechanei zu verhandeln. Der Scholasticus ging dann in den Dom und verbot dem dort anwesenden bisherigen Domschullehrer, den die Juraten für die Nikolaischule angenommen hatten, vor Notar und Zeugen, sein Amt an St. Nikolai anzutreten, und protestirte für den Fall, daß solches dennoch geschehe. Am Nachmittage kamen die beiden Juraten nebst den sechs Kirchspielsdeputirten, Joachim von der Vechte, Peter von Spreckelsen, Carsten Kedingk,

Johann Wegedorn, Friedrich Ostra und Harm Blome, aus St. Nikolai nach der Dechanei. Hierher ward dann auch der Scholasticus gerufen. Dieser verlangte eine rechtliche Entscheidung des Erzbischofs, des Kapitels und des Raths; aber die Juraten bestanden darauf, daß ihr neuer Schullehrer im Amte verbleibe, und solle derselbe noch am selbigen Abend zur Vesper aufs Chor und in die Schule gehen, damit die aufgeregte Menge beruhigt würde. Der Scholasticus verlangte dann, man solle bis zur rechtlichen Entscheidung des Streits seinen Schulmeister zulassen. Die Juraten lehnten dies ab. Darauf schlug der Scholasticus vor, bis zur Entscheidung den bisherigen Lehrer fungiren zu lassen. Auch das lehnten die Juraten ab. Ebenfalls wurde ein Vorschlag des Dechanten, daß einstweilen das Kapitel und der Rath einen Lehrer setzen sollten, abgelehnt. Die Juraten drangen darauf, daß ihr neuer Lehrer bleibe, und widerriethen dem Scholasticus, seinen Lehrer aufs Chor oder in die Schule zu senden. Als dieser letztere in die Nikolaikirche kam, fand er seine Stelle schon besetzt, und legte er dann Protest ein.

Am 1. Oktober kamen Johann von Spreckelsen, Joachim von der Vechte und Friedrich Ostra als Kirchspielsdeputirte zum Scholasticus und wollten mit diesem eine Zusammenkunft, wozu die Parteien ihre Dokumente mitzubringen hätten, vereinbaren. Der Scholasticus verlangte die einstweilige Beibehaltung seines Schreibmeisters, damit er nicht in seiner Einnahme geschädigt werde. Am 3. Oktober wurde eine Zusammenkunft auf den 6. Oktober im Refectorium des Domes vereinbart; aber an demselben Tage verboten die Juraten dem Schreibmeister des Scholasticus den ferneren Unterricht und forderten von ihm die Auslieferung der Schlüssel zur Schule. Als letztere verweigert wurde, ließen die Juraten die Schlösser an Thüren und Schränken der Schule abbrechen und ändern.

In der Versammlung am 6. Oktober erschien der Scholasticus mit fünf Domherren, während die Juraten mit vier Bürgern aus jedem Kirchspiel erschienen. Der Scholasticus berief sich auf altes Recht und Herkommen und wollte die Dokumente vorgelegt haben. Aber die Juraten kamen nicht dazu. Johann Wegedorn erklärte: Schule und Kirche ständen auf der Bürger Grund. Diese hätten sie bauen lassen und wollten sich hängen lassen, ehe sie sich ihres Rechtes daran begäben. Die Herren von Holstein hätten die Stadt losgegeben, der Erzbischof von Bremen aber hätte kein Recht gehabt, ihre Schule zu verschenken, und die Vorsteher des Scholasticus wären nur mit unrechtlichen päpstlichen Inhibitionen und Citationen in den Besitz der Schule gelangt. Darum solle er, der Scholasticus, alles Geld, welches er seither von der Schule erhoben hätte, wieder herausgeben. Die Bürger würden sich an die Güter der Kleisei halten, wenn ihnen Schaden aus der Sache entstände. Der Scholasticus aber vertheidigte dagegen die Rechte des Erzbischofs. Man einigte sich endlich dahin, daß beide Theile ihre Urkunden dem Dompropst nach seiner Rückkehr aus Holstein vorlegen sollten.

Das Kapitel erklärte aber am 14. Oktober, daß es aus mancherlei Gründen gerne der Sache fern bleibe. Doch wolle es, von den Juraten darum ersucht, sich unparteiisch den Parteien willfährig zeigen. Als das Kapitel zum 20. November endlich die Juraten zur Vorlegung ihrer Dokumente geladen hatte, erschienen vier Vertreter aus jedem Kirchspiel, doch hatte keiner von diesen etwas aufzuzeigen. Johann Wegeborn brachte die Beschwerden vor und erbot sich zur Unterwerfung unter den Ausspruch des Kapitels, aber mit dem Vorbehalt, daß, wenn den Bürgern Nachtheil aus der Sache erwüchse, das Kapitel und die Geistlichkeit dafür in Anspruch genommen würden. Der Scholasticus wollte die Sache nicht auf den Ausspruch des Kapitels allein verstellt haben, sondern verlangte, daß auch der Erzbischof von Bremen und der Hamburger Rath hinzugezogen würden, und forderte Restitution.

Unterm 19. Dezember legte der Scholasticus sieben Originalurkunden, seine Rechte auf die Schule betreffend, dem Rathe vor und erbot sich, Kopien davon auf dem Rathhause zu hinterlegen zur Belehrung der Bürger. Auf Verlangen des Bürgermeisters Nicolaus Thode wurden, nach Vergleichung mit den Originalen, die Kopien dem Rathssekretär M. Johann Ploth eingehändigt.

Am 17. Januar 1523 hielt das Domkapitel wegen der Sache, die Schule anlangend, eine Versammlung. Es erschienen zu derselben viele Bürger und verlangten, daß der Scholasticus Hinrich Bantschow hergeholt werde. Als das Kapitel dann eine Citation an den Scholasticus erließ, begab dieser, heimlich gewarnt, sich nach Schwerin, nachdem er beim Erzbischof von Bremen Beschwerde erhoben hatte. Der Erzbischof richtete an die Bürger eine Abmahnung. Man bekümmerte sich aber nicht darum.

Am 22. Januar verlangten etwa hundert Bürger, unter ihnen die Juraten, von dem Kapitel, daß der Scholasticus in einem deutsch abgefaßten Mandat suspendirt werde, und das bedrohte Kapitel mußte dem Verlangen nachkommen. Das Mandat ward dem Scholasticus nach Schwerin zugestellt. Der Scholasticus antwortete darauf mit der Anzeige, daß er drei Monate von Hamburg abwesend sein werde; auf nochmalige Ladung kam er jedoch am Freitag nach Invocavit zurück, und in einer Zusammenkunft am Tage darauf erlangten die Juraten vom Kapitel, daß es ihnen den Besitz der Nikolaischule zusprach ohne Zustimmung des Scholasticus.

Bald darauf kamen zwei bevollmächtigte Räthe des Bremer Erzstifts nach Hamburg, und unter dem Vorsitz von vier Bürgermeistern und vier Rathmännern wurde am Mittwoch nach Reminiscere wieder eine Zusammenkunft gehalten, in welcher der Scholasticus protestirte gegen die Entscheidung des Kapitels, und in welcher das Kapitel erklärte, daß es nur aus Zwang den Bürgern sich günstig erwiesen habe.

Nachdem noch mehrere Zusammenkünfte ohne Erfolg gehalten worden waren, sandten der Markgraf von Brandenburg und die mecklenburgischen Fürsten ihre Räthe nach Hamburg, den Streit zu vermitteln. Am 22. Juni fand nun wieder eine Zusammenkunft der Parteien statt, unter Betheiligung der Vermittler und Assistenz von sechs Rathsmitgliedern. Die Zusammenkunft wurde am folgenden Tage erneuert. Alle Vermittelungsversuche scheiterten jedoch. Die Juraten erklärten jetzt, daß sie einen Rechtsspruch vom Kapitel verlangten. Das Kapitel sah sich nun genöthigt, für die Bürger günstig zu erkennen. Die Einkünfte des Scholasticus sollten zur Rückzahlung des von den Bürgern gezahlten Schulgeldes dienen, und die Letzteren sollten im Besitze der Schule belassen werden.

Der Scholasticus wandte sich mit einer Rechtsklage nach Rom. Der römische Stuhl kassirte das Urtheil des Kapitels. Nun drohten die Juraten und die Bürger, sich dieserhalb an das Besitzthum des Kapitels zu halten. Das Kapitel wandte sich um Schutz an den Rath. Am 24. Dezember erfolgte von Rom aus eine Citation und Inhibition gegen die Juraten seitens des Auditors des päpstlichen Stuhls, des Bischofs Mercurius de Vipera, daß die Beklagten sich nach sechszig Tagen vor dem Tribunal der römischen Kurie stellen und inzwischen sich aller Neuerungen enthalten sollten, bei Strafe des Bannes und 10000 Dukaten. Auch forderte der Auditor alle Behörden auf, die Beschlagnahme der Einkünfte des Scholasticus aufzuheben.

Im Jahre 1524 erwirkte der Scholasticus wiederholt beim römischen Stuhl Strafmandate gegen die Bürger der Stadt Hamburg. Weil nun das Kapitel für Güter und Leben fürchtete bei der unter den Bürgern herrschenden Erregung, beredete es den Scholasticus zu einem gütlichen Vergleich. Der Scholasticus protestirte zuvor am 9. September, daß jeder beabsichtigte Vergleich nichtig und seinen Rechten unschädlich sein solle. Dennoch wurde ein Vergleich von Rath und Kapitel entworfen. Der Scholaster soll danach seine Oberhoheit über die Nikolaischule den Juraten und Bürgern abtreten und keine Einkünfte aus der Schule mehr beziehen; alle Prozesse und Streitigkeiten sollten ohne Anspruch auf Entschädigung niedergeschlagen und abgethan sein. Dieser Vergleich ward von den Juraten und Bürgern der vier Kirchspiele und von dem Scholasticus unterzeichnet. Letzterer ließ aber trotzdem unterm 11. September zu Lübeck dagegen Protest erheben, da er jene Zugeständnisse nur aus Furcht gemacht habe, um von der Kirche und Geistlichkeit größere Gefahr abzuwenden, und da er dazu gezwungen worden sei.

Das Verhalten des Scholasticus regte die Bürger noch mehr auf gegen die Geistlichen und trieb sie an, auf dem Wege der Reformation des Kirchen- und Schulwesens weiter zu gehen. Vornehmlich war Johann Wegedorn darauf bedacht, die Reformation zu fördern. Er bewog viele Bürger zu gleichem Streben mit ihm und wandte sich im Verein mit denselben an Johann Bugenhagen zu Wittenberg, um ihn für die an der Nikolaikirche gerade erledigte Pfarrstelle zu gewinnen. Die Wittenberger aber wollten Bugenhagen nicht loslassen, doch waren sie damit einverstanden, daß dieser einen sechsmonatlichen Urlaub nehme, um in Hamburg für die Reformation zu wirken, und dann zu ihnen zurückkehre. Aber der Hamburger Rath, der in der Mehrzahl seiner Mitglieder der Reformation und der evangelischen Lehre noch abgeneigt war, schlug sich ins Mittel, bestätigte die Berufung Bugenhagens nicht und veranstaltete, daß diesem abmahnende Briefe zugestellt wurden. Er möge nicht denken, daß die Stadt mit seiner Berufung einverstanden sei, auch hätten die Kirchenvorsteher nicht darein gewilligt. Johann Bugenhagen blieb dann bis weiter in Wittenberg. Doch richtete er ein Schreiben an die ehrenreiche Stadt Hamburg von dem christlichen Glauben und den rechten guten Werken, wider den falschen Glauben und die erdichteten guten Werke, des Endes, wie man es sollte anrichten mit guten Predigern, daß solch' Glaube und solche Werke gepredigt würden. Die Schrift enthielt die Grundzüge der späteren Bugenhagenschen Kirchenverfassung. Bugenhagen gerieth durch diese Schrift in eine bittere Fehde mit dem Dominikaner Augustin von Ghetelen zu Hamburg.

Durch diese Bewegungen auf dem Gebiete des Kirchen- und Schulwesens wurde in Hamburg der Boden für die Reformation vorbereitet, so daß Luther schon damals an Wenzeslaus Link und Andere über die Geneigtheit der Hamburger, sich seiner Lehre zuzuwenden, berichten konnte. Ein eigentlicher Anfang der Reformation ist aber darin noch nicht gegeben. Dieser fällt erst in das folgende Jahr, 1525.

Zweite Abtheilung.
Von 1525 bis 1648. — Ende der Religionsfehden. Westfälischer Friede.

Wie Stemmel und Wydenbrügge, so eiferten auch Andere in Hamburg wider eingerissene Mißbräuche in der Kirche. Unter diesen war der Franziskanermönch Steffen (Stephan) Kempe. Derselbe war im Jahre vorher von Rostock nach Hamburg gekommen und hatte im Maria-Magdalenen-Kloster einige Male sehr beredt wider das Verderben in der Kirche gepredigt und hatte durch seine Vorträge nicht nur unter den Klosterbrüdern, sondern auch unter den Bürgern der Stadt Anhänger gewonnen. Als er, von seinem Probst gerufen, heimkehren mußte, versammelten sich mehrere Bürger und drangen in den Guardian des Maria-Magdalenen-Klosters, er solle Kempe in Hamburg zu halten suchen, und auf Veranlassung von seiten des Klostervorstandes kam Kempe nach Hamburg zurück und setzte seine Predigten hier fort, die sich nun immer rücksichtsloser gegen die herrschende Richtung in der Kirche gestalteten. Vornehmlich durch die litterarische Fehde zwischen Johann Bugenhagen und dem Dominikaner Augustin von Ghetelen angeregt, trat er nun im Jahre 1525 offen und entschieden für das Prinzip der Reformation und die Grundlehre des Lutherthums ein, indem er als alleinige Norm der Lehre die Bibel hinstellte und Christi Verdienst als einzige Quelle des Heils. Dadurch brachte er die Dominikanermönche zu St. Johannes wider sich auf, und auch viele Geistliche der Stadt traten öffentlich zu ihm in Widerspruch. Namentlich widersetzten sich ihm und seiner Lehre der Lektor und Canonicus Johann Enghelin, der Dr. Hinrich Wendt, Augustin von Ghetelen und Hinrich Rensburg aus dem St. Johanneskloster, sowie die Dompriester M. Friedrich Henning, M. Matthias (Matthäus) unter der Kluft und M. Hinrich Schröder. Diese eiferten in Predigten und Schriften wider ihn, als einen Kirchenfeind, Ketzer, Neuerer und Aufrührer, und denuncirten ihn sogar als solchen dem Rath. Kempe ließ sich aber durch nichts in seinem Wirken stören und trat in seinen Predigten immer entschiedener und muthiger für die lutherische Lehre ein. Er fand einen Mitkämpfer in dem Pastor Joachim Fischbeck an der St. Katharinenkirche, einem Dithmarscher, der an des M. Stemmel Stelle gekommen war. Die Beiden fanden großen Anhang in der Gemeinde, so daß die Bürger die anderen Prediger verließen und allein zu St. Maria-Magdalenen und St. Katharinen die Predigt hörten. Fischbeck soll nachher seinen Eifer gemäßigt haben, durch Begünstigungen und Geschenke von seiten des Domkapitels dazu bewogen. Das ist aber durch nichts verbürgt, als durch Aeußerungen einiger Heißsporne, denen es nachher in der Hitze des Streits gar nicht rücksichtslos und toll genug gehen konnte in Angriffen wider den Gegner. Auch die Presse wurde in den Dienst der Reformation gestellt. Namentlich war Jürgen Richoff, ein aus Lübeck hergekommener Buchdrucker, der seine Officin am Pferdemarkt hatte, thätig für Verbreitung der evangelischen Lehre durch das gedruckte Wort.

Die reformatorische Bewegung verbreitete sich nun rasch und ging tiefer. Als 1526 der Rath nach alter Gewohnheit zur Instandhaltung von Wall und Graben ein sog. Grabengeld forderte, dazu eine Accise auf Bier, Malz und Korn begehrte, weil die Stadt, des Reiches wegen, mit dem Bestand der Kassen zurückgekommen sei, erklärten die Bürger darauf durch ihren Delegirten Hinrich Schauborch: das verlangte Grabengeld solle bewilligt werden; wenn aber die Bestände der Stadtkasse zurückgegangen seien, trotz mehrmaliger Zulagen, so sei der Schaden nicht durch die Bürger verursacht, sondern durch den Bann der Geistlichen, und sollten diese jetzt zur Abhülfe des Nothstandes in der Stadtkasse herangezogen werden. Hieran anknüpfend, forderten sie dann, als ein natürliches Recht evangelischer Gemeinden, daß jedes Kirchspiel fernerhin seine Prediger selbst erwähle, „das Evangelium der Wahrheit einträchtiglich über die ganze Stadt zu predigen". Hierüber solle der Rath mit dem Domkapitel eine Vereinbarung treffen und ein Abkommen schließen, welches sie, die Bürger, als ein Recht gehalten wissen wollten. Geschehe etwas dagegen, so wollten die Bürger, wie sie hiermit dem Rathe vorher gebührlich kund thäten, solches mit Leib und Leben verfechten. Die Bewegung geht nicht mehr auf bloße Aeußerlichkeiten, auf Abstellung und Aenderung von Uebel- und Mißständen auf dem äußere Gebiete des Kirchenwesens; sie erstreckt sich nun auf den inneren Grund, und es tritt in den bezüglichen Verhandlungen deutlich hervor, daß die Bürgerschaft in der Mehrzahl mit Ueberzeugung sich auf den Grund der lutherischen Kirche gestellt hat.

In demselben Jahre, 1526, in welchem die Bürger jene Forderung stellten, daß die Kirchspielsgemeinden als ein natürliches Recht die Macht haben sollten, ihre Prediger selbst zu wählen und zu setzen, wurden in Ausübung dieses Rechts der Prediger Johann Zegenhagen (Ziegenhagen) von Magdeburg und der Kaplan M. Johannes Fritz von Lübeck, zwei entschiedene Lutheraner, nach Hamburg berufen, und wurde Jener zum Kapellan an St. Katharinen, Dieser zum Pastor an St. Jakobi erwählt. Johann Zegenhagen kam gegen Ostern, auf Berufung von seiten der Kirchengeschworenen an St. Katharinen, in Hamburg an und predigte in lutherischer Weise und in Luthers Geist und Sinn über Rechtfertigung und über das Abendmahl. Da verbot ihm der Rath die Kanzel. Nun versammelten sich die Juraten und einige deputirte Bürger der vier Kirchspiele und beschickten am Freitage nach Quasi modo geniti den Rath, die Ursache des Verbots zu erkunden. Als Grund des Verbots wurde dann angegeben, daß Zegenhagen in unkirchlicher Weise die Absolution ertheilt habe und, wider die Satzungen der Kirche, das Abendmahl in beiderlei Gestalt spende. Die Bürger waren damit nicht zufrieden und bewirkten eine Inhibirung der Ausführung des gegen Zegenhagen erlassenen Verbots. Indes ruhten die papistischen Geistlichen in ihren Bemühungen wider die Ausbreitung der evangelischen Lehre in Hamburg nicht. Das Kapitel und die Dominikaner zu St. Johannes vornehmlich bestimmten den Rath zu weiterem Einschreiten gegen die Neuerer und Aufrührer, wie sie die Anhänger der Reformation nannten. Am Freitage nach Cantate wurde in der Stadt das Gerücht lautbar, daß Zegenhagen beurlaubt worden sei mit der Weisung, binnen drei Tagen die Stadt zu verlassen. Darauf versammelten sich am nächsten Sonntage gleich nach der Predigt Kempes im Lectorium des Maria-Magdalenen-Klosters an vierzig Bürger und beriethen, was in Zegenhagens Sache zu thun sei. Man ordnete vier Deputirte, Hermann Soltau aus St. Petri, Joachim von der Fechte aus St. Nikolai, Hinrich Davörde aus St. Katharinen und Hans von Bargen aus St. Jakobi, an den Bürgermeister Hohusen ab und stellte an diesen das bringende Ersuchen, den Rath auf den folgenden Tag zu berufen, weil die Bürger ihm etwas vorzutragen hätten. Der Bürgermeister berief den Rath auf den andern Morgen, und die Bürger wählten aus ihrer Mitte vierzig Personen, die zur Verhandlung mit dem Rathe in der Sache bevollmächtigt wurden. Wortführer der Vierziger war Johann Wegedorn. Die Bürger ver-

langten Aufklärung in Angelegenheit der Beurlaubung Zegenhagens, und der Rath gab die Erklärung, daß Zegenhagen beurlaubt sei, weil dessen Lehre der Stadt zum Nachtheil gereiche. Zegenhagen, ein verlaufener Mönch, habe überall, wo er gewesen, auch zu Magdeburg, Streit und Unruhe erregt, und es sei zu fürchten, daß Hamburg seinetwegen vom Papst und vom Kaiser in Bann und Acht gethan würde zum Schaden und Nachtheil des Handels der Stadt. Johann Wegeborn erwiderte darauf, daß man auf dergleichen nicht zu reflektiren habe. Die Bürger verlangten nur, ihr Recht gewahrt zu sehen. Zegenhagen sei rechtmäßig installirt, und da er in dem, dessen man ihn beschuldige, nicht zu Recht überführt und überwunden sei, so begehrten die Bürger, daß man ihn in seiner Stellung belasse und daß seine Beurlaubung aufgehoben und rückgängig gemacht werde. Der Rath gewann aus der Entschiedenheit im Auftreten der Bürger die Ueberzeugung, daß er durch Aufrechthaltung der gegen Zegenhagen getroffenen Maßregel das Gegentheil erreichen würde von dem, was er durch dieselbe hatte erreichen wollen, indem er gedacht, durch Zegenhagens Entfernung den Zwiespalt in der Gemeinde zu verringern, er gab nach längerem Verhandeln dem Verlangen der Bürger nach, und es ward Zegenhagen verstattet, frei zu predigen, wo es den Bürgern gefalle. Nicht lange danach wurde das Pastorat an der St. Nikolaikirche vakant, und ward dann am Sonnabend nach Matthäi Johann Zegenhagen von den erbgesessenen Bürgern des Kirchspiels einhellig zum Pastor an St. Nikolai erwählt. Die Kirchspielsjuraten und einige deputirte Bürger begaben sich nach der Wahl auf das Eimbeckfche Haus, ließen den Gewählten zu sich rufen und theilten ihm die Erwählung mit. Zegenhagen erklärte sich bereit, die Wahl anzunehmen, doch wolle er zu keinem Kirchendienst gehalten sein, der dem Evangelium zuwider sei. Uebrigens, setzte er hinzu, sei er weder Doktor noch Magister und vielleicht auch überhaupt nicht der Mann, für den sie, seine Wähler, ihn hielten, und wäre es ihm recht, wenn sie von ihm absähen und einen geschickteren Mann wählten. Man wollte aber keinen Anderen, und da Zegenhagen die Wahl annahm, so war die Sache geordnet. Nun erhob aber der Rath wieder Schwierigkeiten. Der Bürgermeister Gerd von Holten, als Patron der Nikolaikirche, untersagte die Einführung des neuerwählten Pastors, weil die Wahl ohne Zuziehung der Kirchspielsherren vorgenommen worden sei. Auch, ließ der Rath verlauten, wolle man nicht einen Mann befördern, der alle bisher üblich gewesenen Kirchengebräuche abzustellen trachte. Hierauf bemerkten die Bürger, daß sie Zegenhagen gewählt hätten nicht wegen der Ceremonien, sondern weil er das Evangelium rein und lauter verkündige ohne frembartige Zuthat. Wegen der Ceremonien könnte mit Zegenhagen unterhandelt werden, und müsse derselbe sich gefallen lassen, was darüber dann beschlossen würde. Die freie Wahl, ein Recht der Gemeinde, sei ihnen überdies vom Rathe zugestanden worden, als sie Bugenhagen erwählten, indem ihnen damals erklärt worden sei, daß sie an Bugenhagens Statt einen Andern wählen könnten. Der Rath wollte davon nichts wissen, gab aber schließlich dem Verlangen der Bürger, die in ihrer Gesamtheit für Aufrechterhaltnng der von ihnen getroffenen Wahl geschlossen eintraten, nach und bestätigte die Wahl Zegenhagens zum Pastor an St. Nikolai, worauf dieser in sein Amt eingeführt wurde. Der Kaplan Johannes Fritz ward kurz nach Michaelis zum Pastor an St. Jakobi erwählt. Die Wahl desselben geschah vornehmlich auf Betreiben von Johann Wegedorn, Detlev Schulborp und Friedrich Ostra. Nachdem in der Erwählung Zegenhagens ein Präjudiz für die Erwählung durch die Gemeinden gegeben worden war, erfolgte die Wahl und die Einführung des M. Johannes Fritz ohne Schwierigkeiten.

Die katholischen Geistlichen waren über die Erwählung der beiden entschieden lutherisch gesinnten Geistlichen, Zegenhagen und Fritz, im höchsten Grade erbost. Vornehmlich gegen Zegenhagen waren sie gereizt und aufgebracht, weil er am entschiedensten gegen die päpstlichen Irrlehren und gegen die Zuchtlosigkeit unter dem päpstlichen Klerus predigte. In der Absicht, dadurch den Gottesdienst in der Nikolaikirche, wenn Zegenhagen predigte, zu stören und das Volk gegen Letzteren aufzureizen, enthielten sie sich in der Weihnachtszeit des Chordienstes in der Nikolaikirche. Aber Zegenhagen besetzte das Chor mit seinen Kapellanen, Küstern, Lehrern und Schülern, und diese verrichteten den Chordienst so gut, daß die

Gemeinde erklärte: wenn so wenige Kapellane und Lehrer mit den Schülern den Dienst im Chor der Kirche versehen könnten, so gebrauche man dazu die vielen Geistlichen nicht. Zegenhagen ließ nun die widerspenstigen Geistlichen nicht mehr zum Chordienst zu, schaffte Vigilien, Seelmessen und alle überflüssigen Ceremonien ab und theilte das Abendmahl nach Christi Einsetzung in beiderlei Gestalt aus.

Der Meß- und Ceremoniendienst war in der katholischen oder vielmehr in der päpstlichen, papistischen, Kirche die Hauptsache. Daher erhoben die Anhänger der alten überkommenen Kirchenlehre wegen Abschaffung der Messe und der Austheilung des Abendmahls in beiderlei Gestalt auf allen Kanzeln laute Klage, als ob nun der Widerchrist in Hamburg eingebrochen sei.

Nikolaus Bustorp, ein Domherr, Canonicus und Lector secundarius, predigte wider Zegenhagen und die Lutherischen als Ketzer und Kirchenschänder. Man solle und dürfe das Sakrament des Altars nicht in beiderlei Gestalt reichen; Christus habe nicht für Die genug gethan, die nach seiner Kreuzigung in Sünde fielen, diese müßten selbst für ihre Sünden genug thun. Die hiervon abweichende Lehre der Lutheraner verdammte er als eine Teufelslehre.

Hierüber geriethen die Lutherischen in Bewegung. Der Rath befürchtete daher eine Störung der Ruhe im Gemeinwesen. Er ließ am Sonnabend nach Weihnacht alle Geistlichen der Stadt auf's Rathhaus rufen und ertheilte ihnen ein Mandat folgenden Inhalts: Sie sollten das lautere Evangelium nach der Schrift und bewährten Auslegern verkünden, mit sanftmüthigem Geist, so daß Jedermann daraus gebessert und Niemand geärgert werden möge. Kein Prediger solle den andern auf der Kanzel oder sonst vor der Gemeinde verketzern, beschimpfen und lästern. Auch solle von den Geistlichen nichts in ihren Reden vor die Gemeinde gebracht werden, was dem gemeinen Mann unverständlich sei und ihn nur verwirre oder ihm zu wissen nicht nöthig und nützlich sei. Jeder Prediger solle die Lehre darstellen, welche zur Seligkeit, zur Erhaltung des gebührenden Gehorsams gegen die Obrigkeit und zur Förderung von Frieden und Ruhe unter Christenleuten dienlich sei, nach der Lehre Pauli Römer 13 und anderswo, also, daß durch die Predigt Gottes Ehre und das

Gebet befördert und unter dem Volke Liebe und Eintracht gestiftet werden möge. Sie sollten nicht mit Gewalt gegen die Ceremonien in der Kirche verfahren, sondern in Geduld abwarten, daß diesen ihr Maß gegeben werde durch Gottes Fügung. Würde ein Prediger freventlich Haß und Widerwillen zu stiften suchen, so solle derselbe zu keinem Predigtamt weiter zugelassen, sondern aus der Stadt verwiesen werden.

Damit waren die Lutherischen einverstanden und hielten sich demgemäß, auch gegenüber dem Domherrn Nikolaus Bustorp. Sie sahen davon ab, ihn in ihren Reden auf der Kanzel oder sonst vor der Gemeinde öffentlich zu widerlegen, und sandten drei Kapellane, Jakob Laurentins an St. Nikolai, Johann Güstrow an St. Katharinen und Lukas von St. Jakobi, an Bustorp mit der Frage, ob er sich zu dem Inhalte seines Vortrages bekenne: daß es des Antichrists Vorläufer seien, die das Volk verführten, das Sakrament des Altars in beiderlei Gestalt zu nehmen, wodurch das Volk die Meinung fasse, daß zwei Sakramente wären, da doch nur eins sei, wie in Christo nur eine Natur, und die darin wider der Kirche Anordnung handelten; daß Christus für die Erbsünde allein und für die Getauften genug gethan habe, nicht aber für Die, welche zu Verstand gekommen seien, die müßten selbst für ihre Sünden genug thun; daß die Leute das neue Testament in deutscher Sprache, worin viele Irrthümer enthalten seien, mit in die Kirche brächten zu ihrem Verderben, denn es wäre besser, daß sie auf die Predigt hörten, da Niemand die Evangelien und Episteln verstehen könne, der nicht den heiligen Geist Christi habe; die Vorläufer des Antichrists verkehrten und verdunkelten die Lehren des Apostels Paulus; die Weihen und Segnungen der Priester wären, weil Gottes Wort dabei gebraucht werde, nicht vergeblich, daher seien Solche, die diese Segnungen verachteten, in Ketzerei und Irrthum verstrickt.

Nikolaus Bustorp forderte Bedenkzeit zur Antwort auf die ihm vorgelegten Fragen. Nachher erklärte er sich in einem an Bugenhagen übermittelten Schreiben: Jene Artikel habe er wohl gepredigt, aber mit andern Worten. Kempe wolle löschen, was ihn nicht brenne. Er solle lieber thun, was ihm die Religion zu thun gebiete, und ihn, Bustorp, in Ruhe lassen. Im übrigen sucht Bustorp die Wahrheit und die Katholicität seiner Lehrsätze darzuthun. Was die Lehre vom Sakrament anlange, so habe Christus wohl das Abendmahl unter beiderlei Gestalt eingesetzt, aber die Eine Gestalt genüge, denn wo der Leib sei, da sei auch das Blut, und die Kirche habe die Satzung gemacht, daß die Gemeinde sich nur Einer Gestalt bedienen solle. Der Autorität der Kirche aber habe man sich unterzuordnen. Christus habe wohl die Sünde der Welt gesühnt, aber sein Verdienst komme Dem nicht zu Gute, der absichtlich, böswillig und leichtsinnig sündige, wenn dieser nicht selbst für seine Sünde büße. Jede andere Bibelübersetzung, als die von der Kirche angenommene des Hieronymus, sei unnütz, verkehrt und falsch. Die geistliche Disciplin und die Ceremonien der Kirche, wie sie von Alters her bestanden, seien von wesentlicher Bedeutung und nicht abzuschaffen.

Die lutherischen Geistlichen luden den Bustorp zu einer Disputation ein und überließen es ihm, Zeit und Ort einer solchen in Vorschlag zu bringen. Er nannte dann erst das Refectorium des Maria-Magdalenen-Klosters, bald nachher aber den Altar des St. Lukas im Dom, als Ort einer Zusammenkunft zur Disputation, und schließlich wies er eine Zusammenkunft mit den Lutherischen von sich, da er mit ihnen nichts zu verhandeln habe.

Nun wandten die Lutherischen sich an den Rath mit der Forderung, daß derselbe den Nikolaus Bustorp zu einem Colloquium nöthige, da derselbe, wider das den Geistlichen ertheilte Rathsmandat, die lutherische Lehre und ihre Bekenner öffentlich auf der Kanzel angegriffen habe. Wenn es nicht zur Veranstaltung eines Colloquiums käme, so würden sie die öffentlich gegen sie gerichteten Angriffe öffentlich zurückweisen und die öffentlich vorgebrachten Irrlehren ihres Gegners öffentlich widerlegen.

Der Rath aber, im ganzen noch der alten Kirchenlehre zugethan, ließ die Sache hinstehen und reagirte nicht weiter auf das Verlangen der lutherischen Geistlichen. Er mochte wohl nach dem bisherigen Verhalten der Letzteren zu der Ueberzeugung gekommen sein, daß diese auch ohne weiteres in der Folgsamkeit gegen ihn ver=

harren würden. Allein, er fand sich enttäuscht. Als der Rath keine Veranstaltung traf, ihrem Begehr zu willfahren, predigten am zweiten Sonntage in den Fasten 1527 sämtliche lutherische Geistlichen der Stadt gegen den Nikolaus Buftorp, den sie dabei mit Namen nannten. Nun entbrannte der Streit zwischen den Anhängern der päpstlichen Lehre und den Lutherischen in heftiger Weise, indem auch die katholischen Geistlichen alle Rücksicht auf das Rathsmandat aus den Augen setzten und ihrem Eifer wider die Lutherischen keinen Zwang mehr anthaten.

Da nun so der Zwiespalt ärger wurde, forderte der Rath alle Geistliche und einige Rechtsgelehrte zu einem Colloquium auf's Rathhaus. Zugegen waren dabei Pastor Johann Zegenhagen, Pastor M. Johannes Fritz, Steffen Kempe, Nikolaus Buftorp, Dr. Barthold Moller, Lector primarius am St. Johannes-Kloster (an Stelle des im Jahre zuvor verstorbenen Johann Enghelin), Dr. Henning Wendt, Dr. Henning Kissenbrügge, der Guardian zu Maria-Magdalenen Joachim Ellerhof, Pastor M. Friedrich Henninges zu St. Petri, Pastor Joachim Fischbeck zu St. Katharinen, Dr. jur. Johann Moller und Dr. jur. Hermann Langebeck. Das Colloquium wurde unter Vorsitz des Bürgermeisters Dirck (Ditrich) Hohusen gehalten. Nikolaus Buftorp suchte im allgemeinen die Katholicität und Christlichkeit seiner Lehrsätze darzuthun und überließ eine eingehende Disputation über diese Sätze mit den Lutherischen dem Lektor Dr. Moller und den anderen Doktoren. Dr. Moller führte dann aus, daß das, was Buftorp über die Rechtfertigung gesagt habe, auf die Pietas zu deuten sei, da Buftorp gemeint habe, so das lose Volk von Sünden abzuhalten und zur Buße zu ermahnen. Was er gegen die Spendung des Abendmahls unter beiderlei Gestalt gesagt habe, das sei durch die Autorität der Kirche und der Konzilien hinlänglich bestätigt. Dem stimmten die übrigen Päpstlichen zu. Dr. Langebeck fügte dann noch an, daß die Konzilien, nach Matthäus Kap. 18, unter Leitung des heiligen Geistes die Spendung in einer Gestalt beschlossen hätten. Die Evangelischen Zegenhagen, Fritz und Kempe führten dagegen aus, daß der erste Satz des Buftorp nicht auf die Pietas bezogen werden könne, vielmehr die höchste Impietät in sich fasse. Wenn nämlich

Christus für die Menschheit nicht genug gethan, so könnten nicht Alle zur Buße gebracht werden, dann gebe es für den reuigen Sünder keinen Trost, sondern nur Verzweiflung, und sei dann der verstockte Sünder am besten daran. So müsse es dabei bleiben, daß die Genugthuung für Alle gelte, so daß auch der in Todsünden gefallene Mensch Gnade erlange, wenn er in wahrer Reue bei Christo Hülfe suche. Was die Einsetzung in einer Gestalt durch Kirche und Konzilien anbelange, so hätten Kirche und Konzilien Christi Worten gegenüber gar keine Autorität. Diese Worte führten sie, die Evangelischen, dann für sich an, unter Beziehung auf Paulus und mehrere Kirchenväter, die von einem Sakrament unter einer Gestalt nichts gewußt hätten. Schließlich ward Bustorps Schreiben verlesen, und hier mußte auch der Lektor Dr. Moller einräumen, daß Bustorps Lehre von der Rechtfertigung nicht biblisch sei.

Der Bürgermeister Hohusen entschied, daß Bustorp seine Aeußerungen widerrufen solle. Bustorp gab nach einigem Zögern eine diesbezügliche Zusage. Doch erfüllte er diese erst sieben Jahre später, als er, auswärts weilend, wieder in Hamburg Aufnahme suchte.

Dieser Ausgang des Streites mit dem Domherrn Nikolaus Bustorp erhöhte das Ansehen der lutherischen Prediger und festigte sie in ihrer Stellung.

Vom St. Nikolai-Kirchspiel, dessen Pastor nun Zegenhagen war, ward am 16. August eine Gotteskasten-Ordnung beliebt, die sich auf die kirchliche Armenpflege, auf die Kirchenverwaltung und auf das Schulwesen erstreckte. Die Wahl der Geistlichen und der Kirchen- und Schulbeamten wurde durch dieselbe dem Kapitel und dem Scholasticus entzogen und den Kirchspielsherren und den erbgesessenen Bürgern zugewiesen. Zu Vorstehern des Gotteskastens wurden zwölf Bürger erwählt: Joachim von der Vechte, Joachim Möller, Johann Wegeborn, Hans Wetken, Friedrich Ostra, Claus Hartiges, Warnecke von Bargen, Cord Lampe, Hans Schröder, Cord Meynecken, Ditmar Koel und Hans Pacll. Die Gotteskasten-Ordnung wurde am 18. Dezember vom Rath und von den Bürgern gutgeheißen und bestätigt, und für die übrigen drei Kirchspiele wurde die Errichtung ähnlicher Gotteskasten und die Einführung derselben Gotteskasten-Ordnung beschlossen.

Steffen Kempe wurde um Michaelis zum Kapellan an St. Katharinen bestellt. Er verließ das Kloster und legte die Mönchskappe ab.

War aber durch den Erfolg der lutherischen Geistlichen, Zegenhagens, Fritz' und Kempes, die Stellung derselben ihren Gegnern gegenüber gefestigt, so war auch der Haß und die Feindschaft der Letzteren gegen die Lutherischen dadurch gemehrt und verstärkt worden. Vornehmlich die Dominikaner des Johannesklosters, die Predigermönche, deren Hauptaufgabe es war, die Ketzerei auszurotten, und die vorzüglich wider die lutherischen Ketzer ihre Verfolgung gerichtet hatten, waren jetzt aufs höchste gereizt und kannten in ihrem Eifer wider die Lutherischen keine Grenze mehr.[1]

Namentlich Hinrich Rensburg von der Dominikaner-Brüderschaft des St. Johannesklosters eiferte jetzt mächtig in seinen Predigten wider die Lutherischen und ihre Ketzerei. Am Gründonnerstage 1528 predigte er in heftig erregter Weise gegen die Austheilung des Abendmahls in beiderlei Gestalt. Er gab dieselbe für einen teuflischen, gefährlichen Irrthum aus und stellte es als ein Gebot der Kirche Christi hin, daß den Laien der Kelch zu entziehen sei. Dafür wies er auf die Jünger von Emaus hin, die Christum am Brotbrechen erkannt hätten.

Steffen Kempe widerlegte den Hinrich Rensburg darauf am Stillfreitage in seiner Predigt. Der Dominikanermönch antwortete hierauf wieder in einer Predigt am folgenden Tage, er wolle auf der Kanzel jetzt nicht mit Kempe disputiren, wohl aber sei er zu einer Disputation vor den theologischen Fakultäten zu Paris und Löwen, oder zu Köln erbötig, auch wolle er schriftlich mit seinem Gegner verhandeln.

Nun sandte Steffen Kempe mehrere Bürger an Hinrich Rensburg mit vier Zuschriften bezüglich der von Rensburg aufgestellten Sätze

---

[1] Nach den Ordensgesetzen der Dominikaner war die Hauptaufgabe der Ordensbrüder die Bekämpfung und Ausrottung der Ketzer. „Das ist unsere vortrefflichste Krone, daß unser Orden entstanden ist, die unbußfertigen Ketzer mit Eisen und Feuer auszurotten," sagt Malvenda (Cyprian, Lehre vom Papstthum, S. 406). Gegen die lutherische Ketzerei waren die Dominikaner zwiefach erbost, weil diese vornehmlich wegen des Ablaßhandels entstanden war, der fast ausschließlich von den Dominikanern betrieben wurde. Daher waren die Hauptanstifter und Förderer der Bewegung wider Luther und seine Lehre auch die Dominikaner. Wie Johann Tezel, so gehörte auch Cajetan zum Dominikanerorden.

wider die Lutherischen und ließ ihn fragen, ob er sich zu diesen Sätzen bekenne. Rensburg erklärte, daß er sich zu den Sätzen bekenne, als von ihm geprediget, doch wollte er die Schriftstücke nicht annehmen und nicht mit Kempe darüber verhandeln. Kempe und die anderen lutherischen Geistlichen der Stadt predigten dann gegen Rensburgs Lehr- und Glaubenssätze, bis der Rath sich der Sache annahm, des Friedens wegen. Rensburg ward suspendirt, so lange, bis er sich verantwortet habe.

Hierüber entstand eine große Erregung unter den Papisten. Am Donnerstage nach Quasi modo geniti versammelten sich im St. Johanneskloster achtundvierzig Bürger von Rensburgs Anhang und wählten acht Deputirte aus ihrer Mitte, die in der Sache mit dem Rath handeln sollten. Es herrschte große Aufregung unter den Bürgern. Das Gerücht ging, es sei eine Verschwörung der Papisten wider die Lutherischen im Werke. Die Führer Jener und die Leiter der Bewegung wider die Evangelischen waren die Dominikanermönche zu St. Johannes, daher nannte man auch die Partei der Papisten die Johannesleute. Diese kamen am nächsten Sonntag wieder zusammen und beriethen, wie sie die Herrschaft der päpstlichen Kirche in der Stadt aufrecht erhalten und die Lutherischen oder Evangelischen verderben könnten. Zu ihnen standen einige Rathsmitglieder. Besonders der Bürgermeister Hinrich Salsburg hielt es mit ihnen. Dieser drohte nicht undeutlich mit Gewalt und Mord. Er sollte seinen Bruder, den Juraten Albert Salsburg, beauftragt haben, dafür zu sorgen, daß das Seil der Nikolaiglocke (Sturmglocke) aufgebunden werde, und sieben Büttel und die reitenden Diener bereit gestellt, auch den Bauern in Billwärder und in Ochsenwärder Ordre gegeben haben, sich bereit zu halten, für den Fall, daß er sie herbeirufen lasse. Dann sollte nachts Feuer in der Stadt angelegt werden und in dem darüber entstehenden Tumult wollte man die Evangelischen, namentlich die Führer derselben, die „Predikanten", niedermachen.[1] Als die Lutherischen diesen, von einem Mitglied der Verschwörung, einem

---

[1] Rechte Pastoren giebt es nach katholischer Ansicht unter den lutherischen Ketzern nicht; die Geistlichen außerhalb der katholischen Kirche sind nur bloße Lehrer, Redner, Prediger — „Predikanten", weil sie nicht von der „Kirche", d. h. im Sinne der Papisten die päpstliche Hierarchie, ordinirt und geweiht worden.

Goldschmied, verrathenen Plan erfuhren, besetzten sie die Häuser der Geistlichen und Führer ihrer Partei mit Bootsleuten und brachten Laternen vor den Häusern Jener an. Die Nacht ging davon ruhig vorüber. Am Montage nach Misericordias domini versammelten sich die Bürger zahlreich im Eimbeck'schen Hause und beschickten den Rath wegen des Anschlages der Papisten. Der Rath erklärte, von der Sache nichts zu wissen. Da brachten die Bürger mehrere Artikel vor, welche die Papisten gepredigt hätten und die nach einstimmiger Lehre der Lutherischen unbiblisch wären, und forderten vom Rath, daß er Fürsorge treffe, daß die Ruhe nicht gestört werde, aus Anlaß der Uneinigkeit unter den Geistlichen, der Religionslehre wegen. Darauf beschied der Rath alle Prediger zum folgenden Tage auf's Rathhaus zu einer Disputation, daß man erfahre, wer recht und schriftgemäß lehre und wer nicht. Könnten die streitenden Parteien sich nicht vereinigen, so solle die Partei, welche ihre Lehre nicht mit der Schrift erhärten könne und in der Disputation unterliege, die Stadt räumen. Am Dienstage kamen so viele Bürger zusammen, daß sie im Rathhause keinen Raum fanden. Man begab sich dann nach dem Eimbeck'schen Hause. Hier wurde nun die Disputation gehalten. Dieselbe begann um 7 Uhr morgens und dauerte bis zum anderen Morgen 4 Uhr. Es waren zugegen von den Lutherischen: Zegenhagen, Kempe, Fritz und Conrad Lünßmann, Pastor zu St. Maria-Magdalenen an Kempes Stelle. Von den Papisten waren anwesend: Barthold Moller, der Prior des Johannisklosters Dr. Wendt, der Dominikaner Rensburg, der Dominikaner Fabian aus Lübeck, die Domprediger Hinrich Schröder und Friedrich Bullgrave, der Pfarrherr am Dom Matthias unter der Kluft und der Pastor zum heiligen Geist, Jobst Sifrid.

Der Bürgermeister Salsburg erklärte den Anwesenden den Zweck der Zusammenkunft und des zu haltenden Colloquiums, daß jeder nach Verlesung der streitigen Sätze über seine Predigt Rechenschaft geben solle. Sodann wurden die Sätze, welche von den Lutherischen als schriftwidrig bezeichnet worden, verlesen. Nach der Verlesung sagte Barthold Moller: Jene Sätze wären im Allgemeinen zwar von den Katholischen gepredigt worden, aber nicht gerade mit den angegebenen Worten, weshalb er um eine Abschrift bitte, damit Jeder sich das herausnehmen könne, was ihm vorgeworfen würde. Er und seine Genossen seien bereit, dem Rathe und den christlichen Fürsten der Lande eine Apologie ihrer Lehre zu übergeben; das Urtheil der Uebrigen aber müsse man sich in solchen Dingen verbitten. Der Bürgermeister Salsburg fand es billig, daß den Katholiken eine Abschrift der Streitsätze gegeben werde, damit sie solche an theologische Fakultäten schicken könnten. Auch die Lutherischen waren damit einverstanden und hielten ebenfalls dafür, daß in so subtilen Fragen theologischer Wissenschaft der Rath und die Bürger nicht Richter sein könnten. Die Bürger gaben es zu, daß weder der Rath, noch die Bürgerschaft entscheiden könne. Das Urtheil stehe dem göttlichen Worte allein zu, und es werde sich leicht herausstellen, wer demselben treu geblieben und wer davon abgewichen sei. Als dann der Bürgermeister erklärte, es sei nicht einzusehen, wie man ohne einen Richter zu einem Urtheil kommen solle, antworteten die Lutherischen mit dem Hinweise auf das Rathsmandat von 1526, nach welchem man das Wort Gottes lauter und rein predigen solle. Es sei nur zu untersuchen, ob das Mandat treu von den Gegnern beobachtet worden, wie es von ihnen, den Lutherischen, beobachtet worden sei. Nach einer Berathung in dieser Sache verkündete dann der Bürgermeister, daß infolge der zwischen Rath und Bürgern getroffenen Uebereinkunft die streitigen Sätze nach der Schrift allein beurtheilt werden sollten.

Der erste der streitigen Sätze war der Satz in betreff der Einsetzung des Sakraments des Altars unter einer Gestalt, welche die Papisten als eine apostolische verfochten. Rensburg berief sich hierfür auf Lucas Kap. 24, wo Christus von den Jüngern am Brotbrechen erkannt wird. Dann berief sich Moller auf die Autorität der Kirche. Die Lutherischen erwiderten, das gehöre nicht hierher; es handle sich darum, ob das Wort Gottes nach dem Rathsmandat rein und lauter verkündet worden sei. Als Moller dabei blieb, man müsse der Kirche gehorchen, bezogen sich die Lutherischen darauf, daß die Kirche dem Worte Gottes untergeben sei, wie die Schafe der Stimme des Hirten. Dann ward an Wendt die Frage gerichtet, weshalb er einen Beichtenden nicht habe absolviren wollen. Als Wendt nun antwortete, weil Jener seine Schuld nicht bekannt habe, verwarfen die Lutherischen die Ohrenbeichte gänzlich, als nach göttlichem Recht zur Absolution nicht nöthig. Rensburg redete lateinisch heftig gegen die Lutherischen, weil sie die Autorität der Kirche mißachteten, die das Abendmahl unter einer Gestalt eingesetzt habe. Wer das thue, sei nach Matthäi 12 ein Heide. Die Obrigkeit sei von Gott eingesetzt, und da der Kaiser und der Rath befohlen, daß der Kirche Ceremonien nicht abzustellen, so müsse man dem gehorchen. Uebrigens könne er sich am Colloquium weiter nicht betheiligen, da ihm das Gesetz verbiete, mit Ketzern zu verhandeln. Darauf widerlegten ihn die Lutherischen, indem sie anmerkten, daß in jener Stelle bei Matthäus nicht von der Kirche die Rede sei, sondern von dem, der den Lehren der Wahrheit widerstrebe. Der Obrigkeit sei man freilich Gehorsam schuldig, aber nach Petrus solle man Gott mehr gehorchen, als den Menschen. Ketzer seien nur Die zu nennen, deren Lehre von Gottes Wort abweiche. Da schwieg Rensburg. Fabian berief sich für seine Lehre, daß zur Rechtfertigung gute Werke nöthig seien, auf zwei Bibelstellen, von denen die Lutherischen bewiesen, daß darin wohl von der Nothwendigkeit der Buße, aber nicht von Rechtfertigung und Sündenvergebung gesprochen werde. Dem Bullgrave, der dawider geeifert hatte, daß lutherische Geistliche in die Ehe getreten waren, und der den ehelosen Stand, das Cölibat, aus Pauli Worten zu rechtfertigen versuchte, ward das Wort Pauli entgegengehalten: Ein Bischof soll sein eines Weibes Mann. Matthias unter der Kluft berief sich nur auf die Autorität der Kirche. Schröder endlich erklärte, er habe die ihm vorgeworfenen Irrthümer nicht, wenigstens nicht so, gelehrt. Das sahen die Lutherischen als eine Entschuldigung an und verziehen ihm.

Als so die Katholischen für ihre Lehrsätze nichts anderes beizubringen und anzuführen wußten, als die Autorität der Kirche, und deutlich hervortrat, daß ihre Lehre nicht in der Bibel gegründet sei, beriethen Rath und Bürger, und Letztere erklärten, daß gegen jene sieben Prediger mit Strafe eingeschritten werden müsse wegen Nichtbefolgung des Rathsmandates von 1526; doch wollten sie damit

zufrieden sein, wenn zwei derselben, Hinrich Rensburg und Barthold
Vathauer, Vikar zu St. Katharinen und Kommendist zu St. Nikolai,
verbannt würden, als die Hauptunruhstifter. Die anderen papistischen
Prediger sollten das, was sie Falsches gelehrt hätten, öffentlich widerrufen und sich des Predigens enthalten, außer Barthold Moller, der
sich durch Gelehrsamkeit, Ernst und Mäßigung ausgezeichnet habe,
und Fabian. Damit war aber die große Mehrzahl der Bürger im
Eimbeck'schen Hause nicht zufrieden. Wenn der Rath nicht ein Ende
machen wolle mit den Päpstlichen, so wollten sie es thun, ließen sie
sich vernehmen, denn sie wollten nicht alle Tage nach dem Rathhause
laufen. Der Rath sandte die Rathmänner Otto Bremer, Albert
Westede, Johann Wetken, Johann Rodenborg und den Pastor Steffen
Kempe, sowie acht Bürger ab zur Beruhigung der Menge. Die
Bürger blieben aber dabei, daß gegen die mit Gottes Wort überwundenen Papisten mit scharfen Strafen vorzugehen sei, da sie ohne
Zweifel die Lutherischen, wenn die unterlegen wären, auch nicht sanft
behandelt haben würden. Als aber die Rathsherren wieder zurückgetreten waren, gelang es Steffen Kempe, die Bürger zu bestimmen,
daß sie in die Kirchspiele traten und nach wiederholter Berathung
den Spruch fällten, sie wollten die Entscheidung der ganzen Sache
zwar dem Rath überlassen, doch müßten Vathauer, Rensburg, Bustorp,
Fischbeck und Matthias unter der Kluft, die Haupturheber der Zwietracht, die Stadt räumen. Die Anderen sollten widerrufen und könnten
dann in ihrer Stellung bleiben, ausgenommen Wendt, Jost und
Schröder, welche Drei nach geleistetem Widerruf ihres Predigtamts
entsagen sollten. Wer sich dem nicht fügen wolle, der solle die
Stadt meiden. Dieses wurde zum Raths- und Bürgerschluß erhoben.

Unter dem Geleite einiger angesehener Bürger verließen die
Päpstler das Rathhaus nachmittags um 6 Uhr, und schon am nächsten
Tage räumten Nicolaus Bustorp, Barthold Vathauer, Hinrich
Rensburg, Fischbeck und Matthias unter der Kluft die Stadt. Bullgrave, Wendt und Schröder verließen freiwillig die Stadt, und auch
der Dr. Barthold Moller zog nach einigen Tagen freiwillig von
bannen, weil er die erlittene Demüthigung nicht verwinden konnte.
Moller wurde Professor der Theologie und Dechant an St. Jakobi

zu Rostock, woselbst er 1530 als Rektor der Universität gestorben ist. Er galt für einen ausgezeichneten Gelehrten und neigte in vielen Stücken zur lutherischen Kirche hin.

Im Verfolg der reformatorischen Bewegung gab die Bürgerschaft am 26. Juni 1528 den zwölf Vorstehern der vor kurzem in den Kirchspielen aufgerichteten Gotteskasten nebst vierundzwanzig erwählten Bürgern aus jedem der vier Kirchspiele Vollmacht, mit dem Rathe über Kirchen- und Stadtangelegenheiten zu berathen, zu verhandeln und zu beschließen, unter Vorbehalt der Genehmigung der Bürgerschaft. Wenn Einer aus dieser Zahl abgehen würde, so solle man an seine Stelle einen anderen ehrbaren Mann wählen, jedoch sollten immer nur Zwölf aus einem Kirchspiel beim Gotteskasten und die Zahl derselben immer voll sein, und sollten dieselben beim Gotteskasten die ständige Aufsicht haben und führen, damit die Armen wohl versorgt seien.

Die erwählten Bürger erhielten in acht Artikeln folgende Instruktion:

1. Zum Ersten bitten und begehren die gemeinen Bürger, daß die geborenen und verordneten Bürger sich befleißigen, beim Rathe dahin zu arbeiten, daß alles, was Gottes Wort, Ceremonien, Kirchendienst, Klerisei, Mönche, Nonnen und Pfaffen in dieser Stadt und Gebiet belangt, nach Laut der vorgeschlagenen Artikel, die zwischen den Deputirten des Raths und den Bürgern zu diesem Zwecke beredet worden, allenthalben so ablaufen und geendiget werden möchten, daß die Ehre Gottes und dieser guten Stadt Bestes daraus gedeihe und Niemand ohne seine Schuld in verderblichen Schaden möchte geführt werden.

2. Darnach sollten die Verordneten fördern und helfen betrachten, wie man allen bösen Wahn und böses Bedenken, welches einige der Bürger auf den Rath oder Rathsherren jung oder alt um etlicher That oder Gerichts willen, die sich bislang zugetragen haben oder gehabt haben möchten, so aus dem Grunde vertrage, daß Niemand, er wäre arm oder reich, bei Tage oder bei Nacht einige Gewalt zu besorgen hätte, und alle Bürger oder Einwohner wollen demnächst, dem Rathe und Denjenigen, welchen das Recht zur Zeit befohlen ist,

beiständig und förderlich sein, allerlei Unart, Gewalt und sträfliche Sachen an den Missethätern nach Laut unseres Stadtbuchs und der Recesse zu strafen, auf daß Jedermann in unserer guten Stadt bei Recht, Ehren und Wohlfahrt gehandhabt, beschützt und beschirmt werden möchte.

3. Die gekorenen Bürger sollen betrachten und fördern bei dem E. Rathe alles, was Eintracht, Wohlfahrt des gemeinen Besten und gute Polizei belangt.

4. Wenn befunden würde, daß etliche Ordel oder Artikel unseres Stadtbuches oder der Recesse zu verändern nöthig wäre, sollen sie es mit dem E. Rath besprechen und vollführen.

5. Sie sollen auch bei dem E. Rathe fördern, daß alle vorigen Artikel, so vormals dem E. Rathe bei des seligen J. Wegedorns Zeiten, auch sonst, vormals vorgetragen, zur Endschaft gelangen möchten.

6. Befindet sich im Verfolg des Handels, daß die Kaufleute für gut ansehen, daß sie ihren Zoll mindern oder vermehren sollten oder müßten, um desto besser zu der Kundschaft zu kommen, das soll den frommen Leuten, die dabei hergekommen, aufgelegt und befohlen werden, darin zu handeln, wie ihnen nach Sinn und Wissen und gebührlicher Pflicht würde rathsam und nützlich bedünken.

7. Da dann die Gekorenen vorher nicht endgültig mit dem E. Rathe schließen, handeln, verändern und endigen sollen, ehe sie auf alle Artikel, die man zu ändern geneigt wäre, mit den gemeinen Bürgern Rücksprache gehalten; und demnächst was zwischen dem E. Rath und den Verordneten allenthalben für gut angesehen, soll stets bleiben, doch so, daß es der ganzen Gemeinde zuvor öffentlich verständigt und einträchtig vor Jedermann also gehalten werde.

8. Begegnete auch in dem Handel den verordneten Bürgern, sammt oder sonders, den Geschworenen etwas, worüber sie aus gemeinem Befehl der Bürger nicht wüßten zu rathen, so sollen sie darüber Rücksprache halten, und wollen und sollen die gemeinen Bürger allenthalben rathen helfen auf den Wegen, die zu guter Eintracht führen, und was also gerathen und befohlen, soll Jedermann Denen, die dem gemeinen Gute zum Besten arbeiten, auch mit Leib und Gut helfen ausführen.

Die hierin getroffene Anordnung der Einführung eines Kollegiums von achtundvierzig Gotteskasten-Vorstehern und sechsundneunzig beigeordneten Bürgern, aus jedem Kirchspiel resp. zwölf und vierundzwanzig, ist die Grundlage der späteren bürgerlichen Kollegien geworden.

Wie in dieser Beziehung, so in vielen anderen Beziehungen hatten die kirchlichen Reformen Bestimmungen und Anordnungen im Gefolge, die für die heutige bürgerliche Verfassung des städtischen Gemeinwesens von großer Bedeutung geworden sind. Es ward nach Einsetzung des Kollegiums der Einhundertvierundvierzig zwischen dem Rath und den Bürgern über die neu einzuführende Ordnung der Dinge des weiteren lebhaft verhandelt. Die Mehrzahl der Bürger stand wohl auf seiten der Neuerung, eine starke Minderheit aber trat mit Eifer für die alte Ordnung, für Aufrechterhaltung des Bestehenden ein, und es herrschte Hader, Zank und Streit nach allen Richtungen hin, auf allen Gebieten, in Kirche, Schule und Gemeinwesen der Stadt. Der Rath war im ganzen jetzt mit der Mehrzahl der Bürger der reformatorischen Bewegung zugethan, doch fehlte es nicht an einer Partei unter den Rathsmitgliedern, die starr am Ueberkommenen, Hergebrachten festhielt und dem Neuen und den „Neuerern", wie man damals die Lutherischen zu bezeichnen liebte, mit bitterem Haß entgegentrat. An der Spitze dieser, der Reformation feindlichen Partei stand der Bürgermeister Hinrich Salsburg, der seiner Ansicht und seiner Anordnung nöthigenfalls mit Gewalt Geltung zu verschaffen entschlossen zu sein schien. Die Majorität der Bürger mußte deshalb darauf bedacht sein, sich nach dieser Seite hin zu sichern, und fand sie sich daher veranlaßt, unterm 26. August folgende Propositionen und Forderungen an den Rath zu bringen:

1. Daß Herr Hinrich Salsborg sich seiner Rathsstelle enthalten möge, bis er nach seinem eigenen Versprechen Allen bezahlt und sie zufriedengestellt habe, denen um seinetwillen in und außer der Stadt das Ihrige bisher genommen.

2. Wenn das geschehen und Jeder zufriedengestellt ist, dann erst will man sich mit einem E. Rathe darüber, wie es weiter mit ihm gehalten werden solle, verständigen.

3. Die Bürger wollen an seiner Statt einen Bürgermeister, der ihnen gut dünkt, vor der Hand erwählen, oder auch zwei Personen dem Rathe vorstellen, aus denen der Rath einen zu wählen habe.

4. Sie begehren, daß die Artikel, die Gotteskasten und die Ceremonien betreffend, so wie die Bürger sie entworfen, nach ihrem ganzen Inhalt ohne einige Anmerkung, angenommen werden.

5. Daß die Einkünfte vom heiligen Geist und dem St. Ilsabeenhause zum Besten der Armen verwendet werden.[1]

6. Daß man 12 Bürger verordne, denen, da das gemeine Gut im Rückstande ist, von allen Einnahmen und Ausgaben dieser Stadt Rechnung gelegt werde, und die jährlich, wenn dem Rathe Rechenschaft abgelegt wird, dabei gegenwärtig sein sollen, um zu hören, ob der Rath vorwärts oder zurück komme, damit die Bürger inskünftige dieserwegen dem Rath nicht weiter einen bösen Wahn zuwenden dürfen.

7. Daß den verordneten Bürgern der Eid der Bürgermeister und Rathspersonen vorgelegt werde, und demnächst die Worte „die Recesse sowohl zu halten, als das Stadtbuch" darin begriffen und eingeschrieben werden.

8. Daß man die Artikel der vorgenannten Recesse so in Uebereinstimmung bringe, daß sie weder dem Rathe, noch den Bürgern verfänglich sind, und daß, sobald dies geschehen, auf Belieben und Nachgeben der Bürger sie fördersamst verlesen werden.

9. Daß auch ein E. Rath gelobe, und mit Brief und Siegel den Bürgern versichere, und zusage, daß er und seine Nachfolger auf

---

[1] Das Ilsabeenhaus war ein Hospital. Es lag dasselbe am Burstah, an der Ecke der Bohnenstraße und der Korbmacherstwiete. Selbiges war eine Stiftung der Wittwe des unglücklichen Rathmannes Johann Klotze, der 1427 enthauptet wurde. Diese, Gesa, geborene Schreye (Tochter des Marquard Schreye), stiftete das Hospital im Jahre 1428 und versah dasselbe mit so viel Einkünften, daß zwanzig unvermögende alte Wittwen und Jungfrauen, nebst vier Pflegerinnen, darin unterhalten werden konnten. Die Stifterin vermachte in ihrem Testamente vom Jahre 1443 jeder der Ilsabeen-Schwestern auch noch eine milde Gabe. — Im Volksmunde hieß dieses Spital, im Unterschied von dem älteren Hospital zum heiligen Geist, als dem größeren, „der kleine heilige Geist" — „de lütte hillige Gheest". Das Ilsabeenhaus, Nr. 57 auf dem Burstah, wurde später an den Rathmann Detler Schulborp verkauft und stand bis 1816, in welchem Jahre es abgebrannt ist.

Das ältere Heiligengeist-Spital war damals noch im Besitze des nach demselben benannten Heiligengeistfeldes.

Stadtbuch und Recesse halten, auch über die Grenze eines Rechts-
erkenntnisses hinaus, dem Stadtbuche gemäß, Keinem Gewalt und
Schaden zufügen, und nichts verhängen wolle, woraus Nachtheil entstehen könnte.

10. Daß, wenn dies geschehen, mit dem Ersten der Rath um
6 Personen vermehrt werde, um mit seinen Bürgern desto friedsamer
zu sein. Doch müssen nur solche gewählt werden, die den Bürgern
angenehm sind, so daß dadurch keine Unlust erweckt wird.

11. Doch ist zu bemerken, daß dann, wenn ein Bürgermeister
oder Rathmann von der, von Alters her gewöhnlichen Zahl verstirbt,
entweder auf nächstfolgenden Petri oder früher ein anderer frommer
Mann wieder erwählt werde.

12. Daß des Herren Gert von Holten, Bürgermeisters, Hof
und der Hof des heiligen Geistes, sowie des seligen Gert v. Hütlen
Hof, wo die Windmühle gestanden hat, noch in dieser Woche weggebrochen werde, damit die Bürger dort ihr Zimmerholz lagern
können und nicht nöthig haben, die Marktplätze und Kirchhöfe damit
zu belegen.

13. Daß auch die Einkünfte der beiden Klöster Johannis und
Maria-Magdalenen, samt ihren Siegeln, Briefen und Kleinodien,
zu ihrem Bedarf und für die, die es demnächst bedürfen, den Vorstehern der Armen verabfolgt werden mögen.

14. Daß auch die Vikarien und Commendisten in dieser Stadt
dem gemeinen Gute eine stattliche Zulage machen mögen.[1]

15. Daß auch die Privilegien der Domherren, sowie ihre Siegel
und Briefe, in diese Stadt mögen zurückgebracht und demnächst samt
ihren Kleinodien in gute Verwahrung genommen werden.

16. Daß man auch dem Kloster zu Harvestehude einen frommen
Bürger, mit Vollbort des Rathes und der Vorsteher der vier
Kirchspiele, zu einem Vorsteher setzen möge, der jährlich Rechnung
ablege.

---

[1] Es gab damals im Dom, wo 33 Domherren ihre Stellen hatten, 69 Vikarien und
14 Kommenden, zu St. Petri 35 Vikarien und 32 Kommenden, zu St. Nikolai 38 Vikarien
und 33 Kommenden, zu St. Katharinen 17 Vikarien und 38 Kommenden, zu St. Jakobi
23 Vikarien und 26 Kommenden, zu St. Gertrud 9 Vikarien, zu St. Georg 15 Vikarien,
zum heiligen Geist 11 Vikarien und 14 Kommenden, in der Schaarkirche 13 Vikarien.

17. Daß man auch diesem Kloster, mit Vollbort des Raths und der Vorsteher der vier Kirchspiele, einen guten Predikanten und einen Kapellan setzen möge, sowie andere Priester, die keine Messe halten.

18. Daß auch in Zukunft kein Bürgermeister oder Rathmann gegen die Bürger oder gegen Gottes Wort und den Kirchendienst handle, oder sich freventlich mit Worten und Werken setze; auch nicht gegen das, was die Gotteskasten betrifft; darum wollen die Bürger dienstlich gebeten haben, sowie auch darum, daß, wenn eine Rathsperson unnütze Reden geführt oder hernach führen möchte, der Rath es ihr so verweisen und sie strafen wolle, daß daraus kein Unfriede und keine Unlust weiter zwischen einem E. Rath und den Bürgern erwachsen möchte. Auf dieses Alles ersuchen die Bürger um eine Antwort bis nächsten Donnerstag.

Der Rath antwortete hierauf unter dem 29. August. Den ersten und zweiten Artikel, die Person des Herrn Salsburg betreffend, den dritten Artikel, die Wahl eines Bürgermeisters, und den zehnten Artikel, die Vermehrung der Zahl der Rathsmitglieder betreffend, diese vier Artikel wolle der Rath so viel wie möglich im Auge behalten und mit göttlicher Hülfe so handeln, daß alles in Ehren genehmigt werde. Den vierten Artikel, die Gotteskasten betreffend, wolle der Rath nach Vermögen fördern. Den fünften Artikel bevollbordet der Rath dahin, daß man in die Heiligengeist-Kirche die Kranken lege und die Einkünfte derselben zu deren Unterhaltung verwende. Wegen des St. Ilsabeenhauses sollten die am Heiligengeist-Hofe angestellten Rathsmitglieder mit dazu verordneten Bürgern Vereinbarung treffen. Die Anwesenheit von Bürgern bei der Rechnungsablage anlangend, will der Rath es wie gewöhnlich halten, und soll die Rechnungslegung öffentlich geschehen in Gegenwart aller Rathsmitglieder und Sekretarien. Könnten die vor Petri gewählten Rathsmitglieder heilsame Rathschläge thun zur Verbesserung der Lage der Bürger, betreffs Mehrung der Einnahme und Minderung der Ausgabe, so wolle der Rath ihnen geneigtes Gehör schenken; sonst aber erachte es der Rath nicht für gut, wenn ein Nachbar den anderen zum Zeugniß bei seiner Rechnungsablage fordere. Doch wolle man den Artikel in Ueberlegung nehmen. Artikel 7 von dem Rathseide sei der Schicklichkeit und dem Besten der Stadt zuwider, wie Artikel 6; daß man aber nach Stadtbuch und Recessen sich richten solle, sei schon in den Recessen hinlänglich bestimmt. Betreffs des achten Artikels, angehend Uebereinstimmung der Recesse, ist der Rath mit den verordneten Bürgern beschäftigt, alles zu ordnen. Den 9. Artikel betreffend, will der Rath die verlangten Briefe und Siegel geben, doch müßten die vier Kirchspiele dagegen auch gleiche Reversalbriefe geben, daß sie Niemand vergewaltigen und den Rath nicht durch besorgliche Zusammenkünfte ängstigen und zwingen wollten. Der 11. Artikel trifft dann zu, wenn ein Bürgermeister stirbt oder unbequem wird, der Stadt vorzustehen; alsdann soll unverzüglich ein anderer Mann aus dem Rathe zu dem Amte gewählt werden. Stirbt aber ein Rathmann, so wird der Rath nach den Umständen auf Vermehrung der Personenzahl Bedacht nehmen. In Hinsicht des 12. Artikels hat der Rath nachgegeben, daß auf den beiden Stellen vor dem Millernthore, zwischen dem Heiligengeisthofe auf der einen Seite und dem Rathshofe auf der anderen, eine Stelle angewiesen werde, wohin die Bürger ihr Zimmerholz und auch Steine legen mögen; des Windmüllers Hof aber muß bei der Windmühle bleiben.[1] Artikel 13 anlangend, erklärt der Rath, daß er die Kleinodien und das andere Klostergut in Gewahrsam bringen will, bis er mit den verordneten Bürgern über die Verwendung derselben Vereinbarung getroffen haben werde. Den 14. Artikel, die Zulage von Vikarien und Kommenden, und den 15., die Privilegien der Domherren betreffend, will der Rath fördern. Wegen des 16. und 17. Artikels ist reifliche Ueberlegung und sodann Verhandlung mit der Aebtissin und dem Konvent des Klosters zu Harvestehude erforderlich. Dieselben sollen demnächst ausgeführt werden Artikel 18 wird nach Ansicht des Raths erfüllt, wenn ein Jeder nicht auf Hörensagen zu Werke geht, sondern erst Erkundigungen

---

[1] Unter „Millernthor" ist immer noch das Thor am Grasteller, das spätere Ellernthor, zu verstehen. Das Millernthor an seiner jetzigen Stelle existirte damals noch gar nicht. Das Gebiet der jetzigen Neustadt war noch nicht in die Befestigung und die Umwallung hineingezogen. Der Aüterwall und der Wall hinter den Klöstern an der kleinen Alster, später „alter Wall" genannt, mit dem Millernthor am Grasteller, bildeten noch die Grenze der Stadtbefestigung gegen Westen.

in einer zur Behandlung stehenden Sache einzieht. Auch muß die
Klage von Hinrich Salsburg, Jürgen von Zeven und ihrem Anhang
ausstehen, bis zur Beendigung der Untersuchung. Doch sollen die
Verordneten des Raths und der vier Kirchspiele darin das Zweck-
mäßigste verfügen. Allen übrigen Gebrechen soll zweckmäßig im
Receß durch die Verordneten abgeholfen werden.

Diese Antwort des Rathes war im wesentlichen zwar der
Forderung der Bürger günstig, doch genügte dieselbe den Verordneten
der Kirchspiele nicht, vornehmlich deshalb nicht, weil die Forderungen
in betreff der Suspendirung des verhaßten Hinrich Salsburg und
der Vermehrung der Rathsmitglieder nicht ohne Vorbehalt angenommen
worden waren. Die Verordneten beschlossen daher, dieselbe den
Bürgern gar nicht zu unterbreiten, sondern den Rath zu ersuchen
und zu nöthigen, sich in die Sache näher einzulassen.

Sie hätten, gaben die Kirchspielsverordneten unterm 31. August
dem Rathe kund, es für nützlich gehalten, die Antwort des letzteren
auf ihre Vorschläge und Forderungen der Bürgerschaft nicht vorzu-
legen. Nun richteten sie an den Rath das Ersuchen: Derselbe wolle
die erfahrensten seiner Mitglieder bestimmen, die nachfolgenden
Beweggründe in reifliche Ueberlegung zu nehmen und sich darnach
soweit einlassen, als nöthig sei, Unlust zu verhindern. Artikel 1
und Hinrich Salsburg anlangend, müsse es dabei bleiben, daß Salsburg sich des Rathsstuhls enthalte, bis er der Berufung, die er auf
dem Rathhause vor Rath und Bürger gethan, genügt habe; dann
wollten die Bürger berathen und vereinbaren, was mit ihm weiter
anzufangen sei. Den dritten und zehnten Artikel anlangend, hätte
man für nützlich angesehen, daß man die Zahl der Rathspersonen
fürs Erste vermehre; daher dürfe man jetzt nicht an Verminderung
denken, sondern müsse fromme Leute, mit denen man zufrieden sei,
hinzuwählen. Sie bäten daher: der Rath wolle sich nach dem Vorschlag richten, sonst möchten die Bürger sich genöthigt sehen, die
Artikel, die Rathswahlen betreffend, zu revidiren, welches sie für
ihre Person ungern sehen würden. Die Erklärung des Raths bezüglich Artikel 4 und 5 nähmen sie dankend an, da sie daraus ersehen,
daß der Rath sich der Armen annehmen wolle. Den sechsten und

siebenten Artikel wollen die Kirchspielsverordneten in nähere Ueberlegung nehmen und darüber der Bürgerschaft Mittheilung machen, auch was ihnen dabei anstößig sei, mit dem Rath besprechen, damit daraus keine Unlust entstehe. Dem achten Artikel werde der Rath hoffentlich ohne Verzug nachkommen. Artikel 9 betreffend, daß der Rath Brief und Siegel darauf gebe, daß er Stadtbuch und Recesse halten und Niemand über Rechtserkenntniß beschweren wolle, verlangen die Bürger wiederholt, der Rath wolle demselben Genüge thun; daß aber die Bürger auch ihrerseits Reversalbriefe dem Rathe ausstellten, dafür fänden sie gar keinen Grund, da sie immer als gehorsame Bürger gegen den Rath sich erwiesen hätten, wie dieser am 19. August vor der Bürgerschaft selbst anerkannt habe. Der Rath möge also hier keine Schwierigkeiten machen, da nicht einzusehen sei, wie sonst der Handel gütlich beglichen werden könne. Den Artikel 11 wolle der Rath so ernstlich in Erwägung ziehen, als ihm sein Eid und das Beste der Stadt lieb sei. Betreffs des zwölften und vierzehnten Artikels sprechen die Verordneten der Bürger dem Rathe ihren Dank aus, daß derselbe das Beste der Stadt darin fördern will. Anlangend den dreizehnten Artikel, die Klöster betreffend, wünschen die Bürger, daß fürs Erste alle Personen, die sich ehrlich ernähren wollen, davon versorgt werden, und daß man auch berathe, wie man den Andern, die im Kloster verbleiben wollten, forthelfe. Was dann übrig bleibe vom Klostergut, das wünschen die Bürger zum Besten der Armen verwendet zu sehen. In betreff der Artikel 16 und 17 bitten und verlangen die verordneten Bürger, daß der Handel so geschlichtet werde, wie es vorgestellt und beantragt worden sei. In Hinsicht auf den Artikel 18 endlich sähen die verordneten Bürger gern, daß Niemand zu Bösem Veranlassung gebe, und solle es ihretwegen dabei verbleiben. Noch bitten die gemeinen Bürger, daß Sachkundigen des Raths befohlen werde, diejenigen Artikel, die nach dem Fortschritte der Zeit in dem Stadtbuche und in der Bursprake zu verändern sind, mit den verordneten Bürgern zu revidiren. Der Handel mit Albert Salsburg (dem Juraten, Bruder von Hinrich Salsburg) und Jürgen von Zeven nebst Anhang solle ruhen, bis die Sache beendigt sei, dann wollen die Bürger über das zu beobachtende Rechtsverfahren verhandeln. Auch bitten die verordneten Bürger, man wolle nichts eher abmachen, wen es auch betreffe, bis allen Artikeln Abhülfe geschehen, dieselben insgesamt vereinbart und abgeschlossen seien, damit kein Anlaß zu Zwietracht und Unlust in der Stadt gegeben werde, welche die verordneten Bürger bisher verhindert haben und mit Gottes Hülfe nach allen Kräften ferner verhindern wollen, worin sie einem E. Rathe stets zu genügen willig sind.

Aus der Bündigkeit und Entschiedenheit, mit welcher hier in der Erklärung der Bürgerverordneten jetzt die Gewährung der vorher mehr vorschlagsweise angebrachten Artikel nach ihrem Inhalte einfach gefordert wird, erhellt, wie entschlossen die Bürger in ihrer Mehrheit für die Durchführung des angefangenen Reformationswerkes eintraten. Um den Widerstand des Raths gegen die Neuordnung in Kirche, Schule, Verfassung und Verwaltung des Gemeinwesens, wie sie von der Majorität der Bürger geplant war, völlig zu brechen, bedurfte es einer Stärkung der lutherischen Partei im Rathskollegium. Deshalb bestand die Bürgerschaft mit solcher Entschiedenheit auf Entfernung des Hinrich Salsburg und auf Vermehrung der Rathsmitglieder durch Hinzuziehung frommer Leute, „mit denen man zufrieden sei", und drohte für den Fall der Weigerung des Raths mit Revidirung der auf die Rathswahl bezüglichen Bestimmungen. Demgegenüber mußte der Rath wohl zu der Ueberzeugung kommen, daß Nachgiebigkeit von seiner Seite hier angebracht sei. Unterm 1. September gab er eine anderweitige Antwort, in welcher die einzelnen Artikel nur ganz allgemein berührt wurden, in einer Weise aber, die von dem ernstlichen Bestreben zeugt, auf alle Fälle den Frieden mit der Bürgerschaft für jetzt zu wahren.

Am 29. September wurde von Rath und Bürgerschaft neben den Gotteskasten der Kirchspiele ein sog. Hauptkasten eingerichtet, in der Garvekammer (Sakristei) zu St. Maria-Magdalenen, dem die Bürger-Zwölf der vier Kirchspiele, die damals zuerst als solche benannten „Oberalten", vorstanden. Der Rath spendete 1000 Mark zu diesem Kasten. Auch übertrug der Rath den Oberalten die Heiligengeistkirche mit dem dortigen Hospital und dem dazu gehörigen Hofe nebst dem Heiligengeistfelde und Barmbeck zur Verwaltung.

Zur einheitlichen Ordnung und Regelung der Kirchenangelegenheiten fanden die Lutherischen es jetzt nöthig, einen tüchtigen, gelehrten Theologen zu berufen. Es waren in demselben Jahre auf Gregorii in den Rath gewählt worden: Johann Wetken, Sekretär, Johann Rodenborg, Hinrich Hesterberg und Ditmar Kohl (Koel), Anhänger der lutherischen Lehre. Rath und Bürgerschaft wandten sich nun durch zwei deputirte Bürger an den Kurfürsten Johann von Sachsen und baten um Entsendung des Dr. Johann Bugenhagen nach Hamburg, zur Ordnung der Kirchenangelegenheiten daselbst. Auf Luthers Verwendung wurde die Erlaubniß zu der erbetenen Mission Bugenhagens nach Hamburg ertheilt. Am 9. Oktober traf Bugenhagen hier ein, wo er mit hohen Ehrenbezeugungen empfangen wurde. Die Rathmänner Otto Bremer und Johann Wetken führten ihn nach dem, ihm zur Benutzung überwiesenen Hause, woselbst er die Wohnung des früheren Rektors Dr. Barthold Moller bezog.

Joh. Bugenhagen. 1485—1558.
Reformator des Hamburgischen Schulwesens.

Hier empfingen ihn Hermann Soltau, Detlev Schuldorp und Klaus Rodenborg und luden ihn zu einem, für ihn bereiteten Festessen. Am folgenden Tage begrüßten ihn die Bürgermeister Dirck Hohusen, Gerhard von Holte und Johann Hulpe und überbrachten ihm als Willkommensgabe der Stadt ein Ohm Wein, zwei Tonnen Bier und einen Mastochsen.

Johann Bugenhagen sollte die papistischen Ceremonien und Gebräuche in der Kirche abstellen und eine ganz neue Kirchen- und Schulordnung für Hamburg entwerfen und einführen. Er fand in der Ausführung dieser Aufgabe, welcher er sich mit Eifer hingab, große Schwierigkeiten von seiten offener und heimlicher Gegner.

Vornehmlich waren ihm die Domherren und die Dominikaner, die Predigermönche des St. Johannesklosters, entgegen. Die Franziskaner im St. Maria-Magdalenen-Kloster aber wurden von Bugenhagen bald für die Reformation gewonnen und bewogen, das Mönchskleid abzulegen. Auch die Beguinen, die „blauen Söstern", ließen sich bewegen, aus dem Konvent zu treten. In der Bürgerschaft fand Bugenhagen großes Entgegenkommen und Förderung in Durchführung der Neuordnung. Die alten Ceremonien wurden in den Kirchen abgeschafft, Vigilien, Seelenmessen und sonstige Bräuche und Einrichtungen der päpstlichen Kirche gründlich abgethan, und auch wurde den Knochenhauern vom Rathe gestattet, alle Tage, auch Freitags und in der Fastenzeit, Fleisch im Schrangen zu verkaufen. Zum Theil erfolgte die Abstellung der päpstlichen Ceremonien durch die Bürger in gewaltsamer Weise. So wurde in der Heiligengeistkapelle am 3. Dezember durch einige eifrige Anhänger der Reformation aus der Bürgerschaft gewaltsam alles entfernt, was an den päpstlichen Gottesdienst erinnern konnte, Altäre, Heiligenbilder, Betpulte ɔc., und auch im Dom ging man am Thomastage, den 21. Dezember, ähnlich zu Werke, indem namentlich der Hauptaltar demolirt ward. Es war dabei vornehmlich auf die Heiligenbilder und Statuen abgesehen. Hauptführer der Bilderstürmer in Hamburg waren Johann Wetken, Johann Rodenborg, Otto Bremer, Hermann Soltau, Joachim Möller, Cord Goldner, Claus Rodenborg, Joachim Wullenweber und Hinrich Bodecker, ein früherer Mönch aus dem Johanneskloster. — Johann Boldemann ward erster evangelischer Prediger an St. Petri und Johann Güstrow ward Prediger an St. Katharinen.

Der Dompropst Joachim Klitzing und der Domdechant Clemens Grothe begaben sich zum Zweck der Abwehr der reformatorischen Bestrebungen persönlich aus Reichskammergericht und erwirkten unterm 10. Dezember ein kaiserliches Strafdekret, in welchem dem Rath und der Bürgerschaft bei Pön von 500 Mark löthigen Goldes geboten ward, den Klägern die ihnen gewaltsam entwendeten Kirchen wieder einzuräumen und sie wieder in den Besitz ihrer Briefe, Siegel, Instrumente, Handfesten, Gerechtigkeiten, Bücher und Register zu setzen, auch ihnen in Hebung ihrer Einkünfte und Gefälle nicht hinderlich zu sein und sie nicht mit Abgaben zu beschweren, nebst einer Vorladung an die Beklagten, im Falle der Widersetzlichkeit gegen diesen Bescheid binnen fünfundvierzig Tagen vor'm kaiserlichen Kammergericht zu erscheinen.

In allen Kirchen der Stadt war der päpstliche Gottesdienst abgestellt, nur im Dom wurde derselbe noch aufrecht erhalten, und die Domherren waren immer noch der guten Hoffnung, daß sie durch Verfolgung des Prozesses wider die Neuordnung in der Kirche beim Reichskammergericht sich in ihrer Stellung behaupten und den alten Einfluß wieder erlangen würden. Sie erneuerten ihren Protest gegen die Eingriffe in ihre Privilegien und Freiheiten und erhoben aufs neue Klage über Vergewaltigung und forderten Hülfe und Schutz von geistlichen und weltlichen Gerichten.

Der Fortgang in Reformirung des Kirchenwesens wurde aber dadurch nicht gehemmt. Johann Bugenhagen arbeitete seine Kirchenordnung für Hamburg aus, und Rath und Bürgerschaft brachten, wie es von den Verordneten der vier Kirchspiele gefordert worden war, die Recesse in Uebereinstimmung, „daß sie weder dem Rathe, noch den Bürgern verfänglich seien". Es ward durch gemeinsame Arbeit erfahrenster Rathsmitglieder und wittigster Bürgerverordneter ein Receß hergestellt, der als sog. langer Receß bis 1712 die Grundlage der ganzen bürgerlichen und kirchlichen Verfassung des Hamburger Gemeinwesens gebildet hat.

Um das Werk der Reformation in seinem Fortgange zu fördern, bestimmten die Bürger und verlangten, daß die Verordneten den Receß dem Rathe präsentirten, damit derselbe ihn annähme, so wie er vorläge zur Zufriedenheit der Bürgerschaft. Wäre der Rath damit einverstanden, so solle er das in der Bursprake verkünden. Demnächst solle er mit den Bürgern in den Dom gehen, dort Gott zu loben und zu danken. Auch solle die Bursprake nicht abgelesen werden, ehe der Receß angenommen worden und alle Zwietracht gehoben sei. Die geschriebene Wahlordnung solle, wie der Receß, vollführt und gehalten werden, und die Johannisleute, welche gegen Recht und Redlichkeit sich hätten verschrieben und verschreiben lassen, sollten weder zu Rathe kommen, noch Werkmeister werden können. Was sonst zum Wohl der Stadt gefordert werde, solle in eine Schrift zusammengetragen und mit dem Stadtsiegel versiegelt werden. Die Vermehrung des Raths soll vor Gregorii erfolgen. Die verordneten Bürger sollen drei Rathspersonen präsentiren, und der Rath soll einen derselben zum wortholtenden Bürgermeister ernennen. Die beiden anderen Rathmänner sollten, solange sie lebten und dazu tauglich wären, dem gemeinen Gelde vorzustehen, verordnet werden. Das über Rechnungsablage des Raths, Rathseid und was damit zusammenhängt, zur Verhandlung Gebrachte wollen die Bürger je nach Erforderniß wieder aufnehmen und weiter verfolgen. Gegen Johannisleute, wie Georg von Zeven, Wilhelm Röding, Detlev Horste, Hans Nolte und Hans Becker, die sich nicht gebührend gerechtfertigt hätten, solle nach den Rechten verfahren werden, damit in Zukunft weder sie noch Andere gleiche Unlust in der Bürgerschaft erregen möchten. In betreff der Güter, die auf Neuwerk und im Stadtgebiet bleiben möchten (Strandgüter), soll ein Vertrag verfaßt und in den Receß eingerückt werden. Ingleichen auch soll bestimmt werden, daß Schiffe, die außerhalb des Baumes liegen, kein Feuer unterhalten sollen, damit Schaden verhütet werde. Die Supplikation in betreff der Beisteuer der Lübecker zu den Kosten der Kniphofschen Angelegenheit, der Holsten-Brügge und des Werkzolls, ferner in betreff des Magisters Friedrich und der Sekretarien, sowie des vor dem Niederbaum anzulegenden Thurmes, soll nicht in Vergessenheit gerathen.[1] Auch soll der die Pfaffen betreffende Artikel, daß sie keine Winkelmesse halten dürfen, in den Receß eingetragen werden. Die Domherren und die Priesterschaft sollen ihr Thun und ihre Lehre mit der heiligen Schrift beweisen oder aber ihren Gottesdienst ganz einstellen. Gleichermaßen soll es mit den Mönchen gehalten werden. Den Mönchen zu St. Johannis soll ein Ort bestimmt werden, wo sie mit dem Nöthigen versorgt, und das Kloster soll, wie das von Maria-Magdalenen, zur Unterhaltung der Armen und der Schullehrer und Anderer gebraucht werden. Alle Kirchengüter, die nicht für die Unterhaltung der Armen ver-

---

[1] „Holsten-Brügge" (Brücke) ist die Zoll-Hebungsstelle am Holstenthor zu Lübeck. Man forderte, daß Lübeck den Zoll daselbst abstelle. „Werkzoll" ist der Zoll, den Hamburg auf Neuwerk von den Elbfahrern erhob.

wandt werden, sollen zum Unterhalt der Kirchherren und Prediger dienen. Ferner sollen die Vorsteher zu St. Nikolai auf die dortige Schule Acht haben und gute Aufsicht darüber führen. Die Kirchgeschworenen sollen Briefe, die an sie oder an die Gemeinde geschrieben sind, den Vorstehern der Kirche ungebrochen präsentiren. Was die Pfaffen durch Zuwegebringung von Mandaten gegen Rath und Bürger der Stadt an Schaden zugefügt haben, das sollen sie bessern nach Erkenntniß der Stadtgemeinde. Den Artikel in betreff der Ceremonien und der Unterhaltung der Armen soll der Rath annehmen, sowie derselbe den verordneten Bürgern von den vier Kirchspielen aufgetragen worden ist, zur Ausführung. Zu Harvestehude soll ein Prediger und ein Bürger zum Vorsteher des Klosters gesetzt werden, und es soll jährlich von der Verwaltung vor Rath und Bürgern Rechnung gelegt werden. Die verordneten Bürger werden aufs neue mit Vollmacht versehen, mit dem Rathe zu handeln. Was dieselben mit dem Rathe abmachen und beschließen, das wollen die Bürger stetig anerkennen und halten, und wenn daraus etwas entstände, was es auch sei, das wollen die Bürger zu allen Zeiten mit Leib und Gut austragen helfen und Niemand darin verlassen.

Rath und Bürger einigten sich dann über den ganzen Receß. Dieser wurde am Montage vor Petri 1529 verlesen. In Ausführung der von der Bürgerschaft gestellten Forderung und Bestimmung in betreff Vermehrung der Zahl der Rathsmitglieder wurde dann Johann Wetken zum Bürgermeister erwählt, und wurden zu Rathmännern erkoren: Godeke Möller, Meino von Eitzen, Hinrich Nitzel, Johann Schröder, Joachim Möller und Matthias Rehder.

Nun wurde mit dem Klosterwesen aufgeräumt. Die Mönche zu Maria-Magdalenen hatten bereits die Kappe abgelegt. Am 20. Mai wurden die Dominikaner des St. Johannesklosters auf Rathsbefehl durch die Deputirten Peter von Spreckelsen und Dithmar Kohl aus ihrem Kloster nach Maria-Magdalenen geführt, wo sie bis an ihr Lebensende aus Klostergut ihren Unterhalt haben sollten. Es waren aber nur fünf Mönche, welche dahin übersiedelten. Die anderen Insassen des St. Johannesklosters hatten theils, nach Ablegung der Ordenstracht, in der Stadt Dienste angenommen, theils waren sie aus der Stadt gewichen. Den abziehenden wurden je 10 Gulden Reisegeld bewilligt. Einige nahmen das Geld, Andere wiesen es zurück und gingen so davon. Der Subprior des Klosters, Hinrich Rensburg, widersetzte sich den beiden Rathsdeputirten und legte gegen die Ausweisung der Mönche Protest ein. Auch weigerte er sich, unter Berufung auf Eid und Pflicht, die Schlüssel des Klosters herauszugeben. Er wurde dann von den Rathsdienern und einigen Bürgern mit Gewalt aus dem Kloster gebracht. Rensburg verließ die Stadt und begab sich nach Speyer, wo damals der Reichstag vom Kaiser ausgeschrieben worden war, in der Absicht, dort sein Recht zu suchen.[1]

Am Pfingstabend 1529 wurde die Bugenhagensche Kirchenordnung von Rath und Bürgerschaft angenommen. Nach Einführung derselben wurde am 23. Mai in allen Kirchen ein Te deum gesungen.

Tags darauf, den 24. Mai 1529, weihte Bugenhagen das Refektorium des Dominikanerklosters St. Johannis zu einer Gelehrtenschule ein und gab derselben die von ihm verfaßte Schulordnung. Die neue Schule wurde unter die Aufsicht der Geistlichkeit und des Raths gestellt und erhielt als Patrone und Visitatoren den Superintendenten und die vier Pastoren an den Kirchspielskirchen, nebst vier Rathsmitgliedern und zwölf Oberalten. Die Schule wurde anfangs in fünf Klassen getheilt. Für den Unterricht wurden sieben Lehrer angestellt, welche im Kloster ihre Wohnung erhielten. Die drei ersten Lehrer waren der Rektor, der Subrektor und der Kantor; die vier übrigen Lehrer hießen Pädagogen oder Kindermeister, Zuchtmeister. Alle Lehrer, mit Ausnahme des Rektors, waren zu Chor- und Kirchendienst verpflichtet. Das Einkommen der Lehrer betrug auf der untersten Stufe 30 Mark, auf der obersten 150 Mark Gehalt. Dazu kam eine Einnahme aus dem Schulgelde, wovon der Rektor ein Viertel erhielt, während die anderen Lehrer je ein Achtel be-

---

[1] Als die Franziskaner das Maria-Magdalenen-Kloster verlassen hatten, wurde die Ilsabeenstiftung, das Ilsabeenspital, „der kleine heilige Geist", dahin verlegt. Es sollten die zwanzig Insassen des Ilsabeenspitals zu ewigen Tagen nebst einer Meisterin und zwei Mädchen, als Handreicherinnen, in dem Kloster mit Essen und Trinken nach Nothdurft versorgt und unterhalten werden. Die Ilsabeenhaus-Insassen hatten übrigens ein Eintrittsgeld zu zahlen. Das Ilsabeenhaus am Burstah wurde 1537 an den Rathmann Detlev Schuldorp verkauft. Das Kaufgeld ward zum Besten der Ilsabeenstiftung belegt.

kamen.[1] Das Schulgeld war auf 12 Schilling jährlich für bemittelte Einheimische und 16 Schilling für Auswärtige gesetzt. Unbemittelte aus der Stadt zahlten 4 Schilling pro Jahr an Schulgeld.

Die neue Gelehrtenschule, das Johanneum, hatte zwei Hauptzwecke: dem gründlichen Studium der lateinischen Sprache zu dienen und die Schüler für den Chorgesang in der Kirche auszubilden.

Hauptgegenstand des Unterrichts bildete demnach die lateinische Sprache. Auf der untersten Klasse wurde mit der lateinischen Grammatik (Donatus) angefangen. In der zweiten Klasse wurden vornehmlich die Gespräche von Erasmus und Mosellanus geübt. In der dritten Klasse wurden Terenz und Plautus gelesen und die Komödien derselben besonders geübt, erklärt und auswendig gelernt. In der vierten Klasse wurde lateinische Redekunst und Poetik getrieben. In der fünften, der obersten, Klasse endlich wurde die Ausbildung in der lateinischen Rhetorik, Dialektik und Poetik vollendet. Als Hülfsmittel für den Sprachunterricht in der Oberklasse empfahl Bugenhagen in seiner Schulordnung die Uebung dramatischer Darstellungen: „Item idt ist ock eine gude Dvinge, dat men je comedien spelen let edder etlicke colloquia Erasmi". Die Schuldarstellungen wurden nachher an der Johannisschule zu Zeiten sehr gepflegt und geübt.

Der Musikunterricht begann in der untersten Klasse mit dem einstimmigen Gesange. In den oberen Klassen wurde der Kunstgesang und die Figuralmusik geübt. Alle Schüler waren zum Chorgesang in der Kirche verpflichtet. Der Kantor war Vorsteher der Kirchenmusik, der „Kantorei". Derselbe leitete den Gesang beim Gottesdienst in der Haupt- und Domkirche, während die Pädagogen den Gesang des Chors in den Kirchspielskirchen dirigirten. Die Chorschüler waren auf die einzelnen Kirchen nach den Kirchspielen vertheilt. Die Singchöre mußten auch bei Begräbnissen und bei Trauungen, den sog. Brautmessen, singen. Später wurden sie auch

---

[1] 150 Mark waren zu der betreffenden Zeit eine relativ hohe Besoldung. An der Gelehrtenschule zu Meldorf, welche 1540 aus den Einkünften des Dominikanerklosters daselbst gegründet wurde, erhielt der Rektor an Gehalt 100 Gulden, der Konrektor 100 Mark und der Tertius 60 Mark, „welches eine grote Besoldinge was", sagt Neocorus.

zu Festlichkeiten nicht kirchlicher Art hinzugezogen, so besonders zur Veranstaltung von Tafelmusik bei Festlichkeiten des Raths. Auch wurden sie zuweilen bei Schuldarstellungen mit beschäftigt.

Die Betheiligung bei Leichenbegängnissen, Hochzeiten und anderen Festlichkeiten, sowie auch das „Umsingen" in der Stadt, als „Currende-Schüler", bildete später eine bedeutende Einnahmequelle für den Kantor und für die Chorschüler. Weil sich an der „Kurrende" nur die unbemittelten Schüler betheiligten, wurden die Currendenschüler auch als „Paupers" bezeichnet. Das „Umsingen" in der Stadt, die „Kurrende", ging nachher auf die Kirchspielsschulen über und hat sich hier bis in die neuere Zeit hinein erhalten.

Im Jahre 1613 wurde im Klostergebäude neben der Lateinschule ein akademisches Gymnasium gegründet, und Paul Sperling, der damalige Rektor der Johannisschule, wurde zum Rektor beider Lehranstalten ernannt und zum Professor der Beredtsamkeit und der Dichtkunst am akademischen Gymnasium bestellt. Die Schüler des Gymnasiums führten dann unter Sperlings Leitung später, wie die Johannisschüler, dramatische Darstellungen auf. Sperlings Nachfolger im Rektorat wurde 1620 M. Zacharias Schefter, und der Prorektor Johannes Starke aus Lüneburg wurde zum Conrector erwählt. In Lüneburg stand das Schulspielwesen zu der Zeit in Blüthe und Starke förderte dasselbe nun in Hamburg. Unter den beiden Rektoren Sperling und Schefter wurden die Schuldarstellungen besonders gepflegt. Aus denselben, oder auf Anregung durch dieselben, ist später die Gründung eines eigenen Schauspielhauses in Hamburg, einer stehenden Schaubühne, erfolgt.[1] So ist auch die Aufnahme des Schauspiels in Hamburg im Grunde auf Bugenhagens reformatorisches Wirken in Organisirung des Kirchen- und Schulwesens daselbst zurückzuführen. Die Reformatoren schätzten die dramatischen Darstellungen als Schulübungen, besonders wegen ihres Nutzens für den Sprach-

---

[1] Die Hebung der Schuldarstellungen in Hamburg am Anfang des 17. Jahrhunderts war bedingt durch die Wirksamkeit dichterischer Talente an der Johannisschule und durch die höhere Frequenz der letzteren. 1603 besuchten 1100 Schüler die Johannisschule, von denen 130 der Oberklasse angehörten. — Von 1604—1636 war Erasmus Sartorius (Schneider) ein Schleswiger, bedeutender Musiker und gekrönter Poet, als Kantor an der Johannisschule thätig.

unterricht. Luther förderte die dramatische Darstellungskunst als Schulübung in hohem Grade. „Komödie zu spielen, soll man um der Knaben willen in der Schule nicht wehren, sondern gestatten und zulassen," äußerte er gelegentlich und empfahl den Schulen schauspielerische Darstellungen als Sprach-, Gedächtniß- und Anstandsübungen. Melanchthon, Luthers Gehülfe, führte in seiner Privatschule zu Wittenberg lateinische Aufführungen in den Lehrplan ein. Von Luther und Melanchthon angeregt, war dann auch Johann Bugenhagen zum Förderer der dramatischen Darstellungen an Schulen geworden.

Bugenhagen hat die reformatorische Bewegung in Hamburg zu einem würdigen Abschluß gebracht. Er hat dem Werke seiner Vorgänger gewissermaßen erst die rechte Weihe gegeben und demselben die Krone aufgesetzt und hat dadurch die Letzteren, seine Vorgänger, in den Schatten gestellt, so daß er wohl als „der Reformator Hamburgs" bezeichnet worden ist. Es ist das Letztere erklärlich, aber es ist dasselbe doch nur bedingterweise richtig und zutreffend. Die eigentlichen Reformatoren in Hamburg waren Steffen Kempe und Johann Zegenhagen.

Die von Bugenhagen eingerichtete Johannisschule erhielt 600 Mark jährlich zu ihrem Unterhalt und zur Besoldung der Lehrer aus dem Vermögen der vier Kirchspielskirchen angewiesen. Die Schulordnung, welche Bugenhagen der Schule gab, war nach dem Muster der Braunschweiger entworfen. Rektor ward M. Theophilus Hermelates (Gottfried Freytag), ein Wittenberger, Freund Melanchthons und Bugenhagens.

Auch die Nikolaischule wurde nach Bugenhagens Kirchenordnung ganz umgestaltet. Der lateinische Unterricht an derselben hörte auf, und die Leitung der Schule wurde einem sogenannten deutschen Schulmann oder „Schreibmeister" nebst zwei Gehülfen übergeben. Der Schreibmeister wurde von den Vorstehern der Schule ernannt und vom Kirchspiel besoldet. Die Gehülfen wählte der Schreibmeister sich selbst. Der Lehrer und die Gehülfen hatten freie Wohnung im Schulhause. Das Schulgeld theilten die drei miteinander.

Am 5. Juni wurde unter Bugenhagens Vermittelung eine Verhandlung gehalten zwischen Deputirten des Raths und der Bürger und Deputirten des Domkapitels wegen Abstellung päpstlicher Gebräuche und Ceremonien beim Gottesdienste im Dom. Es erschienen im Bugenhagenschen Hause die Bürgermeister Hinrich Salsburg und Johann Wettern, die Rathmänner Johann Rodenborg und Dithmar Kohl als Rathsdeputirte, die Bürger Cord Goldener, Hans Blome, Matthias Mevers, Werner Warnecke, Andreas Broys, Hans Haack und einige andere als Deputirte der Bürgerschaft, sowie als Deputirte des Kapitels Dr. Hinrich Kissenbrügge und M. Johann Garlestorp. Bugenhagen stellte das Begehren, die Heiligenverehrung und -Anrufung, die Vigilien, Seelenmessen, alles Messesingen und Messelesen im Dome abzustellen. Kistenbrügge meinte darauf, die Hamburger Kirche sei von Karl dem Großen und seinen Nachfolgern privilegirt, und die Stadt sei der Kirche zugewiesen worden. So sei die Kirche bestätigt und begabt, daselbst Gottesdienst zu halten, Nacht und Tag, und danebst ihre Memorien zu halten zu ewigen Zeiten. Er gäbe zu bedenken, ob man auch Befehl vom Kaiser habe, hierin Aenderungen vorzunehmen, auch, daß die Sache zur Entscheidung beim Reichskammergericht liege und der Domdechant deswegen in Speier anwesend sei. Man solle daher bei der alten Weise bleiben, so lange Konzilien und der Kaiser nichts anderes geboten hätten. Sie, die Domherren, könnten ohne den Kaiser nichts ändern; wolle und könne Bugenhagen mit den anderen Anwesenden das, so müßten sie es geschehen lassen. Es ward durch die Zusammenkunft nichts erreicht. Der Gottesdienst im Dom wurde zunächst noch nach alter Weise gehalten.

Bugenhagen predigte am nächsten Sonntage heftig gegen den papistischen Gottesdienst im Dom und reiste dann am 9. Juni von Hamburg ab nach Braunschweig. Claus Rodenborg, Joachim Wullenweber und Ditrich Bodecker gaben ihm bis Harburg das Ehrengeleit.[1]

Bald nach Bugenhagens Abreise ließ der Rath die Domkirche schließen mit der Motivirung, daß die wenigen dort zum Gebet sich noch einfindenden alten Leute von losem Volke bei ihrer Andacht

---

[1] Der hier genannte Joachim Wullenweber war ein Bruder des bekannten Lübecker Bürgermeisters Jürgen Wullenweber. Die Wullenweber waren eine alteingesessene Hamburger Familie.

verspottet und belästigt würden, worüber sich leicht eine Unruhe in der Stadt erheben könne. Um eine Störung der öffentlichen Ruhe zu verhüten, wurde die Domkirche geschlossen.

Wie die Fastentage, so wurden nun, in Konsequenz der Abstellung des Heiligenkultus, auch die vielen Heiligen-Festtage abgeschafft, und zugleich ward die Zahl der übrigen Festtage vermindert. Die Aposteltage wurden auf die nächsten Sonntage verlegt, ausgenommen Maria-Magdalenen-Tag und Laurentius-Tag. Ostern, Pfingsten und Weihnacht sollten nur noch an je zwei Tagen, anstatt bisher an drei Tagen, gefeiert werden. Außer diesen Tagen sollten noch Michaelis, die Marientage, der Himmelfahrtstag, Johannistag, die Feste der Beschneidung und Erscheinung Christi, nebst dem Tage der heiligen drei Könige gefeiert werden. Alle anderen Festtage sollten abgeschafft werden. Dieses ward als Raths- und Bürgerbeschluß am Sonntage vor Petri und Pauli von allen Kanzeln der Stadt abgelesen und publizirt.

Am Tage Petri und Pauli, den 29. Juni, ließ der Rath alle katholischen Geistlichen mit Ausnahme der Kapitularen aufs Rathhaus fordern und stellte ihnen vor, daß sie ihre Memorien- und Konsolationsgelder auf ihren Tod der Armenkasse zuweisen möchten, wenn sie solche während ihres Lebens in Ruhe genießen wollten. M. Hinrich Vasmer wandte darauf ein, daß sie, die Geistlichen, dazu keine Macht hätten. Da erwiderte der Bürgermeister Salsburg im Namen und auf Befehl des Raths und der Bürger: Was wollt Ihr Herren viel hinter dem Berge halten und Eure römischen Kunststücke anwenden! Wißt Ihr nicht und sehet es vor Augen, daß die Steine auf der Straße und die Kinder am Wege über Euch rufen und über Eure Büberei und Schalkheit? Wir wollen Euch nicht länger leiden. Darum rathe ich zum Besten, daß Ihr mit uns, wie wir mit Euch samt unsern Bürgern ruhig im Frieden leben möget. Gebt nach und seid zufrieden, daß Eure Memorien und Konsolation, wie Ihr sie nennt, nach Eurem Tode an die Armen fallen, da Vigilien und Seelenmessen nicht mehr gelten sollen, wie Euch Bugenhagen und andere Predikanten verständigt haben! Als man nun den Geistlichen die Wahl stellte, entweder nachzugeben ober ohne Unterhalt die Stadt zu meiden, gaben sie nach, indem sie durch Protestation das Recht ihrer Lehnsherren wahrten.

Um Michaelis wurde an St. Jakobi Johann Flamme Pastor. An Stelle des wegen Kränklichkeit abgegangenen Johann Boldewan ward Dr. Johann Aepinus (Hoeck) Pastor an St. Petri. An St. Katharinen wurden zu Predigern gewählt Arnold von Seezen und ein M. Michael. An der Heiligengeistkirche ward Johann von Soltwedel zum Pastor gewählt.

Auch wurde infolge der Reformation eine Aenderung im Medizinalwesen vorgenommen und ein Stadt-Physikus eingesetzt. Neben demselben blieb der bisherige Arzt des Rathes oder der „Stadt-Wundarzt" in Funktion, wie es scheint, auf Veranlassung durch Johann Bugenhagen wegen der damals in der Stadt herrschenden Seuche, die „Schweißsucht" genannt. Diese soll durch einen Schiffer, Hermann Evers, aus England eingeschleppt worden sein und wurde daher auch als „Englischer Schweiß" bezeichnet. Es starben an 2000 Menschen in Hamburg an dieser Seuche. Man mußte wohl achthaben, heißt es bei den Chronisten, daß die von der Seuche befallenen Menschen in den ersten vierundzwanzig Stunden nicht von einem kalten Winde getroffen wurden, „denn wenn sie ein kalter Luftzug berührte, so waren sie des Todes. Federdecken waren in dieser Krankheit nichts nütze; man mußte lauter wollene Decken gebrauchen und die Augen öfters mit Rosenwasser bestreichen". Der erste Stadt-Physikus wird als Meister Stephan bezeichnet.

Im Jahre 1530 wurden auch die Klöster zu Reinbeck und zu Harvestehude aufgehoben. Zu Reinbeck beredete man die von der lutherischen Bewegung berührten Nonnen, das Kloster in Abwesenheit des Propstes an den König von Dänemark zu verkaufen. Die Nonnen schlugen Fenster, Tische und Stühle im Kloster entzwei und fuhren davon, auf Nimmerwiederkehr. Als der Propst, Dr. Detlev Reventlow, von einer Amtsreise zurückkehrte, fand er das Kloster leer. Er tröstete sich aber bald über den Verlust und meinte: Wenn auch seine Nonnen das Kloster verlaufen hätten, so habe er doch seine Propstei am Kloster nicht verlaufen. Er verblieb dann auch in seiner Stellung als Propst und behielt seine Einkünfte als solcher, solange er lebte.

Das Kloster zu Harvestehude aber wurde in diesem Jahre abgebrochen. Die dortigen Cisterzienser-Nonnen waren nur zum Theil zum Austritt aus dem Kloster zu bewegen gewesen, und die zum ferneren Verbleib im Kloster entschlossenen Nonnen hatten bei dem Grafen von Holstein-Schauenburg-Pinneberg Schutz zu finden gesucht. Gräfliche Behörden hatten sich an den Rath der Stadt Hamburg gewandt mit einer Vorstellung darüber, daß ein Theil der Hamburger Bürger freventlich und gewaltsam gegen die Klosterjungfrauen verfahre Darauf war die Antwort gegeben worden: Die Klosterjungfrauen zu Harvestehude seien durch Vorstände und angeborene Freunde in Hamburg so besessen, daß, wenn ihnen Unbilliges begegne, dies Beginnen an den Hamburger Rath gebracht werden könne, was bisher nicht geschehen sei. Der Rath werde mit Gottes Hülfe gleich seinen Vorgängern sorgen, daß die Jungfrauen nicht unvertreten bleiben sollten. Als nun in Hamburg die Reformation durchgeführt ward, suchten die unzufriedenen papistischen Geistlichen den alten Kultus im Harvestehuber Kloster fortzuführen, und man befürchtete, daß der Bürgermeister Salsburg und seine Partei hier im geheimen gegen die Neuordnung der Dinge in der Stadt agitirten. Deshalb beschlossen Rath und Bürgerschaft, das Kloster abzubrechen. Es wurden dazu verordnet die Deputirten der Bürgerschaft: Hinrich Rademaker, Hans von Bargen, Hans Rentzel, Michael Penningk, Warner Warnecken, Matthias Mors, Asmus von Minden und Hans Dreves. Diese ließen das Klostergebäude dann bis auf den Grund niederreißen und abbrechen. Auf dem Platze, wo das Kloster gestanden, wurde nachher ein Wirthshaus erbaut. Den Jungfrauen, die ihren Orden nicht verlassen wollten, ward das Johanniskloster zum Aufenthalt angewiesen.

Pastor Steffen Kempe wurde nach Lüneburg gerufen und von Hamburg dahin beurlaubt, damit er daselbst die Reformation durchführe und Kirchen- und Schulwesen nach dem Muster der Hamburger Kirchenordnung einrichte, während Johann Bugenhagen in Lübeck weilte, um dort das Kirchen- und Schulwesen nach der Weise, wie er es in Hamburg gethan, zu ordnen. Kempe hatte dem Lüneburger Rath einige Artikel, die von ihm entworfene Kirchenordnung betreffend, überreicht. Hiervon nahm der Abt zum Kloster St. Michaelis daselbst Anlaß, durch einen Anonymus eine Gegenschrift wider Kempes Ausführung und dessen Entwurf einer Kirchenordnung erscheinen zu lassen. Die Gegenschrift sollte eine Prüfung der Kempeschen Entwürfe sein, war aber, wie alle damals wider die reformatorische Bewegung gerichteten Auslassungen der Papisten, die sich Katholiken nannten, nur eine Sammlung vorgefaßter Urtheile wider die Neuordnung in Kirchensachen. Darauf gab Kempe eine Schrift heraus unter dem Titel: „Up des Abates van Sünte Michael tho Lüneborch und synes Pröve-Esels Pröbebock Antwort." Die Schrift erschien mit einer Vorrede von Bugenhagen und weist in derber Sprache den Widersacher in seine Schranken zurück. Vornehmlich dieses Buches wegen hat man dem Kempe Grobheit vorgeworfen und nachgesagt, indem man es außer acht ließ, daß mit Zierlichkeit und Feinheit noch niemals eine Reformation zuwege gebracht worden ist. Wer nicht das Zeug hat, grob zu sein, der muß nicht Reformator spielen wollen.[1] Merkwürdig ist Kempes Schrift vornehmlich deshalb, weil sie zu den ältesten in Hamburg erschienenen Druckschriften gehört. Sie erschien in der Druckerei von Jürgen Richolff auf dem Pferdemarkt.

---

[1] Kempe theilt hier das Schicksal eines Luther, dem man auch von gegnerischer Seite her seine Derbheit als Grobheit zum Vorwurf zu machen pflegt. „Viele übertrafen ihn an Feinheit der Rede," sagt daher Rotteck, der katholische Geschichtsforscher, indem er meint, daß auch ohne Luther eine Reformation erfolgt wäre, obwohl Luthers Schriften davon zeugen, daß der große Reformator die Sprache nach allen Seiten hin in der Gewalt hatte, wie kaum ein Anderer, und daß ihn da, wo Feinheit angebracht war, Niemand in Feinheit der Rede übertroffen hat.

Nach Richolff scheint in Hamburg eine Zeitlang keine Druckerei mehr thätig gewesen zu sein. Erst 1552 wurde nach Traziger, der hier als Zeitgenosse berichtet, in Hamburg die Buchdruckerei gestiftet. Es ist das ein Beweis dafür, daß in Hamburg selbst damals wenig litterarisch-produzirende Thätigkeit herrschte, nicht aber, wie man wohl gesagt hat, ein Beweis, daß in Hamburg unmittelbar nach dem Obsiege der Reformationsideen die geistige Regsamkeit wieder erschlafft sei. Die geistige Regsamkeit wurde von den deutschen Universitätsstädten her unterhalten und in Absicht auf litterarisches Interesse vollauf befriedigt, so daß in dieser Beziehung eine Offizin für Hamburg nicht gerade ein Bedürfniß war zur Unterhaltung des geistigen Lebens und des Interesses für die reformatorische Bewegung.

Im weiteren Verfolg der durch die Reformation auf kirchlichem Gebiete nöthig gewordenen Umgestaltung und Neuordnung der äußeren Verfassung des Gemeinwesens konnten schließlich auch die Aemter und Innungen in ihren Satzungen und Einrichtungen von der allgemeinen, auf Umformung gerichteten Bewegung nicht unberührt bleiben. Auf vorhergegangenen Beschluß der Verordneten der vier Kirchspiele ließ der Rath am Tage Thomä in der Bursprake verkünden: „Wer von Jemandem Schuld zu fordern hätte, solle solche binnen Jahr und Tag umschreiben lassen und binnen zwei Jahren seine Schuld einfordern und wahrmachen, bei Verlust derselben." Am Donnerstage nach St. Viti ordnete der Rath zwei seiner Mitglieder ab, die Bäckereien zu visitiren und das Brot wägen zu lassen. Das Pfennigbrot mußte 14 Loth schwer sein, und ein Schönroggen sollte 9 Loth 1 Quentin an Gewicht halten. Brot, welches das normirte Gewicht nicht hatte, wurde konfiscirt. Auf Nikolai wurde den Amts-Werkmeistern auf acht Artikel, welche sie durch die Oberalten den Kirchspielen vortragen lassen hatten, vom Rath Vorstellung gethan. Darüber beschwerten sich die Aemter höchlichst, brachten ihre Noth an und verlangten, daß darin Wandel geschafft werde. Deshalb bestellte der Rath den Aemtern Morgensprachsherren, die ihnen in allen schwierigen Sachen Rath, Auskunft, Hülfe und Beistand gewähren sollten. Solche Begehren und Gebrechen der Aemter aber, die mit Hülfe der Morgensprachsherren nicht abgethan

werden könnten, sollten an den Rath gebracht werden, damit die
Aemter nicht nöthig hätten, der Bestimmung im Receß zuwider eine
Vergadderung zu machen, oder bei Jemand anders als dem Rath,
oder, falls nöthig, bei den Oberalten, Beschwerde zu führen. Am
Sonntag nach Martini kamen folgende dreißig Aemter im Maria-
Magdalenen-Kloster zusammen: Die Goldschmiede, die Krämer,
Schmiede, Schneider, Schnittger, Schiffszimmerleute, Schuster, Bäcker,
Hauszimmerleute, Böttcher, Barbierer, Müller, Glaser, Wandschneider,
Bortwerker, Theerer, Kistenmacher, Fischer, Knochenhauer, Kannen-
gießer, Maurer, Pelzer, Fischweicher, Garbrader (Köche), Reepschläger,
Leinmacher, Töpfer, Leinweber, Badstöver und Tuchmacher.[1] Sie
beschlossen, wegen der theuren Zeit und der Uebelstände im Geschäfts-
gange bei dem Rathe Ansuchung auf Abhülfe zu thun. Dietrich
Ostrup trug das Wort vor und führte namens der Aemter aus,
daß die Nahrung für die Aemter jetzt schlecht und dabei Korn und
Bier theuer sei, das käme daher, daß man das, was man in der
Stadt zum Lebensunterhalt gebrauche, nach anderen Orten versendete.
Sodann bat man, hier eine Aenderung zu beschaffen, daß der Bürger
wieder seine Nahrung bei seiner Arbeit finde. Der Rath sprach
ihnen gütlich zu. Auch er verspüre die schlechte Zeit und sinne auf
Mittel und Wege zur Abhülfe und Abstellung von Beschwerden und
Gebrechen, unter welchen das Gemeinwesen zu leiden habe. Er wolle
sich auch ferner bemühen, dem allgemeinen Nothstande abzuhelfen
und allem Uebel nach Vermögen steuern. Die Aemter möchten in
gemeinsamer Bemühung mit dem Rathe hier auf Mittel und Wege
zur Besserung denken und trachten. Dann werde man mit Geduld
auch die gegenwärtige Noth überwinden. Hierdurch ließen sich die

---

[1] In der ältesten Aemterrolle von 1376 werden außer den Brauern von Stavern, von Amsterdam, im Rödingsmarkt, in der Beckerstraße, im Jakobi-Kirchspiel, die Goldschmiede, Wollenweber, Karpentarier, Bäcker, Kerzengießer, Heringswäscher, Makler, Seilmacher, Kannen-gießer, Pelzer, Trechsler, Schmiede, Fischer, Beckmacher, Böttcher, Leinweber, Maler, Schneider, Schuster, Knochenhauer, Gerber und Wandschneider aufgeführt. Außerdem gab es unter den Geschäften noch Kohlenhändler, Hutwalker, Spermacher Steinspalter, Kupfer-schmiede, Wechsler, Lehmdecker, Theerkocher, Schenkwirthe. Speckschneider, Müller, Taschen-macher, Stuhlmacher, Vogelsteller, Helmschläger, Kistenmacher, Bartscherer, Sattler, Boot-macher, Spindeldreher, Säger, Armbrustmacher, Riemenschneider. Dazu kamen dann Amidam-macher, Stellmacher, Rademacher, Tuchscherer, Kassamacher, Krahnzieher, Althändler, Litzen-brüder, Kornträger, Schauerleute u. A.

Aemter beruhigen und gingen auseinander. Die Unzufriedenheit Vieler wegen der Neuerungen führte zu solchen Verdächtigungen und beunruhigenden Zumuthungen, wie sie hier in dem Vornehmen der Aemter sich äußern. Daher finden wir auch gerade in dieser Zeit viele Klagen über Unredlichkeit in der Verwaltung der Gotteskasten. Die Gotteskasten-Ordnung hatte eben in hervorragender Weise eine Aenderung des Bestehenden bedingt. Am Freitag nach Mariä Himmelfahrt ward Jürgen Karstens, der gegen die verordneten Gotteskasten-Bürger unerweisliche Beschuldigungen erhoben und vorgebracht hatte, zum öffentlichen Widerruf verurtheilt und ihm geboten, nicht eher sein Haus wieder zu verlassen, als bis er seine Strafe, die Brüche, erlegt habe, bei Verlust des Stadtaufenthalts und seiner Wohnung. Weil Joachim Vogt, wegen desselben Verschuldens angeklagt, mit dem Jürgen Karstens appellirt und gegen die Gerichtsdiener sich vergangen hatte, wurde zu Recht erkannt, daß derselbe zu Haus und Hof gesucht und, wenn man ihn fände, in Eisen geschlagen und nach Stadtbuch und Recessen gerichtet werden solle.

Am 17. Januar 1531 starb Pastor Johann Zegenhagen, Nachfolger desselben wurde Joachim Franke. Ward Zegenhagens Abgang auch schmerzlich empfunden, so ließ man sich doch dadurch in der Thätigkeit zur Weiterführung und Vollendung des Werkes der Reform im Innern des städtischen Gemeinwesens nicht stören und aufhalten.

Gleich nach Ostern 1531 forderte der Rath die Erbgesessenen in ihre vier Kirchspiele und begehrte durch zwei Deputirte, daß man bei der allgemeinen politischen Lage für Instandsetzung der Befestigung der Stadt sorgen und zum Zwecke der Verstärkung von Wall und Graben für Aufbringung der nöthigen Geldmittel Veranstaltung treffen wolle. Die Bürger erklärten demgegenüber: es wäre wohl nöthig, erst im Innern Sicherheit, Ruhe und Frieden zu schaffen und die Einigkeit unter den Bürgern in betreff der kirchlichen Angelegenheiten herzustellen. In einer allgemeinen Versammlung ersuchten die Bürger den Rath, er möge mit ihnen dahin arbeiten, daß aller vorhandene Zwist abgethan werde. Einige im Rathe hätten sich dieser Absicht zuwider geäußert, namentlich der Bürgermeister Dr. Salsburg. Diesen beschuldigte man vieler Gehässigkeiten wider die Lutherischen und hob besonders sechs Punkte hervor:

1. Er habe in Gegenwart der Harvestehuder Nonnen und einiger Bürger gesagt, er könne nicht glauben, daß diese neue (lutherische) Lehre von Gott sei, da man den Nonnen erlaube, aus dem Kloster zu gehen und zu heirathen; es müsse dieselbe des Teufels Lehre sein. Hierauf hätten die Nonnen sich bedankt und wären im Kloster geblieben.

2. Habe er zum Herzog Albrecht von Mecklenburg gesagt: Es könne unter diesem gegenwärtigen Kaiser nicht gut werden, wenn er es nicht mache, wie Karl der Große, der hätte einige Leute an die Bäume hängen lassen, und dann wäre ein besser Regiment geworden.

3. Habe er gegen Einige, die Priester gewesen und wenig zu leben hätten, gesagt: Wenn ihr wüßtet, was ich weiß, und gelesen hättet, was ich gelesen habe, so würdet ihr bald anderen Sinnes werden; mich dünkt, es ist noch Zeit.

4. Daß er des Kaisers Briefe eiligst mit einem Pferde nach Lübeck gefördert, ohne Wissen der anderen Bürgermeister, und daß er den Boten vom Pferde vor den Rathsstuhl holen lassen, ohne sich erst mit seinen Kollegen zu besprechen, deswegen werde ihm beigemessen, daß er um den Handel zu Lübeck gewußt, nämlich, daß die beiden Bürgermeister des Ostertages morgens 5 Uhr aus der Stadt geritten.

5. Daß er Pfaffen und Nonnen und andere gottlose Leute hätte, die den Bürgern wider das Evangelium unnütze Reden vorsagten, wodurch ein Unheil entstände.

6. Sollte er auf einem Hofe gegen einen alten Bürger geäußert haben: Es wäre nicht gut, also zu wandeln; er hätte Briefe aus Geldern. Da wären sechs Bürgern die Köpfe abgeschlagen worden, und als einige andere dawider geredet, hätte der Herzog gefragt, ob sie auch Speck im Nacken hätten.

Wegen dieser Anklage und Anschuldigung deutete der Rath dem Bürgermeister Salsburg an, daß er sich vor der Bürgerschaft zu rechtfertigen habe, wenn er sein Amt zum besten des gemeinen Wesens weiter zu führen beabsichtige. Er möge sich bis zur erfolgten Rechtfertigung des Rathsstuhls enthalten. Das war deutlich genug. Daß der Bürgermeister sich dazu verstehen werde, gegen die vorgebrachten Anschuldigungen sich vor der Oeffentlichkeit zu verantworten, war nicht zu erwarten. Er verzichtete denn auch auf den Sitz im Rathsstuhl und beschloß, sein Amt niederzulegen. Hierauf kehrte das gute Vernehmen in der Stadt zurück, und die Bürgerschaft gewährte eine Schatzung von 10 Gulden 6 Pfennige. Es ward dann der Graben und Wall zwischen dem Schaarthor und dem Niederbaum zu bauen angefangen und die „neue Kunst" mit der Bornmühle, „die das Wasser in die Stadt trägt", wie Traziger berichtet, die später „die alte Brunnenkunst" genannt wurde, bei der Mühle vor dem alten Dammthor fertig gemacht.

Der Bürgermeister Salsburg fiel nachher in geistige Schwachheit, „wurde kindisch". Mit ihm zugleich wurde der Rathmann Gerd Hutlen, Amtmann zu Bergedorf, des Rathsstuhls enthoben, weil er sich der lutherischen Lehre und dem Evangelium widersetzte. Doch ward dieser nachher wieder restituirt.

Nun war für den Bestand und die ungestörte Entwickelung der lutherischen Kirche in Hamburg wenig mehr zu fürchten. Die große Mehrheit der Bürger war für diese gewonnen. Auch die Mehrzahl im Rath war nach der letzt erfolgten Hinzuziehung von sechs neuen Mitgliedern entschieden lutherisch gesinnt, und der Hauptgegner der Lutherischen war aus dem Rathe verdrängt.

An St. Nikolai ward noch ein lutherischer Pastor, Nikolaus Rambow, als Kapellan angesetzt. Den Pfaffen wurde von Rath und Bürgerschaft „das Singen" im Dom gänzlich verboten, mit anderen Worten: der Meßdienst wurde den Dompredigern untersagt. Das Kirchenwesen und der Kirchendienst war jetzt durchaus lutherisch eingerichtet. Es fehlte nur noch an einer lutherischen kirchlichen und geistlichen Oberbehörde, um das ganze einheitlich zusammenzufassen. Auch diese wurde nun hergestellt und eingesetzt.

Bugenhagen hatte schon in seiner Kirchenordnung die Wahl eines Superintendenten empfohlen, welcher außer seinem Aufsichts- und Predigtamt die Lektur versehen und wöchentlich im Lektorium vier gelehrte lateinische Vorlesungen halten sollte zur Förderung theologischer Wissenschaft und Gelehrsamkeit. Man hatte Bugenhagen selbst für die Stelle eines Superintendenten und Lektors in Hamburg zu gewinnen gesucht. Allein Bugenhagen konnte und wollte sich von der Universität Wittenberg nicht für die Dauer trennen, und so war man damals von der Einsetzung eines Superintendenten und Lektors abgekommen. Jetzt kam man auf dieselbe zurück. Man ersah zunächst den Dr. Urban Regius, Generalsuperintendent zu Celle, für das Amt eines Superintendenten. Dr. Regius lehnte aber einen diesbezüglichen Ruf, den der Rath an ihn richtete, ab, nachdem er inzwischen Superintendent in Lüneburg geworden war, und man erwählte dann am Pfingstabend 1532 den bisherigen Pastor an St. Petri, Dr. Johann oder Johannes Aepinus, zum Superintendenten der Hamburger Kirchen und Kirchengemeinden.

Joh. Aepinus. † 1553.

Dr. Aepinus war ein namhafter Theologe von gründlichem Wissen und ausgebreiteter Gelehrsamkeit, der vielfach zum Schiedsrichter in theologischen Streitigkeiten bestellt und zu Colloquien und Disputationen zur Berathung und Entscheidung hinzugezogen wurde. Als Heinrich VIII. von England sich nach einem gelehrten Theologen in Deutschland umsah, der ihn bei Reformirung der englischen Kirche berathen sollte, wurde ihm der Dr. Aepinus in Hamburg genannt, und dieser hat nachher die englische Kirche, soweit der Eigensinn des Königs es zuließ, reformatorisch organisirt, ähnlich wie Bugenhagen die hamburgische Kirche. Dem Dr. Aepinus wurde mit der Superintendentur nun die Lektur, deren Besetzung das Domkapitel beanspruchte, übertragen. Das Kapitel protestirte in heftigster Weise gegen die Wahl und die Einsetzung des Aepinus. Das hatte aber keinen Erfolg. Der älteste Bürgermeister, Ditrich Hohusen, übte in Besetzung der Lektur durch Aepinus als Vertreter des Raths das Präsentations- und Wahlrecht, und die Bürger gelobten, ihn wegen der Präsentation und Installirung des Aepinus vor aller Verantwortlichkeit und Belästigung zu sichern. Dr. Aepinus nahm die auf ihn gefallene Wahl an. In einer Protestation vom Mai 1532 erklärte er, mit Beziehung auf den Widerspruch des Kapitels, daß er, zum Amte eines Lektors berufen, dieses annehme, und daß er sich befleißigen wolle, die damit verbundenen Funktionen nach besten Kräften zu verrichten, auch gerne von Rath und Kapitel freundlich sich wolle zurechtweisen lassen, und wenn man einen Gelehrteren und in der heiligen Schrift Erfahreneren erwähle, so wolle er solchem gerne weichen, sowie er auch Niemand durch Annahme dieses Amtes in seinen Rechten verkürzt haben wolle. Die Protestation ist in Gegenwart der Bürgermeister und im Beisein von neun Bürgern auf der Garvekammer (Sakristei) zu St. Petri geschehen und vollzogen.

Die Reformation war in Hamburg endgültig durchgeführt und hatte in der Einsetzung eines lutherischen Superintendenten nach außen hin ihren Abschluß gefunden.

Die Kirchenreformation war, wie es der Natur der Sache nach nicht anders sein konnte, da die ganze Einrichtung des bürgerlichen Gemeinwesens, hier wie anderswo, ursprünglich von der Kirche ausgegangen war und wesentlich in kirchlichen Institutionen sich gründete, wie es schon in der Bezeichnung der politischen und bürgerlichen Gemeinden und Gemeinschaften als „Kirchspiele" sich ausspricht und bekundet, von eminentester Bedeutung für die bürgerliche Gesellschaft auch in ihrer Verfassung im Kommunal- und Staatsverbande. Sie hat die letztere, die Verfassung, in ihrer geschichtlichen Entwickelung auf Jahrhunderte hinaus bedingt und bestimmt. Der urkundlichste Beleg für die tiefeingreifende Wirkung der reformatorischen Bewegung auf die Gestaltung des bürgerlichen Gemeinwesens und die zuverlässigste Quelle für die Geschichte in Absicht auf Erforschung und Kenntniß der Verfassung derselben in der betreffenden Zeit ist und bietet aber der vorberegte „lange Receß" vom Jahre 1528 respektive 1529 zwischen Rath und Bürgerschaft. Deswegen wird derselbe hier vollinhaltlich zur Begründung in bezüglicher Rücksicht aufgenommen:[1]

  Gott dem Allmächtigen zum Lobe und Römisch-Kaiserlicher Majestät, sowie erblichem Landesherrn, der mit seinen Vorfahren Hamburg mit vorzüglichen Privilegien beschenkt und dieselben confirmirt hat, zu Ehren, zum beständigen Gedeihen und zur Wohlfahrt der guten Stadt Hamburg, welche Gott mit besonderer Gnade begabt hat, daß sein Wort und der Gottesdienst desto besser gefördert werde und alle Menschen in Frieden und Eintracht, zur Seligkeit der Seelen und zur Schicklichkeit und zum Vortheil der Personen, christlich unter einander handeln und leben mögen, haben einige Mitglieder des Raths und einige verordnete Bürger mit reifem Rathe und speciellem Befehle von Rath und Bürgern im Jahre 1528, nach vorheriger Uebereinkunft, die nachgeschriebenen Artikel recessweise schriftlich verfaßt, worauf dieselben von dem Rathe und den gemeinen Bürgern und Einwohnern im folgenden Jahre, am Freitage nach dem Sonntage Invocavit, den 16. des Monats Februarii, auf dem Rathhause zu Hamburg einhellig genehmigt und in dem Maße, wie hiernach geschrieben, angenommen und bestätigt worden, so daß sie gleich dem Stadtrechte gelten und befolgt werden sollen.

  Art. 1. Welche Freiheit Jeder, der in Hamburg wohnt, im Gerichte genießen soll. — Zuvörderst soll man nach dieser Zeit Niemand, er sei Bürgermeister, Rathmann, Bürger oder Einwohner dieser Stadt, vertreiben oder verweisen wegen einer mit Geld zu büßenden Strafe, oder wegen einer Ansprache, die zu verbürgen ist und nicht zum Verlust des Lebens oder zur Leibesstrafe führt. Auch soll man nicht den, der seiner Güter wegen pfandbar ist, oder genügende Bürgen stellen kann, zur Haft oder ins Gefängniß bringen, auch nicht unverhörter Sache aus seinem Hause oder anderer Bürger Häusern bei Tage oder bei Nacht fänglich annehmen, suchen und holen lassen. Man soll auch Niemandem Malz in den Mühlen oder andere Sachen mit Arrest belegen, auch sein Brauwerk, Amt und Nahrung nicht verhindern, vernichten, schließen oder verbieten, wegen einer That oder Schuld, die nicht zu Recht eingeklagt und gerichtlich ausgeführt ist.

  Art. 2. Wie gegen Uebertreter verfahren werden soll. — Wer gegen das Stadtrecht, die Recesse und die bewilligte Burspake handelt, den soll man öffentlich in gesetztem Gericht oder vor dem Rathe, den Rechten gemäß, vorladen

---

[1] Dieser „lange" Receß begreift die vorhergegangenen Recesse im wesentlichsten in sich und giebt außerdem die durch die Neuordnung infolge der Reformation nöthig gewordenen Vorschriften und Bestimmungen zur Regelung der durch jene bedingten Zustände und Verhältnisse an. Daher eben ist dieser Receß etwas länger geblieben, als die anderen Recesse. Dafür aber ist derselbe auch inhaltlich wichtiger, als alle übrigen, und geschichtlich von so hoher Bedeutung, daß er in einer Specialgeschichte Hamburgs, wenn dieselbe einigermaßen ausführlich und urkundlich begründet sein soll, nicht vermißt werden darf. Unbeschadet des Zusammenhanges kann der Receß bei der Lektüre einstweilen auch übergangen werden, falls ein Leser die „langen" Recesse in fortlaufender Lektüre nicht liebt.

lassen und ihn daselbst ansprechen; und soll er das, was ihm Urtheil und Recht zuspricht, in Gemäßheit des Stadtrechts und der Bursprake, genießen und entgelten. Bei Todtschlag, Diebstahl und sonstigen Sachen aber, derentwegen billigerweise keiner einen Bürgen genießen mag, soll der Rath bei der Bestrafung den Rechten gemäß verfahren, und wollen die gemeinen Bürger und Einwohner dem Rathe nach aller Redlichkeit beistehen und behülflich sein, daß unser Stadtrecht, Stadtbuch, alte und neue Willkühr, Recesse und Burspraken durchaus in Ansehen und Würden bleiben.

Art. 3. Von Personen, die aus Furcht weichhaft werden. — Würde Jemand aus Furcht vor einem Ueberfall weichhaft, wenngleich er erbötig wäre, im Gerichte zu antworten, so soll er, damit er genieße und entgelte, was Recht ist, freies Geleit haben. Würde auch Jemand seine Bevollmächtigten oder Freunde ins Gericht schicken, um seine Nothdurft vorzubringen, so soll man dieselben zur Antwort zulassen. Wäre das Urtheil der Parthei zuwider, so soll man mit Verfestung gegen den Thäter verfahren, wie das Stadtrecht vorschreibt, die Bevollmächtigten aber sollen ohne Belästigung bleiben.

Art. 4. Wann man wegen Personen, die aus anderen Städten weichhaft geworden oder vertrieben sind, Kosten aufwenden soll. — Würde Jemand aus andern Städten weichhaft oder vertrieben, deswegen und um ihn zurückzubringen, soll der Rath keine Bemühung übernehmen und aus dieser Stadt Gütern keine Kosten anwenden, es geschähe denn auf Sr. Römisch-Kaiserlichen Majestät, oder unsers erblichen Landesfürsten Requisition, oder der Städte der deutschen Hanse, zu der unsere Stadt gehört, damit die Stadt deshalb mit keiner Last beschwert werde; jedoch soll der Rath auf diesen Fall Rücksprache nehmen mit den verordneten Bürgern der vier Kirchspiele.

Art. 5. Einer, der den Bürgern schuldig ist, kann nur unter Einschränkung freies Geleit erhalten. — Man soll Keinem vor Bürgerschuld freies Geleit geben, wenn nicht sämmtliche Schuldner und Gläubiger darin gewilligt haben; und ehe einem Manne das freie Geleit gegeben wird, soll er auf seinen Eid gefragt werden, ob er mehr Leuten in dieser Stadt schuldig ist, als er angegeben hat. Verschweigt er dann die Wahrheit und bewilligen die Gläubiger sämmtlich, die genannt worden, das freie Geleit, so sollen sie sich dadurch den andern, die vor dem freien Geleit nicht genannt worden, zu nichts verbindlich machen. Wollen sich aber die verschwiegenen Gläubiger an das freie Geleit nicht kehren, so kann es der geleitete Mann nicht genießen. Erhielte aber Jemand in Zukunft ohne Genehmigung aller und jedes der Gläubiger innerhalb Hamburgs, die zur rechten Zeit genannt sind, ein freies Geleit, so soll derjenige oder diejenigen, soviel ihrer sind, die in das freie Geleit gewilligt haben, denen, die nicht darin gewilligt haben, ohne Widerrede für die Schuld aufkommen und sie bezahlen, doch muß jeder der Gläubiger seine Schuld den Rechten gemäß zu rechter Zeit wahrmachen.

Art. 6. Von Arretirung der Güter fremder Leute. — Das Gut eines Fremden, der wegfertig oder im Begriff steht, von hier wegzugehen, können unsere Bürger in dieser Stadt oder an den Thoren und Bäumen ohne Erlaubniß des Rathes anhalten; doch sollen sie ohne Verzug die Beschlagnahme dem Richter oder dem Rathe anzeigen und ungesäumt die Sache verfolgen, bei der Strafe, die nach dem Rechte stattfinden soll.

Art. 7. Von denen, die fremder Leute Gut unter sich haben. — Hat einer unserer Bürger oder Einwohner oder haben einige ihrer Diener, innerhalb dieser Stadt oder außerhalb, von fremden Leuten Geld oder Geldeswerth in Verwahrung erhalten oder geliehen, und dieserwegen nicht geleistet, wozu sie sich verpflichtet haben, und würden sie, gleichviel ob Mann oder Weib, ob ansässig ober nicht, von dem Fremden und seinen Bevollmächtigten verklagt, so soll der Beklagte ihm ohne alle Verzögerung für das aufkommen, was mit Handschriften, Zeugnissen oder anderen Beweisen nach Erkenntniß des Rechts belegt werden kann. Auch soll der Kläger nicht genöthigt werden, denen, die seine Güter unter sich haben, Bürgen zu stellen, es wäre denn, daß der Beklagte sich einer zulässigen Widerklage berühmte und darauf vom Rathe erkannt würde, daß er dafür Bürgen stellen solle. Sonst will der Rath dem fremden Mann, und so schnell wie möglich, behülflich sein.

Art. 8. Von der Wahlordnung. — Die von unsern Vorfahren zu Buch geschriebene Wahlordnung sollen die verordneten Bürger auf Befehl der ganzen Gemeinde in Erwägung ziehen.

Art. 9. Von der Rathswahl. — Der Rath will sich auch befleißigen, nach Vorschrift des Stadtbuchs diejenigen in Zukunft zu Rathe zu ziehen, die das gemeine Beste mit Rath und That, sowie Eintracht und Wohlfahrt dieser guten Stadt nach besten Kräften zu befördern suchen.[1]

Art. 10. Wie viele Personen zu Rathe richten und wann Bürger-Werbe gehalten werden sollen. — An den gewöhnlichen Gerichtstagen sollen wenigstens zwölf Personen zu Rathe sitzen, doch soll dies der Ordnung des Stadtbuchs nicht präjudicirlich sein; auch soll der Rath nicht verbunden sein, des Nachmittags Bürger-Werbe zu hören. Nur allein des Freitags-Nachmittags will sich der Rath mit der Verschreibung und Verlosung des Eigenthums und der Rente, mit Gewinnung des Bürgerrechts und mit der Wahl der Vormünder beschäftigen. Fremden wird der Rath Recht administriren und behülflich sein zu jeder ihm gelegenen Zeit, damit unsern Bürgern im Auslande kein Nachtheil aus hiesiger Rechtsverweigerung erwachse. Darum soll auch ein jeder Bürger und Einwohner, der durch einen Fremden belangt wird, zu jeder Zeit Recht zu geben und zu nehmen verpflichtet sein. Wenn auch der Rath wegen fremder Gesandten, eingegangener Briefe, oder wegen sonstiger wichtiger Ursachen und Geschäfte Bürger-Werbe zu halten verhindert würde, so soll es den Bürgern durch den Schenken, im Winter vor neun Uhr und im Sommer vor acht Uhr, angezeigt werden, damit keiner bei seiner Nahrung und seinem Gewerbe etwas versäume. Ginge Einer, der seine Sache gehörig wahrnimmt, wenn das Rathhaus vor neun Uhr nicht geöffnet ist, nach neun Uhr weg, so soll er dadurch nicht gefährdet werden können.

Art. 11. Von der Ordnung des Processes vor dem Rathe. — In Sachen über 80 ₰ soll ein Bürger dem andern vor dem Rathe Rede und Antwort zu geben schuldig sein. Dazu soll der Kläger seinen Gegner Tags vorher bei Sonnenschein durch einen Diener vorladen lassen und dem Diener 6 Pfennige geben. Kommt der Beklagte nicht zur rechten Zeit, so soll der Schenke mit zwei erbgesessenen Bürgern in des Beklagten Haus gehen und verlangen, daß er nach dem Rechte vor dem Rathe Antwort gebe. Bliebe der Beklagte abermals aus und schickte keinen Bevollmächtigten, so soll der Kläger seine Klage bei offenem Hause vorbringen und demnächst den Beklagten zum dritten Male durch den Schenken vorladen lassen, um zu sehen und zu hören, wie der Kläger seine Klage beweisen wolle, und wenn er das gethan hat, will der Rath dem Kläger zu seinem Recht verhelfen, der Beklagte erscheine oder

---

[1] „Der Rath will zu Rathe ziehen." Dies beweist, daß damals noch keine eigentliche Wahl der Rathsmitglieder stattfand. Der Rath ergänzte sich immer noch selbst, erwählte für erledigte Stellen neue Mitglieder „zu sich". — Wie vornehmlich aus Traziger erhellt, schieden in einem Turnus von drei bis vier Jahren immer drei bis sechs, in der Regel vier, Rathmänner aus. Es ist entschieden ein Irrthum, wenn Koppmann sagt, daß 1292 die Rathmannswürde lebenslänglich geworden sei.

nicht. Der Schenke soll für jeden Weg 1 Schilling zum Lohn haben. Kommt aber der Beklagte oder schickt er seinen Bevollmächtigten, so kann und mag er die Sache in Ueberlegung nehmen, welches ihm nicht verweigert werden kann. Am nächsten Gerichtstage soll dann der Kläger seine Beantwortung fordern, bleibt dann der Beklagte aus, so soll er sie den nächsten Gerichtstag zum zweiten Male fordern, und bliebe der Beklagte zum dritten Male aus, so soll der Kläger bei Verlust der Sache Antwort verlangen. Kann dann der Beklagte am nächsten Gerichtstage keine Nothsachen vorbringen, die der Rath dafür anerkennt, so soll er sachfällig sein.

Art. 12. Von den Fürsprechern. — Die Fürsprecher sollen in Zukunft keine Sache vortragen vor dem Rath, ausgenommen bei Urtheilen aus dem Niedergericht, über welche man sich vor dem Rathe beschwert. Könnte oder wollte aber Jemand seine Sache vor dem Rathe nicht selbst vortragen, so mag er einen guten, ehrlichen Bürger ersuchen, für ihn zu sprechen. Er soll aber Niemanden bitten, der Fürsprecher ist oder gewesen ist, denn diese sollen überhaupt zu Niemandes Recht gestattet werden. Geschähe dem zuwider, so soll der Fürsprecher dieser Stadt Wohnung verwirkt haben. Doch mögen die verordneten Bürger, insofern sie es für gut ansehen, einen oder mehr rechtliche Männer halten und bezahlen, um vor dem Rathe oder wo es sonst nöthig ist, zu sprechen. Den Lohn oder die Besoldung der Fürsprecher soll man auf eine Tafel schreiben und in dem Gerichte aufhängen lassen, über welchen Ansatz hinaus sie Niemand beschweren sollen, bei Verlust der Stadt-Wohnung. Auch will der Rath dafür sorgen, daß brave Leute angenommen werden, um im Niedergericht oder sonst Jedermanns Worte anzuhören.[1]

Art. 13. Von Klagen, Urtheilen und Zeugnissen. — Würde eine Klage vor den Rath gebracht, auf welche der Gegner so nicht antworten wollte, sondern die Beibringung einer schriftlichen Klage verlangte, dem soll der Kläger dies nicht abschlagen, ebensowenig, wie der Beklagte dem Kläger; auch soll man auf der Partheien Kosten und Verlangen die Sentenz und die Zeugnisse niederschreiben lassen und keinem Bürger davon eine Abschrift auf sein Begehren verweigern. Dafür soll nach Beschaffenheit der Sache den Schreibern ein ziemlicher Lohn, der jedoch vorher zu bestimmen ist, gegeben werden.

Art. 14. Von Glaubwürdigkeit der Verträge und Briefe, außerhalb Gerichts verfaßt. — Atteste, Zettel und Briefe, die zum Gedächtniß vollzogener Handlungen und geschehener Sachen verfaßt wurden, sollen von den Partheien oder von den handelnden Personen unterschrieben und versiegelt werden, sonst aber von keinem Werthe sein. Was aber bisher zärterweise verfaßt ist und zum Vorschein kommt, soll Glauben haben, insofern als ein Mann, der darin benannt wird, eingesteht, daß der Zärter verfaßt und der Handel so und nicht anders zu jener Zeit und in Gegenwart der bestimmten verstorbenen Personen einträchtiglich vollzogen ist, und dies mit seinem Eide bekräftigt; wenn aber die im Zärter contrahirenden Personen sämmtlich verstorben sind und der Gegner dawider Zweifel erhöbe, so soll derjenige, der den Zärter zum Vorschein bringt, als Zeuge mit seinem Eide erhärten, daß der Zärter durch ihn und mit seinem Wissen nicht verändert sei.

Art. 15. Wie man die Sachen fördern und entscheiden soll. — Es soll sich der Rath auch befleißigen, alle zu Gericht kommenden Sachen mit dem Ersten freundlich oder gerichtlich zu entscheiden. Zu dem Behuf soll eine Sache nicht mehr als dreimal zum Vergleich verwiesen werden. Die Mitglieder des

---

[1] „Fürsprecher" hießen die Rechtsanwälte, Advokaten. Diese sollten nur in Appellationssachen vor dem Rathe eine Sache führen dürfen.

Rathes, die bei der Sache gewesen, sollen ohne Verzug den Partheien anzeigen, wann sie die Sachen vornehmen wollen, auch sich bemühen, fördersamst und binnen acht Tagen die Partheien freundschaftlich auseinander zu setzen, und sie länger mit ihrem Handel nicht hinzuziehen und aufzuhalten. Wären die Herren darin säumig, so mag Kläger vor den Rath gehen, und seine Sache beschleunigen und verfolgen.[1] Dem, der seine Sache verfolgt, und auf Beschleunigung bringt, soll man, insofern der Beklagte keine Einrede hält, zu welcher er Zeugnisse über See und Land oder von außerhalb Landes herbeischaffen müßte, die Sachen unter 60 ₰ binnen einem Vierteljahr, und ganz wichtige Sachen binnen Jahr und Tag, soviel immer möglich ist, in den Gerichten forthelfen, und ohne Versäumniß den Rechten gemäß entscheiden. Würde Jemand über Jahr und Tag, wozu man sich jedoch nicht versieht, hingehalten und er deshalb oder sonst aus dringender Noth, um Gotteswillen bitten, ihm doch sein Recht zuzusprechen, dem will der Rath ohne Verzug und binnen drei Gerichtstagen zu seinem Recht verhelfen und ein Erkenntniß abgeben.

Art. 16. Wie jeder seine Sache mit dem Stadtrecht begründen soll. — Würde Jemand an den gewöhnlichen Gerichtstagen seine Sache mit dem Stadtbuche, Recesse und der bewilligten Bursprake begründen, und den Artikel, mit dem er sein Recht auszuführen vermeint, benennen, so will der Rath an den Gerichtstagen das Stadtbuch, die Recesse und die Bursprake zur Hand haben, und einen jeden der Artikel, worauf er sich bezogen, lesen lassen, daraus aber urtheilen und richten, wie darin beschrieben steht, und das Stadt-Recht es mit sich bringt.

Art. 17. Wie man sich bei Beschwerden gegen ein Urtheil benehmen soll. — Würde Jemand über ein Urtheil, welches der Rath gegeben, sich beschweren, und vermeinte er, zu beweisen, daß ihm nach Stadtbuch, Recessen und Bursprake ein besseres Urtheil werden müsse, so soll er den Artikel, worauf er seine Beschwerden gründen will, stehenden Fußes oder bis zum nächsten Gerichtstage vor dem Rathe benennen und darauf abermals Urtheil fordern. Thut er solches nicht, so ist der frühere Ausspruch des Raths zu Recht beständig. Bei wichtigen Sachen, worüber sich im Stadtbuche, in Recessen und in der bewilligten Bursprake keine Vorschriften finden, weshalb auch die Partheien ein ungünstiges Urtheil befürchten, können sie vom Rath fordern, bitten und begehren, daß die verordneten Bürger der vier Kirchspiele zu Rathhause gefordert und daß mit ihnen über das Urtheil Raths gepflogen werde; und soll das, worüber sie eins werden, nicht allein in der vorliegenden Sache, sondern auch in allen ähnlichen Sachen, Recht sein in Hamburg, und in das Buch geschrieben werden. Trüge

---

[1] Die „Herren" sind hier die Richteherren aus dem Rath. Es waren deren zwei. Die Verwaltung war unter die Rathmänner getheilt. So hatten zwei derselben die Kämmerei unter sich und verwalteten das Stadtgut und das öffentliche Rechnungswesen. Diese hatten auch das Bauwesen zu leiten. Später wurden eigene „Bauherren" bestellt neben den „Kämmereiherren". Auch gab es eigene „Zollherren", „Accise- und Webbeherren". Accise und Webbe waren sehr alte Rathsämter. Seit der Mitte des 14. Jahrhunderts gab es auch „Münzherren". Auch das Kriegs- und Vertheidigungswesen stand unter Leitung zweier Rathsherren, „Artillerieherren", auch „Herren über Geschütz und Kraut" genannt, später „Wallherren". Diese hatten wohl nur das Vertheidigungswesen der Stadt zu kontrolliren und zu leiten. In älterer Zeit scheinen die Kriegsherren aber auch das Kommando in Krieg und Fehde auswärts, zu Wasser und zu Land, geführt zu haben. Die beiden „Richteherren" übten auch die Kontrolle und die Leitung des Polizeiwesens. Sie sprachen Recht in Gemeinschaft mit dem Vogt und hießen im Volksmunde auch wohl „Vögte", weil sie in Gemeinschaft mit Diesem die Funktion der alten Burg- und Schirmvögte ausübten. — „Herr" hießen nur die Geistlichen und die Adligen. Mit diesen rangirten dann die Graduirten der Fakultäten und die Senatoren der Reichsstädte. Wenn in der Hamburger Geschichte bei älteren Chronisten kurzweg von „Herren" die Rede ist, so sind immer die Rathsmitglieder, die Rathsherren, gemeint.

es sich zu, daß die Partheien, sammt oder sonders vor abgegebener Sentenz so etwas nicht fordern und die verordneten Bürger nach Abgebung der Sentenz es für noth und nütze hielten, daß solche Sentenz in das Urtheilsbuch geschrieben und künftig für Recht gehalten würde, so mögen sie solches persönlich oder durch ihre Bevollmächtigten bei dem Rathe befördern, und soll man denselben billig darin Gehör geben.

Art. 18. **Von Aenderung des Urtheils.** — Da sodann Art. 16 des Stadtbuchs es nachläßt, daß der gemeine Rath Macht habe, ein Urtheil zu mindern oder zu mehren, so bezieht sich dies bloß auf peinliche Sachen; in andern Sachen aber soll es nach dem Stadtbuche, den Recessen und der Bursprake gehen.

Art. 19. **Von Untergerichten.** — Die Ordnung des Processes in den Untergerichten, bei Bestimmung von Renten oder Erbzins oder in allen Sachen, die unter 10 ₰ betragen, soll dem Stadtbuche und dem Gerichtsgebrauch gemäß gehalten und befolgt werden, so lange, bis der Rath und die gemeinen Bürger und Einwohner oder ihre Verordneten sich hierüber anderweitig vereinigt haben.

Art. 20. **Von Anklage der Verbrecher.** — Geschähe einem unserer Bürger Gewalt oder anderes Unrecht durch ein Verbrechen, das dem Thäter an den Leib ginge, so kann sich ein Jeder ohne Schaden beklagen, und der Rath will den Missethäter, insofern die Sache es nöthig macht, und sie sich bestätigt, ergreifen und verfolgen lassen. Wollte aber der Bürger seine Klage im besagten Gericht nicht verfolgen, so will der Rath einen der Fürsprecher verordnen, daß er auf öffentliche Kosten den Verbrecher durch peinliche Gewalt verfolge, und der Bürger, der zuerst das Verbrechen angezeigt hat, soll in der Rechtfertigung des Missethäters mit keinen Reden beschwert werden, ausgenommen bei Diebstählen, davon soll der dritte Pfennig beim Gericht bleiben, die beiden anderen Theile aber sollen dem Kläger unweigerlich wieder verabfolgt werden.

Art. 21. **Von Scheltworten und Gewaltthätigkeiten.** — Scheltworte und verursachte Schlägereien, die im Gerichte oder vor dem Rathe, im sitzenden Rathe oder sonst aus heißem Gemüthe und Unbedacht geschehen, sollen nach dem Stadtbuche Art. 3 und 9 bestraft werden. Würde aber Jemand verklagt, daß er mit Ueberlegung und im wohlbedachten Muthe im Gerichte oder vor dem Rathe, oder in Gegenwart anderer frommer Leute, irgend Einen schelten, bedrohen oder mißhandeln wolle, und er hernach mit der That dies wirklich bestätigte, der soll dafür, als für einen Vorsatz, büßen. Zielten aber jene Scheltworte, die im Gericht gegen Jemand, entweder Angesichts seiner oder hinter seinem Rücken ausgestoßen worden, auf Glimpf, Ehre und Redlichkeit, oder auf Verachtung seines ehelichen Weibes, seiner Kinder und Freunde, der soll solches im Gericht, bei offenem Hause, insofern er seiner Worte geständig ist, oder daran überführt worden, öffentlich widerrufen, und dem Rath und der Parth Strafe zahlen, nach dem Ermessen des Raths und der verordneten Bürger.

Art. 22. **Wo man vor der Hand die Gefangenen bewahren soll.** — Der Rath hat ein behufiges Local bestimmt, wohin man diejenigen, die wegen Nachtganges nach der Glockenzeit oder wegen anderer Ursache, die keine Halsbrüche zur Folge hat, und derentwegen sie ihre Nothsachen nicht vorbringen können, in Verwahrung gesetzt, bringen soll, nämlich auf den Winserthurm, wo der Baumschließer wohnt, oder über dem Brookthore, damit Niemand dem Gewaltsboten übergeben werde, bei dem dieser sein Amt und seinen Dienst nicht zu verrichten hat. Wer aber in den Stücken beschlagen, daß dieser die Execution zu vollziehen haben wird, den soll man und Niemanden anders, in des Gewaltsboten Verwahrung bringen.[1]

Art. 23. Wie Brüchen zu bezahlen sind. — Kein Knecht soll sich an seines Herrn Gut verbrechen, wenn nicht der Herr dazu erweislich den Auftrag gegeben hat. Thäte es aber der Knecht dem Rathe zuwider, es sei nun in Uebersackung des Malzes, oder in einigen anderen Sachen, so soll er mit seinem Eigenthume dafür büßen, oder mit seiner Person dafür verantwortlich sein, so daß der Hausherr, der dazu keinen Auftrag gegeben hat, durchaus keinen Schaden leide.

Art. 24. Von den Asylen. — Da in vorigen Zeiten viele Plätze und Freiheiten vor Augen gewesen, wohin sich diejenigen, die aus Noth oder in Veranlassung andern Unfalls einen Todtschlag begangen hatten, und wo sie sicher waren, so halten der Rath und die gemeinen Bürger es für dienlich, daß in Zukunft Jeder, dem ein solcher Unfall begegnet, dessen Folge Todtschlag oder andere Gewaltthätigkeiten wären, die Gott verhüte, außer den Wohnungen und Höfen unserer Landesherren in dieser Stadt als gewöhnliche Freiheit der Stadt von dem Rathe und den verordneten Bürgern dazu verordnet und nachgegeben, frei und ungefährdet genießen soll und mag die vier Kirchspielskirchen mit ihren Kirchhöfen und Plätzen, wo die Kirchherren wohnen, ohne daß er von da weggeholt oder genommen werden kann, es wäre denn, daß der Rath und die gemeinen Bürger einmüthig darein willigten, und es gutheißen, wegen mancherlei Unthat, oder wegen der Umstände, von denen die That begleitet ist; doch soll das oberste Hospital, namentlich St. Maria-Magdalen-Kloster, einem Jeden zu allen Zeiten, so daß davon Niemand herabgeholt werden kann, als Heimstatt ohne Gefahr überlassen werden. Doch soll dieser Artikel denjenigen nicht zum Nutzen gereichen, die auf Unthat im Asyl begangen, betroffen würden.

Art. 25. Vom Zeugniß wegen Erbgut. — Bürger-Kinder, deren Eltern nach dem Wissen des Raths in die heilige Ehe in dieser Stadt rechtlich zusammen getreten sind, sollen nach ihrer Eltern Tode, um in die Güter, die ihnen dann zufallen, eingesetzt zu werden, keiner Zeugen bedürfen, sondern der Rath soll ihnen die Güter in der Stadt Erbe- und Rentenbuch ohne Widerrede zuschreiben lassen. Wäre der Eltern Ehe dem Rathe nicht bekannt, so mag ein nothdürftiges Zeugniß und Wissenschaft dazu hinreichen. Wer aber bei seinem Leben und Wohlsein seine Verwandtschaft den Freunden bezeugen und dies Zeugniß in das Stadtdenkelbuch einschreiben lassen will, der mag es immer thun, und dies vor dem Tode abgegebene Zeugniß soll nach demselben in Kraft bleiben und soll man die Zeugen im Gericht hören. Hätten aber der Vogt und die Richter Zweifel gegen die Zeugen, so wollen sie dieselben vor den Rath senden, der sie den vorliegenden Umständen nach hören, und den Partheien unverzüglich helfen will.[2] Da nun aber Mancher große Arbeit und Unkosten bei

---

[1] Die „Glockenzeit", wovon hier in diesem Artikel die Rede ist, war die Zeit um zehn Uhr Abends. Wer nach zehn Uhr auf der Straße betroffen wurde, mußte es sich gefallen lassen, daß er von den Wächtern als verdächtig in den Winserthurm gebracht wurde. Verdächtig machte sich aber Jeder, der keine Laterne mit brennendem Licht mit sich führte, auf dunklen Wegen ging. — Straßenbeleuchtungen gab es damals nicht. Der solide Bürger ging um zehn Uhr zur Ruhe. Dann mußten alle Wirthschaften geschlossen werden, und auch Privatgesellschaften mußten dann aufbrechen zum Heimgang. Daher noch die Rede „et is Börgertied" bei frühem Auseinandergehen aus Abendgesellschaften.

[2] „Vogt und Richter." Dieses bezeugt, daß Diejenigen im Irrthum sind, die da meinen, daß die Vögte in Hamburg schon in der letzten Zeit der Schauenburger Oberherrlichkeit in Wegfall gekommen seien. Die Vögte wurden auch von den Oldenburgern beibehalten. Auch nahmen die Vögte nicht die untergeordnete Stellung ein, die einige neuere Autoren ihnen zuweisen möchten. Vogt und Richter bildeten ein Kollegium von

Zeugnissen hat, die über Erbgüter geführt werden, und weil kein Artikel unsers Stadtbuchs dahin weiset, wie weit sich dies Zeugniß erstrecken soll, so hat man für gut gehalten, daß in Zukunft ein Bürger oder eine Bürgerin in dieser Stadt über nichts weiter Zeugen zu stellen verpflichtet sein soll, als daß man wisse und erkenne, daß der Verstorbene von Brüdern oder Schwestern oder von Bruder- oder Schwester-Kindern für echt und rechtgeboren gehalten worden sei, und sie sich unter einander dafür gehalten haben. Solche Zeugnisse sollen bei Würden bleiben, und ist nicht nöthig, daß sie über Vater und Mutter ein Zeugniß ablegen. Kämen auch fremde Leute, um Erbgut aus dieser Stadt zu fordern, die sollen bezeugen, was beständig von alten Zeiten her gewöhnlich gewesen ist, es wäre denn, daß die Erben sich hier zur Stelle setzen und mit ihren Gütern in diese Stadt ziehen und daselbst bleiben wollen, dann sollen sie, insofern dies genugsam verbürgt ist, keiner andern Zeugnisse bedürfen, als unsern Bürgern nachgelassen ist.

Art. 26. Von Testamenten und Erbgütern. — Jeder, der kein Erbgut empfangen hat, mag sein wohlgewonnenes Gut in seinem Testamente, das er in Gegenwart zweier Mitglieder des Raths, die dazu verordnet sind, gemacht hat, ohne Widerspruch vergeben, wohin und an wen er will. Wann man aber der Mitglieder des Raths nicht habhaft werden kann, so kann das Testament in Gegenwart zweier erbgesessener Bürger, nach vorheriger Erlaubniß des Bürgermeisters, errichtet werden, und was also gegeben, bestellt und gemacht ist, soll fest gehalten werden. Hätte Jemand Erbgut empfangen und dazu Gut genommen, so soll und mag er seinen Erben zukehren, soviel er an Erbgut empfangen hat, oder mehr, wie ihm gutdünkt, und das Uebrige geben, an wen ihm beliebt. Auch mögen Mann und Frau von ihren wohlgewonnenen, gemeinschaftlichen Gütern einander einen Antheil oder die ganze Nutzung und auch das Eigenthum, um es wieder zu vermachen, oder auf Lebenszeit, ohne Beschränkung geben; wollen sie aber von ihren Erbgütern vergeben, so soll es nur mit Bewilligung ihrer Erben geschehen. Was sonst in diesem Artikel nicht begriffen ist, damit soll es gehalten werden nach Vorschrift des Stadtbuchs. Und was auch in einem Testamente bestimmt wird für die Gotteskasten, zur Unterhaltung der Armen oder sonst zum Gottesdienste, das soll man ihnen verabfolgen lassen. Was auch unsern Bürgern und Bürgerinnen an Erbtheil aufällt, das soll, wie es immer gewesen, ihnen frei verabfolgt werden. Was aber an Erbschaft aus der Stadt geholt wird, davon soll man den zehnten Pfennig nehmen. Wollte aber ein Fremder, dem eine Erbschaft dieser Stadt anfällt, in die Stadt innerhalb eines Jahres, um hier zu wohnen, einziehen und lebenslang mit diesem Gelde hier wohnen bleiben, auch dafür gehörige Sicherheit stellen, so soll derselbe von den ihm hier angefallenen Gütern den zehnten Pfennig zu geben nicht verpflichtet sein. Auch soll man den frommen Leuten, die ihren Gatten verloren haben, die Kasten nicht versiegeln; doch sollen sie dem Rathe oder ihren Erben das geben, wozu sie verpflichtet sind.

Art. 27. Von Verfügungen der Knechte und Mägde. — Knechte und Mägde mögen vor zwei glaubwürdigen, erbgesessenen Bürgern ihren verdienten

---

Dreien — die „Richter" sind die „Richteherren" aus dem Rath. Der Vogt hatte nur noch eine Kollegialstimme im Gericht, gleich den Raths-Richteherren. An Rang aber ging er diesen vor. Daher wird er auch im Recesse vor den Richtern genannt. Nicht den Richtern war er untergeordnet. — er führte in den Gerichtsverhandlungen immer noch den Vorsitz, das Präsidium —, wohl aber dem Rath. Das erhellt aus den Bestimmungen im Receß, daß in Zweifelsfällen die Zeugen von Vogt und Richtern an den Rath verwiesen werden sollen. Darin, daß vom Vogt jetzt an den Rath appellirt wurde, ist die Unterordnung des Vogts, nämlich unter die Jurisdiktion des Stadtregiments, ausgesprochen.

Lohn geben, wem sie ihn gönnen, und das soll, wenn sie kein Erbgut empfangen haben, rechtsgültig sein.

Art. 28. **Von dem Erbverhältnisse der Kindeskinder.** — Wenngleich im Stadtbuche Art. 14 offenbar verstanden ist, daß das nächste Blut nächster Erbe sein soll, um das Erbe zu erheben, so ist doch durch den Rath und die gemeinen Bürger, der natürlichen Billigkeit nach, auch bewilligt und verordnet, daß in Zukunft die Kinder, deren Eltern nach dieser Bewilligung verstorben sind, sämmtlich in die Stelle ihrer Eltern zu Großvater-, Großmutter- und sonst zu Großeltern-, Schwester- und Bruder-Gut und zu Vater- und Mutter-, Schwester- und Bruder-Gut treten sollen; und was so den Kindern ins künftige in ihrer Eltern Stelle anfällt, das sollen sie und ihre nächsten Erben, gleich als ob es den Eltern selbst gehört hätte, zu aller Zeit genießen. Stürben aber Schwestern und Brüder mit Hinterlassung von Kindern und ingleichen wären Schwester- und Bruder-Kinder, deren Eltern vor dieser Bewilligung gestorben, vorhanden, und lebten keine Schwestern und Brüder mehr, so sollen die Kinder sämmtlich einen Theil, in Gemäßheit des Stadtrechts, von dem Erbtheil erheben, das von den vorberegten Personen anfällt.

Art. 29. **Von Kindern, deren Eltern vor dieser Bewilligung verstorben.** — Der Rath und die verordneten Bürger sind darin übereingekommen, daß diejenigen, denen daran gelegen ist, sich zwischen dieser Zeit und nächst künftigen Ostern unter einander freundschaftlich vereinigen und vertragen mögen.

Art. 30. **Vom angeheiratheten Erbgut.** — Wer in dieser Stadt mit seiner Frau oder Jungfrau Erbgut erheirathet, oder es durch seine Hausfrau, der es zugefallen ist, empfängt, der mag es sammt seiner Hausfrau zum zweckmäßigen Gebrauche verwenden, er habe mit seiner Hausfrau Kinder, oder nicht. Wenn aber Einer mit Erbgut verdächtig umgeht, über den sollen die Freunde, auf die das Erbgut nach dem Rechte fallen würde, Aufsicht haben, damit solches Erbgut nicht leichtsinnig in seinem Hauptstuhl gekränkt werden möge, auf daß, wenngleich der Mann ermächtigt ist, sein wohlgewonnenes Gut zu vergeben, dennoch auch die Erbgüter zu rechter Linie, wohin sie gehören, kommen. Nähme man einen offenbaren Mißbrauch wahr, daß er nämlich die Güter ohne erweisliche Noth versetzte, verpfändete und vergeudete, und das also aufgenommene Geld weder zu seinem eigenen, noch zu seiner Hausfrau Nutzen verwendete, so kann man dagegen verfahren, wie das Stadtbuch, die Recesse und die Bursprake vorschreiben. Die Freunde, oder einer derselben aber, die die vorberegte Aufsicht haben, sollen, wenn das Erbgut durch ihre Versäumniß vermindert und dies klar erwiesen ist, dasjenige, was fehlt, an ihrem Antheil bei der Erbtheilung missen. Fände sich auch Jemand, der nach seiner Verheirathung seiner und seiner Hausfrau Brautschatz und Erbgut in und nach dem Anfang des Ehestandes sammt den Kleinodien und dem Silbergeschmeide, so er empfangen, einigen seiner Freunde heimlich in die Hände spielte, so sollen diese, wenn hernach das Erbgut auf eben die, die es bei Lebzeiten erweislich genossen, fiele, dasjenige, was sie also heimlich an sich gebracht, sammt ihren Erben in dem Erbtheil entbehren.

Art. 31. **Wie es bei der Frau, die über das Kinderbekommen hinaus ist, gehalten wird.** — Würde eine Frau, die über die Kindererzeugnißjahre hinaus ist, des Anstandes und der Pflege wegen sich in den heiligen Ehestand begeben, so soll das mit Genehmigung ihrer nächsten Erben geschehen, und soll derjenige, der sie zur Ehe nimmt, verpflichtet sein, ihren nächsten Erben Versicherung zu thun, sowohl wegen des Hauptstuhls, als wegen der Güter, die noch hinzukommen, auf daß, wenn sie sich ehelich verbinden, solche Güter und solcher Hauptstuhl nicht zum Nachtheil der Erben vermindert oder verbracht werden. Wenn aber solche Güter und solcher Hauptstuhl den Erben unvermindert erhalten werden sollen, so hat der Mann die Güter, die er eingebracht, und dasjenige, was er sonst mit den für die Erben der Frau in Verwahrung habenden Gütern, durch redliche Arbeit gewonnen, zu genießen.

Art. 32. Von denen, die den Brautschatz höher angeben, als er werth ist. — Würde in Zukunft Jemand in dieser Stadt eine Wittwe oder Jungfrau heirathen und derselben bei der Verlobung seine Güter höher angeben, als sie werth sind, und befände sich hernach, daß er so in Schulden wäre, daß sein Brautschatz nicht frei eingebracht werden könnte, so sollen die Güter der Frau oder der Jungfrau für die Schuld, die vorher gemacht ist, sie mögen beerbt oder unbeerbt sein, nicht aufkommen, und er soll auch nicht die Macht haben, den Hauptstuhl seiner Frau ohne Genehmigung ihrer Freunde zu beschweren.[1]

Art. 33. Von Vormundschaft. — Es kann auch Jeder bei seinem Leben seiner Frau und seinen Kindern zu Vormündern bestellen, wen er will. Hielte aber Jemand seine Hausfrau für so geschickt, daß er ihr die Kinder und das Gut anvertraute, und deshalb keine Vormünder setzte, so mag die Frau, solange sie treu bei den Gütern handelt und unverändert bleibt, darüber rathen. Hätte aber eine Frau mündige Kinder, so soll sie ohne Rath und Willen der Kinder und der Töchtermänner die Güter nicht vergeben, verändern, verpfänden, noch verkaufen. Sie soll auch keinem Kinde mehr als dem andern ohne Willen der vorbenannten Personen geben oder zusagen. Und was die Mutter auch sonst auf der Freunde Rath dem einen Kinde mehr, als dem anderen nach den Umständen geben würde, das soll den anderen Kindern, wenn es nicht anders bestimmt ist, nachgegeben werden. Handelte die Mutter dagegen und beachtete die vorgeschriebenen Punkte nicht genau, so soll demnächst die Mutter nichts mehr über die Güter zu sagen haben, sondern soll ihr nach dem Vermögen der Güter, die vor Augen, eine ziemliche Behufniß bestimmt und gegeben werden, und das Uebrige soll und mag von den mündigen Kindern und den Töchtermännern in gute Aufsicht genommen und zum Gedeihen und Vortheil hingelegt werden. Und was die Mutter also vergeben, verändert, verpfändet oder verkauft hat, soll auch zu keiner Zeit gültig sein. Hat auch die Wittwe keine Kinder, so soll sie doch ihre Güter nicht verändern, verkaufen oder vermindern ohne Vormund, und die Vormünder sollen verpflichtet sein, den Freunden, auf die ihr Erbgut fallen mag, zu allen Zeiten Nachricht zu geben; auch sollen die Vormünder nach Vorschrift des Stadtbuchs eine Belohnung erhalten.

Art. 34. Von Rechnungsablage der Vormünder. — Die Vormünder, die vom Vater gesetzt, nach dem Tode desselben vom Gericht gewählt oder der Verwandtschaft wegen Vormünder sind, sollen alle Jahr Bescheid thun, damit der Frau und der Kinder Freunde wissen mögen, ob das Gut durch sie verwahrt oder verwahrloset wird, und darnach ihr Betragen einrichten. Fände sich bei der Rechenschaft, daß die Vormünder zum Schaden und Nachtheil der Güter handelten, dann mögen die Frau und die Kinder und die anderen Freunde sie von der Vormundschaft absetzen und andere an ihre Stelle wählen oder annehmen lassen; und was ein Vormund den Gütern zum Nachtheil gehandelt, soll er von dem Seinen gelten und bezahlen.

---

[1] „Freunde" sind hier Verwandte. „Fründschop" noch jetzt vielerorts für Verwandtschaft gebräuchlich, so im Holsteinischen. „Dat blivt in de Fründschop", es bleibt in der Verwandtschaft; „he friet in de Fründschop", heirathet in seine Verwandtschaft; „he is von min Fründschop", ist mir verwandt. Die Verwandten, die Erben der Frau, sollen hier ihre Genehmigung erst ertheilt haben, ehe der Mann den Hauptstuhl seiner Frau beschwert. „Hauptstuhl", Hovetstoel, ist das Grundkapital, im Unterschied von Zinserträgnissen, die etwa demselben hinzugelegt werden möchten.

Art. 35. Wie ein Erbe nach Gunst überlassen werden kann. — Da, Gott sei Dank, die Erben in Hamburg in großem Preise stehen, und es häufig einem Kinde sehr beschwerlich ist, dasselbe nach dem Werthe zu übernehmen und zu behalten, so soll der Vater bei seinem Leben einem der Söhne sein Haus, worin er wohnt, ohne Widerspruch der andern Kinder und Freunde, zu einem billigen Preise, nach Verhältniß seiner Güter, zu lassen, Macht haben, damit einer der Söhne sich des väterlichen Erbes erfreue. Doch soll er immer den Schwestern und Brüdern ihren Antheil an dem vom Vater bestimmten Werth des Hauses ungesäumt auszahlen. Stürbe der Sohn, dem der Vater das Haus angestellt oder gegeben hat, noch bei Lebzeiten des Vaters und ehe er das Haus ablehnte, mit Hinterlassung von einem oder mehreren Brüdern, ohne daß jedoch der Vater einem seiner andern Kinder bei seinem Leben oder im Testamente das Haus überlassen hätte, so soll es Erbgut bleiben.

Art. 36. Von Verpfändung der Erben. — Würde Jemand sein Haus höher vermiethen oder höhere Rente darauf nehmen, als es werth wäre, der soll sich dieser Stadt so lange enthalten, bis daß er diejenigen, die er in Schaden geführt, zufriedengestellt hat. Würde auch Jemand, weil er es mit Vorsatz gethan, beklagt, so soll es ihm darum ergehen, wie Recht ist.

Art. 37. Wie man Eigenthum, Gelder und Güter lösen soll. — Da, wofür Gott gedankt wird, bisher der Hausverkauf mit grober Münze stattfand, so soll auch nach dieser Zeit der Hausverkauf mit gleich grober Münze, wie bisher, geschehen, nämlich mit Hamburger feinen Gulden, von welchen 65 auf die feine Mark gehen, zu 35 ß, Marktstücken zu 16 ß, halben Marktstücken zu 8 ß und der Viertelmark zu 4 ß gerechnet, ferner mit wichtigen rheinischen Gulden zu 24 ß und mit wichtigen Postulatsgulden zu 13 ß, auch mit alten Schillingen und Joachimsthalern, die unsern Marktstücken an Gehalt gleich sind. Auch soll in Zukunft kein Bürger dem andern die Rente, die in grobem Gelde bestimmt ist und bestimmt werden wird, anders als mit grober Münze, den Hamburger Gulden zu 35 ß ꝛc., wie obbestimmt, lösen, gelten und bezahlen. Ingleichen sollen die Vorsteher der Armen- und der Gotteskasten von den Kirchen und allen Gütern, über die sie verfügen, den Hauptstuhl nur in solcher oben beschriebenen groben Münze belegen.[1]

Art. 38. Von Jedermanns Eigenthum, Freiheit und Besitzung. — Der Rath will Niemand in seinem rechtmäßigen Besitze, Freiheit und Eigenthum verkürzen, sondern Jeden in geruhigem Besitze nach beigebrachter rechter Ankunft dem Inhalt und Wortlaut der Siegel und Briefe oder dem Beweise gemäß schirmen, daß Jeder ruhig den Besitz nach gebührlicher und treuer Ergreifung in Gemäßheit des Stadtbuchs genießen möge. Niemand soll auch dieser Stadt Freiheit innerhalb oder außerhalb der Stadt oder in deren Gebiet sich zueignen, bekümmern, bezäunen oder bebauen, ohne Genehmigung des Raths und der ver-

---

[1] 1519 wurden in Hamburg die ersten Thaler geschlagen. Der Anfang mit der Thalerprägung wurde zwei Jahre vorher, 1517, zu Joachimsthal gemacht. Man nannte die neuen Geldstücke daher auch „Joachimsthaler Pfennige". Aus den Joachimsthalern sind die „Thaler" geworden. „Pfennig" hatte damals noch eine andere Bedeutung im Münzwesen, als nachher. Man theilte die Mark fein Silber damals noch in 16 Loth (1 Loth = 1½ Karat = 6 Gran = 18 Grän), oder in 12 Pfennige (1 Pfennig = 2 Karat = 8 Gran = 24 Grän). Die Bezeichnung „Pfennig" wurde, gleichwie die Bezeichnung „Mark", auf die geprägte Münze übertragen. Man prägte die Mark Silber in 16 „Mark Pfennig" und in 12 „Markpfennig" aus. Die geprägten Pfennige hatten den Werth der späteren Dreimarkstücke. Die Joachimsthaler Münzen waren Doppelpfennige, hießen daher auch „dicke Pfennige". Die „Mark Silber" war = 16 Loth. Das Pfund fein wurde in zwei Mark Gewicht (oder Loth) getheilt. Daher die Bezeichnung „Mark löthiges Silber" und „Mark löthiges Gold". — Die halben Marktstücke, Viertelmarkstücke ꝛc. wurden zur groben Münze gerechnet, weil sie mit den größeren Stücken gleichen Silbergehalt hatten.

ordneten Bürger. Wer dagegen handelt, soll dem Rathe 1 ₰ Silber Strafe zahlen, und was sich Jemand ohne Erlaubniß zugeeignet, bekümmert, bezäunet und bebaut hat, soll wiederum weggebrochen und mit dem gemeinen Gute wieder vereinigt werden.

Art. 39. Von Unterhalt derer, die außer Landes geschickt werden. — Würde Jemand bei Lebenszeit seines Vaters oder seiner Mutter ins Ausland, in ein anderes Comptoir, zum Studiren, oder sonst etwas zu lernen, geschickt, der muß seine Zehrung nach Befehl seiner Eltern einrichten. Stürbe der Vater während der Zeit, daß er in der Fremde ist, so sollen Schwestern und Brüder mit ihren und ihrer Mutter Vormündern sich darüber vereinigen, was er aus dem gemeinschaftlichen Gut jährlich fordern soll. Würde Jemand im Auslande über die Summe hinaus, die ihm zu verzehren ausgesetzt ist, Schulden machen, so soll man diese, insofern er die Sache nicht zu seinem Besten kehrt, von seinem Antheile, und nicht von dem gemeinschaftlichen Gut, bezahlen.

Art. 40. Bürger und Einwohner sollen einander nicht im Auslande belangen. — Kein Bürger und Einwohner dieser Stadt soll den anderen außerhalb dieser Stadt beim Gerichte verklagen und ihm Kosten, Schaden oder Mühe machen. Handelte Jemand dawider, der soll seinem Gegner Kosten und Schaden wieder erstatten und dazu seine Wohnung in der Stadt verwirkt haben.

Art. 41. Wie man unsere Bürger und Einwohner, die im Auslande belangt werden, vertreten soll. — Wer in oder außer dem Rathe auf Befehl des letzteren und der gemeinen Bürger, sammt oder sonders, gehandelt oder gewirkt hat, und deshalb im Auslande belangt oder sonst bemüht wird, der soll aus dem öffentlichen Gute von dem Rathe vertreten werden. Würde auch Einer, in oder außer dem Rathe, Bürger oder Einwohner, in andern Sachen sonst vor das Kammergericht oder vor andere, geistliche oder weltliche, Gerichte vorgeladen oder citirt, und erböte sich der Citirte vor dem Rathe Recht zu geben und zu nehmen, so soll der Bürger, der sich so Recht zu geben und zu nehmen erboten hat, auf Kosten des gemeinen Gutes von dem Rathe nach dem Gewicht und der Gelegenheit der Sache entweder durch Fürschreiben oder durch Gesandtschaften und nach Inhalt unseres Privilegii und Vorrechts also vertreten werden, daß die Sache hier oder an anderen gelegenen Orten freundschaftlich abgethan oder zu Recht entschieden werde. Könnte aber der Rath seine Bürger nach Inhalt der Privilegien und Rechte, was Gott verhüte, nicht vertreten, so will er, insofern es nöthig ist, mit den verordneten Bürgern der vier Kirchspiele Rücksprache nehmen, damit jeder Nachtheil möglichst verhindert werde. Hätte ein Fürst, Herr, Ritter oder Knappe, oder hätten Landschaften oder Städte oder deren Einwohner Klage gegen einen unserer Bürger oder Einwohner, den will der Rath in seiner gerechten Sache auf Kosten des gemeinen Guts getreulich durch Fürschreiben oder sonst vertreten, und wenn es Noth wäre, an gelegenen Tagen die Sache zu Ende bringen. Hätte auch einer unserer Bürger Klage über einen Fürsten, Herrn, Ritter, Knappen, Länder, Städte oder deren Einwohner, und wäre seine Sache gerecht, demselben will der Rath, insofern er vor ihm Recht geben und nehmen will, nicht allein mit Schreiben, sondern auch mit Rath und That, behülflich sein, daß er zu dem Seinen, wozu er berechtigt ist, soviel als möglich komme. Würde sich auch ein Fürst, Herr, eine Stadt oder ein Land oder deren Einwohner über eine Rathsperson, einen Bürger oder Einwohner schriftlich oder mündlich beklagen, und der Beklagte beträge sich unwürdig oder wollte seinen Gegner mit einer Antwort, die dem Rechte und der Billigkeit gemäß ist, nicht begegnen, und weigerte sich insbesondere, dem Rechte dieser Stadt gehorsam zu sein, so soll der Beklagte, käme deshalb einer unserer Einwohner zu Schaden, selbst wenn er nicht direkt Schuld daran hat, sei er im Rathe oder außer demselben, verpflichtet sein, denen, die seinethalben unverschuldet in Schaden gerathen, aus demselben herauszuhelfen; auch will der Rath allen Fleiß anwenden, daß solches in gleichem Falle verbleiben möge. Deshalb sollen auch Leute, die Fürsten, Herren, einer andern Obrigkeit und einem Andern Dienst geschworen haben, in dieser Stadt nicht wohnen, weil dadurch der Rath mit Fürsten, Herren, Ländern und Städten in Gezänk und Schaden kommt. Beweisen sie aber dem Rathe und den Bürgern der vier Kirchspiele, daß sie aus der Verbindung getreten und förmlich entlassen sind, so können sie, gleich jedem andern braven Manne, zum Bürger angenommen und hernach, wenn sie erbgesessen und dessen würdig sind, selbst zu Rathe gezogen werden.

Art. 42. Strafe der Richter, die Geld nehmen. — Würde von einem Theile gegen den Rath oder gegen einige seiner Mitglieder Klage darüber geführt, daß sein Widersacher Geschenke oder Gaben den Richtern gegeben, so sollen diejenigen, die solches empfangen haben, und des überführt würden, ihrer Stelle entsetzt werden und sollen sie die Parthei schadlos halten.

Art. 43. Von Besoldung der Rathspersonen. — Es kann auch nie für billig gehalten werden, daß die, welche zu Rathe gewählt werden, wo sie mit großer Last beschwert sind, und des gemeinen Besten wegen, und weil sie die Klage und die Sache Anderer beachten müssen, ihr Eigenthum versäumen, nicht eine ziemliche Belohnung für ihre Arbeit haben sollen. Deshalb sollen die Mitglieder des Raths schoßfrei sein, so lange, bis der Rath sich mit den verordneten Bürgern darüber vereinbart hat, wie man ihren Jahrsold stellen soll.[1]

Art. 44. Von allerlei Herren-Lehnen. — Die Lehne, die in Zukunft dem Rathe offen kommen, als von Baumeistern, Baumschließern, Hafenmeistern, Thorschließern, Schenken, Börsenmeistern, Dienern, Karrenführern, Wagemeistern, Ziegelmeistern, Krahnmeistern, Accisevögten, Voigten und andern Officianten, will der Rath frommen Bürgern, und Personen, die dazu geschickt, und für welche die Bürger bitten, verlehnen. Sie müssen Sicherheit dafür leisten können, daß durch ihre Handlung das öffentliche Gut nicht benachtheiligt werde und zu Grunde gehe, auch sollen sie sich wohl in Acht nehmen, daß weder sie, noch ihre Knechte strafbar befunden werden. Würde aber Jemand von ihnen strafbar befunden, so will der Rath ihn absetzen und einen braven Mann, wie oben angeführt, auf Fürbitte der Bürger an seine Stelle wählen.[2] Auch sollen bei allen Thoren und Bäumen zwei Schlüssel sein, wovon einer bei dem Rathe, der andere bei den Bürgern in Verwahrung gehalten wird.[3]

Art. 45. Von den Herren-Dienern. — Wer im Dienste des Rathes ist, soll keinem andern, weder einem Geistlichen, noch einem Weltlichen, sich zum Dienste verpflichten. Auch soll Niemand zwei Dienste zugleich haben, es wäre denn, daß der ganze Rath es für gut hielte.

---

[1] Diese Stelle im Receß beweist, daß bis zur Reformation die Rathsmitglieder keinerlei Besoldung erhielten. Das Amt der Rathmänner war ein bloßes Ehrenamt, mit Kosten für den Inhaber verbunden.

[2] Die „Fürbitte" ist hier Vorschlag. Die Bürger hatten demnach das Vorschlags- oder Präsentationsrecht für sich vindicirt bei Besetzung von Stellen im städtischen Verwaltungsdienst. Sie hatten also auch hier dem Rathe gegenüber die größere Befugniß erlangt und an sich gebracht, insofern, als das Präsentationsrecht dem Wahlrecht gegenüber bei Besetzung von Stellen entschieden das größere Recht ausmacht, welches deshalb auch der Regel nach mit dem Patronatsrecht verbunden ist, während das Wahlrecht den Gemeinden zusteht.

[3] Die „Bäume" sind die Schlagbäume vor den Thoren. Vor allen Hauptthoren befanden sich solche, vor dem Winserthor („Winserbaum"), dem Steinthor („Lübicher Baum"), dem Schaarthor und dem Milderaben- oder Millernthor. Letzterer, der Baum vor dem Millernthor, befand sich an der Grenze gegen Altona, an der Stelle des späteren Robisthores. Bei diesen Bäumen waren eigene Baumwärter angestellt.

Art. 46. Von Empfang und Auslieferung der Sendbriefe. — Kämen Briefe, die an den Rath und die ganze Gemeinde geschrieben sind, die soll keiner der Bürgermeister und Rathmänner verheimlichen, sondern dem Rathe und den verordneten Bürgern davon Anzeige machen. Geschieht das nicht und entsteht daraus Schaden, so sollen diejenigen, die diese Briefe verheimlichen, für den Schaden aufkommen. Würden auch den Kirchenvorstehern Briefe behändigt, die an sie oder die ganze Gemeinde gerichtet sind, so mögen sie die aufbrechen und sie, wenn daran dem Rathe und der Stadt nicht gelegen ist, für sich beantworten; wäre aber der Stadt an dem Inhalte gelegen, so sollen sie dem Rathe die Briefe überreichen, der darauf nach Lage der Sachen mit ihrem Wissen und ihrer Genehmigung antworten wird.

Art. 47. Von Tagfahrten. — Würde auch auf einer Tagfahrt etwas in Gegenwart der Gesandten des Rathes geschlossen, woraus dieser Stadt und den Bürgern ein Vortheil oder Nachtheil entstehen möchte, davon sollen die Gesandten des Rathes bei ihrer Zurückkunft den verordneten Bürgern zu allen Zeiten Nachricht geben, damit das gemeine Beste desto mehr gefördert werden und ein Jeder sich vor Schaden bewahren könne. Der Rath will auch zu keiner Zeit eine Tagfahrt halten oder halten lassen ohne Mitwissen und Vollbort der verordneten Bürger.

Art. 48. Von dem Physikus. — Der Rath will auch zum Behuf dieser Stadt einen guten gelehrten Physikus halten und alle andern practisirenden Aerzte, Landläufer, unwissende Practikanten, Männer oder Frauen, sollen in dieser Stadt nicht geduldet werden.

Art. 49. Von den Secretären. — Die Stadtschreiber sollen sich gegen den Rath und die Bürger als gutwillige Diener dieser Stadt beweisen; auch sollen nach dieser Zeit keine Pfaffen das Syndicats- oder Secretariats-Amt bekleiden. Bürgerkinder aber, die vor andern redlichen Personen dazu geschickt sind, sollen auch vor allen anderen dazu genommen und berufen werden. Auch soll man jeden Stadtschreiber so besolden, als der Rath und die verordneten Bürger sich darüber eins werden.[1]

Art. 50. Von Durchsicht und Veränderung des Stadtbuches. — Dem Rathe, wie auch den verordneten Bürgern der vier Kirchspiele wird es auferlegt und anbefohlen, zu bequemer Zeit unser Stadtbuch, die Proceßordnung und die Bursprake gänzlich und also zu revidiren und zu concordiren, daß Niemand darüber mit einigem Grunde sich beklagen kann. Demnächst will auch der Rath zu keiner Zeit unser Stadtbuch, Recesse und Bursprake verändern, mindern und mehren, es sei denn mit Wissen und Vollbort der verordneten Bürger der vier Kirchspiele.

Art. 51. Von den Englands- und Bergenfahrern und anderen Schiffern. — Der Rath will fleißig Aufsicht haben, daß die Englands- und Bergenfahrer und alle anderen seefahrenden Leute so mögen gefördert werden, daß aus den Reisen die Wohlfahrt dieser Stadt zum Besten der gemeinen Bürger und Einwohner hervorgehen möge.

Art. 52. Von den Wandschneidern. — Jeder unserer Bürger, der ein ehrlicher Mann und dazu begütert ist, mag in dieser Stadt in einer Werkstatt,

---

[1] „Pfaffen" — Papen, sind die katholischen Geistlichen im Unterschied von den lutherischen. Geistliche versahen bis dahin das Notariat und die öffentlichen Schreibgeschäfte. Wo nicht besondere Notare und Schreiber — Stadt- oder Kirchspielschreiber — bestellt waren, da fungirte der Ortsgeistliche als „aus päpstlicher Macht öffentlicher Notar". Das ganze öffentliche Schreibwesen war in den Händen der katholischen Geistlichen. Das soll nun nach Einführung der Reformation aufhören. Daher die Bestimmung, daß kein Pfaffe das Syndikats- oder Sekretariatsamt bekleiden soll.

die in einem Hause oder Keller gelegen, Wand schneiden. Diejenigen, die Wand schneiden wollen, sollen, ehe sie damit anfangen, vor den Rath kommen, die Wandschneide gewinnen mit 7 Markstüken, und jährlich, wie gewöhnlich, eine Abgabe von 2 Mark bezahlen, die zum gemeinen Besten verwandt werden soll. Auch sollen die Wandschneider binnen Jahresfrist dahin trachten, daß sie, wenn möglich, keine andern englischen Laken schneiden, als die gekrumpen und geschoren sind, damit keiner betrogen werde. Ebenso soll es auch mit anderen Laken, soviel immer möglich, gehalten werden.

Art. 53. Ordnung desjenigen, was den Amtleuten zu Ritzebüttel und Neuenwerk von den geborgenen Gütern in der Elbe gegeben werden soll. — Wenn schiffbrüchiges Gut gefunden und am Strande und im Reve geborgen würde, so soll der Hauptmann vom Schlosse Ritzebüttel und diejenigen, die das Gut finden und bergen, den 20sten Pfennig haben und unter sich theilen. Würde es aber außerhalb des Reves und Hafens gefunden und geborgen, so soll der Hauptmann und die das Gut finden und bergen, den dritten Pfennig haben und unter sich gleichmäßig theilen. Was an schiffbrüchigem Gut in den Gründen, Wehren und Repen in Ritzebüttel und dessen Gebiet gefunden wird, das können die Untergebenen des Hauptmanns, und alle, die im Gebiete des Schlosses wohnhaft sind, bergen und aufbringen; auch kann der Hauptmann zu Ritzebüttel durch seine Untergebenen schiffbrüchige Güter auf das Neuenwerk bergen und aufbringen, welche an der Grenzscheidung und in andern dortigen Revieren und Tiefen bei Neuwerk gefunden werden.

Art. 54. Von den Gotteskästen der Gemeinden. — Die gemeinen Gotteskästen, mit Vollbort des Raths und der gemeinen Bürger und Einwohner zur Unterhaltung der Armen aufgerichtet, sollen durch die Vorsteher, die dazu gewählt sind, und ihre Nachfolger zu ewigen Zeiten treulich verwaltet und gefördert werden, in Gemäßheit und nach Inhalt der deshalb aufgerichteten Articel, welche der Rath und die Gemeinden der Kirchspiele genehmigt haben. Diesem zufolge sollen die rechten Armen dieser Stadt von den Hebungen, die bis auf diesen Tag den Hospitälern zum Heiligengeist, St. Ilsabenhause, Pockenhause[1] mit ihren Zubehörungen und Gerechtigkeiten, sodann der Bruderschaft vom Schaare gleich andern Brüderschaften gereicht demnächst von anderen Gifften, die sonst zum Behuf der Armen und zur Ehre Gottes gegeben, sowie auch von dem, was in der Ordnung der Ceremonien zu solchem Behuf beredet und angemerkt ist, und was hiernächst mag gegeben werden, mit aller Nothdurft besorgt und verfahren werden, alles in Gemäßheit der vorbewährten Articel. Ingleichen, was fromme Christenleute zu dem Behuf hernachmals in den Kasten oder anders den Vorstehern bei Leben oder in Testamenten von wohlgewonnenem Gute oder Erbgute mit Genehmigung der Erben zukehren und geben werden, das soll man der Armuth unbeschwert ohne Einsage verabfolgen lassen, doch so, daß Jedermann mit Erbgut so handle, wie es Stadtbuch, Recesse und Bursprake allenthalben mit sich bringen. Auch hat der Rath den Aelterleuten und Vorstehern der gemeinen Gotteskasten ein gemein Insiegel vergönnet, damit sie den frommen Leuten, die das Ihrige den Armen bestimmen, und was sonst besprochen und von Nöthen sein wird, zu versiegeln haben. Welch Mann, Frau, Jungfrau,

---

[1] Das „Pockenhaus" ist das Siechenhaus „St. Hiob" an der Spitalerstraße. Die „Brüderschaft tom Schaare" war eine Schiffergilde. Diese stiftete ein Muttergottesbild am Ende der Stadtmauer an den Kajen am Hafen „tom Schaare". (Schaar: flacher Strand, über den das Wasser „schaart".) An Stelle des Muttergottesbildes entstand nachher eine Kapelle, Schaar-Kapelle. Auch stiftete die Brüderschaft ein Versorgungshaus für invalide Seefahrer und für Witwen und Waisen von Seefahrern, ein Spital, welches aus milden Gaben an die Muttergottes-Kapelle unterhalten wurde.

Knecht oder Magd, jung oder alt, Bürger oder Einwohner in dieser Stadt, was Gott verhüte, spitalsähig würde, der soll durch die Vorsteher der Armen der vier Kirchspiele in die Stelle und den Platz, der dazu verordnet ist, also nach St. Jürgen, gewiesen und gebracht werden, und diese soll man daselbst unweigerlich mit aller Nothdurft, ohne Jemandes Kostenersatz, aufnehmen und redlich versorgen.

Art. 55. Von den eingekleideten Personen. — Da leider mancherlei unwissende und unmündige Frauenspersonen unter dem Vorwande, als habe Gott daran Wohlgefallen, sich dem Klosterleben ergeben, auch manchmal gegen ihren guten Willen, und unverständiger Weise das anzugeloben und zu schwören genöthigt werden, was weder in ihrer, noch in irgend eines Menschen Gewalt ist, daher sie dann dabei ein Leben mit beschwertem Gewissen zum Nachtheil ihrer Seligkeit fortführen; auch viele derselben durch Lesen in dem göttlichen Worte unterrichtet werden, daß sie christlicher, Eltern und Freunden gehorsam, im unverheiratheten Stande, wenn sie dazu aus besonderer göttlicher Gnade bestimmt sind, enthoben den Beschwerden und Verpflichtungen des Klosterlebens, oder im Ehestande, ein ehrliches Leben führen und helfen können: so soll es nach dieser Zeit den Personen, die, nachdem ihre Begriffe auf solche Weise christlich berichtigt sind, oder auf den Rath ihrer Vormünder und Freunde des Klosterlebens sich begeben und bei ihren Freunden ehrlich leben wollen, nicht geweigert werden, das Erbtheil, welches ihnen von Eltern oder Freunden anfällt, für sich zu genießen, gleich, als ob sie nicht eingekleidet gewesen wären. Hätten auch ihre Freunde vor dieser Zeit die Erbgüter bereits getheilt, so sollen die Freunde nichtsdestoweniger diesen Personen behülflich sein, das zu ihrem Unterhalte wieder zu erlangen, was sie vorher oder nachher in das Kloster gebracht haben, und zwar aus den Klostergütern, soweit es mit Fug und Recht geschehen kann. Demnächst aber sollen die Freunde, die das Erbgut empfangen haben, diesen Personen nach ihrer Gelegenheit entweder in den Ehestand oder auf eine andere Weise zu einem ehrbaren Unterhalt verhelfen, und ihnen nach ihrem besten Vermögen eine sonst billige Hülfe nicht verweigern. Sollten Eltern und Freunde solcher Personen diesen einen unbilligen Zwang anthun und sie zurückhalten oder ihnen billige Hülfe zum christlichen Leben verweigern, so können diese Personen vor dem Rathe Vormünder erwählen oder erwählen lassen, und diese sollen bei dem Rathe und bei den verordneten Bürgern befördern, daß ein Einsehen in der Sache geschehe, damit den Personen, die nichts anderes bitten, als was recht und billig ist, das, wozu sie berechtigt sind, nicht vorenthalten werde. Würde eine eingekleidete Person sich in die heilige Ehe begeben, so soll dies nach dem Rathe ihrer Eltern und Freunde, oder ihrer erwählten Vormünder geschehen, bei Verlust ihres Erbtheils. Wollte eine außerhalb des Klosters unverheirathet ehrlich leben, so soll sie allen Vortheil, der ihr vom Erbgut zukommt, genießen, doch den Hauptstuhl mit ihrer Freunde Rath so anlegen, daß der Erbe nach ihrem Tode den Hauptstuhl unvermindert bekommt. Würde eine Person das Klosterleben fortsetzen, so soll das Kloster zum Nachtheil ihrer Freunde kein Erbgut fordern, annehmen oder mit den Erben theilen, sondern die Freunde sollen statt der eingekleideten Person das Erbtheil zu sich nehmen und dasselbe Jahr und Tag aufbewahren. Bleibt die Person dann im Kloster, so soll sie nach der Beschaffenheit und dem Vermögen der Güter, die sie empfangen würde, jährlich mit einer ziemlichen Nothdurft versorgt werden. Würden auch einige Leute so mißlich befunden, daß sie aus Abgunst ihren nächsten Blutsverwandten, die eingekleidet sind, das Nothdürftigste zu ihrem Nachtheil entziehen, vergeben, verpfänden oder auf Leibrente legen wollten, so soll dies jederzeit rechtsungültig und der Empfänger verpflichtet sein, dem nächsten Blutsverwandten Rede und

Antwort zu geben, und was sie also empfangen, zurückzuerstatten und dafür aufzukommen.

Art. 56. Von den Pfaffen. — Die Pfaffen, oder sonst dem Kloster angehörige Personen, die bei uns wohnen wollen, sollen, während sie ihre bürgerliche Pflicht erfüllen und wider unsere Stadt und unsere Bürger nicht feindlich handeln, und nichts der Art in's Werk richten, bürgerliche Freiheit genießen, und gleich unsern Bürgern beschützt und beschirmt werden. Ingleichen sollen die Pfaffen, die ehrlich und züchtig leben und bei uns in dieser Stadt wohnen, das ihnen mit Recht zuständige Lehn Zeit ihres Lebens besitzen und gebrauchen, diejenigen aber, welche noch keine Meßpriester geworden sind, sollen, wenn sie in den Ehestand treten, ihr Lehn verlassen, damit andere junge Personen, welche ihre Patrone zur Zeit damit versorgen wollen, damit belehnt und auch bis zu ihrem Ehestande in Zucht und guten Künsten aufgezogen und unterhalten werden können. Sollte aber Jemand von denen, die vor dieser Bewilligung belehnt und noch am Leben sind, der Lehne zu ihrer Nothdurft bedürfen, so mögen dieselben sie Zeit ihres Lebens, auf Zulassung der Patrone und nach Erkenntniß des Raths und der verordneten Bürger, gebrauchen.

Art. 57. Von den Lehnen und deren Erhaltung. — Um den Verlust desjenigen zu verhüten, was fromme Christen zur Vermehrung des Gottesdienstes gestiftet haben, und welches mehrmals in dieser Zeit durch Patronen und Besitzer geschmälert und benachtheiligt worden ist, hat man für gut gehalten, daß dieser Stadt Bürger und Einwohner, die Hauptstuhl und Renten zu den Präbenden, Vicarien, Commenden oder anderen Lehnen, die zu Gottes Ehre gestiftet, zu zahlen schuldig sind, nach dieser Zeit weder den Besitzern der Lehne noch den Patronen einigen Hauptstuhl lösen sollen, der im Stadtbuch geschrieben oder auf Brief, Bürgen und Beweis ausgegeben ist, es geschehe denn vorher, daß der Empfänger des Hauptstuhls vor dem Rath offenen Hauses bekenne, daß er solchen Hauptstuhl empfangen und zum Behuf der göttlichen Ehre oder des gemeinen Besten, wozu die Lehne verlehnt sind, unverloren, unvermindert, wieder angelegt habe, daß er auch verpflichtet sei, sie ins Stadtbuch oder in das Buch, welches der Rath dazu verordnen wird, einschreiben zu lassen. Gebe Jemand anders den Hauptstuhl weg, so soll er dadurch sein Erbe nicht entfreien oder lösen, sondern die, denen daran liegt, können aus dem Erbe die Rente fordern, so lange der Hauptstuhl nicht in dem Maße, wie oben angeführt, zu Buche gebracht und bezahlt ist.

Art. 58. Wie Streit darüber entschieden werden soll. — Niemand soll in Zukunft um Streitigkeiten zwischen unsern Bürgern über die Richtigkeit der zu verlehnenden Lehne, oder zwischen Personen, die in dieser Stadt wohnen, und denen, die im Besitze der Lehne sind, die von unsern Bürgern und Einwohnern verlehnt werden, außerhalb Hamburgs streiten oder rechten, sondern Jedermann der Fundation so wie sie vorhanden, genießen, und übrigens sollen die Zwiste, wenn möglich, gütlich beigelegt oder durch den Rath zu Recht entschieden werden. Wer verfänglicher Weise dawider handelt, soll dem Beklagten die Unkosten erstatten und sonst ihm aus allem Schaden helfen.

Art. 59. Von Ceremonien und Kirchendienst. — Ceremonien, Kirchendienst, Singen und Predigen soll man in dieser Stadt und deren Gebiete nach Vorschrift derjenigen Articel halten, die der achtbare und hochgelehrte Herr Johann Bugenhagen, der heiligen Schrift DOCTOR, verfaßt und die von dem Rath und den gemeinen Bürgern bestätigt und angenommen worden sind, bis zu der Zeit, da die gemeine Christenheit, welche Gottes Wort in Ehren hält, etwas Besseres und Beständigeres aus dem Worte Gottes verordnen und annehmen wird. Ebenso sollen auch die Articel, welche wegen der Gotteskasten angenommen, an das Ende dieses Recesses geschrieben und in aller Hinsicht gehalten und befolgt werden. Würde Jemand diesem zuwider etwas anderes in dieser Stadt und Gebiet annehmen oder annehmen wollen, möge er nun der Höchste oder der Niedrigste sein, Niemand ausgenommen, der soll in dieser Stadt und deren Gebiet nicht geduldet, gerichtlich verfolgt, und nach Gelegenheit der That bestraft werden.

Art. 60. **Von Vollgültigkeit der Recesse.** — Alle alten Recesse, die zwischen dem Rathe und den gemeinen Bürgern dieser Stadt vormals, als Anno 1410, 1458, 1483 beschlossen, beliebt und bevollbortet sind, sollen in allen Articeln, die dem gegenwärtigen Recesse nicht entgegen, bei voller Würde und in ganzer Macht, gleich dem Stadtbuche, gehalten werden, und diese Recesse sollen sämmtlich in zwei Bücher geschrieben werden, wovon das eine beim Rathe, das andere bei den verordneten Bürgern sein soll. Ingleichen soll es auch gehalten werden mit unserem Stadtbuche, so daß alle geschriebenen Urtheile, die diesem Recesse nicht zuwider, bei Würden bleiben sollen.

Art. 61. **Von der Kornausfuhr.** — Es will der Rath mit den verordneten Bürgern jährlich erwägen, was den Kaufmann veranlassen kann, allerlei Korn auf hier zu bringen, wovon sie nach den Jahreszeiten und der Lebhaftigkeit im Handel so viel Korn wieder ausführen können, als zwischen dem Rath und den verordneten Bürgern vereinbart werden wird. Dann wird durch die Ausfuhr des Korns zur Elbe und aus der Stadt kein Verdacht wieder entstehen, indem die Ausfuhr zu Zeiten aus gegründeten Ursachen wohl zu gestatten, nach Gelegenheit der Jahre aber bei großer und hoher Strafe zu verbieten und zu verhindern ist. Diesem zufolge will der Rath auch ebensowenig, wie einzelne Mitglieder desselben, Schiffern oder Kaufleuten, Bürgern oder Fremden, Zeichen und Passirscheine, Korn aus der Stadt oder aus der Elbe zu schiffen, geben, es wäre denn vorher vom Rathe mit den verordneten Bürgern der vier Kirchspiele besprochen und als etwas, das nützlich und nöthig ist, genehmigt. Fänden sich einige Personen, die ohne solche gemeine Genehmigung Zeichen und Pässe auf Korn gäben, oder dem Verbote zuwider es aus der Stadt oder von der Elbe ausschifften, die sollen dafür dem Rathe unter Mitwissen der verordneten Bürger Strafe bezahlen, oder dieser Stadt Wohnung verwirkt haben.

Art. 62. **Vom Handel mit Korn in und außer Hamburg.** — Ein Bürger oder Einwohner, der zum Unterhalt seines Hauses Korn bedarf, soll jährlich nach der Ernte im Herbst und im Frühjahr gegen Pfingsten alles Korn einkaufen, was er zum Brauen, Backen oder zum Lebensunterhalt nöthig hat. Diejenigen unserer Bürger, die Korn außerhalb Landes aufkaufen und zum Verkauf hierher bringen lassen, sollen Jedem, der in der Stadt wohnt, einen Scheffel, oder zwei oder drei, oder einen Wispel oder halben für Geld verkaufen. Ein Fremder, der hier Korn einbringt, soll keinem Fremden Korn, es sei wenig oder viel, verkaufen oder liefern. Auch soll kein Fremder mit unsern Bürgern Mascopei in Korn haben, auch kein Bürger mit fremder Leute Geld Korn kaufen, bei höchster Strafe. Wollten unsere Bürger das Korn, welches sie über ihr Bedürfniß auf hier gebracht, aufbringen lassen, und würde es ihnen erlaubt, davon soviel wie möglich und nach Gelegenheit der Zeit unter Genehmigung des Raths und der verordneten Bürger auszuschiffen und zum Handel zu gebrauchen, so sollen sie zuvorderst zum Zollherrn gehen und dort anschreiben lassen, wie viel Korn und auf welche Stelle sie es hinbringen lassen. Trüge sich's aber zu, daß einer unserer Bürger und Einwohner für sein eigen Haus Korn bedürfte, und für Geld das Korn von dem Boden begehrte, so soll man es unsern Bürgern und Einwohnern nicht verweigern, sondern es ihnen zu dem Preise lassen, der von dem Stadthause zuletzt festgesetzt worden ist. Beabsichtigt nun unser Bürger, von dem Korn, das also aufgetragen und von dem Zollherrn angeschrieben ist, den zur Zeit bewilligten Theil auszuführen; so soll er abermals von dem Zollherrn begehren, daß man ihm die dazu verordneten beeidigten Messer schicke, um den Boden, auf welchen das Korn aufgetragen, zu besichtigen, und das, was noch darauf liegt und was etwa schon verkauft ist, kennen zu lernen. Hätten die Beeidigten nun einen Zweifel an dem Quantum, so können sie es messen, und finden sie in dem Maße, zu dem es angegeben wird, einen Mangel, so soll das Korn verwirkt sein, doch soll ein Scheffel weniger auf den Wispel für Abgang und Spillkorn gerechnet werden. Zu Anfang hält man es für nützlich, daß man nach dato und in dem laufenden Jahre die Hälfte von Roggen und Weizen unsern Bürgern und denjenigen, die hier in der Stadt von unsern Bürgern kaufen, oder mit Waaren außerhalb handeln, nach behufig erlegtem Zoll auszuführen gestatte. Der Zoll ist vor der Hand bestimmt von dem Wispel 8 ß Lübsch. Damit aber Keinem Veranlassung gegeben werde, die Freiheit dieser Stadt zu mißbrauchen, soll Jedermann zur Zeit ebenso viel Korn von dem, was ihm bei dem Zollherrn angezeichnet ist, hier in der Stadt im Lager behalten, als ihm des Jahrs auszuschiffen vergönnt worden, und ließe er noch ein Mal so viel Korn aufbringen, so kann man nach demselben vorgeschriebenen Maße ihm die Hälfte freigeben. Dies gilt so lange, bis der Rath und die verordneten Bürger nach den Umständen und der Conjunctur über eine andere Bestimmung eins werden. Doch muß der Rath die Macht haben, mit Herren und Fürsten, mit Edelleuten und Städten, und zwar in diesem Falle auf Vollbort der verordneten Bürger, so zu handeln, daß daraus dieser Stadt kein Schaden, sondern Gedeihen und Vortheil, erwachsen und entstehen möge.

Art. 63. Vom Kornaukauf der Bürger. — Ueber Gerste, Weizen und Roggen, der von unten zu Schiffe hierher gebracht wird, sollen fromme Bürger in der Brauergesellschaft oder auf den Kajen, bei Tage, wenn dort viel Verkehr ist, jedoch in keinem andern Gelagen, einen Handel schließen; ebenso, wie die Mitglieder des Raths vor dem Rathhause den Handel über das Korn, das von oben den Elbstrom herunter hierher kommt, zu machen pflegen. Würde ein Brauer oder Knecht es sich herausnehmen, den Kornhandel anders, als hier vorgeschrieben ist, zu treiben, so soll derselbe und sollen soviel Knechte, als diesem zuwider handeln, ein Jeder für sich und so oft sie es thun, 1 ß Lübsch verwirkt haben, von ihrem gemeinen Gelde zu zahlen. Doch können die von Rathspersonen, Wittwen und anderen, welche ehrlich verhindert sind, Korn zu kaufen, an die vorangeführten Orte geschickten Knechte bei den Bürgern auf den Kajen oder in die Brauergesellschaft zum Behuf des Handels gehen und sich im Namen derer, die sie gesendet haben, an die Bürger, die über den Kornhandel gesetzt sind, wenden, um ihren Antheil ihnen mitzubedingen und nach der Menge des Korns und der Personen, die sich anbieten, ihr Bedürfniß ihnen verabfolgen zu lassen. Wäre ein Bürger, der ein Miteigenthum an dem zu verkaufenden Korn hätte, und sich beim Kauf als Käufer gerirte, der soll dem Rathe, so oft er es thut, in Strafe von 1 ß löthigen Silbers verfallen sein. Schlösse ein Bäcker oder ein anderer Bürger einen Kornkauf auf dem Fleethe, so soll dieser einem anderen Bürger, der zu seinem eigenen Bedürfniß und zu seinem Haushalt davon zu haben begehrt, das, was er nöthig hat, zu dem bedungenen Preise willig verabfolgen lassen. Würde aber ein solcher Kauf von Korn oder Eßwaaren auf dem Markte gemacht, so sollen die Bürger, die auf dem Markte oder beim Messen zukommen, des Kaufs allerwege und ein Jeder nach Gelegenheit mitgenießen. Der Rath will auch jährlich eine Quantität Roggen auflegen lassen, damit die Armuth dessen zu genießen habe. Auch sollen die Vorsteher der Armen in Gemäßheit der Gotteskasten-Artikel jährlich ein gewisses Korn zum Behuf der gemeinen Kasten auflegen lassen.

Art. 64. **Von Aufsackung des Malzes.** — Jeder Brauer soll zu einem Brau Bier 20 Sack Malz in den Mühlen sacken und nicht mehr, und in einem jeden Sack 4 gestrichene Fässer Gerstenmalz, sowie in einem Sack Weizen 3 gestrichene Fässer Weizenmalz. Will man das in den Mühlen messen, so sollen die Mühlherren und zwei von den Bürgern dabei sein. Wer dawider handelt, soll so bestraft werden, als es deshalb in der abgekündigten Bursprake von dem Rathe und den erbgesessenen Bürgern einhellig beliebt und ausgedrückt ist. Will man das Malz messen, so soll man zwei Fässer über die gewöhnliche Maße nachgeben. Auch soll Niemand in den Mühlen anders mahlen, als in eben der Ordnung, in welcher es in die Mühle gebracht ist.

Art. 65. **Vom Malzkauf aus den Mühlen.** — Begehrten einige Bürger, Malz aus den Mühlen zu kaufen, und davon für sich und ihr Gesinde Getränk zu brauen, so soll dies gegen Bezahlung eines billigen Preises nicht verweigert werden. Den Matten-Roggen aber soll man allein unsern Bürgern, wenn sie dessen bedürfen oder begehren, verkaufen.[1]

Art. 66. **Vom Dienst in der Stadt Mühlen.** — Die Mattenknechte sollen das gewöhnliche Maß von dem Bürgerkorn nehmen und es in getreue Verwahrung bringen. Von einem Brau Malz sollen sie 1 β zum Trinkgeld haben, auch sollen sie Niemand gegen anderweitige Bezahlung zum Mahlen zulassen, denn nach der Ordnung das Mahlen nicht zukommt. Darüber soll ihnen eine Anweisung ertheilt werden, als es von Alters her gewöhnlich gewesen ist. Und sollen sie darüber hinaus von keinem Bürger Geld nehmen, bei Verlust ihres Dienstes. Den Fuhrleuten soll man auch nicht mehr Geld geben, als von Alters her gewöhnlich gewesen ist. Darüber hinaus sollen sie keinem Bürger etwas abnehmen, und zwar für das Hineinbringen und Herausholen 2 β Lübisch. Die Mühlenpferde sollen auch die Havemester nicht für sich selbst, sondern nur zum Besten der Stadt und zum Behuf der Bürger gebrauchen, damit die Bürger beim Fahren des Malzes zur Mühle und wiederum in ihre Häuser zurück, nicht aufgehalten werden.

Art. 67. **Von Erbauung neuer Mühlen.** — Der Rath will auf Legung einiger neuer Mühlengründe, entweder beim Millernthor oder wo es sonst gelegen ist, aus sein; auch will er die Mühlengründe so verändern, daß sie den Bürgern mehr Vortheil bringen, und daß die Bäcker mit Bequemlichkeit ihr Mehl hier in der Stadt mahlen können und nicht der großen Kosten, um es zur Mühle zu fahren, bedürfen. Von der Mühle aber, die man beständig zu Roggen und Weizen gebrauchen will, davon soll jeder solche Matten bezahlen, als worüber man sich vereinigen wird.

Art. 68. **Vom Hopfen.** — Damit die Hopfenführer ihre Straßen und Märkte, wie gewöhnlich, hier halten, will der Rath verfügen, daß an den nothdürftigsten Enden der Schlagbäume darauf geachtet werde, und die reitenden Diener, wenn es von Nöthen ist, dazu gebrauchen. Würde einer von den Dienern säumig oder untreu befunden, soll er seines Dienstes entsetzt werden.[2]

Art. 69. **Vom Hopfen, außerhalb Hamburgs gekauft oder eingekauft.** — Hätte ein Bürger Hopfen, den er zu seinem eigenen Brauwerk gekauft oder ein-

---

[1] „Matten-Roggen". Matte: Abgift vom Korn in der Mühle. Vermatten: diese Abgabe geben. Matten-Korn: das als Abgabe an die Mühle entrichtete Korn. Es waren eigene Mattenknechte angestellt, die diese Abgabe erheben mußten.

[2] Die „Hopfenführer" kamen von Mittel- und Süddeutschland damals nach Hamburg und nach holsteinischen Städten mit ihren „Hopfenkarren". Der Hauptmarkt für den Hopfenhandel hier im Norden war aber in Hamburg. Den Zuzug der Hopfenführer auf hier zu erhalten und auf alle mögliche Weise zu begünstigen und zu fördern, lag schon mit Rücksicht auf das ausgedehnte hiesige Brauereiwesen im Interesse der Stadt.

gekauft hat, so soll er es den Hopfenmessern anzeigen und sie demnächst in sein Haus kommen lassen. Die Hopfenmesser sollen ihm den Hopfen ausmessen und darüber ebenso ein Verzeichniß halten, als wenn er den Hopfen auf dem Markt gekauft hätte, und soll er davon seiner Pflicht gemäß die Abgabe entrichten. Wollte Jemand den Hopfen, den er außerhalb Hamburgs gekauft oder eingekauft hat, auf dem Hopfenmarkt messen lassen, so soll das in seinem Willen stehen.

Art. 70. Von den Hopfenschauern. — Die Hopfenschauer und Hopfenmesser sollen auch die Hopfenführer mit nichts beschweren, als was Herkommens ist, sondern sie in aller Hinsicht bestens befördern. Auch sollen die Hopfenschauer allen Hopfen, der zum Verkauf kommt, mit allem Fleiß besichtigen und einem Jeden seinen Preis nach dem Werthe des Hopfens machen. Wer hierin säumig oder unredlich verfährt, soll nach der Willkür des Raths bestraft werden.

Art. 71. Von der Gerechtigkeit des Hopfens. — Auf dem Hopfensaal soll man die gewöhnliche Gerechtigkeit des Hopfens, auf eine Tafel geschrieben, aufhängen, daß Jeder sich darnach zu richten und vor Schaden zu hüten wisse.[1]

Art. 72. Von den Hopfenmessern. — Die Hopfenmesser sollen bei ihrem Eide einem jeden Brauer den Hopfen, den er im Jahre von Michaelis bis Michaelis gehabt hat, anzeichnen, davon sollen die Hopfenmesser den Hopfenschreibern, den vier Alten in der Brauergesellschaft und den Bürgern, die dabei sind, Nachricht geben, um gewiß zu sein, daß der Hopfen nicht heimlich aus der Stadt gebracht wird. Der Hopfenmesser soll dies bei Verlust seines Dienstes thun.

Art. 73. Von den Hopfensäcken. — Niemand soll Hopfensäcke bei dem Kauf bringen, ehe der Kauf geschlossen ist, und soll man auf ein auszuhängendes Brett den Kauf schreiben. Brächte ein Wirth oder Knecht den Hopfensack bei dem Hopfen, ehe der Kauf geschlossen wäre, so soll er dafür mit 1 ₰ büßen und den Sack verwirkt haben.

Art. 74. Von den Brauern und wem sonst zu brauen freisteht. — Niemand soll in mehr als Einem Hause brauen, es wäre denn, daß er zweierwärts Brauerben hätte. Die mehr als zwei Brauhäuser haben, sollen doch nicht in mehr als zwei Häusern brauen. Hat Jemand ein Amt gelernt und will öffentlich eine Werkstatt und Knechte und Jungen auf sein Handwerk halten, so soll ihm nicht gestattet werden, so lange er das Amt gebraucht, die Brauerei anzufangen. Auch soll kein Braumeister, Hopfenmesser oder der Junker auf dem Baum, so lange er des Amtes und Dienstes gebrauchen will, brauen oder zu seinem Behuf brauen lassen. Auch soll man kein Rothbier in den Mühlen auf den Kauf brauen oder brauen lassen. Handelt Jemand dagegen, der soll es dem Rathe büßen mit 3 ₰ Silber.

Art. 75. Von der Erlaubniß, zu brauen. — Will der Rath Orloff zum Brauen geben oder die Bursprake vor dem Rathhause oder von der Laube den gemeinen Bürgern ablesen, so soll man dazu eine Glocke läuten, die auf's Rathhaus gehängt werden soll. Eben diese Glocke soll man auch läuten bei Leistung von gerichtlichen Eiden und wenn Jemand durch Urtheil und Recht verfestet wird.

Art. 76. Von der Lieferung von Vollbier. — Ein jeder Brauer soll dem Kaufmann Vollbier in das Schiff liefern. Genügte dem Kaufmann das Füllen im Keller nicht, so soll man ihm an Bord das Bier füllen nach der

---

[1] „Gerechtigkeit" bezeichnet hier alles, was nach Rechtsatzung beim Hopfenhandel zu beobachten ist, namentlich in betreff des Abgabewesens, um den Herren in Bezug auf Accise, Schoß und Schoß „gerecht" zu werden.

Probe. Ist aber das Bier an Bord voll geliefert, so hat der Schiffer oder der Kaufmann es einzunehmen und bewahren zu lassen zu seinem Besten und Risico.

Art. 77. Von der Bierprobe. — Vor den Bäumen und Pforten, aus welchen das Bier ausgeführt wird, soll man nicht mehr, als einen gewöhnlichen Probetopf, auszapfen; von 6 Tonnen aber kann der Baumschließer oder Thorwächter ½ Stübchen Bier auszapfen. Auch soll kein Baumwärter oder Thorwächter mehr als 6 Tonnen Bier ausprobiren, er habe denn die zur Zeit dazu angesetzten Prüfer gefordert. Niemand anders soll Bier vor den Thoren ausprobiren, wo mehrere Probirer angestellt sind. Der Rath will auch, daß alle Probirer gut Bier ausprüfen, nur das schlechte ausschließen. Wer dawider handelt, soll nicht ungestraft bleiben. An Feiertagen soll man auch von Niemand Baumgeld nehmen, der in den Baum oder aus demselben reiten oder fahren will. Jedermann kann unbeschwert aus- und eingelassen werden, nur muß man zu den gewöhnlichen Zeiten schließen, die Schlüssel aber dahin liefern, wohin sie gehören. Wer dawider handelt, der verliert seinen Dienst.

Art. 78. Vom Ausführen fremden Biers. — Der Rath will auch den Islands- und Bergenfahrern vergönnen, nach Gelegenheit der Jahreszeit und Gestalt der Schiffe roth Lübisch und Lüneburger Bier aus unserer Stadt gegen Erlegung des gewöhnlichen Zolls auszuschiffen. Doch sollen dieselben Schiffe kein anderes fremdes Bier ohne besondere Erlaubniß und Vollbort hier ausschiffen, und unterhalb Hamburgs auf der Elbe kein Bier einnehmen, es wäre denn Nothsache und die Schiffe riscirten, über die gewöhnliche Zeit auf der Elbe liegen zu bleiben. Auf diesen Fall können sie zu ihrem Bedürfniß, jedoch nicht, um damit Handel zu treiben, Getränke einnehmen. Wer dawider handelt, soll nach dem Ermessen des Raths Strafe bezahlen.

Art. 79. Von den Gesellschaften. — Zur Unterhaltung freundlicher Eintracht unter unsern Bürgern ist beliebt und für gut gehalten, daß es einem Jeden zu der Zeit, wenn er in die heilige Ehe treten will, freistehen soll, zu wählen, ob er in die Flandernfahrer-, Englandsfahrer-, Schonenfahrer-, Brauer- oder Schiffer-Gesellschaft treten will. Zu der Gesellschaft aber, die er zu dieser Zeit nach seiner Gelegenheit wählt, soll er sich halten und zwar nach den Ansätzen und der Bewilligung derselben, und einer anderen Gesellschaft, in welche er vorher, als er noch unverheirathet war, eingetreten sein mag, soll er deshalb nichts zu leisten verpflichtet sein.

Art. 80. Von den Bierführern. — Jeder Bierführer soll, sofern er es kann, selbst seine Karre fahren, damit jeder Brauer unbetrogen bleibe, und wenn er den Brauern einen richtigen Bescheid thut, soll er von denen, die das Bier empfangen, 2 Pfennige für die Tonne Bier zum Lohn haben. Bringt er aber das Bier außerhalb des Kirchspiels, soll er von dem, der das Bier empfängt, 3 Pfennige zum Lohn haben. Der, dem die Bierkarre verlehnt wird, soll sich verbürgen, daß weder er, noch sein Knecht, noch der, dem die Bierkarre anvertraut wird, unsicheren Krügern Bier zuführen und er den Schaden, der daraus entsteht, dem Brauer allezeit erlegen und bezahlen wolle. Auch sollen die Bierführer den Brauern nicht vorschreiben, welchen Bürgern sie das Bier geben sollen, wie das wohl vordem gewöhnlich gewesen ist. Handelten die Bier- und Karrenführer dawider, so sollen sie nach Ermessen des Raths bestraft werden. Kein Karrenführer oder Krüger soll das Bier mit dem Gebinde in dieser Stadt kaufen, um es bei Tonnen in der Stadt oder außerhalb derselben wieder zu verkaufen. Wer dawider handelt, soll mit einer Mark Silber bestraft werden, wovon der dritte Pfennig denen zukommen soll, die es anzeigen, denn es sollen die Krüger den Brauern die Tonnen wieder liefern, wie es gewöhnlich gewesen ist, auch in Zukunft nichts als Biergeld kürzen, sondern einem jeden Brauer sein volles Geld geben, so wie es bedungen ist.

Art. 81. Von den Gesellschaften und gemeinen Bierkrügen. — Wem es beliebt und anständig ist, Abends Bier für Geld zu trinken, der besuche die gewöhnlichen Gesellschaften, die dazu gestiftet sind. In Klipkrügen soll man des Sommers nach 11 Uhr und des Winters nach 10 Uhr kein Bier zapfen und Feuer und Licht halten, bei 1 ₰ Strafe. Auch mag ein Jeder zusehen, in welche Gesellschaft er zu Gelagen und Bier gehe, um jederzeit ohne Unlust und ohne Schaden zu bleiben. Die ehrlichen Gesellschaften, die den Bürgern Bier für Geld schenken lassen, sollen in den dazu verordneten Häusern nach solchem Maße schenken, welches der Rath mit den verordneten Bürgern für Recht bestimmen wird. Die Aelterleute und Vorsteher derselben sollen verbieten allerlei Unzucht, Lästerung Gottes und seines heiligen Wortes, Fluchen, Schwören, Karten- und Würfel-Spiel und allerlei Zank, die Verbrechen und Todtschlag zur Folge haben können. Dahin soll Jeder, der Bier für Geld schenken will, nach bestem Vermögen trachten.

Art. 82. Vom Beraccisen fremder Weine. — Der Rath und die gemeinen Bürger haben aus besonderen Ursachen zugelassen, daß man ein Jahr lang ungehindert fremde Weine an einer oder mehreren dazu verordneten Stellen für Geld schenken könne. Und von dem Werthe sollen diejenigen, die sie schenken wollen, bei Ankaufe von jedem Gulden 4 ₰ Lübsch dem gemeinen Gut als Accise zahlen. Nichtsdestominder will der Rath den gewöhnlichen Weinkeller bei Würden erhalten und soll da, und sonst nirgends, rheinischer Wein für Geld geschenkt werden, sowie auch andere Weine, wie dies von Alters her gewöhnlich gewesen ist. Fände sich nach Verlauf eines Jahres, daß solches dem gemeinen Gute nachtheilig wäre, so wird sich der Rath nach Gelegenheit der Sache mit den gemeinen Bürgern über eine bestmögliche andere Einrichtung vereinigen.

Art. 83. Vom Brotverkauf. — Weil in allen Recessen bestimmt ist, daß Jedermann hier frei Brot zu Markte bringen und verkaufen kann, so hat man auch jetzt für nützlich gehalten, daß die Vorsteher der Armen einen besonderen Bäcker halten, und verlangen, er möge Brot auf magdeburgische Weise bereiten und einem Jeden verkaufen. Dieser Bäcker soll auch durch die Aelterleute des Amtes durchaus nicht beschwert werden; er kann, wie vorgemeldet ist, Knechte halten zum Behuf der Armuth und sonst auch Brot für Geld verkaufen und so viel man dessen bedarf, zu allen Zeiten bereiten.

Art. 84. Von Morgensprachsherren und Werkmeistern. — Wenn die Mitglieder des Raths, welche die Morgensprache im Amte zu halten, Befehl haben, die Amtsbrüder in Gemeinschaft mit den Amtswerkmeistern mehr als die Amtsbücher und Rollen gestatten, beschweren wollen; so sollen sie sammt und sonders ihres Befehls entsetzt werden und andere brave Personen, die dem Amte kein Unrecht thun, sollen an ihre Stelle gewählt werden.

Art. 85. Von den Amtsbüchern, Rollen und Recessen. — Die Amtsbücher, Rollen, Recesse und Siegel, die dem Amte ehemals gegeben und auch durch die Aemter behufigen Ortes unter einander geschlossen worden sind, und welche nichts gegen Gottes Wort und Befehl, gegen diese Recesse und gegen das gemeine Beste enthalten, sollen ihre Gültigkeit behalten, so lange, bis durch den Rath, die gemeine Bürgerschaft, Einwohner oder Verordnete dieser Stadt etwas anderes vereinbart worden.

Art. 86. Von Gerechtigkeit der Aemter. — Die Amtsgerechtigkeit soll keinem Amtsgenossen verweigert werden, sofern er diese zu seinem Besten begehrt. Wer sie verweigert, soll seines Befehls entsetzt werden.

Art. 87. **Von denjenigen, die auf ihr Amt gedient haben.** — Alle diejenigen, welche auf ihr Amt gedient und dazu das gethan, was sie schuldig waren, oder es noch thun wollten, soll man nicht unverhörter Sache verweisen, sondern zu Amte lassen, es wäre denn, daß sie öffentlich den Rechten gemäß überführt würden, sich des Amtes unwürdig gemacht und es verwirkt zu haben.

Art. 88. **Von den Goldschmieden.** — Das Silber, das die Goldschmiede verarbeiten, soll nicht weniger, als 15 Loth sein nach der wägenden Mark halten. Jeder Goldschmied soll seine Arbeit mit seinem eigenen Zeichen zeichnen und auch dem Werkmeister liefern, damit er es mit dem Stadtzeichen versehe. Hätte Jemand gegen den Werth der vollendeten Arbeit Zweifel, so soll er es dem Werkmeister liefern, es zu probiren. Würde es weniger, als 15 Loth befunden, so soll der Goldschmied, der es gemacht, im folgenden Jahre kein Silber verarbeiten; freilich kann man ihm ein Quentchen wohl nachsehen, doch soll er dies nicht vorsätzlich mißbrauchen. Weil aber viel an diesem Geschäft gelegen, so soll kein Goldschmied zum Werkmeister erwählt werden, er könne denn eine Silberprobe gut machen, und sei ein redlicher, braver Mann, der dem Amte vorstehen könne.

Art. 89. **Um Betrug beim Silber zu verhindern.** — Kein Schiffer oder Kaufmann, der auf Bergen, Island oder weiter segelt, soll einiges Silber oder Silber-Kleinodien zum Verkauf hier ausführen, welches nicht hier oder in anderen wendischen Städten gearbeitet ist, weil sich mancher Betrug in den Kleinodien und dem Silber vorfindet, das außerhalb Hamburgs und an anderen ungewöhnlichen Orten verarbeitet wird. Würde Jemand diesem zuwiderhandelnd betroffen, so soll er nach dem Ermessen des Rathes bestraft werden.

Art. 90. **Von den Wage- und Krahnmeistern.** — Wagemeister, Krahnmeister und ihre Knechte sollen keine Güter, die gewogen werden müssen, kaufen oder verkaufen, bei Verlust der Waare und ihres Dienstes. Das verwirkte Gut soll zum gemeinen Besten genommen werden. Die Wage soll auch frei sein und die Seitenthür nach dem Schrangen soll zum Transport von Kaufmannsgütern wieder geöffnet werden, wie es vordem gewesen ist. Dann ist sie frei bis an des Schaffers Haus. Auch soll der Wagemeister selbst bei der Wage sein und die behufige Aufsicht haben, damit einem Jeden richtig gewogen werde; dazu muß er ein Buch halten und das Gewicht eines jeden Gutes anschreiben, damit er in der Folge dem Kaufmann auf sein Verlangen über das Gewicht der Güter Nachricht geben könne. Für das Anschreiben soll er außer dem gewöhnlichen Gelde zwei Pfennige zum Lohn haben.

Art. 91. **Von den Böttchern.** — Die Riemer sollen auf ihre eigene Hand keine neue Böden oder Küven von Eichenholz machen, noch Böden, Küven oder Bänder außerhalb dieser Stadt verkaufen ohne besondere Erlaubniß des Raths. Wollte aber ein Bürger gelobtes oder gesägtes Eichholz zu seinen Küven hergeben und davon Böden oder Küven machen lassen, so bleibt ihm dies unverwehrt. Wer dem zuwider handelt oder unsern Bürgern das Vorangeführte weigert, soll seines Amtes entsetzt sein.

Art. 92. **Von Kohlen.** — Der Rath und die verordneten Bürger wollen mit den Aelterleuten und den gemeinen Schmieden in Ueberlegung nehmen, ob man nicht hier, wie außerhalb Landes geschieht, Steinkohlen mitgebrauchen und wie die anderen gewöhnlichen so vertheilen und anweisen lassen könne, daß eines Jeden Bedürfniß, sei er arm oder reich, befriedigt werde.

Art. 93. **Von der Schönheit und Solidität der Gebäude.** — Es ist in dieser Stadt für nützlich und nothwendig gehalten, daß in Zukunft Keinem verstattet oder vergönnt werde, vor seinem Hause da, wo ein steinerner Giebel gewesen, einen hölzernen zu machen; auch soll Niemand weder vor noch hinter seinem Gebäude steinerne Giebel auf hölzerne Pfeiler setzen, bei 3 ₰ Silber Strafe, weil dadurch fromme Leute, die bei Feuersgefahr gutwillig helfen, großer Gefahr ausgesetzt sind. Würde auch Jemand vor oder hinter seinem Hause einen steinernen Giebel bauen, wo vorher ein hölzerner Giebel gestanden hat, dem sollen aus dem gemeinen Gute 1000 Mauersteine und ein Wispel Kalk zur Hülfe gegeben und frei von Lasten geliefert werden, sowie es von alten Zeiten her gewöhnlich und Sitte gewesen. Wo eine Mauer von Steinen ist, soll man keine von Ständerwerk setzen, bei gleicher Strafe, wie oben. Den Brauhäusern, die bisher noch hölzerne Giebel haben, soll in Zukunft bei einem Baue nicht gestattet werden, hölzerne oder mit Brettern bekleidete Giebel an der Straße wieder zu bauen, sondern Jeder soll vor seinem Brauhause an der Straße einen steinernen Giebel aufmauern lassen, bei Strafe von 3 ₰ Silbers.

Art. 94. Vom Kalke. — Der Rath will sich bemühen, noch eine Kalkmühle an einem gelegenen Platze anzuordnen, um zwei Kalkmühlen zugleich gebrauchen zu können, damit Jeder bei seinem Baue gefördert werde. Auch soll der Baumeister zwei volle Nüsen zu gleicher Zeit und auf einmal brennen, damit der Kalk nicht verbrenne und dauerhafter werde.[1]

Art. 95. Von Steinen. — Der Ziegelmeister soll gute Aufsicht haben, um gute Steine zu bekommen. Die Erde muß wohl verarbeitet und recht gebrannt werden. Er soll auch von den Bürgern kein Vortheil oder Trinkgeld nehmen und keine Steine an fremde Leute nach Außen verkaufen, bei Verlust seines Amtes. Der Rath will auch die Ziegelhäuser verlängern und mehrere erbauen.[2]

Art. 96. Vom Bauwesen. — Mit den Bauten und den Klagen, die desfalls erhoben werden, soll es in Gemäßheit unseres Stadtbuches gehalten werden.

Art. 97. Von Fleethen, Brücken und Graben. — Alle Ufer und Brücken an den Fleethen und Stadtgraben sollen mit Schlengel so versehen werden, daß Jeder sich vor Schaden hüten kann. Der Rath will auch das Publicum mit Treppen, Brücken und Stegen an den gebräuchlichen Stellen versorgen lassen, wie es von Alters her gewöhnlich gewesen ist.

Art. 98. Von Brunnen. — Alle Soothe in dieser Stadt sollen erhalten werden; würde ein Sooth zufallen oder zugeworfen werden, so soll er vom Rath auf öffentliche Kosten, oder von denen, die ihn zugeworfen haben, aufgemauert und gemacht werden.

Art. 99. Vom Bauholz. — Niemand soll sein Bauholz auflegen lassen auf Kajen, Märkten, Brücken oder in Straßen, sondern nur an den Stellen, die vom Rath und den Bürgern außerhalb des Thores dazu verordnet sind, oder in seinem eigenen Raum. Ließe Jemand sein Holz vor seiner Thür oder an den vorbenannten Plätzen länger, als vier Wochen, liegen, so soll der Baumeister solches Holz nach dem Bauhofe fahren lassen und zum gemeinen Besten gebrauchen. Doch soll der Baumeister, ehe er das Holz wegholt, den, welchem es zugehört, zuerst zur Wegräumung auffordern.

Art. 100. Vom Zimmerholz und anderen Baumaterialien. — Niemand soll in Zukunft Zimmerholz, Rinnen, Dielen, Schwengel, gehauene Steine und dergleichen, welche Jemand zum Behuf eines Baues gekauft hat, ohne Willen derer, die es auf angemessene Stellen haben auflegen lassen, wegnehmen. Handelt Jemand dawider, so soll er solches Holz oder solche Steine nach dem Werthe bezahlen, auch dem Rathe ein Pfund Pfennige Strafe zahlen und der Zimmer-

[1] Die Kalkbrennerei, der „Kalkhof", der Stadt, lag im 17. Jahrhundert, und wahrscheinlich vorher schon, vor dem Dammthor.
[2] Die Ziegelhäuser der Stadt standen in der Gegend des Krayenkamps und des Eichholzes, am sog. Teilfeld, welches daher den Namen führt. Ziegelfeld — Tegelfeld. Aus Tegelfeld ist Treelfeld und aus diesem wieder Trillfeld geworden.

mann, der das Holz oder die Dielen besichtigt und dem Eigenthümer dazu nicht ansagt, soll 10 ß 4 Pfennig ohne Gnade verwirkt haben.

Art. 101. **Vom Brennholz.** — Da das Brennholz nicht mehr so lang, wie sonst, geliefert wird, so soll man zwei Bürger verordnen, welche in dieser Stadt Aufsicht darauf haben sollen, daß das Brennholz die von alten Zeiten her gewöhnliche Länge und Maße halten soll. Dafür sollen sie von jedem Faden 1 Pfennig haben. Fände man Brennholz, welches die bestimmte Maße und Länge nicht hätte, so sollen die beiden Bürger den Preis dieses Holzes bestimmen, und derjenige, der es kauft, soll den Pfennig ihnen zu zahlen, verpflichtet sein.

Art. 102. **Von Ausschiffung des Holzes.** — Kein Bürger, Fremder oder Kaufmann soll eichen Zimmerholz, Dielen, Latten, Eschen, Bauholz und Brennholz zur Elbe ausschiffen ohne Erlaubniß des Raths bei 1 ₰ Silber Strafe.

Art. 103. **Mit Stabholz sollen die Schiffe nicht bei der Stadt vorbeifahren.** — Das Amt der Böttcher soll ein gutes Aufsehen haben, damit kein Stab- oder Bödenholz und kein Bandholz um diese Stadt oder ihr vorbei gefahren werde, und wo es nöthig, darüber dem Rathe zur rechten Zeit Anzeige machen. Dann will der Rath alles Mögliche thun, solches zu verhindern, damit ähnlichen Fällen zuvorgekommen werde.

Art. 104. **Von den Höfen an der Elbe und an den Stadtgräben.** — Diejenigen, die Höfe an der Elbe und an den Stadtgräben haben, sollen ihre Vorsetzen in gutem Stande halten, damit daraus kein Sand oder Erdreich in die Elbe oder in die Gräben spüle. Auch soll man keinen Ballast vor den Höfen außer dem Niederbaum ausschlagen lassen, um die Vorsetzen damit zu füllen. Wer dessen bedarf, soll den Sand aus der Stromtiefe graben und in seine Vorsetzen bringen. Wer hierin säumig ist, soll nach dem Ermessen des Raths Strafe erlegen. Auch will der Rath den äußersten Hof, in der Gegend des Eichholzes an der Elbe belegen, mit einem Vorsetzen aus dem gemeinen Gute unterhalten.

Art. 105. **Von den Höfen außer Hamburg, auf dem Brook und anderswo.** — Auf den Höfen, die außer Hamburg mit Häusern bebaut sind, sollen keine Leute wohnen, sondern ein Jeder, der draußen wohnt, soll zu Ostern 1529 vor der Umziehzeit seine Wohnung hier in der Stadt nehmen, wenn er sich hier ernähren und aufhalten will.[1] Fände man nach der Umziehzeit Jemand, der seine Wohnung außen hätte, so soll der Eigner des Hofes und des Hauses, und so oft er solches gestattet, dem Rathe eine Strafe von 20 ₰ zahlen. Doch können diejenigen, die Kaufmannsgüter auf den Höfen in Verwahrung haben, diese in guter Verwahrung behalten und Tag und Nacht darauf achten lassen. Ingleichen soll auch Niemand auf dem Mönkedamm wohnen und Häuser bauen, es wäre denn, daß der Rath mit den verordneten Bürgern der vier Kirchspiele in Zukunft es für gut fände. Würde Jemand auf eines Andern Hofe betroffen, um Dieberei willen oder um sonst Schaden zu thun, der soll 10 Pfund Strafe zahlen. Hätte er das Geld nicht, so soll man ihn auf 14 Tage bei Wasser und Brot ins Gefängniß setzen und soll er die Stadt meiden, bis daß er die Strafe bezahlt hat. Würde er aber auf offenbarer That betroffen oder überführt, daß er eine Hausthür oder ein Fenster eingebrochen hätte, so soll ihm dafür werden, was Recht ist. Würde ein solcher Missethäter auf dem Hofe verwundet oder braun und blau geschlagen, so soll das nicht geahndet werden. Ebenso soll man es

---

[1] Wie aus dieser Stelle erhellt, bezeichnet „Hof" ein Grundstück, Bauplatz. Hiernach sind auch die Höfe an der Elbe im vorigen Artikel zu deuten. Es sind Besitzthümer an der Elbe. Die Eigenthümer hatten die Straße und die Vorsetzen vor und an ihrem Besitzthum selbst zu unterhalten. Daher die Bestimmung von Unterhaltung der Vorsetzen „an den Höfen" an der Elbe.

halten mit denen, die das Eichholz behauen und verderben, oder die sonst dort, in der Stadt und in den Ziegelhäusern beim Würfelspiel betroffen würden.

Art. 106. Von der Stromtiefe der Elbe. — Auf Alles das, was man zur Verbesserung der Stromtiefe auf der Elbe nur erdenken oder in's Werk richten kann, will der Rath mit den gemeinen Bürgern, sowohl im Frühjahr, als auch zu allen Zeiten, allen Fleiß verwenden.[1]

Art. 107. Vom Schiffbau. — Kein Schiffer, der in dieser Stadt Nahrung treiben will, soll in Zukunft Schiffe bauen lassen, die nicht täglich bequem auf unserm Fahrwasser gebraucht werden können, und damit den Bürgern das Zimmerholz nicht vertheuert werde, soll kein Schiffbauer größere Schiffe bauen, als vorerwähnt ist. Schiffer und Schiffbauer, die dem zuwider handeln, sollen ein Jeder dem Rathe in eine Strafe von 10 ℔ löthigen Silbers verfallen sein. Auch soll man für fremde Leute hier keine Schiffe bauen ohne besondere Erlaubniß des Rathes bei Strafe von 5 ℔ löthigen Silbers.

Art. 108. Vom Verkauf der Schiffe. — Wollte Jemand in Zukunft ein Schiff, das hier gebaut ist, verkaufen, so soll ihm das in 10 Jahren nicht freistehen, er verkaufe es denn einem unserer Bürger, der es jedoch auch in der vorbestimmten Zeit keinem Fremden verkaufen kann. Dies soll der Schiffer sammt seinen Freunden oder Rhedern, ehe das Schiff durch die Brücke gelegt wird, vor dem Rathe eidlich erhärten. Wer dawider handelt, soll dem Rathe 30 ℔ löthigen Silbers und jeder der Rheder und Schiffer, der in den Kauf willigt, auch 30 ℔ löthigen Silbers erlegen.

Art. 109. Von den Untersassen dieser Stadt. — Die Untersassen dieser Stadt und die im Gebiete der Stadt wohnen, sollen kein Korn, Quick, Eßwaaren, Fische, Fleisch, Hühner, Eier und Butter anderswohin, als nach Hamburg, zum Verkaufe senden oder bringen. Würde Einer darin straffällig befunden, daß er Quick und Korn anderswohin verkaufte, der soll 10 ℔, und wenn es sonst Eßwaaren sind, 1 ℔ Strafe zahlen.

Art. 110. Von der Vorhöckerei. — Wenn Jemand Eßwaaren, Gänse, Enten, Hühner, Eier, Butter oder Anderes zu Schiffe oder zu Wagen zu Kaufe bringt, der soll selbst damit zu Markte stehen, bis es 11 Uhr schlägt, und vor diesem Glockenschlage soll kein Vorkäufer oder Vorkäuferin dasjenige kaufen, was sie wieder zu verkaufen Willens sind. Käme Jemand Nachmittags mit solchen Eßwaaren so zeitig, daß er damit zu Markte ausstehen könnte, von dem sollen keine Vorhöcker oder Vorhöckerinnen vor 6 Uhr Abends kaufen. Käme er so spät, daß er nicht zu Markte ausstehen könnte, so soll er es auf die vorangeführte Weise am folgenden Tage thun. Wollte auch ein Bürger oder ein Dienstbote für seine oder seiner Herrschaft Küche etwas kaufen und dasjenige, was die Vorhöcker bedungen haben, verlangen, so soll man es ihm ohne Widerrede zu demselben Preise verabfolgen lassen, bei Strafe von 10 Schilling 4 Pfennig. Niemand soll auch in Böten oder Ewern etwas kaufen, denn man soll mit allen Waaren, wie vorgeschrieben, zu Markte ausstehen. Würde ein Vorhöcker oder eine Vorhöckerin diesem zuwider handeln, so sollen sie, so oft sie darauf betroffen werden, 10 Schilling 4 Pfennig ohne Gnade bezahlen.

Art. 111. Von den Marktvögten. — Es sollen auch zwei Marktvögte sein, die auf alle vorgeschriebene Articel Acht haben und darauf sehen, daß sie die Waaren von hinlänglicher Güte geben, und daß Niemand mit verdorbener

---

[1] Aus diesem Artikel erklärt sich die Bestimmung im Art. 104, daß der Sand zum Ausfüllen der Vorsetzen aus der Stromtiefe genommen werden soll. Es war dabei auf Entfernung von Untiefen im Fahrwasser abgesehen. Bis ins 17. Jahrhundert war das Fahrwasser der Elbe unterhalb Hamburgs stellenweise so seicht, daß in trockenen Sommern größere Schiffe nur zur Fluthzeit an die Stadt hinankommen konnten.

und unbrauchbarer Waare betrogen werde. Die Marktvögte sollen Keinem Geld abnehmen, sondern einen Jeden seine Waaren frei zu Markte bringen und verkaufen lassen. Würde darin ein Anderes befunden, sollen sie ihres Dienstes verlustig sein. Es sollen auch die Marktvögte keine Hausdiener sein, sondern der Rath will sie gleich anderen Stadtdienern besolden.

Art. 112. Von der Bürgerannahme. — Wer unser Bürger werden will, der soll vor der Hand geloben, daß er sich hier zur Stelle sitzen will, sonst soll man ihn für keinen Bürger halten oder annehmen, damit durch einen solchen Mißbrauch der städtischen Privilegien und Gerechtigkeiten unsere anderen Bürger nicht geschmälert werden.

Art. 113. Von der Kleiderpracht. — Von den ausbündigen Kostbarkeiten, Verzierungen und Kleinodien, sowie von denen, welchen die Pretiosen gebühren, will der Rath mit den verordneten Bürgern zur gelegenen Zeit verhandeln, so daß darin eine leidliche Masse gestellet werde.

Art. 114. Von der Münze. — Der Rath will zur gelegenen Zeit mit den andern verwandten Städten, mit denen man bisher in einträchtiger Münzung gesessen, auf Mittel und Wege denken, die der Gemeinde in jeder Hinsicht zuträglich sind und zum Vortheil gereichen.

Art. 115. Vom Zollen. — Der Rath will auf das Sorgfältigste in Hinsicht des Werkzolls und der anderen Zölle solche Verfügungen treffen, daß das gemeine Gut keinen Schaden davon habe. Dem, der seinen Zoll nicht bezahlt, soll man so lange die Zeichen, bis er den angeschriebenen Zoll bezahlt, verweigern. Der Rath will auch darüber aus sein, daß die Tonnen und Baaken so besorgt werden, daß Niemand deswegen einen Schaden leide. Daher sollen auch die Barsemeister nicht wegen Handelsangelegenheiten aussegeln, sondern auf ihren Dienst achten.

Art. 116. Wie diejenigen, die in und außer Hamburg wohnen, den Schoß bezahlen sollen. — Jedermann, der außerhalb dieser Stadt wohnt, aber in derselben Eigenthum oder Rente hat, er sei geistlich oder weltlich, eingekleidet oder nicht, soll den gewöhnlichen Schoß, gleich denen, die hier in der Stadt wohnen, von Eigenthum und Hebungen, die er hier in der Stadt hat, geben und bezahlen, so daß ein jeder Bürger oder Einwohner der Stadt gerecht werden müsse zuerst von seinem und demnächst von dem Gelde fremder Leute, wofür er Rente bezahlt, und soll er den Schoß den fremden Rentnern bei Bezahlung der Rente kürzen.

Art. 117. Vom Schoße für Bürger-Geld und für das Geld, womit ihre Commis handeln. — Der Handlungsdiener eines Bürgers, der mit dem Vermögen der Bürger und dem seinigen Handel ibt, ist nicht schuldig, für sich selbst und insofern er nicht beständig hier an Ort und Stelle ist, Schoß zu geben, aber derjenige, der außerhalb der Bürgermaslopei seinen eigenen Handel treibt, soll sein Gut, unsern Bürgern gleich, verschoßen, und soll, wenn er sein Schoß also bezahlet, sobald er Bürge wird, dieserwegen nicht noch zum Schoße angesetzt werden.

Art. 118. Von der Bezahlung des gewöhnlichen Schoßes. — Den gewöhnlichen Schoß soll ein Jeder jährlich zwischen Martini und Thomä bei Strafe des doppelten Vorschoßes bezahlen. Den Vorschoß soll ein Jeder mit 8 ₰ Lübich bezahlen, und von je 100 ℔ aller seiner Güter, auch von baarem Gelde und Leibrenten, die er einzunehmen hat oder einzunehmen vermeint, soll er 5 ₰ weniger 3 ₰ zahlen. Vorschoß soll Jeder in gangbarer Münze bezahlen.

Art. 119. Von den Schoßdienern. — Die Schoßdiener sollen keinen frommen Mannes Schoß zählen, sondern von den Schoßtafeln weggehen, wenn die Bürger ihr Schoß einliefern, auch gegen keinen Bürger zeugen von Thaten, die bei Tage geschehen.

Art. 120. Keinen Krieg soll der Rath allein ankündigen. — Der Rath will mit Niemand einen offenen Krieg anfangen, ohne Vollbort der gemeinen Bürger, denen darüber auf dem Rathhause Vortrag gehalten werden soll. Würde aber dieser Stadt ein offenbarer Krieg angesagt, so soll man der Feinde Namen öffentlich vor dem Rathhause und an allen Thoren anschlagen lassen; desgleichen soll man es schriftlich anzeigen, wann die Fehde abgethan wird, damit jeder Bürger sich vor Schaden zu hüten wisse. Würde auch diese Stadt mit Krieg, Noth oder Theuerung, was Gott verhüten wolle, heimgesucht, so daß man mit der gewöhnlichen gemeinen Hebung nicht zureichen könnte, so will der Rath mit den Bürgern sich besprechen, wie und womit man sich der Last entledige. Auch soll nach dieser Zeit weder der Rath noch irgend ein Hauptmann einige Reuter oder Knechte in dieser Stadt oder zum Behuf der Stadt annehmen oder annehmen lassen, es wäre denn mit Wissen und Vollbort der verordneten Bürger der vier Kirchspiele.

Art. 121. Vom Kriegsapparat, der zum Brauhause gehört. — Jeder Bürger, der ein eigenes Brauhaus hat, soll verpflichtet sein, eine Hakenbüchse zu halten, auch sollen sie nach dieser Zeit Knechtszeug zugleich halten, welches sie beim Verkauf des Brauhauses sammt zwei ledernen Eimern und einer Spritze bei dem Hause liefern sollen.[1]

Art. 122. Von Aussendung des wehrhaften Volks. — Es soll kein Bürgermeister, Rathmann oder erbgesessener Bürger vor den Feind oder sonst unter Commando eines Hauptmannes aus dieser Stadt zu ziehen, verpflichtet sein, es wäre denn, daß der Rath und die verordneten Bürger der vier Kirchspiele dies sämmtlich für gut ansehen.

Art. 123. Von Wällen und Graben. — Man soll Fleiß daran setzen, daß Wälle und Graben mit dem Ersten so in Stand gesetzt werden, daß man sie zur Vertheidigung gebrauchen und ihres Schutzes vor Gefahr genießen möge.

Art. 124. Von schädlichen Festungen, die in der Nähe der Stadt gebauet werden. — Indem vormals unserer Stadt Privilegia dahin gegeben worden sind, daß zwei Meilen in der Nähe keine schädlichen Festungen gebaut werden, und die, welche vorher gebaut, vermindert werden sollen, wie das unsere Vorfahren mehrmals gethan haben, so soll man eine gleiche Aufsicht halten, daß in der Nähe keine schädliche Festungen gebauet, vielmehr thätlich dagegen verfahren werde, wie unsere Vorfahren gethan haben.

Art. 125. Von den Spielleuten und dem Lohn, den sie erhalten sollen. — Da allerlei Köstlichkeit bei den Brautgelagen einigermaßen gemäßigt ist, und auch hinfüro vom Rath unter Mitwirkung der verordneten Bürger gelegentlich gemäßigt werden wird, so wird der Rath auch den Lohn der Spielleute in dieser Stadt bestimmen, so daß sie Niemandem mehr, als erlaubt ist, abnehmen sollen. Man soll auch keinen besonderen Lohn für die Abendhochzeiten verlangen. Wollten die Spielleute der Stadt um diesen Lohn nicht dienen, so soll es Jedem freistehen, Spielleute zu nehmen, wo er sie bekommen kann, und er soll dem Spielgrafen, das ist des Raths Kuchenbäcker, und den Stadtspielleuten nichts zu geben, verpflichtet sein.

---

[1] „Hakenbüchsen" waren schwere Büchsen mit vorne am Rohr angebrachtem „Haken", als Stütze beim Gebrauch des Geschützes. Der „Haken", ein 4—5 Fuß langer Eisenstab, war beweglich an der Büchse eingelenkt und wurde für gewöhnlich, wenn die Büchse außer Gebrauch war, an den Lauf zurückgeschlagen getragen und nur, wenn die Büchse im Feuer gebraucht werden sollte, niedergelassen. Die Büchse wurde dann „abgehakt". Die Hakenbüchsen bildeten den Uebergang vom leichten zum schweren Geschütz. Man unterschied auch wohl Haubbüchsen, Hakenbüchsen und Hauptbüchsen. Die Hauptbüchsen lagen auf Rädern.

Art. 126. **Von der Wache.** — Der Rath wird auch die gewöhnliche Nachtwache durch die geschworenen Stadtdiener bestellen lassen, damit Keinem in dieser Stadt weder bei Tage noch bei Nacht ein Unfall geschehe. Die Bürger und Einwohner sollen sich auch gutwillig finden lassen, und zwar Jeder, dem dies obliegt, die Wache zu verstärken oder einen tauglichen Mann für sich zu stellen, so daß die beiden Bürger, denen die Wache übertragen ist, ein Jeder mindestens mit 10 Mann zur rechten Zeit und an gewöhnlicher Stelle Wache halten und fleißig dahin sehen, daß kein Brand, keine Gewaltthat noch Unlust geschehe, vielmehr so viel immer möglich verhindert werde. Würde Jemand von einem Diener oder einem andern, der auf Wache ist, überfallen und Gewalt verübt, so soll derselbe nach Gelegenheit der That bestraft und demnächst in dieser Stadt nicht weiter gelitten werden. Trüge es sich auch zu, daß ein überfallender Zug von Kriegsleuten oder Knechten sich zeigte, so will der Rath mit den verordneten Bürgern für solche Bewachung Sorge tragen und sie anordnen, durch welche alle Unlust, Schade und Nachtheil verhindert werden möge.

Art. 127. **Von Feuerlöschung.** — Geriethe ein Haus oder Darren, welches Gott verhüte, in Brand, so soll der Mann, der Lärm macht, um sein Haus zu retten, nicht bestraft werden; würde aber Jemandes Haus brennen, und er machte keinen Lärm, so soll er 10 ℔ Pfennige Strafe bezahlen. Käme aber das Feuer, welches Gott verhüte, in einem Kirchspiel zum Ausbruch, so soll man die Sturmglocke im Kirchspiel und im Dom anschlagen, und nirgends anders. Dann sollen alle Officianten und Bediente des Raths und der Stadt, auch alle Zimmer- und Mauerleute sammt den Korn- und Krahnträgern, die in dieser Stadt wohnen, bei Verlust ihres Dienstes oder ihres Amtes oder bei schwerer Strafe, in Gemäßheit der Verfügung des Raths und der verordneten Bürger, sich auf das Eiligste zum Feuer hin begeben und retten und löschen helfen. Würde einer durch das Retten und Löschen des Brandes an seinen Gliedmaßen oder an seinem Leibe in Schaden gerathen, der soll aus dem gemeinen Gotteskasten geheilet und unterhalten, und wenn es die Noth erheischte, während seines Lebens nach seinem Stande mit dem Nothdürftigsten versorgt und versehen werden. Demnächst sollen alle Bürger und Einwohner aus dem Kirchspiel, in welchem das Feuer ist, sammt den Kirchspielsherren desselben Kirchspiels ein Jeder aus seinem Hause seinen Eimer zur Löschung oder Rettung zu dem Feuer hinzusenden, auf das Allerheiligste verpflichtet sein. Die Bürger und Einwohner der vier Kirchspiele aber sollen sämmtlich, ein Jeder mit seinem besten Gewehre auf seinem Kirchhofe, zusammen kommen, und der Rath will sich auch aufs Rathhaus verfügen und alle Thore durch die Bürger bewachen lassen, um sowohl dem Feuer Widerstand zu thun, wo es Noth ist, als auch vereint mit den Bürgern solche Aufsicht zu haben, daß aller Schade, Unlust und Verderb dieser Stadt verhütet werde. Alle Frauen, Jungfrauen, Mägde und Kinder sollen, ein Jeder bei 10 β 4 ₰ Strafe, bei dem Feuer nicht kommen, die, deren Haus brennt, ausgenommen, und die aus der Nachbarschaft oder aus Freundschaft oder Verwandtschaft kommen und die Güter und Sachen hinaustragen und retten helfen wollten, denen soll dies frei gestattet werden, doch sollen sie ohne Hoyken retten, um für unverdächtig gehalten zu werden.[1]

---

[1] "Hoyken", nicht Mäntel, wie Einige sich ausdrücken, sondern Kappen mit hinten herabhängendem mantelartigen Kragen. Beim Kirchgang oder bei "Todtenfolge" hingen sie um den Hals „und schlippen ehne um bat Hövet", wobei sie um die Schultern zusammengehäkelt wurden, die der Vornehmen mit goldenen Schrauben, die, sagt Neocorus, „ein ehrliches" kosteten. Sonst aber trug man sie so, daß sie Kopf und Schultern einhüllten und das Gesicht verschleierten, so daß der Träger des Hoykens schwer zu erkennen war. Unter dem Hoyken ließ sich also vieles verbergen. Daher hier das Verbot, in Hoyken zu erscheinen.

Kämen sonst Frauen, Jungfrauen und Mägde bei dem Feuer, denen soll man das Oberkleid nehmen, bis sie die vorgeschriebene Strafe bezahlen. Käme auch Jemand bei dem Feuer und wollte nicht retten helfen, den soll man wegweisen; wollte aber Einer freventlich die Andern an der Rettung hindern, der soll 10 ß 4 ₰ Strafe erlegen. Von allen Kirchhöfen soll man die Kupen voll Wasser eiligst zum Feuer hinbringen, bei Verlust des Dienstes und nach alter Gewohnheit sollen diejenigen, die die erste Kupe mit Wasser bringen, 1 fl., und die die zweite bringen, ½ fl. zum Lohn haben. In allen 4 Kirchspielen der Stadt soll alsdann Jeder eine Leuchte mit brennendem Licht vor seiner Wohnung hängen haben und fleißig seine Hausrinnen, Fenster und Luchten vor fliegenden Feuerfunken bewahren. Ein jedes Brauhaus soll stets zur Rettung vor Brand zwei lederne Eimer, und das Wohnhaus einen, bei Strafe von 1 ₰ Pfennige, halten. Auch soll jede Kirchspielskirche 6 Leitern, 2 lange, 2 mittelmäßige und 2 kurze, auch 4 Feuerhaken und 40 lederne Eimer halten. Auch sollen die Aemter lederne Eimer halten, wie es von alten Zeiten her gewöhnlich gewesen ist. Nähme Einer fremde Eimer in sein Haus zurück, so soll er dieselben des andern Tages auf dem Kirchhof des Kirchspiels, wo das Feuer gewesen ist, zurückbringen; geschieht dies nicht, so will der Rath ihn so strafen, daß ein Anderer gewiß daran denken soll.

Dies Alles wollen der Rath und die gemeinen Bürger und Einwohner zur Erhaltung des gemeinen Nutzens und Friedens stets fest und unverbrüchlich gehalten haben. Dabei sollen sich die Bürger verhalten, wie sie es in ihrer eigenen Sache gethan haben würden. Auch soll man zu keinen Zeiten aus einem anderen Grunde die Sturmglocke anschlagen oder anschlagen lassen oder den Strick an der Glocke aufziehen, es wäre denn mit Genehmigung des Raths und der verordneten Bürger der vier Kirchspiele. Handelte Jemand dawider, er sei im Rathe oder außer demselben, der soll das büßen mit seinem eigenen Halse ohne Gnade.

Art. 128. Von Vollmacht der Vorsteher der gemeinen Kasten. — Die gemeinen Bürger und Einwohner dieser Stadt haben mit Vollbort des Raths vollkommenen Befehl und Vollmacht den verordneten Bürgern, welche die Vorsteher der gemeinen Kasten der vier Kirchspiele sind, und ihren Nachfolgern gegeben, damit sie ein besonderes Aufsehen haben sollen, daß unser Stadtbuch, die gegenwärtigen Recesse, die Burspraken, die Articel, die über die gemeinen Kasten und die Ceremonien der Kirchen festgesetzt worden, stets in ihrer Würde vollführt und beachtet, auch Friede und Eintracht in dieser Stadt möge erhalten werden. Spürten aber die Vorsteher zur Zeit hierbei einige Gebrechen oder Versäumniß, so sollen die Vorsteher der gemeinen Kasten, sammt oder sonders, oder ihre Bevollmächtigten die Nothdurft dem Rathe antragen, damit das gemeine Beste und Wohlfahrt, auch Eintracht und Friede, möge gefördert werden.

Art. 129. Von den verordneten Bürgern. — Alles, was in dieser Stadt Beliebungen oder sonst den verordneten Bürgern befohlen ist, das soll Jedermann, dem daran gelegen ist, bei den 12 Vorstehern der gemeinen Kasten in jedem Kirchspiele und sonderlich bei den 3 Oberalten in jedem Kirchspiele fördern, die es sodann sämmtlich oder durch ihre Bevollmächtigten an den Rath gelangen lassen und ansagen sollen; auch sollen sie mit göttlicher Hülfe zu allen Zeiten helfen in die Wege richten, daß allerlei Unlust, Schade und Verderb von dieser guten Stadt und allen Bürgern und Einwohnern abgewandt werde; wo dennoch einiges Ungemach sich zeigte, sollen sie dasselbe, wenn möglich, zur rechten Zeit bessern und helfen.[1]

---

[1] „Drei Oberalten in jedem Kirchspiel." Daraus erhellt, daß nur dem Hauptkasten zwölf Oberalte vorstanden, und daß unter den Oberalten zur Zeit der Stiftung der Gotteskasten nicht die „Zwölf-Männer" der Kirchspiele zu verstehen sind, wie man wohl behauptet hat, sondern zwölf aus den achtundvierzig zu Vorstehern der Gotteskasten verordneten Bürgern der vier Kirchspiele.

Art. 130. Von angetragenen Gebrechen. — Der Rath will auch nach dem vorgeschriebenen Antrag der Gebrechen seinen Pflichten und Verhältnissen nach dasjenige in's Werk richten, was zum gemeinen Besten und zur Wohlfahrt, sowie zum Frieden und zur Eintracht, gedeihen möge.

Art. 131. Von der Zusammenkunft und der Berathschlagung der Vorsteher. — Würde aber dennoch durch irgend Jemand, dem das obrigkeitliche Amt zur Zeit befohlen, oder durch Jemand in oder außer dem Rath einige That oder schädliche Versäumniß verhängt oder ins Werk gestellt, sowohl wider den Inhalt des Stadtbuchs, der Recesse, der bewilligten Bursprake, als auch wider die Articel, die den Gottesdienst betreffen und zum Behuf der Armen aufgerichtet sind, oder sonst irgend einige Uebelthat, Muthwillen und Beschwerung gegen unsere Bürger, dem Stadtbuche zuwider, welches Gott verhüte, vorgenommen, so sollen die Vorsteher der gemeinen Kasten alsdann, insofern es von Nöthen, zu sich die 24 Bürger jeglichen Kirchspiels zur Verhandlung fordern und abermals die Nothdurft dem Rathe antragen, eine Abstellung begehren, damit nach der Zeit so etwas nicht mehr geschehe. Trüge es sich aber zu, daß sodann Jemand in oder außer dem Rathe freventlich befunden würde und es sich herausnähme, der Vermahnung zuwider, sich nicht zu bessern, vielmehr seinen Muthwillen gegen die Beschlüsse oder sonst gegen die Bürger und Einwohner dieser Stadt fortzusetzen, so sollen diejenigen, bei denen dieses, selbst innerhalb des Rathes, befunden wird, und die deshalb angeklagt werden, der Stelle und deren Herrlichkeit nach den Rechten entsetzt werden, und sonst überhaupt Keiner, er sei in oder außer dem Rath, nach Gelegenheit der That ungestraft bleiben. Und würde man es so wichtig finden, daß es nöthig wäre, alle erbgesessenen Bürger und Werkmeister der Aemter vorzuladen, so will der Rath auf der vorgenannten Personen Begehren dieselben fordern lassen und was die Nothdurft erheischt, vortragen und in's Werk richten, damit Friede und Eintracht und die Wohlfahrt dieser guten Stadt erhalten werde.

Art. 132. Von Zusammenkünften und Anläufen der Gemeinde und der daraufgesetzten Pön. — Kämen aber wiederholt Klagen oder Verluste aus den Sachen, über welche bei dem Rathe oder bei den Aelterleuten oder Vorstehern der gemeinen Kasten Klage geführt ist, und würden sie zur rechten Zeit nicht gebessert, so soll doch darum Niemand in dieser Stadt einen Zusammenlauf des gemeinen Volks, gewaltsame That, Auflauf oder Vergewaltigung derjenigen, die hier rechtmäßig wohnen, verhängen, vornehmen oder ins Werk richten, sondern seine Sache durch die vorbenannten, jetzt verordneten Personen oder ihre Bevollmächtigten der Obrigkeit vortragen lassen und nach dem Rathe der Oberalten und der Vorsteher der vier Kirchspiele gegen seine Widersacher verfahren, damit diejenigen, die zur Ehre, Frieden und Wohlfahrt geneigt sind, darin nicht durch muthwilligen Eigensinn, mancherlei Gezänk, Unlust und Verderb verhindert werden. Amen. Lob, Ehre und Dank sei Gott in Ewigkeit. Amen.

In diesem Receß, der die wesentlichsten der auf die Umgestaltung des Kirchen- und Schulwesens bezüglichen Forderungen, wie sie von der Bürgerschaft in ihrer Majorität gestellt worden waren, wie der angeführte Wortlaut zeigt, aufgenommen hat als Rechtsbestimmungen, und durch denselben war die getroffene und vollzogene Neuordnung der Dinge auch für die Folgezeit gesichert und auf einen festen Grund gestellt.

Durch den Receß hatten Rath und Bürgerschaft sich in bindender Weise von der Gemeinschaft der katholischen Kirche losgesagt und sich auf den Grund der evangelischen Kirchengemeinschaft gestellt. Dadurch war nun auch das Verhalten gegenüber dem beregten Erkenntniß auf die Klageeingabe des Domkapitels beim Reichskammergericht wider Rath und Bürger der Stadt Hamburg bestimmt vorgezeichnet.

Das zu Gunsten des Kapitels gefällte Reichskammergerichts-Erkenntniß, durch welches der Rath, die Kirchenjuraten und die Gemeinde von Hamburg zur Restitution aller dem Kapitel zuständig gewesenen Kirchen und kirchlichen Gerechtsame verurtheilt worden, ward am 21. September 1533 ausgegeben und dem Rathe zugestellt. In demselben waren executoriales auf 500 Mark löthigen Goldes erkannt und benannt wider Rath und Stadtgemeinde. Deputirte des Rathes erlangten am Kammergericht eine Inhibition des Exekutionsurtheils bis Martini nächsten Jahres. Inzwischen suchten Rath und Bürger durch Unterhandlungen mit den Domherren zu einem leidlichen Vergleich in der Sache zu gelangen. Die Stadt erbot sich, dem Kapitel alle in Laienhände übergegangene Kapitelgüter wieder zurückzugeben. Damit waren aber die Domherren nicht zufrieden; sie bestanden auf Rückgabe aller dem Kapitel genommenen Güter und auf Wiedereinsetzung in die vorigen Gerechtsame nach ihrem ganzen Inhalt und Umfang, kurz: auf Wiedereinsetzung in den vorigen Stand. Als Rath und Bürger nun mit dem Exekutoriale vom Domkapitel gedrängt wurden und sie keinen leidlichen Vergleich mit dem letzteren treffen konnten, wandten sie sich im Jahre 1534 an den Kurfürsten Johann Friedrich von Sachsen und den Landgrafen Philipp von Hessen mit der Bitte um Aufnahme in den Schmalkaldischen Bund und um Schutz gegen den Exekutionszwang des Reichskammergerichts. Es wurden vom Rathe zwei Deputirte, Joachim Möller und M. Joachim Sommerfeld, zum Kurfürsten von Sachsen abgefertigt, damit sie sich des Näheren nach allen Einzelheiten der Bedingungen für die Aufnahme der Stadt in den Schmalkaldischen Bund erkundigten. Der Kurfürst brachte die Aufnahme Hamburgs in den Bund bei den protestirenden Ständen in Anregung. Darauf wurden von den Ständen der Kurfürst, der Herzog Ernst von Lüneburg und der

Rath zu Bremen mit der weiteren Verhandlung in der Sache beauftragt und ward auch auf Petri und Pauli desselben Jahres, 1534, eine Handlung wegen dieser Angelegenheit anberaumt. Die Verhandlung ging aber nicht vor sich, weil der Kurfürst Johann Friedrich an rechtzeitiger Beschickung der Versammlung behindert ward. Mittlerweile setzte das Domkapitel durch seinen Dechanten die Forderung auf Ausführung des Exekutionserkenntnisses gegen die Stadt Hamburg am Reichskammergericht fort, und die Stadt wurde infolgedessen hart gedrängt von seiten des Kammergerichts. Da nun kein Handel in Güte in der Sache etwas verschlagen wollte, setzten Rath und Bürger alle Bedenken beiseite und beschlossen einhellig, daß die Stadt sich dem Bunde der Protestirenden anschließen solle. Am 16. November 1535 wurde der Protonotar M. Hermann Röver an die zu Schmalkalden tagenden Stände des Bundes gesandt, um im Namen der Stadt die Aufnahme Hamburgs in den Bund endgültig abzuschließen. Hamburg trat dem Bunde der Protestirenden bei, indem die Stadt sich durch öffentliche Protestation der Sache der letzteren anhängig machte. Das war die Antwort auf die Forderung des Domkapitels.

Durch die Reformation und vollends durch den Anschluß an den Schmalkaldischen Bund war Hamburg, wie in den Streit zwischen dem Kaiser und den katholischen Reichsständen einerseits und den protestirenden Ständen andererseits im allgemeinen, so auch im besonderen in den Streit zwischen dem Könige Christian II. von Dänemark, für den die katholischen Stände, Papst und Kaiser, Partei genommen hatten, und seinem Gegenkönige, Friedrich I., für den die protestirenden Stände Partei nahmen, hineingezogen worden. Daher erhoben sich dann Verwickelungen mancherlei Art in den Beziehungen nach außen hin, die nebst den Streitigkeiten mit dem Domkapitel und den durch die Reformation hervorgerufenen Zwistigkeiten im Innern, unter der Bürgerschaft selbst, die Stadt auf lange Jahre hinaus fortdauernd in Unruhe, Streit und Fehde erhielten.

Der König Christian II. und sein Statthalter auf Gothland, Sören Norby, rüsteten, als die Unternehmung Kniphofs gescheitert war, fortgesetzt neue Expeditionen aus, zum Zwecke der Schädigung der Gegner und der Wiedereinsetzung Christians ins Regiment seiner Lande. Während Sören Norby von Gothland aus vornehmlich die Ostsee durch seine Kaperer unsicher machte, gefährdeten Korsaren und Freibeuter, wie Martin Pechlin von Fehmarn, der Hauptmann Brun von Göttingen und der Schiffer Clement, im direkten Sold und Dienst des Königs Christian II. auch die Fahrt in der West- und Nordsee. Pechlin hatte an einem Tage zwölf Schiffe, die nach Schweden bestimmt waren, aufgebracht und verbrannt und die Besatzung derselben, soweit sie nicht von ihm und seiner Mannschaft erschlagen worden, hundertfünf Mann, über Bord geworfen und ersäuft, worunter angesehene Lübecker. Die Städte sandten Schiffe aus wider die Korsaren, Christians II. Kapitäne und Hauptleute, doch ohne Erfolg. Die Schiffe kehrten unverrichteter Sache in ihre Häfen zurück, weil die gesuchten Piraten sich allen Nachstellungen zu entziehen gewußt hatten. Zwei Bergenfahrer, Went von Wismar und Thode von Lübeck, die von Pechlin angefallen wurden, bestanden indes siegreich ein Gefecht mit demselben. Pechlin wurde erschlagen nebst einem großen Theil seiner Mannschaft, und das Fähnlein Pechlins ward als Trophäe nach Lübeck geführt und in der Marienkirche daselbst über dem Gestühl der Bergenfahrer aufgehängt. Hamburg rüstete 1526 zwei Schiffe aus wider Clement und Brun mit einem Kostenaufwand von 1095 Mark, aus dem Ertrage des „RodenTollen", der von einkommenden Gütern auf der Elbe erhoben wurde, zur Deckung von Rüstungskosten, die Hamburg zur Bekämpfung der Seeräuber aufzuwenden hatte. Dieser Zoll, am Ende des 15. Jahrhunderts auferlegt, soll anfangs an der Einfahrt in die Elbe erhoben worden sein; späterhin erhob man ihn am Zollenspieker und auch unmittelbar vor der Stadt. Der „Rode Toll" brachte 1527 3950 Mark ein. Die ausgerüsteten Orlogsschiffe dienten zur größeren Sicherheit der Kauffahrer, doch fügten die Piraten im Dienste des Königs Christian dem Handel der Städte vielen Schaden zu. Der Piratenhäuptlinge konnte man trotz aller diesbezüglichen Bemühung nicht habhaft werden. Christian II. fand viele Anhänger in Holland und Friesland, die ihn in seinen Unternehmungen zur See unterstützten und seine Macht wider seine Gegner stärkten. Er brachte in Friesland und Holland Schiffe und Kriegs=

vorräthe zusammen und ging am 24. Oktober 1531 mit zwanzig größeren Schiffen und siebentausend Söldnern in See nach Norwegen, wo er festen Fuß faßte und vom Reichsrathe anerkannt ward. Friedrich I., der Gegenkönig, sandte seinen Rath, Heinrich Ranzau, nach Lübeck und forderte Hülfe von den Städten wider Christian II. Lübeck sandte vier Orlogsschiffe in See, die jedoch nichts ausrichten konnten, weil sie die Dänen noch ungerüstet fanden, als sie vor Kopenhagen angelangt waren. Durch Lübeck's Veranstaltung wurde dann eine Zusammenkunft zu Neumünster auf den 21. Januar 1532 zwischen den wendischen Städten und dem Könige Friedrich I. anberaumt. Hier waren die Städte Lübeck, Hamburg, Rostock, Wismar und Stralsund vertreten. Der König forderte Hülfe, besonders an Schiffen. Lübeck versprach, außer den vier bereits ausgerüsteten noch zwei weitere Schiffe zu stellen, mit der Bedingung, daß der König die Holländer feindlich behandle und mit denselben ohne Lübeck keinen Frieden schließe. Die anderen Städte wollten helfen, doch konnten sie sich über die Zahl der zu stellenden Schiffe nicht einigen. Hamburg aber erklärte kurz und entschieden, daß es keine Schiffe stellen könne, da dann die Elbe gefährdet würde, mehr noch als bisher. Der König verpflichtete sich Lübeck und den anderen Städten gegenüber zu den geforderten feindlichen Maßregeln gegen die Holländer. Wider Hamburg aber zeigte er sich eingenommen. Am Tage Quasi modo geniti 1532 wollte man in Hamburg wieder zusammenkommen. Der König hoffte, durch Lübeck's Vermittelung die Hamburger noch für sich zu gewinnen zur aktiven Hülfe gegen Christian II. und die Holländer. Das Bestreben Lübeck's, mit den wendischen Städten den abgelaufenen Bund zu erneuern und gemeinsam wider die Holländer zu handeln, scheiterte an dem Widerstreben Hamburgs, dem Lüneburg und Rostock jetzt beitraten. Ende März wurde ein Tag zwischen dem Könige und den Städten zu Kopenhagen gehalten. Die Städte wollten aber auf Feindseligkeiten gegen Holland, wie sie von Lübeck gefordert wurden, nicht eingehen, und auch der König hegte Bedenken Lübeck's diesbezüglichen schroffen Forderungen gegenüber, die von Jürgen Wullenweber, als Gesandten der Stadt Lübeck, gestellt und vertreten wurden. Man einigte sich schließlich dahin,

gesehen.

daß ein Tag auf Johannis angesetzt ward. Bis dahin sollte den Holländern der Handel nach der Ostsee verboten sein, und sollte man inzwischen mit dem Könige Christian II. ins Reine zu kommen trachten. Wenn die Holländer dann den Tag nicht beschicken würden, so sollten sie feindlich behandelt werden. Lübeck brachte dann, nachdem es durch Wullenwebers energische Beredtsamkeit soweit seinen Willen erlangt hatte, noch eine Aufstellung einer Schadensforderung wegen Kniphof, Clement und anderer Anhänger des Königs Christian II. bei und erlangte es, daß diese auf dem anberaumten Tage zur Verhandlung gestellt werden sollte. Die holländische Gesandtschaft war indes in Hamburg eingetroffen. Hierher ließ ihr der König am 3. April die Kopenhagener Beschlüsse übermitteln. Im Mai gelangten die Lübecker zu einem Vertrage mit dem Könige Friedrich I. Der König verpflichtet sich, die Holländer feindlich zu behandeln und, wenn es zur Fehde kommt, keinen Separatfrieden ohne Lübeck zu schließen; dagegen soll Lübeck dem Könige gegen Christian II. und die Holländer zwölf große Orlogschiffe und zweitausend Mann zur See, nebst zweitausend Mann Soldknechte zu Lande, stellen. Darauf verbot der König den Holländern die Fahrt durch den Sund und lud sie zu einer Verhandlung auf den Johannistag, 24. Juni, nach Kopenhagen. Als der König einige holländische Schiffe, die sich an das Verbot nicht gekehrt, festgenommen hatte, legte der Kaiser am 12. Juni Beschlag auf die Güter und Fahrzeuge der wendischen und der österländischen Städte. Doch erschienen kaiserliche Gesandte zu dem Verhandlungstage in Kopenhagen. Hier fanden sich auch die Gesandten von Schweden, Lübeck, Hamburg, Rostock, Wismar und Stralsund ein, und am 9. Juli kam es zu einer friedlichen Abmachung, welche den Vertrag von 1524 zwischen den Hauptkontrahenten im wesentlichen bestätigte. Hamburg verweigerte die Unterzeichnung des Vertrages und wollte von einer Vereinbarung wider die Holländer nichts wissen. Die Hamburger Gesandten auf dem Tage waren der Bürgermeister Paul Grote, der Rathmann Albrecht Westede und der Sekretär Hermann Röver. Wegen der Weigerung der Hamburger, den Vertrag zu unterzeichnen, kam es am 10. Juli zu harten und heftigen Reden zwischen dem Lübecker

Gesandten Jürgen Wullenweber und dem Hamburger Rathsherrn Albrecht Westede. Seitdem war das Vernehmen zwischen Hamburg und Lübeck ziemlich gestört und das Verhältniß zwischen den beiden Städten ein gespanntes.

Die Absicht Lübecks bei der Sache wurde indes vereitelt. Christian II. hatte zwar in Norwegen festen Fuß gefaßt und von da auch mit Erfolg Einfälle in Schweden gemacht, aber es fehlten ihm die Mittel zur Fortführung seines Unternehmens; weil es ihm an Sold mangelte, wurde sein Kriegsvolk rebellisch. Dazu machte ihm die dänisch-lübecksche Schiffsbesatzung Schwierigkeiten, indem sie Landungen unternahm und Streifzüge ins Innere ausführte unter Kommando von Knut Gyldenstiern. Er verstand sich am 1. Juli zu einem Vertrage, in welchem ihm sicheres Geleite zu einer Konferenz mit dem Gegenkönige Friedrich I. versprochen ward. Am 25. Juli 1532 traf er in Kopenhagen ein, wo die Gesandten der Städte, Schwedens, Frankreichs, Preußens und der dänischen und holsteinischen Adelschaft versammelt waren. Sein Vertrauen wurde getäuscht. Das freie Geleit ward nicht gehalten. Wohl auf Betrieb der Adelschaft, die ihm bitter verfeindet war, wurde er gefangen genommen und unter Begleitung von acht abligen Räthen nach Sonderburg in Haft geführt, in welcher er dann bis an sein Ende festgehalten worden ist — bis 1549 in Sonderburg, und nachher, bis 1559, in welchem Jahre er verstarb, auf dem Schlosse zu Kallundborg. Dänemark forderte von Holland 300000 fl. Schadenersatz. Holland weigerte sich, auf die Forderung einzugehen, und es entstand ein sehr gespanntes Verhältniß zwischen beiden Reichen. Lübeck rüstete eifrig zum Kriege wider Holland und forderte vom Könige Friedrich I. eine Bestätigung der früher getroffenen Abmachungen. Der König erhob nun, nachdem er seinen Gegner, Christian II., unschädlich gemacht hatte, Schwierigkeiten und Gegenforderungen, wodurch die Sache in die Länge gezogen ward, bis durch seinen Tod die Verhältnisse völlig geändert und umgestaltet wurden.

Am 10. April 1533 starb Friedrich I. Sein Sohn und Nachfolger in der Regierung, Christian III., einigte sich mit den Ständen und schloß sich dem Landgrafen Philipp von Hessen enge an. Die dänische Politik änderte sich jetzt nach außen hin. Der König suchte ein gutes Vernehmen mit Hamburg, wie mit Lübeck, und schloß am 9. September mit den Niederländern zu Gent einen Vertrag, der friedlichen, freien Verkehr wieder herstellte und für gewisse Eventualitäten ein Bündniß zwischen den Parten in Aussicht nahm. Letzteres war vornehmlich wider Lübeck gemeint. Man suchte sogar Hamburg und Schweden von Lübeck zu trennen, und der König versprach dem Kaiser Neutralität im Kriege gegen Lübeck. —

In Lübeck war seit Einführung der Reformation daselbst ein völlig demokratischer Umschwung eingetreten, der den Fürsten verhaßt sein mußte. Die beiden, der Reformation in Kirche und Staat am eifrigsten widerstrebenden Bürgermeister, Brömse und Plönnies, verließen am 8. April 1531 heimlich die Stadt.[1] Dadurch wurde eine ganz neue Rathswahlordnung veranlaßt. Haupt der ganzen Bewegung war der aus Hamburg stammende Jürgen Wullenweber. Dieser Führer der Volkspartei wurde 1533 am 21. Februar zu Lübeck in den Rath gewählt und am 8. März zum Bürgermeister. Er wollte die alte Macht und Größe Lübecks festhalten, die Handelsinteressen der Stadt sichern gegen alle Nebenbuhler und vor allem die Reformation fördern und behaupten. Im April ging er nach Kopenhagen und forderte vom dänischen Reichsrathe im Namen der Städte Lübeck, Rostock, Wismar und Stralsund die Anerkennung der Verträge vom 1. Mai 1532. Der Reichsrath aber erklärte die von dem Könige Friedrich I. eingegangenen Abmachungen für nicht verbindlich und dem Interesse des dänischen Reichs zuwider. Auch Schweden wollte nicht mit Lübeck in dessen Handelsinteresse wider die Holländer sich verbinden und lehnte Wullenwebers bezügliche Werbung ab. Gegenseitige Repressalien führten dann zu offener Feindschaft zwischen Lübeck und den nordischen Reichen. Die Seestädte versagten in ihrem eigenen Handelsinteresse Lübeck ihren Beistand. Auch Hamburg ließ die alte Bundesgenossin in dem letzten Kampfe derselben um ihre alte Macht und Größe allein. Lübeck trat trotzdem unverzagt in

---

[1] Hierauf bezieht sich die im Jahre 1531 von der Hamburger Bürgerschaft wider den Bürgermeister Salsburg erhobene Beschuldigung, „daß er von dem Handel zu Lübeck wohl gewußt", nämlich, „daß die beiden Bürgermeister des Ostertages morgens aus der Stadt geritten".

den Kampf für seine eigensten Interessen ein. Anfangs warteten die Lübecker Kaperer auf die Niederländer in der Ostsee, dann lagerten die Schiffe der Stadt zehn Wochen lang im Sunde, und im Juli segelte die Lübecker Flotte unter dem Hauptmann Markus Meier nach der Nordsee wider die Niederländer, während einige Schiffe an der dänischen Küste blieben, um hier den Feinden aufzupassen. Markus Meier brachte mehrere niederländische Schiffe auf, er mußte aber wegen Mangels an Proviant im August die englische Küste aufsuchen. Im September kam die Lübecker Flotte nach der Elbe, um sich zu verproviantiren.[1] Hamburg zeigte sich zurückhaltend. Die Flotte versah sich indes in Dithmarschen, woselbst Wullenweber persönlich seinen Einfluß geltend gemacht hatte, mit dem Nöthigen. Die Niederländer rüsteten inzwischen Schiffe aus nach Schonen und verheerten die dortigen Küsten. Lübeck verbot den Handel nach Dänemark und sandte achtzehn neu ausgerüstete Schiffe unter Wullenweber in den Sund, vor welchen die Niederländer weichen mußten.

Hamburg, dessen Handelsinteressen durch den Krieg der Lübecker mit den Niederländern und den nordischen Reichen empfindlich geschädigt wurden, suchte den Frieden herzustellen und that vermittelnde Schritte bei den Holländern. Diese bemerkten darauf, daß Hamburg nicht von Lübeck in der Sache bevollmächtigt sei und man abwarten müsse, daß Lübeck seine Geneigtheit zum Frieden zu erkennen gäbe. Die Hamburger Gesandten knüpften daran ihre

---

[1] Markus Meier war erst Schmiedegeselle in Hamburg und hat hier 1531 an der „Neuen Borumühle" die beiden großen Rohren mit geschmiedet. Er war ein geschickter Mann. Von Hamburg ging er als Fähnrich nach Lübeck und führte die achthundert Wehrleute, welche die Stadt dem Reiche als „Türkenhülfe" stellte. Nach einem Jahre kam er zurück nach Hamburg und zog dann in Ritterkleidung mit einem Trompeter und vierzig Reisigen nach Lübeck, geleitet von seinen Freunden, dem reitenden Diener Indecke Moller, dem Junkerbrauer Cord Goldner, Joachim Twestren, Timm Schröder u. A. In Lübeck heirathete er die Witwe des Bürgermeisters Lunte. Die Lübecker bestellten ihn dann zum Hauptmann der gegen die Niederländer ausgerüsteten Flotte von vierundzwanzig Schiffen. Als Markus Meier an der englischen Küste landete, um Proviant einzunehmen, wurde er gefangen genommen wegen Verdachts der Seeräuberei, auf Verwendung des Lübecker Raths aber wieder in Freiheit gesetzt und vom Könige Heinrich VIII. mit großer Auszeichnung behandelt, zum Ritter geschlagen und mit einer goldenen Kette im Werthe von 300 fl. beschenkt, auch mit einem Jahrgehalt belehnt. Meier machte dem Könige Hoffnung, daß er durch Lübeck König von Dänemark werden könne. 1536 wurde er als Kommandant auf Warburg in Dänemark zur Kapitulation genöthigt. Er ward dann wider Zusage gefangen genommen, enthauptet und aufs Rad gelegt.

Vermittelung an, indem sie sich erboten, die Sache mit Lübeck zur Verhandlung zu bringen. Man schlug darauf Münster zum Ort einer Zusammenkunft vor, einigte sich dann aber in der Wahl Hamburgs. Die Verhandlung ward auf den 15. Februar 1534 angesetzt. Es erschien zu derselben eine ansehnliche Gesandtschaft der Niederländer. Dieselbe hatte Instruktion, auf Schadenersatz zu verzichten und nur freie Fahrt nach der Ostsee zu fordern. Von Lübeck kamen mehrere Mitglieder des alten Raths, sowie Wullenweber und Markus Meier. Wullenweber und Meier zogen in voller Rüstung zu Roß mit Trompeter und sechzig Reisigen in Hamburg ein. Nebst Lübeck waren als dessen Verbündete vertreten: Rostock, Wismar und Stralsund. Die Städte Hamburg, Bremen, Lüneburg und Danzig suchten zu vermitteln. Am 2. März wurden die eigentlichen Verhandlungen eröffnet. Die Niederländer brachten ihre Beschwerden vor, worauf Wullenweber in trotziger Sprache antwortete. Holsteinische Gesandte, Ranzau und Reventlow, erschienen und nahmen sich der Sache der Niederländer an wider das demokratisch regierte Lübeck. Hamburg drohte mit der Hansa, falls Lübeck unfriedfertig sich zeigen sollte. Wullenweber und Markus Meier brachen dann entrüstet am 12. März die Verhandlung ab und reisten nach Lübeck zurück, worauf die Versammlung sich auflöste. Wullenweber schloß am 26. März ohne Vermittelung einen Vertrag mit den Niederländern, der den alten Zustand wieder herstellte. Dann wurde in Lübeck die alte Obrigkeit gänzlich beseitigt und durch eine neugewählte Vertretung aus der Bürgerschaft ersetzt.

Christian III. war noch nicht gekrönt, war nur noch Herzog von Schleswig und Holstein. In Dänemark führte noch bis weiter der Reichsrath das Regiment. Die Lübecker wünschten Christian III. nicht als König von Dänemark, weil statt seiner der holsteinische Adel herrschen würde. Der Markgraf Joachim von Brandenburg, dessen Sohn Christians II. Schwager war, wollte seinen Schwiegersohn Albrecht von Mecklenburg auf den dänischen Thron bringen. Der Kaiser, hieß es, wollte Renatus von Oranien, der eine Tochter Christians II. heirathen sollte, zum Könige machen und durch ihn die Demokratie und das Lutherthum im Norden ausrotten. Da faßten die Lübecker die Absicht, in Dänemark einen König zu setzen nach ihrem Interesse. Die Bürger in Dänemark hingen Christian II. an. Wullenweber baute darauf seinen Plan, den Todfeind des holsteinischen Adels, Christian II., wieder ins Regiment zu bringen. Graf Christoph von Oldenburg, der in dänischen Seediensten stand, wurde für den Plan gewonnen. Dieser begab sich nebst Benedikt von der Wisch und Joachim von Buchwald, zwei Anhängern des Königs Christian II. aus dem holsteinischen Adel, nach Lübeck und verband sich mit Wullenweber, Markus Meier und ihren Genossen zur Befreiung Christian II. und zur Durchführung der Reformation in Dänemark.

Christoph von Oldenburg nahm dreitausend Miethsknechte, geführt von Eberhard Ovelacker, die dem Könige Christian II. und dem Grafen Enno von Ostfriesland gedient hatten, in Sold und zog, geleitet von Markus Meier, nach Lübeck, wo er von der Bürgerschaft am 12. Mai 1534 Hülfe zur Befreiung und Wiedereinsetzung des Königs Christian II. begehrte. Die Lübecker gingen bereitwilligst auf sein Verlangen ein. Durch einen Einfall ins Holsteinische setzte Markus Meier sich am 14. Mai in den Besitz von Trittau, nachdem tags zuvor an Christian III. die Fehde erklärt worden war. Christoph von Oldenburg nahm Reinbeck, Segeberg, Ahrensböck und Eutin und zog gegen Plön. Am 28. Mai wurde das Segeberger Schloß von ihm belagert. Christian III. aber warb Hülfe in Sachsen, Lüneburg und Dänemark und sandte den berühmten Feldherrn Johann Ranzau wider seine Gegner. Christoph von Oldenburg mußte am 3. Juni die Belagerung des Segeberger Schlosses aufheben. Johann Ranzau nahm Plön und bedrohte Lübeck. Hamburg machte Vermittelungsversuche, aber ohne Erfolg. Am 19. Juni ging Christoph von Oldenburg mit seinen Truppen von Lübeck nach Kopenhagen in See. Die wendischen Städte beriethen in Lübeck über eine etwaige Betheiligung am Kriege. Das bewog Christian III. zur Mäßigung. Am 2. Juli wurde ein Stillstand vereinbart. Lübeck aber rüstete fortgesetzt Schiffe und Mannschaft und suchte die wendischen Städte zur Theilnahme am Kriege zu bewegen. Rostock, Wismar und Stralsund gaben ausweichende Antwort, Lüneburg bezog sich auf sein Verhältniß zum Landesherrn, und Hamburg berief sich auf sein Verhältniß zu den holsteinischen Grafen und Fürsten als Schirmherren der Stadt.

Lübeck ließ dann mit Herzog Albrecht von Mecklenburg unterhandeln, welcher zunächst Regent und dann König werden sollte, und nun rüsteten Rostock und Stralsund zur Hülfe für die Lübecker, und auch die andern Städte begannen jetzt zu rüsten. In Hamburg aber konnte Lübeck nichts weiter erreichen, als daß auf Betrieb des Rathmannes Joachim Wullenweber der Durchzug von Knechten nach Holstein untersagt ward und man für die Lübecker eine Geldbeihülfe von 10 000 ₰ für den Krieg im Norden, aber nicht gegen den Herzog Christian III., gewährte. Lüneburg gab auch 10 000 ₰ als Darlehn, gegen das Versprechen, daß das Lüneburger Salz steuerfrei gelassen werde. Die Dithmarscher aber boten die Hälfte ihrer wehrfähigen Mannschaft auf zur „Landhöde" und sandten 12 000 ₰ nach Lübeck. Graf Christoph von Oldenburg hatte indes auf Seeland festen Fuß gefaßt. Bauern und Bürger fielen ihm zu und standen wider den Adel auf. Die lübsche Flotte sperrte den Sund und hinderte den Verkehr zwischen Seeland und Schonen. Kopenhagen kapitulirte am 25. Juni, und dem Grafen Christoph von Oldenburg ward als Vertreter des Königs Christian II. zu Ringstadt gehuldigt und am 10. August auch in Schonen. Die übrigen Provinzen folgten zum größten Theil diesem Beispiel. Am 12. August waren Seeland, Schonen, Halland, Blekingen, Langeland, Laaland und Falster, mit Ausnahme von Nyköping und Lund, im Besitz des Grafen Christoph. Auch auf Fühnen gewann dieser die Oberhand. Die Ritter in Jütland und Fühnen hielten es mit Christian III, dem sie am 4. und 9. Juli die Huldigung boten, worauf Johann Ranzau über den kleinen Belt setzte und Fühnen bis auf Svendborg in Besitz nahm. Aber Christophs Hauptmann, Ovelacker, eilte herbei und fügte den Holsteinern und Jüten am 10. August bei Nyborg eine starke Niederlage zu. Christian III. vereinbarte sich mit den Jüten am 18. August bei Horsens und erhielt von den Landständen zu Kiel den zwanzigsten Pfennig bewilligt zur Eroberung der Krone Dänemarks. Norwegen war in sich uneins. Schweden aber hielt zu Christian III. und verhieß diesem vollen Beistand, bot Geld an und stellte ein Heer gegen Schonen bereit, wollte auch für einen Angriff gegen Lübeck Werbungen veranstalten.

Hamburg setzte seine Vermittelungsbemühungen zur Wiederherstellung des Friedens fort. Im August hatten die Hamburger eine Vereinigung der wendischen Städte zu Lüneburg ohne Lübeck betrieben. Die Sache scheiterte aber, weil Stralsund Widerspruch erhob. Dagegen kamen alle wendischen Städte, Lübeck einbegriffen, im September zu Wismar zusammen und sodann zu Lübeck, wo über die Wiederaufrichtung des alten Bundes, die Theilnahme der Städte am Kriege wider Holstein und über Verständigung mit dem Herzog Albrecht von Mecklenburg verhandelt und berathen ward. Alles scheiterte aber an dem Widerspruche Hamburgs, welches im Oktober sich noch ausdrücklich ausbedang, daß die von der Stadt bewilligte Beihülfe von 10000 Mark nicht gegen den Landesherrn von Holstein verwendet werden und daß Lübeck den Privilegien der Stadt Hamburg in Dänemark und Norwegen nicht hinderlich sein solle. Lüneburg schloß sich Hamburg an.

Christian III. rückte am 3. September mit zweitausend Reitern und fünftausend Fußknechten in das Lager zu Stockelsdorf vor Lübeck. Ein Ausfall der Lübecker am 10. Oktober wurde zurückgeschlagen, ebenso ein am 12. Oktober gemachter Versuch, die von Christian III. über die Trave gelegte Brücke zu zerstören. Am 16. Oktober nahmen und zerstörten Christians Truppen ein festes Werk bei Schlutup und verbrannten mehrere dort liegende Schiffe. Die Lübecker suchten nun Hülfe bei dem Herzog Albrecht von Mecklenburg und behielten die für Seeland bestimmten Knechte zurück. In der Stadt entstand Unzufriedenheit gegen Wullenweber, sowie auch gegen Markus Meier und den Bürgerausschuß. Aber auch Christian III. war ziemlich bedrängt. Clement, der Anhänger Christians II., war am 14. September vor Aalborg erschienen und hatte sich in Vendsyssel festgesetzt. Am 18. Oktober schlug er den wider ihn heranrückenden Abel bei Svendstrup und bedrohte nun Randers und das nördliche Schleswig. Christian III. mußte daher einen Theil seiner Truppen nach Schleswig entsenden. Dadurch schwächte er das Belagerungsheer vor Lübeck, und zudem mußte er fürchten, daß die Dithmarscher zum Entsatze Lübecks herankommen und ihm in den Rücken fallen würden. Bei solcher Lage der Dinge hielten der Herzog Hinrich von Mecklenburg, der Landgraf von Hessen und die Räthe von Hamburg und Lüneburg eine Erneuerung der Vermittelungsversuche für angebracht. Hamburg hatte den Bürgermeister Peter von Spreckelsen zu den zwecks Vermittelung anberaumten Verhandlungen entsandt. Am 17. November wurde eine Vereinbarung mit Christian III. zu Stockelsdorf getroffen, und am 18. November wurde der Friede geschlossen. Die Feindseligkeiten zwischen Christian III. als Herrn der Lande Holstein und Schleswig einerseits und der Stadt Lübeck andererseits sollten eingestellt sein und bleiben. Der Krieg wegen Befreiung Christians II. sollte aber seinen Fortgang haben. Mit den Dithmarschern wollte Christian III. sich nach Billigkeit vertragen. Die beiderseitigen Gefangenen und die Lübecker Schiffe wurden freigegeben. Wegen Loslassung Christians II. und wegen des dänischen Reiches sollte am 27. Dezember zwischen Christian III., Christoph von Oldenburg und dänischen und lübeckschen Gesandten verhandelt werden.

In Lübeck waren während der Friedensverhandlungen Unruhen ausgebrochen, infolgedessen ward am 12. November ein Vertrag geschlossen, durch welchen die alte Verfassung in Lübeck wieder eingeführt und das demokratische Regiment daselbst abgethan ward.

Wullenweber suchte nun mit dem Herzog Albrecht von Mecklenburg engere Beziehungen einzugehen und auch die wendischen Städte heranzuziehen. Am 20. November unterhandelten Lübeck, Rostock, Wismar und Stralsund zu Wismar unter Zuziehung Kopenhagens und Malmös. Die Unterhandlung hatte aber nur wenig Erfolg. Lübeck stellte tausend Knechte nach Rostock unter Führung von Markus Meier. Herzog Albrecht von Mecklenburg wollte Reiter stellen und der Graf von Hoya seinen Feldhauptmann mit einiger Mannschaft. Markus Meier und Graf Hoya segelten dann am 9. Dezember von Warnemünde mit geringer Macht nach Dänemark.

In Schweden hatte der König Gustav Halland überzogen und belagerte Warborg. Der dortige Adel war im Begriff, von Christoph von Oldenburg sich loszusagen. Johann Ranzau unterwarf Jütland. Am 18. Dezember erstürmte er Aalborg. Clement entwich, wurde aber von jütischen Bauern ausgeliefert und mußte einen schmählichen Tod erleiden. Wullenweber entschloß sich nun, nach Kopenhagen zu gehen, um möglichst für den Herzog Albrecht von Mecklenburg zu wirken. Die am 3. Januar 1535 in Kopenhagen eingetroffene Lübecker Gesandtschaft suchte in Gemeinschaft mit den Rostockern den Grafen Christoph von Oldenburg für den Herzog Albrecht zu gewinnen, und der Graf mußte sich dem Verlangen Wullenwebers fügen, da er auf keine Unterstützung mehr rechnen konnte. Markus Meier, der mit dem Grafen Hoya nach Schonen gegangen war, um die Schweden daselbst zu vertreiben, war durch Verrath des dänischen Adels in Gefangenschaft gefallen und wurde auf Schloß Warborg festgehalten. In allen Provinzen des dänischen Reiches brach nun der Aufstand aus. Das Volk erhob sich überall in offener Empörung wider den Adel und den Grundbesitz.

Als Wullenweber von Dänemark zurückkam, fand er zwischen den Städten ein gegenseitiges Mißtrauen und auch Mißtrauen gegen sich persönlich. Mit seinem Erfolge in der Kriegsführung war auch sein Ansehen und das Vertrauen zu ihm gesunken. Durch solches Mißtrauen wurden alle Unternehmungen gehemmt und gelähmt. Selbst in Lübeck nahm die Kriegslust ab und wich dem Verlangen nach einer Einigung mit Christian III. Wullenweber suchte nun eine Annäherung an die Niederländer. Albrecht von Mecklenburg suchte beim Kaiser eine Stütze für seine Pläne zu finden. Markus Meier hatte indes durch List die Feste Warborg, auf welcher man ihn gefangen hielt, in seine Gewalt gebracht. Er befehdete nun von der Burg aus den gegnerischen Adel und knüpfte die früheren Beziehungen zu dem englischen Könige wieder an. Christian III. aber erhielt Unterstützung von Schweden, Preußen und Pommern, und auch die schmalkaldischen Verbündeten wirkten für ihn gegen Lübeck. Viele deutsche Söldner kamen nach Dänemark und nahmen Dienste unter dem Feldherrn Johann Ranzau für Christian III. Der König war nun vorzeitiger Friedensunterhandlung nicht geneigt. Ein nach Hamburg angesagter Kongreß wurde abgestellt, weil die Stadt Schwierigkeiten gemacht habe, den König und sein Gefolge aufzunehmen. Als Christoph von Oldenburg von Fühnen sich nach Seeland zurückziehen wollte, wurde er am 20. März geschlagen und mußte sich in Assens einschließen. Wullenweber und Albrecht von

Mecklenburg gingen nun mit einer Anzahl Knechte, die von den Städten aufgebracht worden waren, am 8. April zur See nach Dänemark. Sie landeten auf Seeland und setzten von da nach Fühnen über, um Assens zu befreien. Hier wurden sie aber am 11. Juni am Ochsenberge bei Assens von Johann Ranzau völlig geschlagen. Der Graf von Hoya blieb in der Schlacht. Herzog Albrecht von Mecklenburg wich nach Seeland zurück. Am 16. Juni erfocht der dänische Admiral Peder Skramm bei Svendborg einen Sieg über die Lübecker Flotte. Die Dänen nahmen Langeland ein und setzten sich bei Korsör auf Seeland fest. Christian III. ließ sich am 3. Juli auf Fühnen als König huldigen. Nur auf Seeland und einem Theile Schonens behaupteten sich die Lübecker und ihre Verbündeten noch, und zwar mit großer Noth. Die meisten Hansastädte waren mit dem Kriege unzufrieden, und auch in Lübeck selbst verlor Wullenweber immer mehr an Einfluß und auch an Halt. Der Boden wich ihm unter den Füßen.

Hamburg und Bremen brachten einen allgemeinen Hansatag in Anregung. Lübeck zeigte sich dem nicht mehr abgeneigt. Nun nahm Hamburg auf einer Versammlung zu Lüneburg durch den Rathmann Peter von Spreckelsen die Sache ernstlich in die Hand unter Hinzuziehung holsteinischer Räthe. Es ward von Hamburg und Lüneburg eine Tagsatzung auf den 3. Juni zu Hamburg ausgeschrieben. Am 18. Juni fand eine andere Zusammenkunft in der Sache zu Reinfeld statt, und am 10. Juli trat in Lüneburg der eigentliche Hansatag zusammen. Hier waren die Städte Hamburg, Lübeck, Lüneburg, Rostock, Wismar, Stralsund, Danzig, Riga, Bremen, Braunschweig, Hannover, Hildesheim, Eimbeck, Göttingen, Magdeburg, Osnabrück, Paderborn, Köln, Dortmund, Soest, Zwoll, Campen und Deventer durch ihre Gesandten vertreten. Am 11. Juli wurde auf Antrag der Lübecker beschlossen, den Hansatag nach Lübeck zu verlegen. Am 21. Juli wurden die Verhandlungen zu Lübeck wieder aufgenommen und bis zum 23. Juli fortgeführt. Vom 25. Juli an fanden dann Unterhandlungen mit Gesandten Christians III. zu Oldesloe statt. Weil die Verhandlung hier zu langsam vorschritt, verlegte man die Versammlung am 31. Juli nach Reinfeld, um Lübeck näher zu sein.

Am 2. August ließ Lübeck die Sache Christians II. fallen unter gewissen Vorbehalten. Die anderen Städte aber wollten Frieden um jeden Preis. Man vereinigte sich deshalb, Gesandte des Herzogs Albrecht von Mecklenburg, des Grafen Christoph von Oldenburg und auch der Städte Kopenhagen und Malmö nach Lüneburg zu fordern. Zu einem festen Beschluß gelangte der Hansatag nicht, und auch die Verhandlungen zwischen den Gesandten Christians III. und der Städte führten nicht zu einem solchen. Man wollte den Frieden, ließ aber die Herbeiführung desselben abhängig sein von dem Gange der Ereignisse. So war das Endergebniß der langen Verhandlungen im Grunde ein negatives.

Christian III. nahm inzwischen ganz Seeland in Besitz und belagerte am 24. Juli Christoph von Oldenburg und Albrecht von Mecklenburg in Kopenhagen. Lübeck fehlte es an Mitteln zum Entsatz der Belagerten. Da entsank den Lübeckern der Muth zum ferneren Widerstand und zur Fortsetzung des Krieges. Man sagte sich von Wullenwebers kühnem Plane, dem Reiche Dänemark einen König nach Lübecks Sinne zu setzen, los und ließ Wullenweber einfach fallen. Am 14. August beschlossen die Lübecker, den kaiserlichen Mandaten zu gehorchen, die alte Ordnung der Dinge wieder herzustellen und den früheren Bürgermeister Brömse und seine Anhänger zurückzurufen.

Wullenweber verließ am 15. August die Stadt und begab sich zum Herzog Hinrich von Mecklenburg, den er bewog, sich für ihn und seine Partei am Hofe des Kaisers zu verwenden. Seine Anhänger im Rathe legten indes ihre Stellen nieder. Als er am 23. August zurückkam, war alle Gunst für ihn aus dem Rath und der Bürgerschaft entwichen. Er legte sein Amt nieder gegen das Versprechen persönlicher Sicherheit und Zusage der Amtmannschaft zu Bergedorf auf sechs Jahre.

Die schmalkaldischen Verbündeten bemühten sich nun ernstlich um Wiederherstellung des Friedens zwischen Lübeck und Christian III., und der Kurfürst von Sachsen übernahm die Vermittelung. Es wurde auf Allerheiligen 1535 ein Tag zur Verhandlung wegen des Friedens nach Hamburg ausgeschrieben. Am 6. November versammelten sich die Gesandten der betreffenden Fürsten und Städte zu Hamburg; die Verhandlungen begannen am 12. November, aber die dänischen Gesandten blieben aus, und es ward dann ein neuer Tag auf den 26. Dezember angesetzt. Erst am 8. Januar 1536 wurde der Friedenskongreß zu Hamburg wieder eröffnet. Der Lübecker Rath hatte von der Stadtgemeinde Vollmacht, für Lübeck einen Separatfrieden abzuschließen, und ließ nun die alten Prätensionen fallen. Unter Vermittelung der Räthe des Kurfürsten zu Sachsen, des Landgrafen zu Hessen, des Herzogs Ernst zu Lüneburg und der Städte Hamburg, Bremen, Magdeburg, Braunschweig, Lüneburg und Hildesheim wurde am 14. Februar 1536 der Friede geschlossen.

Das frühere gute Einvernehmen zwischen Dänemark und Lübeck soll wieder hergestellt sein, aller Schade wird gegenseitig angerechnet, Lübeck soll den Feinden Dänemarks keinen Vorschub leisten und die Einwohner des Reichs bei ihren alten Privilegien bleiben lassen; die Privilegien Lübecks werden bestätigt, auch soll die Stadt auf fünfzig Jahre den Pfandbesitz Bornholms haben. Livland und die Dithmarscher sollen in den Frieden einbegriffen sein, wie auch Schweden, Preußen und die anderen Bundesgenossen Christians III. Von den wendischen Städten trat nur Stralsund am 3. März dem Vertrage bei. — Am 28. Juli kapitulirte Kopenhagen. Albrecht von Mecklenburg und Christoph von Oldenburg erhielten freien Abzug. Malmö hatte sich schon vorher an Christian III. ergeben. Kopenhagen und Malmö wurden wieder zu Gnaden angenommen, und auch Rostock und Wismar wurden späterhin, 1538, nach Zahlung einer ansehnlichen Summe in den Friedensvertrag eingeschlossen.

Markus Meier übergab die Feste Warborg. Er ward nebst seinem Bruder Bernt, treuloserweise, wie ein Verbrecher gerichtet.

Wullenweber begab sich nach Niederlegung seines Bürgermeisteramtes, Anfangs November 1535, in das jenseitige Elbgebiet, wo sich ansehnliche Haufen von Landsknechten unter Ovelacker, Reimer von Wolde und anderen früheren Anhängern Christians II. gesammelt hatten, um dort Werbungen vorzunehmen zum Entsatz Christophs von Oldenburg und Albrechts von Mecklenburg. Im Gebiete des Erzbischofs von Bremen wurde er aber von dem Hauptmann Claus

Hermelingk gefangen genommen und nach dem Schloß Rothenburg in Haft gebracht. Obwohl sich der Herzog Albrecht von Mecklenburg und der König Heinrich VIII. von England, wie auch der Bruder des Gefangenen, der Rathmann Joachim Wullenweber zu Hamburg, um die Freilassung desselben bemühten, so war doch alles umsonst. Wullenweber gerieth vielmehr in die Gewalt des Herzogs Hinrich von Braunschweig, eines der eifrigsten und erbittertsten Feinde der Reformation. Er wurde in harter Kerkerhaft gehalten und in peinlichen Verhören mit der Tortur gefoltert. Endlich, am 24. September 1536, ward er unter den Augen des Herzogs Hinrich im Braunschweigischen enthauptet und sein Leichnam geviertheilt.[1]

Das Unternehmen Wullenwebers, dieser Krieg Lübecks mit den Niederlanden und mit Dänemark, ist von wesentlichster, geschichtlicher Bedeutung für den Hansabund und speziell für die Stadt Hamburg geworden.

Seit dem Ende des 15. Jahrhunderts hatte der Hansabund sich merklich gelockert. Das Band der Unterordnung des Einzelnen unter die Gesamtheit im Bunde war loser geworden. Das zeigt sich zuerst deutlich in den „Islandfahrten" und den Klagen und Beschwerden, welche über dieselben geführt wurden. Deutlicher tritt das hervor in der Einsetzung und Einrichtung eigener kaufmännischer Behörden, wie der Hamburger „Kopmanns-Olderlüde" von 1517, aus welcher Behörde sich das nachherige Kommerzkollegium entwickelte, am deutlichsten aber zeigt es sich in dem Verhalten der Städte bei dem Kriege Lübecks unter Wullenweber gegen Dänemark und die Niederländer, darin, daß die Städte, wider die alten Hansasatzungen, die Bundeshülfe verweigern und in Neutralität zuschauen, daß im letzten großen

---

[1] Joachim Wullenweber, der vorgenannte Hamburger Rathmann, wurde vom Könige Christian II. von Dänemark, dem er Gelder vorgestreckt hatte, 1521 zum Vogt auf den Farörn bestellt. Weil er sich gewaltsamerweise für sein Darlehen Deckung zu verschaffen gesucht haben sollte, ward er 1524 in Anklage versetzt. In Hamburg wurde er 1528 Oberalter und war hier dann einer der eifrigsten Förderer der reformatorischen Bewegung. Besonders betheiligte er sich an der Bilderstürmerei in hervorragender Weise. 1531 wurde er wieder Vogt auf den Farörn. 1532 wurde er Rathmann in Hamburg. Als solcher hatte er seinem Bruder, dem Bürgermeister zu Lübeck, in Briefen Mittheilung über Beschlüsse des Hamburger Raths gemacht. Deshalb ward er 1536, den 29. November, des Rathsstuhls entsetzt. Johann Ranzau erbeutete die Briefe in der Schlacht am Ochsenberge und sandte sie an den Hamburger Rath.

Kampf um hansische Macht und Größe Lübecks alte Macht und Herrlichkeit zusammenbricht. Der stolze Bau des alten Hansabundes war morsch geworden und krachte in allen Fugen. Das Gebäude war in seinen Fundamenten untergraben. Der Bund war im Grunde schon aufgelöst, und alle Versuche einer Wiederherstellung haben ihm nicht zu demjenigen Grade der Festigkeit und politischen Einheit verholfen, der ihm bleibendes Gedeihen hätte sichern können.

Der Hansabund war in vier große Kreise, Quartiere, getheilt, deren Hauptorte Lübeck, Danzig, Braunschweig und Köln waren. Vier große Stapelplätze, Faktoreien: London, Brügge (nachher Antwerpen), Bergen und Nowgorod (später Narva) dienten als Hauptstützen des äußeren Handels. Direktorialstadt des Bundes war Lübeck. Die Würde des Bundesprotektors führte der Großmeister des Deutschen Ordens in Preußen. Man unterschied östliche (auch) osterländische, preußische und livländische), wendische, sächsische und westliche (niederländische) Städte des Bundes, welche Unterscheidung ziemlich der Eintheilung nach den Quartieren entsprach. Zu den „wendischen Städten" gehörten Lübeck, Hamburg, Lüneburg, Wismar, Rostock und Stralsund. Lübeck, der Hauptort des Kreises, wie des ganzen Bundes, war eine alte Wendenstadt. Daher die Bezeichnung als „wendische" Städte auch in Bezug auf Hamburg und Lüneburg. Das Hauptziel der Handelsthätigkeit der Hansa war das Monopol des Zwischenhandels von Nordost und West. Daher wurden die stehenden Faktoreien, die Hauptcomptoire, an den wichtigsten Handelsplätzen nach dieser zwiefachen Lage errichtet und beharrlich behauptet, die Konkurrenz der Fremden streng hintangehalten und selbst die einheimische dem Interesse der Hansa dienstbar gemacht. Die Erhebung Burgunds war eine der Hauptursachen der Abnahme der hanseatischen Macht. Die Unterwerfung Nowgorods durch den Zar Iwan Wasiljewitsch und Preußens durch Polen, die Feindschaft des oft gedemüthigten, aber durch konzentrirte Kräfte starken und immer mehr erstarkenden Dänemarks, endlich aber der durch die Entdeckung Amerikas und des Handelsweges nach Ostindien und die kühner gewordene Schifffahrt veränderte allgemeine Gang des Handels vollendeten die Unmöglichkeit der Wiederherstellung. Die Hansa sank nun allmählich in Unbedeutsamkeit. Die Zeit der Barbarei und der Gesetzlosigkeit, worin allein ein Bund, wie der hanseatische, wohlthätig und nöthig erscheinen konnte und zu gedeihen vermochte, war vorüber. Die Hansa mußte entweder ihre Satzungen und Einrichtungen dem Geiste der neuen Zeit anbequemen oder zu Grunde gehen. Durch die großen Länderentdeckungen und ihre Folgen, in Verbindung mit der fast gleichzeitigen Umgestaltung durch die Reformationsbewegung auf geistigem Gebiete, entstand erst der eigentliche Welthandel, der durch seinen Umfang und seine Erfolge auch die glänzendste Handelsgröße der früheren Zeit verdunkelte. Aber andere Nationen, Korporationen und Gemeinschaften, als die bisher auf diesem Gebiete geherrscht hatten, rissen ihn an sich. Es waren nicht mehr die italienischen Staaten im Süden, und nicht länger die Hansa im Norden, welche des ersten Ranges sich erfreuten. Anfangs im langsamen Rückgange, bald aber in schnellem Sturz, sanken sie herab. Die Hansa hat nach der Reformation nur noch zeitweilig zu einiger Festigkeit und Geschlossenheit ihres Verbandes sich gesammelt und aufgerafft. Die Mitglieder des Bundes gehen ihre eigenen Wege. Der Bund schwindet in sich dahin und hört nach Ablauf des Jahrhunderts der Reformation, mit Ausnahme des Schattenbundes zwischen Hamburg, Lübeck und Bremen, völlig auf. An Stelle der Gesamtheit des Hansabundes treten nun mehr und mehr einzelne Glieder des Bundes als Rivalen und Konkurrenten der Mächte im Ringen um die Herrschaft auf dem Gebiete des Handels hervor. Seitdem der Bund sich gelockert hatte, mußten die einzelnen Städte aus eigener Kraft für sich Geltung sich zu verschaffen suchen. Wer dazu nicht im stande war, der wurde unterdrückt. Hamburg aber gelang es, glorreich sich durchzukämpfen.

Das schon seit dem Beginn der Islandfahrten bestehende Verhältniß der Rivalität Hamburgs zu Lübeck, welches in der Einsetzung der „Kopmanns-Olderlüde" sich schärfer ausprägte, mußte sich nun, da Hamburg die alte Bundesgenossin in der Noth ohne Hülfe gelassen hatte, noch mehr zuspitzen. Hamburg wandte sich nun immer mehr den centrifugalen Kräften des Bundes zu, indem es, unbekümmert um hansische Anordnungen und Disziplinen, seine Handelsinteressen wahrnahm, auch unter Benutzung außerhansischer Mittel und Wege,

Zweite Abtheilung. Von 1525 bis 1648. — Ende der Religionsfehden. 417

und erscheint infolgedessen nun als ein Hauptkonkurrent und Wider=
sacher Lübecks im Wettkampfe auf dem Gebiete des Welthandels.
Während Lübeck die alten Bundesformen festzuhalten, mit dem Auf=
gebot aller Kräfte sich mühte, nahm Hamburg die Gelegenheit wahr,
durch neue Handelsgewohnheiten seinen Verkehr und seine Kaufmann=
schaft zu fördern und auszudehnen. Die Lübecker Englandsfahrer
beschwerten sich schon 1532 über die Hamburger Konkurrenz, nament=
lich der Tuchbereiter, welch letztere das englische Laken im Detail=
handel und auf Zeit verkauften, „de Hamborger unde lakenboreder
darsulvest, de so wydt her inbringen, dat se ock de laken, alse se hier
bringen van buten, den Frembden unde Gesten by stucken up tide
vorkopen unde also besulven laken in Lyvland unde anderen orden
gesoret werden, welkes allenthalven upt hogeste beswerlik, wilen
dadorch de lakenhandel uns gar to nichte unde vorderven geit." Die
alte Geschäftspraxis, welche Lübeck konservirte und festhielt, wurde
zurückgedrängt durch den spekulativen Betrieb der Hamburger, die
sich des Zeitgeschäftes als Mittel und Waffe im Konkurrenzkampfe
zu bedienen begannen gegen die alte Bundesgenossin. Der hansisch=
englische Tuchhandel war vordem fast ganz über Antwerpen geleitet
worden, weil die englischen Tuche in den Niederlanden meist erst
gefärbt und aufbereitet wurden. Seit dem Jahre 1530 trat hierin
eine Aenderung ein, indem die Hamburger Englandsfahrer die Ant=
werpener Tuchbereitung und Färberei in Hamburg einführten, in
ihrem eigenen Interesse und im Interesse der einheimischen Wand=
schneider, mit denen sie in engster Beziehung standen. Viele Englands=
fahrer betrieben auch selbst den Wandschnitt. Der Hamburger Tuch=
handel nahm jetzt einen bedeutenden Aufschwung, indem er nunmehr
die Ware ganz nach dem Begehr der Abnehmer zu bereiten und sie
trotzdem, infolge Ersparung der hohen Antwerpener Zwischenspesen,
billiger liefern konnte, als die Konkurrenten in anderen Hansestädten.
Daher die Beschwerde der Lübecker gerade über die Hamburger „Laken=
boreder". Lübeck, welches an der alten soliden, aber jetzt, unter den
neuen Verhältnissen, antiquirten Geschäftspraxis festhielt, indem es die
traditionellen Formen der Hansa mit seiner Stellung als Direktorial=
stadt des Bundes in heroischem Starrsinn mit Aufbietung aller Kraft

zu behaupten und zu vertheidigen suchte, konnte dem um so weniger mit Erfolg entgegenwirken, als es in dem verunglückten Wullenweberschen Unternehmen seine Kraft schwer erschüttert und ziemlich erschöpft hatte. Der Handel Lübecks geht von nun an merklich zurück, in dem Maße, in welchem der Hamburger Handel sich hebt. Dieser breitet sich nun immer mehr aus. Ganz neue Waren erscheinen auf dem Hamburger Markt: Nürnberger Kram, rheinische Wolle und rheinische Weine, schlesische Leinwand, ungarisches Kupfer, Breslauer Röthe, Waren, die bis dahin über andere Handelsplätze ihren Weg ins Ausland genommen hatten. Namentlich für den Verkehr mit Antwerpen und den Niederlanden ward Hamburg jetzt der wichtigste deutsche Platz und zog infolgedessen dann auch von dem Aufschwunge des in Antwerpen konzentrirten Gewürz- und Kolonialwarenhandels vor anderen Hansestädten Vortheil und Gewinn. Der Großhandel Hamburgs übertraf bald den Lübecks und der anderen Hansestädte. Von der Bedeutung des Hamburger Handels und dem Aufschwunge desselben zu dieser Zeit zeugt es, daß Hamburg schon bald nachher, im Jahre 1558, eine Börse erhielt, während Lübeck und Danzig, diese beiden alten Handelsemporien, eine solche noch nicht besaßen. Beide sind erst einige Jahrzehnte später in den Besitz einer Börse gelangt.

Die kommerzielle Betriebsamkeit Lübecks war während des langen Monopolbesitzes eingeschläfert und wußte der eindringenden Konkurrenz jetzt nichts entgegenzusetzen, als ein starrsinniges Festhalten an veralteten Regeln, Satzungen und Vorrechten, während der Handelsgeist Hamburgs im harten Konkurrenzkampf sich lebendig und rege erhalten hatte. Zwar hatte auch Hamburg sich noch nicht ganz von den traditionellen Formen und Anschauungen mittelalterlicher Zeit freigemacht, und es dauerte noch geraume Zeit, bis es zur völligen Anerkennung des Freihandelsprinzips gelangte. Das zeigt sich besonders in der von Hamburg beobachteten Fremdenpolitik, wie sie noch lange nach der Reformation von der Mehrheit der Bürger gefordert und urgirt wurde. Aber Hamburg hatte sich doch auf den Boden der Neuzeit und dadurch zu Lübeck in Gegensatz gestellt. Lübeck gegenüber repräsentirte Hamburg die neue Zeit, und die Wege der beiden alten Bundesgenossen gingen nun auseinander, nach entgegengesetzten

Haus am Dovenfleth, Ecke Lembckentwiete.
Anno 1538.

Richtungen hin. Hamburg war von nun an für den Schutz und die Förderung seines Handels ganz und gar lediglich auf die eigene Kraft beschränkt und angewiesen, und es zeigte sich der ihm gestellten Aufgabe völlig gewachsen. In der Beschränkung wuchs auch hier die Kraft. Von dem Zusammenbruch der Macht Lübecks in dem unglücklichen Unternehmen Wullenwebers her datirt der Aufschwung des Hamburger Handels zum eigentlichen Welthandel. Daher ist die Wullenwebersche Bewegung eines der bedeutsamsten Momente in der Geschichte der Hansastadt Hamburg.

www.ingramcontent.com/pod-product-compliance
Lightning Source LLC
Chambersburg PA
CBHW051740300426
44115CB00007B/638